教育部人文社会科学重点研究基地

北京大学中国古文献研究中心集刊
第三十一辑

北京大学中国古文献研究中心 ◎编

北京大学出版社
PEKING UNIVERSITY PRESS

图书在版编目 (CIP) 数据

北京大学中国古文献研究中心集刊. 第三十一辑 / 北京大学中国古文献研究中心编. -- 北京：北京大学出版社，2025.6. -- ISBN 978-7-301-36286-0

Ⅰ. G256.1-55

中国国家版本馆 CIP 数据核字第 20253HP074 号

书　　　名	北京大学中国古文献研究中心集刊　第三十一辑 BEIJING DAXUE ZHONGGUO GUWENXIAN YANJIU ZHONGXIN JIKAN DI-SANSHIYI JI
著作责任者	北京大学中国古文献研究中心　编
责任编辑	吴冰妮
标准书号	ISBN 978-7-301-36286-0
出版发行	北京大学出版社
地　　　址	北京市海淀区成府路 205 号　100871
网　　　址	http://www.pup.cn　　新浪微博：@ 北京大学出版社
电子邮箱	编辑部 dj@pup.cn　　总编室 zpup@pup.cn
电　　　话	邮购部 010-62752015　发行部 010-62750672　编辑部 010-62756449
印　刷　者	北京虎彩文化传播有限公司
经　销　者	新华书店
	787 毫米 ×1092 毫米　16 开本　30.25 印张　535 千字 2025 年 6 月第 1 版　2025 年 6 月第 1 次印刷
定　　　价	120.00 元

未经许可，不得以任何方式复制或抄袭本书之部分或全部内容。
版权所有，侵权必究
举报电话：010-62752024　电子邮箱：fd@pup.cn
图书如有印装质量问题，请与出版部联系，电话：010-62756370

《北京大学中国古文献研究中心集刊》编辑委员会

委　　员（以姓氏笔画为序）

　　　　　王　岚　　王　应　　刘玉才　　李宗焜　　杨海峥
　　　　　吴国武　　张　剑　　张学谦　　张燕婴　　林　嵩
　　　　　俞国林　　顾永新　　漆永祥

编辑部主任　张学谦（兼）
执 行 编 辑　杜以恒

编辑部地址　北京市海淀区颐和园路 5 号北京大学哲学楼三层
邮 政 编 码　100871
投 稿 邮 箱　gcca@pku.edu.cn

目 录

经学文献与经学史

从《论衡》看汉代章句的经义论难 …………………………… 马　楠（3）

《韩诗外传》改笔及其《诗》传性质的再认识

　　——以删改《荀子》文献为例 ………………………… 蔡千千（17）

《礼记正义》唐人修订遗痕探微 ………………………………… 郜同麟（36）

《四书章句集注》宋元刻本新考：以兴国本的影响为中心 ……… 王　赫（55）

戴震孟子学的侧面：戴氏与《孟子赵注》的重刊 ……………… 王耐刚（97）

集部文献与文学史

扬雄集的文献史 ………………………………………………… 刘　明（121）

碑志石本集本优劣之争及其理论意义 ………………………… 时鹏飞（138）

唐宋诗简考：关于9—13世纪"竹筒递诗"风气的事物纪原 …… 李成晴（149）

论传世文献中的元稹世系问题 ………………………………… 孙思旺（172）

苏轼书简考证二则 ……………………………………………… 余正帆（184）

元人熊太古及其《冀越集》考识 ………………………………… 张　斌（192）

徐大年生平及诗文述略 ………………………………………… 张　良（204）

沈周著作补考 …………………………………………………… 汤志波（216）

版本目录学与书籍史

古书序文之生成及其演变 ……………………………………… 韦胤宗（233）

《淮南子》高诱注所载异说考辨

　　——兼论东汉注书载录异说通例 ……………………… 吴扬广（254）

南京图书馆藏毛扆手校汲古阁试印本《说文解字》述略 ……… 董婧宸（274）

论清代以来《说文》校勘的局限性及相关问题新校

　　——以使用古籍的版本为中心 ………………………… 王　辉（291）

上海图书馆藏惠栋批补王应麟《古文春秋左传》抄本考论 …… 许俊炜（322）

抄校、粘贴与体例

　　——以赵一清《三国志注补》的三个稿本为中心

　　………………………………………………… 李寒光　刘　倩（350）

王先谦《汉书补注》成书考论 …………………………… 尹伟杰(377)
湖南图书馆藏《秘书省续编到四库阙书目》叶德辉批校本述略
　……………………………………………………………… 董岑仕(394)
《咫进斋丛书》版本考 ……………………………………… 赵兵兵(400)

类书研究

严可均批校本《初学记》若干问题考论 …………………… 隗茂杰(427)
《永乐大典》引《尚书》考述 ………………………………… 周昕晖(440)
《永乐大典》辑录方志体例补考
　——以"湖"字册(卷2260—2292)为例 ………………… 高树伟(454)
《永乐大典·诸家选日》事目框架复原与文献价值研究 ………… 赵江红(465)

征稿启事 ……………………………………………………………… (479)

经学文献与经学史

从《论衡》看汉代章句的经义论难

马　楠

【内容提要】　章句内容既包含"循文说解",也包含"经义论难",二者分别对应义疏学的"疏家"与"论家"。"经义论难"部分别出单行,发展出"论""议"以及"异义""通义"等形式。从"经义论难"角度分析《论衡》,可以发现六朝义疏中"徵"(类似充分条件假言推理)"关"(类似假言选言推理)"并"(类比推理)三种论议类型均已发展成熟,甚至《论衡》的分析层次较六朝义疏更为丰富。

【关键词】　论衡　章句　经义论难

一　章句再认识

经书传统阐释体裁研究中,义疏学的研究展开充分、辨析深入,从而推进了章句学的研究。马楠《章句的体系性特征及其东汉以来的三种发展路径》一文(下简称"马文")认为[①],章句包含的内容可在传统认识基础上扩大,即章句既包括划分句段、分文析字、串讲文句、说解经义,也涵盖弥缝经义不明、讨论诸经分歧、辩驳诸家是非、整齐六经不合之处等内容,以此解释章句冗长的原因。也就是马文将章句描述为"循文说解"与"经义论难"两部分,分别对应义疏学的"疏家"与"论家"。[②]

【作者简介】马楠,北京大学中国古文献研究中心、中国语言文学系副教授。
【基金项目】国家社科基金重大项目"两汉经学佚籍的新辑与研究"(23&ZD281)阶段性成果。
①　马楠《章句的体系性特征及其东汉以来的三种发展路径》,《传统文化研究》2024年第2期。
②　"疏家""论家"的区分出自日藏《讲周易疏论家义记》,疏家依附经文,具文饰说,对经传注文进行解释,而论家则是就经中的关键概念或核心意旨进行条疏式解释。说详阙海《〈五行大义〉性质新探》(待刊稿)。又樊波成《"讲义"与"讲疏"——中古"义疏"的名实与源流》(《"中央研究院"历史语言研究所集刊》,第九十一本,第四分,2020年12月,第701—764页),全面梳理了魏晋南北朝义疏学脉络,从阐释体裁和历时演变将"义疏"分为以经义为解释单位,标释条理的"纲要型义疏"("论""讲义""要记"等),和以章句为解释单位,循文敷述之"讲疏",及"讲疏"又叠加"述""赞""纲要型义疏",形成疏—论复合结构的"章句学义疏"("述议""疏义""义赞")。此外谷继明也将章句与儒家讲经中的"经义论难"与义疏形成联系起来,详《南北朝儒家讲经与撰疏之再检讨》,《孔子研究》2022年第6期。

马文同时指出，东汉时期减省章句的主要途径，其实是拆分章句的功能，也就是将"循文说解"与"经义论难"两部分内容进行分离。这样前者就基本等同于"训诂举大谊"；而后者别出单行，发展出以概念、意旨、命题为中心的"论""议"以及"异义""通义"等形式。① 在此基础上我们认为，章帝时期的《白虎通义》《论衡》，以及后来《五经异义》等诸多著述，其实都是章句学的衍生产物，是"经义论难"分离别行发展出的成果。甚而魏晋玄学清谈也并非无源之水，而是"经义论难"发展深化、方法自觉的结果。聚焦到前人较少从"经义论难"角度分析的《论衡》，阙海先生指出，《论衡》深受章句学影响，可以就此恢复章句学的思维方式，这一思路启发了本文写作。

回到《论衡》，王充认为，汉立博士学官，本义就是令师徒问难，以穷极义理：

> 汉立博士之官，师弟子相呵难，欲极道之深，形是非之理也。不出横难，不得从说；不发苦诘，不闻甘对。（《明雩》）

> 世儒学者，好信师而是古，以为贤圣所言皆无非，专精讲习，不知难问。（《问孔》）②

至于如何横难、纵说，则需要对"论"重新认识，拆解"经义论难"的逻辑与句法结构。

李非凡硕士学位论文《六朝经学论议考》（下简称"李文"）引入敦煌 P.2947 发现的《八并明义》，总结出"徵"（类似充分条件假言推理）"关"（类似假言选言推理）"并"（类比推理）三种经学的论议类型，并以之分析六朝经学对上述三种论议类型的取舍与偏重。③ 李文极具启发性，我们下文也将利用上述术语来解析《论衡》的论辩思路，但也要看到东汉时期"徵""关""并"的使用未必出于自觉，应当属于汉地一般的思维特点。

二 "徵""关""并"

（一）"徵"

"徵"类似充分条件假言推理。李文总结句式为：[徵]若名¹义₁，则名¹义₂；

---

① 对应樊波成所谓"纲要型义疏"，详《"讲义"与"讲疏"——中古"义疏"的名实与源流》。
② 王充著，黄晖撰《论衡校释》卷一五《明雩》、卷九《问孔》，北京：中华书局，1990年，第681、395页。
③ 李非凡《六朝经学论议考》，清华大学硕士学位论文，清华大学，2022年。李文后附有《敦煌本〈八并明义〉校注》。《八并明义》由曹凌于敦煌文献 P.2947 中发现（参看曹凌《八并明义——对一种早期辩论法的初步探讨》，《敦煌写本研究年报》2017 年第 11 号，第 1—22 页），改编自齐梁之际王斌所撰《八并》一书，后者即孟安排《〈道教义枢〉序》所谓"王家《八并》"。八并者，"一相望、二返对、三覆却、四纵横、五往还、六互从、七芰角、八颠倒"。《隋书·经籍志》经部总序云"陵夷至于近代，去正转疏，无复师资之法；学不心解，专以浮华相尚。豫造杂难，拟为雠对，遂有（芝）[芰]角、反对、互从等诸翻竞之说。驰骋烦言，以紊彝叙，谈谈成俗，而不知变。此学者之蔽也"，即当时学者以"八并"之法问难论议。

[责]名¹非义₂,故名¹非义₁(名、义可对应命题中的主项、谓项),也就是充分条件假言推理的否定后件式。李文举郑玄《驳五经异议》为例:

> [徵]案《士冠礼》云:"古者生无爵,死无谥。"
> [责]自周及汉天子有谥,此有爵明矣。云无爵,失之矣。①

也就是将《士冠礼》"生无爵,死无谥"处理为充分条件假言命题(如果生无爵,则死无谥),即通过否定后件(天子有谥)来否定前件(天子为爵称)。"徵"法在汉代的使用相当广泛,灾异论说中的"咎(失德失政)→徵(灾异)→应(祸败)"②,《春秋》学中的"事→文→义",都可以处理为充分条件假言命题,并通过肯定前件、否定后件进行推理。

《论衡》中"徵"法也大量使用,但王充经常使用否定前件、肯定后件等不符合形式逻辑规则的方式,③如《问孔篇》:

> 孔子见南子,子路不悦。子曰:"予所鄙者,天厌之,天厌之。"(案见《论语·雍也》)南子,卫灵公夫人也,聘孔子,子路不说,谓孔子淫乱也。孔子解之曰:"我所为鄙陋者,天厌杀我。"至诚自誓,不负子路也。
>
> 问曰:孔子自解,安能解乎?使世人有鄙陋之行,天曾厌杀之,可引以誓。子路闻之,可信以解。今未曾有为天所厌者也,曰"天厌之",子路肯信之乎?行事:雷击杀人,水火烧溺人,墙屋压填人。如曰"雷击杀我,水火烧溺我,墙屋压填我",子路颇信之。今引未曾有之祸,以自誓于子路,子路安肯晓解而信之?行事:适有卧厌不悟者,谓此为天所厌邪?案诸卧厌不悟者,未皆为鄙陋也。子路入道虽浅,犹知事之实。事非实,孔子以誓,子路必不解矣。④

《论衡》先串讲文义,次论难质疑,对应章句"循文说解"与"经义论难"两部分。串讲文义部分读"否"为"鄙",训为鄙陋;读"厌"为"压"。

论难部分则是:

> [徵]如引曾有之祸自誓,子路肯晓解而信之。
> [肯定前件式]引"雷击杀我、水火烧溺我、墙屋压填我"以自誓,子路肯晓解而信之。

---

① 李非凡《六朝经学论议考》,第75页。
② 参看陈侃理《儒学、数术与政治:灾异的政治文化史》,北京:北京大学出版社,2015年,第46页。
③ 《论衡》"疾虚妄"的很重要的一部分内容是通过交替使用肯定前件、否定后件、否定前件、肯定后件的形式,指称传书诸子所谓的充分条件假言命题本身不成立,例如王充否认"咎→徵"是因果关系,否认"咎"是"徵"的充分条件。笔者另有专文《疾虚妄与原其实:〈论衡〉的主旨及篇目编次》进行讨论。
④ 《论衡校释》卷九《问孔》,第410—411页。

[否定前件式]引"天厌杀我"以自誓,子路不肯晓解而信之。

当然否定前件式不符合形式逻辑的规则,是无效的,但是可以对应"八并"中的"返对"。①

(二)"关"

所谓"关",即穷举各种可能性,分别加以反驳。完整句式为:"纵关"部分,[徵]若名^{1}义^1,[关]则名^{1}或义$_2$,或非义$_2$。"夺破"([责])部分分别反驳"若名^{1}义$_2$"与"若名^{1}非义$_2$"。结、释部分则是:名^{1}非义$_2$,且名^{1}非非义$_2$,故名^{1}非义。"关"法在经义论难中可以起到终结"名^{1}义$_1$"命题的重要作用。

李文举例说《左传》昭公十年,晋平公卒。诸侯大夫如晋,葬平公。既葬,诸侯之大夫欲因见新君(晋昭公):

> 叔向辞之,曰:"大夫之事毕矣,而又命孤。孤斩焉在衰绖之中,
> [责$_1$]其以嘉服见,则丧礼未毕;
> [责$_2$]其以丧服见,是重受吊也,大夫将若之何?"皆无辞以见。

就是十分标准的"关"法句式。②

其实《史记·孟尝君列传》有更为标准、完整的"关"法句式。田婴有子四十余人,贱妾有子名文,也就是孟尝君。田文以五月五日生,田婴告其母勿举,其母窃举生之。及长,其母见田文于田婴,田婴怒其母曰:"吾令若去此子,而敢生之,何也?"

> 文顿首,因曰:"君所以不举五月子者,何故?"
> [徵]婴曰:"五月子者,长与户齐,将不利其父母。"
> [关]文曰:"人生受命于天乎?将受命于户邪?"婴默然。
> 文曰:"[责$_1$]必受命于天,君何忧焉?[责$_2$]必受命于户,则可高其户耳,谁能至者?"
> 婴曰:"子休矣。"③

《论衡》中,所谓"关"法也有大量运用,并且层次极为丰富。如《问孔》引

---

① 李非凡《六朝经学论议考》,第90—91页。据李文总结,八并中"相望"句法结构是名^1、名^{2}俱义$_1$,故名^1、名^{2}亦义$_2$(名^1、名^{2}在义$_1$上相同,故名^1、名^{2}在义$_2$上相同)。"返对"则承接"相望",根据名^{1}义$_3$、名^{2}非义$_3$,故名^{1}义$_2$、名^{2}非义$_2$(名^1、名^{2}在义$_3$上不同,故名^1、名^{2}在义$_2$上不同)。而"返对"独立使用,便犯了充分条件假言推理"否定前件式"的逻辑谬误。此外,《论衡》中"行事:适有卧厌不悟者,谓此为天所厌邪? 案诸卧厌不悟者,未皆为鄙陋也",近于八并中的"覆却"。

② 李非凡《六朝经学论议考》,第69页。

③ 《史记》卷七五《孟尝君列传》,北京:中华书局,1982年,第2352页。《论衡·四讳》亦引此节。《论衡校释》,第978页。

《论语·公冶长》:

> 宰我昼寝,子曰:"朽木不可雕也,粪土之墙不可杇也。于予,予何诛?"是恶宰予之昼寝。
>
> 问曰:昼寝之恶也,小恶也;朽木、粪土,败毁不可复成之物,大恶也。责小过以大恶,安能服人?[责₁]使宰我性不善,如朽木、粪土,不宜得入孔子之门,序在四科之列;[责₂]使性善,孔子恶之,恶之太甚,过也。"人之不仁,疾之已甚,乱也。"(案见《论语·泰伯》)孔子疾宰予,可谓甚矣。
>
> 使下愚之人,涉耐罪之狱,吏令以大辟之罪,必冤而怨邪?将服而自咎也?[责₁]使宰我愚,则与涉耐罪之人同志;[责₂]使宰我贤,知孔子责之,几微自改矣。明文以识之,流言以过之,以其言示端而已自改。自改不在言之轻重,在宰予能更与否。①

也就是王充两次"开二关责之",无论宰我性善与否、是贤是愚,孔子都不应该以朽木、粪土责其昼寝。②

(三)"并"

《八并明义》罗列八种"论难之法",逐一说明如何从最基础的"相望"转换为其余句式。"相望"者,初二句"上句为相望,下句为并","下二句为相望、例者",其中两句"相望"仅起到标识的作用,可以省略,只由"并""例"两句组成。"并""例"在义疏中又称作"比例"或"比并";反之,不构成"比例",则是"比并不例",又称作"据彼决此"。"并例"近于类比推理,而"比并不例"近于归纳推理中的求异法。③ 如:

> "何以"者,皆据彼决此,即下云父为长子"何以三年",据期章为众子期,適庶皆子,长子独三年,是据彼决此也。此即《公羊传》云"何以不言即位?"何休云:"据文公言即位。"隐不称"即位"是也。④

也就是讨论《丧服》何以父为长子服斩衰三年,却为众子服齐衰不杖期;《春秋》于文公等书"元年春王正月,公即位",于隐公(及庄公、闵公、僖公)不称

---

① 《论衡校释》卷九《问孔》,第405—406页。
② 王充之后,王符《潜夫论·释难》引庚子曰:"[责₁]周公知管、蔡之恶,以相武庚,使肆厥毒,从而诛之,何不仁也?[责₂]若其不知,何不圣也?二者之过,必处一焉",也是典型的"关"法。《潜夫论》末篇《叙录》:"论难横发,令道不通。后进疑惑,不知所以。自昔庚子,而有责云。予岂好辩?将以明真。故叙《释难》第二十九。"明确将庚子之难称为"责"。(汪继培笺,彭铎校正《潜夫论笺校正》卷七《释难》、卷一〇《叙录》,北京:中华书局,1985年,第326、479页)
③ 李非凡《六朝经学论议考》,第30—32页。
④ 《仪礼注疏》卷二八《丧服》,清嘉庆阮刻《十三经注疏》本,北京:中华书局,2009年,第2375页。

"公即位"。

《仪礼·丧服》斩衰章,为父斩衰,贾疏:

> 云"传曰:为父何以斩衰也?父至尊也"者,言"何以"者,问比例。以父母恩爱等,母则在齐衰,父则入于斩,比并不例,故问何以斩,不齐衰。答云"父至尊"者,天无二日,家无二尊,父是一家之尊,尊中至极,故为之斩也。①

即在"父母恩爱等"的"亲亲"比例中,又提出"尊尊"的差异。父母亲亲等(名^1、名^{2}俱义$_1$),父母应同服斩衰(名^1、名^{2}亦义$_2$),是为"相望";而父母亲亲等(名^1、名^{2}俱义$_1$),父斩衰,母齐衰,(名^{1}义$_2$,名^{2}非义$_2$),是为"比并不例"。"返对"则当与"相望"连用,作为"比并不例"答句:父至尊,家无二尊(名^{1}义$_3$,名^{2}非义$_3$),故父斩衰,母齐衰(名^{1}义$_2$,名^{2}非义$_2$)。②

"并"法在《仪礼》(特别是《丧服》)与《春秋》公羊、穀梁注疏中大量使用,或者说经文本就具有属辞比事的结构特点。《问孔篇》也论及:

> 世儒学者,好信师而是古,以为贤圣所言皆无非,专精讲习,不知难问。夫贤圣下笔造文,用意详审,尚未可谓尽得实,况仓卒吐言,安能皆是?不能皆是,时人不知难;或是,而意沉难见,时人不知问。案贤圣之言上下多相违,其文前后多相伐者,世之学者,不能知也。③

上下相违、前后相伐其实就是比对一经乃至诸经、经传前后不合之处。王充在《论衡》中大量使用"并"法,也就是考察同类事项,"据彼决此"或者"比并不例"。

举例来说,《论语·雍也》与《先进》鲁哀公和季康子分别问"弟子孰为好学":

> 哀公问曰:"弟子孰为好学?"孔子对曰:"有颜回者好学,不迁怒,不贰过,不幸短命死矣。今也则亡,未闻好学者也。"(《论语·雍也》)
>
> 季康子问:"弟子孰为好学?"孔子对曰:"有颜回者好学,不幸短命死矣。今也则亡,未闻好学者也。"(《论语·先进》)

两章所问相同,孔子所答颜回好学不异,唯对鲁哀公则多出一句"不迁怒,不贰过",典型的汉代章句学就要讨论多此六字的原因:

> 哀公问孔子孰为好学,孔子对曰:"有颜回者好学,今也则亡。不迁怒,不贰过。"何也?曰:"并攻哀公之性迁怒贰过故也。因其问,则并以对

---

① 《仪礼注疏》卷二九《丧服》,第2381页。
② 李非凡《六朝经学论议考》,第71—73页。
③ 《论衡校释》卷九《问孔》,第395页。

> 之,兼以攻上之短,不犯其罚。"
>
> 问曰:康子亦问好学,孔子亦对之以颜渊。康子亦有短,何不并对以攻康子?康子非圣人也,操行犹有所失。成事:康子患盗,孔子对曰:"苟子之不欲,虽赏之不窃。"由此言之,康子以欲为短也,不攻,何哉?①

或答曰哀公迁怒贰过,故孔子因问好学对之,以攻其短。但这种解答被王充否定了,理由是如果哀公迁怒贰过,故孔子因问好学对之,以攻其短;那么同理,季康子也有短处,孔子何以不因其问好学而攻之?也就是不仅解释《雍也》《先进》要用"并"法,解释上孔子因哀公问好学对之、以攻其短也要用"并"法。

皇侃《论语义疏》中:

> 哀公问曰:"弟子孰为好学?"孔子对曰:"有颜回者好学,不迁怒,不贰过,【皇疏】……然学至庶几,其美非一,今独举怒、过二者,盖有以为当时哀公滥怒贰过,欲因答寄箴者也。不幸短命死矣。今也则亡,未闻好学者也。"
>
> 季康子问:"弟子孰为好学?"孔子对曰:"有颜回者好学,不幸短命死矣。今也则亡,未闻好学者也。"【皇疏】孙绰云:"不应生而生为幸,不应死而死曰不幸。"侃谓:此与哀公问同而答异者。旧有(三)[二]通:一云:缘哀公有迁怒贰过之事,故孔子因答,以箴之也。康子无此事,故不烦言也。又一云:哀公是君为尊,故须具答,而康子是臣为卑,故略以相酬也。故江熙云:"此与哀公问同。哀公虽无以赏,要以极对。至于康子,则可量其所及而答也。"②

第一通正是被王充反驳的回答;而第二通重点在君臣之别,较第一通为优。《先进》篇郑注未见,至于《集解》则以对鲁哀公之语涵盖对季康子之语,于后者不需作注,也就是不体现牵合两条的内容。

三 组合应用

(一) 寓徵于并

上文已见,从"经义论难"角度分析《论衡》,后代经学义疏的辩难方法"徵""关""并"均有充分体现。下面讨论一些组合应用的事例,将使我们更好理解汉代章句如何"穿凿""牵引""具文饰说""异端纷纭,互相诡激"。③

《论衡》大量使用"并"法,比较异同、轻重固然是一般、普遍的思维方式,但王充总能找到奇特的"并例"作为参照对象或"比并不例"的相异之处;特别是通过轻重、大小的"比例""比并不例",将"徵"法寓于"并"法之中。

---

① 《论衡校释》卷九《问孔》,第410页。
② 高尚榘校点《论语义疏》卷六《先进》,北京:中华书局,2013年,第269页。
③ "异端纷纭,互相诡激"出自《后汉书》卷三五《郑玄传》,北京:中华书局,1965年,第1213页。

举例来说:

传书言:"燕太子丹朝于秦,不得去,从秦王求归。秦王执留之,与之誓曰:'使日再中,天雨粟,令乌白头,马生角,厨门木象生肉足,乃得归。'当此之时,天地祐之,日为再中,天雨粟,乌白头,马生角,厨门木象生肉足。秦王以为圣,乃归之。"

此言虚也。燕太子丹何人?而能动天?圣人之拘,不能动天;太子丹,贤者也,何能致此?夫天能祐太子,生诸瑞以免其身,则能和秦王之意,以解其难。见拘一事而易,生瑞五事而难。舍一事之易,为五事之难,何天之不惮劳也?

汤困夏台,文王拘羑里,孔子厄于陈、蔡。三圣之困,天不能祐,使拘之者睹祐知圣,出而尊厚之。或曰:"拘三圣者,不与三圣誓。三圣心不愿,故祐圣之瑞,无因而至。天之祐人,犹借人以物器矣,人不求索,则弗与也。"曰:太子愿天下瑞之时,岂有语言乎?心愿而已。然汤闭于夏台,文王拘于羑里时,心亦愿出;孔子厄陈、蔡,心愿食。天何不令夏台、羑里关钥毁败,汤、文涉出;雨粟陈、蔡,孔子食饱乎?

太史公曰:"世称太子丹之令天雨粟,马生角,大抵皆虚言也。"太史公书汉世实事之人,而云"虚言",近非实也。①

主体是燕太子丹执留于秦,天祐之,生瑞五事,使之脱困得归。于是王充比照汤困夏台,文王拘羑里,孔子厄陈蔡,认为燕太子丹与三圣皆遭困厄(名¹、名²俱义₁),天尚且不能祐三圣脱困(名²非义₂),燕太子丹不过贤人,天亦不能祐之脱困(名¹非义₂),是"相望"和"返对"连用。而在前者,天祐燕太子丹脱困中,又分别出"和秦王之意"与"生瑞五事"的难易分别。而两处"比例"中,又隐含了"微"法:

[微]如果天能生瑞五事以解燕太子丹之难,天就能直接和秦王之意,以解燕太子之难。

[微]如果天能解贤者燕太子丹之难,天就能解汤、文王、孔子三圣之困。

通过否定后件(天没有直接和秦王之意以解燕太子之难,天没有祐三圣脱困),《论衡》否定了前件(天生瑞五事以解贤者燕太子之难)。

(二)关责数番

《高僧传·竺法汰传》曰:"汰形长八尺,风姿可观,含吐蕴藉,词若兰芳。

---

① 《论衡校释》卷五《感虚》,第235—236页。

时沙门道恒,颇有才力,常执心无义,大行荆土。汰曰:'此是邪说,应须破之。'乃大集名僧,令弟子昙一难之。据经引理,析驳纷纭。恒仗其口辩,不肯受屈,日色既暮,明旦更集。慧远就席,设难数番,<u>关责锋起</u>。恒自觉义途差异,神色微动,麈尾扣案,未即有答。远曰:'不疾而速,杼轴何为。'座者皆笑矣。心无之义,于此而息。"[1]李文据此节分析论难形式,指出"关责"当有"数番"。《论衡》中也有多个层面的"开二关责之",同样可以说是"关责锋起"了。

如《问孔》引《论语·公冶长》,继而展开问难:

> 子谓子贡曰:"汝与回也孰愈?"曰:"赐也何敢望回?回也闻一以知十,赐也闻一以知二。"子曰:"弗如也,吾与汝俱不如也。"是贤颜渊,试以问子贡也。
>
> [1]问曰:孔子所以教者,礼让也。子路为国以礼,其言不让,孔子非之。(《论语·先进》)[责$_1$]使子贡实愈颜渊,孔子问之,犹曰不如;[责$_2$]使实不及,亦曰不如。非失对欺师,礼让之言,宜谦卑也。
>
> [2]今孔子出言,欲何趣哉?[责$_1$]使孔子知颜渊愈子贡,则不须问子贡;[责$_2$]使孔子实不知,以问子贡,子贡谦让,亦不能知。
>
> [3]使孔子徒欲表善颜渊,称颜渊贤,门人莫及,于名多矣,何须问于子贡?子曰:"贤哉回也。"又曰:"吾与回言,终日不违如愚。"又曰:"回也,其心三月不违仁。"(分别见《论语·雍也》《为政》《雍也》)<u>三章皆直称,不以他人激,至是一章,独以子贡激之,何哉?</u>或曰:"欲抑子贡也。当此之时,子贡之名,凌颜渊之上,孔子恐子贡志骄意溢,故抑之也。"夫名在颜渊之上,当时所为,非子贡求胜之也。[责$_1$]实子贡之知何如哉?使颜渊才在己上,己自服之,不须抑也;[责$_2$]使子贡不能自知,孔子虽言,将谓孔子徒欲抑己。由此言之,问与不问,无能抑扬。[2]

分为三个方面展开,[2]是中心问题,孔子为何问子贡与颜渊孰贤:使孔子知则不需问,不知则子贡都会回答不如颜渊,依然不知。[1]则是后一个问题的展开,如果子贡实不及颜渊固然会回答不如,实愈颜渊,礼让谦退也会回答不如。[3]就[2]展开,孔子欲称颜渊贤,直称即可,为何要问子贡。或答欲抑子贡,于是王充继续"开二关责之":如果子贡知己不如颜渊则不须抑,如果子贡不知,将谓孔子徒欲抑己。

反观皇侃《义疏》,其实只就[3]援引了缪播之说"学末尚名者多,顾其实者寡。回则崇本弃末,赐也未能忘名。存名则美着于物,精本则名损于当时,故

---

[1] 《高僧传》卷五《竺法汰传》,北京:中华书局,1992年,第192页—第193页。
[2] 《论衡校释》卷九《问孔》,第403—405页。

发问以要赐对,以示优劣也。所以抑赐而进回也。"①其实[3]也被王充否定了。

四　通义:论难的终结

马文将章句拆解为"循文说解"与"经义论难"两部分,分别对应义疏学的"疏家"与"论家",并指出东汉减省章句的主要途径就是"循文说解"与"经义论难"两部分内容分离别行。"经义论难"独立发展为"论""议"以及"异义""通义"等形式。"奏议""异义"各陈经说、裁量短长;《白虎通义》则是将"共正经义""详考同异"的结论按照事目的内在逻辑分级列序,糅合了"异义""奏议"论及的经传异同,整合了辩难的关键论据,并通过"亲称制临决"的结论截断了对经传不合之处的继续追究。

不止"通义","论衡""中论"也具有权衡疑难、调和议论的意味。论难的目的是结束论难,发明经义的含混之处,整合传记的抵牾不合。论难可以终结于"碎义逃难",即细化概念、分解层级;也可以表现为融会贯通,即将疑难之处在四代异制、文质不同、时地有异中得到安放。

(一)碎义逃难

《白虎通义·灾变》:

> 天所以有灾变何? 所以谴告人君,觉悟其行,欲令悔过修德,深思虑也。

但如此就必须整合反例,也就是"尧遭洪水,汤遭大旱"问题:

> 尧遭洪水,汤遭大旱,亦有谴告乎? 尧遭洪水,汤遭大旱,命运时然。②

也就是将灾变分为人君有过与命运时然两类。同样,王充也将灾变分为"政治之灾"与"无妄之变",尧遭洪水、汤遭大旱显然属于后者。但《论衡》又延伸出若干问题。尧遭洪水、汤遭大旱,两位圣君的处理有所不同,汤"以身祷于桑林,自责以六过";"尧不自责以身祷祈,必舜、禹治之"。于是《感虚篇》就汤祷桑林"开二关责之":

> [责₁]汤之致旱以过乎? 是不与天地同德也。
> [责₂]今不以过致旱乎? 自责祷谢,亦无益也。

---

① 《论语义疏》卷三《公冶长》,第106页。徐幹则从智、行立论,云"子贡之行不若颜渊远矣,然而不服其行,服其闻一知十",与《论衡》《义疏》都不相同。孙启治《中论解诂·智行第九》,北京:中华书局,2014年,第147—148页。
② 陈立《白虎通疏证》卷六《灾变》,北京:中华书局,1994年,第267、270页。

或者如《明雩篇》表述为：

[责₁]如谓政治所致，尧、汤恶君也；
[责₂]如非政治，是运气也。运气有时，安可请求？

也就是旱灾无论是政治所致，还是运气有时，都请祷无益。并且二者各有"比例"。[责₁]的"比例"当然是尧舜："世称圣人纯而贤者驳，纯则行操无非，无非则政治无失。然而世之圣君，莫有如尧、汤。"[责₂]的"比例"则是孔子："汤与孔子俱圣人也，皆素祷之日久。孔子不使子路祷以治病，汤何能以祷得雨？"

既非政治有过而致旱，则是运气所致，运气所致则祷之无益。那么就要解释为何汤"以身祷于桑林自责"，而且还"时雨乃至"。王充的思路是否定"祷于桑林"与"时雨乃至"的因果关系，认为二者是适相逢遇；而汤明知无益，依然祷于桑林，是慰民之望：

> 言汤以身祷于桑林自责，若言剪发丽手自以为牲，用祈福于帝者，实也。言雨至为汤自责以身祷之故，殆虚言也。……或时旱久，时当自雨，汤以旱久，亦适自责，世人见雨之下，随汤自责而至，则谓汤以祷祈得雨矣。①

> 慈父之于子，孝子之于亲，知病不祀神，疾痛不和药。治之无益，然终不肯安坐待绝，犹卜筮求祟，召医和药者，恻痛殷勤，冀有验也。……无妄之灾，百民不知，必归于主。为政治者，慰民之望，故亦必雩。②

而尧不以身祷祈，"必舜、禹治之"也存在疑问。那就是尧遭洪水，咨于四岳，四岳举鲧，"帝曰：'吁，咈哉，方命圮族'"，也就是明知鲧不可用。"岳曰：'异哉，试可乃已。'帝曰：'往，钦哉。'九载，绩用弗成"，也就是尧从四岳，导致治水九年不成。

《尧典》是《尚书》首篇，这一疑问也导致东汉学者反复讨论③，直到曹魏时高贵乡公幸太学，问难中依然要提及：

> 次及四岳举鲧，帝又问曰："夫大人者，与天地合其德，与日月合其明，思无不周，明无不照，今王肃云'尧意不能明鲧，是以试用'。如此，圣人之明有所未尽邪？"（庾）峻对曰："虽圣人之弘，犹有所未尽，故禹曰'知人则哲，惟帝难之'，然卒能改授圣贤，缉熙庶绩，亦所以成圣也。"帝曰："夫有始有卒，其唯圣人。若不能始，何以为圣？其言'惟帝难之'，然卒能改授，

---

① 以上见《论衡校释》卷五《感虚》，第245—249页。
② 以上见《论衡校释》卷一五《明雩》，第670—671页。
③ 如徐幹《中论·审大臣》："苟以众誉为贤能，则伯鲧无羽山之难，而唐虞无九载之费矣。"（孙启治《中论解诂·审大臣第十六》，第308页。

盖谓知人,圣人所难,非不尽之言也。经云:'知人则哲,能官人。'若尧疑鲧,试之九年,官人失叙,何得谓之圣哲?"峻对曰:"臣窃观经传,圣人行事不能无失,是以尧失之四凶,周公失之二叔,仲尼失之宰予。"帝曰:"尧之任鲧,九载无成,汩陈五行,民用昏垫。至于仲尼失之宰予,言行之间,轻重不同也。至于周公、管、蔡之事,亦《尚书》所载,皆博士所当通也。"峻对曰:"此皆先贤所疑,非臣寡见所能究论。"①

高贵乡公就《尧典》反复质疑,同样构成"关"法,充分揭示出这一问题难点所在:

[责$_1$]如果尧不能知人,如何后能举禹?
[责$_2$]如果尧能知人,为何试之九年,官人失叙?

[责$_1$]反驳了王肃"尧意不能明鲧"。而庾峻依然坚持王肃说,也就不得不寻出"周公失之二叔,仲尼失之宰予"作为"比例"。

所以解决"尧之任鲧,九载无成",就要规避"尧是否知人"的关责,直接解读尧任鲧的用心。这也是郑兴以来的解决思路:"尧知鲧不可用而用之者,屈己之明,因人之心也。"②进而结合尧遭洪水是运气有时而非政治所致,发展出新说,也就是尧知洪水九年不能止,非人力所能治,慰民之望,遂屈己用鲧:

马融云:"尧以大圣知时运当然,人力所不能治。下民其咨,亦当忧劳。屈己之是,从人之非,遂用于鲧。"李颙云:"尧虽独明于上,众多不达于下,故不得不副倒悬之望,以供一切之求耳。"③

可以说是和王充解释汤祷桑林,犹慈父孝子知病痛治之无益,"然终不肯安坐待绝""恻痛殷勤,冀有验也"殊途同归了。

综上,为解决尧遭洪水、汤遭大旱的问题,导致所谓灾变为谴告人君的说法需要加以拆分,即将灾变分为政治所致、运气时然两种情况。既是运气时然,汤为何祷于桑林,则不得不解释为"恻痛殷勤,冀有验也"。既是圣哲知人,为何尧举鲧九年不成,也不得不说为尧知洪水九年不能止,慰民之望,遂屈己用鲧。

"天所以有灾变何?所以谴告人君,觉悟其行,欲令悔过修德,深思虑也。"

---

① 《三国志》卷四《魏书·三少帝纪》,北京:中华书局,1982年,第137页。
② 《后汉书》卷三六《郑兴传》,第1221页。《后汉纪》引作"帝知鲧不可,然犹屈己之是,从岳之非,重违众也。"(北京:中华书局,2002年,第99页)《中论·智行》"《书》美唐尧,'钦明'为先。驩兜之举共工,四岳之荐鲧,尧知其行,众尚未知信也。若非尧,则裔土多凶族,兆民长愁苦矣",说同于郑兴。(《中论解诂·智行第九》,第144页)
③ 《尚书正义》卷二《尧典》,清嘉庆阮刻《十三经注疏》本,北京:中华书局,2009年,第258页。

文义简明深刻,但在论难应敌的重重关责后,经义变得穿凿迂曲,这大约就是刘歆、班固所谓"碎义逃难"了。但没有经过论难关责的经义必然存在抵牾不合、比并不例,这也是章句盛行、论难不休的根本原因。

(二) 整合异同

论难关责导致了"碎义逃难",即细化概念、分解层级;而"碎义逃难"距离"通义",亦即将疑难之处在四代异制、文质不同、时地有异等细分范畴中得到安放,其实只有一步之遥,也已经无限趋近于郑玄的"网罗众家,删裁繁诬"了。

举例来说,《论衡》中《本性》一篇,讨论人性善恶问题。其中自然论及孟、荀之说:

> 孟子作性善之篇,以为人性皆善,及其不善,物乱之也。谓人生于天地,皆禀善性,长大与物交接者,放纵悖乱,不善日以生矣。

首先是"徵"法:

> [徵]若孟子之言(性本善),人幼小之时无有不善也。

继而是两组否定后件:

> [责$_1$]纣为孩子之时,微子即睹其不善之性;羊舌食我初生之时,叔向母即云豺狼之声,将灭羊舌氏。

> [责$_2$]尧子丹朱生于唐宫,舜子商均生于虞室,然丹朱傲,商均虐。

两组的区别在于,纣、羊舌食我"未与物接",即有不善之徵;而"唐、虞之时,可比屋而封",丹朱、商均"所与接者,必多善矣"。也就是两组又构成"关"法,无论"与物交接"与否,四人幼小之时皆不善。下文提出的肯定后件式"一岁婴儿,无争夺之心,长大之后,或渐利色,狂心悖行,由此生也",不符合形式逻辑规则,可存而不论。

> 孙卿有反孟子,作性恶之篇,以为"人性恶,其善者,伪也"。性恶者,以为人生皆得恶性也;伪者,长大之后,勉使为善也。

同样是"徵"法:

> [徵]若孙卿之言(性本恶),人幼小无有善也。
> [责]后稷为儿,以种树为戏;孔子能行,以俎豆为弄……故种树之戏,为唐司马;俎豆之弄,为周圣师。

同理,王充提出的肯定后件式"一岁婴儿,无推让之心,见食,号欲食之;睹好,啼欲玩之。长大之后,禁情割欲,勉厉为善矣",也不符合形式逻辑规则。

而告子论性无善恶给了王充重要启发。"其论性无善恶之分,譬之湍水,

决之东则东,决之西则西。"告子之说可以恰恰可以限定于"中人":

> 无分于善恶,可推移者,谓中人也,不善不恶,须教成者也。……告子之以决水喻者,徒谓中人,不指极善极恶也。孔子曰:"性相近也,习相远也。"(《论语·阳货》)夫中人之性,在所习焉,习善而为善,习恶而为恶也。至于极善极恶,非复在习,故孔子曰:"惟上智与下愚不移。"(《论语·阳货》)

这样就可以解决孟子性善说的[责₂]:丹朱、商均已染于唐、虞之化,然而丹朱傲而商均虐者,二人至恶,与物交接、教使为善皆不能移。

故而王充申说世硕有善有恶、扬雄混善恶之说:

> 余固以孟轲言人性善者,中人以上者也;孙卿言人性恶者,中人以下者也;扬雄言人性善恶混者,中人也。①

也就是从对孟子、荀子学说的论难走向了综合,在中人以上、中人以下者与中人的不同情境下安放了孟、荀、世硕之说,当然也糅合了纣为孩子、羊舌食我初生即有不善之徵,后稷、孔子幼时即有善行的反证。

余 论

综上,《论衡》是汉代经义论难的产物,其中论难层次丰富,甚至较皇侃《论语义疏》更为复杂。《后汉书》称王充"好论说,始若诡异,终有理实"。章怀太子注引袁山松书曰:"充所作《论衡》,中土未有传者,蔡邕入吴始得之,恒秘玩以为谈助。其后王朗为会稽太守,又得其书,及还许下,时人称其才进。或曰,不见异人,当得异书。问之,果以《论衡》之益,由是遂见传焉。"又引《抱朴子》:"时人嫌蔡邕得异书,或搜求其帐中隐处,果得《论衡》,抱数卷持去。邕丁宁之曰:'唯我与尔共之,勿广也。'"②蔡邕以为谈助,王朗得以才进,应当都与论难相关。

引申言之,义疏学的研究固然可以推进章句学的研究,但章句到义疏不能视作由简至繁的发展过程。我们将郑玄、何休作为汉代经学的终点、收束,那么汉代章句之学就不可能是从粗疏、无序导向了郑玄的简明;而应该是从繁复、细密到郑玄的简约。

---

① 以上见《论衡校释》卷三《本性》,第132—143页。
② 《后汉书》卷四九《王充传》,第1629页。

《韩诗外传》改笔及其《诗》传性质的再认识
——以删改《荀子》文献为例

蔡千千

【内容提要】《韩诗外传》杂采先秦秦汉诸子文献,对原始文本进行了删简、整齐化修润,又以补笔、改笔等手法缀合不同篇章段落,将各种故事和论说从其原有语境中剥离,以较为简洁、统一的文风融入全书的结构之中。韩婴通过在故事、论说与《诗》文之间增加串讲的文字,增换原始文本所引《诗》文,将篇章的编排纳入以《诗》为中心的结构中,使得《外传》各章的文本结构由"缀合式"引《诗》的论说,转变为以章末《诗》文为核心的解《诗》之传,其编纂体例类似《韩非子·喻老》和《淮南子·道应训》。探究《韩诗外传》的改笔方式并藉此厘清其文本层次和《诗》传性质,可作为认识汉代经学传注整合先秦文献的个案。

【关键词】 韩诗外传 改笔 荀子 诗传 经说体

《韩诗外传》(以下简称《外传》)为西汉早期大儒韩婴编汇纂辑诸多先秦至汉初材料的解《诗》之作,其中有大量章节与战国秦汉文献互见,在先秦秦汉著作大多不存的情况下,《外传》保留的先秦逸说及其与周秦诸子书互见的文本,受到清代以来学者的重视[①]。同时,侧重思想史方面的研究者也就《外传》采用的先秦文献及其删改方式,对《外传》的思想旨趣做出精当的分析[②]。另一方面,由于《外传》自身体例与两汉专门解经的诂、训、内传、注不同,自宋以来,

---

【作者简介】蔡千千,北京大学中国语言文学系博士研究生。
① 如卢文弨、谢墉校《荀子》,郝懿行《荀子补注》,王念孙、王引之《读书杂志》,俞樾《诸子平议》等书,都用《外传》的互见文献与《荀子》对校,例证过多,不一一枚举。
② 如徐复观《两汉思想史》(三)《韩诗外传》相关章节、金德建《荀子非十二子篇与韩诗外传卷四非十子节之比较》论《外传》引《非十二子》的改笔,见徐复观《两汉思想史》三,北京:九州出版社,2014年,第23页;金德建《古籍丛考》,北京:中华书局;上海:上海书店,1986年,第54页;孟庆楠《〈韩诗外传〉对旧说的征引与整合》,《中国典籍与文化》2013年第2期。

《外传》传《诗》的性质一直受到质疑①,《外传》本身的《诗》学价值也一定程度受到遮蔽。21世纪以来,不少学者深耕于此,充分论证了《外传》传《诗》的合理性②,使得一度游离在经传与诸子之间的《外传》重获《诗》传的合法性。在前辈学者的研究基础上,笔者拟从两个方面就此问题再做推进:一是总结《外传》删改原始文献的诸种方式,及其嵌入、缀合《诗》文的形式,在此基础上离析《外传》各章的文本结构;二是据周秦诸子中相同体例的篇目发明《外传》以故事、论说解《诗》的合理性。只有厘清《外传》复杂的材料来源、整合方式和文本层次,才能更好地认识《外传》作为《诗》传的根本属性,准确理解《外传》杂采先秦诸子之说的形式意义和文本义涵。

作为战国晚期儒学的代表之作,《荀子》对汉代经学产生了深刻影响。在现今可见与《外传》互见的战国西汉早期文献中,《荀子》是互见次数最高的文献,二者共有51章互见章节③。再者,不少学者都指出《外传》引《诗》与《荀子》的相似之处④,以战国"缀合式"引《诗》的代表《荀子》为例⑤,探讨《外传》删改材料、增换引《诗》的方式,无疑是最为合适的,下文拟就此展开论述。

一 《外传》与《荀子》互见文本的关系

《韩诗外传》与《荀子》互见的文本共计51章。《史记·吕不韦列传》载:"是时诸侯多辩士,如荀卿之徒,著书布天下。"⑥战国末期,《荀子》书遍天下,尽管"《诗》《书》百家语"在秦火禁毁的范围之内,但惠帝四年除挟书令,已然放开

---

① 如"多记杂说,不专解《诗》",见〔宋〕陈振孙《直斋书录解题》,上海:上海古籍出版社,1987年,第35页,"大抵引《诗》以证事,而非引事以明《诗》",见〔明〕王世贞《读韩诗外传》,《弇州山人四部稿》卷一一二,上海:上海古籍出版社,2021年,第2818页;"其书杂引古事古语,证以诗词,与经义不相比附,故曰《外传》",见〔清〕永瑢等《四库全书总目》卷十六,北京:中华书局,1965年,第136页。
② 见汪祚民《〈韩诗外传〉编排体例考》,《陕西师范大学学报(哲学社会科学版)》2003年第3期;房瑞丽《〈韩诗外传〉传〈诗〉论》,《文学遗产》2008年第3期;艾春明、周颖《〈韩诗外传〉解诗说》,《辽东学院学报(社会科学版)》2006年第6期;孙娟《浅议〈韩诗外传〉引〈诗〉用〈诗〉》,《文津学志(第六辑)》,北京:国家图书馆出版社,2013年,第82—88页。
③ 据笔者统计,《外传》与《荀子》互见51章,而与其他周秦诸子文献如《庄子》互见4章,《韩非子》互见8章,《吕氏春秋》互见8章,数量上皆远远少于《荀子》。此数诸家统计不同,徐复观统计为54次,详见氏著《两汉思想史》(三),第7页。
④ 如徐复观以为《外传》引《诗》"多援用荀子所用的格式",见徐复观《两汉思想史》(三),第9页。
⑤ 见程苏东《从贵族仪轨到布衣文本——晚周《诗》学功能演变考论》(载《文学遗产》2020年第2期),文中指出,以《荀子》为代表的战国后期著述更多"将《诗》文与说理、叙事性短章相缀合,二者在意义上具有相关性,但在形式上则相对独立,《诗》文不介入说理或叙事短章自身的话语体系构建",且往往以"《诗》云""《诗》云……此之谓也"等相对固定的形式出现,"是一种自觉的、体例化的书写方式"。
⑥ 〔汉〕司马迁撰,〔南朝宋〕裴骃集解,〔唐〕司马贞索隐,〔唐〕张守节正义《史记》卷八十五,北京:中华书局,1982年,第2510页。

对诸子百家的管禁。从文帝时贾谊"通诸子百家之书"为博士①，可以见出此时诸子书已恢复传习，可为年轻士人阅读掌握，同样在文帝朝任博士的韩婴，应当能在纂集《外传》时见到并取择当时流传的《荀子》文献。

将今本《荀子》的篇章分而观之，议论类文献如《劝学》《修身》《不苟》《非相》《非十二子》《儒效》《王制》《富国》《君道》《臣道》《致士》《议兵》《强国》《天论》《大略》等篇，基本为鲜明反映荀学思想的论说篇目，《外传》与之互见的章节转录自《荀子》当无疑义。《外传》1.5、2.6与《天论》，1.11与《不苟》，3.5与《儒效》互见的章节，都有"传曰"这一引用标记。《天论》中"星队木鸣国人皆恐"一章，引更早来源的"传曰"，《外传》2.6先以"传曰"为标记引用此章，又在章中保留了《荀子》原本引更早传文的内容，使得文本出现了两个不同层次的"传曰"，可以看作典型的《外传》转录《荀子》的例证。

不过，《外传》与《荀子》互见的故事类文献具体性质却难以直接下定论。这类章节大都是关于孔子和孔子弟子的故事，在当时应有一定的流传广度，传世文献中除《荀子》和《外传》外，还多见载于《大戴礼记》《说苑》《孔子家语》等书。徐建委在分析《说苑》的素材来源时指出，构成故事的元素有人物、背景、情节，构成论述的要素有主题、逻辑、论据，这些要素可以作为判断互见文献是同源或转录的有效材料。② 但就《外传》的具体情况而言，更为常见的是《外传》同一故事能在传世和出土文献中找到多种来源，以《外传》7.6孔子厄于陈蔡的故事为例，对这一故事互见文本的分析可参程苏东《〈庄子·让王〉脱文辑证——基于衍生型文本生成方式的研究》③。《外传》此段前一半和《荀子》基本一致，当本《荀子》而来，之后增加的伯夷、叔齐、鲍叔、叶公子高、鲍焦、介子推等人的事迹，仍和前一部分保持同一叙述句式，但为《荀子》所无，中间舜遇尧、傅说遇武丁、吕望遇文王、管夷吾遇齐桓公、百里奚遇秦穆公、孙叔敖遇楚庄王、伍子胥遇阖闾、兰生幽谷等内容，则无论从人物顺序还是叙事要素来看，皆与郭店简《穷达以时》相同。一种可能的情况是，《外传》采用缀合的手法，将《穷达以时》讲述困厄发迹的文本嵌入《荀子》相近的叙述中。但三者都有兰生

---

① 《史记》卷八四《屈原贾生列传》，第2491页。
② 徐建委《〈说苑〉研究——以战国秦汉之间的文献累积与学术史为中心》，北京：北京大学出版社，2011年，第199页。
③ 这一故事见于《墨子·非儒下》《庄子·山木》《荀子·宥坐》《吕氏春秋·任数》《韩诗外传》《史记·孔子世家》《孔子家语·在厄》等文本，程文详细对比了《庄子·让王》《吕氏春秋·慎人》《荀子·宥坐》文本生成过程中的同与异，是对衍生型文本产生方式和失控原因探究的典型案例。见程苏东《〈庄子·让王〉脱文辑证——基于衍生型文本生成方式的研究》，《复旦学报（社会科学版）》2019年第3期，第31—42页。

幽谷的描写①，也不能排除三者同源于一则材料，《荀子》和《穷达以时》各取其中的一部分，而《外传》则保留了较为完整的面貌。从人物和基本故事情节来看，《外传》的故事和《庄子》《吕氏春秋》在讲到孔子厄于陈蔡时所提到的都有不同，其主要依据的材料来源当与《荀子》更近。《外传》在此章结尾处将故事的人物转回舜、桀、纣、关龙逄和王子比干，与《荀子》和《穷达以时》皆不相同，但却与《荀子》章首的"王子比干何为刳心而死"构成叙述上的闭环，将《外传》此章视为以《荀子》文献为主，缀合《穷达以时》应当是更为可靠的。

尽管故事类文本的来源和转录较为复杂，但并非不可讨论。《外传》与《荀子》互见的 51 则文本中，故事类共 14 则，分别为 1.10（《哀公》）②、2.12（《哀公》），3.22（《宥坐》），3.30（《宥坐》），3.31（《尧问》），3.32（《子道》），3.36（《议兵》），4.4（《哀公》），4.25（《赋篇》）③、4.32（《哀公》），7.6（《宥坐》），7.22（《尧问》），8.23（《大略》），9.4（《子道》）等章，除 3.36 章与《议兵》篇互见外，其他章节皆属于《大略》《宥坐》《子道》《哀公》《尧问》等篇，《宥坐》以下篇目被杨倞视为"荀卿及弟子所引记传杂事"④，当时应该有不少同类故事流传。一方面，我们不能断言《外传》与《荀子》互见的故事类文本一定来源于《荀子》；但另一方面，同一故事在《荀子》中的记录确实提供了可资比较的对象，在综合对比《外传》与《荀子》《大戴礼记》等书相同故事的文本后，仍可见出《外传》的独特之处，应当纳入韩婴改笔的特色中加以考察。对于此类文本，应当跳出清人以来互相转抄的来源思维限制，而将之放入更广大的文本使用语境进行研究。⑤

不容忽视的是，现今所传西汉晚期之前的文本大都经过刘向的校订，《荀子》和《韩诗外传》也不例外。刘向将中秘所藏三百二十二篇整合为三十二篇

---

① 《穷达以时》对应"兰生幽谷"的部分残缺，但仍能看出首字从"艹"，最后几字为"嗅而不芳"，裘锡圭、陈剑等学者都按《荀子》和《韩诗外传》将其补足。武汉大学简帛研究中心、荆门市博物馆编著《楚地出土战国简册合集（一）》，北京：文物出版社，2011 年，第 46 页。
② 括号内为与《外传》互见的《荀子》文本在《荀子》中的篇目。
③ 此章在《外传》中为故事，但与《荀子·赋篇》互见的部分只是孙子（即荀子）赋的部分，在《荀子》中并非故事。
④ 〔清〕王先谦撰，沈啸寰、王星贤点校《荀子集解》卷二〇，北京：中华书局，1988 年，第 510 页。
⑤ 近年来国内外学者如宇文所安、柯马丁、李锐等就公共素材库、同文等现象进行研究，从先秦诸子享有公共知识、素材的角度对互文文本的性质做出了突破清人相互转抄结论的研究，从文本来源方面为大量互见材料提供了一种解释的可能，柯马丁"诸多具体实现之一"的论述也极具启发意义，但其主要就《诗经》文本而言，对于故事类文本的具体实现语境，还可再做进一步分析。见宇文所安《中国早期古典诗歌的生成》，北京：生活·新知·读书三联书店，2012 年；柯马丁《早期中国诗歌与文本研究诸问题——从〈蟋蟀〉谈起》，《文学评论》2019 年第 4 期；李锐《同文与族本——新出简帛与古书形成研究》，上海：中西书局，2017 年。

本《荀子》①，其间定然有删改合并的工作；同样，《韩诗外传》成书后在后学弟子手中也不无增益删补的可能，但这并非意味着《外传》转录《荀子》文献时的改笔无法讨论。余嘉锡、姚名达、张舜徽等学者都对刘向校书的义例有充分揭示，徐建委在其基础上又辨析了刘向改造的是古籍的流传形态而非文本内容，即刘向校书时重视讹字、不妄定异同、不擅删篇章②，也就是说，刘向校书重在"条其篇目，撮其指意"③，而非改书。因此，对《外传》的改笔仍有系统性讨论的意义。同时，《荀子》《大戴礼记》和《外传》三者有互见的章节，这些章节中《荀子》与《大戴礼记》的文本总体一致，而与《外传》有差异，这些差异明显是有意识地改笔而非流传过程中产生的讹误，《大戴礼记》可以作为《荀子》《外传》比较研究的重要参照系，既能看出早期《礼》类、《诗》类文献与《荀子》各篇的相互影响与动态演变，也能从结构性的根本差异看出《外传》删改的痕迹与特色。

总而言之，《外传》与《荀子》的议论类互见文献皆可视为《外传》转录《荀子》，而二者相似的故事类文献也可以《荀子》作为参考，前者中的"实质性异文"④可以作为研究《外传》改笔方式与特色的材料，后者则更便于通过对比，从意指上把握《外传》通过《诗》文限制对故事语境的删改，下文将就此展开讨论。

二 《韩诗外传》删改《荀子》的方式

近年来有不少学者对早期互见文献进行了深入研究，归纳出不少互见文献因袭、删改的方式⑤，《韩诗外传》对《荀子》一书的转录既有此类文献的共同特征，也有因其《诗》传性质和时代思想独具特色之处。本部分将对比分析《外传》和《荀子》的互见文献，探讨《外传》删改《荀子》的方式，并从其改笔中探究韩婴转录诸子论说、故事的目的。

《外传》对《荀子》文本的改笔主要有如下方式：

---

① 〔汉〕刘向《孙卿书录》，见《荀子集解》卷二〇附录部分，第557页。
② 徐建委《〈说苑〉研究——以战国秦汉之间的文献累积与学术史为中心》，第7—8页。
③ 〔汉〕班固著，〔唐〕颜师古注《汉书》卷三〇《艺文志》，北京：中华书局，1962年，第1701页。
④ 此概念兼用W. W. 格雷格（W. W. Greg）和冯国栋所论，即影响作者的意图或者其表达实质的文本异文为"实质性异文"，文本在书写、刻印、流传过程中由于抄手、刊工等因素形成的异文为"非实质性异文"。（W. W. 格雷格《底本原理》，苏杰编译《西方校勘学论著选》，上海：上海人民出版社，2009年，第161页；冯国栋《"活的"文献：古典文献学新探》，《中国社会科学》2020年第11期，第46页。）
⑤ 如邬可晶《〈孔子家语〉成书考》就归纳出今本《孔子家语》因袭前人之书而带有"后代性"特征：增益首尾，或增添评论；增加"解释性"的话；添入较晚的人喜欢谈论的内容或常使用的话，或以"今语"替换"古语"；将部分"神秘性"的话改得富于"人文性"；为配合本章主题而故意添入一些语句；改单句为对仗之句等。参见邬可晶《〈孔子家语〉成书考》，上海：中西书局，2015年，第367—368页。

首先,是整齐化《荀子》文本①,并一定程度上删繁就简。以《外传》2.6为例(表1):

表1

《荀子·天论》	《韩诗外传》2.6
<u>星队、木鸣,国人皆恐。曰:是何也? 曰:无何也</u>,是天地之变,阴阳之化,物之罕至者也,怪之可也,而畏之非也。夫日月之有食,风雨之不时,怪星之党见,是无世而不常有之。上明而政平,则是<u>虽并世起,无伤也</u>;上闇而政险,<u>则是虽无一至者,无益也</u>。<u>夫星之队,木之鸣,是天地之变,阴阳之化,物之罕至者也,怪之可也,而畏之非也</u>。物之已至者,人袄则可畏也。楛耕伤稼,耘耨失薉,政险失民,田薉稼恶,籴贵民饥,<u>道路有死人</u>,夫是之谓人袄。政令不明,举错不时,本事不理,夫是之谓人袄。勉力不时,则牛马相生,六畜作袄;礼义不修,内外无别,男女淫乱,则父子相疑,上下乖离,寇难并至,夫是之谓人袄。袄是生于乱,三者错,无安国。其说甚尔,其菑甚惨。可怪也,而不可畏也。传曰:"万物之怪,书不说。无用之辩,不急之察,弃而不治。"若夫君臣之义,父子之亲,夫妇之别,则日切瑳而不舍也。 <u>雩而雨,何也? 曰:无佗也</u>,犹不雩而雨也。日月食而救之,天旱而雩,卜筮然后决大事,非以为得求也,以文之也。故君子以为文,而百姓以为神。以为文则吉,以为神则凶也。②	<u>传曰:雩而雨者,何也? 曰:无何也</u>,犹不雩而雨也。<u>星坠木鸣,国人皆恐。何也?</u> 是天地之变,阴阳之化,物之罕至者也,怪之可也,畏之非也。夫日月之薄蚀,怪星之党见,风雨之不时,是无世而不尝有也。上明政平,是<u>虽并至,无伤也</u>。上闇政险,是<u>虽无一,无益也</u>。夫万物之有灾,人妖最可畏也。曰:何谓人妖? 曰:枯耕伤稼,枯耘伤岁,政险失民,田秽稼恶,籴贵民饥,<u>道有死人</u>,寇贼并起,上下乖离,邻人相暴,对门相盗,礼义不修,牛马相生,六畜作妖,臣下杀上,父子相疑,是谓人妖。是生于乱。传曰:天地之灾,隐而废也。万物之怪,书不说也,无用之变,不急之灾,弃而不治。若夫君臣之义,父子之亲,男女之别,切瑳而不舍也。《诗》曰:"如切如瑳,如琢如磨。"③

此章转录自《荀子·天论》,包含两种整齐化手段。一是通过调整前后文顺序,并置句式相同的语句。在《荀子》原文的论述中,"雩而雨"等句被置于段落的

---

① 李林芳对《诗经》《老子》等先秦文献的句式整齐化有过深入研究,"所谓句式的整齐性,即句式的整齐程度,可在每句字数、句与句间对应等方面体现出来。比如对于一段文字,若每句字数大致相同,并且句间能呈现出一定的对偶关系,则其句式显得更加整齐"。见李林芳《〈毛诗〉较安大简〈诗经〉文本的存古之处——句式整齐性的视角》,《文史》2021年第1期;李林芳《〈老子〉诸本的四字句与早期文本的演变规律——基于出土文献与传世文献的文本比对研究》,《古籍研究》2022年第2期。对于《韩诗外传》这种散文体文献而言,本文所论的整齐化主要指相邻句子的字数、句式结构等方面的一致化。

② 《荀子》,《古逸丛书》之七光绪十年(1884)黎庶昌影印日本金泽文库藏宋台州本,卷十一第20b—22a页。

③ 《韩诗外传》,国图藏明嘉靖十四年(1535)刻本,卷二第4b—5a页。

最后部分，《外传》将其移至段首，使得"零而雨"和"星队、木鸣"两组问答，在"何也？曰：无何也"的相同结构中形成整齐统一的句式效果。二是对个别文字进行微调，使前后文用字一致或字数一致。《荀子》原文"则是虽并世起"，与后文的"则是虽无一至者"并不完全统一，《外传》将前者改为"是虽并至"，与"虽无一至"在论述的内容和方向性上达成一致，形成整齐的逻辑结构，又将后者改为"是虽无一"，形成统一的字数结构。再如论述人祆的表现时，《外传》将《荀子》的"道路有死人"改为"道有死人"，应当也是为与前后文并列的其他四字的表现统一而做出的整齐化改动。

《外传》整齐化《荀子》语句时，很少是增字以达到句式的相同，多数情况下是删削字词以期句子精简易诵。因此与整齐化并行的，是删除重复内容的转录倾向。正如郝懿行所言："《荀子》之文，往往反复申明，欲令辞必达意，不避重繁，为使人易晓也。"[1]在上举例子中，《荀子》论述"人祆"时，三次写到"夫是之谓人祆"，第一次总结的内容是天时不合与政令险僻导致饥馑，第二次为政治失常，第三次为五常沦丧，内外祸作，后又有"六畜作祆"，在"祆"的表征上反复言说，后世如《群书治要》在节录《荀子》时已有大量删改，但此处仍保留三次论述[2]，而《外传》则将三次所提到的表征统一以四字句整合在"何谓人祆""是谓人祆"的问答结构中，更显简洁。又如"夫星之队，木之鸣""可怪也，而不可畏也"等多次重复的语句，都被《外传》删去，使得《外传》的文本整体呈现出简洁精练的特征。由此可以看出，《外传》转录《荀子》，并不旨在保留其语言风格和论说逻辑，而是在保留大义的基础上简化转录。

除上述删减方式外，《外传》转录《荀子》时，还常见对整个问答结构的删削，如《外传》4.11是对《荀子·君道》无人物的纯问答结构所作的删改，而《外传》1.10、4.4、4.32都是将孔子与哀公问答的结构删为孔子一人独白或仅保留孔子所答内容而以说理的形式呈现。此处以《外传》1.10为例进行分析（表2）：

表 2

《荀子·哀公问》	《大戴礼记·哀公问五义》	《韩诗外传》1.10
哀公曰："善！敢问何如斯可谓士矣？"孔子对曰："所谓士者，虽不能尽道术，必有率也；虽不能遍美善，必有处也。是故知不务多，务审其所知；言不务多，务审其所谓；行不务多，务	哀公曰："善！何如则可谓士矣？"孔子对曰："所谓士者，虽不能尽道术，必有所由焉；不能尽善尽美，必有所处焉。是故知不务多，而务审其所知；行不务多，而务审其所由；言不务	传曰：所谓士者，虽不能尽乎道术，必有由也。虽不能尽乎美著，必有处也。言不务多，务审所行而已。行既已尊之，言既已由之，

---

[1] 〔清〕郝懿行著，管谨讱点校《荀子补注》，济南：齐鲁书社，2010年，第4562页。
[2] 〔唐〕魏徵等《群书治要》卷三八，北京：中华书局，2014年，第471页。

续表

《荀子·哀公问》	《大戴礼记·哀公问五义》	《韩诗外传》1.10
审其所由。故知既已知之矣，言既已谓之矣，行既已由之矣，则若性命肌肤之不可易也。故富贵不足以益也，卑贱不足以损也，如此，则可谓士也。"①	多，而务审其所谓。知既知之，行既由之，言既顺之，若夫性命肌肤之不可易也。富贵不足以益，贫贱不足以损。若此，则可谓士矣。"②	若肌肤性命之不可易也。《诗》曰："我心匪石，不可转也。我心匪席，不可卷也。"③

此段文字在《荀子》中隶属于哀公问孔子"吾国之士"，孔子对以庸人、士、君子、贤人、大圣五仪，《外传》此章截取为士的一段，4.32章截取为庸人的一段。可供参照的是，《荀子》中哀公与孔子问答的基本内容又见于《大戴礼记·哀公问五义》、定县八角廊汉墓竹简《哀公问五义》④和成书时代更晚的《孔子家语·五仪解》。就此章而言，较之《荀子》和《大戴礼记》，《外传》删去了哀公与孔子往复问答的叙事框架，只保留了孔子对于士论述的内容，隶属原本结构框架下章末对士的品行进行总结与照应问答的"则可谓士矣"等句也被系统删去，而代之以对《诗》文的引证。还可讨论的是，此段中《荀子》的论述顺序为知、言、行，《大戴礼记》则为知、行、言，《外传》此处有大量脱文，最后呈现出的顺序为行、言。分句顺序的颠倒反映出单篇流传状态下《荀子》文献与《礼》类文献复数交融的情况，《外传》此段的来源很可能不同于今本《荀子》而同于今本《大戴礼记》的早期来源，但这样的情况并不影响对《外传》系统性删改方式的讨论。把握《外传》系统性删改《荀子》文献的方式特点，也能更好地辨别文献流传造成的异文与韩婴主动改造文本所做的努力，从而也为用早期诸子文献互校廓清范围。

其次，缀合和补笔。《韩诗外传》要缀合来自不同篇章的《荀子》，就需要在两条材料间增加过渡性的内容，因此缀合总是与补笔相伴而行，以《外传》3.7为例：

成侯、嗣公，聚敛计数之君也，未及取民也；子产，取民者也，未及为政

---

① 《荀子》，卷二〇第18a—19a页。
② 《大戴礼记》，国家图书馆藏元至正十四年（1354）刻本，卷一第5a—5b页。
③ 《韩诗外传》，卷一第5b—6a页。
④ 定县八角廊竹简《哀公问五义》至今尚未发表，据最新整理情况，该篇存简约30枚，满简可书30字左右，书体、形制与其他各篇不同，"结构更接近于大戴本，仅有'吾欲论吾国之士'和孔子说解'五义'两个部分"，可知此篇在结构上与《大戴礼记》相似，哀公问与孔子答结构完整，与仅转录"五义"之一的《韩诗外传》不同。参见田硕、张驰、贾连翔《定县八角廊汉墓竹简四种未刊文献介绍》，《出土文献》2023年第2期。

也;管仲,为政也,未及修礼。故修礼者王,为政者强,取民者安,聚敛者亡。故聚敛以招谷、积财、肥敌,危身亡国之道也,明君不蹈也。将修礼以齐朝,正法以齐官,平政以齐下,然后节奏齐乎朝,法则度量正乎官,忠信爱刑刑乎下。如是百姓爱之如父母,畏之如神明。是以德泽洋乎海内,福祉归乎王公。《诗》曰:"降福简简,威仪反反。既醉既饱,福禄来反。"①

此章为拼缀《荀子·王制》和《荀子·富国》而成:

> 成侯、嗣公,聚敛计数之君也,未及取民也;子产,取民者也,未及为政也;管仲,为政者也,未及修礼者也。故修礼者王,为政者强,取民者安,聚敛者亡。……聚敛者,召寇、肥敌,亡国危身之道也,故明君不蹈也。(《荀子·王制》)②

> 故明君不道也。必将修礼以齐朝,正法以齐官,平政以齐民,然后节奏齐于朝,百事齐于官,众庶齐于下。(《荀子·富国》)③

《外传》基本全录《荀子》这两段文字,最能体现《外传》整合材料的用力之处是中间的补笔部分。从字面来看,《王制》和《富国》在"君"和"修礼"上有所关联,从论述逻辑看,则两段都在推崇修礼以治民。但《富国》被引的第一句与其前一句本来有因果关系,即"不足以持国安身,故明君不道也",《外传》并未转录"明君不道"的原因,而是借由《王制》末尾的"故明君不蹈也"与《富国》"故明君不道也"的相似性,改写《王制》段末数句,使之成为《富国》相应段落语句的原因,从而将两段连接起来。《外传》拼缀式的转录,删除了《富国》段落中因不修礼而导致的反面结果,是为了与章末《诗》文的正面叙述相合。这样的转录,抽离了《荀子》原本的论述语境和逻辑,而服务于阐释《诗》文。

复次,改笔。《外传》通过微调《荀子》部分字词,体现出韩婴对荀子思想学说的理解与改造。《荀子》和《外传》的互见文献多有异文,此处关注的改笔,指的是"实质性异文",即韩婴基于其思想主张主观改动而与《荀子》产生意义差异的部分,历史流传过程中二者文本面貌的错位不在此列。此类最典型的例子为《外传》4.22对《荀子》的改笔,此前学者已经关注到《外传》将《荀子·非十二子》中所有的"十二子"改为"十子"④,从被批评对象中摘除子思、孟轲两位儒家学派的代表人物,同时"仲尼"并提的"子弓"删去等处,但对于今本《外传》与《非十二子》"六说者不能入也""六说者立息"相对应之句作"工说者不能入也""工说者立息"则无深入探讨。在《非十二子》篇中,荀子将十二子两两一组,对

---

① 《韩诗外传》,卷三第5a—5b页。"奏齐"二字为小字。
② 《荀子》,卷五第5a—5b页。
③ 《荀子》,卷六第22b页。
④ 见前引徐复观、金德建、孟庆楠之说。

其分别代表的当时社会上流行的六种学说进行批判,《外传》缩减了这一部分,将原本近四百字的内容缩到百字,并增加"务自为工,道无所遇,二人相从,故曰十子者之工说,说皆不足合大道,美风俗,治纲纪"一句作为总结。"二人相从""说皆"可以推断其原本指向的是"十子者之五说",如此,后文的两处"工说"也当是"五说"之讹。此处应当理解为,韩婴将子思、孟子移除批评序列之后,系统性地将文中的"十二子"改为"十子",将"六说"改为"五说",由于汉隶中"五"与"工"极为形似,"五"字作"Ⅰ"①,"工"字作"工"②,最终讹为今本"工说"的面貌。这一个案给我们提供了两点启示,第一,韩婴转录诸子文献并非基于对其学说认同的前提,面对与自己思想观念不合之处,韩婴甚至会对原文做出思想表述上的删改;第二,韩婴的改笔严谨而系统,在对原文大加删改的同时,相应的数字逻辑也得到系统地改动。

最后,是在《荀子》的基础上,通过置换相同句型结构,把《荀子》原文转化为更早期的经典文本。最典型的例子即《外传》6.7:

> 吾语子,夫服人之心,高上尊贵,不以骄人;聪明圣知,不以穷人;勇猛强武,不以侵人;齐给便捷,不以欺诬人。不能则学,不知则问。虽知必让,然后为知。遇君则修臣下之义,出乡则修长幼之义,遇长老则修弟子之义,遇等夷则修朋友之义,遇少而贱者则修告道宽裕之义。故无不爱也,无不敬也,无与人争也,旷然而天地苞万物也。如是则老者安之,少者怀之,朋友信之。《诗》曰:"惠于朋友,庶民小子。子孙绳绳,万民靡不承。"③

在《荀子》原文中,相当于"老者安之,少者怀之,朋友信之"的一句,是"贤者贵之,不肖者亲之",《外传》显然是根据《论语·公冶长》孔子言志"老者安之,朋友信之,少者怀之"④进行的改编。巧妙的是,这一改编在句式结构上与《荀子》原文完全相同,内容的替换毫无违和之处,而文义因为有《论语》作为背景,较《荀子》原文更符合孔子的思想。《论语·子路》:"子贡问曰:'乡人皆好之,何如?'子曰:'未可也。''乡人皆恶之,何如?'子曰:'未可也。不如乡人之善者好之,其不善者恶之。'"⑤《荀子》此处的"贤者贵之,不肖者亲之"显然与这一标准

---

① 《北京大学藏西汉竹书》二,上海:上海古籍出版社,2012年,第83页151简第3字。
② 《长沙马王堆汉墓简帛集成》一,北京:中华书局,2014年,第132页第25字。"五""工"之讹虽是非实质性异文,但却是从《荀子》之"六"到今本《外传》之"工"所不可忽视的一环,"六"被韩婴改为"五"仍属于本文所论涉及文义的转录者主观改造的部分,故此处不避重繁,申而论之。
③ 《韩诗外传》,卷六第4a—4b页。
④ 《论语集解》,民国二十年(1931)故宫博物院影印天禄琳琅收元盱郡覆宋廖莹中世彩堂本,卷三第6a页。
⑤ 《论语集解》,卷七第6a页。

有所出入,而《外传》的替换则实现了儒学内部理论的自洽,并使《外传》的部分表述拥有孔子语录的特征。

这种尽可能接近孔子及其弟子表述的追求,在《外传》的其他章中也能看到,尤其以故事类文本的人物对话最为明显。《外传》7.12 为孙叔敖与狐丘丈人的对话,可与《淮南子·道应训》《列子·说符》等文献对读,但《外传》加入了其他文献都不具备的"小子不敏,何足以知之""善哉言乎!尧舜其犹病诸"两句①,前者与《孝经》中的"参不敏,何足以知之"②相似,后者则在《论语》的《雍也》《宪问》中为孔子反复言说,在《外传》中又被插入 8.34 章魏文侯的言论中,与此章互见的《吕氏春秋·适威》《淮南子·道应训》同样没有此句。

前述《外传》转引《荀子》论述时有强烈的删繁就简倾向,然而在故事类文本中,《外传》常常比《荀子》多出一些人物对话,这些对话大都可从《论语》《礼记》《孝经》所载孔子及其弟子的对话中寻得相似的语句。综合对比这些章节,笔者认为,此类话语的附加并非《外传》有故事对话的其他文本来源,而是韩婴编纂时有意识将孔门语录风格融入人物对话之中。由于《外传》不止孔子及其弟子的对话融入了这些经典表述,君主、贤臣、隐士的言论中也被附加了这类话语,乃至议论类文本也加入了近似的补笔,韩婴很大程度上以孔门话语统合了《外传》部分章节的语言风格。

总之,《外传》对《荀子》的转录,并不以忠实地传达《荀子》原意为目标,而是通过改笔的方式将《荀子》中的论说、故事从其原生语境中剥离,通过系统性的调整,统一文风和论说指向,将源自《荀子》的文段转变为《外传》有机的组成部分。

三 《外传》转录《荀子》文献时对引《诗》的改动

晚周儒学引《诗》,多为与时新的儒学理论互相印证,《荀子》引《诗》亦在这一时代脉络中。本部分论述将从引《诗》的形式出发,对《外传》与《荀子》互见文献进行分类,对《外传》缀合引《诗》的形态进行研究。在《外传》与《荀子》互见的 51 章文献中,有 37 章为《荀子》本无引《诗》,另外 14 章为《荀子》自带引《诗》的部分。其中,《外传》没有更改而与《荀子》引同样《诗》文的有 4 章,可视为直接移植,另 10 章为《外传》搁置《荀子》原本引用的《诗》文,改引其他《诗》文,此中又有 2 章为《荀子》原文嵌入式征引多处《诗》文,《外传》在保留部分《诗》文的同时,替换或增加了其他《诗》文,并在结尾处增加缀合引《诗》。下

---

① 《韩诗外传》,卷七第 9a 页。
② 《宋刻孝经》,影印清乾隆内府收藏宋刻本,天津:天津市古籍书店,1987 年,第 5 页。

文将就《外传》转录《荀子》时在引《诗》上做出的改动,分析《诗》传的性质对《外传》删改《荀子》文本的影响。

第一种情况,《荀子》原本的论述中并未引《诗》,《外传》转录时缀合了与之有一定逻辑关系的《诗》文,以《外传》2.31 为例:

> 夫治气养心之术:血气刚强,则务之以调和;智虑潜深,则一之以易谅;勇毅强果,则辅之以道术;齐给便捷,则安之以静退;卑摄贪利,则抗之以高志;容众好散,则劫之以师友;怠慢摽弃,则慰之以祸灾;愿婉端愨,则合之以礼乐。凡治气养心之术,莫径由礼,莫优得师,莫慎一好。好一则博,博则精,精则神,神则化,是以君子务结心乎一也。《诗》曰:"淑人君子,其仪一兮。其仪一兮,心如结兮。"①

此章论说部分,当引自《荀子·修身》篇。但《修身》篇在"莫神一好"之后就以"夫是之谓治气养心之术也"结束了这一段论述。与之相较,《外传》通过补笔,增加了"好一则博,博则精,精则神,神则化。是以君子务结心乎一也",作为勾连论说部分和引《诗》之间的内容。在《荀子》原本的论述中,"一"仅仅是"治气养心"的一个环节,即"知虑渐深则一之以易良"和"莫神一好",而《外传》则扩写了"一"与"神"的关系,进而推出"是以君子务结心乎一也"这一与被引《诗》文文义关联的结论,为了最大程度消融说理部分与引《诗》之间的龃龉。《外传》在此句中使用了《诗》文内的"君子""结""心""一"等概念,使被缀合的《诗》文与说理段落有效衔接,以转录说理文段解《诗》的目的借此得以实现。

第二种情况,是《外传》沿用《荀子》所引《诗》文。以《外传》6.8 为例:

> 仁者必敬其人。敬其人有道,遇贤者则爱亲而敬之;遇不肖者则畏疏而敬之。其敬一也,其情二也。若夫忠信端愨而不害伤,则无接而不然,是仁之质也。仁以为质,义以为理,开口无不可以为人法式者。《诗》曰:"不僭不贼,鲜不为则。"②

《外传》此章当本《荀子·臣道》而来,但仍有增改的部分。《臣道》篇引《诗》之前的内容为:"忠信以为质,端愨以为统,礼义以为文,伦类以为理,喘而言,臑而动,而一可以为法则。"显然是就"故夫忠信端愨而不害伤,则无接而不然"展开的具体阐释,《外传》将之删改为"仁以为质,义以为理,开口无不可以为人法式者",缩合了《荀子》理论的关键要素,又减少次级阐释对主体文段的影响。《荀子》原本的"一可以为法则",从正面立论,仅能就"则"字与所引《诗》"鲜不为则"对应。《外传》将其改为"无不可以为人法式",使用双重否定的表述,在

---

① 《韩诗外传》,卷二第 18b—19a 页。
② 《韩诗外传》,卷六第 4b—5a 页。

语言逻辑层面达到与被引《诗》文一致的效果,人为地弱化了论述与引《诗》之间的差异,使前者更容易被视作后者的阐释。

第三种情况,是《外传》更换《荀子》所引《诗》文。以《外传》1.6为例:

> 君子有辩善之度。以治气养性,则身后彭祖;修身自强,则名配尧、禹。宜于时则达,厄于穷则处。信礼者也。凡用心之术,由礼则理达,不由礼则悖乱。饮食衣服,动静居处,由礼则知节,不由礼则垫陷生疾。容貌态度,进退移步,由礼则夷。国政无礼则不行,王事无礼则不成,国无礼则不宁,<u>王无礼则死亡无日矣</u>。《诗》曰:"<u>人而无礼,胡不遄死</u>!"①

与之互见的是《荀子·修身》篇,但《修身》篇所引《诗》为"礼仪卒度,笑语卒获"。对比二者引《诗》,可以见出《韩诗外传》说理部分与《诗》文关系更密切。此段前半部分虽然三次分述"由礼"和"不由礼"各自的表征,但最终归结于否定层面的"人无礼则不生,事无礼则不成,国无礼则不宁",指向无礼的后果。《荀子》所引《诗》文,从正面立意,表现的是礼义得到施行后的喜乐,而《外传》改引的《诗》文,则从反面立意,紧扣无礼的危害而言。为了与被引《诗》文更为契合,《外传》增加了"王无礼则死亡无日矣"一句,逻辑契合之外,又在"无礼""死"等字面上与引《诗》紧密扣合,使得整段论说的材料最终服务于解《诗》的编纂目的。

最后一种情况,是《荀子》在故事类文本中穿插了多则引《诗》的内容,《外传》对此既有保留又有删改,这种情况事实上只有 2 章,即《外传》3.22 和 8.23。这两则故事类文本引《诗》,在《荀子》中仅为"嵌入式征引",而《外传》又在故事之后增加了"缀合式征引",前者引《诗》贯穿于故事人物的言辞之中,与上下文关系密切,后者则可见出《外传》引事明《诗》体例的严谨。以《外传》8.23 为例(表 3):

表 3

《荀子·大略》	《韩诗外传》8.23
子贡问于孔子曰:"赐倦于学矣,愿息事君。"孔子曰:"《诗》云:'<u>温恭朝夕,执事有恪</u>。'事君难,事君焉可息哉!""然则赐愿息事亲。"孔子曰:"《诗》云:'<u>孝子不匮,永锡尔类</u>。'事亲难,事亲焉可息哉!""然则赐愿息于妻子。"孔子曰:"《诗》云:'<u>刑于寡妻,至于兄弟,以御于家邦</u>。'妻子难,妻子焉可息哉!""然则赐愿息于<u>朋友</u>。"孔子曰:"《诗》云:'<u>朋友攸摄,摄以威仪</u>。'朋友难,	孔子燕居,子贡摄齐而前曰:"弟子事夫子有年矣。才竭而智罢,振于学问,不能复进。请一休焉。"孔子曰:"赐也,欲焉休乎?"曰:"赐欲休于事君。"孔子曰:"《诗》云:'夙夜匪懈,以事一人。'为之若此其不易也,若之何其休也?"曰:"赐欲休于事父。"孔子曰:"《诗》云:'孝子不匮,永锡尔类。'为之若此其不易也,如之何其休也?"曰:"赐欲休于事兄弟。"孔子曰:"《诗》云:'妻子好合,如鼓瑟琴。兄

---

① 《韩诗外传》,卷一第 3b—4a 页。

《荀子·大略》	《韩诗外传》8.23
朋友焉可息哉！""然则赐愿息耕。"孔子曰："《诗》云：'昼尔于茅，宵尔索绹，亟其乘屋，其始播百谷。'耕难，耕焉可息哉！""然则赐无息者乎？"孔子曰："望其圹，皋如也，巅如也，鬲如也，此则知所息矣。"子贡曰："大哉死乎！君子息焉，小人休焉。"①	弟既翕，和乐且耽。'为之若此其不易也，如之何其休也？"曰："赐欲休于耕田。"孔子曰："《诗》云：'昼尔于茅，宵尔索绹，亟其乘屋，其始播百谷。'为之若此其不易也，若之何其休也？"子贡曰："君子亦有休乎？"孔子曰："阖棺兮乃止播耳。不知其时之易迁兮，此之谓君子所休也。故学而不已，阖棺乃止。"《诗》曰："日就月将。"言学者也。②

二者都是孔子和子贡的问答，且每一问答都引《诗》为证，但《外传》在具体内容上与《荀子》有一定出入。《荀子·大略》中，子贡问息之事有君、亲、妻、友、耕，《外传》则为君、父母、兄弟、畊田，但由于《外传》事兄弟不可息引《诗》为"妻子好合，如鼓瑟琴。兄弟既翕，和乐且耽"，其实被兄弟替换的妻也包含在其中。通观故事中孔子所引之《诗》，只有亲（父母）和耕（畊田）相同，虽然二者都提到了事君，但《荀子》所引的"执事有恪"比起事君更侧重于工作态度的恪尽职守，而《外传》改换的"以事一人"则更明显指向君。同时，《外传》章末引"日就月将"，并加入"言学者也"的说明内容，其实是将整则故事作为解释《诗》文的材料按例缀合。在同样是表达至死方休的意思的基础上，《外传》转换了语意的中心，即将其从"死"和"休"的负面意义转化到生生不息的正面意义之上，由此"学而不已，阖棺乃止"就与"日就月将"更为紧密地扣合起来。

从上述四种情况的分析不难看出，《外传》对《荀子》文献的转录，其增删改笔的重心不在于如周秦诸子那样"成一家之言"，而是切实服务于传《诗》的目的。第一种直接在转录章节后增加与章节内容相关《诗》文的缀合式引《诗》，是将被《荀子》论说的事理纳入《诗》文含义之中，将被转录文字转化为解释被引《诗》文的文字；第二种情况《外传》没有改换《荀子》引《诗》，但在被引《诗》文前后都增加了勾连《诗》文与议论部分的文字；第三种情况基于韩婴对《荀子》原引《诗》文和议论之间关联不够紧密的认识，将之替换为与议论或故事关联更紧密的《诗》文；第四种情况可以视为第一种和第三种的叠加。通过在引《诗》前后增加文字，复现《诗》文与故事、议论部分共同出现的名词，韩婴将《诗》文中核心的概念词赋义给被转录文字中相同的词，从而将《荀子》中的议

---

① 《荀子》，卷十九第20a—21a页。
② 《韩诗外传》，卷八第13a—14a页。

论和故事转化为某一诗句的诸种阐释可能之一。

四 《外传》文本结构与性质再认识

综合前两节的分析,我们可以认为,《外传》与《荀子》互见的章节包含三部分的内容:经过删改的《荀子》文段、《外传》增加的勾连《荀子》文段与《诗》文的内容、引《诗》,第二类勾连二者的部分或放在引《诗》之后,以"言某某"的形式将论说、故事的道理与《诗》文结合起来。

此种形式易使人联想到《韩非子》和《吕氏春秋》的结构。不同于《管子·宙合》和马王堆帛书《五行》等标准经说体中说文对经文逐字逐句进行阐述,《韩非子·内储说》《外储说》经文之后的说文由若干故事组成,这些故事有的又见于《说林》和《韩非子》的其他篇章,可以视为韩非从自己平时搜集的素材库中择取作为解释经文的材料。故事诞生之初并非服务于某一特定经文,是韩非的纂辑编排确定了其阐释经文的结构导向。同样,《吕氏春秋》十二纪的部分除了每纪第一篇为时令宜忌之外,此后几篇都先论述核心观点,再辅以故事、语录或说理段落,这些段落同样可以视为吕不韦门客杂采的传闻,只是统一的结构赋予了其作为主体论述旁证材料的内涵,故事、语录、段落在这一框架下只能被理解为辅助作证各篇核心论点的附属内容。

常森在论先秦诸子中的故事与寓言区别时,以《韩非子》中"郑人有一子将宦"(《说林下》)和"宋有富人,天雨,墙坏"(《说难》)两章为例,两章的故事都是一户人家的儿子和邻居都指出墙坏了之后会被盗窃,但盗窃真正发生后,儿子被视为有先见之明,邻居则成为怀疑的对象,后则故事从属于"非知之难也,处知则难也"的论述中,为有确定所指的寓言。常森指出,故事作为能指,其解读的指向并不固定,而当它成为寓言之后,所指便成了唯一的,不再接受所指之外的其他解读。① 第一节所举《外传》7.6 孔子厄于陈蔡的故事,在《荀子·宥坐》《庄子·让王》《吕氏春秋·慎人》中其所指分别为"君子博学、深谋、修身、端行以俟其时","古之得道者,穷亦乐,通亦乐"和"功名人立,天也。为是故,因不慎其人不可",而在《外传》中,其所指当与位于章末的引《诗》"鹤鸣九皋,声闻于天"相联系,即君子修己(鹤鸣九皋)才有可能遇时而达(声闻于天)。

综合以上两种角度,我们或可这么理解《外传》的性质,与解释字词、串讲章句大义的内传不同,《外传》更多继承的是《韩非子》《吕氏春秋》等摘引故事、格言、论述为说文的另类经说体,被转录的故事类文本中,作为所指的经文限定了作为能指的说文阐释方向,无论说文诞生的最初语境为何,自其被编排入

---

① 常森《先秦诸子研究》,北京:人民教育出版社,2008年,第517—520页。

这一经说结构始,其解释面向就因经文的含义而被限定。事实上,不止故事如此,格言与论说同样受到经说框架的阐释限定。《外传》的特殊之处在于,作为被阐释的经文,《外传》相应位置出现的并非韩婴著说的论点,而是从早期经典文本《诗经》中离析出来的断章之句。《诗》文本自春秋以来以"嵌入式征引"或"缀合式征引"的形式进入各类言论、著书之中,章尾引《诗》更是《荀子》《缁衣》等战国文献普遍使用的增强论证权威性的形式,《外传》以另类经说体之结构解《诗》,从形式上反而容易被误分入"引《诗》以证事,而非引事以明《诗》"一派。不过,此类解经之体并非全然消亡,《淮南子·道应训》为《外传》的解经体例提供了很好的旁证。

曾国藩对此篇体例与篇名有一解释:"此篇杂征事实,而证之以老子道德之言。意以已验之事皆与昔之言道者相应也,故题曰'道应'。每节之末,皆引老子语证之,凡引五十二处。"①曾国藩的观察大致准确,此篇共55章,有51章章末引"故老子曰",其中1章引"老子曰"2次,另有1章引作"老聃",皆可从今本《老子》中找到对应语句,此外还有3章章末引庄子、管子、慎子之语,结构与《外传》完全一致。笔者认为,此篇的性质应当视为对《老子》中部分句子的疏解,引《老子》之语并非为了佐证篇中故事,编纂者的目的应当是以"已验之事"解"昔之言道"。

事实上,这一阐释《老子》的结构形式也并非《淮南子》独有,为研究者公认的《韩非子·喻老》一篇同样是此结构。对比《解老》《喻老》两篇,《解老》显然更符合逐字阐释经文的解经形式,但其经文已不再前置,而是以"故曰"的形式出现在阐述之后;《喻老》则直接以作为能指的故事解释作为所指的经文,故事在此只是经文抽象哲理的诸种具象化实现之一,它丰富了经文的阐释面向和适用场景,却不能对经文造成任何限定。从《韩非子·喻老》和《淮南子·道应训》的结构体例可以推知,《外传》同属于这一结构之下,只能是"引事以明《诗》"的《诗》传,而不能是"引《诗》以证事"的论说。可资为证的是,《外传》5.23即如《解老》一般,以对《诗》中文辞的论证分析和引《诗》结合,《喻老》中也掺杂了数章这种形式的文字,由此更可见二者体例的相似性。蒋伯潜已经指出"《喻老篇》引古时遗闻轶事以说明《老子》,绝似《韩诗外传》","《喻老》之体裁,又极似《淮南子》之《道应训》",②对三者体例的相似之处有充分认识,只是其怀疑《喻老》与《道应训》本为一篇则恐不可信。

上文既已阐明《外传》中被删改转录的诸子论说、故事是用来解释《诗》文

---

① 〔汉〕刘安编,刘文典撰,冯逸、乔华点校《淮南鸿烈集解》卷一二,北京:中华书局,2013年,第378页。

② 蒋伯潜《诸子通考》,杭州:浙江古籍出版社,1985年,第497—498页。

的,那么如何认识《外传》没有引《诗》的数章变为必须解决的问题。《四库总目提要》指出《外传》未引《诗》者28章,怀疑皆是阙文所致。① 许瀚并不认可四库馆臣之说,以为《外传》引《易》《书》《礼》《论语》《传》,不专引《诗》,② 其说已为汪祚民所驳。汪氏指出,引用上述诸书的章节,大多同时在章末引《诗》,不能否定"每章必引《诗》词"的论断。③

汪祚民统计今本《外传》301章中有24章没有引《诗》,笔者进一步统计,《外传》阙《诗》的章节为5.7、7.8、7.24、8.1、8.12、8.13、8.17、8.36、9.3、9.5、9.13、9.15、9.16、9.18、9.24、9.26、9.28、9.29、10.11、10.12、10.18、10.19、10.20、10.21。汪氏指出,7.24、9.3本与下章相连,阙《诗》的情况源自章节分判之误。还可注意的是,除5.7章外,阙《诗》章节都在最后四卷之中。关于《外传》如何从《汉书·艺文志》著录的六卷本变为《隋书·经籍志》著录的十卷本,再到今本部分章序与《群书治要》中保存的唐代十卷本相异,学界讨论繁多,兹不具引,但后四卷差讹淆错尤甚却可为学者的共识。尽管文献不足征,难以复原《外传》的本来面貌,但阙《诗》的章节集中在后四卷尤其是最后三卷,仍提示我们这三卷在章节离析重组过程中舛误尤多,应当认为这些章节引《诗》的缺失,是文字脱漏所致。

值得一提的是《外传》1.22、3.1、3.31、4.5等章,被转录文献中包含"嵌入式征引"的《诗》文,但这四章无一例外都在章末再以"《诗》曰"的形式缀合征引相同《诗》文。这样的处理并非韩婴的疏忽,而是嵌入式征引的不可剥离性和《外传》必须在章末点明此章核心经文的形式要求不可调和,最终出现同一句《诗》文在同一章中被两次征引的情况。这种情况的保留,更使得我们坚信章末引《诗》是《外传》自身的形式要求,阙《诗》的章节只能是引《诗》部分脱落所致。

此前由于未能充分认识《外传》体例,不少学者以《外传》9.16、3.21为例,认为此二章实以老庄思想为立言本位④,以此二章为据分析韩婴思想中黄老道家倾向的研究更是多不胜举,此处可从《外传》之例对二则材料做出辨析。

先看《外传》9.16：

> 贤士不以耻食,不以辱得。老子曰："名与身孰亲？身与货孰多？得与亡孰病？是故甚爱必大费,多藏必厚亡。知足不辱,知止不殆。可以长

---
① 〔清〕永瑢等《四库全书总目》卷一六,北京:中华书局,1965年,第136页。
② 屈守元《韩诗外传笺疏》,成都:巴蜀书社,2012年,第410页。
③ 见汪祚民《〈韩诗外传〉编排体例考》,《陕西师范大学学报(哲学社会科学版)》2003年第3期。
④ 见常森《出土文献〈诗论〉〈五行〉与先秦学术思想史的重构》,北京:北京大学出版社,2023年,第95—96页。

久。大成若缺,其用不敝。大盈若冲,其用不穷。大直若诎,大辩若讷,大巧若拙。其用不屈。罪莫大于多欲,祸莫大于不知足,故知足之足常足矣。"①

此条看似全为老子之言,但这样格言式的征引同样可以在《吕氏春秋》中见到,《孝行》一篇在写明中心论点"夫孝,三皇五帝之本务,而万事之纪也"之后,作为说的部分,直接引了三段"曾子曰"。这种对格言的直接摘录,只能视为以有影响力的人物言论丰富中心论题的辐射面向,而不可径直将格言视为根本。回到《外传》9.16,从《外传》全书的体例来看,应当认同《四库总目》阙文的推测,认为此章最后引《诗》的部分脱落,最终呈现出今本只有说而没有限制其阐释方向的经的面貌。补上所引《诗》文后,此段老子之语只能看作韩婴收录的对经文的阐释,其形式与《外传》2.9、5.22 摘引格言为说一致。

再看《外传》3.21,此章可与《淮南子·道应训》对读(表 4):

表 4

《淮南子·道应训》	《韩诗外传》3.21
公仪休相鲁而嗜鱼,一国献鱼,公仪子不受。其弟子谏曰:"夫子嗜鱼,弗受,何也?"答曰:"夫唯嗜鱼,故弗受。夫受鱼而免于相,虽嗜鱼,不能自给鱼。毋受鱼而不免于相,则能长自给鱼。"此明于为人为己者也。故《老子》曰:"后其身而身先,外其身而身存。非以其无私邪?故能成其私。"又曰:"知足不辱。"②	公仪休相鲁而嗜鱼,一国人献鱼而不受。其弟谏曰:"嗜鱼,不受,何也?"曰:"夫欲嗜鱼,故不受也。受鱼而免于相,则不能自给鱼。无受而不免于相,长自给于鱼。"此明于鱼为己者也。故《老子》曰:"后其身而身先,外其身而身存。非以其无私乎?故能成其私。"《诗》曰:"思无邪。"此之谓也。③

公仪休的故事又见于《韩非子·外储说下》和《史记·循吏列传》中,但其文本相似度不及《外传》与《淮南子》高。按照《汉书》的记载,韩婴文帝时为博士,景帝时任常山太傅,作《外传》,武帝时与董仲舒辩论,"仲舒不能难";刘安于文帝十六年被封为淮南王,武帝初年献其召集宾客方士所作内书二十一篇,则韩婴在武帝朝得见淮南王所上内篇之书,将之补入早先已粗具规模的外传,不无可能。据笔者统计,《外传》与《淮南子》互见章节共 20 章,其中与《道应训》互见者 7 章,《外传》7.10 是另一保留了《道应训》引老子原文的章节。如前所述,《道应训》与《外传》结构相同,韩婴对这一同时代的著作加以借鉴乃至采择其

---

① 《韩诗外传》,卷九第 8b 页。
② 《淮南子》,国家图书馆藏明嘉靖九年(1530)王鏊刻本,卷十八第 18a 页。
③ 《韩诗外传》,卷三第 12a—12b 页。

中文段充实己书,丰富所引《诗》文的阐释面向,都是很有可能的。

回到《外传》3.21,不应将此章所引老子语视为韩婴主观添加的部分,其文本结构仍从属于转录这一层级,只能视为转录的文献中嵌套的引文。第一节论述《外传》转录《荀子》时提到两个层次的"传曰"同样属于这种现象。《外传》中除诗之外被引用的文献,很可能大都源自《外传》所转录的文本,其在原始文本中或如《淮南子·道应训》作为被阐释的对象,或如《荀子·天论》作为强化论证的论据,但其对于《外传》而言皆是阐释《诗》文之说的一部分,据此以论定《外传》的思想倾向,恐怕是极其危险的。

五 结论

章学诚《辨似》言:"学术之患,莫患乎同一君子之言,同一有为言之也,求其所以为言者,咫尺之间而有霄壤之判焉,似之而非也。"[①]以《外传》的单章观之,其所承续的似乎是战国以降"缀合式"引《诗》的脉络,然而当我们将《外传》各章视为整体综合考察,不难发现,与其编纂结构更为相近的是《韩非子·喻老》和《淮南子·道应训》,而无论是"喻老"这一篇名,还是三者共同的结构,都指向各章之末的经文才是阐释的核心。在《外传》全书体例多有散乱的情况下,对其各章体例的清楚认识,厘清《外传》中出现的引用分属的不同层次,是认识《外传》编纂思想的重要前提,同时,系统梳理《外传》的改笔方式,也有助于辨别文献流传造成的异文与韩婴主动改造文本后《外传》独特的文字,如此既有助于理解《外传》的编纂旨趣和早期互见文本的生成方式,也有助于细化早期文献互校的精确度。本文通过依次梳理韩婴对转录文本的加工改造和对被引《诗》文、串讲文辞的精心择取,将《外传》各章离析为转录文本、韩婴串讲和引《诗》三个层次。在《外传》的框架下,存在于韩婴素材库中的周秦诸子杂说被剥离出其原本的语境,性质由自主的言说转变为《诗》文丰富含义的诸种实现形式或论说推衍之一,位于章末的《诗》作为经文限定了被转录故事、论说的理解与阐释方向,使得他们不再是诸子思想的延续,而是服务于解《诗》的有机组成部分。韩婴勾连转录文本与《诗》文的补笔,目的在于点明转录文本与《诗》文的相同词汇,通过《诗》文和串讲限定这些词汇的含义,最终使被转录文本的阐释方向更贴近于被引《诗》文。由结构而明体例,由体例而明性质,厘清《外传》各章的层级属性,《外传》的《诗》传性质当无疑议,而以其转录的文本探讨韩婴的思想则恐怕要慎之又慎。

---

① 〔清〕章学诚著,叶瑛校注《文史通义校注》卷三,北京:中华书局,1985年,第338页。

《礼记正义》唐人修订遗痕探微

郜同麟

【内容提要】《礼记正义》在修成后,又经历了贞观十六年和永徽二年的两次修订。《礼记正义》内部的一些罅隙提供了这两次修订的一些细节。《礼记正义》各篇之间、同篇内部都有一些矛盾之处,这体现了编撰者与修订者间的学术观点差异,修订者虽提出新说,但做修订时未能做系统性修改。《礼记正义》中还有一些前后重复或语意不畅之处,应该是修订者增删内容时工作不细致的结果。《礼记正义》内部的大量问题都可以从唐人修订的角度作出解释。

【关键词】《礼记正义》 成书 文本层次

孔颖达领衔主编的《礼记正义》是中古《礼记》义疏的集大成之作,但该书既非唐人独立撰作,亦非一次性成书,而是唐人在南北朝义疏的基础上删改而成,并经过了多次修订[①]。

《礼记正义序》云:

> 今奉敕删理,仍据皇氏以为本,其有不备,以熊氏补焉。必取文证详悉,义理精审,翦其繁芜,撮其机要。恐独见肤浅,不敢自专,谨与……等对共量定。至十六年又奉敕与前修疏人及儒林郎守太学助教云骑尉臣周玄达、儒林郎守四门助教云骑尉臣赵君赞、儒林郎守四门助教云骑尉臣王士雄等,对敕使赵弘智覆更详审,为之正义。[②]

《唐会要》卷七七云:

【作者简介】郜同麟,北京大学中国古文献研究中心长聘副教授。
【基金项目】国家社科基金一般项目"《礼记正义》生成演变研究"(项目编号:22BZW054)阶段性成果。北京大学历史系余越博士为本文提出了许多宝贵意见,谨致谢忱。
① 关于《五经义》的修订,张宝三(张宝三《五经正义研究》,上海:华东师范大学出版社,2010年,第20—21页)、野间文史(野间文史《五經正義の研究》,东京:研文出版,1998年,第23—31页)等学者曾有相关研究,可参。
② 〔汉〕郑玄注,〔唐〕孔颖达正义,郜同麟点校《礼记正义》"礼记正义序",杭州:浙江大学出版社,2019年,第2页。本文引《礼记》经、注、疏皆据此本,以下不再一一标注出处。

贞观十二年(638),国子祭酒孔颖达撰《五经义疏》一百七十卷,名曰"义赞"。有诏改为《五经正义》。太学博士马嘉运每掎摭之,有诏更令详定,未就而卒。永徽二年(651)三月十四日,诏太尉赵国公长孙无忌及中书门下及国子三馆博士、宏文学士,故国子祭酒孔颖达所撰《五经正义》,事有遗谬,仰即刊正。至四年三月一日,太尉无忌、左仆射张行成、侍中高季辅及国子监官先受诏修改《五经正义》,至是功毕,进之。诏颁于天下,每年明经依此考试。①

综合以上两段材料,可知《礼记正义》的成书至少经历了以下几个阶段:

一、贞观十二年,孔颖达等人"删理"皇侃旧疏,并以熊安生疏补充,同时可能有对旧疏的驳议。

二、贞观十六年,由于马嘉运的"掎摭",孔颖达等人与周玄达等对此前的旧稿做了一次修订。

三、永徽二年至四年,长孙无忌等人率领"国子监官"对《礼记正义》又做了一次修订。

关于唐人删改旧疏的情况,前人已多有论述。由于材料的匮乏,贞观十六年、永徽二年对贞观十二年初稿的修订情况,现已无法详考。但今本《礼记正义》内部的一些矛盾、龃龉之处恰恰保留了几次修订的遗痕,可借以探究《礼记正义》的成书过程和唐人修订的具体细节。

一 《礼记正义》各篇间的矛盾与编撰、修订者的观点歧异

《礼记正义》各篇之间时有观点歧异之处。出现这种情况的一个重要原因便是书成众手,又屡经修订,编撰者之间、编撰者与修订者之间都有观点差异,学者们或从皇、或从熊、或自出新说,在编撰、修订时难以做到前后统一。这些观点歧异之处恰恰体现出《礼记正义》复杂的成书过程。

《礼记正义》各篇间的观点差异,不少体现在唐人驳议与旧说的不同,即甲篇疏用旧疏成说,乙篇疏则对这一成说做驳议。这些驳议究竟是初撰时所作还是修订者所为,大多难以辨明,但从中可见《礼记正义》编撰、修订团队内部的观点差异。如:

《王制》"王命三公、九卿、大夫、元士皆入学,不变,王亲视学",郑注:"此习礼皆于大学也。"孔疏:"若殷人习礼,在于大学,即《明堂位》云'瞽宗,殷学',《文王世子》云'礼在瞽宗',殷之大学也。若周则大学曰东胶,

---

① 〔宋〕王溥《唐会要》,北京:中华书局,1960年,第1405页。

瞽宗不得为周之大学也。故郑注《仪礼·乡射》云：'周立四代之学于国，而又以有虞氏之庠为乡学。'则周之寻常习礼于殷学之中，至九年为王子不变，其习礼当于东胶大学。然则余子十八入大学，嫡子二十入大学者，皆是殷法也。若周法，立当代大学在公宫左，大学即东胶也；又立小学于西郊，小学即有虞氏之庠。其习《书》于虞氏之学，习礼、乐于殷之学，习舞于夏后氏之学……"

《文王世子》"礼在瞽宗，书在上庠"，郑注："周立三代之学。"孔疏："云'周立三代之学'者，谓立虞、夏、殷学也。其虞之学制在国，兼在西郊，郊则周之小学也。夏、殷之学亦在国。而郑注《仪礼》云'周立四代之学于国'者，合周家为言耳，故与此注不同。夏后氏之学在上庠，即周之大学，为夏之制也……先师以为三代学皆立大学、小学。今案下'养老于东序'，是周之大学、夏之东序也。又《王制》云'养老于虞庠'，是周之小学为虞庠也。又此学虞学也，学舞于夏学，学礼于殷学，若周别有大学、小学，更何所教也？"

按：前引两段疏均言周之学制，但结论完全不同。《王制》疏以为周立虞、夏、殷三代之学，其中以有虞氏之庠为小学，此外又另立当代之大学，夏、殷另有大学、小学，与周之大学、小学无关。其主要依据应该就是《仪礼·乡射》注的"周立四代之学于国"。《文王世子》疏则以为，周之小学即有虞氏之庠，大学即夏之东序，除此之外周没有另外的大学、小学。《文王世子》疏又引"先师"之说，以为周于虞、夏、殷三代各立大学、小学，又自立周之大学、小学，这与《王制》疏的观点比较相近。《文王世子》疏所驳的"先师"，可能即是《王制》疏的观点来源①。也就是说，《王制》疏可能直接袭用旧疏，而《文王世子》疏则是在驳正旧疏的基础上立说，两篇疏因此观点产生差异。这一观点差异还产生了更多的矛盾。

《燕义》"春合诸学，秋合诸射，以考其艺，而进退之"，郑注："学，大学也。射，射宫也。"孔疏："云'学，大学也'者，以《大胥》云'春释采，合舞'，《文王世子》云'春夏学干戈，秋冬学羽籥，皆于东序'，初教在东序，至合时则在周之大学，故云'学，大学也'。云'射，射宫也'，择士习射之宫也。又《周礼·大胥》云'秋颁学，合声'，其合声之时，则亦在大学。《文王世子》云'凡大合乐，必遂养老'，郑云：'春合舞，秋合声。'是养老在东序也，故知大合乐在东序。"

---

① 《礼记正义》多以"先师"檃括皇、熊旧疏，参拙文《礼记旧疏考证》，《国学研究》2021年第2期，第46卷，第44—45页。

按：前揭疏除"云'射，射宫也'，择士习射之宫也"一句外，均围绕学校制度展开。孔疏先引《文王世子》"春夏学干戈，秋冬学羽籥，皆于东序"，其"东序"之文与《燕义》郑注"大学"之文不同，孔疏以为学舞在东序，合舞、合声在大学。但最后又引《文王世子》"凡大合乐，必遂养老"，并以为合乐在东序，这与前所说合乐在大学矛盾。如前所说，《文王世子》疏对旧疏的驳议认为周之大学即夏之东序，《文王世子》与《燕义》本无矛盾。而前引《燕义》疏引"《文王世子》云'凡大合乐，必遂养老'"以下恰与《文王世子》疏观点一致。此段疏前后文字相连，但观点不同，恐怕是由于末句为修订补入，与前文不是一个整体。由此推论，与《燕义》疏修订内容观点一致的《文王世子》疏很可能也是修订时所作。也就是说，前引《燕义》疏末尾数句及《文王世子》疏对旧疏的驳议均为修订者后补，《燕义》疏前半及《王制》疏应为初撰稿的内容。

《曲礼上》"外事以刚日，内事以柔日"，孔疏："然则郊天是国外之事，应用刚日，而《郊特牲》云'郊之用辛'，非刚也。又社稷是郊内，应用柔日，而《郊特牲》云祀社日用甲，非柔也。所以然者，郊社尊，不敢同外内之义故也。"

《表记》"外事用刚日，内事用柔日"，郑注："事之外、内，别乎四郊。"孔疏："先师以为：'祭天而用辛，虽外用柔日；祭社用甲，虽内用刚日。殊别于四郊之祭，以言用刚、柔之日，不可与四郊同其余他事。'今谓'事之外内，别乎四郊'者，谓四郊之外为外事，若'甲午祠兵''吉日庚午，既差我马'之属是也；四郊之内为内事，若'郊之用辛'，及宗庙少牢用丁亥之属是也。故言别于四郊，外内别，谓限别以四郊为限。"

按：《曲礼》与《表记》经文基本一致，但《郊特牲》"郊之用辛"及祀社用甲与此《曲礼》及《表记》矛盾。《曲礼》疏以为郊、社二祭尊，不用此外刚内柔之义，而是别随"不敢同外内"之义①。《表记》所引"先师"说认为祭天、祭社以及"四郊之祭"与"其余他事"殊别②，这与《曲礼》疏的观点非常相近。《表记》之"今谓"则另立新说，以为四郊非祭名，而是地名，内、外以四郊区分，非以国城区分。对于同一问题，两篇疏提出两种解决方案。《曲礼》疏与《表记》所引"先师"说相近，当直接来自旧疏。《表记》疏"今谓"以后显然是唐人的观点，或即

---

① 前引《曲礼》疏末句，日本东洋文库藏《礼记正义》卷五写本作"别随不敢外内之义故"，较是，意即别随《曲礼下》注"不敢同外内"之义。详参拙文《〈礼记正义〉残钞本补校》，刘玉才、张学谦主编《礼学文本的成立、经典化与诠释论集》，北京：北京大学出版社，2024年。

② 《表记》疏所引先师之言节略严重，不易理解。疑"四郊之祭"即指《月令》四郊迎气、祭五帝，因于立春、立夏、立秋、立冬当日举行，故亦不能保证刚日。"不可与四郊同其余他事"一句谓"其余他事"皆外刚内柔，而祭天、祭社与四郊之祭与"其余他事"不同。

修订者所立的新说。

《礼记》是一部先秦到汉初的礼学论文集，本来就不是一个整体，各篇之间本有矛盾之处。《礼记正义》的一项工作便是对这些矛盾做出解释。但各篇之疏对同一矛盾的解释方法不同，这便体现出各篇编、订者的观点差异。前《曲礼》疏、《表记》疏对《郊特牲》与二篇矛盾的解释即其一例，此外又如：

> 《檀弓上》"兄弟，吾哭诸庙"，孔疏："此殷礼，周则哭于寝，故《杂记》云：'有殡，闻远兄弟之丧，哭之侧室。'若无殡，当哭诸正寝。"

> 《奔丧》"哭父之党于庙，母妻之党于寝，师于庙门外，朋友于寝门外"，孔疏："案《檀弓》云'师，吾哭诸寝'，与此异；'兄弟，吾哭诸庙'，与此同；'朋友，哭诸寝门外'，与此同。其不同者，熊氏云：'《檀弓》所云，殷礼也。此所云，周法也。'此哭父党于庙，而《檀弓》云'有殡，闻远兄弟之丧，哭于侧室'，若无殡则在寝，与此不同者，异代礼也。"

按：二疏均以为《檀弓》为殷礼，《奔丧》为周礼，据《檀弓》疏下文，可知这一观点来源于《郑志》。但《檀弓》疏引《杂记》（实为《檀弓下》之文）以为周礼当哭兄弟于寝；而《奔丧》疏以为《檀弓上》"兄弟，吾哭诸庙"与《奔丧》"哭父之党于庙"一致，同属周法，《檀弓下》"闻远兄弟之丧，哭之侧室"反而是异代礼，这与《檀弓》疏显然不同。《奔丧》疏下文会通皇、熊、沈三家之说，当为唐人新撰。但这究竟是孔颖达等初撰时所作还是修订时增补、改作，已不得而知。《檀弓》疏则似源自六朝旧疏。从两者不同，可以看出编撰人或修订者间的观点差异。

> 《檀弓上》"子思之哭嫂也为位，妇人倡踊，申祥之哭言思也亦然"，郑注："说者云：言思，子游之子，申祥妻之昆弟，亦无服。过此以往，独哭不为位。"孔疏："谓妻之亲昆弟也。自此以外皆不为位，故《奔丧》礼……"

> 《奔丧》"哭父之党于庙，母妻之党于寝"，郑注："言壹哭而已，则不为位矣。"孔疏："此明诸哭者本是无服，故但哭不为位。案《檀弓》云申祥之哭言思与哭嫂同为位者，熊氏云：'异代礼也。'"

按：《檀弓》言申祥哭其妻之昆弟言思为位，《奔丧》郑注则谓哭妻之党不为位，两者矛盾，两篇疏即解释此矛盾。《檀弓》疏以为申祥哭言思之所以为位，是因为言思为申祥妻之亲昆弟，依礼犹当为位哭，远于此者方不为位。《奔丧》疏引熊氏说，则以为申祥用异代礼。《檀弓》疏与《奔丧》疏不同，当非出自一手。

此外，《礼记》各篇之疏对同一句经文的理解可能也有不同，这同样体现出编撰修订者的学术观点不同。如：

> 《檀弓上》"将军文子之丧，既除丧，而后越人来吊。主人深衣练冠，待

于庙,垂涕洟",孔疏:"《杂记》云'既祥,虽不当缟者必缟,然后反服',注云:'……'《杂记》经文本为重来者,故缟冠;卫将军之子始来者,故练冠。故《杂记》注引此文者,证祥后来吊之事一边耳。推此而言,禫后始来吊者则着祥冠;若禫后更来有事,主人则着禫服。其吉祭已后或来吊者,其服无文……或云:此是禫后吉时来也,故不在寝而待于庙。《礼论》亦同。"

《杂记下》"既祥,虽不当缟者,必缟,然后反服",郑玄注:"谓有以丧事赠赗来者,虽不及时,犹变服服祥祭之服以受之,重其礼也。其于此时始吊者,则卫将军文子之为之是矣。"孔疏:"知此以丧事赠赗来者,若其由未来,今始吊者,虽禫祭除丧之后,犹练冠而受吊,则卫将军文子之子是也。"

按:《檀弓》与《杂记》对于除丧后受吊之冠的记载有不同,《杂记》郑注已做出解释,认为是由于始吊、更吊的差异。《檀弓》疏据《杂记》经注,以为《檀弓》中的"既除丧"是指大祥之后、禫祭之前,而后《檀弓》疏又排定了大祥后初来、大祥后更来、禫后初来、禫后更来、吉祭后来吊的降杀次序。但《檀弓》疏末尾却又引"或"说,称"此是禫后吉时来",与其前认为是大祥后、禫前来不同。《杂记》疏则谓将军文子之丧吊者即禫后始吊者,与《檀弓》之"或"说同。并且《杂记》疏不以禫、吉祭区分受吊之服。因此,《檀弓》疏与《杂记》疏是显然不同的。

《檀弓》疏多次引"或"人之说,具有旧疏的特征。其中又有"《礼论》亦同"这一文意模糊的句子。《礼记正义》仅四处引用《礼论》,据他处可知该书汇集了司马彪、范宣子、庾蔚之等人论礼之文,仅称"《礼论》亦同",语意是非常不清楚的。从这种种迹象看,前条《檀弓》疏应是就旧疏(从引南朝成书的《礼论》看,应是皇侃疏)删削而成,故多语意不完整、前后不吻合之处。《杂记》疏与之观点不同,可能是采用了异种旧疏,也可能是唐人新撰之文,但这都体现出《礼记正义》各篇编者观点的巨大差异。

《丧服小记》"父在,庶子为妻,以杖即位可也",孔疏:"'父在,庶子为妻,以杖即位可也'者,此谓庶子也,父不主其妻,故其子得为妻以杖即位也。《杂记》云:'为妻,父母在,不杖。'亦是庶子,而云'不杖'者,亦谓同宫者也。"

《杂记上》"为妻,父母在,不杖,不稽颡",孔疏:"此谓適子为妻,父母见存,不敢为妻杖,又不可为妻稽颡。"

按:对于《杂记上》中的这句话,《丧服小记》疏以为指庶子同宫者,《杂记》疏以为指嫡子,二处显然不同,当非一人所作。

总之,《礼记正义》各篇之疏时有抵触,或一用旧疏一驳旧疏,或对经文矛盾的解释方法不同,或对同一经文的理解有异。这些互相矛盾之处,有可能是由于各篇的编撰者观点本有差异,但有相当一部分应该是源自修订者与初撰者的观点不同。

二　唐人修订造成的前后矛盾

据《唐会要》,《五经正义》的第一次修订是在马嘉运"掎摭"的压力下所做的,第二次修订则明确是为了刊正"遗谬"。因此,两次修订应对初稿进行了补充,并对部分观点做了修正。在修订者修改不彻底的情况下,修订者与初撰者的观点歧异便很容易显露出来。修订者有时是对旧稿作补充,如:

>《曲礼下》"士曰妇人",郑注:"妇之言服。"孔疏:"'士曰妇人'者,妇之言服也,服事其夫也。其妇号亦上下通名,故《春秋》'逆妇姜于齐',是诸侯亦呼妇也。《穀梁传》云:'言妇,有姑之辞。'言服事舅姑,知通名也。"

按:此段均申郑注"妇之言服"之义,但服事对象前后不同,前谓"服事其夫",后称"服事舅姑"。这可能与材料来源不同有关。《曲礼下》前文"有世妇",孔疏:"妇,服也,言其进以服事君子也。"这与"服事其夫"文义相近。《急就篇》"妻妇聘嫁赍媵僮",颜师古注:"妇者,服事舅姑之称。"① 可见唐时两说兼存。此段疏前后说法不一,当非一人所作。如前所述,"服事其夫也"与孔疏前文观点一致,可能本是一个整体,都是孔颖达等初撰之文。细体疏意,"其妇号亦上下通名"以下是对疏文的补充,与前文当非一个整体。尤其值得注意的是其中的"亦"字。《曲礼》前文是"天子之妃曰后,诸侯曰夫人,大夫曰孺人",均不能上下通称,那么"亦上下通名"的"亦"字前无可"亦"。因此,"其妇号亦上下通名"大概应是修订者取他处之文来作补充,但无意之中与前文小有抵触。

修订者的这种补充甚至会造成文理不通,如:

>《月令》孟春"其祀户,祭先脾",郑注:"凡祭五祀于庙,用特牲。"孔疏:"云'祭五祀于庙'者,设祭户、祭中霤在于庙室之中,先设席于庙堂之奥。若祀灶、祀门、祀行,皆在庙门外,先设席于庙门之奥。虽庙室、庙门有别,总而言之,皆谓之庙,故云'凡祭五祀于庙'。此谓殷礼也,若周则七祀,加司命与厉也。<u>不审祀之处所</u>,亦当与灶、门、行等俱在庙门之外祀也。<u>若周总在宫内</u>,故《官正》注云:'祭社稷、七祀于宫中。'"

按:孔疏既称"若周则……不审祀之处所",不知祀处,后又明确说"若周总在宫内";前句猜测周时司命与厉"当与灶、门、行等俱在庙门之外祀",且认为五祀皆在庙,则七祀在庙不在宫中,而下句又称"总在宫内"。前后两句看起来

---
① 张传官《急就篇校理》,北京:中华书局,2017 年,第 240 页。

完全不能相应,简直文理不通。这只能说明最后一句为修订时增补,与前文不是一个整体。前引疏末句引《周礼·宫正》注,而贾公彦《周礼注疏》也与之意见不同。《周礼·宫正》"凡邦之事跸宫中庙中,则执烛",郑注:"邦之祭社稷、七祀于宫中。"贾公彦疏:"依《祭法》:'王为群姓立七祀,曰司命,曰中霤,曰国行,曰国门,曰泰厉,曰户,曰灶。'案《司门》云:'凡岁时之门,受其余。'则此七祀等,是为群姓所立者,不在宫中也。《祭法》又云'王自为立七祀'者,此则祷祀在宫中者也。"①是依贾疏之意,周为群姓所立七祀不祭于宫中,自立七祀则在宫中。前引《月令》疏前半称五祀在庙,司命、厉"不审祀之处所",与贾公彦称王为群姓所立七祀"不在宫中"相近,或当为贾公彦等初修者的原稿。贾公彦以为《周礼·宫正》注之"祭社稷、七祀于宫中"专指《祭法》"王自为立七祀",那么是不能用来证《月令》的②。总之,前引《月令》疏"若周总在宫内"以下一句应为修订者增补,很可能是发现《周礼》注与此有关,即欣然补入,却不意与前文矛盾。

在个别情况下,修订者所做的补充可能是未能充分理解初稿。如:

《檀弓上》"太公封于营丘,比及五世,皆反葬于周",孔疏:"必五世者,五世之外则服尽也。然观经及注,则太公之外为五世,便是玄孙之子,服尽亦反者,其实反葬正四世。知者,案《世本》大公望生丁公伋,伋生乙公得,得生癸公慈母,慈母生哀公不辰。案《齐世家》,哀公荒淫,被纪侯谮之周,周夷王烹哀公,亦葬周也。哀公是大公玄孙,哀公死,弟胡公靖立。靖死,献公山立。山死,武公寿立。若以相生为五世,则武公以上皆反葬于周。若以为君五世,则献公以上反葬周。二者未知孰是。"

按:孔疏前云"反葬正四世",但在引《世本》及《齐世家》后称"若以相生为五世,则武公以上皆反葬于周;若以为君五世,则献公以上反葬周",与"反葬正四世"矛盾。其实孔疏开头明确说,五世反葬是以丧服来定的,如果大公之外五世的话,便已超出五服范围。解决五世与服尽矛盾的方法便是"其实反葬正四世"。之所以说"正四世",是因为继哀公位者为其弟胡公,由丁公至胡公,虽为五代君主,但以世系论则为四世。在引《世本》及《齐世家》后,这一论证便已结束。因此,后面分辨"相生五世"还是"为君五世"便至为多余,很可能是修订

---

① 〔唐〕贾公彦《周礼注疏》卷三,〔清〕阮元校刻《十三经注疏》,北京:中华书局,2009 年,第 1415 页。
② 孙诒让《周礼正义》云:"如孔说,则七祀皆在庙门内外,郑以庙亦在宫中。但此经以庙与宫对文,明庙以祭祖考为主,余祀并统于宫,然则此注与《月令》注义亦无连也。"(〔清〕孙诒让撰,汪少华整理《周礼正义》卷六,北京:中华书局,2015 年,第 277 页)孙氏努力弥缝二书矛盾,恰说明《宫正》注与《月令》注文意相连,无法互证。

者所做的补充。这一增补不但与前文矛盾,还误解了前文之意。

在一些情况下,孔疏批评皇、熊旧疏,提示这应为唐人新撰之文,但其中的一些观点又与前文矛盾。这恐怕是由于这类批评是修订者所作,修订者仅对一些重点内容致以讥议,未能做通盘修改。如:

《檀弓上》"天子之棺四重:水兕革棺被之,其厚三寸,杝棺一,梓棺二",孔疏:"天子大棺厚八寸,属六寸,椑四寸,又二皮六寸,合二尺四寸也。"

《檀弓上》"柏椁以端,长六尺",郑注:"以端,题凑也。其方盖一尺。"孔疏:"知'其方盖一尺'者,以庶人四寸之棺、五寸之椁,椁厚于棺一寸。案《丧大记》'君大棺八寸',君谓诸侯,则天子之大棺或当九寸,其椁厚一尺,故云'其方盖一尺',则椁之厚也。如郑此言,椁材并皆从下垒至上,始为题凑。凑,向也,言木之头相向而作四阿也。如此乃得椁之厚薄与棺相准。皇氏以为'垒椁材从下即题凑,椁六尺',与椁全不相应,又郑何云'其方盖一尺'?皇氏之义非也。"

按:以上两段疏在一节之中,相距数百字。次段疏对皇侃释"题凑"有直接批评,显然应为唐人新疏。次段疏就"四寸之棺、五寸之椁"差之,以为天子之椁一尺,故大棺九寸,这与首段疏"天子大棺厚八寸"之说显然不同。首段疏称天子大棺八寸,主要依据应该是《丧大记》"君大棺八寸"之文。《丧大记》疏以"天子四重之棺,都合厚二尺四寸"释之,正与前引首段疏相合。前引首段《檀弓》疏与《丧大记》疏遥遥相合,体现了一定的整体性,很可能是初修稿的面貌,并且可能都源自皇侃疏。前引次段疏则为修订者批评旧疏并提出新说,但其修订仅止于此处,对其前文及《丧大记》疏都未做出相应改动。

在某些情况下,修订者对初稿观点直接做激烈的批评,但仍未改动初稿原文,如:

《曲礼下》"五官致贡曰享",孔疏:"五官,即前自后以下之五官:后一、天官二、地官三、六府四、六工五。贡,功也。享,献也。岁终,则此五官各考其属一年之功,以献于天子,故云'致贡曰享'也。王后之属致蚕职之功,天官以下各献其职之功……今谓五官,则上天子五官司徒以下,故下云'五官之长曰伯',与此五官一也。但太宰总摄群职,总受五官之贡,故不入其数也。若以五官为后以下,则下云'五官之长',岂有长于后乎?熊氏以为五等诸侯,亦非也。"①

---

① 笔者在《礼记旧疏考证》一文中已使用该例,但未说明是修订造成的问题。参《礼记旧疏考证》,《国学研究》2021年第2期,第46卷,第64页。

按：前引疏"今谓"以下应是修订者所作。前引疏前半段以为"五官"指后、天官、地官、六府、六工。"今谓"以下则明显是对此所作的批驳，认为"五官"是前文中的"天子之五官，曰司徒、司马、司空、司士、司寇"，理由是王后无"长"，下既称"五官之长"，则不可能含后。前引疏末句称"熊氏以为五等诸侯"，并称"亦非"，那么前说非熊氏文，应该是孔颖达等人初撰时袭用的皇侃说。贞观十六年以后修订时，唐人对旧说做了批评，但未修改经疏，从而造成了前后矛盾的局面。

从前例"今谓"之文引熊安生看，唐人可能在修订《礼记正义》时又复核了皇、熊旧疏。那么，《礼记》疏中有些地方把与前文观点相异的皇、熊之说补充于后，很有可能也是修订时所为。即便这些地方无"今谓""今案"之类的提示语，但从上下文看，恐怕也是修订者所作的补充。如：

《杂记上》"大夫卜宅与葬日，有司麻衣、布衰、布带，因丧屦，缁布冠不蕤"，孔疏："有司谓卜人，麻衣谓白布深衣，布衰谓粗衰也。皇氏云：'以三升半布为衰，长六寸，广四寸，缀于衣前，当胸上，后又有负版，长一尺六寸，广四寸。'"

郑注："麻衣，白布深衣，而着衰焉。"孔疏引熊氏云："谓以吉布为衰，缀于深衣。"

按：前揭经疏与注疏互相矛盾。经疏谓为大夫卜宅之有司所著之"布衰"为"粗衰"，并引皇氏以为是"以三升半布为衰"。《杂记上》"大夫为其父母兄弟之未为大夫者之丧，服如士服"，郑玄注："粗衰斩者，其缕在齐斩之间，谓缕如三升半，而三升不缌也。"可知三升半正是"粗衰"，经疏中"布衰谓粗衰"应该也是皇侃的观点。《仪礼·丧服记》"衰三升，三升有半"，郑玄注："或曰三升半者，义服也。"贾公彦疏："云诸侯为天子、臣为君之等是义斩，此三升半实是义服，但无正文，故引或人所解为证也。"①皇侃以为有司为大夫君服粗衰三升半，应该主要是基于此义服三升半之说。但注疏引熊氏，又以为"以吉布为衰"，亦即十五升布为衰。熊氏之所以谓吉布为衰，盖因前称有司着"麻衣"，乃是吉布。但即便是作为吊服的锡衰，据《周礼·司服》郑司农注亦为十五升去其半，经典并无以吉布为衰者，熊安生之说恐怕是不合理的。孔疏于经疏、注疏中分别用观点差异极大的皇、熊两家之说，又无辩驳平议。两处相隔仅数十字，恐怕也难以用前后失检来解释。更大的可能是，《礼记注疏》初撰时引一家，修订时又引另一家而未及修正前说。

《月令》孟春"乃择元辰，天子亲载耒耜"，郑注："辰，盖郊后吉亥也。"

---

① 〔唐〕贾公彦《仪礼注疏》卷三四，〔清〕阮元校刻《十三经注疏》，第2437页。

孔疏："知用亥者，以阴阳式法，正月亥为天仓，以其耕事，故用天仓也……皇氏云：'正月建寅，日月会辰在亥，故耕用亥也。'未知然否。"

按：孔疏前以为亲耕用亥因正月亥为天仓，后又引皇氏，认为原因在正月日月会辰在亥，与前说不同。孔疏引皇氏后称"未知然否"，则似并不坚守其说，仅是取作补充。那么前揭疏最后引皇氏的这句话应是后补。《仪礼·少牢馈食礼》"来日丁亥"，贾疏引此《月令》经注后云："阴阳式法，亥为天仓。祭祀所以求福，宜稼于田，故先取亥。上旬无亥，乃用余辰也。"①其说与前引《礼记正义》前说文义一致，用词相近。那么前揭《月令》疏的前半段应即以贾公彦为代表的初撰者的原稿，其末句引皇氏文为修订者的补充。

在未明确引旧疏，又无"今谓""今案"等提示语的情况下，《礼记正义》也有前后矛盾的内容，恐怕也与修订增补有关。如：

《曲礼上》："君言至，则主人出拜君言之辱；使者归，则必拜送于门外。若使人于君所，则必朝服而命之；使者反，则必下堂而受命。"孔疏："'使者归，则必拜送于门外'者，君之使去，而又出拜送门外也。去既送出门，则知初至迎亦出门也。此谓国君问事于其臣也，若臣遣人往君所及问他人，则送迎亦然……'使者反，则必下堂而受命'者，谓己使者从君处反还至也。去不下送，反而下迎者，尊君命也。不出门者，己使卑于君使也。亦当拜之，不言，从上可知也。"

按：前揭疏在释迎送君之使者时，称"若臣遣人往君所及问他人，则送迎亦然"，谓臣遣人至君所如君使，即送则拜送出门，迎亦出门迎。但在释使人于君所时，则称"去不下送""不出门"，并明确指出"己使卑于君使"，与君使不同。此二疏所释之经文相连，二疏相距不足百字，竟然观点截然相反。这恐怕也是因为其中一处为后二次修订时增补，故与上下文观点不同。

《丧服小记》："庶子在父之室，则为其母不禫。庶子不以杖即位。"孔疏："'庶子不以杖即位'者，谓適庶俱有父母之丧也，適子得执杖进阼阶哭位，庶子至中门外而去之，以下于適子也。然此承前而云'杖'，则似庶子不禫亦不杖，如贺言也。"

按：此段疏前句之意，谓庶子为父母平时犹杖，唯入殡宫即位不杖，故称"庶子至中门外而去之"。但"然"字下一句则以为"庶子不以杖即位"承前指"庶子在父之室，则为其母不禫"，既然庶子为母不禫，那么应当完全不杖。这两句前后矛盾，应非一人所作。颇疑首句为初撰稿，"然"字以下为修订者补充。

---

① 〔唐〕贾公彦《仪礼注疏》卷四七，〔清〕阮元校刻《十三经注疏》，第2592—2593页。

更为可疑的是，前引疏末称"如贺言也"，但此前未引贺说。前"宗子，母在为妻禫"疏曾引贺说，但彼疏下引两说，一为贺玚，一为贺循，二者均为贺氏，此处仅称"贺言"，不易分别。"宗子，母在为妻禫"疏引贺玚说不及庶子为母之事，引贺循说则称："《小记》又云'庶子在父之室，则为其母不禫'，若其不杖，则《丧服》不杖之条应有'庶子为母不杖'之文，今无其文，则犹杖可知也。"是贺循亦以为庶子为母当杖，与前引"庶子不以杖即位"疏前说一致。也就是说，前揭疏所称的"贺言"，在前文并不存在。

推测此段疏形成的过程，最初大约主要袭用皇侃旧疏，其中多引贺玚之类南朝经学家之文。后修订时不同意皇氏说，以"然"字起首，用贺氏说驳皇说。后世又以疏引前人之说过于繁冗，将引文删落，致"如贺言也"一句前无照应。

总之，《礼记正义》颇有一段之中前后观点不同，甚至针锋相对的情况，这应该主要是因为修订者修订时提出了不同观点，但未做系统性的修改，从而造成前后矛盾。

三 唐人对旧疏的评议及其中体现出的修订情况

《礼记正义》中时有对旧疏的评议，这应是初撰稿中已有，并非全为修订者所作。但在个别情况下，孔疏上下文竟与其批评的旧疏一致。这表示孔疏初稿即直接用了旧疏成文，但未标明皇、熊名氏，修订时虽批评旧疏，但并未对原稿做系统性的改动。如：

> 《乐记》"礼得其报则乐，乐得其反则安"，郑注："得，谓晓其义，知其吉凶之归。"孔疏："'礼得其报则乐'者，言礼能晓其义理而自进，则和乐。不至困苦，故和乐也。'乐得其反则安'者，言乐能知吉凶之归而得其反，则安静而不流放也。……今案注意，分明兼解礼乐，故郑唯言'得，谓晓其义'，是兼解'礼得''乐得'之字，则自然'吉凶'之言解礼乐。皇氏之意，乃谓'晓其义'者解礼，'知其吉凶所归'解乐，其义非也。"

按：孔疏末尾"今案"以后显系唐人对皇侃的批评，认为皇侃以郑注"晓其义"和"知其吉凶之归"分别指礼和乐的说法不正确。但孔疏前文解"礼得其报则乐"称"礼能晓其义理而自进"，解"乐得其反则安"称"乐能知吉凶之归而得其反"，这与其后所批驳的皇氏之意一致。可知前经疏正用皇侃之说，修订者在整段疏末尾驳皇，而未及修正经疏。

> 《丧大记》"大敛：布绞，缩者三，横者五，布紟，二衾"，孔疏："皇氏云：'紟，禅被也。取置绞束之下，拟用以举尸也。《孝经》云"衣衾而举之"是也。'今案经云'紟'在'绞'后，紟或当在绞上，以绞束之。且君衣百称，又通

小敛与袭之衣,非单绤所能举也。又《孝经》云'衾'不云'绤',皇氏之说未善也。"

《丧大记》"绤五幅,无紞",孔疏:"绤,举尸之禅被也。紞,谓缘饰为识,所以组类缀边为识。今无识,异于生也。"

按:前两段经文在一节之中,两段疏仅相距四百余字。首段疏"今案"以后对皇侃做了批驳,显为唐人之文。在皇氏引文中,"绤,禅被也"见《仪礼·士丧礼》郑玄注,唐人无可驳。唐人所驳者在"取置绞束之下,拟用以举尸也"一句。唐人理由有二,一为经文顺序"绞"在"绤"前,一为大敛、小敛、袭所用衣多,非单被能举。也就是说,唐人认为"绤"在"绞"之上,且非用以举尸。但在第二段疏中,孔疏释"绤五幅"时云"绤,举尸之禅被也",这与皇侃"拟用以举尸也"一致,反与"今案"以下之驳议矛盾。两段疏位置相近,恐不能以前后失检解释。盖孔疏初稿即用皇氏原文,修订者仅驳正前"布绤"下疏,对"绤五幅"下之疏则未作改动。

《丧大记》"祥而外无哭者,禫而内无哭者,乐作矣故也",孔疏:"'祥而外无哭者',祥亦大祥也。外,中门外,即垩室中也。祥之日鼓素琴,故中门外不哭也。'禫而内无哭者',内,中门内也。禫已县八音于庭,故门内不复哭也。'乐作矣故也'者,二处两时不哭,是并有乐作故也。"

郑注:"禫逾月而可作乐,乐作无哭者。"孔疏:"如郑此注之意,以祥逾月作乐,故禫时无哭矣,则经云'乐作'之文但释禫时无哭之意,不释祥之无哭。皇氏以为:'祥之日鼓素琴,"乐作"之文,释二处两时无哭。'与郑注违,皇说非也。"

按:前引两段疏为同一处的经、注之疏。经疏释"祥而外无哭者"云"祥之日鼓素琴,故中门外不哭也",显与注疏所引皇侃"祥之日鼓素琴"云云一致;释"乐作矣故也"云"二处两时不哭,是并有乐作故也",与注疏所引皇侃"'乐作'之文,释二处两时无哭"亦一致。注疏中明言"皇说非也",经疏犹直接用皇侃旧疏。这恐怕也是修订者仅在一节疏之末批评旧疏,而未及删改经疏。

更有意思的是,《礼记正义》有些地方对旧疏的态度前后不一,互相矛盾。那恐怕是由于一为初撰者的观点,一为修订者的观点。如:

《郊特牲》"有虞氏之祭也,尚用气",孔疏:"熊氏又云:'凡大祭,并有三始:祭天,以乐为致神始,以烟为歆神始,以血为陈馔始;祭地,以乐为致神始,以埋为歆神始,以血为陈馔始;祭宗庙,亦以乐为致神始,以灌为歆神始,以腥为陈馔始。'义或然也。案礼,宗庙之祭,先荐血,后荐腥,而云宗庙腥为陈馔始,于义未安也。"

按：孔疏引出熊氏旧疏之后，先言"义或然也"，后又称"于义未安"，前后两句态度不一致。疑"义或然也"为初稿原文，"案"字以后为后修订时增补。

《玉藻》"朔月少牢，五俎，四簋"，孔疏："且此文，诸本皆作'簋'字，皇氏以注云'稻、粱'，以簠宜盛稻、粱，故以'四簋'为'四簠'，未知然否……案《公食大夫礼》簠盛稻粱，此用簋者，以其常食，异于礼食。"

按：此疏前引皇侃以为经文之"簋"当据《仪礼·公食大夫礼》作"簠"，唐人未下按断，称"未知然否"。后以"案"开头，称《公食大夫礼》作"簠"而此《玉藻》作"簋"者，乃因前者为礼食而后者为常食。是后段疏不以经文有误，且对《公食大夫礼》与《玉藻》间的差异做出了解释，与前段疏对皇侃改字的骑墙态度显然不同。前段疏对皇侃的评述应是初撰之文，后段按语应为修订者所加。在这句按语之后，孔疏又详列各等级"礼食"簠簋之数，最后称"熊氏更说卿大夫以下日食及朔食牲牢及敦数多少上下差别，并无明据，今皆略而不言也"。那么修订者的观点或有可能是来自熊安生。

《杂记下》"外宗为君、夫人犹内宗也"，郑注："皆谓嫁于国中者。"孔疏："此等内宗、外宗，熊氏云：'虽嫁在他国，皆为本国诸侯服斩也。'今依用之。若贺循、谯周之等云：'在己国则得为君服斩、夫人齐衰，若在他国则不得也。'今并存焉，任贤者择之。"

按：《礼记正义》中出现多次"今依用之"，多为对旧说的继承。其后虽会引出另一说，大多是大意相近的异说。而此处在引出熊疏并称"今依用之"后，又引完全不同的贺、谯之说，且云"今并存焉，任贤者择之"。一方面，这与前"今依用之"矛盾。另一方面，"今并存焉，任贤者择之"之语在《礼记正义》全书中仅出现这一次。其他地方或称"并存"，但多是"义得两通，故并存焉"。此处前后两说显然针锋相对，而称"并存"，似是修订时无法调和异说的表现。

《丧大记》："君、夫人卒于路寝。大夫、世妇卒于適寝。内子未命则死于下室，迁尸于寝。士、士之妻皆死于寝。"郑玄注："世妇以君下寝之上为適寝。"孔疏："云'世妇以君下寝之上为適寝'者，皇氏云：'君谓女君，而世妇以夫人下寝之上为適寝。'熊氏云：'诸侯夫人、大夫妻及士之妻卒皆于夫之正寝，解此世妇以君下寝之上为適寝者，夫人卒于君之正寝，世妇卒于君之下寝之上者。'与皇氏异。虽卒夫寝，皆妇人供视之，是亦妇人不死男子之手也。案服虔注《左传》义与皇氏同，夫人之卒在于夫人路寝，比君路寝为小寝，故僖八年'夫人不薨于寝，则不殡于庙'，服虔注云：'寝，谓小寝也。'皇氏、熊氏其说各异，未知孰是，故两存焉。"

按：前揭疏主要是讨论夫人、世妇所卒的"寝"究竟是君寝还是夫人寝。皇侃认为夫人所卒之路寝即己之路寝，世妇所卒之适寝为夫人下寝。熊安生认为夫人所卒之寝为夫之正寝，世妇则为君之下寝。孔疏在引皇、熊二家之后，称"虽卒夫寝"，乃是对熊说的补充，显然偏向了熊氏。但"案"以后，又引《左传》服注支持皇侃说，这也与《左传正义》之说相合。最后孔疏称二说"未知孰是，故两存焉"，对二说仍不置可否。一段之中，孔疏对皇、熊二家的态度忽左忽右，最后也未下定论。颇疑"案"以后支持皇氏者为修订者所作，故与前支持熊氏之文不能衔接。

《丧大记》"吊者袭裘，加武、带、绖，与主人拾踊"，孔疏："'加武'者，贺氏云：'武，谓吉冠之卷。主人既素冠、素弁，故吊者加素弁于武。'"

郑注："加武者，明不改冠，亦不免也。"孔疏："贺氏以为'加素弁于吉冠之武'，解经文似便，与郑注不改冠其义相妨。熊氏云：'加武、带、绖，谓有朋友之恩，以绖加于武，连言带耳。'熊氏又云……然熊氏以武上加绖，与带带（之）文相妨，其义未善。两家之说，未知孰是，故备存焉。"

按：此两段疏分别为同一处经、注之疏，主要讨论"加武"之义。经疏中引贺氏，且无辩驳，似直接接受了贺氏"加武"为加素弁于武之说。注疏又批评贺氏"与郑注不改冠其义相妨"，从而又引出近三百字熊氏旧疏。但注疏末尾又称熊氏与经文直接抵触，"其义未善"。最终只好说"两家之说，未知孰是，故备存焉"。从中可以看出唐人在从贺、从熊之间摇摆不定。颇疑孔疏初稿直接袭用皇侃引贺之文，初次修订驳贺引熊，终定稿则又驳熊。

在个别情况下，唐人对旧疏的评议呈现非常复杂的面貌。如：

《王制》"凡养老"，孔疏："熊氏云：'天子视学之年养老，一岁有七。'谓四时皆养老。故郑此注'凡饮，养阳气；凡食，养阴气。阳用春、夏，阴用秋、冬'，是四时凡四也。案《文王世子》云'凡大合乐，必遂养老'，注云：'大合乐，谓春入学，舍菜，合舞；秋颁学，合声。'通前为六。又季春大合乐，天子视学，亦养老，《世子》云：'凡视学，必遂养老。'是总为七也。"

郑玄注："阳用春、夏，阴用秋、冬。"孔疏："云'阳用春、夏，阴用秋、冬'者，案《郊特牲》云：'飨、禘有乐而食、尝无乐，是故春禘而秋尝。'飨与禘连文，故知飨在春；食与尝连文，故知食在秋。彼不云冬、夏者，彼是殷礼；此言冬、夏者，据周法也。或郑因春而言夏，因秋而见冬，虽周冬、夏不养老也。就如熊义，去冬、夏，则一年有五养老也。又春合舞，秋合声，即是春、秋养老之事，冬、夏更无养老，通季春大合乐，有三养老也。熊氏以为春、秋各再养老，故为一年七养老也，去冬、夏犹为五，义实可疑。皇氏云：'春、夏虽以饮为主，亦有食，先行飨，次燕，次食。秋、冬以食为主，亦有飨，先行食，次燕，次飨。一日之中，三事行毕。'义或然也。"

按：前引首段经疏明确指明来自熊安生，次段注疏有对熊、皇两家的平议，应为唐人新作。两相对比，可见出《礼记正义》成书之复杂。

次段疏为解决《王制》与《郊特牲》的不同，提出了三个不同的观点。首先，"彼不云冬、夏者，彼是殷礼；此言冬、夏者，据周法也"，这是认同了周时四时皆养老，这与前段疏中的熊氏说及次段疏末尾的皇氏说是一致的。《郊特牲》"故春禘而秋尝"，疏引熊氏云："此夏、殷礼。"此处称《郊特牲》为殷礼，亦与之同。且《郊特牲》称"春飨孤子，秋食耆老"，与春养老之说无法相合，需结合《郊特牲》疏引熊氏"春飨孤子，亦飨耆老；秋食耆老，亦食孤子"之文方可理解。因此，此第一说应该来自熊氏，即便不是原文，也是櫽括熊氏之说。这与首段的经疏应是同时撰作的。

其次，"或郑因春而言夏，因秋而见冬，虽周冬、夏不养老也。就如熊义，去冬、夏，则一年有五养老也"，这运用了《礼记正义》分析郑注时常见的"连言"说，认为郑注中虽出现了冬、夏，但只是连言及之，冬、夏实不养老。在熊说的基础上去除二次，认为一年五养老。这与熊说已有不同，但主要是以《郊特牲》修正熊说，差异还比较有限。

最后，"又春合舞，秋合声，即是春、秋养老之事"，彻底否定了熊氏之说，认为春、秋合乐即春、秋养老，除此二事及季春大合乐外，再无其他养老之事。这完全是就《月令》和《文王世子》立说，彻底抛弃了熊氏之说。

以上三说完全不同，第二、第三说认为冬、夏不养老，不但与熊说不同，亦与后所引皇氏说不同，甚至已与郑玄注有所抵触。孔疏先用熊氏说，又提出意见不同的两说，并批评熊安生"义实可疑"，最后又引皇侃四时皆养老之说，认为"义或然也"，一段之中不停变换立场。这似乎反映出编撰者与修订者之间，以及修订者内部，有着大量意见分歧。

总之，《礼记正义》中一些对旧疏的驳议与前文矛盾，有些驳议内部也互相抵触，这都表明了该书多次修订造成的编、订者内部意见不一。

四　唐人修订造成的前后重复与文意不全

唐人修订不仅仅会造成前后矛盾，偶尔还会造成前后重复。这可能是由于修订者在增补内容时，于上下文失检，所补之文偶与上下文文意相近。如：

《丧大记》"子皆杖，不以即位"，郑注："子，谓凡庶子也。不以即位，与去杖同。"孔疏："皇氏云：'子，谓大夫、士之庶子也。不以杖即位，辟適子也。所以知此是大夫、士庶子者，见下有大夫、士適子哭殡、哭柩，惟此大夫、士適子，故知此是大夫、士之庶子也。'然案郑注，此云'子，谓凡庶子也'，凡于贵贱，则庶子是也。容人君適子入门辑杖，犹得即位。庶子宜在门外之位去之,故无即门内之位理也。大夫、士之適子则得哭殡、哭柩,如下所说。其庶子则宜与人君之庶子同,故并不得以杖即位也。熊氏云:'此文承上君、大夫、士之丧下,则此谓君、大夫、士之庶子,故注云"子,谓凡庶子"。'义亦通也。"

按:孔疏引皇侃以为经文之"子"指大夫、士之庶子。此后又据郑注以为"子"含君之庶子。后又引熊氏,以为"子"谓"君、大夫、士之庶子"。也就是说,皇、熊两段引文间的内容与熊氏引文语意重复。孔氏引熊氏文后称"义亦通也",所"亦"的恐怕是皇侃说。因皇氏以为"子皆杖,不以即位"与下文"大夫、士哭殡则杖"属一个义群,而熊氏则以为"子皆杖"承前论君、大夫、士杖之经,两者均有一定道理,故称"义亦通也"。因此,颇疑《礼记正义》最初仅引皇、熊两家,并以为两者皆可通。后修订时增加驳皇之文,却不意与下文所引熊氏文结论一致。

修订者除了对初稿做增补之外,可能还对初稿做了一些删削,个别删削不当之处又造成文意不全。从《礼记子本疏义》与《丧服小记》疏的对比来看,孔疏对皇疏有大量的删削省并,这应该多数完成于初撰时期。但有些删削造成的文意不畅显然带有二次修订的痕迹,如:

《王制》"岁二月,东巡守,至于岱宗,柴而望祀山川,觐诸侯",孔疏:"《觐礼》云'为宫'即言'加方明',经文相连,郑注云'王巡守至于方岳之下,诸侯会之,亦为此宫',则亦有方明,但文不具耳。故巡守,祭天燔柴,祭地瘗埋,皆是祭方明也。故郑于方明设六玉之下注云:'上宜以苍璧,下宜以黄琮,而不以者,则上下之神,非天地之至贵者也。'以此言之,明天子巡守之祭有方明也。而皇氏云:'诸侯来就王会同,有方明;王巡守见诸侯,无方明。'皇氏用之为说,其义非也。"

按:此段疏主要探讨天子巡守祀方明的问题,其中颇多句意不明之处。最为明显的便是末两句,先引皇氏,又称"皇氏用之为说"。皇氏不可能用皇氏本人之说,这显然是不可通的,中间应有引用皇侃之前学者的大量内容被删削。既然孔疏引出"皇氏"名氏,并作评判,那么显然是唐人之文。也就是说,此处唐人之文本身被做了删削,那么只可能是修订者所为。

实际上,该段疏前文有大量文意不畅之处。孔疏先称"祭天燔柴,祭地瘗埋,皆是祭方明",然后引郑玄注祀方明设六玉,云"上下之神,非天地之至贵者也"。贾公彦《仪礼注疏》云:"既非天地之贵,即日月之神。故下云'祭天,燔柴;祭地,瘗',郑注:'天、地,谓日月也。'"[1]也就是说,根据《觐礼》郑注恰恰可

---

① 〔唐〕贾公彦《周礼注疏》卷二七,〔清〕阮元校刻《十三经注疏》,第2364页。

以反对孔疏前面提出的祭天、祭地就是祭方明的观点,需要增加祭天、祭地即是祭日月的说明才能读通。孔疏在引《觐礼》郑玄关于六玉的注后,称"以此言之,明天子巡守之祭有方明也"。实际上,"天子巡守之祭有方明也"与《觐礼》郑玄注的"上下之神,非天地之至贵者也"完全没有关系,而是上接前条《觐礼》郑玄注"王巡守至于方岳之下,诸侯会之,亦为此宫"。总之,这一段疏近乎每一句都不相连,应是被删削后的面貌。从末两句看,删削者应即后来的修订者。

《王制》"周人养国老于东胶,养庶老于虞庠",孔疏:"熊氏云:'国老,谓卿大夫致仕者。庶老,谓士也。'皇氏云:'庶老,兼庶人在官者。其致仕之老,大夫以上当养从国老之法,士养从庶老之法。'故《外饔》云'邦飨耆老,掌其割亨',郑注引此'周人养国老于东胶,养庶老于虞庠'是也。"

按:孔疏所引熊、皇二家均释"国老""庶老"之义,又以"故"字领起引《周礼·外饔》经注,但《外饔》仅谓国有养耆老之法,与前熊、皇之说都关系不大,不能互相证发。因此"故"字前后文意不连贯,"故"字的连词作用无法体现出来。因此,孔疏引《外饔》之前当有内容被删削。

《郊特牲》"郊特牲而社稷大牢",孔疏:"皇氏于此经之首广解天地百神用乐委曲,及诸杂礼制,繁而不要,非此经所须,又随事曲解,无所凭据,今皆略而不载。其必有所须者,皆于本经所须处,各随而解之,他皆仿此。熊氏云:'四时迎气及诸神小祀等,并有降神之乐,则《大司乐》"分乐而序之",以下降神,正祭同用其乐。'亦是一义也。"

按:前文即称对皇氏"天地百神用乐委曲"皆"略而不载",后又引熊氏说四时迎气用乐之事,且云"亦是一义"。需要先有"义",才可能言"亦是一义",既然已将皇氏之义全部省略,则引熊后称"亦是一义"前无可"亦"。颇疑唐人此处本大量引用皇疏,并比较皇、熊不同。后修订者删节皇疏,并加说明,但对后面引熊氏之文则未做相应改动,故致此处前后不照应。

《礼记正义》中有大量前后重复及文意不畅之处,但大多难以辨明究竟是初撰时的失误,还是修订者对初稿增补、删削造成的问题。前面几例中都引出皇、熊名氏,且有对皇、熊旧疏的评述,则显然是唐人之文。其中仍有一些前后重复及文意不全之处,那么应该是修订者加工初稿造成的问题了。由此可知,《礼记正义》修订者所做的工作颇为粗疏,其增补的内容或与下文语意重复。另外,修订者也不仅仅会增补内容,还会对初稿做删削。

结　语

　　《礼记正义》在贞观十二年修成之后，又至少经历了贞观十六年和永徽二年两次修订。今所见《礼记正义》即是修订后的面貌。这两次修订的具体方法和具体内容今已难以详考，但孔疏内部的一些矛盾、重复和文义不通之处保留了唐人修订的痕迹。从中可以看出，这两次修订工作并不严谨，或于甲篇修订旧说而于乙篇不改，造成各篇间观点不一；或增补内容，但观点与上下文抵触、重复；或对成说作驳议，但并不修改原文；或不顾论述逻辑删改原文，等等。通过考察《礼记正义》的修订痕迹，不仅可以加深对该书成书过程的研究，也提示该书有着非常复杂的文本层次，对该书的阅读、研究需要注意不同层次文本间的差异。

《四书章句集注》宋元刻本新考：以兴国本的影响为中心

王 赫

【内容提要】 朱熹《四书章句集注》版本源流复杂，其中"兴国本"在元代曾引起"定本"论争。本文在前人研究的基础上，通过倪士毅《四书辑释》中的校语考索兴国本的9处文字，将其与今可考9种宋元刻本比勘，再参照《论孟集注》"章末用圈"体例及诸本一般性异文的分布，将今可考《章句集注》宋元刻本分为兴国本、宣城本—淳祐本系统、咸淳本系统及来源复杂的元本四类，并作出判断：宣城本—淳祐本系统与咸淳本系统有显著差异，但二者与兴国本的差异更大；来源复杂的元本与宣城本—淳祐本系统和咸淳本系统都相关，其中延祐本又受到兴国本的重要影响，这可能出于编刻者的主观选择。朱子晚年对《章句集注》的不同修改意见在身后刻本中不断排列组合，这与编刻者的主观思想有关；在研究版本源流时，需要参考多种角度。

【关键词】 《四书章句集注》 兴国本 宣城本—淳祐本系统 咸淳本系统 延祐本

在近世中国地位最为重要，影响最为深远的经部文献，非朱熹《四书章句集注》莫属。南宋以来，朱子学逐渐成为中国乃至东亚世界思想、学术的大宗，而《四书章句集注》将程朱学派的思想和理论融入对《大学》《中庸》《论语》《孟子》四书的阐释，实现了经学范式的转换，成为朱子学的最核心文献。

关于《四书章句集注》的版本系统，近人讨论并不甚多。检其要者，佐野公治曾概述此书自宋至清的版本源流，此后徐德明又详细地考察了此书自宋至清刻本的现状；在分析版本系统时，佐野氏与徐氏不约而同地以宋元时所谓"晚年定本"说为中心，指出此书版本分为"淳祐本"与"兴国本"（明清监本）两大

【作者简介】王赫，南京大学文学院特任助理研究员。

系统。①而近来殷溯玉对此书的版本作了更细致的介绍和分析,又根据新发现的今佚宋本信息指出"咸淳本"与"淳祐本"两系统之异,堪称后出转精的重要结论。②

笔者认为,由于《四书章句集注》对塑造和延续朱子学传统有巨大意义,故考察此书的版本源流时,有必要与朱子学史的考察相结合。因此,佐野氏和徐氏重视"晚年定本"说的意识值得继承,因为此一公案可谓宋元朱子学与《四书章句集注》版本中的大问题,以此着手区分版本系统,可谓深中肯綮。然而,二氏受条件所限,对版本异文的具体考察不足,故其结论不够精确,需予修正和补充。殷氏后起,搜罗材料更加完备,但仅以通校与统计为方法,故在归纳宋本与元本的关系时,难免将古今字、异体字等主观性和偶然性很强的异文纳入统计数据,而对朱子学史上备受关注的重要异文缺少特别的关注,故其结论似亦有可补充修正之处③。有鉴于此,本文在前贤成果的基础上继续讨论《四书章句集注》宋元刻本的源流:首先尽可能地搜罗、考察宋元刻本的文本,然后以元代朱子学者争讼最多的"兴国本"系统相关异文为中心,考察曾被鼓吹为朱子晚年"绝笔""定本"的兴国本对宋元刻本的影响。

一 兴国本及相关论争

《四书章句集注》凝聚了朱熹一生心血。《学》《庸》之《章句》与《论》《孟》之《集注》四种乃分别撰作,淳熙年间均已成稿,且有不止一种刻本流通④;但朱子晚年在学问思辨、讲习讨论的过程中又不断加以修订,"旋见得旋改"⑤。具体说来,晚年的朱子对《论孟集注》已颇满意,尝谓"某《语孟集注》,添一字不得,减一字不得"⑥;而对《大学章句》则锲而不舍,去世前三天尚修改"诚意"章注⑦,堪称死而后已。正因朱子对《四书章句集注》的要求之高、改版之频,加以坊间射利盗刻、朋友擅自开刊等因素影响,此书的早期版本面貌颇

---

① 〔日〕佐野公治著,张文朝、庄兵译,林庆彰校订《四书学史的研究》,台北:万卷楼,2014年,第188—198页;徐德明《〈四书章句集注〉版本考略》,《华东师范大学学报(哲学社会科学版)》1998年第4期,第71—77页。
② 殷溯玉《〈四书章句集注〉版本源流考论》,《北京大学中国古文献研究中心集刊》第二十四辑,北京:北京大学出版社,2022年,第72—108页。
③ 殷氏在区分宋本系统时已经充分考虑到这一问题,故其结论颇精确;但在归纳宋本与元本之关系时则未暇及此,故本文对其结论有不同意见。
④ 许家星《经学与理学:朱子四书学研究》,北京:中国社会科学出版社,2021年,第37—42页。
⑤ 〔宋〕黎靖德编,王星贤点校《朱子语类》卷六二《中庸一》,北京:中华书局,1986年,第1486页。
⑥ 〔宋〕黎靖德编,王星贤点校《朱子语类》卷一九《论语一》,第437页。
⑦ 束景南《朱熹年谱长编(增订本)》,上海:华东师范大学出版社,2014年,第1412页。

为复杂。① 如朱熹殁后仅数年的开禧二年(1206),魏了翁所得朱子门人辅广所授之《论孟集注》文本,与此前闽、浙坊刻本相比"十已易其二三",相比更早的蜀刻本更"十易六七"。② 虽或不无夸张,但文本差异当甚明显。

因此,在朱熹殁后,追求《四书章句集注》晚年定本的观念流行开来:如前述辅广传《论孟集注》于魏了翁,即号称"先生晚年所授"③;又如嘉定十年(1217)朱门高弟陈淳刊刻《大学章句》,亦号称"得先生绝笔定本"④。随着时间推移,与今本差异甚大的朱子生前早期文本逐渐被淘汰,今日已难觅其踪;而朱子后学对"定本"的辨析和论争,逐渐聚焦于少数几处关键异文。诞生于晚宋的兴国本,就是在元代"定本"论争中最有力的竞争者之一。

(一) 兴国本的诞生与祝洙《附录》

本文所谓"兴国本",即宋理宗时在兴国军(在今湖北阳新县)刊刻的《四书章句集注》。关于此本,一种说法是朱子门人冯去疾(1185—?)知军时所刻⑤,但具体时间不详;黄彰健则据朱子嫡孙朱鉴曾于理宗端平二年(1235)权知兴国军,并刊刻《楚辞集注》《诗传遗说》之事,推测兴国本《章句集注》亦为朱鉴所刻⑥。结合下文所引朱鉴之语,黄说当更可信。据佐野公治考证,兴国军出版业兴盛,所刻"六经"号为善本,《四书》或亦然;而理宗开庆元年(1259)兴国军所刻"六经"官板毁于战乱,《四书》板片或与之俱毁⑦。故至明嘉靖时,兴国本《四书章句集注》在兴国州已"无传"⑧。

兴国本虽早佚,但宋末祝洙(1256年进士)《四书附录》以之为底本。"附录"是一种疏体,乃从朱子文集和语录中纂辑讲解《四书》之语,附入《章句集注》本文之后。《附录》今亦不存,而朱鉴尝为之作序,其中论此书底本之一句,经元儒陈栎(1252—1335)和倪士毅(1303—1348)的鼓吹而流传至今:

> 祝氏《附录》本,文公適孙鉴书其卷端云:"《四书》元本,则以鉴向得先

---

① [日]佐野公治著,张文朝、庄兵译,林庆彰校订《四书学史的研究》,第182—188页;许家星《经学与实理:朱子四书学研究》,第37—43页。
② 〔宋〕魏了翁《鹤山先生大全文集》卷五三《朱氏语孟集注序》,《四部丛刊初编集部》影印刘氏嘉业堂藏宋刊本,上海:商务印书馆,1960年,第450页。
③ 〔宋〕魏了翁《鹤山先生大全文集》卷五三《朱氏语孟集注序》,第450页。
④ 〔宋〕陈淳撰,漳州文库编委会整理《北溪先生全集》第四门文卷九《代跋大学》,北京:国家图书馆出版社,2021年,第272页。
⑤ 〔明〕徐学谟纂修《(万历)湖广总志》卷六四《宦迹六》,武汉:崇文书局,2018年,第1920页。
⑥ 黄彰健《论四书章句集注定本》,《"中央研究院"历史语言研究所集刊》第28本上册,1957年,第509页。
⑦ [日]佐野公治著,张文朝、庄兵译,林庆彰校订《四书学史的研究》,第189页。
⑧ 〔明〕唐宁、〔明〕林爱民纂修《(嘉靖)兴国州志》卷五《秩官列传》,国家图书馆藏明嘉靖刻本,叶10b。

公晚年绝笔所更定而刊之兴国者为据。"①

即祝洙作《附录》所依据的《四书章句集注》底本,乃朱鉴提供的兴国本。朱、祝二氏均源出新安而移居福建崇安,朱熹母舅祝莘乃祝洙曾祖,祝洙父祝穆乃朱子门人。可见朱、祝二氏世代通好,朱鉴授予祝洙兴国本自属可能。② 因此,兴国本《四书章句集注》的文本通过祝洙《四书附录》保存而流传开来。

问题是,兴国本是否为朱子"晚年绝笔"? 如论狭义之"绝笔",即指朱子殁前三日所改《大学章句》"诚意"章,此乃蔡沈《梦奠记》所记其目睹之事③,后人对此并无异议④。考今本《大学章句》"诚意"章,与《朱子语类》所载诸"旧本""改本"皆不同⑤,复与卫湜《礼记集说·大学》所载朱注多异⑥,可见朱子晚年于此章修改颇多,前述陈淳所刻"绝笔"《章句》很可能就是今本。但无论绝笔所改究竟如何,重要的是,兴国本与宋元其他版本在"诚意"章并无异文。陈栎欲证明兴国本之权威,有曲解"绝笔"之嫌。《章句》"经一章"释"诚意"云:"实其心之所发,欲其必自慊而无自欺也。"陈栎云:

> 诸本皆作"欲其一于善而无自欺也",……此本独作"必自慊而无自欺",可见绝笔所更定乃改此三字也。按:文公《年谱》谓庆元庚申四月辛酉,公改"诚意"章句;甲子,公易箦。今观"诚意"章,则祝本与诸本无一字殊,惟此处有三字异,是所改正在此耳。⑦

蔡沈《梦奠记》明言绝笔所改是"'诚意'章"⑧,黄榦《行状》亦谓"'诚意'一章,乃其绝笔也"⑨。既然兴国本与他本"诚意"章不异一字,则兴国本之独特性盖与殁前三日"绝笔"无关;陈栎欲将"传六章"之绝笔解释为兴国本"经一章"之异文,并不可信。

---

① 〔元〕倪士毅《四书辑释大成·凡例》,日本国立公文书馆藏文化九年覆刻元至正二年日新书堂刻本,叶2a;《大学》,叶4a。按:在倪士毅遗稿《重订四书辑释》中,此语标明乃引"陈先生曰"。见〔元〕倪士毅辑释,〔元〕程复心章图,〔明〕王逢订定通义《重订四书辑释章图通义大成·大学章句重订辑释章图通义大成》,日本国立公文书馆藏明正统五年詹氏进德书堂刻本,叶13a—b。
② 〔日〕佐野公治著,张文朝、庄兵译,林庆彰校订《四书学史的研究》,第189—190页。
③ 〔宋〕蔡沈撰,〔清〕蔡重辑《九峰公集·朱文公梦奠记》,日本国立公文书馆藏清雍正十一年刻《蔡氏九儒书》本,叶59a。
④ 束景南《朱熹年谱长编(增订本)》,第1411—1416页。
⑤ 〔宋〕黎靖德编,王星贤点校《朱子语类》卷一六《大学三》,第328—341页。
⑥ 〔宋〕卫湜《礼记集说》卷一五〇《大学》,〔清〕纳兰性德编《通志堂经解》第13册,扬州:广陵书社,2007年,第497页上栏、中栏。
⑦ 〔元〕倪士毅《四书辑释大成·大学》,叶4a。
⑧ 〔宋〕蔡沈撰,〔清〕蔡重辑《九峰公集·朱文公梦奠记》,叶59a。
⑨ 〔宋〕黄榦《勉斋先生黄文肃公文集》卷三四《朝奉大夫华文阁待制赠宝谟阁直学士通议大夫谥文朱先生行状》,《北京图书馆古籍珍本丛刊》第90册,北京:书目文献出版社,1988年,第704页下栏。

而如论广义之"绝笔",则不仅指"诚意"章,当指朱子晚年最终完成的《章句集注》"定本"。然而考虑到朱子晚年改稿之频,坊间传刻之多,弟子所述之异,孰为定本实难裁断。而笔者在此想补充的视角是:崇安毗邻出版业繁荣的建阳,元代新安–建阳一系的经疏著述与商业出版联系密切①,祝洙《附录》就是坊间流行的《四书》疏之一②。且祝氏素擅图书编刻,祝洙之父祝穆编纂的《方舆胜览》与《新编古今事文类聚》两部大书,都在宋元明书林中畅销不衰。因此朱鉴序中所谓"先公晚年绝笔"之说,或许有为祝氏之书争取市场的意思。同时,朱鉴以整理传承先祖学问为事③,借祝氏之书宣传自家藏本,也有利于朱氏争取正统朱子学的文本解释权。

(二) 兴国本引发的"定本"论争

入元以来,兴国本通过祝洙《附录》产生广泛影响,首先为之鼓吹的是新安朱子学者陈栎。

陈栎字寿翁,号定宇,休宁人④。因元代科举久废,故陈氏坐馆为生,颇为困顿⑤;至延祐元年(1314)复开科举,又因病未能参加会试⑥。故陈氏晚年绝意仕进,发愤著书,完成的最后一部著作就是《四书发明》。这也是一部《四书章句集注》之"附录纂疏",所谓"纂疏"即在附录朱子本人文字之后,又汇集诸家经说以续补之。陈氏曾考察当时书坊中流行的《四书》疏,以为祝洙《附录》最佳⑦,且激赏其以兴国本为"绝笔定本"之说⑧,故平时讲学⑨,及撰作《发明》,都一以祝本为据。如弟子倪士毅所言:

> 文公之孙谓《四书》刊之兴国者,晚年绝笔所更定本也。祝氏《附录》依兴国本,他本皆旧本耳。于此鲜有察者,惟先师《发明》遵祝本,而又尝著《四书考异》一卷,详辨祝本与他本之得失。大节有三:其一则《大学》经

---

① 刘成群《"附录纂疏"体经学著作与"四书五经大全"的纂修——以元代新安经学为叙述中心》,《中国典籍与文化》2013年第3期,第64—65页;朱冶《元明朱子学的递嬗:〈四书五经性理大全〉研究》,北京:人民出版社,2019年,第66—74页。
② 〔元〕陈栎著,郭晓燕点校《〈定宇集〉点校》卷一〇《答胡云峰书》,合肥:合肥工业大学出版社,2021年,第160页。
③ 〔清〕永瑢等《四库全书总目》卷三《朱文公易说》,北京:中华书局,1965年,第18页;卷一五《诗传遗说》,第125页。
④ 〔元〕陈栎著,郭晓燕点校《〈定宇集〉点校》卷一〇《上张郡守书》,第153页。
⑤ 同上。
⑥ [日]佐野公治著,张文朝、庄兵译,林庆彰校订《四书学史的研究》,第212页。
⑦ 〔元〕陈栎著,郭晓燕点校《〈定宇集〉点校》卷一〇《答胡云峰书》,第160页。
⑧ 〔元〕陈栎著,郭晓燕点校《〈定宇集〉点校》卷一七胡氏《胡容斋四书发明序》,第321页。
⑨ 〔元〕陈栎著,郭晓燕点校《〈定宇集〉点校》卷七《道之大原出于天》,第110—111页;卷一三《天命之谓性三句讲义》,第240页。

中释"诚意"处;其二则《论语》"为政以德"章释"德"字处;其三则《中庸》首章第一节下断语是也。①

《发明》《考异》今佚,但其要语保存于倪士毅《四书辑释》。

然而,同时的朱子学者胡炳文(1250—1333)对兴国本的态度有异。胡氏字仲虎,号云峰,婺源人,其《四书通》与陈氏《四书发明》几乎同时撰作、刊刻,且成书过程中双方交换了部分手稿②。《四书通》的"引用姓氏"中包括祝氏《附录》,然而在《凡例》中明确反对以兴国本为定本之说:

> 祝氏以刊于兴国者为定本,今细考其文义,如"为政以德",旧本作"行道而有得于身",祝本作"有得于心",后本又改作"得于心而不失",祝未之见也。
> 按:桐原胡氏侍坐武夷,考亭先生执扇而曰:"'德'字须用'不失'训。如得人此物,可谓得矣,才失之,则非得也。"此譬甚切。盖此句含两意,一谓得之于有生之初者,不可失之于有生之后;一谓昨日得之者,今日不可失之也。今必以祝本为定,未必先曰"得于心而不失",然后改曰"行道而有得于身",末又改曰"行道而有得于心"。故今不以祝本为定。③

此胡泳事今不见《语类》,可能见于已佚之《四书衍说》④。但《语类·论语·为政以德章》确有以下两条:

> ①"行道而有得于身","身"当改作"心"。诸经注皆如此。
> ②旧说:"德者,行道而有得于身。"今作"得于心而不失"。诸书未及改,此是通例。⑤

①为沈僩戊午年(1198)以后所闻,②为黄义刚癸丑年(1193)以后所闻。因黄氏从学时间包括丁巳年(1197)至己未年(1199)一段⑥,故难准确勘定二说先后。总之,《章句》此处旧本作"行道而有得于身",而朱子曾有①②两种改法。陈栎采兴国本,以①为定本;而胡炳文则以②为定本,认为①只是旧本与定本之间的过渡阶段。

陈氏见胡氏此论,大为不满。数年后与甥吴氏书云:

> 胡仲虎《四书通》……好处尽有,但鸡子讨骨头处甚多,最是不以祝本

---

① 〔元〕倪士毅《四书辑释大成·四书辑释大成凡例》,叶2a。
② [日]佐野公治著,张文朝、庄兵译,林庆彰校订《四书学史的研究》,第213—214页。
③ 〔元〕胡炳文《四书通·四书通凡例》,〔清〕纳兰性德编《通志堂经解》第15册,扬州:广陵书社,2007年,第400页中栏。
④ 〔清〕黄宗羲原著,〔清〕全祖望补修,陈金生、梁运华点校《宋元学案》卷六九《隐君胡洞源先生泳》,北京:中华书局,1986年,第2292页。此条材料承时鹏飞博士提醒。
⑤ 〔宋〕黎靖德编,王星贤点校《朱子语类》卷二三《论语五》,第536页。
⑥ [日]田中谦二《朱门弟子师事年考》,《东方学报》第44册,1973年,第181—182页。

为定本,大不是。文公適孙鉴庚三总领题祝氏《附录》云"后以先公晚年绝笔更定而刊之兴国者为据",今乃不信其亲孙之言,而信外人之言。只看《中庸》首一节断语,诸本与祝本疏密天地悬隔,乃隐而不言,而专以《为政》篇"德之为言得也,得于心而不失"一节来辨,谓"得于心而不失"为定本,而非"行道而有得于心"之说。①

虽胡氏《四书通》不取兴国本,但陈栎门人倪士毅将它发扬光大。倪氏字仲弘,休宁人,②有志修订陈氏《四书发明》,且与胡氏《四书通》合二为一,题曰《重编四书发明》;与建阳书坊沟通后,此书以《四书辑释大成》之名于至正二年(1342)出版。后倪氏又有《重订四书辑释》遗稿,直至明宣德九年(1434)才出版,题曰《重订四书辑释章图通义大成》③,后人所读《辑释》多是此重订本。前后二本《辑释》文本变化不少,但在兴国本的问题上始终继承陈栎《发明》的意见,从而将兴国本的文本保存了下来。

元代陈栎、胡炳文"定本"之争,至此其始末已述讫;关于其后元末及明、清朱子学者对"定本"论争的意见,许家星曾全面归纳,且详加讨论,足资参考④。值得注意的是,这一论争持续至今:如关于前引陈栎所谓"《大学》经中释'诚意'处",朱子的定本是"一于善"还是"必自慊",当代治朱子学者曾作出相反而针锋相对的判断⑤。

至于元代以后兴国本地位的浮沉,其大端有二:明永乐敕撰纂修《四书大全》以《辑释》为底本,使兴国本系统大兴,开启了明清监本系统;而清嘉庆间吴县吴英重校、吴志忠重刻《四书章句集注》,力辟祝氏《附录》和倪氏《辑释》而多采胡炳文《四书通》,今日中华书局"新编诸子集成"本即以吴本为底本,使坊间兴国本系统式微。此与本文主旨稍远,故不详述⑥。

二 兴国本文本的考索与利用

笔者认为,关于这场"定本"之争,据现有史料尚不足以断案。如前所述,朱子"绝笔"确有其事,但其具体文本无传;而《语类》所载修改意见中有互异之

---

① 〔元〕陈栎著,郭晓燕点校《〈定宇集〉点校》卷一〇《答吴仲文甥》,第172页。
② [日]佐野公治著,张文朝、庄兵译,林庆彰校订《四书学史的研究》,第214页。
③ [日]佐野公治著,张文朝、庄兵译,林庆彰校订《四书学史的研究》,第215—223页;顾永新《经学文献的衍生和通俗化——以近古时代的传刻为中心》,北京:北京大学出版社,2014年,第502—522页。
④ 许家星《经学与实理:朱子四书学研究》,第437—456页。
⑤ 许家星《经学与实理:朱子四书学研究》,第254—281页;陈林《朱熹〈大学章句〉"诚意"注解定本辨析》,《孔子研究》2015年第2期,第96—107页。
⑥ [日]佐野公治著,张文朝、庄兵译,林庆彰校订《四书学史的研究》,第195—197页。

说，也难以确定何者为最终定本。这给后人留下了足够的阐释空间，此一公案才得以无休止地延续。古今诸家又多以义理是否精熟作为准绳，理校之法虽高明，亦往往出现"此亦一是非，彼亦一是非"的情况，意见终难统一。因此，本文并非意欲继续参与"定本"之争。

但本文从上述"定本"论争中获得启发：宋元朱子学的派系流别与其所读、所编、所刻《四书章句集注》版本密切相关，而兴国本又是元代"定本"之争中最大公案，故与兴国本相关的异文是探讨《四书章句集注》版本源流的关键线索。

(一)兴国本文本的考索

今欲考察兴国本的文本，最早的材料就是倪士毅《四书辑释》。佐野公治曾根据《四书辑释》和《四书通》的对比列出 6 处兴国本与他所谓"淳祐系统本"的显著异文①；今则以通检《辑释》中校语的方法补充之。当祝洙《附录》本与当时通行本有异文时，《辑释》有时以双行小注形式出校语；根据《辑释》体例，凡此诸校语皆述陈栎之言。这些陈、倪校语，记录了当时通行的"诸本""他本"与"兴国本""祝本"之异（所谓"兴国本"盖亦据"祝本"，因陈、倪似未曾见兴国原本），且称前者为"元本"，后者为"后来本"或"定本"。笔者全面考察《辑释》中此类校语，共得 8 条（见表 1）②。这些元人校语记载了确定无疑的兴国本文本，对考察《四书章句集注》的版本系统意义重大。

表 1 《四书辑释》中与兴国本相关之校语

序号	《四书章句集注》文本	《四书辑释》校语 上栏：《四书辑释大成》 下栏：《重订四书辑释章图通义大成》
1	实其心之所发，欲其必自慊而无自欺也（《大学》经一章）	诸本皆作"欲其一于善而无自欺也"，惟祝氏《附录》本，文公適孙鉴书其卷端云："《四书》元本，则以鉴向得先公晚年绝笔所更定而刊之兴国者为据。"此本独作"必自慊而无自欺"，可见绝笔所更定乃改此三字也。按：文公《年谱》谓庆元庚申四月辛酉，公改"诚意"章句；甲子，公易簀。今观"诚意"章，则祝本与诸本无一字殊，惟此处有三字异，是所改正在此耳。……

---

① 〔日〕佐野公治著，张文朝、庄兵译，林庆彰校订《四书学史的研究》，第 190—191 页。
② 〔元〕倪士毅《四书辑释大成·大学》，叶 4a、19b；《中庸》，叶 3a—b、4a、5a、14a—b、50b；《论语》卷二《为政第二》，叶 1a—b；卷七《述而第七》，叶 4a。〔元〕倪士毅辑释，〔元〕程复心章图，〔明〕王逢订定通义《重订四书辑释章图通义大成·大学章句重订辑释章图通义大成》，叶 13a—b、56b；《中庸章句重订辑释通义大成》，叶 6a—b、7b、9b、24b、25a、95a；《论语集注重订辑释通义大成》卷二《为政第二》，叶 1b；卷七《述而第七》，叶 7a。

续表

序号	《四书章句集注》文本	《四书辑释》校语 上栏:《四书辑释大成》 下栏:《重订四书辑释章图通义大成》
1		此一句惟祝氏《附录》本如此,他本皆作"欲其一于善而无自欺也"。文公适孙鉴书祝氏《附录》本之卷端云:"《四书》元本,则以鉴向得先公晚年绝笔所更定而刊之兴国者为据。"按:文公《年谱》谓庆元庚申四月辛酉,公改"诚意"章句;甲子,公易箦。今观"诚意"章,则祝本与诸本无一字殊,惟此处有三字异,是其绝笔改定在此三字也。……
2	然常人之情,惟其所向而不加察焉(《大学》传八章)	此章朱子亦以"察"字言之,兴国本作"察",他本作"审"者非。
		《章句》于此章亦以"察"字言之,兴国本作"察",他本作"审"者非。
3	盖人知己之有性,而不知其出于天;知事之有道,而不知其由于性;知圣人之有教,而不知其因吾之所固有者裁之也。故子思于此首发明之,而董子所谓"道之大原出于天"亦此意也(《中庸》首章)	朱子此总断之语,元本云:"盖人之所以为人,道之所以为道,圣人之所以为教,原其所自,无一不本于天而备于我,学者知之,则其于学知所用力,而自不能已矣。故子思于此首发明之,读者所宜深体而默识也。"今以后来本校之,疏密浅深,大有间矣。……他本多依元本,惟祝氏《附录》从定本耳。
		《章句》此一节总断之语,他本云:"盖人之所以为人,道之所以为道,圣人之所以为教,原其所自,无一不本于天而备于我,学者知之,则其于学知所用力,而自不能已矣。故子思于此首发明之,读者所宜深体而默识也。"今以祝氏《附录》从定本而校之,疏密浅深,大有间矣。……
4	若其可离,则岂率性之谓哉(《中庸》首章)	元本作"则为外物而非道矣"。先师曰:两句宜兼存之,云:"若其可离,则为外物而非道矣,岂率性之谓哉?"如此尤为明备。
		陈先生曰:元本作"则为外物而非道矣"。两句宜兼有之,云:"若其可离,则为外物而非道矣,岂率性之谓哉?"如此尤为明备。

续表

序号	《四书章句集注》文本	《四书辑释》校语 上栏：《四书辑释大成》 下栏：《重订四书辑释章图通义大成》
5	而不使其潜滋暗长于隐微之中，以至离道之远也（《中庸》首章）	元本只云"滋长"，定本加"潜""暗"二字。
		祝氏本如此，他本无"潜""暗"二字。
6	然皆倚于一偏，故资之近而力能勉者皆足以能之。至于中庸，虽若易能，然非义精仁熟而无一毫人欲之私者，不能及也（《中庸》第九章）	"天下之至难也"以下，元本云："然不必其合于中庸，则质之近似者，皆能以力为之。若中庸，则虽不必皆如三者之难。"
		"天下之至难也"下，祝氏本如此，（也）[他]本云："然不必其合于中庸，则质之近似者，皆能以力为之。若中庸，则虽不必皆如三者之难。"
7	神，谓鬼神（《中庸》第二十四章）	兴国本无此四字。
		祝本无此四字。
8	德之为言得也，行道而有得于心也（《论语·为政》"为政以德"章）	祝氏《附录》本如此，他本作"得于心而不失也"。……
		祝氏《附录》本如此，他本作"得于心而不失也"。……

同时需要注意，《论语集注》中"德"字之训不止见于《为政》篇，上表中第8条校语的下文还涉及《论语·述而》篇。《辑释》于《述而》篇未出校语，因《为政》校语中已一并言及之：

> 今日"得于心而不失"，则得于心者何物乎？方解"德"字，未到持守处，不必遽云"不失"，不比"据于德"注云"据者，执守之意……得之于心而守之不失"，又云"据德，则道得于心而不失"，此两"不失"字乃自"据"字上说来。况上文先云"德，则行道而有得于心者也"，其证尤明白；若遽云"不失"，则似失之急，又近于赘。

此处文义与义理暂且不论，而可见《四书辑释·述而》篇"德，则行道而有得于心者也"十一字，确为陈栎所据祝洙《附录》所保存兴国本文字，与《为政》篇所谓"行道而有得于心也"呼应。然则今可确定为兴国本的文本共有9处。

(二)兴国本文本与其他宋元刻本的比对

至此,我们已确认兴国本的9处关键文本;现在的任务则是将其与其他宋元刻本比对。到目前为止,学界已经发掘出《四书章句集注》宋元刻本文本可考者9种(含残本,见表2)①;今将《四书辑释》校语所存9处兴国本文本与这9种宋元刻本进行比对(见附录一),可对《四书章句集注》的宋元刻本源流产生新的认识。

表2 今可考《四书章句集注》宋元刻本九种

版本名称	刊刻时代	原本今存否	本文所用文本来源
淳祐本	宋(1252)	存	《中华再造善本·唐宋编·经部》影印中国国家图书馆藏宋嘉定十年当涂郡斋刻嘉熙四年淳祐八年十二年递修本(《论语》《孟子》)及宋淳祐十二年当涂郡斋刻本(《大学》《中庸》)(北京:北京图书馆出版社,2003年)
咸淳本	宋(1273)	否	《毛扆手校四书集注》校语(扬州:广陵书社,2007年)
中字本	宋	否	同上
残宋本	宋	存(《论语》《孟子》)	中国国家图书馆藏宋刻本(善本书号:08650)
延祐本	元(1318)	存	日本国立公文书馆藏元延祐五年温州路学赵凤仪刻本(请求番号:别063—0002)
至正本	元(1362)	存	《中华再造善本·金元编·经部》影印山东省博物馆藏元至正二十二年武林沈氏尚德堂刻本(北京:北京图书馆出版社,2006年)
泳泽书院本	元	存	中国国家图书馆藏清内府覆刻元泳泽书院刻本(善本书号:19423)

---

① 关于诸版本的特征描述,及其可考来历、递藏经过与鉴定结论,见徐德明《〈四书章句集注〉版本考略》,第72—74页;朱天助《朱子四书类著述二十一种版本述考》,《闽江学院学报》2014年第1期,第7—10页;殷潄玉《〈四书章句集注〉版本源流考论》,第73—78页。

续表

版本名称	刊刻时代	原本今存否	本文所用文本来源
袁克文藏本	元	存	《中华再造善本·金元编·经部》影印上海图书馆藏元刻本 （北京：北京图书馆出版社，2005年）
袁又恺藏本	元	存（阙《孟子》二卷）	南京图书馆藏元刻本 （索书号：GJ/KB1311）

根据与兴国本9处文本的对比结果，可将其他宋元刻本归为三组：第一组包括淳祐本、泳泽书院本，共2种；第二组包括咸淳本、中字本、残宋本、至正本、袁克文藏本、袁又恺藏本，共6种；第三组只有延祐本1种。下文将展开论述这一结果显示的意义。

三 宣城本—淳祐本系统与广义的咸淳本系统

《四书章句集注》今存诸本中，刊刻时间明确的最早刻本乃淳祐十二年（1252）马光祖刻本。马氏刻书跋云，其中《论孟集注》据当涂郡斋所藏旧板补修，旧板"盖吴正肃公所刊"，吴正肃公即宣城人吴柔胜（1154—1224）[1]；《学庸章句》则依仿旧本规制新刻。此本曾经铁琴铜剑楼旧藏[2]，今藏国家图书馆。此外，台北"故宫博物院"藏有一本，版式、行款皆同淳祐本，字体亦相似，其刊记题"淳祐丙午"（1246）刻于泳泽书院[3]；但泳泽书院元代始建，且"淳祐"二字乃补写入；据陶湘、王欣夫等考察，此乃书贾作伪，实为元本[4]。其刊记言其底本来源是"得燕山嘉氏所刻宣城旧本于京师"，故徐德明认为此本即宣城吴氏本的覆刻本[5]；但所谓"燕山嘉氏所刻"似不可忽略。嘉氏不知何人，但此本既是元本，则"燕山"即"京师"，此本的底本未必是宣城吴氏初刻本，而更可能是北京"燕山嘉氏"覆刻的宣城吴氏本。总之，淳祐本与泳泽书院本关系密切，特

---

① 徐德明《〈四书章句集注〉版本考略》，第72页。
② 〔清〕瞿镛编纂，瞿果行标点，瞿凤起覆校《铁琴铜剑楼藏书目录》卷六《四书章句集注二十六卷》，上海：上海古籍出版社，2000年，第151—154页。
③ 此本今藏台北"故宫博物院"，统一编号：故善003771—003779。本文所用乃清康熙间内府覆刻本。
④ 王欣夫《文献学讲义》，上海：上海古籍出版社，2005年，第152—153页；吴国武《宋元书院本杂考——以〈书林清话〉著录为中心》，《湖南大学学报（社会科学版）》2011年第6期，第26页。按：王欣夫引陶湘云"淳祐"二字乃据"至正"二字挖改，故定此本为至正二十六年（1366）刻本；然而据今所见书影，似无法确定二字原作"至正"，故本文暂仅泛称之为元刻本。
⑤ 徐德明《〈四书章句集注〉版本考略》，第72页。

别是《论孟集注》部分同出于宣城吴氏本，佐野公治并称二者为"淳祐系统本"，今可将其整个系统称为"宣城本－淳祐本系统"。此系统最明显的特点是朱注与经文同作单行大字，今可考其他宋元《章句集注》刻本中朱注均作双行小字。

而近来殷漱玉据《毛扆手校四书集注》所存校语，发掘出"咸淳本"与淳祐本的区别。咸淳本刊记题"咸淳癸酉夏，衢州长沙赵淇刊于郡庠"，乾隆《天禄琳琅书目》有详细著录[①]，惜今已佚。但殷漱玉注意到，清初毛扆曾于汲古阁刻本上，先后用咸淳本、中字本及淳祐本对校，故此校本保存了珍贵的咸淳本文本[②]。

殷氏根据《论语》部分的通校、统计与对比，区分了"淳祐本系统"与"咸淳本系统"，认为宋中字本属于咸淳本系统，元延祐本与袁又恺藏本属于淳祐本系统，元至正本和袁克文藏本则同时受两个系统影响。[③] 但以上述与兴国本相关的9处关键异文为中心进行考察，再结合通校结果与加圈体例的对比，均可对殷氏的结论进行补充和修正，以强调咸淳本的重要性：不仅中字本属于咸淳本系统，至正本和袁克文藏本与咸淳本系统密切相关，而且延祐本和袁又恺藏本同样与咸淳本系统相关，不能简单地将二者归入淳祐本系统。以下将展开论证。

（一）两系统之区别：以兴国本关键异文为标准

将前述兴国本的9处关键异文与今可考9种宋元刻本的文本互相比对（见附录一），首先可见延祐本多同于兴国本而异于其他宋元诸本，最为特殊，这留待最后考察；其他8种宋元刻本则均不同于兴国本，但在《论语集注》中的"德"字之训处又有显著区别，据此可分为两组。首先是《为政》篇"为政以德"之训（中字本此处阙叶），淳祐本与泳泽书院本成为一组，作：

> 德之为言得也，得于心而不失之谓也。

而咸淳本、残宋本、至正本、袁克文藏本与袁又恺藏本成为另一组，作：

> 德之为言得也，得于心而不失也。

参考《四书辑释》校语（见表1第8条），则陈栎所见之"他本"显然属于后一组。虽前一组只多"之谓"二字，但此处乃陈栎、倪士毅在鼓吹兴国本文字时特别强调的三处"大节"之一，亦陈栎与胡炳文特别置辩之处，因此对此异文需充分

[①] 于敏中等《天禄琳琅书目》卷一《四书（五函二十七册）》，上海：上海古籍出版社，2007年，第16—17页。
[②] 殷漱玉《〈四书章句集注〉版本源流考论》，第79页。
[③] 殷漱玉《〈四书章句集注〉版本源流考论》，第90页。

敏感。

而考察《述而》篇"据于德"字之训,则两组之差异更加凸显。淳祐本与泳泽书院本作:

> 德,则行道而有得于心而不失之谓也。

而咸淳本、中字本、残宋本、至正本、袁克文藏本与袁又恺藏本作:

> 德者,得也,得其道于心而不失之谓也。

相比《为政》篇差异更大。

总之,在与兴国本相关的9处异文中,《论语集注》的2处"德"字之训在宋元诸本中有不可忽略的显著差异;从这点入手,可将除延祐本外的宋元诸本分为两组。第一组即来源清晰的宣城本-淳祐本系统,第二组可以称为"广义的咸淳本系统"。

(二)两系统之区别:以《论孟集注》加圈体例为标准

将8种宋元刻本分为以上两组,如果仅凭上述关键异文的比对,可能尚缺乏说服力;然则文本的形式和体例可对此作出有力的补充。例如,如前所述,宣城本-淳祐本系统的朱注与经文同为单行大字,而其余诸本朱注均作双行小字;而更重要的是《论孟集注》中使用圆圈的体例,关于这点,郭矩铭的最新研究足可参考①,下文则将根据这一体例讨论版本系统。

朱子作《论孟集注》,其所引"某子曰""某氏曰"之前或有加一圆圈"○"者,这并非随意为之,实有体例。赵顺孙《四书纂疏·读论孟集注纲领》引朱子之子朱在《过庭所闻》:

> 《集注》于正文之下,正解说字训文义与圣经正意;如诸家之说有切当明白者,即引用而不没其姓名。……章末用圈而列诸家之说者,或文外之意而于正文有所发明,不容略去;或通论一章之意,反复其说,切要而不可不知也。②

参考《朱子语类》所载"《集注》内载前辈之说于句下者,是解此句文义;载前辈之说于章后者,是说一章之大旨,及反复此章之余意"③,可见"某子曰""某氏曰"前加圈,仅限于"章末用圈"一种情况;圆圈之前是句意、正解,圆圈之后则是章旨、余意,圈前圈后泾渭分明,不容混淆。例如《学而》首章《集注》中,先儒

---

① 郭矩铭《〈四书章句集注〉的"○"标识问题》,《朱子学研究》第43辑,南昌:江西人民出版社,2024年,第28—46页。
② 〔宋〕赵顺孙《四书纂疏·读论孟集注纲领》,第119页上栏。
③ 〔宋〕黎靖德编,王星贤点校《朱子语类》卷四○《论语二十二》,第1031页。

姓氏凡六见,共引"程子曰"四处、"谢氏曰"一处、"尹氏曰"一处;而唯独末一条"程子曰"前有圈,因为只有此条处在"章末"的位置,是说"文外之意"即"余意"。在章末之前的"正文之下",先儒姓氏前并不加圈;在章末部分如果出现多位先儒姓氏,彼此之间也不加圈。

需要说明的是,有些版本每节经文下注音部分毕后,释义部分另起行,如残宋本;有些版本则每节注音与释义的部分相连而不换行,则音、义之间也加一圈以区分,如延祐本。但注音是另外一种情况,这里暂不讨论。

所以,如果不考虑注音和释义相连之处,则《论孟集注》一章中只能有一圈,它标志着"正文"之解的结束和"章末"之说的开端。今考咸淳本、中字本、残宋本、至正本、袁克文藏本、袁又恺藏本以及延祐本,均遵此体例;唯独淳祐本和泳泽书院本几乎凡先儒姓名前皆加一圈,如《学而》首章"程子曰""谢氏曰""尹氏曰"共六条,即加六圈,大失朱子体例。从这一角度看,与淳祐本系统的二本相比,其余宋元诸本均与咸淳本的关系更近,即使有特异之处的延祐本也不例外。遵守朱子"章末用圈"体例的诸本,姑且可以称为"广义的咸淳本系统",从这一角度看延祐本也可归入此系统;随意加圈的淳祐本系统则是旁出之枝蔓,其误当始自其祖本宣城吴氏本。

然则广义的咸淳本系统与宣城本-淳祐本系统,何者在宋元占据主流?考前引《辑释》校语所谓"他本",属于前者而非后者;又检南宋真德秀(1178—1235)《四书集编》、赵顺孙(1215—1277)《四书纂疏》,元代金履祥(1232—1303)《论孟集注考证》和胡炳文《四书通》(见附录二),其《论语集注》"德"字之训均同于前者而异于后者[①];且全载《章句集注》文本的《集编》《纂疏》与《通》,均谨遵朱子"章末用圈"之体例,亦同于前者。所以,与兴国本对立、在宋元朱子学者中长期通行的不是淳祐本系统,而是广义的咸淳本系统。佐野公治尝云真、赵、金、胡诸儒所据文本均属淳祐本系统[②],是因为缺乏对咸淳本的认识,这种说法需要修正。

(三)两系统之联系:以《辑释》为参照系

如上所述,宣城本-淳祐本系统与广义的咸淳本系统不同;但置于全体宋

---

① 〔宋〕真德秀《四书集编·论语集编》卷二《为政第二》,〔清〕纳兰性德编《通志堂经解》第15册,第322页下栏;卷七《述而第七》,第332页上栏。〔宋〕赵顺孙《四书纂疏·论语纂疏》卷二《为政第二》,〔清〕纳兰性德编《通志堂经解》第15册,第126页下栏;卷七《述而第七》,第151页上栏。〔元〕金履祥《论孟集注考证·论语集注考证》卷一《为政》,天津图书馆藏清同治十二年退补斋金华丛书本,叶8b;卷四《述而》,叶1b。〔元〕胡炳文《四书通·论语通》卷一《为政第二》,第434页中栏;卷四《述而第七》,第457页上栏、中栏。

② 〔日〕佐野公治著,张文朝、庄兵译,林庆彰校订《四书学史的研究》,第188—198页。

本中看,二者关系的远近如何?欲回答这一问题,可以将二者与第三种宋本系统作比较;而陈栎和倪士毅所祖述的兴国本正可起到这一作用。今以《四书辑释大成》日本覆刻本代替兴国本,与淳祐本、咸淳本作《论语集注》部分的通校(见附录三、表3)。

表3 淳祐本、咸淳本与《四书辑释大成》的异文分布

项目		异文数	占异文总数比例
包括异体字、通假字和偶然出现的显误字	淳祐本同于咸淳本,异于《辑释》	204	63%
	淳祐本同于《辑释》,异于咸淳本	58	18%
	咸淳本同于《辑释》,异于淳祐本	60	18%
	淳祐本、咸淳本、《辑释》各异	4	1%
排除异体字、通假字和偶然出现的显误字	淳祐本同于咸淳本,异于《辑释》	105	69%
	淳祐本同于《辑释》,异于咸淳本	17	11%
	咸淳本同于《辑释》,异于淳祐本	26	17%
	淳祐本、咸淳本、《辑释》各异	4	3%

当然,除上述陈栎、倪士毅特别强调的9处异文之外,并不能根据《辑释》来确切断定兴国本的文本。例如,《中庸章句》"神,谓鬼神"四字,倪士毅明言《辑释》不据兴国本(见表1);即使除此之外倪士毅意欲忠实传承兴国本,经过祝洙《附录》—陈栎《发明》—倪士毅《辑释》的多次转写和刊刻,文本也可能改变。但是,如果相信《辑释》与兴国本的差异在较小的范围内,《辑释》大体上能够代表兴国本,上述统计结果就可表明兴国本与淳祐、咸淳二本均有显著差异,相对而言,淳祐、咸淳二本则较为接近,可能源出共同的祖本。

参考这一结论,可以理解广义的咸淳本系统中的四种元刻本在一般性异文方面偏离咸淳本而靠近淳祐本的现象:既然咸淳本与淳祐本有相同或相近的来源,那么广义的咸淳本系统中的元刻本受到淳祐本系统影响也属可能。殷漱玉通过校勘与统计指出,至正本和袁克文藏本,二者与咸淳本的异文数量及其与淳祐本的异文数量大体相当;而延祐本与袁又恺藏本,二者与咸淳本的异文数量明显多于与淳祐本的异文数量。[①] 但殷氏根据延祐本和袁又恺藏本在一般性异文方面向淳祐本靠拢,就将二本简单地归入淳祐本系统,这不可取,因为其《集注》加圈体例与咸淳本相同,而与淳祐本有本质区别;且从兴国本的关键异文方面看,袁又恺藏本亦同于咸淳本。

---

① 殷漱玉《〈四书章句集注〉版本源流考论》,第85页。

因此,根据在一般性异文方面与淳祐本关系的远近,上述"广义的咸淳本系统"又可分为狭义的"咸淳本系统"(咸淳本、中字本、残宋本)和"来源复杂的元本"(延祐本、至正本、袁又恺藏本、袁克文藏本);这些来源复杂的元本与狭义的咸淳本系统和宣城本—淳祐本系统均有不可忽略的关系。而延祐本的情况则尤其特殊,下文详述。

四　延祐本的特殊性与编刻者的能动性

延祐本近来由殷漱玉发现,今藏日本国立公文书馆(内阁文库);据江户时代涩江全善、森立之等《经籍访古志》对同板他本的著录,此乃元延祐五年(1318)温州路学赵凤仪稽古阁所刊。殷氏在初步研究中,简单地将延祐本归于淳祐本系统[①];但如以兴国本相关异文入手,则能够发现此本的复杂来源和独特价值。

(一)延祐本受兴国本的重要影响

根据9种宋元刻本与兴国本的9处重要异文比对(见附录一),最显而易见的现象就是延祐本与兴国本的相似。《四书辑释》校语涉及的9处文本中,延祐本与兴国本有6处全同;且《中庸章句》除"神谓鬼神"四字,《论语集注》除多一"者"字外,均与兴国本相同。在前述陈栎、倪士毅特别强调的三处"大节",即"《大学》经中释诚意处""《论语》'为政以德'章释'德'字"和"《中庸》首章第一节下断语"中,延祐本于后二处均同于兴国本,而与淳祐本系统和咸淳本系统大异。因此,在今可考宋元刻本中,延祐本受兴国本系统影响最大,且今正文全本存世,值得重视。

那么延祐本与兴国本系统即"兴国本—祝洙《附录》本—陈栎《发明》本—倪士毅《辑释》本"的系统有何关系？此本采用兴国本之文本,是否受陈栎、倪士毅师徒鼓吹的影响？答案是否定的。《经籍访古志》著录赵凤仪题跋云:

> 有赵凤仪行书题辞,称"余官京师,时士大夫之仕于温者,以泮官《四书》见赠。会建稽古阁成,乃俾学录周习甫详加校正,大字缮写,聚工锓梓。通三百九十余板,庋列于阁,愿摹者听焉"云云。末记"延祐戊午长至日,古汴赵凤仪书"。[②]

---

① 殷漱玉《〈四书章句集注〉版本源流考论》,第90页。
② [日]涩江全善、森立之等撰,杜泽逊、班龙门点校《经籍访古志》卷二,上海:上海古籍出版社,2014年,第61—62页。

可见此本刊成在延祐五年夏至,而陈栎于延祐四年(1317)方始编纂《四书发明》①,至隆冬才"将过半"②,则赵氏在温州刊刻延祐本时盖不及参考陈栎的意见。因此,兴国本对延祐本的影响与陈、胡"定本"论争无关;延祐本的文本,体现了兴国本在陈栎鼓吹之前的影响力。

与此相似的是,在宋元朱子学者所据之本中也可隐约窥见兴国本的痕迹。如《四书辑释》校语云兴国本《中庸章句》第二十四章末无"神,谓鬼神"四字;今据9种宋元刻本比对,与兴国本无一同者(见附录一);又真德秀《集编》、胡炳文《通》所据本均有此四字,就连倪士毅《辑释》于此处都补入此四字而不从兴国本。然而,成书于宋理宗宝祐四年(1256)的赵顺孙《中庸纂疏》无此四字,恰与兴国本相符(见附录二)。这或许与刊于理宗时的兴国本有关。

殷湫玉考察延祐本与宋本之关系时,选择《论语》部分进行通校,并对异文进行统计与比对,得出的结论是延祐本属于宋淳祐本系统。然而参照前述《集注》加圈体例,可见延祐本谨守朱子"章末用圈"之例,因此和咸淳本系统密切相关;而在咸淳本系统和淳祐本系统之外,延祐本又与兴国本有如此重要的关系,可见其来源之复杂。

(二)延祐本特殊性成因蠡测:以诸本"德"字之训为参照

延祐本的这种特殊性,是其底本"泮宫《四书》"(既然是仕于温州者所赠,应当是温州路学旧本)所已有,还是赵凤仪和周习甫重刻时"详加校正"的产物,已经很难考察;但这无碍于从理论上探讨其特殊性产生的原因。

在与兴国本的关系方面,延祐本在《大学》和《中庸》《论语》方面表现出鲜明的不同,对这种现象可能的解释是:其《学》《庸》《论》《孟》四书底本不皆相同。其实,在朱子生前及殁后不久时,"四书"概念多指四种书而非一种书③;朱子生前"四书"极少合刻,单刻一、二或三种之事例均见记载④。因此,宋元时《四书章句集注》完全可能存在底本来源不一的现象。以淳祐本论,《论孟集注》与《学庸章句》即有不同:刊刻者马光祖云前者据当涂郡斋旧本补修,并推测郡斋旧本即宣城吴氏刻本,而不言后者之底本来源⑤,然则淳祐本《四书》之底本来源可能不同。延祐本及他本是否也有类似现象?并非没有可能。

而另一个可能的解释,则是编刻者根据自己的判断自主选择文本,修改

---

① 〔元〕陈栎著,郭晓燕点校《〈定宇集〉点校》卷首《定宇先生年表》,第18页。
② 〔元〕陈栎著,郭晓燕点校《〈定宇集〉点校》卷一〇《与徽学屠教授书》,第166页。
③ 顾宏义《"四书"释名》,《哲学与时代:朱子学国际学术研讨会论文集》,上海:华东师范大学出版社,2012年,第388—393页。
④ 许家星《经学与实理:朱子四书学研究》,第37—44页。
⑤ 徐德明《〈四书章句集注〉版本考略》,第72—73页。

底本。在这方面,延祐本前后均有可以参照的案例。如本文第一节所述,《论语》"德"字之训,朱子《语类》所载晚年修改意见有二:①"行道而有得于心";②"得于心而不失"。陈栎以①为定本,胡炳文以②为定本,双方针锋相对。兴国本系统与①相符合,而咸淳本系统与②相符合;但在兴国本系统与咸淳本系统之外,不同时代的《集注》编刻者都对"德"字之训作出过独特的调整。

首先是淳祐本系统的淳祐本与泳泽书院本,如本文上节所引,其《述而》篇"德"字之训作"行道而有得于心而不失"十字,"而"字如此连用,语感颇不通顺,这显然是①②两种改法的糅合。因此,淳祐本系统"行道而有得于心而不失"一句,应当是宣城吴柔胜在刊刻时不根据底本,而杂糅朱子①②两种修改意见的创造。远在元代"定本"之争以前,吴氏就已尝试将朱子二说合而为一;这与他在先儒姓氏前妄加圆圈之举类似,促使宣城本-淳祐本系统从与咸淳本系统同源的大系中分化出来。

而宋元时流通的《论语集注》"德"字之训不仅有兴国本、咸淳本和淳祐本三种形态,胡炳文《四书通》在《述而》篇"据于德"句下,引南宋饶州朱子学者饶鲁(1193—1264)之说:

> 饶氏曰:"德"字之训,前云"得于心而不失",此云"行道而有得于心"者,前篇是泛释"德"字,"德"是得之于天,"不失"是不失于己,合此二者,方尽得"德"字之义;此则从"志道"上来,故云"行道而有得"。
> 〇通曰:饶氏是见未改本,后又改作"得其道于心而不失"。①

可见,饶鲁所据《论语集注》,于《为政》篇作"得于心而不失",于《述而》篇作"行道而有得于心",亦即在前述朱子晚年对"德"字之训的修改意见①②之中,于《为政》篇取②,于《述而》篇取①,前后所采不同。胡炳文因坚持②为定本,前后皆当有"不失"而无"行道",故言饶氏所见乃修改未尽之本。

明初《四书辑释》的一种衍生版本,则提供了①②两种修改意见的另一种组合方式。此例之时代虽晚,但或可举后以明前。在前引至正初刻本和成化重订本《辑释》之间,曾有两个由王元善加入"通考"部分的版本②,可称为王元善本《辑释》。王本《辑释》是倪士毅《辑释》的增补本,故倪氏《辑释》采用兴国本《章句集注》文本处,王本《辑释》亦当相同;然而,王本《辑释》于《述而》篇"德"字之训与《辑释》异,而同于咸淳本系统,作"德者,得也,得其道于心而不

---

① 〔元〕胡炳文《四书通·论语通》卷四《述而第七》,第457页中栏。
② 只加入王元善《通考》的版本今仅存《论语辑释通考》部分,而此后又诞生了一个将程复心《章图》合刻的版本。见顾永新《经学文献的衍生与通俗化——以近古时代的传刻为中心》,第510—514页。

失之谓也"①。个中缘由,可见此句下"通考"部分之说:

> 通考 金履祥曰:旧本作"行道而有得于心",后改定从此。第二篇"德"字虽改作"得之于心而不失",不如此章之密。
>
> ○吴程曰:按:德者,得也。凡得之禀受与进修者,皆德也。若必曰行道然后有得,则"明德""达德"之属皆不可通矣。今本精当如此,况胡伯量得之朱子面命,尤足据邪?②

显然,此处对《四书辑释》的改窜即王元善所为。王氏采取的是金履祥《论语集注考证》和吴程(今其书已佚)的观点,于此处《集注》不取兴国本,而取宋元更多朱子学者采用的咸淳本系统。但于前《为政》篇"德"字之训,王氏又遵从《辑释》而不改,因此使得王元善本《辑释》的"德"字二训,前云"行道"而后云"不失",与饶鲁所据之本恰好相反;一个与兴国本、淳祐本、咸淳本及饶鲁本皆异的《论语集注》新文本就此诞生,朱子晚年关于"德"字的修改意见增加了一种排列组合的方式。

综上可见,朱子晚年频繁的修改意见在身后的《集注》版本中被不断排列组合,造就了非常复杂的版本面貌(见表4)。

表 4 《论语集注》诸本"德"字之训

版本	《为政》篇集注	《述而》篇集注
兴国本系统 延祐本	①	①
宣城本-淳祐本系统	②	①+②
咸淳本系统 主流元本 宋元主流注疏本	②	②
饶鲁本	②	①
王元善本	①	②

说明:朱子晚年意见为①"行道而有得于心"、②"得于心而不失"。

这种现象不太可能完全是自然形成的,而极有可能与编刻者的主观能动

---

① 〔元〕倪士毅辑释,〔元〕王元善通考《论语辑释通考》卷二《述而第七》,日本国立公文书馆藏明永乐四年博雅书堂刻本,叶24b;〔元〕倪士毅辑释,〔元〕程复心章图,〔元〕王元善通考《四书辑释·论语》卷七《述而第七》,《续修四库全书》第160册,上海:上海古籍出版社,2002年,第229页上栏。

② 〔元〕倪士毅辑释,〔元〕程复心章图,〔元〕王元善通考《四书辑释·论语》卷七《述而第七》,第229页上栏。

性相关。黄彰健先生曾疑心《论语集注》的版本异文是据朱子语录校改而形成①，经上述考祭，可见此论近是。因此，在考察《四书章句集注》宋元刻本的文本变化时，需要考虑编刻者的能动性：无论是选择不同的"德"字之训，还是如前所述妄加圆圈的行为，都体现了这一点。

结　语

至此，本文对《四书章句集注》的宋元刻本源流作出了如下修正或补充：

一、今可考宋元刻本可分为兴国本、宣城本－淳祐本系统、咸淳本系统和来源复杂的元本四类。

二、宣城本－淳祐本系统与咸淳本系统有显著差异，但二者与兴国本的差异更大。

三、袁又恺藏本不能被简单归入淳祐本系统，它亦与咸淳本系统相关。

四、延祐本与兴国本、淳祐本系统、咸淳本系统都相关，其对兴国本的吸收可能出于编刻者的主观选择。

据此，可绘制《四书章句集注》宋元刻本源流图（附录四）。

而在此之外，关于《四书章句集注》宋元版本的嬗变，本文亦从版本校勘的实践出发，概括出如下的理论性思考：

一、朱子晚年频繁修改《四书章句集注》，但相关具体记载不详，这给后学留下了关于"绝笔""定本"的阐释空间；根据编刻者的理解，朱子不同的修改意见会在后世刻本中产生不同的排列组合方式。本文分析的《论语》"德"字之训，即是典型之例。

二、《四书章句集注》版本系统过于复杂，今已难以全面考察其版本源流；而在考察序跋、通校异文等常规方法之外，从学术史上与版本相关的重要公案入手，可以得到新角度，取得新收获。本文就是从元代"兴国本"论争入手作出的新尝试。此外，对朱子《集注》"加圈"体例的参考也起到了重要作用。

---

① 黄彰健《论四书章句集注定本》，《"中央研究院"历史语言研究所集刊》第28本上册，1957年，第513—514页。

附录一 《四书章句集注》兴国本与其他宋元刻本重要异文对照

	兴国本（1225?—1264?）	淳祐本（1252）	咸淳本（1273）	中字本（宋）	残宋本（宋）	延祐本（1318）	至正本（1362）	泳泽书院本（元）	袁克文藏本（元）	袁又恺藏本（元）
《大学》经一章"古之欲明明德于天下者"节	欲其必自慊而无自欺也	欲其一于善而无自欺也	欲其一于善而无自欺也	阙	阙	欲其一于善而无自欺也	欲其一于善而无自欺也	欲其一于善而无自欺也	欲其一于善而无自欺也	欲其一于善而无自欺也
《大学》传八章"所谓齐其家在修其身者"节	惟其所向而不加察焉	惟其所向而不加审焉	惟其所向而不加审焉	阙	阙	惟其所向而不加审焉	惟其所向而不加审焉	惟其所向而不加审焉	惟其所向而不加审焉	惟其所向而不加审焉
《中庸》首章"天命之谓性"节	盖人知己之有性，而不知其出于天；知事之有道，而不知其由于	盖人之所以为人，道之所以为道，圣人之所以为教，原其所自，无一	盖人之所以为人，道之所以为道，圣人之所以为教，原其所自，无一	阙	阙	盖人知己之有性，而不知其出于天；知事之有道，而不知其由于	盖人之所以为人，道之所以为道，圣人之所以为教，原其所自，无一所	盖人之所以为人，道之所以为道，圣人之所以为教，原其所自，无一	盖人之所以为人，道之所以为道，圣人之所以为教，原其所自，无一	盖人之所以为人，道之所以为人，道之所以为道，圣人之所以为教，原其所自，

续表

	兴国本 (1225?—1264?)	淳祐本 (1252)	咸淳本 (1273)	中字本 (宋)	残宋本 (宋)	延祐本 (1318)	至正本 (1362)	泺泽书院本 (元)	袁克文藏本 (元)	袁又恺藏本 (元)
《中庸》首章"道也者"节	性;知圣人之有教,而不知其因吾之所固有者裁之也。故子思于此首发明之,而子所谓"道之大原出于天"亦此意也	不本于天而备于我,学者知之,则其于学知所用力,而自不能已矣。故子思于此首发明之,读者所宜深体而默识也	不本于天而备于我,学者知之,则其于学知所自用力,而能自已矣。故子思于此首发明之,读者所宜深体而默识也*		阙	性;知圣人之有教,而不知其因吾之所固有者裁之也。故子思于此首发明之,而子所谓"道之大原出于天"亦此意也	不本于天而备于我,学者知之,则其于学知所自用力,而不能已矣。故子思于此首发明之,读者所宜深体而默识也	不本于天而备于我,学者知之,则其于学知所自用力,而不能已矣。故子思于此首发明之,读者所宜深体而默识也	不本于天而备于我,学者知之,则其于学知所自用力,而不能已矣。故子思于此首发明之,读者所宜深体而默识也	本无一不本于天而备于我,学者知之,则其于学知所自用力,而不能已矣。故子思于此首发明之,读者所宜深体而默识也
	若其可离,则已率性之谓哉	若其可离,则为外物而非道矣	若其可离,则为外物而非道矣	阙	阙	若其可离,则已率性之谓哉	若其可离,则为外物而非道矣	若其可离,则为外物而非道矣	若其可离,则为外物而非道矣	若其可离,则为外物而非道矣

续表

	兴国本(1225?—1264?)	淳祐本(1252)	咸淳本(1273)	中字本(宋)	残宋本(宋)	延祐本(1318)	至正本(1362)	泳泽书院本(元)	袁克文藏本(元)	袁又恺藏本(元)
《中庸》首章"莫见乎隐"节	而不使其潜滋暗长于隐微之中	而不使其滋长于隐微之中	而不使其滋长于隐微之中	阙		而不使其潜滋暗长于隐微之中	而不使其滋长于隐微之中	而不使其滋长于隐微之中	而不使其滋长于隐微之中	而不使其滋长于隐微之中
《中庸》第九章	然皆倚于一偏,故资之近而力能勉者皆足以能之。至于中庸,虽若易能	然不必其合于中庸,则质之近似者,皆能以力为之。若虽中庸,则不必皆如三者之难	然不必其合于中庸,则质之近似者,皆能以力为之。若虽中庸,则不必皆如三者之难	阙		然皆倚于一偏,故资之近而力能勉者皆足以能之。至于中庸,虽若易能	然不必其合于中庸,则质之近似者,皆能以力为之。若虽中庸,则不必皆如三者之难	然不必其合于中庸,则质之近似者,皆能以力为之。若虽中庸,则不必皆如三者之难	然不必其合于中庸,则质之近似者,皆能以力为之。若虽中庸,则不必皆如三者之难	然不必其合于中庸,则质之近似者,皆能以力为之。若虽中庸,则不必皆如三者之难
《中庸》第二十四章	(无此四字)	神,谓鬼神	神,谓鬼神	阙	阙	神,谓鬼神	神,谓鬼神	神,谓鬼神	神,谓鬼神	神,谓鬼神
《论语·为政》"为政以德"章	德之为言得也,行道而有得于心也	德之为言得也,得于心而不失之谓也	德之为言得也,得于心而不失也	阙	德之为言得也,得于心而不失也	德之为言得也,行道而有得于心也	德之为言得也,得于心而不失也	德之为言得也,得于心而不失也	德之为言得也,得于心而不失也	德之为言得也,得于心而不失也

续表

	兴国本 (1225?—1264?)	淳祐本 (1252)	咸淳本 (1273)	中字本 (宋)	残宋本 (宋)	延祐本 (1318)	至正本 (1362)	泳泽书院本 (元)	袁克文藏本 (元)	袁又恺藏本 (元)
《论语·述而》"志於道"章	德，则行道而有得于心而不失之谓者也	德，则行道而有得于心而不失之谓也	德者，得也，得其道于心而不失之谓也	德者，得也，得其道于心而不失之谓也	德者，得也，得其道于心而不失之谓也	德，则行道而有得于心者也	德者，得也，得其道于心而不失之谓也	德，则行道而有得于心而不失之谓也	德者，得也，得其道于心而不失之谓也	德者，得也，得其道于心而不谓之失也

*按："不能自己"四字，疑毛氏据"自不能已"而误录。因为毛校本中，咸淳本此七十一字以朱笔补入，后复以青笔在旁圈之，表示淳祐本全同。而淳祐本今存，正作"自不能已"。故笔者认为此处盖毛氏误录，淳祐本与咸淳本原原不异。

附录二 《四书章句集注》兴国本、淳祐本、咸淳本与宋元朱子学者所据本重要异文对照

说明：《四书集编》《四书纂疏》《四书通》据广陵书社影印通志堂经解本；《论孟集注考证》据金华丛书本。

	兴国本	淳祐本	咸淳本	真德秀《四书集编》	赵顺孙《四书纂疏》	金履祥《论孟集注考证》	胡炳文《四书通》
《大学》经一章"古之欲明明德于天下者"节	欲其必自慊而无自欺也	欲其一于善而无自欺也	欲其一于善而无自欺也	欲其一于善而无自欺也	欲其一于善而无自欺也	无	欲其一于善而无自欺也
《大学》传八章"所谓齐其家在修其身者"节	惟其所向而不加察焉	惟其所向而不加审焉	惟其所向而不加审焉	惟其所向而不加审焉	唯其所向而不加审焉	无	惟其所向而不加审焉
《中庸》首章"天命之谓性"节	盖人知已之有性，而不知其出于天；知圣人之有教，而不知其由于性；知圣人之有教，而不知其因吾之所固有者裁之也。故子思子于此首发明之，而董子所谓"道之大原出于天"之意，亦此意也	盖人之所以为人，道之所以为道，圣人之所以为教，原其所自，无一不本于天而备于我，学者知之，则其于学知所用力，而自不能已矣。于此首发明之，读者所宜深体而默识也	盖人之所以为人，道之所以为道，圣人之所以为教，原其所自，无一不本于天而备于我，学者知之，则其于学知所用力，而自不能已矣。于此首发明之，读者所宜深体而默识也*	盖人之所以为人，道之所以为道，圣人之所以为教，原其所自，无一不本于天而备于我，学者知之，则其于学知所用力，而自不能已矣。于此首发明之，读者所宜深体而默识也	盖人之所以为人，道之所以为道，圣人之所以为教，原其所自，无一不本于天而备于我，学者知之，则其于学知所用力，而自不能已矣。于此首发明之，读者所宜深体而默识也	无	盖人之所以为人，道之所以为道，圣人之所以为教，原其所自，无一不本于天而备于我，学者知之，则其于学知所用力，而自不能已矣。于此首发明之，读者所宜深体而默识也

续表

	兴国本	淳祐本	咸淳本	真德秀《四书集编》	赵顺孙《四书纂疏》	金履祥《论孟集注考证》	胡炳文《四书通》
《中庸》首章"道也者"节	若其可离，则岂率性之谓哉	若其可离，则为外物而非道矣	若其可离，则为外物而非道矣	若其可离，则为外物而非道矣	若其可离，则为外物而非道矣	无	若其可离，则为外物而非道矣
《中庸》首章"莫见乎隐"节	而不使其潜滋暗长于隐微之中	而不使其滋长于隐微之中	而不使其滋长于隐微之中	而不使其滋长于隐微之中	而不使其滋长于隐微之中	无	而不使其滋长于隐微之中
《中庸》第九章	然皆倚于一偏，故资之近而力能勉者皆足以能之。至于中庸，虽若易能	然不必其合于中庸，则质之近似者，则皆能以力为之。若中庸，则虽不必皆如三者之难	然不必其合于中庸，则质之近似者，则皆能以力为之。若中庸，则虽不必皆如三者之难	然不必其合于中庸，则质之近似者，则皆能以力为之。若中庸，则虽不必皆如三者之难	然不必其合于中庸，则质之近似者，则皆能以力为之。若中庸，则虽不必皆如三者之难	无	然不必其合于中庸，则质之近似者，则皆能以力为之。若中庸，则虽不必皆如三者之难
《中庸》第二十四章	（无此四字）	神，谓鬼神	神，谓鬼神	神，谓鬼神	（无此四字）	无	神，谓鬼神
《论语·为政》"为政以德"章	德之为言得也，行道而有得于心也	德之为言得也，得于心而不失之谓也	德之为言得也，得于心而不失也	德之为言得也，得于心而不失也	德之为言得也，得于心而不失也	德之为言得也，得于心而不失也	德之为言得也，得于心而不失也

续表

	兴国本	淳祐本	咸淳本	真德秀《四书集编》	赵顺孙《四书纂疏》	金履祥《论孟集注考证》	胡炳文《四书通》
《论语·述而》"志于道"章	德，则行道而有得于心者也	德，则行道而有得于心而不失之谓也	德者，得也，得其道于心而不失之谓也	德者，得也，得其道于心而不失之谓也	德者，得也，得其道于心而不失之谓也	得其道于心而不失之谓**	德者，得也，得其道于心而不失之谓也

* 按："不能自已"四字，疑毛氏据"自不能已"而误录，见附录一。

** 按：金氏《考证》摘句为目，不出经文全文，此处仅出"得其道于心而不失之谓"十字。

附录三 《论语集注》兴国本、淳祐本、咸淳本异文对照

说明：

1.为准确显示异文，本表使用繁体字。

2."兴国本"据《四书辑释大成》日本覆刻本；"咸淳本"据《毛扆手校四书集注》广陵书社影印本。

3.为减少偶然性，音义完全相同的异体字（如群—羣、况—況、强—彊）不出校；避宋讳之字（如匡—康、桓—威、徵—證）亦不出校。

	出文（據汲古閣本）	興國本	淳祐本	咸淳本	備注
序説	1.孔子年四十<u>三</u>	三	三	二	咸淳本顯誤
	2.公山弗<u>擾</u>	弗狃	不狃	弗狃	
	3.荷<u>蓧</u>丈人等事	蕢	蓧	蓧	
	4.<u>按</u>是時陳蔡臣服	接	按	按	《輯釋》顯誤
	5.<u>惟</u>子貢廬於冢上	惟	唯	唯	通假字
	6.子思學<u>於曾</u>子	之孔	於曾	於曾	
	7.但覺<u>意</u>味深長	意	氣	氣	
學而	1.<u>説</u>，喜意也	説	悦	説	異體字
	2.<u>説</u>在心	説	悦	悦	異體字
	3.學之<u>正</u>、習之熟	王	正	正	《輯釋》顯誤
	4.與者，疑<u>詞</u>	辭	詞	詞	通假字
	5.聖人<u>詞</u>不迫切	辭	詞	詞	通假字
	6.道、乘，<u>皆</u>去聲	並	皆	皆	
	7.<u>道</u>，治也	道，治也	下有"馬氏云八百家出車一乘"十字	道，治也	
	8.不<u>脩</u>其職而先文	脩	修	脩	通假字
	9.君子自<u>脩</u>之道	脩	修	脩	通假字
	10.而賢者<u>亦</u>未必樂告	無此字	有此字	有此字	
	11.蓋見聖人之儀<u>刑</u>	刑	形	刑	通假字
	12.<u>然</u>皆出於自然之理	然	而	而	
	13.則亦非復<u>禮</u>之本然	禮	理	理	
	14.所以流蕩忘<u>反</u>	返	反	反	通假字
	15.<u>毫</u>釐有差	毫	豪	毫	通假字

續表

	出文（據汲古閣本）	興國本	淳祐本	咸淳本	備注
	16.毫釐有差	釐	釐	氂	異體字
	17.磋，七多反	嗟	磋	磋	《輯釋》顯誤
	18.《衛風·淇澳》之篇	奥	澳	澳	
	19.固不待辯説而明	辯	辨	辯	通假字
爲政	1.行道而有得於心也	行道而有得於心也	得於心而不失之謂也	得於心而不失也	
	2.亦可以一言以蔽之	有此字	無此字	無此字	
	3.孔子，生而知者也	者	之	之	
	4.不可半途而廢也	塗	途	途	
	5.後凡言謙詞之屬	辭	詞	詞	通假字
	6.意皆放此	放	放	倣	通假字
	7.父母惟其疾之憂	唯	惟	唯	通假字；注"惟恐其有疾病"同
	8.子游聖門高弟	第	弟	弟	
	9.告武伯者	告	對	告	
	10.顔子深潛純粹	純	淳	淳	
	11.而心之所樂者	有此字	無此字	無此字	
	12.比，必二反	無此四字	無此四字	有此四字	
	13.毫釐之差耳	釐	釐	氂	異體字
	14.所以其害爲尤甚	無此字	有此字	有此字	
	15.脩天爵則人爵至	脩	修	脩	通假字
	16.蓋有不期然而然者矣	有此字	無此字	無此字	
	17.自脩身以至於爲天下	脩	修	脩	通假字
八佾	1.僭用天子之禮樂	有此字	無此字	無此字	
	2.此《雍》詩之詞	辭	詞	詞	通假字
	3.二者皆未合禮	禮	理	禮	

續表

	出文（據汲古閣本）	興國本	淳祐本	咸淳本	備注
	4. 亡,非實亡也	無	亡	亡	通假字
	5. 衆耦皆降	降	畢	降	
	6. 宋,殷之後	殷	商	商	
	7. 而使他人攝之	他	它	它	通假字
	8. 三日齊	齊	齋	齊	通假字
	9. 故以此諷孔子	有此字	無此字	有此字	
	10. 大廟,魯周公廟	太	大	大	異體字
	11. 若併去其羊	併	并	并	通假字
	12. 不足以爲樂	言	爲	爲	
	13. 翕如,言其合也	如	然	然	
	14. 從、喪、皆去聲	云	去	去	《輯釋》顯誤
里仁	1. 蓋,疑詞	辭	詞	詞	通假字
	2. 反覆而歎息之	息	惜	惜	
	3. 公私之間而已矣	有此字	無此字	有此字	
	4. 竭盡而無餘之詞	辭	詞	詞	通假字
	5. 唯曾子爲能達此	惟	唯	唯	通假字
	6. 寧熟諫	孰	熟	孰	通假字
	7. 則不敢更適西	則	即	則	
	8. 人惟其不行也	惟	唯	唯	通假字
公冶長	1. 又名适	适	括	括	通假字
	2. 唯以爲避嫌	惟	唯	唯	通假字
	3. 而無毫髮之疑也	毫	豪	豪	通假字
	4. 故夫子說其篤志	説	悦	悦	通假字
	5. 則一毫不自得	毫	毫	豪	通假字
	6. 無所不説,告往知來	説	悦	悦	通假字
	7. 疾奔宋	宋	宋	朱	咸淳本顯誤
	8. 故夫子特許其清	夫	孔	孔	
	9. 今以他書考之	他	它	它	通假字
	10. 斯,語詞	辭	詞	詞	通假字

續表

	出文(據汲古閣本)	興國本	淳祐本	咸淳本	備注
	11. 私意起而反感之驗歟	歟	與	與	通假字
	12. 盍,音合	無此三字	有此三字	有此三字	
	13. 然未免出於有意也	無此字	有此字	有此字	
	14. 不如丘之好學也	知	如	如	《輯釋》顯誤
雍也	1. 凡二十八章	八	八	九	
	2. 豈不失之大簡	太	大	大	異體字
	3. 伯子蓋大簡者	太	大	大	異體字;下節注"故曰大簡"同
	4. 故夫子然之	許	然	然	
	5. 纔差失便能知之,纔知之便更不萌作	纔	才	才	通假字
	6. 推之以周貧乏	之	乏	乏	《輯釋》顯誤
	7. 而冉子乃爲之請	有	子	子	
	8. 只是無纖毫私欲	毫	毫	豪	通假字
	9. 與,平聲。○從政,謂爲大夫	無此三字	有此三字	有此三字	
	10. 汶,音問	上有"復,扶又反"四字	汶,音問	汶,音問	
	11. 使求説夫子之道	説	悦	悦	通假字
	12. 誠如口之説芻豢	説	説	悦	通假字
	13. 何故乃不由此道耶	邪	耶	邪	通假字
	14. 幸而免爾	耳	爾	爾	通假字
	15. 非體仁知之深者	知	智	智	通假字
	16. 不能無廢墜爾	耳	爾	爾	通假字
	17. 唯夫子爲能變之	惟	唯	唯	通假字
	18. 憂爲仁之陷害	蹈	蹈	陷	
	19. 中者,無過無不及之名也	無下"無"字	無"也"字	二字均有	

續表

出文（據汲古閣本）	興國本	淳祐本	咸淳本	備注
20.推此以求脩己以安百姓	脩	修	修	通假字
述而 1.蓋不惟不敢當作者	惟	唯	唯	通假字
2.唯聖人便自有中和之氣	惟	唯	唯	通假字
3.德，則行道而有得於心者也	德，則行道而有得於心者也	德，則行道而有得於心而不失之謂也	德者，得也，得其道於心而不失之謂也	
4.功夫至此	工	功	工	通假字
5.惟我與爾有是夫	惟	惟	唯	通假字
6.惟顏子爲可以與於此	惟	惟	唯	通假字
7.神之饗與不饗	享	饗	饗	通假字
8.猶敝蹝爾	蹝	蹝	屣	通假字
9.飯，符晚反	扶	符	符	
10.非惟勉人也	惟	惟	唯	通假字
11.有恒者不貳其心	二	貳	貳	通假字
12.潔，脩治也	修	修	脩	通假字
13.程子曰：爲仁由己	但	仁	仁	《輯釋》顯誤
14.又不可以娶同姓爲知禮	取	娶	娶	通假字
15.皆自謙之辭	辭	詞	詞	通假字
16.哀死而述其行之詞也	辭	詞	詞	通假字
17.不得已而救時之弊也	弊	敝	敝	
18.惟聖人全體渾然	惟	惟	唯	通假字
19.而善言德行者不能記	有此字	無此字	無此字	

續表

	出文(據汲古閣本)	興國本	淳祐本	咸淳本	備注
泰伯	1.臨淵恐墜	墜	隊	隊	通假字
	2.遠、近,並去聲	皆	並	並	
	3.唯知義理之無窮	惟	唯	唯	通假字
	4.不知有餘在己	己	我	我	
	5.與,疑詞;也,決詞	辭	詞	詞	通假字
	6.弘,寬廣也	有此字	無此字	無此字	
	7.《诗》本性情	性	人	性	
	8.抑揚反覆	覆	復	復	通假字
	9.必於此而得之	此	是	是	
	10.可以養人之性情	性情	情性	性情	
	11.十歲學幼儀	歲	年	歲	
	12.然其生亂則一也	有此字	無此字	無此字	
	13.驕者吝之枝葉	枝	支	支	通假字
	14.此惟篤信好學	惟	惟	唯	通假字
	15.問而告者	吉	告	告	《輯釋》顯誤
	16.惟恐其或失之	惟	惟	唯	通假字
	17.五人:禹、稷、契、皋陶、伯益	有此二字	無此二字	無此二字	
	18.惟唐虞之際乃盛於此	惟	惟	唯	通假字;下節注"惟青、兗、冀"同
子罕	1.大宰蓋以多能爲聖也	太	大	大	異體字;下經"大宰知我乎"同
	2.縱,猶肆也	縱	從	縱	淳祐本顯誤
	3.大宰知我乎	太	大	大	異體字
	4.惟此二事而已	唯	唯	惟	通假字
	5.到此地位功夫尤難	工	功	工	通假字

續表

	出文（據汲古閣本）	興國本	淳祐本	咸淳本	備註
	6.是以欲罷而不能	無此字	有此字	有此字	
	7.必求至乎卓立之地	求	欲	欲	
	8.無臣之不可爲有臣	無此字	有此字	有此字	《輯釋》顯誤
	9.又惡不由其道	田	由	由	《輯釋》顯誤
	10.伯夷、太公	太	大	太	異體字
	11.説見第七篇	七	七	十	咸淳本顯誤
	12.毫髮之間斷	毫	毫	豪	通假字
	13.自此至終篇	終篇	篇終	篇終	
	14.焉知之焉,於虔反	無此七字	有此七字	有此七字	
	15.語之而不達	不	未	未	
	16.臧,善也	藏	臧	臧	《輯釋》顯誤
	17.欲學者必周於德	于	于	於	通假字
	18.而,語助也	助語	語助	語助	
鄉黨	1.其容貌詞氣如此	辭	詞	詞	通假字
	2.士大夫出入君門	公	君	君	
	3.没階,趨	下有"進"字	下無"進"字	下無"進"字	
	4.怡怡,和悦也	悦	説	説	通假字
	5.聶而切之爲膾	聶	聶	攝	
	6.陸續之母	續	續	續	
	7.惟酒無量	唯	惟	唯	通假字
	8.記孔子居鄉之事	孔	夫	夫	
	9.則誠意肅恭矣	而	而	則	
	10.飲啄得其時	啄	啄	喙	咸淳本顯誤
	11.劉聘君曰	曰	云	云	
先進	1.行,去聲	無此三字	有此三字	有此三字	
	2.從夫子於陳蔡者	於	于	于	通假字
	3.皆信之無異詞者	辭	詞	詞	通假字
	4.好,去聲	無此三字	有此三字	有此三字	
	5.先孔子卒	孔	夫	夫	

續表

出文（據汲古閣本）	興國本	淳祐本	咸淳本	備注
6. 己與顏路以父視之	淵	路	路	《輯釋》顯誤
7. 不許顏路之請，何邪	邪	耶	邪	通假字
8. 若天喪己也	若	告	若	淳祐本顯誤
9. 皆情性之正也	性情	情性	情性	
10. 行，胡浪反	狼	浪	浪	
11. 樂得英才而教育之	才	材	材	通假字
12. 有不得其死之理	於	其	其	
13. 惟有德者能之	惟	唯	唯	通假字
14. 賢智之過	知	智	智	通假字
15. 差之毫釐	毫	毫	豪	通假字
16. 冉有爲季氏宰	求	有	有	
17. 聰明才辨	辨	辨	辯	通假字
18. 未知其爲君子者乎	無此字	有此字	有此字	
19. 惟恐有聞	唯	惟	惟	通假字
20. 即夫子不幸而遇難	即夫	耶孔	耶孔	
21. 年少長於女，然女勿以我長	女	女	汝	通假字；下節注"言女平居"同
22. 如或有人知女，則女將何以爲用也	女	汝	汝	通假字
23. 故其詞益遜	辭	詞	詞	通假字；下節注"而先爲遜辭"同
24. 詠，歌也	無此三字	有此三字	無此三字	
25. 隨處充滿	滿	裕	滿	
26. 無少欠闕	闕	缺	闕	通假字
27. 而其胸次悠然	次	中	次	
28. 視三子之規規於事爲之末者	無此字	無此字	有此字	

續表

	出文(據汲古閣本)	興國本	淳祐本	咸淳本	備註
	29.其氣象不侔矣	有此字	無此字	無此字	
	30.故夫子歎息而深許之	故	所以	故	
	31.夫,音扶	夫三之夫,音扶(在經文"曰:夫子何哂由也"下)	夫,音扶(在經文"曰:夫子何哂由也"上)	夫,音扶(在經文"曰:夫子何哂由也"上)	
	32.故夫子不取	夫	孔	孔	
顔淵	1.故惟顔子得聞之	惟	唯	唯	通假字
	2.斯謂之仁矣乎	矣	已	已	下經"斯謂之君子矣乎"同
	3.子夏如此	知	知	如	咸淳本顯誤
	4.故其辭繁而不殺	辭	詞	詞	通假字
	5.孔門弟子善問	孔	孔	此	咸淳本顯誤
	6.有若不諭其旨	喻	諭	諭	通假字
	7.盍亦反其本邪	邪	耶	邪	通假字
	8.既明辨之	辨	辨	辯	通假字
	9.惟不自省己過	惟	唯	惟	通假字
	10.疑二者之相悖爾	耳	爾	爾	通假字
	11.兼仁知而言矣	知	智	智	通假字
	12.又辨諸友	辨於	辯諸	辯諸	
	13.無自辱焉	無	無	毋	通假字
子路	1.不能持久	又	久	久	《輯釋》顯誤
	2.而政益脩矣	修	修	脩	通假字
	3.夫人立之	夫人	夫人	南子	
	4.卒死其難	有此字	無此字	有此字	
	5.完,備也	完	全	完	淳祐本顯誤
	6.朞月而已	朞	朞	期	通假字;注"朞月"同

續表

出文（據汲古閣本）	興國本	淳祐本	咸淳本	備注
7.言綱紀布也	紀綱	綱紀	紀綱	
8.冉子退朝	子	有	有	
9.樂，音洛	佫	洛	洛	《輯釋》顯誤
10.惟其言而莫予違，則讒諂面諛之人至	惟	惟	唯	通假字
11.狷，音絹	無此三字	有此三字	有此三字	
12.好、惡並去聲	皆	並	並	
13.怡怡，和悦也	悦	説	悦	通假字
14.孝弟忠信之行	弟	悌	悌	通假字

	出文（據汲古閣本）	興國本	淳祐本	咸淳本	備注
憲問	1.毫忽之間	毫	毫	豪	通假字
	2.天下之達德也	道	德	德	
	3.冉求，藝也	有此四字	無此四字	無此四字	
	4.惟聖人然後可以踐形	唯	惟	惟	通假字
	5.好知而不好學	知	智	智	通假字
	6.衽，而審反	衽	任	衽	淳祐本顯誤
	7.衽，衣衿也	衿	衿	襟	通假字
	8.桓弟而糾兄	第	弟	弟	
	9.喪，去聲	下有"下同"二字	下無"下同"二字	下無"下同"二字	
	10.不自度其能否	自不	不自	不自	
	11.孔子致仕	仕	事	事	
	12.而使我告之邪	邪	耶	邪	通假字
	13.仲尼此舉	仲尼	仲尼	孔子	
	14.教以先勿欺	告	教	教	
	15.敬其主以及其使	而	以	以	
	16.不惟使者知之	惟	唯	唯	通假字
	17.艮卦之象辭	有此字	無此字	有此字	
	18.進學以知爲先	知	智	智	通假字
	19.褒之而疑其辭	辤	詞	詞	通假字

續表

	出文（據汲古閣本）	興國本	淳祐本	咸淳本	備注
	20. 反己自脩	脩	修	修	通假字
	21. 而後泰然也	泰	安	泰	
	22. 所遇不同耳	耳	爾	爾	通假字
	23. 硜，苦耕反	苦	苦	古	咸淳本顯誤
	24. 攝衣涉水曰揭	曰	爲	爲	
	25. 三年之喪自天子達於庶人	無此三字	無此三字	有此三字	
	26. 自幼至老	老	老	長	
	27. 非寬而異之也	有此字	無此字	有此字	
衛靈公	1. 屢有以發之	屢	婁	屢	淳祐本顯誤
	2. 即此是學	即	只	只	
	3. 冠上有覆	覆	覆	冕	咸淳本顯誤
	4. 發此以爲之兆爾	耳	爾	爾	通假字
	5. 君臣更相戒飭	戒飭	飭戒	飭戒	
	6. 終不得而見之	有此字	無此字	有此字	
	7. 而義實相足	意	義	義	
	8. 今亡已夫	矣	已	已	注"今亡已夫"同
	9. 惟仁者能好惡人	惟	惟	唯	通假字
	10. 豈以在外者爲憂樂哉	自外至	在外	在外	
	11. 尤不可以一日無者也	無"以"字	無"者"字	無"者"字	
	12. 善惡邪正之類	類	異	異	
	13. 辭取達意而止	辭	詞	辭	通假字
季氏	1. 顓，音專；臾，音俞	無此六字	有此六字	有此六字	
	2. 而魯君無民	君	公	公	
	3. 內治脩	修	脩	脩	通假字；下"脩德以來之"同

續表

	出文(據汲古閣本)	興國本	淳祐本	咸淳本	備注
	4. 故併責之	併	并	并	通假字
	5. 工於媚説	悦	説	説	通假字
	6. 脩己之誠當然也	誠	所	所	
	7. 君子惟學之爲貴	惟	唯	唯	通假字
	8. 視無所蔽	無	無	思	
	9. 故夫子云然	云	言	言	
陽貨	1. 諷使速仕	速	欲	速	
	2. 對而不辯者	辯	辨	辨	通假字
	3. 惟自暴者拒之以不信	惟	唯	唯	通假字
	4. 與陽虎共執桓子	虎	貨	虎	
	5. 何必公山氏之往乎	也	乎	乎	
	6. 故孔子諭子路	夫子諭	孔子喻	孔子諭	
	7. 其蔽也絞	絞	絞	狡	
	8. 鐘鼓云乎哉	鐘	鍾	鐘	注"發之以鐘鼓"同
	9. 含蓄多少義禮	蓄	畜	畜	通假字
	10. 又如賊盗	盗賊	賊盗	賊盗	
	11. 註讀作愿	註	注	注	通假字
	12. 志於富貴而已者	者	矣	矣	
	13. 今亦亡之	亡	無	無	通假字
	14. 傷俗之益衰也	偷	衰	衰	
	15. 民性之蔽	氏	民	民	《輯釋》顯誤
	16. 學者多以語言觀聖人	言語	語言	語言	
	17. 期,音基	朞	基	基	
	18. 秋取柞栖之火	栖	栖	樰	
	19. 期年則天運一周	期	朞	期	通假字
	20. 初言女安則爲之	女	汝	女	通假字
	21. 再言女安則爲之	女	汝	汝	通假字

續表

	出文（據汲古閣本）	興國本	淳祐本	咸淳本	備註
	22.所謂三年<u>然</u>後免於父母之懷	然	而	而	
	23.<u>跂</u>而及之爾	跂	跋	跂	淳祐本顯誤
	24.跂而及之<u>爾</u>	耳	爾	爾	通假字
	25.弈，圍<u>碁</u>也	棊	碁	碁	
	26.<u>其</u>勇也大矣	"勇"上有"爲"字	"勇"上無"爲"字	"勇"上無"爲"字	
	27.所謂<u>唯</u>仁者能惡人	惟	唯	唯	通假字
微子	1.蓋知尊<u>夫</u>子	夫	孔	孔	
	2.津，濟<u>渡</u>處	渡	度	渡	
	3.篠，<u>竹</u>器	竹	竹	草	
	4.<u>食</u>，音嗣。<u>見</u>，<u>賢遍反</u>	六字在"至則行矣"句下	六字在"見其二子焉"句下	六字在"見其二子焉"句下	
	5.<u>唯</u>聖人不廢君臣之義	惟	惟	唯	通假字
	6.與<u>泰</u>伯同竄荊蠻	太	大	太	異體字
	7.<u>而</u>孔子則	有此字	無此字	無此字	
	8.自<u>大</u>師以下	大	太	太	異體字
	9.與門弟子言之<u>歟</u>	歟	歟	與	通假字
	10.<u>皆</u>衰世之志也	有此字	無此字	有此字	
子張	1.亦有過高之<u>弊</u>	弊	病	病	
	2.其<u>惟</u>聖人乎	惟	惟	唯	通假字
	3.<u>貫通</u>只一理	貫通	通貫	貫通	
	4.與其易<u>也</u>寧戚	有此字	無此字	無此字	
	5.以<u>使</u>之無道	使	俟	使	淳祐本顯誤
	6.其犯法<u>也</u>非迫於不得已	也	也	如	
	7.以<u>謗毀</u>自絕於孔子	毀謗	謗毀	謗毀	
	8.不自知其分量	下有"也"字	下無"也"字	下無"也"字	
	9.故曰不可階而升<u>也</u>	有此字	無此字	無此字	

續表

出文（據汲古閣本）		興國本	淳祐本	咸淳本	備注
	10.聖而進於不可知之之神矣	有此十一字	無此十一字	無此十一字	
堯曰	1.請命而伐桀之詞	詞	詞	辭	通假字
	2.《詩序》曰	曰	云	云	
	3.《泰誓》之辭	辭	詞	詞	通假字
	4.修廢官	修	修	脩	通假字
	5.費，芳味反	在"斯不亦威而不猛乎"下	在"泰而不驕，威而不猛"下	在"泰而不驕，威而不猛"下	
	6.人不知命	無此字	有此字	有此字	

附錄四　《四書章句集注》宋元刻本源流系統圖

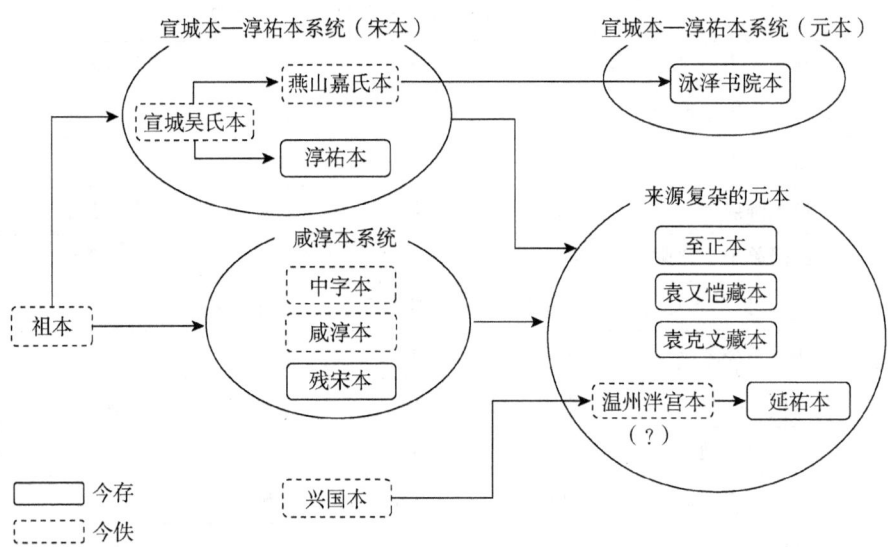

戴震孟子学的侧面：戴氏与《孟子赵注》的重刊

王耐刚

【内容提要】 相对于《孟子字义疏证》在学术史、思想史等层面所产生的巨大争议和深远影响，清代乾隆年间《孟子赵注》的两个刻本——曲阜孔继涵刊本和安邱韩岱云刊本——与戴震之间或直接或间接的关系，以及二本所反映的戴震校勘《孟子》的学术史历程，可以视作戴震孟子学的侧面。这个侧面包括戴震校勘《孟子》的文本来源，戴氏校勘《孟子》的特点和戴震校本的传播等维度。

【关键词】 戴震　孔本　韩本　校勘　学术史

《孟子字义疏证》是戴震孟子学的最有影响的成果，自清代起，就受到学者的重视，民国以降，经过胡适、梁启超、钱穆等人的推阐，更是成为清代学术史、思想史上最为重要的著作之一。但需要注意的是，戴震还推动了东汉赵岐《孟子章句》在清代的重刊，这是戴震孟子学研究的一个侧面，而其背后所关涉的相关学术史，也同样值得关注。

清代孟子学发展的线索之一，就是以赵注为代表的旧注的全面复兴。具体来说，就是辑佚包括赵岐《孟子章指》《孟子篇叙》在内的汉人旧注，重新刊刻赵注《孟子》以恢复赵注的旧貌，对赵注进行汇校，上述这些工作都为嘉庆时期焦循结撰《孟子正义》奠定了坚实的学术基础。这个过程之中，当然也包括对与赵注联系紧密的旧疏进行系统的辨伪、校勘。这正是戴震校勘《孟子》进而推动《孟子》重刊的学术背景。

一

孔继涵在乾隆三十八年（1773）所刊《孟子赵注》是我们今天能够见到的刊

【作者简介】王耐刚，华东师范大学中国语言文学系暨古籍研究所副教授。
【基金项目】国家社科基金一般项目"焦循《孟子》类批校及稿钞本文献研究"（批准号：24BTQ077）阶段性成果。

刻时代最早、内容最为完整的《孟子赵注》,①学者称之为"孔本"。孔氏刻书跋文略云:

> 乾隆己丑之春,晤梁孝廉用梅于京邸,真定大学士之孙也。询其宋本赵注《孟子》,许假而未与也。归寓以告吾友戴君东原,东原因举《正义序》即删改《音义序》,尤为作伪之证。迨癸巳之秋,东原征赴京师,予走谒诸寓,即出是本与宋刻《国语》及《补音》本见付,余喜剧,遂重校授梓。

由孔氏跋文可以推知两点与戴震有关的信息。第一,乾隆己丑(即乾隆三十四年,1769)春,戴震曾和孔继涵言及《孟子疏》作伪的情况。

戴震和孔继涵讨论《孟子疏》作伪的情况,主要是指出我们今天所见《孟子疏》卷首《孟子正义序》一文是因袭孙奭《孟子音义序》而成,这一点后来从事《孟子疏》辨伪的《四库全书总目》和钱大昕《十驾斋养新录》中都曾指出。需要说明的是,这一时期正是《孟子疏》辨伪逐渐深入的时期,所以戴震才会和孔继涵去讨论这个问题。② 在得到戴震的校本后,孔继涵对《孟子疏》辨伪这一问题的认识也更加深入,他在刻书跋文中还说:

> 至《章指》之文,惟略存于正义之首,释其义者,仅有三十五处。而"博学而详说之"章,《章指》则并入注中。《正义》虽由邵武士人之伪作,然作伪时犹未敢删去《章指》甚明,则《章指》之亡由于校刊者果于自用尔。

在这段跋文中,孔氏又从《孟子疏》对赵岐《孟子章指》的节略而阑入疏文之中这一角度来进行辨伪,直接原因就是他通过戴震的校本看到了完整的《孟子章指》。《章指》恰恰是戴震校理《孟子赵注》的重点之一。

从孔氏跋文中所得出的第二个信息是乾隆癸巳年(乾隆三十八年,1773)秋,戴震将自己《孟子赵注》的校本交给孔继涵付梓刊刻,也就是说孔本源自戴震。另外,从乾隆三十四年春谈论《孟子疏》真伪,到乾隆三十八年秋将校本授予孔继涵,可见戴震大概就是在这段时间内完成了他对《孟子赵注》的校勘。孔继涵在跋语中并没有说明戴震校本的来源,这一点有赖于戴氏本人所撰写的跋语:

> 吾友朱君文游出所藏校本二示余。

---

① 现存赵注《孟子》的刻本,以刊刻时代的先后来说,当以元义兴岳氏刊本、元旴郡重刊廖莹中本、日本室町时代覆宋本为最早,但上述诸本都缺少《孟子篇叙》,且岳氏刊本、旴郡刊本又有删落旧注者。其他传本中,明崇祯永怀堂本则缺少《孟子题辞》《孟子章指》和《孟子篇叙》三者。日本庆长时期的两个活字本,也缺少《孟子篇叙》。另有所谓清内府藏宋蜀刻大字本,内容完整,但原本今已不存,我们只能依靠民国时期《续古逸丛书》和《四部丛刊》的影印本了解其原貌。

② 关于《孟子疏》辨伪的具体过程和接受问题,详参拙文《〈孟子疏〉伪撰说接受考论》,载《中国经学》第27辑,桂林:广西师范大学出版社,2020年,第175—198页。

一有"虞山毛扆手校"印记,称引小宋本、元本、抄本,又有宋本又或称廖氏本,而逐卷之末,多记从吴文定抄本一校。何屺瞻云"毛斧季从真定梁氏借得宋椠本影钞",今未见其影钞者。而此本《尽心下》惟"梓匠轮舆"章有章指,馀并阙。

一为何仲子手校之本,末记云:"文注用旴郡重刊廖氏善本校。"而《尽心上》"有事君人者"一章,"孔子登东山"以下三章,《尽心下》"吾今而后知"以下七章,并阙章指。二校本各有详略,得以互订。

外有章丘李氏所藏北宋蜀大字章句本,毛斧季影钞者,并得赵岐《孟子篇序》。于是台卿之学残失之馀,合之复完,亦一大快也。乾隆壬辰春正月,休宁戴震识。①

由戴氏跋语可知,他的校本的来源有三。一是毛扆校本,二是何煌校本,以上二本源于藏书家朱奂(字文游)。三是毛扆影钞章丘李氏所藏北宋蜀大字本。从戴氏跋文来看,这三个校本又利用了不少校本,所以戴震的校本可以视作清初到乾隆中期以前,对《孟子赵注》校勘的一个总结性的文本。因此,我们有必要分析戴震所利用的各个校本。

首先是毛扆校本,也就是戴震所说的"有'虞山毛扆手校'印记"的校本。毛扆,也就是跋语中所说的"毛斧季"(毛扆字斧季),汲古阁主人毛晋幼子。他的《孟子》校本使用了"小宋本""元本""抄本""宋本""廖氏本""吴文定抄本"等,多数都不可确知,只有"廖氏本"应当是元旴郡覆刻南宋廖莹中世綵堂本。汲古阁藏有元旴郡重刊廖氏本(今藏台北故宫博物院,钤有毛晋、毛褒诸印),又影钞一部(现藏上海图书馆,钤有毛晋、毛扆诸印),所以毛扆得以使用这个"廖氏本"进行校勘。"吴文定抄本"应是吴宽的抄本,钱曾收藏吴宽的这个抄本,考《读书敏求记》云:

《孟子注疏》是丛书堂录本,简端五行,为匏翁手笔。古人于注疏,皆命侍史缮写,好书之勤若是。间以监本、建本校对,踳谬脱落,乃知匏翁钞此为不徒也。②

由钱曾跋文可知,吴宽抄录的是注疏本,可以纠正当时流行的万历北京国子监刻本和嘉靖时期闽中御史李元阳刻本的文字讹误,后来黄丕烈也收藏过这个吴氏抄本。③

毛扆的这个校本有很多清代学者利用过。余萧客《古经解钩沉》曾利用毛

---

① 〔清〕戴震撰,汤志钧校点《戴震集》,上海:上海古籍出版社,2009年,第205页。
② 〔清〕钱曾著,管庭芬、章钰校证《读书敏求记校证》,上海:上海古籍出版社,2007年,第35页。
③ 参《荛圃藏书题识》卷一著录旧钞本《孟子注疏解经》十四卷,又此旧钞本今藏国家图书馆。

扆的这个校本对赵岐《孟子章指》进行辑佚,所以其所辑条目下有"毛扆校吴文定钞本""毛扆校吴文定本""毛扆校丛书堂录本""毛扆校鲍庵藏本"。又余氏所辑《章指》,并不完整。《尽心下》一篇共 38 章,《古经解钩沉》只载录了第一章"不仁哉,梁惠王也"章及第五章"梓匠轮舆"章两章的章指,其馀 36 章的章指,一并阙如。这和戴震所说的"此本《尽心下》惟'梓匠轮舆'章有章指,馀并阙"是相合的。

余萧客所用的毛扆校本极有可能也来自朱奂,《古经解钩沉·后序》云:

> 己卯杪秋,萧客从事《钩沉》载寒暑,《易》《尚书》古注旁搜略遍,而《周易》五卷既削稿,其后得朱太学文游,学博思精,所藏宋元精本率前日所未见及所求而不得。若王应麟集郑玄《尚书注》之类,莫不毕具。传本往还,一瓻无费。越一岁辛巳,遂下榻滋兰精舍,丹铅朝夕,乐不为疲,至于左目几成青盲,而《钩沉》得信而有征,于先儒言匪面命之言提其耳焉。(《古经解钩沉》卷首)

这里余萧客提及他从乾隆己卯(乾隆二十四年,1759)到乾隆辛巳(乾隆二十六年,1761)之间,结识朱奂并利用他的藏书来完成《古经解钩沉》,因此我们可以推测,大概也是在这段时间,他见到朱奂所藏的毛扆校本,并利用这个校本对《孟子章指》进行辑佚。

卢文弨也曾经利用过朱奂的这个校本。卢文弨曾就《孟子章指》辑佚复信汪中:

> 九月八日,文弨白容甫足下:……承示《仪礼》逸注一条,并以所录《孟子章指》全本见寄,使得补足以成完书,诚大快也。在辛巳岁,从吴友朱君文游处,借得毛斧季所临吴鲍庵赵注《孟子》校本,独末卷缺《章指》,于意终未慊也。今相距十有六年而始得之,幸目力无大减,尚可一手誊写,不假他人,晚境之乐,无过此矣。……足下之本尚有遗漏一二处,则以墨笔识其旁。斧季过信宋本,于其字之沿俗体者,亦复规规然从之,此诚可不必也,足下之见韪矣。《孟子》全册今先奉还,其《仪礼》尚欲细看一过再寄上。①

卢文弨也说在乾隆辛巳年(乾隆二十六年,1761)他从吴奂处借到了毛扆所临吴宽校本,并说末卷缺少《章指》,这部分缺少的《章指》他从汪中的抄录本中得以补完。卢文弨在信中说毛扆校本是临写吴宽赵注《孟子》校本,这一判断恐怕有误。因为吴宽的抄本是一个有注有疏的本子。毛扆大概是利用了吴

---

① 〔清〕卢文弨著,王文锦点校《抱经堂文集》,北京:中华书局,2006年,第268—269页。

宽抄本中的经注文字。又卢文弨说"独末卷缺《章指》"也大致和戴震所述相合。

由此我们可以推知，余萧客、卢文弨和戴震，使用了相同的学术资源，完成了相同的学术关切。

其次是戴震所云的何仲子校本。何仲子即何煌，他的校本利用的是"盱郡重刊廖氏善本"，也就是上面毛扆所用的"廖氏本"。戴震之外，清代也有很多学者利用过何煌的这个校本。孙志祖指出，汪中曾利用这个校本补余萧客所辑《孟子章指》的缺失，孙氏《孟子章指校本跋》云：

> 曩读《古经解钩沉》所载毛斧季先生校录《孟子章指》，于《尽心篇下》阙而不完，颇以为憾。兹从卢抱经学士所借录以补余萧客之缺。《章指》为伪孙疏割弃，久已湮没，今复流传人间，首尾完善，殊可宝也。学士云，仪征汪容甫中以全录《章指》见借，因得补录，以成完书。汪亦借之于朱君文游处，乃何仲子手校之本。余独怪余萧客与朱文游同里交善，其《钩沉后序》自称与朱君传本往还一瓻无费，乃曾不得见《章指》全本，何也？将毋古书之显晦完缺果有数也？何仲子未知于义门先生何属，当并质诸学士云。①

孙志祖说汪中也是从朱奂处借得何煌的校本并加以校勘，由此亦可知汪中也曾关注到《赵注孟子》一书。可见当时有诸多学者措意于汉人赵岐《孟子章句》，由此可见当时学风之一斑。

阮元在嘉庆年间组织江浙学人编撰《十三经注疏校勘记》，其中《孟子注疏校勘记》中使用了元盱郡重刊廖莹中本《孟子赵注》，所据即为何煌校本。

再次是毛扆影钞章丘李氏北宋蜀大字本，戴震主要利用这个本子补充了《孟子篇叙》，他所谓"并得《孟子篇序》"即是。

毛扆曾影钞蜀大字本《孟子音义》，今藏于苏州图书馆，包括影宋钞本《孟子音义》二卷和《孟子篇叙》一纸。②《音义》每半页十行，《篇叙》则每半页八行，虽然两个部分行款不同，但字体却是相同的。《孟子音义》卷下尾题后、《孟子篇叙》纸末各有毛扆题记一行，皆作："虞山毛氏从蜀本大字宋板影写，谨藏于汲古阁。"又卷末有毛扆手跋，云：

> 余在京师，得宋本《孟子音义》。发而读之，其条目有"孟子篇叙"，注

---

① 〔清〕孙志祖《申郑轩遗文》，《清代诗文集汇编》第392册影印清抄本，上海：上海古籍出版社，2011年版，第179页。

② 《孟子音义》和《孟子篇叙》之外，尚有影钞本《孝经今文音义》一卷、《论语音义》一卷，行款、字体皆与《孟子音义》相同。书衣题签作"陆德明孝经论语音义　孙奭等孟子音义　赵岐孟子篇叙　蜀本大字宋板影写"。

云"此赵氏述《孟子》七篇所以相次叙之意",茫然不知所谓。书贾又挟北宋板《章句》求售,亦系蜀本大字,皆章丘李氏开先藏书也。卷末有《篇叙》之文,狂喜叫绝,令僮子影写携归,附于音释之后,后人勿易视之也。虞山毛扆识。(影宋钞本《孟子音义》卷末)

从毛扆的这段跋文来看:第一,毛扆先是在京师得到了影宋钞本《孟子音义》,而后才通过书商看到了宋本《孟子章句》,毛扆认为二者都是李开先的旧藏,在性质上都是北宋蜀大字本。毛扆判断的依据大概就是相同的字体。

第二,毛扆影写的大概只有《孟子篇叙》部分,并未影写整个《章句》,所以他才说"影写携归,附于音释之后"。结合戴震说"并得《孟子篇序》",我们推测,戴震看到的应该就是这个影宋钞本《音义》和《篇叙》。关于这个问题,我们后面还会有进一步的论证。

以上是对戴震使用校本的梳理和分析,通过梳理和分析,我们可以窥知,在当时,辑校赵岐《孟子章指》是很多学者的做法,比如我们上面谈及的余萧客、卢文弨、汪中都曾专门利用各种本子辑校《孟子注疏》中节略的《孟子章指》,戴震则是利用上述版本资源以期恢复赵注文本的本来面貌,也就是他在跋语中所说的"台卿之学残失之余,合之复完"。这种情况,显然与当时包括戴震在内的学者对汉学的提倡有紧密的关联。

二

据前揭孔继涵跋文,孔本刊刻于乾隆三十八年(1773)。八年之后,也就是乾隆四十六年(1781),另一个版本的《孟子赵注》也付诸剞劂。因主持刻印之人是安邱韩岱云,所以学者多称此本为"韩本"。

韩本卷末有时任益都知县周嘉猷和安邱韩岱云二人的跋语。二人跋语对于韩本的文本来源都有所说明。周嘉猷说:"益都李南涧司马获宋椠本于京师,谋付诸梓,而赍志以殁。"(韩本卷末)李南涧即益都(今山东青州)人李文藻(字素伯,号南涧),所以当时担任知县的周嘉猷才会参与到韩本的刊刻中。据周嘉猷所言,韩本的文本来源是李文藻在北京获得的某一个宋本,可谓语焉不详。

韩岱云则说得更为具体,其刻书跋语云:

右赵氏注足本十四卷,孙氏《音义》二卷,休宁戴吉士震从馆书录副以畀益都李南涧先生,盖即毛斧季借钞正定梁玉立相公宋椠本也。南涧携之桂林,逾岁卒官,未及授梓。顷闻同县曹子仲儒言益都诸君子将募刻焉,岱云以鬻田之直为出半资,又得两县茂宰捐俸助之,乃克藏事。……乾隆辛丑如月晦日,安邱韩岱云。(韩本卷末)

根据韩岱云跋语,李文藻所得宋本,是戴震从四库全书馆中抄录的,韩氏推测是"毛斧季借钞正定梁玉立相公宋椠本"。正定梁玉立相公,即梁清标(字玉立)。韩氏作出这种推断的具体依据已不得而知,我们这里只能根据相关文献作出一点推测。

第一,梁清标蕉林书屋藏有宋刻本《孟子》,确有其事。《续古逸丛书》本《孟子章句》的底本正是梁清标所藏,这一点由其卷一所钤"蕉林藏书"印可知。清代学者也有所提及。何焯在其校本《孟子注疏》中说:"闻真定梁氏有北宋刻本,安得一旦遇之,尽为是正乎!"①在笺释《困学纪闻》时说:"毛斧季从真定梁相公借得宋椠本影钞者具在,安得一好古之士重刊以复赵氏之旧也?"②戴震在孔本的刊刻跋语中曾经说他未曾见到"毛斧季从真定梁氏借得宋椠本影钞",正是引用的何焯之说。

又方楘如云:

> 宋椠本亦有脱误,如"不动心"章脱去经文"曰不同道"四字,并赵注十四字亦无之。……真定梁氏所藏,是北宋椠本,今在侍郎王公之枢家。其本篇有篇序,章有章指,即义门云伪疏所割者也。诸经注亦往往与今刊本异。余在京师,曾于同年王虚舟处阅之,得以校正讹缪。③

方氏透露了梁氏藏本的更多信息。一是宋椠本有脱误,方氏所举的例子与《续古逸丛书》本《孟子章句》正合。方氏还指出,梁氏此书后来转由王之枢收藏,他是在王澍处看到的,并用以校正《孟子》传本的讹误。方氏所述细节较多,应该比较可信。但这与梁氏所藏宋椠本《孟子》后来去向的另一种说法有矛盾之处,详下文。

孔本的刊刻者孔继涵也曾注意到梁清标所藏的宋椠本《孟子》。他原本计划重刊此宋椠《孟子》,并向梁氏后人借阅此书。孔氏跋文云:"乾隆己丑之春,晤梁孝廉用梅于京邸,真定大学士之孙也。询其宋本赵注《孟子》,许假而未与也。"④所叙述正是此事。尤其值得注意的是孔继涵"许假而未与"一语,因为按照一般的逻辑来说,既然梁氏后裔梁用梅已经同意相借,这说明宋椠《孟子》至迟在乾隆三十四年时尚在梁清标后人手中。但这便与前述方楘如的说法相抵牾。究竟哪一种说法是正确的,或者在上述叙述之中有何种误会,我们今日已

---

① 何氏跋语见于傅增湘《藏园群书经眼录》,北京:中华书局,2009年,第5页。
② 〔宋〕王应麟著,〔清〕翁元圻辑注,孙通海点校《困学纪闻注》,北京:中华书局,2016年,第1096页。
③ 〔宋〕王应麟著,〔清〕翁元圻辑注,孙通海点校《困学纪闻注》,第1096—1097页。
④ 考王鸣盛《西庄始存稿》卷十五《赠梁生序》云:"真定梁生用梅,力学有文,屡试省闱不售,今秋已隽矣,又屈置副乘。……生为故相国蕉林先生讳清标之五世孙,相国群从昆弟清宽、清远,同时官九卿。生之曾大父及尊甫仍世通籍,有乌衣雀桁兰锜貂蝉之美。盖河北数巨族之必首及焉。"知梁用梅是梁清标五世孙。

经难以确知。

第二,在当时有人提及梁清标后人将其家藏宋椠《孟子》进献到四库馆中,韩岱云极有可能听说了这个消息,所以做出了上述推测。清人桂馥《晚学集》曾云:

> 当四库馆初开,真定梁氏献《孟子赵注章旨》及宋椠《说文解字》,官府以《孟子》《说文》非遗书,不为上,有识者钞其《章旨》流布世间,《说文》则仍归梁氏。①(《与龚礼部丽正书》)

桂馥所言《孟子赵注章旨》,应当就是我们上文所说的宋椠本《孟子》,因为下文有"官府以《孟子》《说文》非遗书",从我们上文指出的余萧客、卢文弨、汪中等人都在辑佚《孟子章指》的情况来看,《章指》并不常见,所以绝不会有"非遗书"这样的判断。又桂馥指出"不为上",也就是最终并没有进献到四库馆中。但王国维推测说:"今观此帙,则当时虽未著录,实已进御矣。惜《四库》例不录单注本,遂令此书显而复晦。"②如果梁清标藏本真的是已经"进御",那么在四库馆中供职的戴震确实是有可能"录副"的。

以上是对韩岱云何以有"盖即毛斧季借钞正定梁玉立相公宋椠本"这样一种判断的推测。

韩岱云、周嘉猷因是韩本刊刻的当事人,所以他们的说法基本成了人们认识并了解韩本的基础。所以韩本的读者往往据以立说。王宗炎云:

> 赵注久无全本,益都李文藻得宋椠本于京师,戴震微波榭刻本跋所谓章丘李氏藏宋本蜀大字章句本,毛斧季影钞者也。文藻官桂林同知,携之赴官,未及授梓而殁。乾隆辛丑,益都知县周嘉猷、安乡知县葛昊及文藻之弟文涛校雠剞劂,而安邱监生韩岱云等唱资以助之。③(《益都本孟子赵氏注十四卷》)

显然,在文本来源上,王宗炎沿袭了周嘉猷的说法。不知出于何种原因,王宗炎并没有采用韩岱云的说法,而说周嘉猷所说的"宋椠本"乃是毛扆影钞章丘李氏藏本。④

---

① 〔清〕桂馥《晚学集》,《续修四库全书》第1458册影印清道光孔宪彝刻本,上海:上海古籍出版社,2002年,第697页。
② 王国维《观堂题跋选录(经史部分)》,载《文献》1981年第3期,第209页。
③ 〔清〕王宗炎《晚闻居士遗集》,《清代诗文集汇编》第440册影印清道光爱日轩刻本,上海:上海古籍出版社,2011年,第660页。
④ 高桥智先生认为,王宗炎之所以这样说是因为王氏以为李文藻与章丘李氏是同一人这样一个假设。我们认为,高桥先生此说不能成立。王宗炎所说的章丘李氏乃是沿袭自戴震,他只是说李文藻所获得的宋本是就是毛扆影钞章丘李氏藏本。且王宗炎将周嘉猷所说的李南涧改为益都李文藻,表示他明知道此人,并冠以籍贯"益都",怎么会将其与籍贯为章丘的李开先混为一人呢?

又叶德辉《郋园读书志》说：

> 国朝毛斧季扆借真定梁相国清标家藏宋本影钞，益都李南涧司马文藻获其本于京师。李固山左人，故山左人见宋本《孟子》赵注原本最早。南涧本欲校勘传世，不幸赍志以殁，书几失传。①

叶德辉的说法显然是综合了周嘉猷和韩岱云的说法，而省去了戴震与四库馆这些中间环节。

又王献唐先生《李南涧之藏书及其他》一文论及李文藻所刻诸书时说：

> 此外还有足本《孟子赵氏注》十四卷，《孟子音义》二卷，正定梁玉立初藏宋椠本，毛斧季从之借钞。其书后入四库，戴东原从馆书录副，以畀南涧。南涧议以付梓，携入桂林，逾岁即没。其弟文涛欲遂南涧遗志，与杨峒、段松苓等校雠梓行。②

王献唐先生所说，就是根据韩岱云的说法来概括的，而省去了具有推测色彩的"盖即"二字，变成了肯定的陈述。

又高桥智先生《关于"韩本"〈孟子赵注〉的研究》一文中说：

> 戴震在乾隆37年之前利用包括李氏藏宋本的影抄本在内诸本进行了校勘，虽然他并没有目验梁氏藏宋本，但是翌年38年晋京，四库开馆，到其完成校定于42年去世（根据段玉裁《戴东原先生年谱》）之前，得以过目梁氏藏宋本的毛扆影抄本，并将副本给予李文藻。后来李文藻又于43年在桂林去世，在桂林任官未满一年，所以42年之前于戴震处得到该本在时间上合乎情理，并不矛盾。③

高桥智先生的这番推论也是基于韩岱云的推测，并就"馆书录副"这一细节进行了进一步的推演。

但细绎周嘉猷、韩岱云二人的说法，便会发现一些矛盾和可疑之处。

首先，周、韩二人对于韩本来源的说法，和戴震本人的说法有所不同。这一点周广业在得到韩本之后，便已经注意到了，他说：

> 又称"东原从馆书录副以畀益都李南涧，盖即斧季借钞梁氏宋椠本"，大相抵牾。南涧不知即戴所称章邱李氏否，果即其人，乃戴得于李，非李得于戴也。……特此本所叙来历不同，然究竟以戴自序为正也。丙午六月十

---

① 叶德辉撰，杨洪升点校《郋园读书志》，上海：上海古籍出版社，2010年，第76页。
② 王献唐《李南涧之藏书及其他》，《山东省立图书馆季刊》，第一卷第1期，1931年，第114页。
③ ［日］高桥智撰，张晓明译《关于"韩本"〈孟子赵注〉的研究》，见《日本五山版汉籍丛刊》（第一辑）收录《音注孟子（外二种）》，北京：北京大学出版社，2018年，第1614—1615页。

二曰耕厓周广业书。（上海图书馆藏韩本卷末，叶景葵过录周广业跋语）

周广业所云"大相抵牾"，可以从两个角度来理解。一是说韩岱云所说的文本来源与我们在本文第一部分所分析的戴震本人的说法完全不同。二是对李南涧身份的猜测。周广业指出，在益都李南涧和章丘李氏是同一人的情况下，按照戴震所说，戴使用过李氏藏本，所谓"戴得于李"，而按照韩岱云所说则是"李得于戴"，这两种说法是"大相抵牾"的。当然我们知道，周广业这种猜测是错误的。

上文所引高桥智先生的讲法其实也是对周广业的这番怀疑的一个回应。

其次，周、韩二人的说法，也和戴震、李文藻二人的行实有矛盾之处。

据段玉裁《戴东原先生年谱》，戴震于乾隆三十八年秋，进入四库馆，直至乾隆四十二年病故，一直都在北京，参与《四库全书》的编纂工作。[1] 在同一段时间，李文藻则居官岭南，先后任潮阳知县和桂林府同知，并于乾隆四十三年卒于任上。[2] 也就是说当戴震有机会"从馆书录副"的时候，李文藻并不在京师，所以绝不可能出现周嘉猷所说的"获宋椠本于京师"。

从李文藻的角度来看，李氏于乾隆三十四年五月至十一月间，因谒选留居京师，而在同一年，戴震先是到京师参加会试，后于五月，赴朱珪（时任山西布政使）幕府。这段时间，正是孔继涵跋语中所述的戴震与他谈及《孟子正义序》因袭《孟子音义序》的时间。在此时，四库馆尚未开，所以绝不会有韩岱云所称"馆书录副以畀南涧"之事。考虑到戴震是在四年后的乾隆三十八年才将他的校本付孔继涵授梓这一情况，那么在乾隆三十四年时，戴震应尚未开始对《孟子赵注》进行校勘。

因此，韩本的来源是否如周嘉猷所述、韩岱云所推测的那般，恐怕是值得怀疑的。

三

我们对周、韩二人所述文本来源的种种怀疑，并不是要否定韩本与戴震之间的关系。因为从校勘的情况来看，孔本、韩本整体上是非常接近的。

---

[1] 本文所叙戴震行实参考〔清〕段玉裁撰，杨应芹订补《段著东原年谱订补》，见杨应芹等主编《戴震全书》第七册，合肥：黄山书社，2010年，第132—190页。潘定武等《戴震年谱长编》，合肥：安徽大学出版社，2023年。

[2] 李文藻生平，参刘国宣《李文藻交游考述》，《山东图书馆学刊》，2016年第3期，第104—109页；刘国宣《李文藻编年事辑》，载《中国典籍与文化论丛》第18辑，南京：凤凰出版社，2017年，第244—265页；刘国宣《李文藻编年事辑续补》，载《北京大学中国古文献研究中心集刊》第十七辑，北京：北京大学出版社，2018年，第144—160页。

从形式上看,孔本、韩本在版式、行款上几乎相同。二本皆四周双边,单鱼尾。每半页皆十一行,行二十一字,经文顶格,注文单行大字低一格。惟书口略有差别,孔本上象鼻镌"孟子赵注"四字,鱼尾下刻卷次、页次,版心下方小字镌"微波榭刻"四字。韩本上象鼻处刻"孟子赵氏注"五字,鱼尾下记卷次、页次。

从所包含的内容来看,二本也是相同的,均包括赵岐《孟子章句》十四卷及孙奭《孟子音义》两卷。尤其是赵氏《章句》,注释而外,含有《题辞》《篇叙》《章指》,是完整的赵注文本。

周广业在校勘过孔本与韩本之后说:"雠对二本,无甚异同,即小差,不甚关紧要。"从《孟子注疏校勘记》所反映的赵岐注和《章指》的异文来看,绝大多数时候,孔本和韩本都是一起出现的,因此,周广业的观察是基本正确的。

这种整体上的一致性,可以视作戴震校本的风貌,由此我们便可以推知戴氏校勘《孟子》的几个特点:

第一,以复原赵注的原貌为指归。戴震在其校勘跋文中叙述某本的《章指》是否完整,在提及毛扆影钞李开先藏本时,说"并得其《篇叙》"(详本文第一部分),可见他校勘的重点在于复原《章指》和《篇叙》,而二者恰恰是当时多数学者不熟悉的。这也是为何余萧客和卢文弨等人会辑佚《章指》《篇叙》等内容的原因所在。当然这也是孔本和韩本的学术意义所在。这一点我们在后文也会论及。

第二,从某种程度上说,戴震校本是清初《赵注孟子》校勘成果的一次汇总。我们在上文分析戴震文本来源时也指出了这一点。尽管从跋文的叙述来看,戴震偏重对《章指》和《篇叙》的处理工作,但是从校勘结果的呈现方式看,戴震的成果是一个完整的、可供阅读的《孟子赵注》文本,这和余萧客《古经解钩沉》的处理方式还是有所不同的。

第三,从文字校勘来看,孔本、韩本整体上与当时通行的《孟子注疏解经》的文本是有一定差异的。这种差异不仅仅是《篇叙》的有无、《章指》的完阙,还在于赵岐注释性文字的差异。也就是说,孔本和韩本更加接近于经注本,而不是注疏合刻本。这一点我们可以从《孟子注疏校勘记》所反映的诸本注文的异文看出:

> "皆专事焉",闽、监、毛三本同。宋本、孔本、韩本、《考文》古本"专"作"尊"。〇按,"尊"是也。[①]

[①] 〔清〕阮元编,刘玉才等点校《十三经注疏校勘记·孟子》,北京:北京大学出版社,2015年,第5247页。这里对版本的简称略作说明。《孟子注疏校勘记》所谓"闽本"是嘉靖时闽中御史李元阳刻本,"监本"是万历间北京国子监刻本,"毛本"是明崇祯时毛晋汲古阁刻本。宋本是依据何焯校本的宋刘氏丹桂堂巾箱本,"《考文》古本"是《七经孟子考文补遗》中的日本足利学校藏古写本。

"以公孙丑等而为之一例者也",闽、监、毛三本同。宋本、《考文》古本、孔本"以"作"与",无"而""之""者"三字。韩本与宋本同,有"者"字。①

"何能足以合于王也",闽、监、毛三本同。宋本、廖本、孔本、韩本、《考文》古本无"合于"二字。②

"道无形而生于有形",闽、监、毛三本同。廖本、孔本、《考文》古本"道"下有"谓阴阳大道"五字,无"于"字。韩本与廖本同,"大"作"天"。足利本亦与廖本同,"生有形"作"生于形",非。○按,有"谓阴阳大道"五字,无"于"字者是也。汉人皆以阴阳五行为天道,《易》曰"一阴一阳之谓道",赵氏用此语以无形生有形者也。③

"距时子之言所以有是云也",闽、监、毛三本同。廖本、孔本、韩本、《考文》古本无"所以有是云"五字。④

"孟子曰否不然也",此经下,岳本、廖本、孔本、韩本、《考文》古本、足利本并有注"否不也不如人所言"八字,注疏本并无之。○按,有者是也。⑤

从上述诸例来看,阮元纂修《孟子注疏校勘记》使用的底本即元刻明修十行本,也就是出文的文字和"闽、监、毛三本"即注疏合刻本中的三个是一致的。四者和其他的"经注本"存在明显的差异。孔本和韩本虽然或同或异,但其他的经注本是比较接近的。

第四,尽管孔本、韩本更为接近经注本,但从校勘的文字来看,戴震应该使用了注疏合刻本来校改文字。例如:

《梁惠王上》"无望民之多于邻国也"注"何异于以五十步笑百步者乎",孔本文字如此,韩本无"以"字。《续古逸丛书》本、岳本、旴郡本、音注本同孔本,注疏十行本、闽本、监本、毛本、阮刻本同韩本。⑥

《梁惠王上》"齐桓晋文之事可得闻乎"注"欲以仁义为首篇",孔本文字如此,韩本无"为"字。《续古逸丛书》本、岳本、旴郡本同韩本,注疏十行本、闽本、

---

① 〔清〕阮元编,刘玉才等点校《十三经注疏校勘记·孟子》,第5247页。
② 〔清〕阮元编,刘玉才等点校《十三经注疏校勘记·孟子》,第5257页。"廖本"是元旴郡覆刻廖氏本,阮元依据何煌校本。
③ 〔清〕阮元编,刘玉才等点校《十三经注疏校勘记·孟子》,第5278页。又校记中提及的"足利本"是《七经孟子考文补遗》中所使用的足利学校藏活字本。
④ 〔清〕阮元编,刘玉才等点校《十三经注疏校勘记·孟子》,第5298页。
⑤ 〔清〕阮元编,刘玉才等点校《十三经注疏校勘记·孟子》,第5360页。校记中提及的"岳本"是义兴岳氏刊本,阮元以为宋本,今人多以为元本。
⑥ 音注本是《吉石盦丛书》二集影印日本复宋本《音注孟子》。注疏十行本是《中华再造善本》影印元刻明修十行本《孟子注疏解经》,以其半叶十行,故称"十行本"。阮刻本即清嘉庆二十年至二十一年南昌府学刻本,今据艺文印书馆影印本。

监本、毛本、音注本同孔本。

《梁惠王下》"反其旄倪"注"旄,老耄也",孔本文字如此,韩本、注疏十行本、闽本、监本、毛本同。《四部丛刊》本、岳本、盱郡本、音注本"耄"作"旄"。

《尽心上》"望见王子"注"见王子之仪",孔本文字如此,韩本、闽本、监本、毛本"仪"下有"体"字。《孟子注疏校勘记》云:"闽本下剜增'体'字,监、毛本、韩本并沿闽本之误。"既云沿袭闽本之误,可见清代《孟子注疏校勘记》的修纂者也承认孔本、韩本与注疏之本之间的关系。

《尽心下》"夫予之设科也,往者不追,来者不拒",孔本文字如此,韩本、注疏十行本、闽本、监本、毛本同。《四部丛刊》本、岳本、廖本、音注本"拒"皆作"距"。

值得注意的是,戴震在校勘中极有可能使用了乾隆初年武英殿刊刻的《孟子注疏》。例如:

《公孙丑上》"岂惟民哉,麒麟之于走兽"节注"三子皆孔子弟子",惟孔本、韩本、殿本注文如此,他本"三子"皆作"三人"。

《离娄下》"中也养不中"注"如此贤不肖相较",孔本、殿本文字如此,他本"较"作"觉"。

《离娄下》"逢蒙学射于羿",孔本、韩本、殿本如此,他本皆作"逄蒙"。

这样的例子,还有很多,由此我们可以推测,戴震在校勘过程中使用的文本恐怕不止他在跋文中提到的三种。或者说戴震的工作底本极有可能是当时通行的某一个《孟子注疏解经》的本子。

以上是从整体上论述孔本、韩本所反映戴震校勘的特点,当然这不是说两本完全一样,王宗炎《益都本孟子赵氏注十四卷》说:

> 至"行者有有裹囊",此本仍作"裹粮","放勋曰劳之",此本仍作"曰",注文视孔氏刻本亦互有详略,不妨择善而从。"白圭曰,吾欲二十而取一"一章,《章指》脱去八字,不及孔本之完善矣。①

我们上文举的例子中也有一些孔本、韩本文字不同的情况。至于这种情况出现的原因,我们认为可能是刻书人的再加工。孔继涵在跋文中说"重校授梓","重校"是对戴震校本加以重校。韩本卷末周嘉猷跋说:"乾隆庚子冬,厥弟文涛欲遂其兄之遗志,乃与杨孝廉峒、段茂才松苓重加雠校、订其讹阙。"周嘉猷所说的"重加雠校、订其讹阙",也是指对李文藻藏本的再加工。这可能是造成孔本、韩本整体相似但又有不同的原因之一。

高桥智先生尝试从文本来源的角度解释这个问题:"孔本和韩本并非出自同

---

① 〔清〕王宗炎《晚闻居士遗集》,《清代诗文集汇编》第440册,第660—661页。

一来源,孔本出自章邱李氏藏宋本之流,韩本则出自真定梁氏藏宋本系统。"①这就涉及戴震所提及的毛扆影钞李开先藏本与韩岱云所说的毛扆影钞梁清标藏本之间的关系。高桥智先生认为两者并不是同一本,他分析说:

> 依照何焯《跋孟子音义》,"建阳残本《孟子》五册得之虞山钱氏,末叶脱烂,手写补完。《篇叙》自世綵堂以下诸刻本皆阙。毛斧季为东海司寇购得章邱李中麓少卿所藏北宋本乃有之。余又传于毛氏也。壬辰夏六月庐江何焯记"……毛扆代东海司寇购买了章邱李中麓所藏北宋本《孟子章句》,此北宋本就传到传是楼。虽然在《传是楼宋元书目》中并未见到该本,但是梁清标与徐乾学是同时代的人,梁清标比徐乾学早三年去世,而从孔继涵的记述来看,直到乾隆34年清标之孙用梅仍然持有宋本《赵注孟子》,所以梁氏藏宋本与李氏藏宋本不可能是同一本。②

如何焯所说,李开先藏本后来转入徐乾学传是楼。考《天禄琳琅书目后编》卷八"影宋钞诸部"中著录《孟子》一函八册,云:"赵岐注,孙奭音义,见前。与上影钞《孟子》另本,版式较阔,钞校工细。"卷末铃有"彭城仲子审定"朱文印一方。③"彭城仲子"就是徐乾学次子徐炯,他是徐乾学藏书的继承者。叶昌炽《藏书纪事诗》云:"《天禄琳琅续编》,《礼记》余仁仲刊,藏徐乾学家,有'徐炯收藏秘籍''徐炯收藏书画''徐章仲所读书''徐仲子别号自强'诸朱记。炯字章仲,乾学之子,官直隶巡道。"④

《天禄琳琅书目后编》所著录的这个钞本今藏中国国家图书馆,据刘蔷教授《天禄琳琅知见书录》记录:

> 匡高23.6厘米,广17.2厘米。每半叶八行,行十六字,小字双行二十一字,白口,左右双边,单鱼尾。卷端上书"孟子卷几",下书"赵氏注",版心下书"关西"二字。《孟子音义》版心中书"孟音上"或"孟音下"及叶次,卷前有孙奭序。白棉纸。尚保留清宫旧装,蓝色织锦书衣,黄绫书签

---

① 〔日〕高桥智撰,张晓明译《关于"韩本"〈孟子赵注〉的研究》,《日本五山版汉籍丛刊》(第一辑),第1615页。高桥先生说孔本源自章邱李氏藏宋本,应该只是一个笼统的提法。关于戴震校本的文本来源,我们在上文已经有所论述。

② 〔日〕高桥智撰,张晓明译《关于"韩本"〈孟子赵注〉的研究》,《日本五山版汉籍丛刊》(第一辑),第1614页。

③ 〔清〕于敏中等著,徐德明标点《天禄琳琅书目 天禄琳琅书目后编》,上海:上海古籍出版社,2007年,第565—566页。提要中所提及的"上影钞《孟子》",即毛氏汲古阁影钞元旴郡重刊廖氏本,今藏上海图书馆。

④ 〔清〕叶昌炽撰,王欣夫笺正《藏书纪事诗 藏书纪事诗笺正》,桂林:广西师范大学出版社,2021年,第533页。

题"赵注孟子"。……卷末尾有"彭城仲子审定"朱文印一方。①

我们可以利用中国国家图书馆"中华古籍资源库"查阅其中的《音义》部分,其每半页十行,行十八字,小字双行二十五字。上卷卷首书"孟子音义序",第二、三行低一格,书"朝散大夫尚书兵部郎中充龙图古待制知通进银台司兼门下封/驳事兼判国子监上护军赐紫金鱼袋臣孙奭辞撰进"。卷末钤有"彭城仲子审定"朱文长方印记。将国图所藏本《孟子音义》和毛晋影钞本《孟子音义》比较,就可知从版式到文字,二者是相同的。② 加上又是徐炯所经眼,因此我们大致可以肯定《天禄琳琅书目后编》著录本应该就是何焯所说的李开先藏本的影钞本。

梁清标藏本有《续古逸丛书》和《四部丛刊》影印本。此书每半页八行,行十六字,注文双行,行二十一字。左右双栏,白口,版心记卷次("孟子几"或"孟几")页次。版心下多刻"关西",另有数页刻"王朋""民",当为刻工姓名。每卷首行题"孟子卷第几",下题"赵氏注",次行为改卷篇题,每卷尾题与正文相隔一行,题"孟子卷第几",此是北宋监本经注之旧式。若正文之末在该页倒数第二行,则尾题在最后一行;若正文之末在该页最后一行,则在末行之尾标"卷末"二字。此书避讳较为严格,玄、殷、让、恒、畜、树、构、慎等字皆缺末笔,而敦、扩等字皆不避讳,可见此书刻板之时代不可能早于孝宗朝。又《四部丛刊》影印本扉页牌记云:"上海涵芬楼借清内府藏宋刊本景印。原书板匡营造尺七寸四分,宽五寸六分。"据此可知,此本原书板框高23.68厘米,宽17.92厘米。③

两相对照,两书在行款、卷端题名和刻工等信息上是基本一致的。因此,我们至少可以肯定二者是同一书版的不同印本。同时,考虑到《传是楼宋元本书目》中并未著录宋刻本《孟子》,所以我们更倾向于认为二者就是同一部书。传是楼得到的极有可能是一个影钞本,即《天禄琳琅书目后编》所著录者,原书则归梁清标。

这里还涉及高桥先生的一个判断,孔木源自李开先本,韩本源自梁清标本。当然,也还涉及我们上文的一个推论,即戴震利用毛扆影钞李开先本只是利用了毛扆影钞的《音义》和《篇叙》的部分。首先,韩本来自梁清标本的判断是基于韩岱云的推测。我们上文已经言明,梁清标本和李开先本是基本一致的,甚至极有可能就是同一本。如果戴震利用的是完整的李开先藏本的影钞

---

① 刘蔷《天禄琳琅知见书录》,北京:北京大学出版社,2017年,第274页。
② 因为是影钞,所以在字体上面有细微的差别,但整体上字体风格仍然是比较接近的。
③ 这里有一个问题,就是刘蔷教授《天禄琳琅知见书录》所述影钞本的版框高度为17.2厘米,这和《四部丛刊》本所述梁本的版框高度17.9厘米有一定的差距。

本的话,那么当戴震看到毛扆影钞梁清标藏本时,他必然会发现,这两个钞本是基本相同的。既然此前已经用过,一般而言,便不会再去重新校一遍,因此也就不会出现韩岱云所说的情况,这样前提和结果就出现了矛盾。因此,如果韩岱云推测可信的话,那么我们应该承认,戴震所利用的李开先本就只是毛扆影钞的《音义》和《篇叙》的部分,这应该是一个比较合理的推测。

四

孔本、韩本刊刻之后,引起了一些学者的注意。

翁方纲曾经在写给凌廷堪的信中对孔本的校勘提出了一些意见:

> 赵氏《章指》、孙氏《音义》,今曲阜孔氏皆开板矣。如"放勋曰","曰"作"日",孔君辄以改正今本"曰"字,不知唐以前书"曰"字皆作"日"。孔君尚是博览者,不应如此也。聊举此以见匡谬正误之非易,幸寄语令友,俾慎重出之。①

翁方纲在信中谈及孔《孟子赵注》,认为其中有校勘不甚恰当之处。孔本作"放勋日劳之来之",与常见的注疏本作"放勋曰劳之来之"不同。其实这个例子孔继涵跋语中也提到了,他说"与元刻《十三经注疏》同者,……'放勋日劳之来之'之'日'",孔继涵说作"日"字与元刻《十三经注疏》相同,这与我们今天所见元刻《孟子注疏解经》不同。

卢文弨曾经利用孔本对《孟子》进行校勘。此本今藏南京图书馆。前六卷是用韩本补配,卷七则是据孔本钞配。卷八以下则是卢文弨利用的孔本。《善本书室藏书志》著录此本作"卢抱经校微波榭刊宋本",又云:

> 此书旧有北宋蜀大字本、宋刘氏丹桂堂巾箱本、相州岳氏本、盱郡重刊廖莹中世綵堂本,皆经注之善本,赖吴宽、毛扆、何焯、何煌、朱奂、余萧客先后传校,迄休宁戴震授曲阜孔继涵、安邱韩岱云锓梓,钱塘周嘉猷有序。此本复为卢文弨、孙志祖再校,可谓善而又善。有"卢文弨""弓父手校""志祖校过"诸印。②

赵鸿谦《陶风楼藏卢抱经校本述要》云:

> 此本于壬寅岁先以旧钞《章指》点勘,癸卯再校。所称引者,若小宋本、元本、古本、监本、廖本、毛本、钞本、足利本、《考文》,可称精校。惜阙

---

① 〔清〕翁方纲撰,沈津辑《翁方纲题跋手札集录》,桂林:广西师范大学出版社,2002年,第550页。
② 〔清〕丁丙著,曹海花点校《善本书室藏书志》,杭州:浙江古籍出版社,2016年,第177页。

前七卷,一之六卷以乾隆辛丑安邱韩氏刊本配补,第七卷又影写微波榭本以足之。韩刻据李南涧所藏宋本重雕,亦即戴东原所赠,从毛斧季借钞正定梁玉立相公宋椠本录副者也。二本行格款式均同,每半叶十一行,行二十一字,正文顶格,赵注低格。卷八前有"卢文弨"白文、"弓父手校"朱文印。又"志祖校过"一印,墨笔稍粗者,为孙氏所校。卷后校记录左:

癸卯二月十日。(卷八)

癸卯二月十一日校。(卷九)

二月望日阅。(卷十一)

癸卯二月十六日阅。(卷十二)

癸卯二月十六日阅。(卷十三)

乾隆壬寅九月三日,先以旧所钞《章指》校一过,东里卢文弨弓父书于三立书院。癸卯二月十七日弓父校赵注全。(卷十四)

乾隆癸卯二月二十四日卢弓父阅。(音义下)①

孙志祖也曾利用孔本,其《读书脞录》卷二"孟子章指"条云:"近山东孔氏得影钞宋本刻之,始复台卿之旧。"②又上述丁丙八千卷楼所藏本卷末钤有"志祖校过"白文印记,可知孙志祖的确用过孔本。又丁氏藏本前六卷为韩本,其卷一末有孙志祖识语:"嘉庆丙辰二月三日志祖借《七经考文》校。"据此可知孙志祖也曾使用韩本、《七经孟子考文补遗》等校勘《孟子》。③

周广业在撰写《孟子四考》时,也参考到了孔本与韩本。他在《孟子四考》中说:"元初张庆孙《西湖书院重整书目》记称有《孟子古注》,即今所传宋椠赵注也。以今本注疏及新刊本校之,同异甚多。"④这里所说的"新刊本"就是孔本与韩本,所以他又说:"近刻阙里孔氏本、安邱韩氏本皆专刊赵注者也。……孔、韩本依宋椠精校,且单行,便于省读,为功赵氏尤大。"⑤也就是说周广业曾利用孔本、韩本进行校勘。

王宗炎也曾校阅孔本、韩本。其《晚闻居士遗集》卷四"叙录"有《曲阜孔氏本孟子赵氏注十四卷》一文,重点在说明赵岐注之特点,其文末论及赵岐注的流传时说:

---

① 赵鸿谦《陶风楼藏卢抱经校本述要》,《江苏省立国学图书馆第五年刊》,1932年12月,本文第10—11页。

② 〔清〕孙志祖《读书脞录》,《续修四库全书》第1152册影印清嘉庆刻本,上海:上海古籍出版社,2002年,第235页。

③ 南图藏本,卷一末(韩本)有孙志祖识语,全书之末(孔本)又有"志祖校过"藏印,所以我们推测这个配补即"韩本(卷一至卷六)+钞孔本(卷七)+孔本(卷八至卷十四)",是孙志祖完成的。

④ 〔清〕周广业《孟子四考》,影印《皇清经解续编》本,济南:齐鲁书社,2016年,第3册,第645页。

⑤ 〔清〕周广业《孟子四考》,第3册第649页。

自元以后，专行朱注，诵习益尟。明代刻《注疏》遂尽刊除《章指》，而赵注为不完之书，世所存者仅有真定梁氏、虞山毛氏从宋影钞数本。此则乾隆壬辰戴震得朱文游所校二本，互订详略，并得岐所撰《孟子篇叙》，以授其友孔继涵刻于曲阜者也。①

王宗炎所述孔本的文本来源基本上沿袭自孔本卷末戴震的跋文。但他充分肯定了孔本在恢复赵注文本原貌上的重要意义。此文而外，王氏还撰写了《益都本孟子赵氏注十四卷》《曲阜孔氏本孟子音义二卷》《益都本孟子音义二卷》三文，可见孔本、韩本，他都曾寓目。

又阮元组织江浙学人编修《十三经注疏校勘记》，其中《孟子注疏校勘记》共计使用了15种版本进行校勘，②校本中经注本共8种，只有孔本和韩本是当时校勘者目验的，其他或者是用的学者的校本，如"北宋蜀大字本""宋本""岳本"据何焯校本，"廖本"据何煌校本，或者根据《七经孟子考文补遗》，如《考文》古本"和"足利本"。由此可见孔本、韩本之于《孟子注疏校勘记》的重要意义。

又焦循撰著《孟子正义》一书，孔本是重要参考。比如焦循疏解赵岐《孟子题辞》"二百六十一章三万四千六百八十五字"云：

> 按，今以孔本经文计之，《梁惠王》共五千二百六十四字，《公孙丑》共五千一百四十二字，《滕文公》共四千九百八十字，《离娄》共四千七百八十九字，《万章》共五千一百五十四字，《告子》共五千二百二十三字，《尽心》共四千六百七十四字，七篇共三万五千二百二十六字，校赵氏所云实多五百四十一字。③

焦循也曾收藏一部孔本，今藏上海图书馆，其上有焦循题记和批校，其卷三末题记云："嘉庆己卯冬十二月廿一日立春雨窗讨论至此。"卷四末题记云："嘉庆二十四年十二月廿五日覆校至此。"卷八末题记云："嘉庆己卯四月草《孟子正义》点校至此。"嘉庆二十四年，是焦循根据《孟子长编》撰写《孟子正义》的阶段。

又严元照《悔庵书后》卷上有《书孟子章句新刻本后（乙丑）》一文，所谓"新刻本"就是孔本，其文云：

> 诸经汉学之存于今者，郑氏《诗》、礼而外，何邵公之《公羊》、赵邠卿之《孟子》而已。邠卿《孟子章句》为宋人作疏者所乱，其书前有《题辞》，后有

---

① 〔清〕王宗炎《晚闻居士遗集》，《清代诗文集汇编》第440册，第660页。
② 《孟子注疏校勘记》卷首"引据版本目录"有13种，校记中又称引"宋九经本"和"咸淳衢州本"，所以是15种，但其中"北宋蜀大字本"在校记中并没有称引，所以实际使用只有14种。
③ 〔清〕焦循撰，沈文倬点校《孟子正义》，北京：中华书局，1987年，第12—13页。

《篇叙》,每章有《章指》,如论赞语。作疏者去其篇叙,复改削《章指》为己有。学者不得见邠卿元书,盖数百年矣。犹幸有宋刻流传,毛氏扆、何氏煌皆得据以补正讹脱。休宁戴编修震得两家校本而传录之,曲阜孔氏以之刻入《戴氏遗书》。其正文与今本异者,合于宋高宗御书石经。注之与今本异者,合于日本国《考文》所据知古本,洵异宝也。

予案,《公孙丑》第二章"伯夷伊尹何如",其解曰"伯夷之行何如",下又曰"伯夷之行不与孔子、伊尹同道也",则经文"伊尹"盖衍文也。又"许行"章"是率天下而路也",其解曰"是率天下之人于羸困之路也"。予考孙宣公《音义》,大书"羸路",不曰"羸困",则宣公之本无"困之"二字。且《音义》于经文之"路也"曰"丁、张并云路与露同",传记中"羸路"字多作"露",而《孟子》则作"路",故云"同"以明之。羸路者,劣弱也。作疏之人不明斯义,误以道路解之,故妄增"困之"二字,以就其谬说耳。又"任人"章"于答是也何有",其解曰"于,音乌,叹辞也"。汉儒无直音之例,"音乌"二字亦非邠卿元文。此数科传讹甚久,故与今本同误。其它舛驳处殊不多见,则毛、何两家之功居多也。①

严元照重点论述两点,一是孔本依据毛、何校本,使得赵注能够复原,二是在校勘方面,虽然有些疏失,但整体上"其它舛驳之处殊不多见",也就是说孔本的校勘还是比较精审的。

根据上述学者所言,孔本、韩本的刊刻具有重要的学术意义。

首先,孔本、韩本恢复了赵岐《孟子章句》的原貌。即除了对《孟子》的注释而外,还包含《孟子题辞》《孟子章指》和《孟子篇叙》。《孟子疏》广泛流布之后,《孟子篇叙》和《章指》便逐渐脱离了《章句》,直至湮没无闻。前引毛扆跋语,毛扆在看到李开先旧藏宋蜀刻大字本《孟子章句》之前,毛扆并不知道《篇叙》为何,所以看到《音义》中解释"孟子篇叙"四字云"此赵氏述《孟子》七篇所以相次叙之意也"后,有"茫然不知所谓"之感。在看到李开先藏本卷后的《孟子篇叙》之后,才涣然冰释,"狂喜叫绝",数百载之后,我们仍然可以想象毛扆这种心头萦绕许久的疑问终于得到解答的快感。也就是说,当时的学者对于《孟子章句》的完整文本其实是相当陌生的。阮元《孟子注疏校勘记序》云:"《章指》及《篇叙》,既学者所罕见,则备载之。"②这种对赵注文本结构的陌生和疏离,正是清代中期《孟子》学展开的重要知识背景。前引何焯注《困学纪闻》云:"安得一好古之士,重刊以复赵氏之旧也",可见孔本、韩本的刊刻正是何焯所期待的。周广业《四部寓眼录》又云:"吴兔床骞寄示孔氏新刊本,参以日本《七经孟子考

---

① 李军编《孙毓修辑清人题跋稿本四种》,北京:国家图书馆出版社,2021年,第174—176页。
② 〔清〕阮元撰,邓经元点校《揅经室集》,北京:中华书局,1993年,第264页。

文补遗》,然后赵注真面目得稍见焉。"①这里所说的"赵注真面目得稍见焉",和前述周氏《孟子四考》中"为功赵氏尤大"正相照应。

其次,孔、韩二本的刊刻,为其后的《孟子》学研究奠定了文本基础。从上文的论述中,我们可以知道,孔本、韩本是周广业撰写《孟子四考》中"古注考"、阮元修纂《孟子注疏校勘记》和焦循撰写《孟子正义》极为重要甚至是最为直接的学术资源。

虽然孔本、韩本的刊刻具有重要的学术意义,但从部分学者的叙述来看,似乎二本只是在一定的范围内流传。特别是上述我们征引的学者中,周广业、阮元和焦循都有专门的《孟子》学著述。

首先,韩本的刊刻者似乎并不了解八年前孔继涵已经使用戴震的校本刊刻过《孟子赵注》。韩本所录周嘉猷、韩岱云两篇跋文中都没有提及孔本,甚至韩岱云的跋文中还说"千数百年元本变乱之后,复有吾辈与观剞劂",将韩本说成是清代第一个复原赵注的刊本。

这一点清代学者已经注意到,周广业《四部寓眼录》云:

> 甲辰春,游京师,家太史林汲先生复以此本见遗,则安邱韩岱云所新刻也。与孔氏里居不远,刻之年亦相先后,却两不相谋,而其本余乃皆得见之,岂非厚幸也与!②

又周氏手跋云:

> 据其言,则戴本得之于朱文游,而用毛、何、李三本参校,事在壬辰之春,孔刻即在癸巳冬,是本周、韩二跋俱在辛丑,后于孔八年,安邱、曲阜皆齐地,而韩绝不知孔刻。(上海图书馆藏韩本卷末,叶景葵过录周广业跋。)

周氏指出,从空间上说,安邱与曲阜相距不远,从时间上说,韩本距孔本刊刻也仅仅八年,但韩岱云完全不知道孔本存在的事实,对此他稍微表示了怀疑。

清末叶德辉在《郎园读书志》中也表达了与周广业相同的疑问:

> 乾隆壬申,曲阜孔户部继涵刻入《微波榭丛书》。至辛丑,安邱韩岱云又刻之,此本是也。但据安邱韩氏跋,竟不知孔氏已刻于前。以同乡共里之人,事止越十年之久,而竟茫然不知,何也?③

---

① 〔清〕周广业撰,赵文友点校《四部寓眼录》,北京:中华书局,2021年,第179页。
② 〔清〕周广业撰,赵文友点校《四部寓眼録》,第179页。
③ 叶德辉撰,杨洪升点校《郎园读书志》,第76页。需要说明的是,叶德辉说孔本刊刻于乾隆壬申,即乾隆十七年(1752),与孔继涵和戴震二人的跋文都不相符,也和叶德辉本人所说"越十年之久"不相合。疑"壬申"是"壬辰"之误,戴震跋文后署撰写时间为"乾隆壬辰",叶氏当时涉此而误。

与此同时,我们还注意到,不仅韩岱云不知道孔继涵刻本的存在,还有很多学者都不知道孔本、韩本这两个《孟子赵注》刻本的存在。叶德辉在《郋园读书志》中指出:

> 尤奇者,历城马国翰《玉函山房辑佚书》中列赵岐《孟子章指》二卷,谓本之毛钞,亦竟不知乡先辈有孔、韩二氏刻本者,岂当时两刻本流传甚稀耶?……吾既获藏孔刻,又遇此韩刻,南人求其一而不可得者,吾得列之一插架焉,良足深幸矣。丁巳嘉平立春,德辉记。①

在已经有赵注完本流传并新刊的情况下,马国瀚仍然在用毛钞本来辑佚赵岐《孟子章指》,其实是没有必要的,所以叶德辉用了"尤奇者"一语来表示自己的讶异。进而他推测,这大概是孔本、韩本流传不广的缘故。这也照应了他所讲的"南人求其一而不可得"。

叶德辉的这种推测不无道理,我们通过萧穆也可以证明叶德辉所言:

> 又赵注《孟子》亦为旧椠本,观其"行者有裹囊也"句,"囊"不作"粮",亦确据北宋最精本,亦或彼国旧传卷子写本重刊之。赵注每章后,即附《章指》,乃中国传本所未有。注文亦颇有同异,往往彼本较为详晰者。他日照刊,庶几赵注真本面目犹存焉。②

萧氏此跋结尾题"辛卯七月",知其作于光绪十七年(1891),此时距离孔、韩二本的刊刻已经一百馀年,而他提及《孟子章指》时竟然说"中国传本所未有",可见萧穆对于孔、韩二本一无所知。这固然与萧穆之识见有关,但也可以从一个侧面证明,虽然孔、韩本于赵注的流传有重要意义,但受众有限,流传不广。

我们认为,造成这种情况的原因,主要有以下几点:第一,明清时代《孟子》注本自以朱熹《集注》为主,因此这一系统的衍生的书籍极多。尽管随着汉学风气的兴盛,汉代的经注又重新受到人们的重视,在经历数百年之后,在戴震的协助下,孔继涵刊刻《孟子章句》,但是由于科举考试等因素,理学系统的《孟子》学著作,仍然是一般学者阅读《孟子》的主要文本。第二,在古注兴起的同时,疏亦得到重视,所以赵注在清代的主要流传方式仍然是以《孟子注疏》的形式流传。尤其是嘉庆年间江西南昌府学所刻《孟子注疏解经》,卷后附有卢宣旬摘录的《校勘记》,颇为便读,因此翻刻本众多。这也在一定程度上压缩了孔本、韩本的传播空间。

随着中国现代学术体系建立,在孟子学这个领域,戴震往往被视作思想

---

① 叶德辉撰,杨洪升点校《郋园读书志》,第76页。
② 〔清〕萧穆撰,项纯文点校《敬孚类稿》,合肥:黄山书社,1992年,第98页。

家,当然这或许更符合戴氏本人"轿中人"的期许。但我们知道,考据才是乾嘉学术的特色所在。本文尝试从文本校勘的角度,书写在孟子学史上戴震的其他面向,正是出于这种考虑,尽管这种尝试或许并不成功。卑之无甚高论,敬祈方家教正。

集部文献与文学史

扬雄集的文献史

刘 明

【内容提要】 扬雄是继司马相如之后的著名辞赋家,其创作包括辞赋及箴、连珠等各体,又就创作给予一定的评论,故兼具文学批评家的角色,这对于管窥汉代赋史的发展脉络,作家创作的文体范式、旨趣内涵等,均具有一定的标本意义。扬雄作品集的编撰及流传,乃至作品集在读者视野里的阅读理解,表面来看是作家作品之外的环节,但却都在一定程度上印证他的文学史地位,是不宜忽视的观察视角。有鉴于此,本文尝试从作品创作、作品集的编撰流传和作品集的阅读理解这样三个视界,综括扬雄的文学影响力及其文学史地位的界定。这实际是参考了西方书籍史和阅读史的研究理念,特别是作品集的梳理本属于文献学的范畴,历来也是传统文学史书写所忽视的部分,这样便对传统的文学史研究边界有所拓展。此研究方法即融作品集的作者、制作者和读者为一体,以作家集为"轴",以涉及的基本文学文献为内容,又赋予"史"的视野,不妨称之为作家别集的文献史,对推动中古文学研究或有借鉴意义。

【关键词】 扬雄集 史传 作品 作品集 编撰 流传 阅读 评论

一 扬雄的史传与作品

扬雄字子云,蜀郡成都人,据《汉书》本传,他实际生活在成都西北郊的郫地(今属郫都区)。他生于汉宣帝甘露元年(前53),依据是《文选·王文宪集序》李善注引《七略》云:"子云《家谍》言以甘露元年生也。"《家谍》不详何人所修,见于《七略》。又按扬雄《反离骚》称"灵宗初谍伯侨兮",颜注引应劭语云"谍,谱也",即扬雄家谱,推测可能扬雄在世时即有《家谍》之编。又《艺文类聚》卷四十引扬雄《家牒》云:"子云以天凤五年(18)卒,葬安陵坂上……号曰玄

【作者简介】刘明,中国社会科学院文学研究所研究馆员,中国社会科学院大学文学院教授。

家。"《家谍》又在扬雄卒后经过了续修。《汉书》本传亦称扬雄天凤五年卒,与《家谍》同,得年七十一。《汉书》本传称他"少而好学,不为章句,训诂通而已,博览无所不见……默而好深湛之思,清静亡为,少耆欲……自有大度,非圣哲之书不好也"①,默而深思使他撰有《太玄》《法言》之类辞旨艰深的学术著述。本传又称"顾尝好辞赋",则成就了他西汉后期辞赋大家的地位,而与司马相如并称"扬马",在汉代辞赋发展中具有重要的文学史地位。②

  扬雄的创作经历可以分为四个阶段。第一阶段是四十二岁之前的在蜀时期,至成帝元延元年(前12)扬雄自蜀到长安止。扬雄追慕乡先贤司马相如的辞赋创作,"心壮之,每作赋,常拟之以为式"③,相继创作了《反离骚》《广骚》和《畔牢愁》诸篇。陆侃如《中古文学系年》将此三篇作品的创作系在阳朔二年(前23),张震泽《扬雄集校注·前言》则认为创作在阳朔元年(前24)。按《反离骚》有"汉十世之阳朔兮"之句,阳朔共四年(前24—前21),当即作于扬雄年三十至三十三岁期间④。班固时,《广骚》《畔牢愁》已"文多不载"(《汉书》本传),故本传仅载录《反离骚》。根据扬雄《答刘歆书》,在蜀期间还创作了《县邸铭》《王佴颂》《阶闼铭》和《成都城四隅铭》,答书称:"蜀人有杨庄者为郎,诵之于成帝,成帝好之,以为似相如。"《中古文学系年》系此四篇创作在永始间(前16—前13),张震泽则认为:"作期未详,当为扬雄早年作。"⑤此外,王逸《楚辞章句·天问叙》云:"昔屈原所作凡二十五篇,世相教传,而莫能说《天问》,以其文义不次,又多奇怪之事。自太史公口论道之,多所不逮。至于刘向、扬雄援引传记,以解说之,亦不能详悉。"清人姚振宗据此认为扬雄撰有《天问解》,《中古文学系年》系在阳朔元年创作。又《文选·甘泉赋》李周翰注云:"扬雄家贫好学,每制作慕相如之文,尝作《绵竹颂》。成帝时,直宿郎杨庄诵此文,帝曰此似相如之文。"《答刘歆书》未提及创作有该篇,不知李注的依据,据此则扬雄又撰有《绵竹颂》。《古文苑》还载有《蜀都赋》(《艺文类聚》有节略),也应该是在蜀时的创作,文学史家称"实开后世京都赋的先河"⑥,《中古文学系年》将该篇和《蜀王本纪》的作年均系在永始间。

  扬雄在蜀时的创作拟式司马相如,"在辞赋创作方面达到成熟的阶段"⑦,

---

① 班固《汉书》,北京:中华书局,1962年,第3514页。
② 游国恩等主编《中国文学史》(修订本)称扬雄是"西汉末年最著名的辞赋家",北京:人民文学出版社,2002年,第166页。
③ 班固《汉书》,第3515页。
④ 有关扬雄《反离骚》作年的各种意见,参见刘跃进《秦汉文学编年史》,北京:商务印书馆,2006年,第270页。
⑤ 张震泽《扬雄集校注·前言》,上海:上海古籍出版社,1993年,第2页。
⑥ 袁行霈主编《中国文学史》,北京:高等教育出版社,1999年,第197页。
⑦ 张震泽《扬雄集校注·前言》,第3页。

为他四篇大赋的"登场"奠定了坚实的基础,也成就了赋史里的"扬马",诚如《汉书·地理志》所云:"及司马相如游宦京师诸侯,以文辞显于世,乡党慕循其迹。后有王褒、严遵、扬雄之徒,文章冠天下。"①

第二阶段是元延元年即扬雄四十二岁时离开蜀地到达京师长安,至元延三年(前10)共约三年的时间。扬雄入京时间有争议②,缘自史料记载的相互矛盾。按《汉书·扬雄传赞》云:"雄年四十余,自蜀来至游京师,大司马车骑将军王音奇其文雅,召以为门下史,荐雄待诏。"③以扬雄生在甘露元年下推四十余年,在永始四年(前13)之后,而王音卒在永始二年(前15),两者之间相牴牾。就此问题存在两种意见:一种意见是将扬雄至京定在三十余岁。如王先谦《汉书补注》引钱大昕语即云:"雄以天凤五年卒,年七十一,则成帝永始四年年始四十有一;而王音之薨乃在永始二年正月,使果为音所荐,则游京师之年尚未盈四十也。"周寿昌《汉书注校补》认为"四"乃"三"之误,以弥合其矛盾,云:"阳朔三年(前22)己亥王音始拜大司马车骑将军,雄年三十二,永始二年丙午音薨,雄年三十九,与书中所云四十余自蜀游京师为王音门下史语不合。寿昌案:古'四'字作'亖',传写时由'三'字误加一画,应正作三十余始合。"与钱大昕都认为《汉书》本传"四十余"当作"三十余"。另一种意见仍认为是"四十余",但并非王音召扬雄为门下史,而是王商或王根。如陆侃如《中古文学系年》依据《汉书·百官公卿表下》载元延元年"正月壬戌成都侯商复为大司马卫将军,十二月乙未迁为大司马大将军",而认为王音乃王商之误,属班固误记。④也有学者据《通鉴考异》认为王音当作王根,云:"王根为大司马在元延元年十二月,子云上《羽猎赋》在元延二年(前11)十二月,二者相距,恰好一年左右,虽与《传》文'岁余'尚有少许出入,毕竟时间接近……由此可见,子云来京师,应在元延元年,这时他四十二岁。"⑤入京的系年问题,还牵涉到扬雄创作的四篇大赋的系年,但限于材料又很难有定论,只得暂系在元延元年。

关于四篇大赋的作年,《汉书》本传云:"孝成帝时,客有荐雄文似相如者,上方郊祀甘泉泰畤、汾阴后土,以求继嗣,召雄待诏承明之庭。正月,从上甘泉,还奏《甘泉赋》以风。"⑥荐扬雄之"客",当指《答刘歆书》里提到的"杨庄"。

---

① 班固《汉书》,第1645页。
② 陆侃如《中古文学系年》将扬雄入京师系在元延元年,张震泽《扬雄集校注》同此意见。袁行霈主编《中国文学史》也称扬雄40岁以前居蜀。刘跃进《秦汉文学编年史》则系在永始三年,称此年即四十岁前后至京师。
③ 班固《汉书》,第3583页。
④ 陆侃如《中古文学系年》,载《陆侃如冯沅君合集》第10卷,合肥:安徽教育出版社,2011年,第8—9页。
⑤ 参见郑文《对扬雄生平与作品的探索》,载《文史》第24辑,北京:中华书局,1985年。
⑥ 班固《汉书》,第3522页。

正月自甘泉返回长安后,奏进《甘泉赋》,本传不言何年之"正月"。《汉书补注》引沈钦韩考证云:"愚按《成帝纪》,永始四年正月、元延二年正月、四年(前9)正月俱有行幸甘泉事。据此传下云:其三月将祭后土,其十二月羽猎,不别年头,则为一年以内之事。奏《甘泉赋》当在元延二年,与《纪》文合。"学界一般将此赋作年系在元延二年,但史料也记载有其他系年意见。如《文选·甘泉赋》李善注云:"《汉书》曰'永始四年正月,行幸甘泉',《七略》曰'《甘泉赋》永始三年(前14)正月待诏臣雄上',《汉书》三年无幸甘泉之文,疑《七略》误也。"李善认为该赋作在永始四年,而《七略》却言之凿凿地系在永始三年。据现存的刘歆与扬雄通书,两人关系应该还是比较密切的,刘歆不至于系年有误。有学者根据《汉书·成帝纪》记载的永始三年,"冬十月庚辰,皇太后诏有司复甘泉泰畤、汾阴后土",认为"复"字表明成帝在该年行幸过甘泉,目的是为赵飞燕求子嗣,"因而班固在修史时有所顾忌,不便直书其事。仅在《扬雄传》中,点明'上方郊祀甘泉泰畤、汾阴后土,以求继嗣,召雄待诏承明之庭。正月,从上甘泉,还奏《甘泉赋》以风'"①。这种说法很好地"圆满"了《七略》的记载,但这里的"复"字还可能是恢复之意,因为《成帝纪》记载建始元年(前32)十二月,"作长安南北郊,罢甘泉、汾阴祠"②,所以直到永始三年皇太后诏恢复郊祀甘泉,才有了永始四年的行幸甘泉之事。故认为永始三年郊祀甘泉,从史料而言是不够稳妥的,推测《七略》的记载可能还是"三"与古"亖"(四)字的互讹,即脱去一画而成为"三",本为"永始四年正月待诏臣雄上",时扬雄年四十。

《七略》还记载了《羽猎赋》和《长杨赋》的作年。按《汉书》本传称:"(《甘泉赋》)赋成奏之,天子异焉。"又云:"其三月,将祭后土,上乃帅群臣横大河……雄以为临川羡鱼不如归而结罔,还,上《河东赋》以劝。"又称:"其十二月羽猎,雄从……聊因《校猎赋》以风。"接着又称:"明年,上将大夸胡人以多禽兽……雄从至射熊馆,还,上《长杨赋》。"《文选·长杨赋》李善注云:"明年谓作《羽猎赋》之明年,即校猎之年也。班欲叙作赋之明年,《汉书·成纪》曰元延二年冬幸长杨宫,纵胡客大校猎是也。《七略》曰'《羽猎赋》永始三年十二月上',然永始三年去校猎之前,首尾四载,谓之明年疑班固误也。又《七略》曰'《长杨赋》绥和元年(前8)上',绥和在校猎后四岁,无容元延二年校猎,绥和二年赋,又疑《七略》误。"《七略》将《羽猎赋》系在永始三年十二月,即与《甘泉赋》创作在同年,那么类推《河东赋》亦在此年,故姚振宗称:"案《河东赋》永始三年三月上者,《七略》佚文不具焉。"③要之,《七略》将《甘泉赋》《河东赋》和《羽猎赋》视为

---

① 林贞爱《扬雄集校注》,成都:四川大学出版社,2001年,第328页。
② 班固《汉书》,第304页。
③ 姚振宗《隋书经籍志考证》,《二十五史补编》本,北京:中华书局,1955年,第5679页。

永始三年这一年内相继创作，只不过按照"三"或为"二"之讹的推测，是创作在永始四年。《汉书·扬雄传赞》又称："王音奇其文雅，召以为门下史，荐雄待诏，岁余，奏《羽猎赋》。"王音卒在永始二年，假定雄待诏即在永始二年，则"岁余"又对应永始三年，《七略》的记载反倒与《汉书》所云相合。

李善的逻辑则是以元延二年冬作《长杨赋》为参照系，《成帝纪》明确记载是年"冬，行幸长杨宫，从胡客大校猎"。既然创作《羽猎赋》的"明年"，是创作《长杨赋》的元延二年，则《羽猎赋》创作在元延元年。而《七略》却系《羽猎赋》在永始三年，这样距离元延二年创作的《长杨赋》已经有四年，而班固称之为"明年"应该是有误的。李善似乎不认为《七略》有误，而是认为班固有误，即认可《羽猎赋》创作在永始三年的记载。至于《七略》记载《长杨赋》作在绥和元年，李善则明确指出其误，理由是元延二年至绥和二年（《七略》称绥和元年上，不知为何李善又说绥和二年，疑有讹误）又隔数年。李善的系年意见，是《羽猎赋》依据《七略》永始三年，《长杨赋》依据《成帝纪》元延二年的记载，两赋相隔四年。清人则较为一致认可《甘泉赋》《河东赋》和《羽猎赋》乃发生在一年之内，但却将该年系在元延二年，如沈钦韩和钱大昕等人。这样《长杨赋》就创作在元延三年。《羽猎赋》的奏进，使得扬雄"除为郎，给事黄门，与王莽、刘歆并"（《扬雄传赞》）①，改变了"待诏"的身份。按扬雄《答刘歆书》云："雄为郎之岁……得观书于石室……二十七岁于今矣。"则扬雄为郎恰在元延二年，也可印证《羽猎赋》创作在是年。要之，这四篇《甘泉赋》《河东赋》《羽猎赋》和《长杨赋》，分别作于元延二年正月、三月、十二月和元延三年②，学界一般以此系年为据。

张震泽先生称："这一阶段虽然只有不到三年的时间，但却是扬雄辞赋创作最多、最成熟、成就最高的阶段。四篇大赋代表了自司马相如以后的新发展，也开拓东汉大赋写作的新途径。"③桓谭《新论》记载了扬雄在此期间创作大赋的细节，不尽可靠，却反映了部分的"真实"。《道赋篇》云："子云亦言：成帝时，赵昭仪方大幸，每上甘泉，诏使作赋。一首始成，卒暴倦卧，梦五藏出地，以手收内之，及觉，大少气，病一年。"④印证大赋创作的艰辛，《西京杂记》亦记载司马相如作赋，"意思萧散，不复与外事相关，控引天地，错综古今，忽然如睡，焕然而兴，几百日而后成"，两者有异曲同工之妙。又《答刘歆书》云："雄为郎之岁，自奏少不得学，而心好沉博绝丽之文，愿不受三年之奉，且休脱直事之繇，得肆心广意以自克就。有诏可不夺奉，令尚书赐笔墨钱六万，得观书于石

---

① 班固《汉书》，第3583页。
② 张震泽认为："十二月已至年终，此赋未必即成，其成当在明年，即元延三年。"参见《扬雄集校注》，第84页。
③ 张震泽《扬雄集校注·前言》，第4页。
④ 朱谦之《新辑本桓谭新论》，北京：中华书局，2009年，第52页。

室。"此则再次表明扬雄自少时热衷辞赋创作,且以"沉博绝丽"为艺术追求,可见他对大赋的创作及性质都有着深刻的体验和认识。

　　这期间创作的作品还有《赵充国颂》,《汉书·赵充国传》云:"初充国以功德与霍光等列,画未央宫。成帝时,西羌尝有警,上思将帅之臣,追美充国,乃召黄门郎扬雄,即充国图画而颂之。"①《中古文学系年》认为:"所谓西羌之警,大约指乌孙。"②据《汉书·西域传下》而定为元延二年。③ 此外《绣补灵节龙骨铭》及诗三章作在元延三年,按《答刘歆书》云:"雄为郎之岁,自奏少不得学……如是后一岁,作《绣补灵节龙骨》之铭,诗三章,成帝好之,遂得尽意。"扬雄为郎在元延二年,故系在元延三年。《酒赋》,《汉书》作"酒箴",《北堂书钞》作"都酒赋",一般题作"酒赋"。张震泽认为创作在元延二年左右,《中古文学系年》则系在绥和元年。按《汉书·游侠传》云:"先是黄门郎扬雄作《酒箴》以讽谏成帝。"④既称"黄门郎",则在元延二年之后,既然与四篇大赋皆属讽谏成帝之作,暂系在元延二年至三年间所作。

　　第三阶段是元延四年至初始元年(8),时扬雄四十五至六十一岁,是他经过四篇大赋创作的高潮,转而改变赋作具有讽谏功能的看法,进而潜心学术著述的阶段。建平二年(前5),扬雄创作《对诏问灾异》,按《汉书·五行志》云:"哀帝建平二年四月乙亥朔,御史大夫朱博为丞相,少府赵玄为御史大夫,临延登受策,有大声如钟鸣,殿中郎吏陛者皆闻焉。上以问黄门侍郎扬雄、李寻……扬雄亦以为鼓妖,听失之象也。"⑤建平三年(前4),扬雄作《解嘲》《解难》及《太玄赋》,据《中古文学系年》。按《汉书》本传云:"哀帝时丁、傅、董贤用事,诸附离之者或起家至二千石。时雄方草《太玄》,有以自守,泊如也。或嘲雄以玄尚白,而雄解之,号曰《解嘲》。"⑥又云:"客有难《玄》大深,众人之不好也,雄解之,号曰《解难》。"⑦董贤封侯在建平四年(前3),推断三篇作品完成在建平四年左右。张震泽认为《太玄赋》,"写作时间约与《解嘲》《解难》相先后,时雄五十多岁"⑧。在撰写《太玄经》期间,扬雄对赋具有讽谏功能的看法产生了变化,本传云:"雄以为赋者,将以风也,必推类而言,极丽靡之辞,闳侈钜衍,竞于使人不能加也,既乃归之于正,然览者已过矣……由是言之,赋劝而不止,

---

① 班固《汉书》,第2994页。
② 陆侃如《中古文学系年》,第12页。
③ 刘跃进系在元延四年,依据丁介民《扬雄年谱》,参见《秦汉文学编年史》,第286页。
④ 班固《汉书》,第3712页。
⑤ 同上书,第1429页。
⑥ 同上书,第3565—3566页。
⑦ 同上书,第3575页。
⑧ 张震泽《扬雄集校注》,第138页。

明矣。"①建平四年,扬雄还作有《上疏谏勿许单于入朝》,按《汉书·匈奴传》云:"建平四年,单于上书愿朝五年。时哀帝被疾,或言匈奴从上游来厌人,自黄龙、竟宁时,单于朝中国辄有大故。上由是难之,以问公卿,亦以为虚费府帑,可且勿许。单于使辞去,未发,黄门郎扬雄上书谏曰……"②元始三年(3),扬雄完成《法言》,刘师培《扬子法言校补》认为"汉兴二百一十载而中天"句,"此乃杨子自述其作书之岁也。以史考之,当为平帝三年"③。故当在同年作《法言序》。元始四年(4),作《琴清英》,据《中古文学系年》。

初始元年(8),扬雄作《州箴》及《官箴》,据《中古文学系年》。扬雄作箴见于《扬雄传赞》云:"箴莫善于《虞箴》,作《州箴》。"不言篇数,颜注引晋灼语云:"九州之箴也。"以为是作有九州箴。又《太平御览》卷五八八引东汉崔瑗《叙箴》云:"昔扬子云读《春秋传·虞人箴》而善之,于是作为九州及二十五官箴,规匡救,言君德之所宜,斯乃体国之宗也。"同样以为扬雄撰有九州箴。而《后汉书·胡广传》云:"初扬雄依《虞箴》作十二州二十五官箴,其九箴亡阙。"则又认为扬雄作有十二州箴,官箴二十五篇的记载是一致的。《四库全书总目》依《胡广传》之说,云:"考《汉书·胡广传》称雄作十二州箴二十五官箴,其九箴亡,则汉世止二十八篇。刘勰《文心雕龙》称'卿尹州牧二十五篇',则又亡其三。"④严可均校辑《全汉文》辑得扬雄箴作二十八篇,又得五篇箴作残文,总为三十三篇箴。⑤ 所谓"九箴亡阙",实际有四篇箴作亡佚(均为官箴),五篇箴作为残文(《侍中箴》《国三老箴》《太乐令箴》《太官令箴》《上林苑令箴》),此即严可均所云:"知所谓亡阙者,有亡有阙,非九篇俱亡之谓。"(《铁桥漫稿·重编扬子云集叙》)有学者依《太平御览》认为扬雄所作惟九州箴而非十二州箴,今所见十二州箴里有三州箴乃后人托题扬雄,云:"无论《古文苑》还是《艺文类聚》,幽、并、交三箴都放在十二州箴的最后,可以看出三箴是出于后人增附。"⑥"交州之名始于建安八年,故此箴当作于建安八年之后,非扬雄作。"⑦兹均视此三十三篇箴乃出自扬雄之手,按《汉书·王莽传》云:"(元始五年),莽复奏曰:……《尧典》十有二州,后定为九州。汉家廓地辽远,州牧行部远者三万

---

① 班固《汉书》,第3575页。
② 同上书,第3812页。
③ 参见刘师培《扬子法言校补》,载汪荣宝《法言义疏》,陈仲夫点校,北京:中华书局,1987年,第604页。
④ 永瑢等《四库全书总目》,北京:中华书局,1965年,第1272页。
⑤ 严可均云:"今遍索群书,除《初学记》之《润州箴》、《御览》之《河南尹箴》,显误不录外,得州箴十二,官箴二十一,凡三十三箴。"参见《全汉文》,北京:中华书局,1958年,第421页。
⑥ 束景南《扬雄作州箴辨伪》,载《文献》1992年第4期,第8页。
⑦ 束景南《扬雄作州箴辨伪》,第7页。

余里,不可为九。谨以经义正十二州名分界,以应正始,奏可。"①又云:"始建国元年(9)……更名大司农曰羲和,后更为纳言,大理曰作士,太常曰秩宗,大鸿胪曰典乐……更名光禄勋曰司中,太仆曰太御,卫尉曰太卫,执金吾曰奋武,中尉曰军正。"②则十二州箴、二十五官箴作于元始五年至始建国元年之间(5—9)。

　　第四阶段是王莽始建国元年至天凤五年(18)扬雄卒,这是他侍事新朝而为后人诟病的阶段,但应给予客观的评价。始建国元年,扬雄任中散大夫,《汉书》本传云:"及莽篡位,谈说之士用符命称功德获封爵者甚众,雄复不侯,以耆老久次转为大夫。"③同年作《剧秦美新》,据《中古文学系年》,云:"此篇大约是答谢升迁而作。"④刘跃进先生则系在始建国五年(13)。本传云:"雄以病免,复召为大夫。家素贫,耆酒,人希至其门。"刘跃进先生将扬雄复召为中散大夫系在始建国四年(12),《中古文学系年》也将《逐贫赋》的创作系在本年。始建国五年又作《元后诔》,《汉书·元后传》云:"孝元皇后,王莽之姑也……始建国五年二月癸丑崩,三月乙酉合葬渭陵。莽诏大夫扬雄作诔。"⑤天凤三年(16),扬雄作《答刘歆书》,云:"雄为郎之岁……得观书于石室……二十七岁于今矣。"天凤四年(17),据桓谭《新论》,扬雄自言"到今七十,乃甫适知"天文。天凤五年扬雄卒,得年七十一,走完了他"好古而乐道"(《扬雄传赞》)的一生。他不慕势利,勤于著述,"自雄之没至今四十余年,其《法言》大行,而《玄》终不显,然篇籍具存"⑥,实现了他"欲求文章成名于后世"(《扬雄传赞》)的志意。

　　除以上四阶段述及的作品外,《文章缘起》载扬雄作《志录》,不详内容。沈约《注制旨连珠》称:"窃寻连珠之作,始自子云,放《易》象《论》,动模经诰,班固谓之命世,桓谭以为绝伦。"严可均《全汉文》辑有扬雄《连珠》残文。又有《覈灵赋》残篇,张震泽先生称:"扬雄言玄理,不信神灵,故有此赋,唯残文阙略,其详难明矣。"⑦还有《与桓谭书》和《答桓谭书》各一篇,前者见于《文选·王文宪集序》李善注引,后者见于明人杨慎所撰《赤牍清裁》。严可均认为《答桓谭书》属于"用修缀拾成文"(《全汉文》校辑按语),今人郑文先生亦称该篇"乃升庵缀拾而成,非子云之作也"⑧。要之,扬雄的传世作品以严可均辑录最备,据《全汉文》,其作品之目(仅存题名、附录和可确定为后人缀辑者不计在内)为《蜀都

---

① 班固《汉书》,第4077页。
② 同上书,第4103页。
③ 同上书,第3583页。
④ 陆侃如《中古文学系年》,第35页。
⑤ 班固《汉书》,第4035页。
⑥ 同上书,第3585页。
⑦ 张震泽《扬雄集校注》,第136页。
⑧ 郑文《扬雄文集笺注·前言》,成都:巴蜀书社,2000年,第49页。

赋》《甘泉赋》《河东赋》《羽猎赋》《长杨赋》《覈灵赋》《太玄赋》《逐贫赋》《酒赋》《反离骚》《上书谏勿许单于朝》《对诏问灾异》《答刘歆书》《与桓谭书》《难盖天八事》《解嘲》《解难》《蜀王本纪》《赵充国颂》《剧秦美新》《连珠》《冀州箴》《青州箴》《兖州箴》《徐州箴》《扬州箴》《荆州箴》《豫州箴》《益州箴》《雍州箴》《幽州箴》《并州箴》《交州箴》《司空箴》《尚书箴》《大司农箴》《侍中箴》《光禄勋箴》《大鸿胪箴》《宗正卿箴》《卫尉箴》《太仆箴》《廷尉箴》《太常箴》《少府箴》《执金吾箴》《将作大匠箴》《城门校尉箴》《太史令箴》《博士箴》《国三老箴》《太乐令箴》《太官令箴》《上林苑令箴》《元后诔》和《琴清英》，总为五十六篇。扬雄集的今人整理本，有张震泽先生的《扬雄集校注》，"据严辑覆查出处，删其不当，补其缺遗，凡得五十七篇（笔者注：相较于严辑本所多一篇乃扬雄自序），可说是扬子云集最完备的了"①。以及郑文先生的《扬雄文集笺注》，"辑《汉书》《昭明文选》和《古文苑》等书旧注，参以己见，成为一书"②，还有林贞爱先生的《扬雄集校注》，都可以参考。

二 扬雄集的编撰与流传

《汉志》著录"扬雄所序三十八篇"，小注称："《太玄》十九，《法言》十三，《乐》四，《箴》二。""《箴》二"盖指"州箴"和"官箴"各合为一篇，扬雄将此类作品也收录在此"三十八篇"内。"三十八篇"的性质，姚振宗称："《太玄》《法言》《乐》《箴》四种，班孟坚之时，合而为帙者。"③按照姚氏之说，"序"当即编次之义，扬雄将此四种撰述合而为编。考虑到《太玄》《法言》属单独成书的形态，似应将"序"理解为作更为合适。此三十八篇不收赋作，赋作另著录在"诗赋略"，即扬雄赋十二篇④。《汉书·扬雄传赞》有"雄之自序云尔"的话，据颜师古注，班固《传赞》之前的传文皆本于扬雄自序。该篇自序，或许是扬雄就此三十八篇而撰写的一篇序言，不太可能是扬雄作品集的序言。西汉扬雄时应尚不存在扬雄集之编，张震泽先生则认为："王逸之书录《楚辞》，有刘向，独不录扬雄，究其原因，最大的可能是那时已有《扬雄集》通行了。"⑤该说值得商榷，《楚辞》的篇目除《九思》和班固序系王逸增入外，其余各篇是刘向编定的。刘向未收《反离骚》，并不意味着当时就一定存在扬雄集，或许《反离骚》不符合《楚辞》的

---

① 张震泽《扬雄集校注·前言》，第9页。
② 郑文《扬雄文集笺注·前言》，第47页。
③ 姚振宗《隋书经籍志考证》，第5679页。
④ 《汉志》小注"入扬雄八篇"，王应麟《汉书艺文志考证》认为《七略》所载只有《甘泉赋》《河东赋》《校猎赋》和《长杨赋》四篇，班固编《艺文志》又增入八篇。
⑤ 张震泽《扬雄集校注·前言》，第8页。

选录标准,或许刘向编《楚辞》时,《反离骚》还尚未创作出来。再者,从别集的编撰史而言,西汉时期尚不存在编纂别集的意识。稳妥地讲,扬雄集之编至早出现在东汉。

扬雄作品编称"集",始见于《隋志》,题"汉太中大夫扬雄集五卷",但至迟南朝时已存在扬雄集的编本。刘勰评论扬雄的创作,谈到了他的《甘泉赋》、州箴、官箴、《元后诔》《反离骚》《连珠》《解嘲》《剧秦美新》《答刘歆书》等作品,所依据者即当时流传的扬雄集,据之可推测集子的收文面貌。《旧唐志》著录同《隋志》,唐李贤注《后汉书》、李善注《文选》及林宝《元和姓纂》均引及扬雄集,即《旧唐志》著录本。五卷本扬雄集,大致北宋初尚在世,《太平御览》卷首所附《经史图书纲目》即著录有扬雄集①。《崇文总目》已不见著录,《新唐志》著录者乃抄自《旧唐志》,扬雄集大致亡佚于北宋中期②。

南宋初有重编本扬雄集,晁公武云:"古无雄集,皇朝谭愈好雄文,患其散在诸篇籍,离而不属,因缀辑之得四十余篇。"③谭愈生平事迹不详。此谭愈重编本乃三卷,姚振宗认为:"此三卷似五卷之写误。"④《四库全书总目》称谭愈重编本,"已非旧本"⑤。南宋时又有五卷本和六卷本。陈振孙《直斋书录解题》著录为五卷本,云:"大抵皆录《汉书》及《古文苑》所载……盖古本多已不存,好事者于史传类书中钞录,以备一家之作,充藏书之数而已。"⑥六卷本为《中兴馆阁书目》著录者,称"收文四十三篇"。又《后村诗话》续集卷三云:"扬雄集六卷四十三篇,《剧秦美新》之作在焉。"⑦即《中兴馆阁书目》著录本。三卷本和六卷本收文接近,五卷本恐亦如此,三种卷数的集子或只是分卷的不同,内容大致相同。值得注意的是,《直斋书录解题》又著录《二十四箴》一卷,云:"今广德军所刊本,校集中无《司空》《尚书》《博士》《太常》四箴。集中所有,皆据《古文苑》。而此四箴,或云崔骃,或云崔子玉,疑不能明也。"⑧推知南宋时扬雄集编本不收此四篇箴。《宋史·艺文志》亦著录六卷本扬雄集,或即《中兴馆阁书目》著录本;又著录《二十四箴》二卷,或即《直斋书录解题》著录本。大致元明之际,此三卷本、五卷本和六卷本皆佚而不传。

---

① 《太平御览》卷八百十一引有扬雄集,此为北宋初尚有扬雄集传本的佐证。
② 依据《经史图书纲目》著录而不见于《崇文总目》,大致推断扬雄集在北宋中期佚而不传,但余嘉锡先生根据《崇文总目》未著录,认为:"隋、唐相传之扬雄集,盖已亡于唐末五代之乱矣。"参见《四库提要辨证》,北京:中华书局,1980年,第1230页。
③ 晁公武《郡斋读书志》,孙猛校证,上海:上海古籍出版社,1990年,第827页。
④ 姚振宗《隋书经籍志考证》,第5679页。
⑤ 永瑢等《四库全书总目》,第1271页。
⑥ 陈振孙《直斋书录解题》,徐小蛮、顾美华点校本,上海:上海古籍出版社,1987年,第461页。
⑦ 刘克庄《后村诗话》,王秀梅点校,北京:中华书局,1983年,第111页。
⑧ 陈振孙《直斋书录解题》,第461页。

现存扬雄集最早的编本,是明万历间郑朴所辑的六卷本《扬子云集》(图1)。编者郑朴生平事迹不详,据卷端题"遂州郑朴编辑",知他是遂州人(今四川遂宁)。又据郑朴《刻杜工部诗叙》末署"万历三十年二月望日遂州郑朴思纯甫题",知他字思纯。郑朴刻《博古图录考正》有"郑中子朴""讽啸堂"两印,还可知他的斋号等。检《[民国]徐水县新志》卷七《选举记》,有郑朴之人,云:"字思纯,以父洛荫,官至锦衣卫都指挥使,掌南镇抚司。"不知是否为同一人。编集子的缘起,郑朴序(该序载文渊阁《四库全书》本《扬子云集》)云:"自莽大夫之言信,而子云罪案不可解矣。迩者解以泰和胡正甫,阐以秣陵焦弱侯,投阁之悲,美新之诟,一经湔祓,便成名儒,此余汇集意也","子云之可传,不必以美新、投阁掩也,而矧其诋謇者乎!此余汇集意也"。辑编扬雄集,意在廓除笼罩在扬雄身上

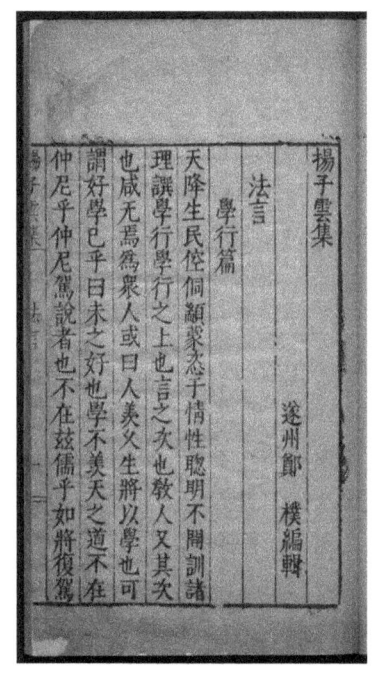

图1

的谀美新莽的"成见"。卷末又附焦竑所撰的《扬子始末辨》,以焦竑认为扬雄卒在新莽篡国之前,进一步为扬雄辩诬,实则焦说不确①。扬雄集的成书时间,据序末署"万历乙未九月朔",则当编订在万历二十三年(1595)。该集之刻亦在万历年间,惜刻者不详,或编、刻皆出自郑朴之手。

郑朴编本将扬雄的《法言》《太玄经》和《方言》这三部学术性质的著述也收入在内,意在总括扬雄生平撰述。不计此三者,扬雄集编本共收文五十三篇,其目如下:《谏不受单于朝书》《答刘歆书》《答桓谭书》《答茂陵郭威书》《剧秦美新文》《解难》《解嘲》《甘泉赋》(目录不载该篇,实际正文中收入)《羽猎赋》《长杨赋》《蜀都赋》《河东赋》《逐贫赋》《太玄赋》《橄灵赋》节文、《反骚》《赵充国颂》《冀州牧箴》《兖州牧箴》《青州牧箴》《徐州牧箴》《扬州牧箴》《荆州牧箴》《豫州牧箴》《益州牧箴》《雍州牧箴》《幽州牧箴》《并州牧箴》《交州牧箴》《光禄勋箴》《卫尉箴》《太仆箴》《廷尉箴》《大鸿胪箴》《宗正箴》《大司农箴》《少府箴》《执金吾箴》《将作大匠箴》《城门校尉箴》《上林苑令箴》《司空箴》《太常箴》《尚书箴》《博士箴》《太官令箴》《太史令箴》《酒箴》《元后诔》《连珠》《蜀王本纪》《蜀王记》

---

① 《四库全书总目》称扬雄"仕莽十年,毫无疑义。竑不考祠甘泉、猎长杨之岁,而以成帝即位之建始元年起算,悖谬殊甚",第1272页。

《琴清英》。并附有阙佚篇目，即《训纂》《家谍》《绣补灵节龙骨铭诗三章》《绵竹颂》《广骚》和《畔牢愁》。篇目辑录较为齐备，编次为六卷，或为比附《中兴馆阁书目》著录本。

郑朴编本之后，相继出现三种丛编本《扬子云集》，它们并不源出郑朴编本，而是明人的新辑录本。第一种是《汉魏六朝二十一名家集》本《扬子云集》，卷端题"新安汪士贤校"。汪士贤是活跃在徽州地区的书贾，他出资校刻的《二十一名家集》开明人系统性辑编唐前作家别集的先河。该丛编本扬雄集总为三卷，相较于郑朴编本，无以下诸篇，即《橄灵赋》《答桓谭书》《答茂陵郭威书》《太官令箴》《太史令箴》《连珠》《蜀王本纪》《蜀王记》和《琴清英》，计九篇。该丛编本还溢出一篇，即杂文《太玄摘》为郑朴编本所未收。所收官箴诸篇总题以"百官箴"，篇题下有小注"范晔编次扬雄以下所作，命之曰《百官箴》，盖取古者官箴王阙之义"，并录《后汉书·胡广传》"初扬雄依虞箴作十二州二十五官箴，其九箴亡阙，后涿郡崔骃及子瑗又临邑侯刘騊駼增补十六篇，广复继作四篇，文甚典美，乃悉撰次首目，为之解释，名曰《百官箴》，凡四十八篇"作为小序。官箴里的《光禄勋箴》以下各箴，篇题下皆有小注对官职予以解释。又《酒箴》篇题下有小注称："此箴扬雄本以讽谏成帝，其文为酒客难法度士，本不足为谏，无可取者。然其曰'处■（原书作墨钉，实为高字）临深，动常近危'，亦足为警。陈遵爱之，持以适投其嗜酒之好耳。至以张竦之自约，概诸遵之自恣，劣彼优此，终不如竦之论为正，犹足自励也。"该丛编本采取三卷本的编次，或许是比附《郡斋读书志》著录本。明中期以来的丛编本形态的扬雄集，皆以该本为祖本。

第二种丛编本是明翁少麓刻《汉魏诸名家集》本《扬子云集》，乃据《汉魏六朝二十一名家集》本重刻，故篇目与之相同。翁少麓的生平事迹不详①，据内扉叶所题的"南城翁少麓梓"，仅知他籍南城（今属江西）。该本卷首有内扉叶，题"扬子云集，王凤洲先生订正，南城翁少麓梓"。王凤洲即王世贞，属于书贾托题，目的是售卖射利。该本的文献价值在于保留了顾台垣序文一篇，云："余自燕南还，舆上舟次，栉沐梦寐中，往往师子云不置。适金阊少麓翁氏晤余为旧知，洁一舫逆武丘前，净刷风尘，酒半酣，出子云集乞序。余以书林而梓子云书，竟自有神焉导之也，喜为之叙生平。"由该序知翁少麓在苏州刻印售卖书籍，《汉魏诸名家集》乃其一。顾序末署"明天启丙寅十月既望鹿城顾台垣撰"，知此丛编本扬雄集天启年间刻在苏州。第三种丛编本是《汉魏六朝诸家文集》本《扬子云集》，乃据《二十一名家集》本重印。

继三种丛编本之后，又出现了张燮辑刻的《七十二家集》本《杨侍郎集》，编

---

① 瞿冕良称翁少麓名元泰，以字行，在苏州经营霏玉楼书坊。参见《中国古籍版刻辞典》，济南：齐鲁书社，1999年，第491页。

次为五卷,或为比附《直斋书录解题》著录本。所收篇目,较《二十一名家集》本溢出四篇,即《答桓谭书》《与桓谭书》《连珠二首》和《自序传》。其中《自序传》实录自《汉书》扬雄本传,因班固在《扬雄传赞》里称"雄之自序云尔",故将之视为扬雄所撰的一篇作品。张燮辑本未收《太玄摘》一篇,《纠谬》云:"《太玄经》之末有《玄冲》《玄错》《玄摛》《玄莹》《玄数》《玄文》《玄棿》《玄图》《玄告》等篇,盖拟《易》之《系辞》也。俗儒不识《太玄》,偶见《广文选》曾列《玄摘》一篇,遂谓子云秘作,混载集中,殊觉非类。若经可入集,又岂独收一《玄摘》也,今删去。"所驳甚是。张燮辑本实际收文四十八篇,与郑朴编本相较,未收《檄灵赋》《答茂陵郭威书》《蜀王本纪》《蜀王记》和《琴清英》共五篇。卷末有附录,包括班固《扬雄传赞》及《遗事》《集评》和《纠谬》等,辑录扬雄的传记和评论资料较全。张燮之后是张溥的《汉魏六朝百三名家集》本《杨侍郎集》,编次为一卷,收文五十七篇,其中《酒赋》与《酒箴》乃同篇重出,又九篇有目无辞,实际为四十七篇。此外还有一种明末刻《八代文钞》本《扬子云文钞》一卷,共计收文十三篇。此外还有叶绍泰辑本《增定汉魏六朝别解》里的《杨侍郎集》(存世有明崇祯十五年采隐山居刻本),不再赘述。各丛编本所收篇目互有优劣,《答桓谭书》出自杨慎缀辑,《答茂陵郭威书》出自《西京杂记》,未为可信,《二十一名家集》本不收该两篇,颇为严谨,但却误收《太玄摘》篇。张燮辑本有所驳正,但又将《答桓谭书》收录在内。张溥辑本是流传较广而具有通行本性质的版本,但扬雄集的篇目考订颇为粗疏,实在不值得称道。比如《答茂陵郭威书》《答桓谭书》和《太玄摘》三篇赫然在目,贪多而致精审不足[1]。要之,明代中期以来共计产生了六种丛编本扬雄集[2],从"二十一名家集"到"七十二家集""百三名家集",再到"八代文钞",扬雄的作品集都是"必选",一定程度上印证了扬雄的文学地位。

清代扬雄作品的辑录整理,除带有集大成性质的严可均辑本外,还有丁福保的《汉魏六朝名家集初刻》本《扬子云集》四卷,篇目及校语、按语等基本依据严辑本,在作品辑校方面没有明显的突破。此外吴汝伦评选的《扬侍郎集选》一卷,冯李骅所撰的《扬雄蜀都赋读》(存世有清抄本,藏在南京图书馆),也有值得注意的参考价值。

三 扬雄作品集的阅读与理解

在扬雄作品被编为集子之前,扬雄创作的阅读理解主要是通过单篇作品

---

[1] 《四库全书总目》即称《百三名家集》"卷帙既繁,不免务得贪多,失于限断"。
[2] 沈相辉以郑朴本、汪士贤本、张燮本和张溥本四种辑本扬雄集的校勘为例,认为此四种辑本"并无直接的因袭关系",强调"细致的研究"各种辑本里的别集,参见《〈扬雄集〉辑本考校》,载《四川师范大学学报(社会科学版)》2020年第1期,第146页。

的方式，集中体现在两汉时期。

扬雄作品的第一位读者是他本人，的确就己作提出了一些评论性意见，也是文学批评史的重要材料。如《法言·吾子篇》即评价所创作的诸赋，云："或问：'吾子少而好赋？'曰：'然。童子雕虫篆刻。'俄而曰：'壮夫不为也。'或曰：'赋可以讽乎？'曰：'讽乎！讽则已，不已，吾恐不免于劝也。'"①这是对所作赋是否具有讽谕功能的评价。《吾子篇》又云："诗人之赋丽以则，辞人之赋丽以淫。"②"或问：'君子尚辞乎？'曰：'君子事之为尚，事胜辞则伉，辞胜事则赋，事辞称则经，足言足容，德之藻也。'"③又表达出赋体创作的道德标准。《汉书》扬雄传同样称："雄以为赋者，将以风之，必推类而言，极丽靡之辞，闳侈钜衍，竞于使人不能加也。既乃归之于正，然览者已过矣……由是言之，赋劝而不止，明矣。又颇似俳优淳于髡、优孟之徒，非法度所存，贤人君子诗赋之正也。于是辍不复为。"④都是在强调赋作应该承载儒家教化的道德属性，"压低"赋作的文学审美属性，与他在《答刘歆书》里所说的"心好沉博绝丽之文"，《汉书》本传所称的"雄文似相如"，形成了鲜明的对比。

时人刘歆、范逡及桓谭也都很敬重扬雄⑤，特别是桓谭，称誉扬雄为"绝伦"（《汉书》扬雄本传）。《新论》记载了扬雄创作《甘泉赋》的情景，还称扬雄的作品是"丽文高论"，又云："子云曰：'能读千赋则善赋'"，留下了管窥扬雄赋作观的细节。《汉书》还记载了桓谭评价扬雄著述的一段话，云："今扬子之书文义至深，而论不诡于圣人。"甚至称扬雄"西道孔子"（《新论》载张子侯之语）兼"东道孔子"（桓谭之语），符合"绝伦"之誉。刘歆对扬雄的评价，可能间接保留在《汉书·艺文志》，称扬雄的赋作"竞为侈丽闳衍之词，没其风谕之义"。当然这也有可能是班固的评价意见。班固《扬雄传赞》云："（扬雄）实好古而乐道，其意欲求文章成名于后世，以为经莫大于《易》，故作《太玄》……箴莫善于虞箴，作《州箴》；赋莫深于《离骚》，反而广之；辞莫丽于相如，作《四赋》；皆斟酌其本，相与放依而驰骋云。"⑥"斟酌其本，相与放依而驰骋"，可以说是班固对扬雄著述及创作的总结性评价，就是说他的文章皆有所据依，看似模拟，实则又不止于此，而是有所突破和创新⑦。东汉的王充很是敬服扬雄的学问，称"文与扬雄

---

① 汪荣宝《法言义疏》，第45页。
② 同上书，第49页。
③ 同上书，第60页。
④ 班固《汉书》，第3575页。
⑤ 《汉书》扬雄本传载刘歆称《太玄》之作"恐后人用覆酱瓿"，也并非完全认同扬雄的撰述。
⑥ 班固《汉书》，第3583页。
⑦ 张震泽先生云："四赋的创新之处，首先在于建立了汉大赋的一种蕴藉风格"，"对大赋体制的突破"，参见《扬雄集校注·前言》，第11页。又说《逐贫赋》等创作，"对四言体小赋有所发展"，参见《扬雄集校注·前言》，第12页。

为双,吾荣之"(《自纪》),在撰述方面将扬雄与司马迁并列(《案书》)。崔瑗《叙箴》对扬雄箴体创作给予了评价,云:"昔扬子云读《春秋传》虞人箴而善之,于是作九州及二十五官箴,规匡救,言君德之所宜,斯乃体国之宗也。"

大致东汉之后,扬雄的作品开始编为集子,以作品集的形态流传。《文心雕龙》记载,西汉挚虞认为《元后诔》只有《汉书·元后传》所载的四句话,即"沙麓之灵,太阴之精,天生圣姿,豫有祥祯",结果遭到刘勰的嘲讽,印证挚虞当时可能还没有扬雄集编本,只能通过《汉书》了解《元后诔》的面貌。依据作品集编本,集中对扬雄创作进行详实而赅备文学批评的是刘勰,刘勰之所以能够做出如此详备的评论,也正在于南朝当时流传有扬雄集,使得刘勰能够整体把握扬雄的创作。如称"子云《甘泉》,构深玮之风"(《诠赋》),指《甘泉赋》寓有风谏。又称"扬雄稽古,始范《虞箴》,作卿尹州牧二十五"(《铭箴》),表明所据的扬雄集收有箴作二十五篇。又称"扬雄之诔元后,文实烦秽"(《诔碑》),"烦秽"盖指诔文烦杂又多谀美之辞,如云"历世运移,属在圣新。代于汉刘,受祚于天。汉祖受命,赤传于黄。摄帝受禅,立为真皇"。又称"扬雄吊屈,思积功寡,意深文略,故辞韵沈膇"(《哀吊》),意思是说扬雄内心深处是同情并尊崇屈原的,但写出来的《反离骚》之作则反其意,给人表里不一之感,故全文辞韵不畅。又称"扬雄覃思文阁,业深综述,碎文琐语,肇为连珠,其辞虽小而明润矣"(《杂文》),评价"连珠"体的创作特点是"碎文琐语""辞小明润"。《艺文类聚》引沈约《注制旨连珠表》亦云:"窃寻连珠之作,始自子云,放《易》象《论》,动模经诰,班固谓之命世,桓谭以为绝伦。"大概是指扬雄创作连珠模仿《易经》和《论语》,以譬喻寓理,而效用则是模仿《尚书》的"诰"体,意在劝谏。《文心雕龙》又称"扬雄《解嘲》,杂以谐谑,回环自释,颇亦为工"(《杂文》),又称"扬雄《剧秦》,影写长卿,诡言遯辞,故兼包神怪。然骨掣靡密,辞贯圆通,自称极思无遗力矣"(《封禅》),是对两篇作品的具体评论。又称"子云之答刘歆,志气槃桓"(《书记》),如《答刘歆书》云:"雄为郎之岁,自奏少不得学,而心好沈博绝丽之文,愿不受三岁之奉,且休脱直事之繇,得肆心广意,以自克就。"确实是志意高蹈。又称"子云沈寂,故志隐而味深"(《体性》),是从作家性格角度论创作。又称"子云属意,辞人最深,观其涯度幽远,搜选诡丽,而竭才以钻思,故能理赡而辞坚矣"(《才略》),意思是说扬雄赋作也追求靡丽之辞,但却能匡以才思,富有理致,使其文辞得诗人之旨,故不同于一般的辞赋作家。从上述刘勰的评论,既可看到扬雄之作在南朝的文学批评与接受理解的情形,印证他的文学史地位,又可窥探出当时扬雄集编本所收各体作品的概貌。

刘勰之后,从作品集的整体把握上评论扬雄作品,主要体现在明人重编扬雄集所载的序言。如《汉魏诸名家集》本扬雄集所载的顾台垣序,云:"惟子云之集与董江都并烨烨人目,津津人口,刺刺人肝腑。语高渊而意奇奥,色璀璨而晕珍错,九天九地,莫能喻其汪恣且洋肆也。"评价扬雄的作品用语"高渊",构意"奇奥"。又张燮《杨侍郎集题词》(载《七十二家集》本扬雄集)云:"子云当汉之季,《甘泉》《河东》《长杨》《羽猎》,动存规讽,不虑忤时。"再次重申扬雄四篇大赋创作的讽谏功能。张溥《杨侍郎集题辞》(载《汉魏六朝百三名家集本》扬雄集)从文学创作源流的角度评价扬雄诸作,很有参考价值,如评《剧秦美新》云:"《剧秦美新》,谀文也,后世《劝进》《九锡》,皆权舆焉。"以为该篇属谀美之作,开后世的《劝善》《九锡》之类创作的先河。评《元后诔》云:"哀思文母,盛誉宰衡,犹然《美新》,岂有周人申后之思乎?"此实本于《文心雕龙》所说的"文实烦秽",它确也与《剧秦美新》存在类同之处,即借作诔又颂美新莽。评四赋云:"《河东》《甘泉》《长杨》《羽猎》四赋绝伦,自比讽谏,相如不死。"认为创作风格承自司马相如。评《逐贫赋》云:"《逐贫赋》长于解嘲,《释愁》《送穷》,文士调脱,多原于此。"认为该篇开后世《送穷》类创作的先河。今人张震泽先生《扬雄集校注》附有所撰《前言》,总结了扬雄的生平创作和艺术成就,客观公允,代表了当今研究者对扬雄文学史地位和意义的准确把握及理解。

四 结语

扬雄是西汉后期文学成就最大的辞赋家,其文学史地位的界定,得到今之文学史家的公认。以扬雄集为轴,综述其基于作者、制作者和读者三个层面的文献史,还是能观察到一些值得注意的细节。如梳理作者(扬雄)层面的生平与创作,即结合人生轨迹和时代背景的双向链条,能够得出更深层面的思考。具体而言,扬雄从热衷辞赋创作转向批评辞赋,一方面是扬雄面对西汉王朝日渐衰落,认识到辞赋创作并未起到劝谕的功能,使他对辞赋的态度产生转变,从这里可以看出扬雄秉持的是符合儒家思想的实用主义文学观。另一方面自董仲舒"罢黜百家,独尊儒术",儒学思想成为社会统治的主导,像司马相如那样承袭先秦纵横家余绪的辞赋风格已是"过去式",这极大地限制了扬雄辞赋创作空间,也成为促使他"放弃"辞赋创作的因素①。再者,扬雄倾慕屈原、司马相如的辞赋创作风格,自觉以之为"范本",屈原骚体影响持续到《河东赋》而止,《羽猎赋》《长杨赋》则尽脱骚体,体现出司马相如的影响。这表明扬雄在最高权力者面前分别实践两种赋体风格,而《羽猎赋》的奏进始使扬雄由待诏获得郎官身份,似乎又隐含着西汉后期骚体赋的一种境遇。至于制作者和读者

---

① 文学史家称:"扬雄晚年改变了对赋的看法,认为赋'劝百讽一'、'劝而不止',本质上不符合儒家教义。因此转向学术性的著述……这一转变,反映了当时社会中儒家思想统治的深化。"参见章培恒、骆玉明主编《中国文学史》,上海:复旦大学出版社,1996年,第246页。

两个层面,呈现的是不断重建扬雄作品集文本和作品被阅读理解的"联动"图景,同时也是印证扬雄文学史影响力的过程。这都说明,作家别集文献史的研究范式,既是集合文学史料的"述",还应努力在"述"的基础上有所勾连、提升,从而得出具有"开新"意义的文学史识。

(匿名审稿专家对拙作提出宝贵的指正意见,谨致谢忱)

碑志石本集本优劣之争及其理论意义

时鹏飞

【内容提要】 流传至今的碑志主要来自石刻和文集，石本和集本孰优孰劣是历代聚讼的一个论题。这场论争最早兴起和成熟于两宋时期的韩文校勘，后来成为普遍性的理论争端。石本没有辗转抄刻的讹误，并且信息更加完整，但是丧家的改动可能超出作者的允许范围，迷信石本的风气和以辑本为石本的做法，都造成很多文本校勘的错误。集本可能来自文人的修订稿，能够反映作者创作的理想状态，但这不是所有集本的共性，并且可能遭到编刻者的有意改易。石本集本优劣之争是古典文本理论的重要遗产，这场论争的意义不在于达到一致的结论，而在于通过反复辩难，穷尽文本流变的可能性，丰富和完善既有文本理论，促进文本处理实践的优化。

【关键词】 碑志　石本　集本　文本理论　校勘学

我们今天能够看到的碑志，追溯源头大多来自石刻和文集两端。同一篇作品，两种载体流传下来的文本常常不尽相同，"有石本集本之殊焉"[①]。这就成为历代聚讼的一个话题：石本和集本究竟孰优孰劣？近年来，学者依据不同时期的材料对于这一问题续有深入。[②]但到目前为止，全面梳理前人论点、检讨其中得失的成果尚未出现。本文尝试融通校勘学、文章学和史料学的不同视角，阐述前人观点的合理性和局限性，剖析论争背后的价值关怀。石本集本优劣之争是古典文本理论的重要遗产，对于文本理论探讨和古籍整理实践均有借鉴意义。

【作者简介】时鹏飞，南京大学文学院助理研究员。
① 〔清〕吴肃公《街南文集》卷七《梅氏谱序》，《清代诗文集汇编》第100册，上海：上海古籍出版社，2010年，第657页。
② 参见叶国良《石本与集本碑志文异同问题研究》，《台大中文学报》1996年第8期，第23—40页，收入氏著《石学蠡探》，北京：中华书局，2022年，第277—307页；仝相卿《北宋碑志文形成中的丧家因素——以石本、集本对比为重心》，《河南大学学报（社会科学版）》2018年第6期，第84—93页；时鹏飞《明代碑志文本的形成、流变与传播》，《文献》2024年第1期，第170—185页。

一 韩文校勘与石本集本之争的提出与深入

石本和集本的歧异发生很早,例如咸阳出土的庾信《大周柱国谯国公夫人故步六孤氏墓志铭》,就和《文苑英华》所收《周谯国公夫人步陆孤氏墓志铭》差异颇多。但是这样的差异直到宋代以前,始终不足以引起学者的关注和讨论。这一方面缘于宋代以前金石学的不发达,"虽有其学,而不绝者如缕,犹未蔚为风气也"①;另一方面也和宋代之前文学文本的歧异没有得到足够重视,文人涉猎金石大多旨在古物收藏和书法鉴赏直接相关②。最早关注石本集本歧异的是身兼金石家和文章家双重身份的欧阳修。欧阳修治金石学,重视利用石刻文献考订文史,开一时风气之先;同时作为文坛宗匠,自然十分注意辨析何种文本更为优长。欧阳修在《集古录》中十分热衷于比较石本集本间的异同,如为元结《吕谘表》所作跋尾就说:"今世传《元子文编》亦有此文,以碑考之,集本首尾不完,中间时时小异,当以石本为是。"③"以石本为是"的说法大致可以代表欧阳修对于石本集本优劣的态度。不过普通的文本异同,尚不足以引起文人的普遍兴趣,真正激起广泛论争的是欧阳修对于韩愈文章的校勘。在北宋古文运动中,韩愈被树立为文学典范,韩文大行于世,形成所谓"韩氏学"④,利用石刻订正韩文的做法自然很容易引起世人的关注:

> 今世所行《昌黎集》,类多讹舛……其妄意改易者颇多,亦赖刻石为正也。⑤
>
> 《昌黎集》今大行于世,而患本不真。余家所藏,最号善本,世多取以为正,然时时得刻石校之,犹不胜其舛缪,是知刻石之文可贵也,不独为玩好而已。⑥

"不独为玩好而已"一句,强烈地透露出欧阳修试图借此证明,搜罗古刻不是无益于世的文人清玩,而是具有学术意义的文本研究。欧氏如此重视石刻,以至

---

① 叶国良《宋代金石学研究》,台北:台湾书房,2011年,第5页。
② 杨曦《以集为正:论宋人对苏轼作品文本歧异的认知与处理》,《北京大学学报(哲学社会科学版)》2023年第6期,第115—116页。
③ 〔宋〕欧阳修著,李逸安点校《欧阳修全集》卷一四〇《集古录跋尾》卷七《唐吕谘表》,北京:中华书局,2001年,第2236页。
④ 〔宋〕邵博撰,刘德权、李剑雄点校《邵氏闻见后录》卷一四,北京:中华书局,1983年,第112页。
⑤ 〔宋〕欧阳修著,李逸安点校《欧阳修全集》卷一四一《集古录跋尾》卷八《唐韩愈南海神庙碑》,第2271页。
⑥ 〔宋〕欧阳修著,李逸安点校《欧阳修全集》卷一四一《集古录跋尾》卷八《唐韩愈黄陵庙碑》,第2273页。

在石本文字明显错误时,仍然认为作为历史现场的见证,石本有着可供清玩的物质文化意义,其跋石本《送李愿归盘谷序》时云:

> 以余家集本校之,或小不同,疑刻石误,集本世已大行,刻石乃当时物,存之以为佳玩尔,其小失不足较也。①

在其影响之下,以石校韩很快形成风气,并且明显呈现出重石轻集的倾向,邵博在其《邵氏闻见后录》中依据出土《李元宾墓志》提出:"印本铭云'已乎元宾,文高乎当世,行过古人,竟何为哉'!石本乃'意何为哉',益叹石本之语妙。欧阳公以下,好韩氏学者,皆未见之也。"②从上下文来看,集本"竟何为哉",原本文从字顺;石本作"意何为哉",反而扞格难通。朱熹推测这一错误的发生原因:"窃意若非当时误刻,即是后来字半磨灭,而读者不审,遂传此谬。好事者又从而夸大之,使世之愚而好怪者遂为所惑,甚可笑也。"③所见实为精辟。邵博一味信从石本,甚至矜为独得之秘,这就不能不说是为盲目相信石本所误了。

赵明诚在《金石录》中也曾利用石刻订正传世韩集的不少错误,不过赵氏的结论也并非可以尽信,其校《唐国子助教薛公达墓志》云:"以昌黎集本校之,颇不同,皆当以石本为是。"并举"集本云'君执弓,腰二矢,挟一矢以兴',而石本作'指一矢以兴'"④为例。然而"挟矢"一词,见于《仪礼》《周礼》,渊源有自,"指矢"一词实不常见,且难于索解,王若虚就认为前者更加妥帖自然⑤。不过赵氏信从石刻并不极端,遇到石刻显误之处也时时指出,如校《唐刘统军碑》,就说"惟叙其世系不同,则疑碑之误"⑥,其校《唐黄陵庙碑》亦谓:"退之自潮移袁,入为国子祭酒,实三年,而碑云三十年,盖书碑者误尔。"⑦处理文字异同的态度尚且比较理性。

欧、赵等人的校勘工作,尚且只是零星的校订。到方崧卿《韩集举正》,则是在通校韩集的基础上,全面利用当时所能见到的石本,并且吸收前人据石校集的成果,取得了很好的成绩。但方崧卿是一位迷信石本的信徒,方氏评价传世韩集的三种善本:"大抵以公文石本之存者校之,阁本常得十九,杭本得十

---

① 〔宋〕欧阳修著,李逸安点校《欧阳修全集》卷一四一《集古录跋尾》卷八《唐韩愈盘谷诗序》,第2265页。
② 〔宋〕邵博撰,刘德权、李剑雄点校《邵氏闻见后录》卷一四,第112页。
③ 〔宋〕朱熹《昌黎先生集考异》卷七,朱熹撰,朱杰人、严佐之、刘永翔主编《朱子全书》第19册,上海:上海古籍出版社,合肥:安徽教育出版社,2002年,第529页。
④ 〔宋〕赵明诚撰,金文明校证《金石录校证》卷二九,北京:中华书局,2019年,第550页。
⑤ 〔金〕王若虚著,马振君点校《王若虚集》卷三五《文辨二》其二十三,北京:中华书局,2017年,第425页。
⑥ 〔宋〕赵明诚撰,金文明校证《金石例校证》卷二九,第552页。
⑦ 同上书,第555页。

七,而蜀本得十五六焉。"①就是完全依据石本作为评判标准。这样的观念指导下,便不免发生以石本的错误倒改原本正确的集本的情况。继之而起校勘韩集的朱熹对于这种"近世论者,专以石本为正"②的做法十分不满,指出"石本亦自多误"③。朱熹与石本派的态度不同之处,可以《衢州徐偃王庙》为例,文中至少有6处异文,朱熹均以石本文义不畅,断然弃石本而取集本:"文德为治"(石本"文"作"又")、"同王母宴于瑶池之上"(石本无"宴"字)、"咸宾祭于徐"(石本"祭"作"寮")、"祈盱曰慢"(石本"曰"作"由")、"孰与王当"(石本"与"作"尝")、"刻示茫茫"(石本"示"作"石")。而其中前5处异文,方崧卿均从石而不从集,仅有最后1处异文采用集本。在异文处理上,朱熹显然更加倾向于采用文义优长的集本,并对石本发生错误的原因做了总结:"石本乃当时所刻,不应有误,然亦安知其非书者之误、刻者之误?况或非所亲见,则又安知非传者之误邪?"④"大凡为人作文,而身或在远,无由亲视摹刻,既有脱误,又以毁之重劳,遂不能改。"⑤在此基础之上,朱熹提出了自己的校勘原则:"悉考众本之同异,而一以文势、义理及它书之可证验者决之。苟是矣,则虽民间近出小本不敢违;有所未安,则虽官本、古本、石本不敢信。"⑥这一主张成为后世以义理折衷二本的先声。

这场讨论发展至此,主张石本和辩护集本的声音均已出现,并且对于各自的理由都有陈述,后世论争的很多观点都可在此找到源头。从这个意义上说,韩文校勘不但是石本集本之争的起点,而且是不断推动这场论争深入的驱动力,并在后世继续吸引众多学者跟进讨论,例如金人王若虚、清人王元启⑦等,都是继承这项工作加入到讨论中来的。

二　石本派的主张

石本派的出现和北宋的文化风气密切相关。北宋是从写本时代向刻本时代过渡的时期,写本的质量受到抄写者的水平和态度影响,加上辗转抄写累积下来的错误,不论对比原本,还是彼此之间,都可能出现很大差异。刻本同一版次虽然文本统一,但是校刻一旦出现问题,错误的文本流传也会更广。欧阳

---

① 〔宋〕方崧卿原著,刘真伦汇校《韩集举正汇校》卷一,南京:凤凰出版社,2007年,第1页。
② 〔宋〕朱熹《昌黎先生集考异》卷六,《朱子全书》第19册,第503页。朱熹指出的方崧卿迷信石本、误校集本的例子详见莫砺锋《朱熹文学研究》,北京:商务印书馆,2023年,第286—289页。
③ 〔宋〕朱熹《昌黎先生集考异》卷九,《朱子全书》第19册,第595页。
④ 〔宋〕朱熹《昌黎先生集考异》卷四,《朱子全书》第19册,第464页。
⑤ 〔宋〕朱熹《昌黎先生集考异》卷五,《朱子全书》第19册,第470页。
⑥ 〔宋〕朱熹《昌黎先生集考异》卷一,《朱子全书》第19册,第367页。
⑦ 参见所著《读韩记疑》。

修就说韩文集本原本"未必误",只是刻印之时"多为校雠者妄改之"①。加上商业因素的影响,商业机构刻书缺乏质量保障,苏轼曾经致信陈师仲:"某方病市人逐于利,好刊某拙文,欲毁其板,矧欲更令人刊耶!……今所示者,不唯有脱误,其间亦有他人文也。"②因此这一时期的文人对于普通的抄本和新兴的刻本大多缺乏信任,在他们看来,集本发生错误的根本原因是文本历经时间不断地再生产,偶发性错误和人为的错误不断累积,逐渐失去原始的面貌,"文字之传,久而转失其真"③。这种文化背景之下,石刻作为历史现场的物质见证,"刻石乃当时物",因为直接来自稿本,文本也就具有天然的正当性。

另一方面,金石学兴起,文人热衷于搜罗古刻,而遇到一方名人撰书的石刻是难得的经历,何况是韩愈这样的文学偶像,欣喜之余便容易失去冷静的判断。在这样的氛围中,由好古转化为佞古,出现"专以石本为正"的倾向,并不难以理解。也是职此之故,后世主张石本最力的往往都是金石学家,他们大多和欧阳修一样,力图通过发掘石刻文本的优长之处,证明金石学这门学问自身的价值,王昶谓:"凡文字刊版者,类不如石刻之真,故前人往往以碑本正书册之讹。"④柯昌泗亦谓:"集中之文,间与石刻异同,其字句以石刻为长。"⑤有的大型文章总集收录碑志优先采用石本,就是受到金石学风气的影响,认为石本文字更加优长,例如《全唐文·凡例》:"文字异同,碑碣以石本为据,余则择其文义优者从之,若文义两可,则著明一作某字存证。"⑥

主张石本的另一理论依据是,石本信息更加完足,集本时常有所删节,特别是书写对象的世系婚姻等基本信息,作者往往不加留意,"作文不留心里居世系,乃文人通病"⑦,有时一概删节,有时仅书某某,周必大《彭孝子千里墓表》载:"欧阳文忠公为作墓表,极论今丧礼之废,推为笃行君子。惜乎岁久,石本莫传,而京浙闽蜀所刻公集概书曰某州某县人,三代讳某,此犹可也,并其人亦曰名某字某,如此则其子孙切切显亲之志荒矣,亦岂公表于金石垂劝来

---

① 〔宋〕欧阳修著,李逸安点校《欧阳修全集》卷一四一《集古录跋尾》卷八《唐田弘正家庙碑》,第2270页。
② 〔宋〕苏轼《苏轼文集校注》卷五三《答陈传道五首》其二,张志烈等校注《苏轼全集校注》第17册,石家庄:河北人民出版社,2010年,第5905页。
③ 〔宋〕欧阳修著,李逸安点校《欧阳修全集》卷一四一《集古录跋尾》卷八《唐田弘正家庙碑》,第2270页。
④ 〔清〕王昶《金石萃编》卷一三,《续修四库全书》第887册,上海:上海古籍出版社,2002年,第46页。
⑤ 〔清〕叶昌炽撰,柯昌泗评,陈公柔、张明善点校《语石 语石异同评》,北京:中华书局,1994年,第397页。
⑥ 〔清〕董诰等编《全唐文》卷首《凡例》,北京:中华书局,1983年,第15页。
⑦ 〔清〕陆以湉撰,崔凡芝点校《冷庐杂识》卷三"方侍郎"条,北京:中华书局,1984年,第119页。

世之意耶？"①石本的这一优势在古时并不受到重视，周必大此处所言，也只是说墓主名字不可省略，并不认为世系里居等内容不可或缺。乾嘉以降的金石学，随着考据学的勃兴，以石证史一派逐渐掌握话语权，呈现出凌驾书法赏析和文章评点两派之势，"金石之学……实惟考史为要……下者至但评词章之美恶、点画波磔之工拙，何裨实学乎？"②诚如今人潘静如所云："有清一代的金石学似乎总透露出考据话语的傲慢……虽然有很多论述碑文或金文书法艺术的文字，但清人在正式论及'金石学'的时候，却很少顾及这一点……便是词章义例之学也被轻视。"③近代以来，随着学术风气的转移，乾嘉考据和兰克学派合流，史料主义大行其道；现代学科体制的建立，金石学成为历史学的辅助学科④，"以此种材料作客观的研究以贡献于史学者，谓之金石学"⑤；同时关注世系婚姻的家族研究成为显学，碑志的史料意义被放大而文学意义被弱化，石本的这一优势至此方才凸显，叶国良先生评价道："吾人之有取于碑志，既在撰者之辞采，亦在墓主之生平，并非仅视撰者之文学成就而已"，"若欲考墓主之生平，则自以石本为实为富"，集本"所得墓主生平资料不全，或缺而不书也"⑥，就很能反映这种古今学术兴趣的差异。

需要补充说明的是，古人所谓"石本"一词，概念具有一定的模糊性，它其实包括今人总结的"刻本"（石刻实物本身的文本）、"拓本"、"辑本"（依据石刻辑录的文本）⑦三种文本形态。称刻本或拓本为石本比较容易理解，无庸多言，以辑本为石本也很常见，例如方崧卿《韩集举正叙录》"石本"下首列《集古录》《金石录》《广川书跋》《韩文辨证》《韩文谱注》⑧，可见方氏所谓石本显然兼指辑本。拓本因为原石残泐断裂、拓工摩拓不精、拓片剪裱失次、后人磨改原石等原因，可能出现异于原本的情况，不过尚不十分普遍。而辑本相较原石或拓片，中间又增加一道抄录或抄录并刊刻的程序，文本发生异变的可能性也就大

---

① 〔宋〕周必大《彭孝子千里墓表》，曾枣庄、刘琳主编《全宋文》卷五一九二，上海：上海辞书出版社，合肥：安徽教育出版社，2006年，第127—128页。

② 〔清〕王鸣盛《潜研堂金石文跋尾序》，《王鸣盛西庄遗文辑存》，陈文和主编《嘉定王鸣盛全集》第11册，北京：中华书局，2010年，第439页。

③ 潘静如《被压抑的艺术话语：考据学背景下的清金石学》，《文艺研究》2016年第10期，第138页。

④ 1904年，京师大学堂颁布《奏定大学堂章程》，"金石文字学"是史学门的"随意科"；1917年，北京大学发布《文科大学现行科目修正案》，"金石及考古学"是史学门的选修课。参见查晓英《"金石学"在现代学科体制下的重塑》，《中山大学学报（社会科学版）》2008年第3期，第89—91页。

⑤ 马衡《凡将斋金石丛稿》卷一《中国金石学概要上》，北京：中华书局，1977年，第1页。

⑥ 叶国良《石本与集本碑志文异同问题研究》，《石学蠡探》，第293—294页。

⑦ 参见程章灿《石刻文献之"四本论"》，《四川大学学报（哲学社会科学版）》2022年第5期，第47—51页。

⑧ 〔宋〕方崧卿原著，刘真伦汇校《韩集举正汇校》卷末《韩集举正叙录》，第558页。

大增加。清人毛凤枝批评时人多用辑本考定金石云:"近人考定金石,多用传写之本,殊不足据,余尝以传写本与石本相校,传写本中之误十有八九,盖钞胥之人半多不谙文义……又或石理剥落,墨迹模糊,非通晓词章,熟谙典故,传写之时,遇有疑难之字,不知本原,无从考证,意为改补,未有不讹舛者也。"①可见辑本相较原本发生文字变异的普遍性。《韩集举正》中有时出现一篇文字不同石本互异的情况,例如《送李愿归盘谷序》,《韩文辨证》和《韩文谱注》所载辑本即多有差异,朱熹评价道:"校此书者,以印本之不同而取正于石本,今石本乃又不同如此,则又未知其孰是也。……以见所谓石本者之不足信也。"②其所批评的正是辑本。

三　为集本声辩

为集本辩护的声音出现很早,两宋之际人董逌在《广川书跋》中,一方面认可石本接近原本,对于订正集本很有价值:"乃知碑刻之传于当时者,不可诬也。后世校雠,不得原本,因误就讹,不究其意,随己所见,致文字错乱,以疑后学,可胜叹哉!"③另一方面又强调集本的价值,集本不同于石本之处可能源于作者后来的修改,应当权衡两本的优劣,而非盲目迷信石本:"古人于文章,磨炼窜易,或终其身而不已,可以集传尽为非耶?观其文,当考其词义当不,然后择其工于此者从之,则不得欺矣。"并举"今人得唐人遗稿,与石刻异处甚众……皆其后窜改之也"④作为实物证据,以此证明类似现象的普遍性。这种声辩起于对当时迷信石本风气的反拨,同时极具合理性,因而在当时及后世的校勘家中取得了不少共鸣,周必大云:"士大夫校前辈文集,每得元碑,欣然以为正,不知一时下笔,后多自改。"⑤"某每校前贤遗文,不敢专用手书及石刻,盖恐后来自改定也。"⑥彭叔夏《文苑英华辨证》云:"大抵前辈文字多自改于石刻之后,而石本真赝尚未可知……不可尽信。"⑦金人茅璞亦谓:"碑本盖初作时遂刻之,中间或有未安,他日自加点定,未可知也。若初本不同,当择其善者取之,不必专以石刻为正。"⑧如果说上述观点还是在折衷于石本和集本之间,再到下面的说

---

① 〔清〕毛凤枝《关中金石文字存逸考》卷首《例言》,《续修四库全书》第908册,第358—359页。
② 〔宋〕朱熹《昌黎先生集考异》卷六,《朱子全书》第19册,第502页。
③ 〔宋〕董逌《广川书跋》卷九,《津逮秘书》本,第1b页。
④ 同上书,第4b—5a页。
⑤ 〔宋〕欧阳修著,洪本健校笺《欧阳修诗文集校笺》外集卷三《归雁亭》,上海:上海古籍出版社,2009年,第1345页。
⑥ 〔宋〕周必大《跋汪逵所藏东坡字》,《全宋文》卷五一三五,第29页。
⑦ 〔宋〕彭叔夏《文苑英华辨证》卷一〇,国家图书馆藏明刻本(善本书号:06660),第6b页。
⑧ 〔金〕王若虚著,马振君点校《王若虚集》卷三五《文辨二》其二十三,第425页。

法就是完全的集本派了，明人费宏《读东里集偶记》云：

> 大抵碑版文字若山镌冢刻，出于他人，虽作意未有安，难于追改。其所审定，惟家集可以见之，则当以集本为据。①

恽敬《答邓鹿耕书》亦谓：

> 古者，文人集中所刻，时与石本不同，皆由年力俱进，积渐更定，故致如此。②

主张集本的主要理由是，石本所依据的只是作者初定的稿本，而许多文人有着不断修改打磨、精益求精的习惯，改定后的文本相较初稿更加接近作者心目中的理想文本，文本的选定应当选择作者最终敲定的定稿，而非据以上石的初稿。

主张集本的另一个理由是，石本上石的工作是由丧家执行的，丧家也是文本生产链条上不可忽视的一环。作者撰稿时对亡者的世系婚姻子孙族葬等基本信息可能知之不详，记叙可能有错误或留空，这就有待于丧家的最终补足，这一工作作者通常是默许的。但是文本改动是精细且微妙的工作，细节的修改可能引起连锁的改动，更重要的是，丧家不是机械的执行者，很多时候有着特殊的利益考量，这就导致其修改文本的幅度可能逾越作者的预期，甚至将文本引向作者初衷的对立面。巧合的是，这一问题的最早例证同样也可以追溯到欧阳修，范仲淹死后，欧阳修为作《资政殿学士户部侍郎文忠范公神道碑》，但到上石之时，范家对原稿做了很大改动，欧阳修《与杜䜣论祁公墓志书》云："范公家神刻，为其子擅自增损，不免更作文字发明，欲后世以家集为信。"③这里虽然没有从理论上比较石本集本的特点，但是从作者的角度出发提出了作者对作品的主张权。这种情况并非个例，例如王安石《答钱公辅学士书》云："比蒙以铭文见属……不图乃犹未副所欲，欲有所增损。鄙文自有意义，不可改也。宜以见还，而求能如足下意者为之耳。"④杨万里《答胡季解书》亦云："他日得石本，则或者增加其辞，与某所献者小异矣。……夫斯文之浅且拙，自有斯人之职其咎，或者何必任斯文之咎，代斯人之忧乎？不曰过忧而奚也？"⑤这

---

① 〔明〕费宏撰，吴长庚、费正忠校点《费宏集》卷二〇《读东里集偶记》，上海：上海古籍出版社，2007年，第702页。
② 〔清〕恽敬著，万陆、谢珊珊、林振岳标校，林振岳集评《恽敬集·大云山房文稿二集》卷二《答邓鹿耕书一》，上海：上海古籍出版社，2013年，第363页。
③ 〔宋〕欧阳修著，李逸安点校《欧阳修全集》卷七〇《居士外集》卷二〇《与杜䜣论祁公墓志书》，第1020页。
④ 〔宋〕王安石《临川先生文集》卷七四《答钱公辅学士书》，王水照主编《王安石全集》第6册，上海：复旦大学出版社，2015年，第1327页。
⑤ 〔宋〕杨万里撰，辛更儒笺校《杨万里集笺校》卷六六《答胡季解书》，北京：中华书局，2007年，第2816—2817页。

种情况下,作者的意见即使不能算作定谳,也是评定二本优劣必须考量的因素。

基于这种观念,很多文献在编定时便没有选择石本,而是采用晚年定稿,例如程敏政编纂李贤《古穰集》,就自陈:"集中志铭碑表,间有与石本差异者,从公晚年手自删定本也。"①更加特别的是周必大所编《欧阳文忠公集》对于《欧阳氏谱图》的处理方式,《欧阳氏谱图》是欧阳修为欧阳氏家族编纂的家谱,作为宋代最重要的两位谱学家之一,欧阳修所编《谱图》,其石本和集本不但文字有异,而且所载"子孙之多寡,名次之先后",竟有"一十五处"不同②,这就使得《欧阳氏谱图》成为石本集本之争中的又一著名个案③。周编《欧阳文忠公集》对此的处理办法是兼录石本和集本,并解释其理由说:"前贤遗文,往往集本异于石本,按公《集古录》跋《盘古诗序》云:'以集本校济源石刻,或小不同,疑刻石误。'窃谓:非误也,后或改定尔。故此谱不敢专以碑为正,而存集本于后。"④与此异曲同工的是清人钱彝甫编辑其父钱仪吉文集时对其中《岷阳二帝庙碑》一文的处理办法,该文"刻石时,多所增易,与元本迥殊",因此钱彝甫在将原稿收入文集之后,又将石本的大量异文全部附录在后,"以谂论文者"。⑤ 这两部文集的处理方式都是不再对文字异同做去取或折衷,石本集本并存,在它们的编者看来,两种文本都有意义,不可偏废。从优先选择稿本而非石本,到折衷石本集本择善而从,再到石本集本两本并存,都是为集本辩护的主张落实到文集编纂中的结果。

集本有总集本和别集本之分,总集受到编纂体例和文献来源的影响,文本特点不能一概而论。因此古人谈论集本,大多是指别集本。不过同为别集,文本性质也差别很大。别集本能够反映作者的最终定稿,这一主张建立在如下前提下:文集的编者依据的是作者遗留下来的改定稿,欧阳修特别强调"欲后世以家集为信",用意正在于此。不过这一前提有时也会存在问题。首先,有的作者生前并不留稿,或是遗稿散佚,后人着手编纂文集,只好另行搜罗,这时为求全备,就会依据石本辑入文字,这时石本和集本就是源和流、而非初稿和定稿的关系。其次,一篇文字即使有初稿和定稿两种版本,据以上石的也有可能是定稿而非初稿,例如元元明善(字复初)《东平忠宪王安童碑》,据钱大昕

---

① 〔明〕李贤《古穰集》卷首《古穰文集目录》,国家图书馆藏明成化刻本(善本书号:09098),第20a—20b页。
② 〔宋〕欧阳修《欧阳文忠公集》外集卷二一《集本欧阳氏谱图序》,《四部丛刊》本,第14b页。
③ 关于《欧阳氏谱图》的争议,参见〔明〕杨士奇著,刘伯涵、朱海点校《东里文集》卷五《蜀江欧阳氏族谱序》,北京:中华书局,1998年,第72页;〔明〕费宏撰,吴长庚、费正忠校点《费宏集》卷二〇《读东里集偶记》,第702页。
④ 〔宋〕欧阳修《欧阳文忠公集》外集卷二一《集本欧阳氏谱图序》,《四部丛刊》本,第17a页。
⑤ 〔清〕钱仪吉《衍石斋记事续稿》卷九《岷阳二帝庙碑》,《清代诗文集汇编》第541册,第618页。

云:"苏天爵尝钞其文入《文类》,以石本校之,异者百余字。石本删去数十言,文义更完。碑即元复初所书,故后定之本胜于初稿,文章之贵乎改削如此。"①可见《元文类》依据的是初稿,石本反而更加接近作者的定稿。另外,即使作者亲自编定入集的文本,也不一定就是这篇文章的最佳形态,柯昌泗《语石异同评》云:"宋《贾黯墓志》,王珪《华阳集》亦与石本不同。石本所直书者,集本皆略之。此乃王珪于上石以后写定文集时,虑以文字贻患所追改者。"②在文辞上,反而是没有现实顾忌的石本更胜,作者更加能够畅所欲言。最后,子孙或门人依据作者的遗稿编刻文集时,也不一定完全忠实于稿本。例如归庄校刻曾祖归有光《震川先生集》时,就曾删削和改易原稿,尤其集中于碑志部分。③归庄的行为初衷是删重和订误,但是所删所订都有失当之处④,这就严重失原稿的本真。有鉴于此,有的文人便极力在生前校定出一个定本文集,付之刊刻,"手自点定,不以烦吾友也"⑤,"今此稿已经校雠,凡我门人子姓……戒勿为我润色改窜"⑥,就是希望将文本凝定在自己认可的理想状态,并且拒绝一切后来的改动。尽管"对于像文学作品这样的文化产品,权威的归属必然散出作者的范围"⑦,作者认定的文本也不能抹杀其他文本的价值,但是面对这样的集本,终究是需要另眼看待的。

结 论

回顾关于石本集本的讨论,我们发现前人的论争其实包含三个层面的问题:文字的是非、文辞的优劣和史料的多寡。石本直接来自稿本,文字错误的可能性低于辗转抄写或校刻的集本,但是相较早出且精善的抄本或刻本,这一优势就大为降低。采用作者修订稿的集本,能够反映作者创作的理想状态,但这不是所有集本的共性,并且可能发生编刻者主观改易的风险。石本记载的信息最完备,但是丧家的改动可能违背作者的义例,历史事实的增多可能造成

---

① 〔清〕钱大昕《潜研堂金石文跋尾》卷一九,钱大昕著,陈文和主编《嘉定钱大昕全集》第6册,南京:凤凰出版社,2016年,第458页。
② 〔清〕叶昌炽撰,柯昌泗评,陈公柔、张明善点校《语石 语石异同评》,第397—398页。
③ 参见时鹏飞《明代碑志文本的形成、流变与传播》,《文献》2024年第1期,第181页。
④ 参见〔清〕汪琬《钝翁前后类稿》卷二一《与归玄恭书一》,汪琬著,李圣华笺校《汪琬全集笺校》,北京:人民文学出版社,2010年,第509—510页。
⑤ 〔清〕黄宗羲《南雷文补遗》不分卷《南雷文定凡例四则》,黄宗羲著,吴光主编《黄宗羲全集》第21册,杭州:浙江古籍出版社,2012年,第684页。
⑥ 〔清〕汪琬《钝翁前后类稿》卷首《钝翁自题类稿六则》,汪琬著,李圣华笺校《汪琬全集笺校》,第3页。
⑦ [美]杰罗姆·麦根《现代校勘学批判》,苏杰编译《西方校勘学论著选》,上海:上海人民出版社,2009年,第307页。

文学事实的消亡。现实情形的多样性和问题内涵的多义性导致这一论争不可能有定案,答案很多时候取决于回答者的立场:金石家醉心于搜罗古刻,常常不自觉放大石本的正当性;作者更乐意维持定稿面貌,有时可能排斥石本的许多改动;唯史料论的学者偏爱信息完备的石本,对于文章优劣不免漠不关心。三股力量递为消长,只是近代以来,碑志写作退出历史舞台,作者的消失导致主张集本的声音变弱而已。这场论争的意义不在于得到一个确定的结论,而在于通过反复辩难,穷尽文本流变的可能性,丰富和完善既有文本理论,促进文本处理实践的优化。

唐宋诗筒考:关于9—13世纪"竹筒递诗"风气的事物纪原

李成晴

【内容提要】 面对作为"文学器物"的诗筒,可以从"诗之物"与"诗之事"两个维度对其进行考原。在中古时期,竹筒已经深度参与了古人的日常生活,且被唐人用作盛放卷轴装书籍的书筒。白居易在和元稹异地唱和时,创造性地将竹筒用作邮寄递诗的诗筒,之后被鱼玄机、齐己等诗人所沿承,且被宋人誉为"唐贤存雅制""达者创奇制"而刻意效法。囿于诗筒实物的缺失,有关诗筒的形制及"递诗"制度,可以结合唐宋诗文进行"纸上考古"。由物质性视角切入,可观察诗筒对文学活动事理的载荷,包括对于空间地理阻隔的消泯,诗筒酬答情境中"诗权""诗债"的张力关系,诗筒的比德、寄托,以及诗筒对于"善政""无事"的隐喻。通过对古典诗歌物质载体的"纪原"式研究,可以回归文学文本的物质性特征及文学情境,从而"入乎文献,出乎文学"。

【关键词】 唐宋 诗筒 "诗之物""诗之事" 纪原

一 事与物

明阎敬《事物纪原序》曰:

> 盈天地之间唯万物,亘古今有事变焉。物有万殊,事有万变,而一事一物,莫不有理,亦莫不有原。不穷其理,则无以尽吾心之知;不究其原,又曷从而穷其理哉?[①]

【作者简介】李成晴,北京大学中国古文献研究中心、中国语言文学系副教授。
【基金项目】国家社科基金冷门绝学研究专项"唐宋文集历代版本所见藏书题跋整理与研究"(项目编号23VJXG018)阶段性成果。
① 〔宋〕高承撰,〔明〕李果订,金圆、许沛藻点校《事物纪原》卷首,北京:中华书局,1989年,第1页。

论述"事""物"之名义边界以及穷究"原""理"之重要性，可谓精当肯綮。又明李果《事物纪原序》亦于考求"事""物"之本原的逻辑论说备至："天地之间，广轮之内，亘古及今，其事畛畛，其物輵輵，何者非事，何者非物，事事物物，皆有本原。不求其原，譬犹睹黄河而不知其出于昆仑也，观天地而不明其由于浑沌也。"①实际上，《事物纪原》一书也正是如此践行的，高承很重视"事始"，如名县、祓禊等，皆在考原之中寓观风察俗之义，而不仅仅浅尝辄止于博闻猎奇。

何谓"事物"？"物"（静态＋空间性＋物质性）表空间维度的物质实体，主要指有形之万物，也可指无形之存在（如空间、声音等）；"事"（动态＋时间性＋因果性）表时间维度的事件、现象与活动，可指与人无关的自然现象，更主要指与人有关的制度、掌故、风气沿革等。例如，一棵树、一条河、一枝笔是物，而树的生长、河水的流动、笔的书写则是事。即以诗学而论，北宋林逋曾撰有组诗《赠张绘秘教九题》②，后来杨公远组诗《诗人十事》③亦效法林逋，且增一题。两组组诗的子题分别是：

    诗将、诗家、诗匠、诗笔、诗狂、诗魔、诗牌、诗筒、诗壁（林逋）
    诗家、诗坛、诗将、诗匠、诗笔、诗筒、诗牌、诗壁、诗癖、诗狂（杨公远）

就林逋九题来看，"诗将""诗家""诗匠"表诗人身份，"诗笔""诗狂""诗魔"表诗境，皆属于"诗之事"；"诗牌""诗筒""诗壁"则表诗的物质性载体，是为"诗之物"。"诗之物"相对比较容易清晰界定，林、杨二人所举之外，我们还可举诗卷、诗笺、诗屏、诗扇、诗枕等多种；"诗之事"则涵盖面更广，且往往与人际、风气、习俗乃至文学传统产生复杂关联——举凡诗人的运思与诗文本的生成，诗在物质性载体上的题写、镌刻、刷印等呈现，"诗之物"在空间中的安置、移动与流转，等等，皆属于"诗之事"的范畴。在这个意义上，要研究"诗之物"，应将其置于"诗之事"的文学情境之中；而研究"诗之事"，则应同步考量"诗之物"的"原"和"理"，从而"随事随物，沿流讨源"④。就林逋所举三种"诗之物"来看，诗牌、诗壁已经得到学界相对深入的研究，而诗筒则显得冷落且陌生⑤，在文学器

---

① 〔宋〕高承撰，〔明〕李果订，金圆、许沛藻点校《事物纪原》卷首，第1页。
② 〔宋〕林逋著，沈幼征校注《林和靖集》，杭州：浙江古籍出版社，2012年，第48—53页。
③ 杨镰主编《全元诗·杨公远》，北京：中华书局，2013年，第242页。
④ 〔清〕孙士毅《〈事物异名录〉序》，〔清〕厉荃辑，关槐增纂《事物异名录》卷首，天津图书馆藏清乾隆五十三年（1788）刻本，第2a叶。
⑤ 已有研究往往止于初步介绍，既不够系统也不够深入，参见欧阳光《诗筒与古代文人交往》，《文学遗产》1999年第2期；张秉旺《莫把诗筒作诗囊》，《红楼梦学刊》2000年第3期；吴淑玲《唐朝的诗筒》，《语文新圃》2008年第12期；孟晖《算袋与诗筒》，《紫禁城》2011年第8期；张静波《"找回"诗筒》，张静波《文房撷微》，北京：中国言实出版社，2020年，第111—122页；尚永亮《贬迁视域下的元、白唱和与时段特点》，《文艺研究》2023年第8期。

物史上并未显现真容。本文拟补此阙典,进而窥探9—13世纪文学文本的物质性以及"诗—人—事—物"的互动关系。需要预加表出的是,本文凡引宋诗,主要依据《全宋诗》①,为避繁琐计,不再一一出注。

二 从竹筒、书筒到元白诗筒

诗筒的材质为竹筒,蘖始于元白唱和时的竹筒递诗,这已经成为探研诗筒问题的前置性公共知识②。相比较于诗筒在9世纪始进入元白等士人的文学世界,竹筒、木筒参与古人的日常生活则要早得多——早在新石器时代河姆渡文化便有漆木筒出土(图1、图2、图3)③,而战国时期的竹筒器具也有考古发掘,如湖北荆门包山2号墓的彩绘凤纹竹筒(图4)④。包山墓所出竹筒有底有盖,已经具备了后世竹书筒、竹诗筒的各项要素。东汉以后,举凡米、盐、茶、药、酒、箅等生活用品以及鱼、蝎等生物,乃至棋子、擊签、蓍草、钱币等,皆可于竹筒中盛之。⑤尤其有趣的是,汉代赵广汉已然注意到竹节天然具有的中空且两段封闭的特点,乃"教吏为缿筒"。何为"缿筒"？考《汉书》注:

> 孟康曰:"筒,竹筒也,如今官受密事筒也。"师古曰:"缿,若今盛钱臧瓶,为小孔,可入而不可出。或缿或筒,皆为此制,而用受书,令投于其中也。筒音同。"⑥

此外,因其廉便易得且坚固耐用的特点,竹筒在中古时期很早就被用作邮递物

---

① 北京大学古文献研究所编,傅璇琮、倪其心、孙钦善、陈新、许逸民主编《全宋诗》,北京:北京大学出版社,1991—1998年。
② 欧阳光、吴淑玲考诗筒史源,皆首举白居易《醉封诗筒寄微之》。
③ 系采用整段圆木刳空制成,形似一段中空的竹筒。内、外壁磋磨光洁,断面近似椭圆,器壁厚薄均匀,外壁两端缠有多道藤箍。出土时外壁有髹漆,呈金黄色。因保存条件不足,现已褪色。参见浙江省博物馆"馆藏精品",https://www.zhejiangmuseum.com/cn/#/Collection/ExcellentCollection/27396。
④ 通高28.8cm,直径6.7cm。木质盖、竹质筒身。器物外表涂有黑漆,再以红、黄、金三色彩绘进行装饰。参见湖北省博物馆"典藏·漆木器",https://www.hbww.org.cn/qmq/p/4979.html。
⑤ 例如,《抱朴子》记竹筒盛丹砂、雄黄;《华阳国志》记竹筒盛火光;《肘后备急方》以竹筒装药;《齐民要术》记筒炙、椰子酒筒;张守节《史记正义》引《续齐谐记》记祭祀屈原系"以竹筒贮米投水祭之";《编珠》记以竹筒盛鱼;《白氏六帖》引《郭文传》记以竹筒为甑,又以竹筒盛棋子;《太清石壁记》记竹筒盛朱砂;《法苑珠林》《续高僧传》记以竹筒盛像色金;《酉阳杂俎》记竹筒盛蝎;《独异志》引《华阳国志》记竹筒中出男婴,长为夜郎侯;《文选》吕延济注谓竹筒盛桃笙竹簟与象牙簟;《千金方》记竹筒董、烟熏;等等。在唐代,竹筒多被用于盛酒,且有"郫筒"之名。杜甫《将赴成都草堂途中有作先寄严郑公五首》"酒忆郫筒不用酤"即咏之,且自注曰:"郫县酒。以竹筒盛之。"[唐]杜甫著,谢思炜校注《杜甫集校注》卷十三,上海:上海古籍出版社,2015年,第2049页。当然,到了宋代,载籍更见竹筒被作为画筒盛画,或者养梅艺花,如邓深诗题《竹筒养梅置窗间》。
⑥ [汉]班固撰,颜师古注《汉书》卷七六,北京:中华书局,1962年,第3201页。

品的外包裹。例如,《高僧传》记晋代有僧饮酒,释法遇只是罚而不遣,"安公遥闻之,以竹筒盛一荆子,手自缄封,以寄遇,遇开封见杖,即曰:'此由饮酒僧也,我训领不勤,远贻忧赐。'"①

图 1　　　　　　图 2　　　　　　图 3
新石器时代河姆渡文化漆木筒,河姆渡遗址出土,浙江省博物馆藏

图 4　战国彩绘凤纹竹筒,1986 年荆门包山 2 号墓出土,湖北省博物馆藏

中古时期,书启、书籍、书法作品等皆为写卷形态,于是,竹筒便天然地适合贮藏卷起来的纸张或书籍。竹筒传递书信,最为知名的掌故便是陆机的黄耳书筒。《晋书·陆机传》曰:

---

① 〔南朝梁〕释慧皎撰,汤用彤校注,汤一玄整理《高僧传》卷五"晋荆州长沙寺释法遇",北京:中华书局,1992 年,第 200—201 页。

初机有骏犬,名曰黄耳,甚爱之。既而羁寓京师,久无家问,笑语犬曰:"我家绝无书信,汝能赍书取消息不?"犬摇尾作声。机乃为书以竹筩盛之而系其颈,犬寻路南走,遂至其家,得报还洛。其后因以为常。①

按《晋书》之史源出自《述异记》,唐宋类书如《艺文类聚》《初学记》《太平广记》《册府元龟》等皆载此事。又《隋书·史万岁传》称"万岁以水陆阻绝,信使不通,乃置书竹筒中,浮之于水。汲者得之,以言于素"②,则又同时利用了竹筒防水可浮的特性。至于竹筒之存藏书籍,则见于刘敬叔《异苑》载:"晋宁康初,襄城寺法味道人忽遇一老公,着黄皮衣,竹筒盛此书,以授法味。"③《隋唐嘉话》则记瓦官寺鸱吻竹筒藏王羲之法书④,大约也是有见于用竹筒盛法书纸卷可以对抗岁月侵蚀的耐久性。

就存世史料来看,在唐代,出行之人随身佩戴皮质圆筒/长方筒或算袋⑤,已成风习,《步辇图》(图5、图6)中吐蕃使者禄东赞腰带上垂挂着的便是。这一器物传统,在宋元人那里似乎仍不陌生,宋梁楷绘《八高僧故事图》,"白居易身后有男仆提着一只长圆筒。这类长筒呈现为大致相同的形式,即一条长索兜底而起,纵贯一只长筒两侧对称的系列贯耳,最后在筒盖上方合系成提索"⑥。不过,单就图像尚不确定此长圆筒的材质为何。与皮质圆筒相雁行的,竹筒已经被广泛地用作书筒,合州巴川郡甚至以竹书筒作为土贡,如《新唐书·地理志》载合州巴川郡土贡有"麸金、葛、桃竹箸、双陆子、书筒、橙、牡丹、药实"⑦。晏殊《类要》、乐史《太平寰宇记》略同⑧。当然,竹书筒也颇受文士之喜爱,李白《酬宇文少府见赠桃竹书筒》曰:"桃竹书筒绮绣文,良工巧妙称绝群。灵心圆映三江月,彩质叠成五色云。中藏宝诀峨眉去,千里提携长忆君。"⑨所咏桃竹,乃竹之一种,《苕溪渔隐丛话》谓:"桃竹,叶如棕,身如竹,密节而实中,犀理瘦骨,天成拄杖也。岭外人多种此。"胡三省《通鉴注》亦曰:"桃竹,桃枝竹也,今江南有之。"⑩《海录碎事》据李白诗,专列"桃竹书筒"⑪一目。另,吕温亦

---

① 〔唐〕房玄龄等撰《晋书》卷五四,北京:中华书局,1974年,第1473页。
② 〔唐〕魏征、令狐德棻撰《隋书》卷五三,北京:中华书局,1973年,第1354页。
③ 〔宋〕刘敬叔《异苑》卷五,台北"国图"藏明万历间胡震亨刊崇祯间毛氏汲古阁印秘册汇函本,第8a叶。
④ 〔唐〕刘𫗧撰,程毅中点校《隋唐嘉话》下,北京:中华书局,1979年,第54页。
⑤ 孟晖《算袋与诗筒》,《紫禁城》2011年第8期。
⑥ 孟晖《李贺苦吟图》,https://www.douban.com/note/622029674/?_i=7692322Kb-FGKv。
⑦ 〔宋〕欧阳修、宋祁撰《新唐书》卷四二,北京:中华书局,1975年,第1090页。
⑧ 〔宋〕晏殊《晏元献公类要》卷八,中国国家图书馆"平馆藏书"清钞本,第10b叶;〔宋〕乐史撰,王文楚等点校《太平寰宇记》卷一三六,北京:中华书局,2007年,第2656页。
⑨ 〔唐〕李白著,王琦注《李太白全集》十九,北京:中华书局,1977年,第872页。
⑩ 〔唐〕李白著,王琦注《李太白全集》卷十九,第872页。
⑪ 〔宋〕叶廷珪撰,李之亮校点《海录碎事》卷九上,北京:中华书局,2002年,第391页。

有"匣有青萍筒有书"①之句,吴淑玲认为这样的"筒"一般是竹筒②。以竹筒作书筒,其内在理路与中古写卷本书籍的形制有关,"唐时书籍皆作卷而不作册,故可入筒"③。

图 5　　　　　　　　图 6

唐阎立本《步辇图》(局部),北京故宫博物院藏

在唐宋人的语境中,书筒往往指寄递书启之竹筒④,倘此书筒在寄递书启时附有诗笺⑤,自然也可称"诗筒"。赵蕃《呈季承》:"发舒言笑非关酒,慰藉辛勤一以诗。……但恐衡阳无过雁,书筒不至费人思。"赵蕃《寄周昭礼》:"漫从诗卷追还往,肯向书筒计密疏。"刘克庄《次韵黄户曹问讯二首》其二:"乾鹊噪檐无别喜,书筒诗卷远相求。"陈必复《寄石泉云间明府叔》其三:"别去诗难稳,愁来酒易空。相看才数驿,好为寄书筒。"由诸例皆可见出,诗人虽云所寄为书筒,但内含之物实际为诗稿,故诸例名义上的书筒亦即实质意义上的诗筒。

至于径直将盛诗的竹筒称为"诗筒"的,则始于白居易。《唐语林》载白居

---

① 黄仁生、罗建伦点校《唐宋人寓湘诗文集》卷六,长沙:岳麓书社,2013年,第273页。
② 吴淑玲《唐朝的诗筒》,《语文新圃》2008年第12期。
③ 〔唐〕李白撰,安旗、薛天纬、阎琦、房日晰笺注《李白全集编年笺注》卷一,北京:中华书局,2015年,第16页。
④ 〔宋〕王十朋《书筒铭》:"交游解散兮,书不可已,尔为鱼雁兮,通面目于千里。"曾枣庄、刘琳主编《全宋文》卷四六三七,第209册,上海:上海辞书出版社、合肥:安徽教育出版社,2006年,第148页。〔宋〕方大琮《与赵西宗希政书》:"某蠹留京,望罗浮数千里,书筒不废往来。"《全宋文》卷七三八二,第321册,第345页。〔宋〕刘克庄《与郑丞相论史书》:"某始有书筒往复,俄皆缇骑挟去。"《全宋文》卷七五六〇,第328册,第415页。〔宋〕文天祥《与颜县尉复古书》:"追忆是数年来,书筒无虚月,分袂亦不太久,未有如今之疏者也。"《全宋文》卷八三〇三,第358册,第297页。
⑤ 关于唐宋时期"诗、书并投"的书札制度,参见李成晴《唐集"以书为序"考》,《北京大学学报(哲学社会科学版)》2023年第6期。

易任杭州刺史,"日以诗酒寄兴……后元稹镇会稽,参其酬唱,每以筒竹盛诗来往"①。覆按《白氏文集》,尚多其证,《醉封诗筒寄微之》曰:"为向两川邮吏道,莫辞来去递诗筒。"②后来,白居易自杭州除官赴阙,留赠元稹有句曰:"两乡默默心相别,一水盈盈路不通。从此津人应省事,寂寥无复递诗筒。"③再后来,追忆杭州往事,乐天又于《秋寄微之十二韵》说:"忙多对酒榼,兴少阁诗筒。"自注:"比在杭州两浙唱和诗赠答,于诗筒中递往来。"④可见"诗筒"已经在白诗体系中成为稳定的文学器物意象。也正因如此,后世载籍,多留意于记述元白诗筒之掌故,如宋林洪《山家清事》"诗筒"条曰:

> 白乐天与元微之常以竹筒贮诗,往来赓唱,和靖翁故有"带班犹恐俗,和节不防山"之句。每谓既有诗筒,可毋吟笺,以助清洒。⑤

且谓诗筒葵笺之法,"愈于题芭蕉书柿叶者"⑥。胡震亨《唐音癸签》称:"诗筒始元白。白官杭州,元官越州,每和诗,入筒中递之。白有诗云:'为向两州邮吏道,莫辞来去递诗筒。'"⑦"诗筒始元白"五字,可谓一锤定音。唐人其他诗筒递诗者如鱼玄机与李郢"居止接近,诗筒往反"⑧,齐己与廖图"诗筒往来不绝,警策极多,必见高致"⑨,当皆是对元白故事的效仿。

三 "唐贤存雅制":诗筒递诗的宋承唐法

如上节所考,在唐代,诗筒递诗于元白处创始,因继者仅鱼玄机、齐己等例而已。不过,到了宋代,这一创制却由滥觞而蔚为大国。如"唐宋变革论"者所涉及的,《宋史》《文献通考》等屡言"宋承唐制""宋承唐之法",主要就职官、建制层面立言;实际上,在文学传统、文献制度、文学器物层面,唐代也往往作为两宋的大辂之椎轮——换句话说,很多"物""事"在唐人那里仅仅偶一为之,但经过宋人有意识地承续,知其"原"而阐其"理",转相效仿,遂成大观,诗筒递诗即是一典例。

---

① 〔宋〕王谠撰,周勋初校证《唐语林校证》卷二,北京:中华书局,2008年,第144—145页。
② 〔唐〕白居易撰,谢思炜校注《白居易诗集校注》卷二三,北京:中华书局,2006年,第1806页。
③ 〔唐〕白居易《除官赴阙留赠微之》,〔唐〕白居易撰,谢思炜校注《白居易诗集校注》卷二三,第1825页。
④ 〔唐〕白居易撰,谢思炜校注《白居易诗集校注》卷二四,第1883页。
⑤ 〔宋〕林洪《山家清事》不分卷,明正德嘉靖间顾氏夷白斋刻阳山顾氏文房小说四十种本,第4b叶。
⑥ 〔宋〕林洪《山家清事》不分卷,第5a叶。
⑦ 〔明〕胡震亨《唐音癸签》卷二九,日本国立公文书馆内阁文库藏清康熙内府刻本,第8b叶。
⑧ 〔元〕辛文房《唐才子传·鱼玄机》:"与李郢端公同巷,居止接近,诗筒往反。"〔元〕辛文房著,傅璇琮主编《唐才子传校笺》卷八,北京:中华书局,1990年,第3册第450页。
⑨ 〔元〕辛文房著,傅璇琮主编《唐才子传校笺》卷十,北京:中华书局,1990年,第4册第480页。

要考论宋人于诗筒递诗的"宋承唐法",我们不妨从宋人诗作、著述对诗筒制度的确认以及宋人对诗筒的实际使用这两个维度展开。

宋人在诗作中,会明确认定诗筒递诗乃是一种传承自元白的文学制度。如林逋《赠张绘秘教九题·诗筒》题注曰:"乐天早与微之唱和,常以竹筒贮诗往还。"且将诗筒誉为"唐贤存雅制"。① 石介《竹书筒》其二"达者创奇制",释智圆《拟洛下分题·递诗筒》"元白旧裁制,规模传至今",皆若合符契般地点出诗筒之"制"渊源于元白。至于宋人在赠答诗中用元白诗筒之典,更是俯拾皆是。② 复次,宋人在诗话、类书、诗注等著述,以及各体文章中,也反复确认元白在诗筒制度上的创始地位。《诗林广记》引《诗话》云:"元微之守会稽,白乐天牧苏台,置驿递诗,往来谓之诗筒。"③《事文类聚》"诗筒"条、《群书通要》"元白诗筒"条全同。④《联新事备诗学大成》于"诗赋"门"事类"也立"诗筒"一目,注曰:"林逋曰:元白唱和,以筒著诗往来,谓之诗筒。"⑤ 在宋人的载述中,有时尽管不称"诗筒"之名,实亦诗筒,如黄庭坚《寄李次翁》:"文字寄我来,官邮远飞橐。"任渊等注《山谷集》便谓"橐谓置筒也"⑥,且引白居易掌故为证。近似的,陈与义《次韵乐文卿北园》"且复高吟置余事,此生能费几诗筒",尽管未明言对元白诗筒的接续,但胡稚注却明确点出:"唐潘远《纪闻录》:'元微之守浙东,白乐天牧苏台,常以竹筒着唱和诗,令驿吏递之,号诗筒。乐天《醉封诗筒》诗:'为向南州邮吏道,莫辞来去递诗筒。'"⑦(图7)亦可见任渊、胡稚将所注诗典融入元白诗筒范式的努力。

---

① 〔宋〕林逋《赠张绘秘教九题·诗筒》。
② 例如,〔宋〕赵抃《武林即事寄前人二首》其一曰:"东州赖有微之约,曾寄诗筒递百篇。"〔宋〕姚原道《送程给事知越州》曰:"皋夔勋鼎先三事,杭越诗筒第一章。不比当年元与白,锦衣易地镇仙乡。"〔宋〕王庭圭《和曾英伯》曰:"马上皱眉应得句,诗筒聊复寄微之。"〔宋〕李正民《次韵叶舍人》其一曰:"邮置未传殷浩信,筠筒先寄乐天诗。"〔宋〕姜特立《和答巩提干见贺浙东总戎》曰:"诗筒从此长来往,应有人编唱和篇。"尽管我们无法确知五人实际的诗作寄送情况,但五人显然很乐意效元白诗筒递诗之故事。
③ 〔宋〕蔡正孙撰,常振国、降云点校《诗林广记·前集》卷十,北京:中华书局,1982年,第173页。
④ 〔宋〕祝穆、〔元〕富大用《新编古今事文类聚·别集》卷九,明万历三十二年金陵书林唐富春德寿堂刻本,第3b叶;〔元〕佚名《群书通要·己集》卷三,清嘉庆宛委别藏本,第2a叶。
⑤ 〔宋〕毛直方辑,林祯增辑《联新事备诗学大成》卷十七,明嘉靖二十年建邑书林刘氏刻本,第5b叶。
⑥ 〔宋〕任渊等注:"橐谓置筒也。白乐天云:与微之唱和,来去常以竹筒贮诗。又有诗云:寂寥无复递诗筒。"〔宋〕黄庭坚撰,〔宋〕任渊、史容、史季温注,刘尚荣点校《黄庭坚诗集注·外集》卷十,北京:中华书局,2003年,第1120页。
⑦ 〔宋〕胡稚笺注《增广笺注简斋诗集》卷八,清嘉庆宛委别藏本,第4a叶。

图7　胡稚笺注《增广笺注简斋诗集》卷八，清嘉庆宛委别藏本

至于文章偶及者，胡宿《太傅致仕邓国公张公行状》称其"与故相宫师陈公角才联唱，诗筒日至，缙绅多传讽焉，况之刘、白"[1]。据傅自得《海录碎事后序》，傅自得佐临漳郡事，叶廷珪送之，提醒他"元白诗筒幸寄将"[2]。在这样的艺林共识影响之下，宋梁楷《八高僧故事图》(图8、图9)在塑造白居易形象时，甚至也不忘让其仆从携带最具辨识性的文学器物——诗筒。

图8　　　　　　　　　　　　图9
宋梁楷《八高僧故事图》(局部)，上海博物馆藏

对元白诗筒之文学器物制度的确认，会直接作用于宋人递诗时对诗筒

---

① 《全宋文》卷四六七，第22册，第216页。
② 〔宋〕傅自得《海录碎事后序》，《全宋文》卷四六七六，第211册，第31页。

的偏爱。在苏轼与友人那里,"响答诗筒"成为了他们之间思之欣慰的"数年来故事"[①]。宋人喜欢将诗筒称作"邮筒",而李流谦《送宣孺摄邑古郫》已明确说"邮筒即诗筒"。宋人如黄庭坚、文彦博、项安世、张孝祥等[②],皆在诗中概括性地呈现了诗筒递诗的文学情境。宋人一次次诗筒递诗的行为,也在仪式感的层面让自己与元白风神相接续,从而跻身理想中的诗人行列。

就载籍可考者而言,本节小标题中的"宋承唐法",在元白诗筒层面最典型的例证当属王十朋。王十朋对元白诗筒之轶事自然是熟稔的,他曾在《梅溪集》中反复咏叹之[③],在撰作《会稽风俗赋》时更是言及:"唐元微之一代奇才,罢侍玉皇,谪居蓬莱,宾窦邻白,唱酬往来,繇是鉴湖秦望之奇益闻,故其俗至今好吟咏,而多风骚之才。"复自注曰:

> 唐元稹字微之,罢相为浙东观察使,辟窦巩为副,巩工于诗,与之酬和,故鉴湖秦望之奇益传,时号兰亭绝唱。微之《州宅》诗云:"我是玉皇香案吏,谪居犹得小蓬莱。"时白乐天守杭,常以诗筒往来,后白赴阙,留赠云:"从此舟人应省事,寂寥无复递诗筒。"[④]

王十朋之异于他人处在于,形诸文字之外,他会身体力行地将诗筒真实地用于诗友唱酬的文学活动之中。宋孝宗隆兴(1163—1164)间,王十朋与陈阜卿、洪迈、王秬、何麒等结楚东诗社,不过,五人在地理上并非保聚一处,而是散官三地(王十朋任饶州太守,陈阜卿任洪州太守,洪迈任吉州太守,王秬任洪州通判,何麒任饶州提点刑狱公事)。于是,五人更多地从事跨越地理阻隔的"纸上雅集",通过诗筒递诗的方式联吟酬唱[⑤],以尽意趣。陈阜卿曾致书王十朋云"闻诗筒甚盛,可使流传江西否",王乃诗筒寄诗且调侃曰:"江西大帅本仙官,余事篇章过定安。欲遣诗筒寄诗伯,恐嫌白俗孟郊寒。"(《陈阜卿书云闻诗筒甚盛可使流传江西否戏用竹萌韵以寄》)又王十朋《与惠夫若拙小酌郡斋再用

---

① 〔宋〕苏轼《与钱穆父二十八首·二五》,〔宋〕苏轼撰,〔明〕茅维编,孔凡礼点校《苏轼文集》卷五一,北京:中华书局,1986年,第1509页。

② 〔宋〕黄庭坚《答王晦之见寄》"邮筒朝解得君诗",《答和孔常父见寄》"邮筒开处得新吟";〔宋〕文彦博《答青州相公二首》其一"邮筒千里贶新诗",《运判秘丞袁以某自大水后久无燕集声酒之乐贻书问念继以佳章辄依来韵和呈黄荦》"继走邮筒惠讯频";〔宋〕项安世《寄罗机宜竟陵督捕六首》其五"新诗细入邮筒";〔宋〕张孝祥《栖真寄南康钱守》"作诗付邮筒,聊复寄消息"。

③ 王十朋有三诗题,如《陈阜卿书云闻诗筒甚盛可使流传江西否戏用竹萌韵以寄》曰:"江西大帅本仙官,余事篇章过定安。欲遣诗筒寄诗伯,恐嫌白俗孟郊寒。"《哭陈阜卿》其三曰:"诗筒续元白,治境接龚黄。"《次韵李怀安赠何宪五绝》其五曰:"元白诗筒数往还,小生阁笔愧言艰。"

④ 《全宋文》卷四六一四,第208册,第137页。

⑤ 关于王十朋等楚东诗社的研究,可参欧阳光《诗筒与古代文人交往》,《文学遗产》1999年第2期;丁放、张晓利《〈楚东酬唱集〉考论》,《安徽师范大学学报(人文社会科学版)》2013年第1期;刘宁《楚东诗社研究》,曲阜师范大学硕士学位论文,2016年;傅璇琮、辛更儒主编《宋才子传笺证·南宋前期卷·洪迈传》,沈阳:辽海出版社,2011年,第338—339页。

联字韵并寄子绍》曰:"天遣西来结诗社,邮筒毋惜往来传。"后来,历次的诗筒唱和被编为《楚东酬唱集》(惜已佚),张孝祥读后感叹说"骅骝参队宝花鲜""却悔来迟不与编"①。到了乾道元年(1165),"何麒的去世、王十朋的离任、《楚东酬唱集》的刊刻,使得楚东诗社的活动暂告一段落。但由于诗社诗筒传递的特殊方式,诗社活动并没有随着社友的各奔东西而告结束"②。

尽管宋人深谙元白诗筒掌故,并身体力行,但从诗境的避复追求角度看,如果某氏文集终其一生皆用元白诗筒之典,未免单调。实际上,他们也有意识地在诗文中引入诗筒的其他关联典故,从而丰富诗筒的典故群。例如,王十朋《诗筒铭》曰:"我腹空虚兮,好斐然而成章。尔腹空洞兮,宜为吾之锦囊。"③即是用李贺锦囊觅诗之典。李正民《和邦求见寄》本系和诗付邮,结句却说"漫凭黄耳附书筒",则是用陆机黄耳书筒之典以写诗筒。

四 唐宋诗筒的形制与"递诗"制度

在唐代,竹筒、书筒、诗筒之外,并没有太多别称,于此也能见出其作为文学器物的应用并不广泛;到了宋代,诗筒也被称作"吟筒""笺筒""邮筒""驿筒""递筒""递诗筒""筠筒""碧筒";倘所寄为书札,则称"书筒""讯筒""信筒"④,名目已然繁夥。宋代诗筒的材质,竹筒之外,也有皮筒、木筒⑤、纸筒等品类;不过,总体而言,竹筒仍占最大宗。《皇朝事实类苑》卷六一"重带书筒照袋"下注曰:"书筒乘启状,照袋贮笔砚纸墨,照袋制已具前说。"⑥可惜书中仅述照袋之"制",却没有记述书筒之"制"。岁渺尘封,我们今天已经难以觅得哪怕一件唐宋诗筒的原物,但综合文献记载和绘画图像,仍可对诗筒形制与"递诗"制度作一"纸上考古"。

首先是竹筒的尺寸。北宋石介在《竹书筒》诗中曾不吝笔墨地描摹竹书筒曰:"截竹功何取,为筒妙可谈。长犹不盈尺,青若出于蓝。浮薄瓤皆去,欹釜节独堪。谁言但空洞,自是贵包含。"王迈《许宰和篇至再用韵谢》也说:"笔力重于丈二殳,诗筒敏似尺一檄。"宋代的一尺通常在 31 厘米左右⑦,考《绍兴御

---

① 〔宋〕张孝祥《夜读五公楚东酬唱,辄书其后,呈龟龄》,〔宋〕张孝祥,辛更儒校注《张孝祥集编年校注》卷七,北京:中华书局,2016 年,第 253 页。
② 丁放、张晓利《〈楚东酬唱集〉考论》,《安徽师范大学学报(人文社会科学版)》2013 年第 1 期。
③ 《全宋文》卷四六三七,第 209 册,第 148 页。
④ 或谓今人称"信",古人未必称书札为"信",实为想当然耳。〔宋〕宋庠《送蒋御史领江东运使》尾联曰:"先秋若有离怀咏,剩取芳筠作信筒。"即是一证。
⑤ 在宋代,书筒也有用相思木制作者,《(淳熙)三山志》卷四二:"相思(木坚,又堪作器用、几案、棋局、书筒之属。子冬实如红豆。《吴都赋》曰:相思之树。)"〔宋〕梁克家纂修《(淳熙)三山志》卷四二,日本国立公文书馆内阁文库藏明万历刻本,第 1b 叶。
⑥ 〔宋〕江少虞辑《新雕皇朝事实类苑》卷六一,日本元和七年活字印本,第 5a 叶。
⑦ 陆雪梅《从苏州博物馆藏宋尺谈起》,《东南文化》2002 年第 11 期。

府书画式》,宋代纸张的高度,恰可被一尺之竹筒所容下。也正因竹筒尺寸如此,且轻便,遂得"轻筒"①之名,士人可以"居常置几案,出或系骓骖"(石介《竹书筒》其一)、"提携力易任"(石介《竹书筒》其二)、"提携童仆谙"(石介《竹书筒》其一)、"奚奴携去又携来"(杨公远《诗筒》),可见一尺之诗筒成了文人的日常伴随物。甚至有人会将诗筒置于怀袖之中,如赵抃《次韵前人见寄》曰:"诗筒把玩初藏袖。"袁说友《和许深父转运判官韵二首》其一也说:"诗筒却趁邮筒急,吟到扬州更袖呈。"诗筒既然可以"袖呈",自然不会太粗笨,我们通过观察清代民国时期的竹制诗筒、香筒(图10、图11、图12),尚可依稀想见宋代之前这种竹制"轻筒"的模样。

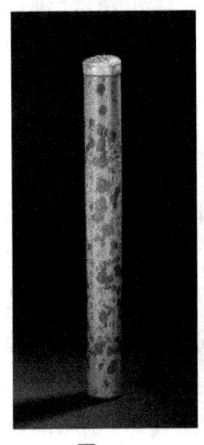 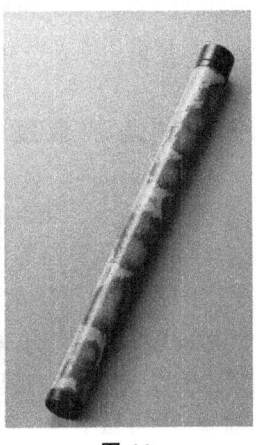 

图10　　　　图11　　　　图12
清代民国时期的竹诗筒、香筒

关于竹筒的外层,李白《酬宇文少府见赠桃竹书筒》称"桃竹书筒绮绣文"②,似有雕镂。可能是出于防蛀防腐的考虑,唐宋时期的诗筒外部也会上漆,《古尊宿语录》载:"因僧人事一个书筒,师问曰:'是个什么?'僧云:'和尚识取好。'师云:'元来是个漆桶。'"③不过,在崇尚简约自然之美的宋人眼中,于诗筒更贵其天然"俭朴",而不屑于"雕镂""丹漆"④,林逋甚至有句"带班犹恐俗",也就是说,诗筒尚素雅,即便用班竹(斑竹)做诗筒,也容易使人因其装饰性而目诗筒为俗物。相反地,宋人对青竹筒的碧玉之色甚是喜爱,洪咨夔《和赵保之青田即事》就说"诗筒入手如见面,金井新泉生玉色"。并且,在这种素雅诗

---

① 〔宋〕宋祁《汉南州按行江涘以诗见寄》曰:"轻筒络绎传清唱,知在春烟几曲溪。"
② 〔唐〕李白著,王琦注《李太白全集》卷十九,第872页。
③ 〔宋〕赜藏主编集,萧萐父、吕有祥、蔡兆华点校《古尊宿语录》卷二三"汝州叶县广教(归)省禅师语录·广教勘辩语并行录偈颂",北京:中华书局,1994年,第442页。
④ 〔宋〕石介《竹书筒》其一、其二。

筒的影响下，宋瓷也出现青玉色的竹筒形瓶，"它的设计或即从竹筒取意"[①]。

接下来，拟集中讨论诗筒"递诗"之制度。我们需要首先明确，诗筒在邮递之前，可以作为诗人的文房器物，用以存藏诗稿，这一情境在宋摹唐阎立本《萧翼赚兰亭图》（图13）中可以约略看到。另考楼钥《雪》诗有句曰"见之跃跃忽技痒，起呵冻笔寻诗筒"，形象地刻画出诗人在思得良句后急切地想要收入诗筒的情态，反映出诗筒在文房中作为"临时文稿箱"的作用。

图13　唐阎立本《萧翼赚兰亭图》（局部，宋人摹本）

在旅行途中，诗筒也发挥着收纳的作用，一如李贺骑驴觅诗典故中的"锦囊"。通过宋诗文献如杨万里《新路店道中》"染得笔头生五色，急将描取入诗筒"、张镃《夜坐放歌书兴》"筒中满贮千张纸，一路山川供役使"、陈文蔚《追赋九华》"景遇可题品，一一归诗筒"、释则安《和李公蕴宝林院岩香阁》"吟钵聊先击，诗筒更远提"，我们皆可想见诗筒随行的情境。通过宋画文献如梁楷《八高僧故事图》（图8）、佚名《寒林策蹇图》（图14、图15），我们也能看到诗筒物象对诗人行旅画境的参与。尤其有意思的是，在宋佚名《春宴图卷》（图16－图20）中，共出现三件提筒，其中两件为长方体的皮筒，另一件则为圆柱体的竹制诗筒，更加可以窥见以竹筒制成的诗筒，在功能上区别于盛装其他日用物品的皮

[①]　扬之水《宋代花瓶》，北京：人民美术出版社，2013年，第14页。

筒——诗筒,是诗人专用的文学器物。

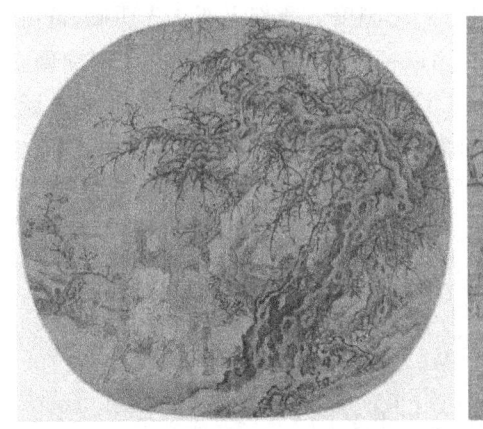 

图 14　　　　　　　　图 15

宋佚名《寒林策蹇图》,上海博物馆藏

图 16　　　　　图 17　　　　　图 18

图 19　　　　　图 20

宋佚名《春宴图卷》(局部),北京故宫博物院藏

从诗筒的第一实用功能看，诗筒乃是"将诗笺装于竹筒中封固，由仆从、驿马传递时可免褶皱或濡湿而受损"①。竹筒通过蜡封密闭而防水防私启，并且因竹筒与纸卷的形制特征相匹配，因此也可使诗卷或诗笺免于折叠，此即徐积所谓"筒护纸"②。王洋《和方签判诗乞芭蕉于教官》所谓"句后卷诗筒"，恰也证明诗笺会卷起置于诗筒之中。

唐宋时期，诗筒递诗通常会伴随书信，因此诗筒需要封缄。白居易《与微之唱和来去常以竹筒贮诗陈协律美而成篇因以此答》有曰"拣得琅玕截作筒，缄题章句写心胸"③，写诗句需要"缄题"。宋人诗句中也多见"缄"字、"封"字来写寄诗筒前的准备工作。④从接收诗筒者那里看，自然也会有启封的环节，如陈造《程帅和陶二诗见忆次韵》曰"启筒有获，如渴吸江"，无庸赘述。

诗筒投递一次，可以只是一首或数首诗。赵抃《寄谢蒙州守周源屯田》颔联曰"剑栈过来才一月，诗筒传得已三篇"，察其语意，很可能诗筒频寄，一筒一篇。当然，诗筒也可以含容几十上百篇之多的诗卷，如赵抃《武林即事寄前人二首》其一谓"东州赖有微之约，曾寄诗筒递百篇"。再考葛胜仲《跋胡德辉（珵）诗卷》"邮筒远相饷，我岂今衡尺"，可知胡珵所寄，至少有一卷。更有章焘与里中诗人周紫芝赓酬还往，杨万里形容其酬唱集为"诗筒牛腰"⑤，虽不无夸饰，也足见只要有足够粗的竹子（直径可达 30cm 以上），是可以容纳巨型诗卷的。

诗卷之外，诗筒邮寄时，偶会置入其他周边文献。朱熹《奉同张敬夫城南二十咏·纳湖》曰"诗筒连画卷，坐看复行吟"，可推证张栻在寄给朱熹的诗筒中，不但有城南诗作，还有城南景致的画卷。更为有趣的是，诗人在诗筒递诗时，还会利用诗筒的空间，放入花枝以赠友。王十朋《吴秀才克家以寿乐莲洲中千叶梅花为赠酬以诗》曰："玉润冰清总佳士，驿筒相继赠春光。"张孝祥《次韵左举善木樨》曰："一枝并与诗筒馈，气压西湖万斛秋。"蒲寿宬《梅阳郡斋铁庵梅花五首》其三曰："岂无可以赠，折枝寄邮筒。"只是我们无法想见，在邮递费时较久的宋代，诗筒是如何处置从而尽量使得花枝不会枯萎过甚。

寄送诗筒，可以通过私人捎带，更多的则是通过官邮驿递，如杨亿《钱易赴蕲春》"邮舍递诗筒"，欧阳修《送润州通判屯田》"寄诗宜逐驿筒来"，赵抃《次韵

---

① 张秉旺《莫把诗筒作诗囊》，《红楼梦学刊》2000 年第 3 期。
② 〔宋〕徐积《雪》其六："犬信宜将筒护纸，鸿书须用帛为笺。"
③ 〔唐〕白居易撰，谢思炜校注《白居易诗集校注》卷二三，第 1817 页。
④ 〔宋〕杨公远《诗筒》："一节此君缄锦绣。"〔宋〕韩淲《叔逢尊兄同二犹子季夏奉先翁南山先生初忌祠事宿安固山房长佺赋诗和章盈握余时客峨下莫与省扫东望悲哽人秋乃能赓载随韵写情不敢自以为诗也》："诗筒南山来，缄题手亲揭。"〔宋〕冯山《谢梓漕李琮献甫寄余甘》曰："筠筒手封羃。"
⑤ 〔宋〕杨万里《刑部侍郎章公墓志铭》曰："公于文皆工，而尤工于诗。与里中诗人周紫芝赓酬还往，诗筒牛腰。"〔宋〕杨万里撰，辛更儒笺校《杨万里集笺校》卷一二五，北京：中华书局，2007 年，第 4838 页。

程给事寄献赵少师》"赖有诗筒并驿使,往还金玉共赓酬",皆实写其事。通过邮递寄出的诗筒,会遵循驿递制度,筒上加旗,且有铃铛或小鼓发声提醒。黄庭坚《戏答仇梦得承制二首》其二:"道上青旗谩百篇。"任渊等注曰:"'青旗'谓置筒上加旗也。元白号诗筒。"①戴复古《李友山索诗卷汀州急递到昭武》亦曰:"清时无事更年丰,两地风光诗咏中。可是山前无警报,旗铃千里递诗筒。"此制既明,我们再看苏过《次韵韩文若展江六咏》其三:"绿暗红稀禁火时,使君轩驭雨仍随。清风吹得江湖句,急遣诗筒挑鼓旗。"今人笺注曰:"鼓旗:本为军中之物,此借言挑战斗诗。"②恐未谛。

邮差送来诗筒,对诗人来说属于刺破日常单调生活的具有新鲜感的事件。刘克庄《又和八首》其三"若非铃阁诗筒至,身在华胥的未还"③,记述诗筒在清早送来时惊醒了自己的华胥之梦。张埴《曾希曾见示近作赋此赠之》"西山百年白檋户,邮筒剥剥溪扉午",则写出邮差在中午送诗筒时的敲门之声。此外,在宋代诗筒大约是有专门的产业链,可以作为商品出售和购买,因此王洋《和周仲嘉再示三篇》其三会说:"多求笔吏供濡墨,剩买筠筒给浩吟。"

可以说,诗筒连带着内置的诗笺或诗卷,属于十足的"清物"——在世俗眼光尤其是氓众看来,并无实际用途。有一则轶事可以佐证:刘珙曾得新茶,便分出一部分寄给张孝祥,且附诗筒赠诗;不过,"茶为邮卒所窃,但诗筒至耳"。张孝祥于是奉和两诗,在第二首中幽默地说:"先生笔势挟风雷,春色先从笔底回。却笑粗官成漫与,望林止渴竟无梅。"

五 诗筒的物质性及其对文学活动事理的载荷

无论是言语还是文字,生成的文本皆无法独立存在,需要依托于具体的物质载体。韩元吉《熊子复惠十诗作长句谢之》曰:"久怀妙论传犀麈,尚喜清诗附驿筒。"诗筒是"物",而诗筒所连通的地理空间,也是一种"物"。新作之诗就需要附托笺纸、诗筒、摩崖等,才能达到文本的呈现。

就诗筒"物"的特性来看,其色青(纯粹),其形制简洁(直而有节,中空),敲击有声(具音乐特质);诗筒与邮递相结合,可以突破千山万水的地理阻隔。从诗筒的中空性和音乐性来看,诗筒的空心能容,很容易在视觉上形成对填满空间的想象,想象筒中之诗从虚空文字变为实物化的填充物,此即韩琦《次韵答

---

① 〔宋〕黄庭坚撰,〔宋〕任渊、史容、史季温注,刘尚荣点校《黄庭坚诗集注·外集》卷十五,第1311页。
② 〔宋〕苏过撰,舒星校补,蒋宗许、舒大刚校注《苏过诗文编年笺注》卷五,北京:中华书局,2012年,第494—495页。
③ 〔宋〕刘克庄著,辛更儒笺校《刘克庄集笺校》卷一九,北京:中华书局,2011年,第1059页。

张宗益工部》之所以称其来诗"珠玉满邮筒",诗筒的空间仿佛让诗笺上的文字具有了珠玉的实物体积和色泽。近似者,白居易将诗筒中对方的诗作称为"骊珠",而谦称己作为"鱼目";葛胜仲比作"珠璧";王之道比作"明珠"①。再者,由于竹管的振动、共鸣、音色等优良特性,竹很早就被制作成乐器。有的日常用具如竹鱼鼓等器物的制作,也是有见于其长于声响。诗筒与声音(音乐)的关联,也被诗人敏锐地把握。李大临曾将三老唱酬之作封寄诗筒于范镇,范氏披读,颇能感受到三老唱和之作的"欢如埙篪"②。又萧立之《再韵前人请断来章之作》曰:"辱君三觌拜已重,又遣吟筒敲远梦。"诗筒寄来后,受诗者为了回诗,往往敲击诗筒觅句,乃至不眠。

复次,我们可以循着对"时空折叠"的想象,集中观察诗筒对于空间地理阻隔的消泯。就诗筒自身来说,诗筒的轻便与远达,使得诗人们会赋予其"飞鸟"的具象,这与古人将书启看作"青鸟""鸿雁""鲤鱼"是心同此理的。早在白居易《与微之唱和来去常以竹筒贮诗陈协律美而成篇因以此答》便说"随风每喜飞如鸟,渡水常忧化作龙"③,而宋人也多沿承乐天之喻,如欧阳修《送梅龙图公仪和杭州》"邮筒不绝如飞翼"、范浚《寓龙丘次韵六兄茂永见寄》"诗筒更喜如飞鸟"、释绍嵩《咏梅五十首呈史尚书》其十六"玉树交横雪后天,新诗吟得百余篇。邮筒不住如飞翼,送与襄阳孟浩然",宋末方岳《再次韵因索纸笔》则形容为"诗筒过我捷于羽"。就诗筒所助益的诗人社群间的信息沟通来说,诗筒能让不在同一地理空间的士人群体在诗筒中的诗卷上达成"纸上雅集",亦即徐积《望淮亭和君锡并简敦复》其二所说的"诗筒去是兰亭事"。"兰亭事"一语颇为精妙,既从事理上透辟提炼了诗筒对空间阻隔的突破,又从人事上将士人通过诗筒联吟唱和融入到王羲之、谢安、孙绰等人兰亭雅集的典故情境之中。更为有趣的是,这类纸上雅集所能容纳的诗人,远非现场实地的雅集所能比,这一点我们从前引杨万里"诗筒牛腰"一语便可窥见。

人之相与,因地理的阻隔,尤其容易造成疏离甚至遗忘。士人尽管常常声言隐遁避世,但实际又非常合于人性地害怕孤独——李弥逊"传孤闷于诗筒"④,一语道破了诗筒"求其友声"的社交功能。韦骧在给刘公仪寄诗时,曾特

---

① 〔唐〕白居易《与微之唱和来去常以竹筒贮诗陈协律美而成篇因以此答》:"烦君赞咏心知愧,鱼目骊珠同一封。"〔唐〕白居易撰,谢思炜校注《白居易诗集校注》卷二三,第1817页。〔宋〕葛胜仲《海昌从中散兄游硖石东西山及赞山而别兄独游黄湾诸山寺宠寄三诗因述前游却寄》:"还家得诗筒,妙语粲珠璧。"〔宋〕王之道《和张咏老》:"多谢张南巢,诗筒肯予觅。琅琅若明珠,其来自灵璧。"
② 〔宋〕范镇《祭李舍人文(大临)》:"近自去冬,诗筒见贻。三老唱酬,欢如埙篪。江山之兴,共得其时。余虽勉和,计方觅窥。"〔宋〕袁说友等编,赵晓兰整理《成都文类》卷五十,北京:中华书局,2011年,第988页。
③ 〔唐〕白居易撰,谢思炜校注《白居易诗集校注》卷二三,第1817页。
④ 〔宋〕李弥逊《祭赵道夫待制文》,《全宋文》卷三九五八,第180册,第380页。

意提醒,二人之旧好,不要因为远隔而废置,破局之法便是诗筒①。刘宰为赵蕃所撰《墓表》也特意点出,天下学者,多有"裹粮负笈,就正函丈"之人,另有一部分人尽管"限以地、屈于力而不能至",但可以通过"诗筒书函"请益酬酢②。也正因如此,当诗筒将诗人之间的阻隔障碍突破后,诗人会欣悦地说"故人千里无由愬,赖有诗筒去复还"(韩琦《次韵答子渊赵学士》)、"此时尚及诗筒来,谈笑千山万山隔"(李石《送新赵宰》)。

  唐宋时期的诗文,通常并非"为文学而文学",而是大都有着现实的"用途"。一篇亭台记撰成后,会邮寄四方,征求寄题诗,而这一征求举措所依托的载体之一,便是诗筒。黄裳曾应请撰写《日省堂记》,末曰"扁舟五湖,乘兴偶往,碧落云尽,清虚相照,摇毫伸笺,寓以见其志,付之诗筒,予有观焉"③,表达了通过诗筒向士林征集寄题诗的期待。诗筒与唐宋时期"寄题诗"④、唱和诗的生成有密切关系,厥例亦多,不烦赘论。我们尤其注意到的一个现象是,诗筒对于文学生成现场的参与。诗人或游览或行旅,在山水名胜之间得诗时,摩崖题诗尽管庄重,但其文献形态毕竟是散落岩石间的单篇。诗筒则让诗友尽快读到新作,并且卷上可以图绘山水胜概,诗图并茂。宋诗如赵抃《和荣谙学士按部过长渍关所寄诗》"邮筒喜屡开"、张绶《游层岩》"邮筒奉佳篇"、张孝祥《和仲钦题粉岩》"忽向邮筒得新句,知君正在碧莲峰"等,皆可看出诗筒从山水景观现场递诗而去的即时与便捷。也正是基于共同的行为认知,施枢才会在《送东蒲张应发归永嘉》中说"归程经雁荡,得句附邮筒"。

  此外,我们也会体察到,在某些特殊情境下,尽管两人的空间距离并不算遥远,但掣于诸多因素,诗人与对方不便会面时,诗筒亦可穿针引线。例如,唐鱼玄机与李郢交往,亲自见面难免外界的口舌与嫌隙,故尽管同巷,"居止接近",但还是选择"诗筒往反"⑤。宋代的宴会,例行分韵赋诗,宋敏求因故无法赴宴,便通过诗筒寄上宴集诗⑥。程教将别,方岳一则以老,一则以久

---

① 〔宋〕韦骧《寄明守刘公仪》:"旧好未宜因远废,邮筒时且寄篇章。"
② 〔宋〕刘宰《章泉赵先生墓表》曰:"先生虽退然不敢以师道自任,而天下学者凡有一介之善,片文只字之长皆裹粮负笈,就正函丈。其限以地、屈于力而不能至者,诗筒书函,左右旁午,往往以一酬酢为荣。"《全宋文》卷六八五七,第300册,第319页。
③ 《全宋文》卷二二六四,第103册,第325页。
④ 参看李成晴《写卷·题板·刊石·墨纸:一部宋代"寄题"诗集的生成》,《中国古典学》第四卷,北京:北京大学出版社,2023年;李成晴《宋代亭台记、寄题诗的文本共生与空间共存》,《文学遗产》2024年第5期。
⑤ 〔元〕辛文房《唐才子传·鱼玄机》:"与李郢端公同巷,居止接近,诗筒往反。"〔元〕辛文房著,傅璇琮主编《唐才子传校笺》卷八,第450页。
⑥ 〔宋〕蔡襄《和宋次道宴日不赴有怀》曰:"独向下陈沾醉畀,羡君清卧寄诗筒。"

疏世事,故选择"寄一诗筒为别"①。另考徐积《送管久中》"半开醉眼天方晓,急遣诗筒去已迟",我们甚至可以悬想在宋人那里是否已经形成了"诗筒赠别"的风气。

与书启近似,诗筒寄出的那一刻,隐含的期待便是盛放答诗之诗筒的回寄。前揭林逋《诗筒》颔联曰:"递去权应紧<small>诗权出薛许昌</small>,封回债已还<small>诗债出贾司仓</small>。"揭示出诗筒赠答过程中两地诗人"诗权""诗债"的互动关系。古人对赠答诗的权债问题是颇为敏感的。张耒《次韵黄汝器与君谟唱和三首》其三尾联曰:"两郡诗筒屡传寄,主盟骚雅定谁先。"草斋本、吕本此句下并有注云:"二公诗战已数。"②则张耒很可能是明知故问。从寄诗筒者的视角看,"诗权"在于己身,对于收诗人有着督促诗课的心理优势,如许及之《次王宣甫韵》所谓"肯寄诗筒督课程"。再者,寄诗筒这一行为包含索要回诗的礼仪性要求,也正因如此,诗筒本身增加了索诗乃至赛诗的功能。"诗权人"对"诗债人"的期待当然是如苏轼所形容的那样"响答诗筒"③,倘彼方诗筒回寄稍迟,"诗权人"也会再寄一筒,以相催促,诚如章甫《督祖显和章》曰"日来颇怪诗筒迟,恐君豫办磨崖诗"、舒岳祥《近作对江牡丹吟七章呈正仲正仲于拙吟无不亟和者独此七章未和携而归芡湖半月矣递筒未至歌以趣之》曰"作诗七绝恼正仲,过旬不见回邮筒"。"诗权人"的这种连环寄诗,对收诗人形成的压力是可以想见的,他们感受到的是诗筒的"催"与"急"④,此即"诗债"⑤,债多了甚至会让收诗人产生石介《竹书筒》"唱和友朋倦"一般的副作用。当然,"诗权人"和"诗债人"最良性的诗筒递诗状态应是吴芾说的"诗筒之循环来往"⑥,寄诗人诗筒递诗,答诗人迅速和成,再用原诗筒寄回,于是可以共用同一件诗筒——韩琦《次韵答子渊赵学士》"赖

---

① 〔元〕方岳《答程教札》:"某老不能从事,两不借送君笔峰,闰月尽方成行,或可寄一诗筒为别耳。"《全宋文》卷七八九九,第342册,第205—206页。

② 〔宋〕张耒撰,李逸安、孙通海、傅信点校《张耒集》卷二五,北京:中华书局,1990年,第450—451页。

③ 《宋史·钱鳂传》载:"苏轼乘其据案时遗之诗,鳂操笔立就以报。轼曰:'电扫庭讼,响答诗筒,近所未见也。'"〔元〕脱脱等撰《宋史》卷三一七,北京:中华书局,1985年,第10350页。

④ 〔宋〕袁说友《和许深父转运判官韵二首》其一:"诗筒却趁邮筒急,吟到扬州更袖呈。"〔宋〕萧立之《次府教一览亭韵》:"日日诗筒星火急,吟窗秃尽笔锋尖。"〔宋〕杨公远《诗筒》:"短篇吟了长篇续,旧韵酬成新韵催。"

⑤ 关于"诗债",可参看庞明启《诗债:诗歌酬赠之风的一个考察向度》,《北京社会科学》2015年第12期;王雪《诗债论》,《中国韵文学刊》2016年第4期。

⑥ 〔宋〕吴芾《括苍胡经仲以经术授吾乡子弟什顷过钱塘得吾兄永宁多益及友人孟世功书未尝不以得交经仲为言且以其往还诗什相示已决知经仲非尘埃中人矣春初归自钱塘遂获识经仲于斋馆信数公之知人交道之不朽一年之间凡三相会从容谈笑者盖十许日而诗筒之循环来往曾未尝辍而仆之心犹以不得朝夕见经仲为恨也一日经仲来访席未立乃谓仆曰吾将归乡明年不复来此矣仆念经仲之贤交游中所未有顾世方扰攘会合无期临风语殆不胜依黯因诵老杜人生足别离之句作五绝以送之》。

有诗筒去复还",杨公远《诗筒》"一节此君缄锦绣,奚奴携去又携来"①,皆写出了诗筒的这种"循环"特性。

诗筒的本体——竹,承载了隐逸高洁的品性,以及因竹而衍生的典故群。姜特立便因用诗筒事,而联想到友人乃"朋从遥忆竹林贤"②。对于诗人而言,于内可以格物比德③,于外则行止有守,不夤缘攀缘。

对诗筒而格物比德,早在白居易处便已引其端绪,白氏《与微之唱和来去常以竹筒贮诗陈协律羡而成篇因以此答》曰:"粉节坚如太守信,霜筠冷称大夫容。"④由竹筒之"节"比于陈协律之"信";因竹筒之"冷"比于陈协律之"容"。裴侍郎曾赠予钱起青竹书筒一枚,钱以诗答谢,首先看重的便是竹书筒"缄书取直节,君子知虚心"⑤的特质。宋诗则以石介《竹书筒》诗最为典型,在诗中他写诗筒所用之竹筒曰"质曾冒霜雪",写诗筒之制作曰"浮薄瓢皆去,欹斜节独堪",写诗筒空间曰"谁言但空洞,自是贵包含""虚心学老聃",写诗筒之直挺曰"其直如周道",写诗筒之朴素曰"仆陋我为贵,雕镂彼合惭。……纯姿斥丹漆,美干敌梗楠",可谓不厌其烦。正因为诗筒本身所载荷的事理层面内具高洁、隐逸属性,诗人在诗篇结撰时自然也会专注于诗筒之外并无俗事的高雅。例如,袁说友《和魏南伯县丞韵》曰:"酒盏逢花寻客处,诗筒将月对船间。"诗筒作为物象,能够毫无违和感地融入诗人的隐逸文学情境之中。在连接诗筒递诗、收诗的文学现场,诗筒也通常被营造为超然出尘的文学情境。冯山《和徐之才觜体》曰:"门前雅致无余事,惟见诗筒竞往来。"胡寅《和赵用明梅》曰:"净几寒窗日,翛然万虑忘。诗筒忽到手,花信已催妆。"⑥程洵《次韵顺之见寄》曰:"梅子垂垂雨复晴,田歌初报罢春耕。敲门忽有诗筒至,入手悬知句法精。应聘申公何日去,草玄扬子几时成。"这样的诗筒递诗,主要发生在同道之间。对于同道,诗人会守持"诗言志"的本位,笔锋一转,从隐士的身份视角去表达宁愿飘零江湖,也不屑于通过诗筒夤缘权贵。例如,魏野《送唐肃察院赴阙兼呈府尹孙大谏》曰:"大尹相逢凭仗说,官高不敢寄诗筒。"陈造《口号十首呈程殿撰》其

---

① 杨镰主编《全元诗·杨公远》,第 243 页。
② 〔宋〕姜特立《和答巩提干见贺浙东总戎》:"鲜闻寄暂居油幕副,朋从遥忆竹林贤。"
③ 所谓"比德",即取譬于自然之美的美德,通过把气象万千的大自然之美丑,自觉地与人们的精神生活、伦理道德观念联系起来。例如,《论语》孔子有"知者乐水,仁者乐山"之论。《荀子·法行》曰:"夫玉者,君子比德焉。温润而泽,仁也;栗而有理,知也;坚刚而不屈,义也。"《礼记·聘义》曰:"夫昔者,君子比德于玉焉。温润而泽,仁也;缜密以栗,知也;廉而不刿,义也;垂之如坠,礼也;叩之,其声清越以长,其终诎然,乐也;瑕不掩瑜,瑜不掩瑕,忠也;孚尹旁达,信也;气如白虹,天也;精神见于山川,地也;圭璋特达,德也;天下莫不贵者,道也。《诗》云:'言念君子,温其如玉。'故君子贵之也。"
④ 〔唐〕白居易撰,谢思炜校注《白居易诗集校注》卷二三,第 1817 页。
⑤ 〔唐〕钱起《裴侍郎湘川回以青竹筒相遗因而赠之》,黄仁生、罗建伦点校《唐宋人寓湘诗文集》卷十七,第 799 页。
⑥ 〔宋〕胡寅著,尹文汉点校《斐然集》卷四,长沙:岳麓书社,2009 年,第 103 页。

一曰:"一从归作漳滨卧,不寄诗筒恰五年。"虞俦《别后寄主簿》:"飘零酒盏今真止,冷淡诗筒不复夸。"也正是有见于此,论者已经指出,在宋画中,诗筒几近成为一种"画样":"一旦涉及士大夫远离庙堂、山林自放的场面,往往就会附上一个提诗筒的仆人。反过来说,只要画中出现有诗筒,也就意味着在大自然中陶冶诗思这一层意义。"①

不过话又说回来,即便在宋代,布衣而作诗人者,毕竟占很小的比例。唐宋时期,预流诗筒递诗者,大都有着官宦身份,对他们而言,簿书诉讼稀少,而有余暇吟诗游山,与民同乐,是循吏善政的标志。发生在宋代的一桩轶事,颇能见出此心理,傅自得《海录碎事后序》曰:

> 间一日,侯诵所作《郡舍罗汉堂》诗示予,其断章言"几多雁鹜行间吏,衙退频来礼释迦"。予曰:"韦苏州诗云:'今朝郡斋闲,欲问楞伽字。'某每读至此,未尝不废卷太息,想象应物之风流酝藉,而有以知苏台当时之无事也。泉为剧郡,侯能镇之以静而不扰,使吏辈优游如此,抑亦可以见大府办治而侯之风度矣。"②

叶廷珪能吟诗,是因为政务"无事"而有暇"优游",于是进而知其政之善。从这个角度观察宋代文献,可发现诗人往往会将某官吏的能干善政与诗筒递诗对举:"能干"层面重点记述了受诗人的政务高效,如苏轼评价钱勰"电扫庭讼,响答诗筒,近所未见也"③;汪晫作为乡贤,力任荒政,吕午称赞其"时贵莫不敬爱之,乐与之交。诗筒络绎,而无毫发事挠政"④。"善政"则重点突出其效果,那就是"无事""多暇",如魏野《雪中书事呈李阶殿院》:"太守多才又多暇,唱酬翻怯见书筒。"欧阳修《送润州通判屯田》:"善政已成多雅思,寄诗宜逐驿筒来。"苏辙《次韵毛君山房即事十首》曰:"案牍稀疏意自开,夜阑幽梦晓方回。青苔红叶骚人事,时见诗筒去又来。"皆是其证。更有诗人如赵抃,会反复援用,《次韵孔宪重九出巡未回》:"幸空讼缿澄心坐,喜得诗筒盥手开。"《次韵广东转运董仪职方同年见寄》:"感公迢递诗筒至,谓我优游讼缿空。"两用"讼缿空"与"诗筒至/来"对举。"讼缿"即受纳讼状之容器,典出《汉书·赵广汉传》⑤,前文已引。同为两个筒状物,讼缿久空,而诗筒屡至,在对举中便可暗示吏之能与政之善。赵抃另有《次韵程给事寓越廨宇有怀》曰"临风又辱诗筒寄,足见优游刃有

---

① 孟晖《李贺苦吟图》,https://www.douban.com/note/622029674/?_i=7692322Kb-FGKv
② 《全宋文》卷四六七六,第211册,第31页。
③ 《宋史·钱勰传》载:"苏轼乘其据案时遗之诗,勰操笔立就以报。轼曰:'电扫庭讼,响答诗筒,近所未见也。'"〔元〕脱脱等撰《宋史》卷三一七,第10350页。
④ 〔宋〕吕午《善养居士汪君墓志铭》,《全宋文》卷七二一九,第315册,第162页。
⑤ 〔汉〕班固撰,颜师古注《汉书》卷七六,第3201页。

余",理路亦同。于是,有不少宋诗会抓住善政无事的外化状态——"闲"——与诗筒对举,例如:

> 频寄诗筒君勿厌,种花持钓是闲官。(岳珂《至鄂期年以馕事不给于诗己亥夏五月廿有八日始解维雪锦夜宿兴唐寺繁星满天四鼓遂行日初上已抵浒黄洲几百里矣午后南风薄岸舟屹不能移延缘葭苇间至莫不得去始作纪事十解呈旧幕诸公》其十)

> 邮筒即诗筒,簿书有闲日。(李流谦《送宣孺摄邑古郫》)

> 幕府清闲无檄至,邮筒络绎有诗来。(胡仲弓《次韵柬李希膺》)

最后需要附带一提的是,在宋代,诗筒也参与到了相对典重的具有礼仪性的社交活动中。前文已考及的诗筒赠别之外,郭祥正在《送吴龙图帅真定》诗中提到,吴仲庶尚未到任,当地士人已经"诗筒交迎两朝使,镂金刻玉论欢愉",似可窥见诗筒相较于函帖的礼仪感。

六 余论

诗筒作为"物"对"事"的参与,恰合于《易·系辞上》所谓"寂然不动,感而遂通"①,而由"寂"到"通"的关键便是人这一主体"感"的介入。当然,诗筒并不算是严格意义上诗歌的物质载体,因为诗歌并非径直写刻在诗筒之上,而是写于纸卷,然后装入诗筒;因此,我们毋宁说诗筒属于"文学器物"。文学器物是指那些与文学文本的运思、生成、传播、阅读密切相关的实物对象,如笔墨纸砚、板壁、碑刻、竹筒、屏风等。此类器物,或是文学文本的物质载体,或是文学物质载体外围的关联物,既具有实用功能,又浸润了文学传统与文化心理;既是曾在某时某地存在过的实体文物,又可以是抽象化且进入文学文本中的意象。文学器物具备物质性、文化性、工具性、艺术性等多重属性,对其展开研究则需要调动文学研究、文献研究、文物研究、艺术史、工艺史等多领域相交叉的研究视角。

文学器物会承载文学文献,影响文学活动,甚至还会作为文学意象沁入文学创作者的运思、文学灵感的激发乃至文学文本的生成过程之中。通过对与文学器物有关的"诗之物"以及文学器物与文学现场、文学活动衍生出的"诗之事"进行探考,可以还原古人的文学情境,揭示文学文本的生成、流转、阅读与观看等文学制度。此外,文学器物作为诗人自我表达的依托,也是诗人身份、品位与精神世界的外化显现。总括而言,文学器物之研究,是一种将文学、文

---

① 〔宋〕朱熹撰,廖名春点校《周易本义》卷三,北京:中华书局,2009年,第238页。

献、文物乃至物质文明研究相打通的研究理路,其涵容的可能性(内在的物质性特征与外在的文学社会学视角),颇值得实证与推阐,从而寻得对文学文献的贯通性研究路径,"入乎文献,出乎文学"[①]。

[①] 刘浦江曾提出"入于汉学,出于宋学"的主张,参见苗润博《从"入汉出宋"说开去——第十八届北京大学史学论坛开幕致辞》,"北大史学人"公众号:https://mp.weixin.qq.com/s/Dm7HJWzgmAJ_qD7wQtB-TA.

论传世文献中的元稹世系问题

孙思旺

【内容提要】 关于元稹世系问题,文献记载出入甚大,迄今论者仍分持昭成十四世与昭成十七世两种主张。至于其具体推论,则各有可议之处。"宗侄"元义方世系是考明此问题的关键旁证,但自岑仲勉先生以来,对《元和姓纂》所记本支世数的完阙颇有所疑。通过比勘元魏史料与出土元义方家族墓志,可以推明元义方乃离身计的景穆帝九世孙,由此可进一步印证元稹乃连身计的昭成帝十四世孙。下推宗族世数,元稹习于连身计而白居易习于离身计。传世元白集的世系误载,皆是在钞刻过程中,由常见的数目字讹写造成。

【关键词】 元稹 元义方 白居易 出土墓志 世系

元稹是北朝帝姓拓跋氏后裔,六世祖元岩有盛名于周隋间,五世祖、高祖皆曾刺守州郡,曾祖以下仕途虽不甚显,但终究血统高贵,阀阅足矜,在当时隆尚谱牒的背景下,其先世昭穆自当列叙分明,广为士林所知。然以传世文献考之,诸书所载元稹世系颇有出入。据白居易所撰元稹墓志,则元稹于昭成帝(拓跋什翼犍)为十五世孙;据元稹所撰诸兄墓志,则于昭成帝或为十四孙,或为十七、十八世孙,或为十八、十九世孙;据《旧唐书·元稹传》,则昭成帝于元稹为十世祖。自岑仲勉先生以来,著书立说专事讨论者颇不乏人,但主要观点相去悬远,而且皆有可议之处。笔者试就此稍加考索,祈请方家读者批评指正。

一 元稹世系记载分歧与诸说疑义

祖孙的世代数,在传统文献中并不是严格的对等关系。上推祖先世数,以离身计为常例,凡称高祖之父为五世祖、曾祖之父为四世祖者,皆属此类。下推子孙世数,连身计、离身计颇能并行,然以汉唐正史诸表所标世次验之,玄孙之下为六世,曾孙之下为五世,则当以连身计为常例。所谓离身计,即将推算起

【作者简介】孙思旺,湖南大学岳麓书院副研究馆员。

点摒除不数;所谓连身计,即将推算起点计算在内。上推与下推的不对等常例,皆适用于元稹。

元稹之为昭成帝十四世孙,系据盩厔尉元君墓志推得。盩厔尉元君是元稹的同高祖(元义端)兄弟,曾祖延祚,祖平叔,父持,本人名字失载。其墓志乃元稹所撰,开篇即云:

> 唐盩厔县尉讳某,字某,姓元氏,于有魏昭成皇帝为十四世孙。①

所载世数与宋人著录元锡碑时所记者相同。元锡字君贶,与元稹同高祖,与盩厔尉同祖,其神道碑乃李宗闵所撰、柳公权所书,碑文今已不传。宋欧阳棐《集古录目》著录道:

> 锡字君贶,河南人,代王什翼犍十四世孙。位至淄王傅,赠尚书右仆射。②

同高祖兄弟世数如此,则元稹不言可知。十四世之说,可以得到《元和姓纂》与《新唐书·宰相世系表》的佐证(见表1)。据《北史·魏诸宗室传》,昭成之子"力真"有二子,长名"意烈",次名"勃"。③《元和姓纂》所载名字与同,又于"勃"之下,径接"玄孙植";《宰相世系表》作"意烈""意劲",又于"意劲"之下,径接"五世孙敷州刺史祯"。④"勃"与"劲","植"与"祯",形近易讹,此不必论。所欲论者,是"五世孙"与"玄孙"的世次问题。《新唐书》"五世孙"用例有二,一是离身计,指玄孙之子(连身计的第六世),如记魏謩之为魏征"五世孙"、萧龄之为齐高帝"五世孙";二是连身计,指玄孙,如记令狐峘之为令狐德棻"五世孙"、张镒之为张后胤"五世孙",又如《宗室世系表》所标世次,"曾孙"之下为"五世","五世"自为"玄孙"一代⑤。所谓"五世孙祯"当是取"玄孙"之义,因为一则符合《新唐书》自身用例,二则由此递推,与《元和姓纂》的世次排列完全吻合。关于"玄孙",本不应成为问题。近来吴伟斌先生提出一新解释,认为《元

---

① 〔唐〕元稹《新刊元微之文集》卷五三《唐故京兆府盩厔县尉元君墓志铭》,《中华再造善本》影印宋刻本,北京:北京图书馆出版社,2004年,第6a页。
② 〔宋〕陈思《宝刻丛编》卷八《唐淄王傅元锡碑》引《集古录目》,《历代碑志丛书》第1册,南京:江苏古籍出版社,1998年,第527—528页。
③ 〔唐〕李延寿《北史》卷一五《魏诸宗室传》,北京:中华书局,1974年,第578页。
④ 〔唐〕林宝《元和姓纂》卷四,《景印文渊阁四库全书》第890册,台北:台湾商务印书馆,1986年,第580页;〔宋〕欧阳修、宋祁《新唐书》卷七五下《宰相世系表五下》,北京:中华书局,1975年,第3402页。
⑤ 〔宋〕欧阳修、宋祁《新唐书》卷九七《魏征传》、卷七二中《宰相世系表二中》、卷一一三《唐临传》、卷一○二《令狐峘传》、卷七五下《宰相世系表五下》、卷一五二《张镒传》、卷七二下《宰相世系表二下》、卷七○上《宗室世系表上》,第3882、2658、4184、3986、3399、4829、2708、2709、1987页;毛阳光《唐萧龄之墓志考释》,《唐史论丛》第11辑,西安:三秦出版社,2009年,第383—385页。

和姓纂》所说的"玄孙植"是取"远孙"之义①。考诸古籍旧典,在与泛言的先祖相对而言时,"曾孙""玄孙"确有此类特殊用法。但姓氏谱牒书旨在彰明世系,某祖某孙皆系确指,必以泛言为辞,恐推求过甚。"五世孙""玄孙"所涉问题释明,益可知《元和姓纂》《宰相世系表》所记元稹世系,适与凿屋尉墓志相符。

表 1 《元和姓纂》《新唐书·宰相世系表》所记元稹世系

世次	1	2	3	4	5	6	7	8	9	10	11	12	13	14
姓纂	昭成帝	力真	勃	某	某	某	植	岩	琳	义端	延景	俳	宽	稹
新表	昭成帝	力真	意劲	某	某	某	祯	岩	弘	义端	延景	俳	宽	稹

元稹之为昭成帝十七、十八世孙,抑或十八、十九世孙,系据元柜墓志、元莫之墓志推得。两方墓志均为元稹所撰,元柜是其仲兄,元莫之是其族兄。惟两志所载又有不同:

> 有魏昭成皇帝十一代而生我隋朝兵部尚书府君讳某,后五代而生我比部郎中、舒王府长史府君讳某,君即府君之弟二子也。(元柜墓志)②
> 君讳某,字莫之。有魏昭成皇帝十七世而生某官某,君即某官之次子也。(元莫之墓志)③

自岑仲勉先生以来,论者大都将"某世而生某"理解为"某世而至某"。故据元柜墓志,昭成十一世而至元岩,十六世而至元宽,十七世而至元稹;据元莫之墓志,昭成十七世而至元宽,十八世而至元稹。其实,上揭文字还可读如"自孔父六世而生仲尼"④。连身而计,孔父嘉第六世为叔梁纥,叔梁纥生仲尼,仲尼为第七世。据此来推,则元稹于昭成或为十八世孙,或为十九世孙。然而无论作何解读,从元柜、元莫之墓志推得的世数,皆与前文所述十四世出入过远。于是,岑仲勉先生又提出一个颇得后世认可的假说,认为志文中的"昭成"系"神元"之误⑤。然则元莫之墓志所载"昭成"十八世孙,实为"神元"十八世孙;元柜

---

① 吴伟斌《元稹世系考——元稹是后魏昭成皇帝十七世后裔》,《南京师范大学文学院学报》2017年第2期,第14—17、20页。
② 〔唐〕元稹《新刊元微之文集》卷五七《唐故朝议郎侍御史内供奉盐铁转运河阴留后河南元君墓志铭》,第1a页。
③ 〔唐〕元稹《新刊元微之文集》卷五七《唐故建州浦城县尉元君墓志铭》,第3a页。
④ 〔宋〕郑樵《通志》卷二七,《景印文渊阁四库全书》第373册,第309页。
⑤ 岑仲勉《唐集质疑》,《中央研究院历史语言研究所集刊》第9本,上海:商务印书馆,1947年,第58页。

墓志所载"昭成"十七世孙,实为"神元"十七世孙。神元帝乃昭成帝高祖,神元十七、十八世孙适为昭成十三、十四世孙。按照岑氏的内在逻辑①,元莫之墓志的神元十八世当是连身而数,元桓墓志的神元十七世则是离身而数,如此便与实际的元稹世系相吻合(参见表2)。上揭解释从表面来看似较允洽,故为本领域研究者广泛采用②。但若细加审辨,便可知此说非确,原因略如后述。其一,"神元"与"昭成",音韵字形相去甚远,几乎没有引发笔误的空间。其二,唐人泛论洛阳元氏近世源头,通常推本至昭成,此在反映官方共识的《元和姓纂》中便有明确体现;洛阳元氏各分支自表先祖,通常推本至与帝系相交的最近一个皇帝(包括追尊皇帝),而元稹一支最近的一个皇帝(追尊皇帝)亦为昭成。其三,元稹所撰长姊墓志云:"我系祖有魏昭成皇帝,后嗣失国,今称河南洛阳人焉。"③是明言其世系乃以昭成为起点;所撰诸兄墓志言必称"昭成皇帝某世某代",亦是循此原则而论。其四,元稹下推本族近亲世数,不可能采取不同算法,否则便会造成形式上的兄弟异代、叔侄同班,这在传统礼法社会是万难接受的事情。综此数条可知,岑氏的"神元之误"说很难成立。

表2 元稹世系神元、昭成起算比较表

人物	神元帝	文帝	思帝	平文帝	昭成帝	力真	勃	某	某	某	祯	岩	弘	义端	延景	悱	宽	稹
离身下推	0	1	2	3	4	5	6	7	8	9	10	11	12	13	14	15	16	17
							0	1	2	3	4	5	6	7	8	9	10	11	12	13
连身下推	1	2	3	4	5	6	7	8	9	10	11	12	13	14	15	16	17	18
						1	2	3	4	5	6	7	8	9	10	11	12	13	14

元稹之为昭成帝十五世孙,见载于其本人墓志:"公讳稹,字微之,……后

---

① 岑氏的实际论证有明显疏误,故只能就其内在逻辑言之。《唐集质疑》称:"元稹所为仲兄墓志铭云……。依此而计,则昭成至稹十七世。"又云:"余按稹兄志'十一代而生',暨浦城尉志'十七世而生',就文义言之,均应连本身计算,今设依《姓纂》勃玄孙祯,不依《新表》勃五世孙祯,则由始祖神元皇帝力微计至元岩,恰是十一叶,故余谓两志之昭成,当是神元之误。"岑氏所说的仲兄墓志、稹兄志即元桓墓志,浦城尉志即元莫之墓志。若连身而数,且承认元祯为拓跋勃之玄孙,则神元计至元岩已历十二代,计至元稹已历十八代(参见表2);若谓神元十一代至元岩,十七代至元稹,则只有在离身计的情况下,方可成立。参见岑仲勉《唐集质疑》,第57、58页。
② 卞孝萱《元稹年谱》,济南:齐鲁书社,1980年,第4页;周相录《元稹年谱新编》,上海:上海古籍出版社,2004年,第2页;周相录校注《元稹集校注》,上海:上海古籍出版社,2011年,第1373页。
③ 〔唐〕元稹《新刊元微之文集》卷五八《夏阳县令陆翰妻河南元氏墓志铭》,第1b页。

魏昭成皇帝十五代孙也。"①元稹墓志出于好友白居易之手,以二人关系论,所记世数不当有差,然而竟与前揭诸文均不相符。关于"十五代孙",论者多以连身十五世解之,且不甚其数。惟吴伟斌先生据之更立新说,认为"十五代孙"当是指连身十五世后裔之孙,亦即第十七世后裔;又认为䲦厔尉墓志所言"十四世孙",亦当理解为十四世后裔之孙,只不过离身计而已。② 问题在于,吴氏的理解既不符合文法惯例,也不符合白氏文集的具体用例(详后)。况若据其说倒推,"六代祖"元岩岂非成了元稹第六世先人之祖?因吴氏于元稹用力颇勤,著述极丰,又屡申此义,故不得不略加辨正于此。

至于《旧唐书》所云"后魏昭成皇帝,稹十代祖也",显有漏字,无须深论。③

二 出土墓志与"宗侄"元义方世系

十四世说虽得到较多认可,但证据方面仍面临不少困境。《元和姓纂》成书虽早,今行本却是从《永乐大典》辑出,文字错乱颇多;《新唐书》时代在后,据以推证前代歧说(以孙证祖),理路似欠允妥。然则由昭成至元稹,世数究为多少,尚须借助有特定关联的异派史料方能证成。元稹在元莫之墓志中,提到了曾经"观察福建""观察鄜坊"的"宗侄义方"④。以宦迹考之,此义方显然就是元万顷的曾孙,《新唐书》有传、《旧唐书》屡及、《元和姓纂》见载的元和间大吏元义方。倘若元义方的昭穆世次可以考定,那么由宗叔侄关系递推,元稹的世数问题便可得到彻底解决。

岑仲勉先生校证《元和姓纂》时,曾对元义方世系提出过若干质疑。据《元和姓纂》记载,景穆帝(拓跋晃)生子推,子推生恒芝(字景安),恒芝生暹,暹生泽(即白泽),泽生大智,大智生万顷、光宾、观宾,光宾生询情,询情生正(出土墓志作"止"),正生义方、季方。⑤ 此书将元询情系为元光宾之子,而《新唐书》

---

① 〔唐〕白居易《白氏文集》卷七〇《唐故武昌军节度处置等使正议大夫检校户部尚书鄂州刺史兼御史大夫赐紫金鱼袋赠尚书右仆射河南元公墓志铭并序》,《中华再造善本》影印宋刻本,北京:北京图书馆出版社,2003年,第10册,第54b页。
② 吴伟斌《元稹考论》,郑州:河南人民出版社,2008年,第137页;吴伟斌辑佚编年笺注《新编元稹集》,西安:三秦出版社,2015年,第5315—5317、5671页;吴伟斌《元稹世系考——元稹是后魏昭成皇帝十七世后裔》,《南京师范大学文学院学报》2017年第2期,第14—18页。
③ 〔后晋〕刘昫等《旧唐书》卷一六六《元稹传》,北京:中华书局,1975年,第4327页。卞孝萱先生亦持连身十四世之说,故谓《旧唐书》本传"十代祖"云云,"'十'下脱'四'字"。然元稹上推祖先世数,乃是用离身算法。《旧唐书》同之,本传称元岩为"六代祖"即是明证。元岩既为"六代祖",则昭成只能是"十三代祖",本传脱"三"字而已。卞说偶疏。参见卞孝萱《元稹年谱》,第5页。
④ 〔唐〕元稹《新刊元微之文集》卷五七《唐故建州浦城县尉元君墓志铭》,第3a页。
⑤ 〔唐〕林宝《元和姓纂》卷四,《景印文渊阁四库全书》第890册,第580页。

则系为元万顷之子①,后者与出土墓志相吻合。岑氏以为彼此记载不同,或因其间"有出嗣之故"②。元万顷、元光宾原是兄弟,子孙系于何者名下,并不影响世数。与世数有关的质疑,乃针对元暹与元白泽的关系而生,《元和姓纂四校记》写道:

> 按此文之暹,如即魏传之汝阳王,则其人卒于兴和元年(539),去唐初已八十年,中间疑缺去一代。③

简言之,岑氏怀疑元暹与元白泽是祖孙关系,《元和姓纂》缺记一代。但当他伸张元稹十四世说而以元义方世系为参照时,却又默认元暹与元白泽是父子关系,中间并无缺记④。然则校彼书则深疑之,证此说则笃信之,由疑转信又无专门辨说,似不免自相抵牾,于义欠安。

吴伟斌先生为推明元稹十七世说,亦曾论及元义方世系。尽管他迻录岑说甚详,于两《唐书》相关史料又颇有征引,但不知何故,竟将元义方判定为"岳州刺史元持的孙子、鳌屋县尉的儿子、墓主浦城县尉的侄子"⑤。核心史实既误,具体推论自难令人信服。

陶敏先生则以出土元陁利墓志为证,深化了岑氏早先的质疑,认为元暹与元白泽当是祖孙甚至曾祖孙关系。该志叙述元陁利家世如下:

> 魏景穆皇帝之九代孙也。……曾祖白泽,皇朝梁州都督、新安公。……祖礼诚,早卒。……父怀式,颍州刺史。⑥

据此可知,元陁利是元万顷从父兄弟元怀式之女。倘若元陁利果为景穆帝九代孙,则《元和姓纂》所记必然有阙;又因元恒芝以上、元白泽以下世次分明,则所阙世代只能存在于二者之间。故陶氏推断说,"九代孙"若是连身而言,则阙记一代,元白泽实为元暹之孙;若是离身而言,则阙记两代,元白泽实为元暹之曾孙。⑦

以上是学术界对元义方世系的主要看法,接下来需要讨论的问题有三。其一,岑、陶之疑的推论起点,亦即对元恒芝子元暹的身份界定,是否成立。

---

① 〔宋〕欧阳修、宋祁《新唐书》卷二〇一《元正传》,第5745页。
② 岑仲勉《元和姓纂四校记》卷四,上海:商务印书馆,1948年,第318页。
③ 岑仲勉《元和姓纂四校记》卷四,第318页。
④ 岑仲勉《唐集质疑》,《中央研究院历史语言研究所集刊》第9本,第57—58页。岑氏《唐集质疑》《元和姓纂四校记》两书互引,盖因同时撰作之故。惟《唐集质疑》"元稹世系"条引及"姓纂校记",而《元和姓纂四校记》"元氏"条并未引及"唐集质疑",则就考证元稹世系而言,《唐集质疑》当为后说。
⑤ 吴伟斌辑佚编年笺注《新编元稹集》,第5675页;吴伟斌《元稹世系考——元稹是后魏昭成皇帝十七世后裔》,《南京师范大学文学院学报》2017年第2期,第19页。
⑥ 周绍良、赵超主编《唐代墓志汇编续集》,上海:上海古籍出版社,2001年,第242页。
⑦ 陶敏遗著,李德辉整理《元和姓纂新校证》卷四,沈阳:辽海出版社,2015年,第157页。

《元和姓纂》于元恒芝名下著录"昇""遏"二子,"昇"为"江夏王","遏"则无爵号。《北史·景穆十二王传》未载元恒芝子嗣,但于其长兄元太兴子嗣,则载有昴、仲景、遏三人。① 因此,岑、陶二氏遂疑《元和姓纂》之"昇"乃"昴"之误,二子实皆太兴子,其间文有脱夺。然以常理推之,太兴为兄,恒芝为弟,倘有脱文,亦当是恒芝子上跻为太兴子,而非相反。今按《魏书·孝静纪》:

> 武定元年……齐献武王讨黑獭,战于邙山,大破之,擒宝炬兄子临洮王森、蜀郡王荣宗、江夏王昇、巨鹿王阐、谯郡王亮、骠骑大将军仪同三司太子詹事赵善、督将参察等四百余人。②

此文所记"江夏王昇",与《元和姓纂》所记元恒芝长子名同爵同,年代亦合,当系一人。至于《元和姓纂》所记元恒芝次子"遏",若非重名③,便是误字。元太兴第三子元遏得封汝阳王,传子元晔(字子冲),无嗣国除④;元恒芝次子元遏则官爵无称,子孙绵延不绝。元恒芝生于天安二年(467)以后⑤,遇难于河阴之变(528)。武定元年(543),其长子元昇犹能从事行阵,当在盛壮之年,次子元遏可以推知;若元遏为元恒芝晚年所生子,则此时不过二十岁左右。无论就何种年龄递推,元恒芝之孙、元遏之子元白泽仕至唐武德间均不足奇。元白泽是景穆帝玄孙,景穆帝另一玄孙元孝整仕至隋大业八年(612)以后⑥,与武德只有数年之隔,亦可聊作参证。即此可知,岑、陶之疑的推论起点并不成立。

其次,对元陁利墓志所载史料的运用,是否合适。元义方家族墓志出土不少,如果仅以个案为据,便断然否定传世文献记载,恐失之草率⑦。比如元怀式的仕履,《元和姓纂》记为"抚州刺史",元陁利墓志记为"颍州刺史",陶敏先生援据后者所载,判定前者为误笔,并在校证此书时径改原文⑧。实际上,元怀式膝下非止一女,其长女嫁与阳俭,而阳俭墓志较元陁利墓志晚撰二十余年,所

---

① 〔唐〕李延寿《北史》卷一七《景穆十二王传》,第 632—634 页。
② 〔北齐〕魏收《魏书》卷一二《孝静纪》,北京:中华书局,2017 年,第 357—358 页。此卷补自他书,校勘记叙述甚详。因引文较《北史》准确,故用之。元宝炬兄子仅指临洮王元森(字仲蔚)一人,其余诸王皆为别支宗室。
③ 此类近支同名现象并不鲜见,如景穆帝十四男有两"新成",玄孙有两"元举"。见〔唐〕李延寿《北史》卷一七《景穆十二王传》,第 629 页;毛远明编著《汉魏六朝碑刻校注》七四八《员外散骑侍郎元举墓志》,七五〇《梁国镇将元举墓志》,北京:线装书局,2009 年,第 6 册,第 144—145、150—151 页。
④ 〔唐〕李延寿《北史》卷一七《景穆十二王传》,第 634 页;毛远明编著《汉魏六朝碑刻校注》九九九《元晔墓志》,第 8 册,第 25—26 页。
⑤ 毛远明编著《汉魏六朝碑刻校注》五三三《元遥墓志》,第 4 册,第 350—351 页。恒芝为遥弟,生年上限可据遥志推得。
⑥ 〔唐〕魏征等《隋书》卷五〇《元褒传》,北京:中华书局,1973 年,第 1319 页。
⑦ 按照传统,已嫁妇女要归入夫族。此处为便于论证,皆归入父族。
⑧ 陶敏遗著,李德辉整理《元和姓纂新校证》卷四,第 156、157 页。

记怀式官衔正为"抚州刺史"①。盖因元陁利十八岁而卒,卒后数年入葬,葬时其父方刺颍州,其后又刺抚州,故元陁利墓志所记为前官,阳俭墓志及《元和姓纂》所记为后官(也许就是终官),两者之间并不矛盾。关于其所记景穆帝以来世数,亦须与他志比勘,方能定其正误。

除元陁利墓志以外,姚軫妻元氏墓志、韦孟明妻元氏墓志亦对父族渊源有所交待:

> 有唐贤德之妇曰元氏,河南人也,后魏景穆帝九代孙。曾祖……讳万顷。大父……讳询倩。……烈考赠秘书少监讳止。(姚元氏墓志)②
>
> 夫人姓元氏,河南河南人也,后魏景穆皇帝之十代孙。高祖讳万顷……。曾祖讳询倩……。王父讳止,……赠秘书少监。……少监府君长子义方,见任京兆府奉先县令。夫人即长女也。(韦元氏墓志)③

元陁利是元万顷从父兄弟元怀式之女,墓志记为景穆帝九代孙;姚元氏是元万顷曾孙,墓志亦记为景穆帝九代孙;韦元氏是元万顷玄孙,墓志记为景穆帝十代孙。后两志皆出墓主亲弟之手,其记墓主父系渊源,实即自述家史,而且彼此所记完全吻合,不容有误。元陁利墓志则为寻常文人所撰,辞涉轻浮,加之墓主夫妇相处日浅,卒日、葬日相隔八年,出现误笔的概率较大。比读之下,颇疑元陁利墓志"九代孙"乃"七代孙"之误;若作"七代孙",即与姚元氏墓志、韦元氏墓志、元玄用墓志④世次相符(参见表3)。

复次,元义方家族的世数计算方式,究为何种。前文已及,标识祖孙世数有连身计和离身计两种可能。但姚元氏、韦元氏诸墓志所记世数,只能是离身计。以《元和姓纂》为参照,只有在离身计的情况下,姚元氏才能排为景穆帝九代孙,韦元氏才能排为景穆帝十代孙。如果认为《元和姓纂》未必完全准确,那么试以连身计递推,中间须删去一代,才能得到姚元氏、韦元氏的墓志世数;进而排除无疑义的世系连接,则只能删去元遹一代;由元恒芝径接元白泽,其年代距离比岑、陶二氏所质疑者更大,显然不可能。

---

① 吴钢主编《全唐文补遗·千唐志斋新藏专辑》,西安:三秦出版社,2006年,第85页。

② 中国文物研究所、河南省文物考古研究所编《新中国出土墓志·河南贰》二八〇《唐故怀州获嘉县令姚府君(軫)夫人河南元氏墓志铭》,北京:文物出版社,2002年,上册第289页,下册第301页。

③ 吴钢主编《全唐文补遗》第3辑,西安:三秦出版社,1996年,第141页。

④ 〔唐〕元仲夫《河南元府君墓铭》,拓本。墓铭将玄用记为"明元帝十三代孙",又云"大和中,从叔公度领代州"。传世元白集中有名为公度者,元稹称之为"从孙",乃元义方子侄辈亲属。吴伟斌《新编元稹集》(第7340—7341页)、谢永芳《元稹诗全集汇校汇注汇评》(武汉:崇文书局,2016,第435页)皆曾论及。元仲夫所说的"从叔公度",年代、辈分与之合,当系一人。元玄用墓铭出土及收藏信息,见杨作龙等编《洛阳新出土墓志释录》(北京:北京图书馆出版社,2004年,第364页),拓片收入浙大墓志库、籍合网等。

综上述可知，姚元氏之弟、韦元氏之父元义方的世数确无可疑，是离身计的景穆帝九代孙，连身计的景穆帝十代孙；若由昭成帝起算，则是离身计的十四代孙，连身计的十五代孙。以元义方为参照，根据宗叔侄关系递推，则元稹是离身计的昭成帝十三代孙，连身计的昭成帝十四代孙，此正与鳌屋尉墓志所言"十四世孙"相吻合，同时亦可印证元稹下推世数的计算习惯是连身计。

表 3　元义方世系简表①

世次	A	1	2	3	4	5	6	7	8	9	10	11	12	13	14	15	16	17
	B				0	1	2	3	4	5	6	7	8	9	10	11	12	13
	C					0	1	2	3	4	5	6	7	8	9	10	11	
人物		昭成帝★	献明帝	道武帝	明元帝★	太武帝	景穆帝★	子推	恒芝	暹	白泽	大智	万顷	询倩	止	义方	公庆	韦元氏☆
同辈参照								礼诚	怀式	阳元氏☆	陋利	积	季方	姚元氏☆	公度	玄用☆		

三　数目字与传世元白集的世系误载

前文已指出，元稹的实际世数当以鳌屋尉墓志所记为准，是连身计的昭成帝十四世孙。接下来，还须对元秬、元莫之、元积墓志的世系误载略加分析。上述墓志迄无石刻实物出土，以理度之，其失误应当都是在文集钞刻过程中形成。毕竟元稹自述家史，不可能数典忘祖；白居易撰写好友墓志，亦不可能如此疏谬。

在作进一步推论之前，以下两则常识仍须加以强调：其一，昭穆世次与家族伦理密切相关，同一人推算本族世数，其同方向的算法应当一致；其二，帝族苗裔的世数，通常从本支最后一个皇帝（包括追尊皇帝）算起。具体到元稹，世数推本至昭成，是再自然不过的选择；鳌屋尉墓志既是连身而计，则元稹下推本族世数皆应当是连身而计。

这两个前提既明，元稹其余两兄墓志的世系误载，便不难厘清。要之，皆与数目字"七"有关。元秬墓志原文当作：

有魏昭成皇帝七（误为十一）代而生我隋朝兵部尚书府君讳某，后五

---

① 为使表义明晰，元义方以上悉按父子单传处理，不列兄弟；为与行文相观照，世次 A 自昭成帝连身计，世次 B 自明元帝离身计，世次 C 自景穆帝离身计。

代而生我比部郎中、舒王府长史府君讳某,君即府君之弟二子也。

古文竖写,"七"与"十一"极易混淆。《周礼》云:"凡邦国千里,封公以……方三百里则七伯。"郑玄作注时指出,方千里除以方三百里,"得十一有奇",能封十一伯,"云七伯者,字之误也";贾公彦进而疏解道,"以十一似七字,故云字之误也"。① 梁僧慧皎论及鸠摩罗什卒年,谓"或云弘始七年","或云十一年","七与十一,字或讹误","无以正焉"。② 元桓墓志亦然,原文当作"七代",递相钞刻之时讹为"十一代"。墓志的表意模式,与"自孔父六世而生仲尼"略同。由昭成帝连身起算,"七代"为元祯,元祯生隋兵部尚书元岩,则元岩为八代;七代的"后五代",亦即从八代元岩连身而数的第五代,是十二代元悱,元悱生比部郎中元宽,则元宽为十三代;元桓是元宽次子,则元桓为十四代。

至于元莫之墓志,原文当作:

> 有魏昭成皇帝十二(二误为七)世而生某官某,君即某官之次子也。

古书里的"二"与"七"也容易彼此讹误。比如道士葛玄(葛仙翁)卒年,古人或书为"赤乌七年",或书为"赤乌二年";唐人张守节引《竹书纪年》,谓"自盘庚徙殷……七百七十三年,更不徙都",此"七百"显系"二百"之误③。类似例证甚多,无须赘举。元莫之墓志在传写过程中,讹"二"为"七",原文当作"十二世"。昭成帝十二世生"某官某",则"某官某"为十三世,元莫之乃"某官某"次子,正当十四世。

对元稹墓志的推论,与上揭两例同理,首先要确定白居易的世数计算习惯。白居易集中有三则相近案例,除《杏为梁》外,其余两例的算法皆较明确。《杏为梁》吟及魏征旧宅的命运,谓"诏赎赐还五代孙"④。此"五代孙"究指玄孙,还是玄孙之子,并不能从白居易《论魏征旧宅状》以及白居易墓碑铭中得到印证,因为二者或谓"便还后嗣",或谓"以居其孙",皆是泛言后人而未及曾玄世代⑤。宋人修成的史书,叙及此事又颇有疑义。⑥ 据《资治通鉴》记载,典卖

---

① 〔汉〕郑玄注、〔唐〕贾公彦疏《周礼注疏》卷三三,台北:艺文印书馆,2011年,第501页。
② 〔梁〕慧皎撰,汤用彤校注,汤一玄整理《高僧传》卷二,北京:中华书局,1992年,第54页。
③ 王承文《敦煌本〈灵宝目〉与古灵宝经出世数量和时间考》,熊铁基、黄健荣主编《第三届全真道与老庄学国际学术研讨会论文集》上册,武汉:华中师范大学出版社,2017年,第610页;范祥雍《古本竹书纪年辑校订补》,上海:上海人民出版社,1957年,第21页;韦心滢《殷代商王政治地理结构研究》,上海:上海古籍出版社,2013年,第61页。
④ 〔唐〕白居易《白氏文集》卷四《杏为梁》,第1册,第51b页。
⑤ 〔唐〕白居易《白氏文集》卷五八《论魏征旧宅状》,第8册,第83a页;〔唐〕李商隐《唐刑部尚书致仕赠尚书右仆射太原白公墓碑铭并序》,〔宋〕姚铉辑《文粹》卷五八,《中华再造善本》影印宋刻本,北京:北京图书馆出版社,2006年,第14册,第25b页。
⑥ 〔宋〕司马光编著,〔元〕胡三省音注《资治通鉴》卷二三七,北京:中华书局,1956年,第7657—7658页;〔宋〕王溥《唐会要》卷四五,北京:中华书局,1955年,第810页;张忱石《〈全唐诗〉"无世次"作者事迹考索》,《文史》第22辑,北京:中华书局,1984年,第203页。

旧宅者是魏征的"玄孙稠";既能典卖族产,则魏稠当非年少望轻之人,极可能出自嫡派长支,且系长者。而据《唐会要》记载,在官赎以前,旧宅已"质卖更数姓,析为九家";以常理推之,非经数十年,恐不能辗转至此。合两书以观,当宪宗赎还旧宅时,至少魏稠这一房的实际受赐者,已未必是其本人。这一判断还可得到唐人科举答卷的支持。在宪宗赎还魏宅的次年,省试诗即取"恩赐魏文贞公诸孙旧第以道直臣"为题。本榜进士赋成此诗,陈彦博得句"天意能酬德,云孙喜庇身",裴大章得句"云孙方庆袭,池馆忽春生",皆将实际受赐者称为"云孙"①。"云孙"向有二义,一是特指连身九代孙、离身八代孙,二是泛言远孙。陈彦博、裴大章两诗,当是取第二义。由此溯及本事,若受赐者只是魏征玄孙一代,则诗中的"云孙"用法肯定不妥,因为玄孙犹在五服之内,并不能视为远孙。只有降至玄孙之子,才与高祖绝服,称之为远孙始无大碍。况且宪宗赎还魏宅是当时刻意炒作的重大政治事件,不容知识阶层不知;而陈、裴两人作为擢第进士,其省试诗乃是经过严格考核的胜出之作,断无可能在事关人伦大防的亲属称谓上同时犯错。因此,根据两诗的吟咏可以推知,魏征旧宅的实际受赐者或者说主要受赐者,已是当初典卖者"玄孙"魏稠的子侄辈。白居易作为亲历此事的同时代诗人,所知盖与陈、裴同。故其《杏为梁》所说的"五代孙"当是取离身算法,指玄孙之子,并不能径据《资治通鉴》断定为玄孙。白集中的其余两例,则易于判断。《八骏图》讥讽周穆王云:"周从后稷至文武,积德累功世勤苦。岂知才及四代孙,心轻王业如灰土。"②穆王乃武王玄孙,此"四代孙"显然是离身而数。白居易为其从叔父白季康撰写墓志,谓墓主为"北齐五兵尚书建之五代孙也"③。由白建至白季康共计六世④,此"五代孙"显然也是离身而数。总上而言,白居易下推世数的习惯盖为离身计,这一点与元稹不同。

  元稹的世数,按照连身算法表述则为昭成帝十四世孙,按照离身算法表述则为昭成帝十三世孙。白居易既习于离身而计,则其所撰元稹墓志原文当作"昭成皇帝十三代孙",文集传钞过程中讹"三"为"五",遂与《元和姓纂》及元稹所撰诸兄墓志皆不符。"三"与"五"也是一对常见易误字,此固校勘常识,不必冗述。

---

① 〔宋〕李昉等编《文苑英华》卷一八〇,北京:中华书局,1966年,第882页。
② 〔唐〕白居易《白氏文集》卷四《八骏图》,第1册,第47a页。
③ 〔唐〕白居易《白氏文集》卷七〇《唐故溧水县令太原白府君墓志铭并序》,第10册,第59a页。此本"溧水"讹为"溧水",朱金城、谢思炜等先生已校,今径改。
④ 参据白居易所撰白锽事状及高璩所撰白敏中墓志,可将白建以下本支世系简列如后:建→士通→志善→温→鏻→季康→敏中。详见〔唐〕白居易《白氏文集》卷四六《故巩县令白府君事状》,第7册,第32b页;吴钢主编《全唐文补遗》第3辑,第246页。

四　结语

鏊㞕尉墓志的昭成十四世说,与《元和姓纂》《新唐书·宰相世系表》所载世次相吻合,盖为元稹当日所自承的实际世数。从外部参照来看,"宗侄"元义方世系无疑是考明元稹世系的最佳旁证。在元义方世系问题上,岑仲勉、陶敏两先生曾深有所疑,而此疑适能构成对岑氏所赞同的昭成十四世说的否定。但通过梳理元魏史料可知,岑、陶之疑的起点,即所谓《元和姓纂》误系元太兴子为元恒芝子的判断并不成立,元恒芝经子元遥至孙元白泽的年代衔接亦无问题;通过比勘元义方家族墓志可知,由墓主之弟亲自撰写的姚轸妻元氏墓志、韦孟明妻元氏墓志更为可信,陶氏所援引的元陁利墓志记载世数有误。"宗侄"元义方既能确定为离身计的景穆帝九世孙,则可进一步印证元稹乃连身计的昭成帝十四世孙(参见表3)。下推宗族世数,元稹习于连身计而白居易习于离身计,传世元白集的世系误载皆是在钞刻过程中,由常见的数目字讹写造成。

苏轼书简考证二则

余正帆

【内容提要】《苏轼文集》中所收书简因文本信息模糊,故诸多书简尚未能考实内容和接收人。本文结合石刻、史传等文献,考证苏轼《答陈履常》二简接收人为分别为张先、陆经,并在此基础上证明《苏轼诗集》中《光禄庵》二首所和者为陆经,《与知县》十简接收人为王诏。在考实此二种书简内容和接收人的基础上,对苏轼文集、诗集校注和苏轼交游研究进行补充。

【关键词】 苏轼文集 书简 答陈履常 与知县

一 《答陈履常》考

《苏轼文集》卷五十三收有题为"答陈履常"书简二通,孔凡礼先生已指出收简人并非陈师道(字履常),①收简人身份至今未能确定,为方便考证,现录二简如下:

> 吴中屡得瞻见,时以余弃,洗濯蒙鄙,别来仰伫日深。递中首辱教尺,感服良厚,即日履兹酷暑,起居何如?贵眷令子各佳胜,披奉杳然,临纸怅惘,惟冀为时调护。
>
> 远承寄贶诗刻,读之洒然,如闻玉音,何幸获此荣观。不独以见作者之格,且足以知风政之多暇,而高躅之难继也。辄和《光禄庵二绝》,聊以寄钦羡之怀,一笑投之可也。所须接骨丹方,谨录呈。高密连年旱蝗,应副朔方百须,纷然疲苶,日俟汰逐。企仰仙馆,如在云汉矣。因风,不吝诲字。②

第一简"吴中屡得瞻见"证明苏轼与此人在"吴中"交往颇多,"别来仰伫日深"

【作者简介】余正帆,南京大学文学院博士研究生。
① 孔凡礼《苏轼年谱》,北京:中华书局,2021年,第321页。
② 〔宋〕苏轼撰,〔明〕茅维编,孔凡礼点校《苏轼文集》卷五三,北京:中华书局,2019年,第1559页。

证明苏轼此时已离开杭州任,故此简应作于知密州时,第二简"高密连年旱蝗"证明作于知密州时。此二简题作"答陈履常",孔凡礼先生指出陈师道与苏轼相识于熙宁十年(1077),陈师道是时尚未出仕,其经历与简中"吴中屡得瞻见""知风政之多暇"不合,并推测"其人长于轼"。《苏轼文集编年笺注》(下文简称《笺注》)仍以陈师道为收简人①,《苏轼全集校注》(下文简称《校注》)则指出此二简所答者非陈师道②,但未作进一步考证。庄国瑞以第一简"吴中屡得瞻见"为线索,将收简人范围划定在苏轼的苏州友人中,因朱长文父曾官光禄寺卿,故将第二简"光禄庵"理解为朱氏纪念其父所建之庵,庄氏据此考订收简人可能是闾丘孝终或朱长文,其中朱长文可能性更大。③ 庄文所考似能成立,但未能考实"吴中""光禄庵"两个关键信息,故其结果仍值得商榷。

第一简"吴中屡得瞻见"说明此人与苏轼在吴中交往颇多,且年岁应长于苏轼。第二简"风政之多暇"指苏轼称赞此人在地方的治绩,"高躅难继"指苏轼将去继此人之任。因此,收简人当同时满足两个条件:此人为苏轼将要前往继其任者,且与苏轼在"吴中"过从颇多,陈师道的经历显然与此不合。苏轼知密州后知徐州,故收简人似为知徐州者,苏轼和《光禄庵诗》有"城中太守的何人",王文诰因此推断:"此似指徐州也。"④王文诰已经注意到苏轼与此人的仕履交替关系。当时知徐州者为江仲达(字少卿),熙宁十年(1077)苏轼到徐州任后,曾作《徐州送交代仲达少卿》⑤,但江仲达与苏轼在吴中并无交往,故徐州知州江仲达亦被排除。在苏轼"吴中"友人中,此时并无与苏轼有仕履交替者,因此可以推断:二简接收人并非同一人。

第二简可资考证的信息相对第一简更多,除此人"风政多暇"、苏轼将去继其任外,此人还寄其光禄庵诗给苏轼,苏轼"和《光禄庵》二绝"寄还此人。因此,"光禄庵"为考订收简人的重要信息。今检宋代文献可知光禄庵在河中府,《山右石刻丛编》载有元丰四年(1081)薛俅光禄庵题名,⑥其后注光禄庵在永济

---

① 〔宋〕苏轼著,李之亮笺注《苏轼文集编年笺注》卷五三,成都:巴蜀书社,2011年,第7册,第32—34页。
② 张志烈、马德富、周裕锴主编《苏轼全集校注》《文集校注》卷五三,第17册,石家庄:河北人民出版社,2010年,第5843页。
③ 庄国瑞《苏轼〈答陈履常二首〉疑点考辨》,《深圳大学学报(人文社会科学版)》2010年第3期,第121—123页。
④ 〔宋〕苏轼撰,〔清〕王文诰辑注,孔凡礼点校《苏轼诗集》卷一三,北京:中华书局,2020年,第656页。
⑤ 《苏轼诗集》卷一五,第728—729页。
⑥ 〔清〕胡聘之《山右石刻丛编》卷一四,《石刻史料新编》第一辑,第20册,台北:新文丰出版公司,1982年,第15260页下。

县,永济为宋代河中府治内。① 由此可知,苏轼此简写作背景应为:收简人寄其在河中府所题光禄庵诗与苏轼,苏轼赞其在河中府任上"风政之多暇",自己将去继任,故有"高躅难继"之语,苏轼遂作《光禄庵》二绝和此人。王文诰推测苏轼诗中"城中太守"似指徐州知州,然徐州并无光禄庵,因光禄庵在河中府,故此太守当为知河中府者。

今考苏轼此时经历正有与河中府相关者:熙宁九年(1076)九月,苏轼有移知河中府之任,②苏轼十一月与周邠(字开祖)简云:"已被旨移河中府,候替人,十二月上旬中行。"③由此可知,苏轼十二月将离密州赴河中府任,但熙宁十年(1077)二月,苏轼又改知徐州,④此见熙宁十年苏轼致黎錞(字希声)简中云:"向自密将赴河中,至陈桥,受命改差彭城。"⑤在熙宁九年九月至熙宁十年二月之间,苏轼密州任满后本将前往知河中府。《续资治通鉴长编》载:"(熙宁十年正月)丙子,知河中府、兵部员外郎、直史馆陆经为集贤殿修撰再任。"⑥由此可知,此时知河中府者为陆经,陆氏任满之后,又有再任之命。苏轼熙宁九年九月移知河中府,所替者正是陆经。熙宁十年正月,朝廷又命陆经再任河中府,二月,本应知河中府的苏轼改命知徐州。因此可以推知:熙宁九年九月后,陆经得知苏轼将往河中府代替自己,故与苏轼联系,陆氏将自己所作的《光禄庵》等"诗刻"寄与苏轼,苏轼遂作《光禄庵》二绝以和。陆经诗传者甚少,其《光禄庵》诗已佚不见。⑦ 简中"风政之多暇""高躅之难继"说明了苏轼与陆氏的关系:苏轼称赞陆经在河中府任上的"风政",并说自己此去替任,故逊称难继陆氏之"高躅"。

书简编纂者之所以将陆经误作陈师道,恐与陆经姓氏有关:陆经,字子履,亦姓陈名经,据《续资治通鉴长编》注云:"陈经,本姓陆,其母再嫁陈见素,因冒陈姓。见素卒,经服丧既除,乃还本姓。"⑧时人往往陈、陆混用,如欧阳修就有《送陈子履赴绛州翼城序》⑨,又有《答陆学士》⑩,陈子履、陆学士皆指陆经。苏轼二简题名作"答陈履常",书简编辑者据"高躅之难继"以及苏轼知徐州经历,将

---

① 周振鹤主编,李昌宪著《中国行政区划通史·宋西夏卷》,上海:复旦大学出版社,2007年,第209页。
② 《苏轼年谱》,第338页。
③ 《苏轼文集》卷五六,第1669页。
④ 《苏轼年谱》,第351页。
⑤ 《苏轼文集》卷五三,第1562页。
⑥ 〔宋〕李焘《续资治通鉴长编》卷二八〇,北京:中华书局,2004年,第6854页。
⑦ 关于陆经生平及作品,参见王福利《陆经事迹诗文钩沉》,《中国诗歌研究》第七辑,北京:中华书局,2010年,第146—155页。
⑧ 《续资治通鉴长编》卷一三四,第3207页。
⑨ 〔宋〕欧阳修撰,李逸安点校《欧阳修全集》卷六六,北京:中华书局,2001年,第967—968页。
⑩ 《欧阳修全集》卷一五一,第2495—2496页。

收简人所在地定为徐州,但未注意苏轼此间有知河中府之命,遂将河中府陆子履误作徐州士人陈履常。另外,简中"仙馆"指秘书省、翰林院等掌管图书秘籍的部门,东汉藏书之所东观有蓬山仙馆之称,①陆经时为集贤殿修撰,故苏轼简中有"仙馆"之称。简中还言及"所须接骨丹方",陆经有收藏药方之好,此见诸其交游中,如欧阳修就曾得陆氏药方,《答陆学士》云:"方苦昏乏,忽被手教,兼惠以药并方,尤荷意爱之厚。"②简中"所须接骨丹方"应即陆经向苏轼索药方事。

需要注意的是,此二简收简人如果为同一人,那么,由第一简中"吴中屡得瞻见"说明苏轼在杭州任上(熙宁四年至七年)与陆经颇有来往,但这与陆经此时仕履不合,今考陆氏此时经历为:熙宁四年(1071)五月以集贤校理假知制诰馆伴③,熙宁五年(1072)四月以刑部员外郎、集贤校理判太常寺④,陆经熙宁十年正月以兵部员外郎、直史馆、集贤殿修撰再任河中府知府⑤。苏轼熙宁九年九月有移知河中命,故陆经第一次知河中府当在熙宁六、七年之间。由此可知,陆经熙宁四年至五年在朝,熙宁六年以后在河中府,苏轼不可能在"吴中屡得瞻见"陆经,故第一简收简人并非陆经。

今由第一简"瞻见"可知此人年岁长于苏轼,"吴中"这一地域信息值得注意,庄国瑞认为"吴中"指苏州。今检苏轼自身书简、文章,"吴中"其实指杭州,如熙宁四年苏轼出为杭州通判,致简滕元发云:"吴中有干,幸不外。"⑥熙宁七年苏轼离杭州任赴密州时致简周邠云:"久在吴中,别去,真作数日恶。"⑦元丰二年(1079),苏轼在湖州作《仆去杭五年,吴中仍岁大饥疫,故人往往逝去,闻湖上僧舍不复往日繁丽,独净慈本长老学者益盛,作此诗寄之》,其中"吴中仍岁大饥疫"指杭州熙宁后期的灾荒,此"吴中"亦指杭州。⑧ 元丰六年(1083),参寥自杭州至黄州访苏轼,苏轼《书参寥诗》云:"仆在黄州,参寥自吴中来访,馆之东坡。"⑨由此可见,"吴中"当指杭州。"吴中屡得瞻见"说明此人与苏轼在杭州屡有来往,且年长于苏轼。简中"贵眷令子"是考证收简人的另一信息。结合苏轼在杭州经历看,此人可能是张先:苏轼在杭州任上与张先往来颇多,⑩张

---

① 张忠纲主编《全唐诗大辞典》,北京:语文出版社,2000年,第831页。
② 《欧阳修全集》卷一五一,第2495—2496页。
③ 《续资治通鉴长编》卷二二三,第5432页。
④ 《续资治通鉴长编》卷二三二,第5630页。
⑤ 《续资治通鉴长编》卷二八〇,第6854页。
⑥ 《苏轼文集》卷五一,第1475页。
⑦ 《苏轼文集》卷五六,第1668—1669页。
⑧ 《苏轼诗集》卷一九,第970页。
⑨ 《苏轼文集》卷六八,第2144页。
⑩ 熙宁四年至七年间,苏轼在杭州与张先往来颇多,参见《苏轼年谱》第219页,第234页,第258页,第262页,第267页,第293页,第294页。

先年长于苏轼,故简中称"吴中屡得瞻见"。苏轼时知密州,故有"别来仰仁日深"之语。简中言"贵眷",可知苏轼与此人关系颇为亲近,熙宁五年张先买妾,苏轼曾作《张子野年八十五,尚闻买妾,述古令作诗》①,故简中才有如此之语。苏轼离杭知密州后与张先仍有交往,熙宁八年(1075),张先曾寄诗给苏轼②,苏轼作《和张子野见寄》三绝句以答③,除寄诗之外,张先当时可能还寄书简给苏轼,苏轼此简可能就作于此时。故第一简写作时间在熙宁八年左右,第二简与陆经者则作于熙宁九年九月之后,二简编纂时间顺序虽然正确,但却误将收简人合二为一。如上文所述,陆经又名陈经,字子履,张先,字子野,苏轼此二简分别寄与陆子履、张子野。编纂者可能将陈(陆)子履与陈履常相混,遂将答陆经(子履)、张先(子野)二简误合为"答陈履常简"。

综上,《答陈履常》二简,第一简接收人者可能为张先,第二简接收人可以确定为陆经。由此可知,苏轼诗《光禄庵》二绝所和者为陆经。

二 《与知县》考

《苏轼文集》卷六〇有题为"与知县"的十通书简,书简接收人被定为"知县",此"知县"具体身份则未知。在十通书简中,第一、二、三、四、五、七简内容皆为日常问候,没有可资考实收简人身份的具体信息,第六、八、九、十简中内容较为具体,尤需注意,故赘录如下:

> 人来,辱手教。承比日起居佳胜。思企高义,未缘款奉,临书怅惘。示谕书醉公石固佳,但目昏罢倦,每书过百十字,辄意阑,恐旦夕少暇耳。毒热,万万以时自重。(六)

> 叠辱手教,感慰兼集。邑事清简,起居胜常。小儿蒙不鄙外,荷德殊深矣。未由接奉,千万以时自重。(八)

> 儿子遂获托庇,知幸。鲁钝多不及事,惟赖与督励也。切祝!切祝!晋卿相见殿门外,惘然如梦中人也。人世何者非梦耶!亦不足多谈,但喜其容貌蔚然如故,非有过人,能如是耶?(九)

> 昨日辱示佳篇,词韵高绝,非此句无以发扬醉公也。雨冷,起居佳否?二碑纳上。(十)④

"晋卿相见殿门外,惘然如梦中人也"指元祐元年(1086)苏轼与王诜(字晋卿)

---

① 《苏轼诗集》卷一一,第523—524页。
② 《苏轼年谱》,第320页。
③ 《苏轼诗集》卷一三,第652—653页。
④ 《苏轼文集》卷六〇,第1828—1829页。

相见事。苏迈元祐元年为酸枣县尉,简中"小儿蒙不鄙外,荷德殊深矣""儿子遂获托庇",由此可知,此人应为苏迈上司,故苏轼简中有"托庇"之语,书简编纂者因此将收简人定为"知县",孔凡礼先生《苏轼年谱》即据此推测此知县可能为酸枣县令。①

第六、十简皆言及"醉公","醉公"为考证收简人的另一重要信息,但因"醉公"所指不明,故未引起注意。如《校注》注即云:"醉公所指不详。"②今按:"醉公"当指欧阳修。欧阳修知滁州时曾作《醉翁亭记》,有"醉翁"之号,苏轼诗中常称其为"醉翁",如《小饮公瑾舟中》中有"坐观邸报谈迂叟,闲说滁山忆醉翁"③。《次韵王定国得颍倅二首》中有"莫向百花潭上去,醉翁不见与谁亲"④。《聚星堂雪》中有"汝南先贤有故事,醉翁诗话谁续说"⑤。皆未见称"醉公"例。然而,苏轼友人中则有以"醉公"称欧阳修者,如参寥《送李仲益赴襄阳幕》中有:"襄阳古名都,雄观压荆楚,醉公夸文词,风物粲可数。"⑥欧阳修曾作《乐哉襄阳人送刘太尉从广赴襄阳》⑦,参寥送李仲益赴襄阳诗即以欧阳修诗为典,因此,"醉公"即指欧阳修。此外,苏轼同年晁端彦之子晁说之(1059—1129)《顾弥邵以其尊内翰所有欧阳公集遗俾季澈,赋诗篇末见及,辄次韵作》中有"昭陵人物一朝盛,晚有醉公为拟伦"⑧。《因观刘侍读姚秘丞孙处士平山堂诗寄欧阳公唱和,作绝句》中有"醉公认得扬州路,堂上平山列酒樽"⑨,"醉公"皆指欧阳修。由此可知,时人除称欧阳修为"醉翁"外,亦以"醉公"称之。简中"醉公"应为欧阳修无疑,"醉公"当是苏轼在书简往来中对欧阳修的尊称。

简中两次言及"醉公"事,但其内容却不甚明了,第六简中云"示谕书醉公石固佳,但目昏罢倦,每书过百十字,辄意阑,恐旦夕少暇耳",从苏轼覆简内容看,此人请苏轼书写"醉公石",《校注》推测"醉公石"可能为"陶令醉石"或者"知县所在之地的名胜"。⑩此推测是对"石"的误解,"石"其实是石刻、碑刻的

---

① 《苏轼年谱》,第730页。
② 《苏轼全集校注》《文集》卷六〇,第18册,第6611页。
③ 《苏轼诗集》卷二六,第1368页。
④ 《苏轼诗集》卷二六,第1394页。
⑤ 《苏轼诗集》卷三四,第1814页。
⑥ 北京大学古文献研究所编《全宋诗》卷九一七,第16册,北京:北京大学出版社,1991年,第10765页。
⑦ 《欧阳修全集》卷七,第108页。
⑧ 〔宋〕晁说之《嵩山文集》卷四,《四部丛刊续编》集部第59册,上海:上海书店,1985年。
⑨ 《嵩山文集》卷九。
⑩ 关于苏轼简中"醉公石",《苏轼全集校注》注云:"历史上有陶潜醉石。陈舜俞《庐山记》:'又三遇栗里源,有陶令醉石。……所居栗里,两山间有大石,仰视悬瀑,平广可坐十余人。元亮自放以酒,故名醉石。'此处所言或为该县令所在地之名胜,具体情况未详。"见《苏轼全集校注》《文集》卷六〇,第18册,第6609页。

简称,苏轼自己常以"入石""上石"指代石刻、碑刻。① 且从苏轼简中"头昏罢倦,每书过百十字,辄意阑",请待"旦夕少暇"再书写可知,"醉公石"当为此人请苏轼书写与"醉公"相关的碑刻。第十简再次言及"醉公"云:"昨日辱示佳篇,词韵高绝,非此句无以发扬醉公也。"由此可知,此人曾寄给苏轼词韵高绝能发扬醉公之"佳篇",苏轼简末云"二碑纳上",联系第六简"书醉公石"事可以推知:苏轼"纳上"二碑应该就是此人之前请苏轼所书之"醉公石"。由此可见,此二简关系应为:此人请苏轼书与欧阳修相关的碑刻,苏轼因"目昏"请稍延其期,此人后又将自己"发扬醉公"之作寄给苏轼,苏轼遂为其写了两种欧阳修碑刻。

今考元祐年间苏轼确有应他人之请书欧阳修文刻石经历:苏轼元祐六年(1091)曾应滁州知州王诏之请书欧阳修《醉翁亭记》刻石,苏轼跋所书《醉翁亭记》云:"元祐六年,轼为颍州,而开封刘君季孙,自高邮来,过滁。滁守河南王君诏请以滁人之意,求书于轼,轼于先生为门下士,不可以辞。十一月乙未。"②此跋记载了王诏托刘景文(季孙)请苏轼书欧阳修文刻石事,这与第六简"人来,辱手教。……示谕书醉公石固佳"相合,由此可知,收简人当为王诏。苏轼当时可能还写了《丰乐亭记》给王诏刻石。此碑宋刻不存,明嘉靖四年(1525)陈则清曾集苏书重刻③,但未刻苏轼书此文时间,清人王昶推测云:"惟滁州有坡书《醉翁亭记》,为元祐六年十一月所书。……则其书此记或与书《醉翁亭记》同时。"④王诏请苏轼书欧文刻石时,还作诗寄给苏轼,王氏诗今佚不见,苏轼作《次韵王滁州见寄》以答⑤。第十简中所谓"词韵高绝"可以"发扬醉公"之佳篇当即王诏之诗,王诗应该是称赞欧阳修在滁州的政事、文章,故苏轼称其"可以发扬醉公"。综上,第十简中所云"二碑"当即王诏请苏轼书写欧阳修知滁州时所作《醉翁亭记》《丰乐亭记》二记刻石。

王诏经历与"示谕书醉公石"事相符,然而王氏是否做过酸枣知县,关照过酸枣尉苏迈? 据《宋史·王诏传》载:"元祐初,朝廷起回河之议,未决,而开河之役遽兴。诏言河朔秋潦,水浸为菑,民人流徙,赖发廪振赡恩,稍苏其生,谓宜安之,未可以力役伤也。从之。擢开封府推官。"⑥可见,王诏元祐初曾为开

---

① 如苏轼致参寥简云:"《表忠观记》及辩才塔铭,后来不见入石。""入石"即指刻石,简见《苏轼文集》卷六一,第1864页。再如大觉禅师请苏轼作《宸奎阁碑》,苏轼答其简云:"要作《宸奎阁碑》,谨已撰成,衰朽废学,不知堪上石否?""上石"即指刻碑,简见《苏轼文集》卷六一,第1880页。
② 《苏轼文集》附录《佚文汇编》卷五,第2549页。
③ 〔清〕钱大昕:《潜研堂金石文字目录》卷五,上海:上海古籍出版社,2020年,第1235页。
④ 〔清〕王昶:《金石萃编》卷一四〇,《石刻史料新编》第一辑,第4册,第2608页下。
⑤ 此诗见《苏轼诗集》卷三四,第1832—1834页。
⑥ 〔元〕脱脱等《宋史》卷二六六,北京:中华书局,1985年,第9189页。

封府推官，苏迈则为酸枣县尉，酸枣县属开封府，①二人职务皆与狱讼刑罚相关，因此，王诏其实也是苏迈上级，故苏轼简中有"荷德""托庇"等语。书简编纂者因苏迈为县尉，故据此推断收简人为县尉苏迈的上司，一般认为能够关照酸枣县尉苏迈的应该就是酸枣县令，因县令是县尉的直接上司，苏轼书简编纂者应该也是据此将此十通书简命名为"与知县"。但却忽略了开封府推官王诏同样也可以关照酸枣县尉苏迈。此外，王诜为王全斌之后，王诏为王化基之后，二人皆为北宋大臣后代，②苏轼在《次韵王滁州见寄》诗中云："君家联翩尽卿相，独来坐啸溪山上。"此即道出王诏家世，王诏与王诜故应相识，所以苏轼在第九简中才会与王诏言及殿门外见王诜事。

综上可知，苏轼此十简中，"醉公石"乃王诏请苏轼写欧阳修文刻石事。王诏元祐初为开封府推官，乃酸枣县尉苏迈上级，故苏轼简中有"小儿蒙不鄙外，荷德殊深矣""儿子遂获托庇"之语，请其关照苏迈，因此可以推断，此十简当为苏轼覆王诏之简。

---

① 酸枣县为开封府下辖县，后更名为延津，参见《宋史》："延津，旧酸枣县，政和七年改。"见《宋史》卷八五《地理志》（一）《京畿路》，第2106—2107页。

② 王诜乃王全斌之后，事迹见《宋史》卷二五五《王凯传》，第8925—8926页。王诏乃王化基之孙、王举元之子，王化基、王举元、王诏《宋史》均有传，三人传记见《宋史》卷二六六，第9183—9190页。

元人熊太古及其《冀越集》考识

张 斌

【内容提要】 熊太古秉承家学，精通礼乐，又广为游历，备述见闻，其所著《冀越集》记述元代典章制度、风俗名物丰赡详尽，颇受明清以降的学者关注。《冀越集》在明代有一卷本和二卷本传世，为明人载录、征引时，多题作"冀越集"，同时亦有"冀越杂记"之称。清修《四库全书》将《冀越集》列入"小说家类存目"，对其文献价值的总结和评断有失偏颇。吴翌凤抄本是目前最常见的版本，保存了"吴鲍庵本"的大致面貌。黄丕烈又得王鸣盛旧藏抄本，并核校文字异同于吴翌凤抄本之上。经由吴翌凤抄校、黄丕烈校跋的本子已有数种版本汇聚其上，需要读者仔细甄别。此外，黄丕烈认为《冀越集》曾有元刻本存世，这种观点是不能成立的。

【关键词】 元朝 四库提要 吴翌凤 黄丕烈 王鸣盛

熊太古，字邻初，丰城（今江西丰城）人，元代名儒熊朋来（1246—1323）之子。熊太古著述虽多，有《燹余集》《熙真集》，[①] 又撰《地理分合表》《续西南夷志》《官制沿革表》《在京诸衙门官制》等书，[②] 但存世至今者，仅有《冀越集》及随附之《相宅管说》。[③]

《冀越集》记录了熊太古丰富的游历见闻，"两至京师，达乎上京……北连沙

【作者简介】张斌，福建师范大学社会历史学院讲师。本文先后承南开大学历史学院马晓林教授和匿名评审专家赐正。笔者查访《冀越集》版本时，得到常州图书馆朱隽先生的帮助，谨此致谢。

① 〔元〕熊太古《冀越集》卷上《余生得二十幸》，北京大学图书馆藏明嘉靖伍氏刻本，第23叶。如无特殊说明，本文征引《冀越集》序及上卷时，皆用此本。《燹余集》《熙真集》在明初曾合称为《巢云集》，后均散佚。参见〔明〕林弼撰，《漳州文库》编委会整理《林登州遗集》卷一三《熊太古诗集序》，北京：国家图书馆出版社，2021年，第178—179页。

② 〔元〕熊太古《冀越集》卷上《地名官名》，第7叶。《千顷堂书目》称"熊太古《地理西南夷补志》五卷""熊太古《元京畿官制》二卷"。〔清〕黄虞稷撰，瞿凤起、潘景郑整理《千顷堂书目（附索引）》卷八《地理类下》，上海：上海古籍出版社，2001年，第216页；卷九《职官类》，第238页。

③ 中国国家图书馆藏乾隆四十七年（1782）吴翌凤抄本《冀越集》（索书号：08242），后附《相宅管说》一卷。《续修四库全书》影印出版《冀越集》时，未收《相宅管说》。《四库全书存目丛书》更为完整地反映了吴翌凤抄本的原貌，同时影印了附在《冀越集》书后的《相宅管说》。《相宅管说》与《冀越集》并非一书，故不在本文的讨论范围之内。

漠,南止海隅"①,同时也保留了不少有关元代政治军事、天文历法、物产风俗的资料,已经引起元史研究者的关注。钟焓讨论了《冀越集》"雕窠生犬"传说的民俗背景②,何启龙探析了神兽角端在元代中后期衍生的政治文化意涵③。然而,《冀越集》的版本问题却较为复杂。四库提要指出《冀越集》"犹在元代所作也"。④ 黄丕烈(1763—1825)前后两次校勘,均认为《冀越集》曾有元刻本存世。⑤ 清人著录、题跋多有未尽之处,需要仔细考辨。熊太古的生平事迹,散见于元明时代诸种诗文集中,王德毅、余大钧等学者曾予提要、勾勒。⑥ 综合《冀越集》的成书背景与文本信息,这一问题仍有继续探讨的必要。本文拟从《冀越集》的作者生平、版本及成书经过等方面进行考察研究。

一 熊太古的生平

熊太古的早年事迹难以考索。元文宗至顺三年(1332),熊太古中选江西行省乡试之后,准备远赴大都,参加次年举行的会试。熊太古在大都广泛拜访、结交的对象,既有为其父熊朋来撰写墓表墓志的耆宿吴澄(1249—1333)⑦、虞集(1272—1348)⑧,亦有彼时名未大显的李孝光(1285—1350)、陈旅(1288—1343)、郑玉(1298—1358)等人。⑨ 由于家学深厚,士林对熊太古期许颇高。出

---

① 〔元〕熊太古《冀越集》卷首《冀越集叙》,第1叶;〔元〕熊太古《冀越集记》卷首《冀越集序》,《续修四库全书》本,第1166册,上海:上海古籍出版社,2002年,第363页。
② 钟焓《熊太古〈冀越集记〉中一则记载的民俗学注释》,《内蒙古社会科学(汉文版)》2004年第4期,第25—28页;钟焓《雕窠生犬考》,《民族史研究》第8辑,北京:中央民族大学出版社,2008年,第132—152页。
③ 何启龙《角端、耶律楚材与刘秉忠:以谣言理论研究传说流变》,《元史论丛》第13辑,天津:天津古籍出版社,2010年,第294—302页。
④ 四库全书研究所整理《钦定四库全书总目(整理本)》卷一四三《子部·小说家类存目一·冀越集记二卷》,北京:中华书局,1997年,第1891页。
⑤ 〔清〕黄丕烈《冀越集跋》,《冀越集记》,《续修四库全书》本,第514、558页;另见〔清〕黄丕烈撰,余鸣鸿、占旭东点校《荛圃藏书题识再续录》卷二《冀越集记前后二卷》,《黄丕烈藏书题跋集》,上海:上海古籍出版社,2015年,第896页;《荛圃藏书题识续录》卷四《冀越集前后二卷附相宅管说》,《黄丕烈藏书题跋集》,第815页。
⑥ 王德毅、李荣村、潘柏澄编《元人传记资料索引》,北京:中华书局,1987年,第1666—1667页;余大钧编著《元代人名大辞典》,呼和浩特:内蒙古人民出版社,2016年,第756页。
⑦ 〔元〕吴澄《临川吴文正公集》卷三六《前进士豫章熊先生墓表》,《元人文集珍本丛刊》,第3册,台北:新文丰出版公司,1985年,第587—588页;卷八《复柳道传提举书》,第181页。
⑧ 〔元〕虞集《道园类稿》卷四八《熊与可墓志铭》,《元人文集珍本丛刊》,第6册,第412—413页。此文亦见〔元〕苏天爵撰,张金铣校点《元文类》卷五四《熊先生墓志铭》,合肥:安徽大学出版社,2020年,第1092—1094页。部分文句上有差异。
⑨ 〔元〕李孝光撰,陈增杰校注《李孝光集校注(增订本)》卷九《挽熊天慵先生》,杭州:浙江古籍出版社,2016年,第461页;〔元〕周原诚《哀辞》,《郑师山先生遗集》附录,中国国家图书馆藏元刻明修本,第18叶。

乎意料的是,元统元年(至顺四年,1333),熊太古试《礼》经落榜。虞集、马祖常(1279—1338)、陈旅等惋惜之余,纷纷劝说熊太古继续留在大都。熊太古表示"不能为科举之学",而且居留大都"有所不安",①最终接受了赵世延(1260—1336)的辟举,出任海北广东道肃政廉访司司吏。② 这是熊太古自叙"两至京师"中第一次宦游大都的经历。

以"后见之明"的视角来看,熊太古的选择无疑是合理的。元统元年之后,由于反汉法势力抬头,科举制度在后至元元年(1335)又遭废止,直到至正二年(1342)才重新开科取士。③ 两科间隔长达十年之久。同在至正二年,虞集和熊太古在江西重逢。此时熊太古即将转任湖广行省掾史,虞集再度写诗为之送行,"十年一再见,我老君白头",④多有感慨。熊太古在江西、湖广行省任职吏员的十余年间,在广州见证了采珠提举司的复置和元代海外贸易的盛况,又曾前往广西南宁、静江(今桂林)等地,留下了当地动物习性的宝贵记录。⑤

熊太古何时第二次抵达大都,史无明载。不过,明人叶盛(1420—1474)《水东日记》提到了"元至正十三年(1353)重刻元统癸酉(1333)燕山嘉氏本"朱子《小学》,卷首有"助教熊太古"等人的题识。⑥ 由此可知,至正十三年,熊太古已经担任正八品的国子助教。《冀越集叙》自称"前史官",即《千顷堂书目》所载之"翰林编修",亦为正八品。《冀越集·胎卵二族》条提到"于脱脱丞相家见一犬",⑦熊太古品秩虽低,但能够出入中书右丞相脱脱(1314—1356)的私邸,有可能与脱脱相识。

至正十四年(1354)十二月,脱脱开始被贬官削爵。⑧ 至正十五年(1355),熊太古"奋然南归",外任从七品的江西行省都事。⑨ 此时江西行省绝大多数州

---

① 〔元〕陈旅《安雅堂集》卷二《送熊太古还豫章诗(并序)》,《元代珍本文集汇刊》,台北:"国立中央图书馆",1970年,第91—92页;〔元〕虞集《道园类稿》卷二〇《送熊太古序(有诗)》,《元人文集珍本丛刊》,第5册,第539页;〔元〕马祖常著,王媛校点《马祖常集》卷五《反铜马式歌送熊太古》,长春:吉林文史出版社,2010年,第140页。

② 〔清〕黄虞稷撰,瞿凤起、潘景郑整理《千顷堂书目(附索引)》卷一七《别集类》,第468页。

③ 萧启庆《元代进士辑考》,台北:历史语言研究所,2012年,第22—24页。

④ 〔元〕虞集《道园类稿》卷三《送豫章熊太古兼寄苏伯修参政》,《元人文集珍本丛刊》,第5册,第309页。据《元史·苏天爵传》及许有壬《送苏伯修赴湖广参政序》,苏天爵出任湖广行省参政在至正壬午(1342)。故笔者将虞集此诗系在至正二年。参见〔元〕苏天爵著,陈高华、孟繁清点校《滋溪文稿》附录二《传记资料》,北京:中华书局,1997年,第526、551页。

⑤ 〔元〕熊太古《冀越集》卷上《上都观马》,第4叶;卷上《象驼》,第12—13叶;卷上《南北鸟兽》,第13—14叶;卷上《广州船舶》,第14—15叶;卷上《珠子树》,第19叶。

⑥ 〔明〕叶盛撰,魏中平点校《水东日记》卷一《晦庵小学定本》,北京:中华书局,1980年,第1—2页。

⑦ 〔元〕熊太古《冀越集》卷上《胎卵二族》,第10叶。

⑧ 〔明〕宋濂等撰《元史》卷四三《顺帝纪六》,北京:中华书局,1976年,第917页。

⑨ 〔元〕释来复《澹游集》卷上《见心上人与余相见清江之宝金山未几重会豫章而上人有吴越游赋此为别》,《续修四库全书》本,第1622册,第245页。

县处在被元军和红巾军反复争夺的状态。① 或许由于战时特殊情况,熊太古很快擢升为从五品的江西行省左右司郎中。② 然而好景不长,江西行省面临着"省治窃发"、与元朝中央政府几乎断绝联系的严峻形势。熊太古"抗颜与论利害",但"上将自恣",言不获用。"次年皆如所陈,上将俱遁",③此事发生在至正十八年(1358),龙兴路(今江西南昌)为陈友谅(1320—1360)所攻陷。江西行省平章火你赤连夜遁去,道童退守抚州。④ 熊太古长期隐居,洪武元年(1368)曾被新朝征召参与制定郊庙乐章⑤,此后终老于家。

值得留意的是,《冀越集》有一篇题为《余生得二十幸》⑥,备述熊太古平生得意之事。其中第二十幸为"有《爇余集》《熙真集》以遗子孙。子五人,景略封文林郎、监察御史;孙九人,昱登进士,拜监察御史"⑦。熊景略事迹不可考,而熊昱登进士,有文献记载,时在明永乐十九年(1421)。⑧《余生得二十幸》提到,熊太古此时已经"逾七望八",若按此推算,熊太古生于至正初年,这显然与熊太古在元统元年参加科举考试的经历相龃龉。因此,熊太古去世后,《冀越集》的文本应该有所增补。《冀越集》的成书经过与版本情况究竟如何,是亟待论说的问题。

二 明本《冀越集》考述

在讨论明本《冀越集》之前,需要辨析清代黄丕烈等人所持《冀越集》存在元刻本的意见。黄丕烈在嘉庆九年(1804)和嘉庆十三年(1808)两度校勘《冀越集》,得出了其所得清抄本"抄所自出定为元刻""似元刻然"的观点。⑨ 黄氏校勘《冀越集》用力甚勤,但其元刻之说难以成立。四库提要根据《冀越集叙》"至正乙未(1355)前史官至江西行省郎中豫章熊太古书"的题款,判断《冀越集》是熊太古入明以前的著述。黄丕烈或许受到此说影响,进一步认为《冀越集》存在元刻本。

---

① 吴小红《江西通史·元代卷》,南昌:江西人民出版社,2008 年,第 175—186 页。
② 〔元〕熊太古《冀越集》卷首《冀越集叙》,叶 2。关于元代行省下设的左右司职官,参见李治安《元代行省制度》,北京:中华书局,2011 年,第 31—35 页。
③ 〔元〕熊太古《冀越集》卷上《余生得二十幸》,第 22—23 叶。
④ 〔明〕宋濂等撰《元史》卷四五《顺帝纪八》,第 942 页;卷一四四《道童传》,第 3443—3444 页。
⑤ 〔明〕黄瑜撰,魏连科点校《双槐岁钞》卷三《冷协律》,北京:中华书局,1999 年,第 44 页。
⑥ 明嘉靖伍氏刻本作"余生得二十幸",其余诸本亦有题"余生二十幸""余生二十事"者。
⑦ 〔元〕熊太古《冀越集》卷上《余生得二十幸》,第 23 叶。
⑧ 〔明〕俞宪《皇明登科进士考》卷三,中国国家图书馆藏明嘉靖刻本,第 47 叶;〔明〕杨士奇《东里文集续编》卷五九《送熊昱御史》,中国国家图书馆藏明嘉靖刻本,第 8 叶。
⑨ 〔清〕黄丕烈《冀越集跋》《冀越集记》,《续修四库全书》本,第 514、558 页。

至正十五年以前，熊太古游历南北，可供随手记录的见闻极为丰富。熊太古作序时，《冀越集》实际上已经完成了大半。然而，综合熊太古的生平事迹，我们仍然可以在《冀越集》中找到一些至正十五年（即至正乙未）甚至至正二十八年（洪武元年，1368）及之后的纪事。这些纪事按照时间顺序排列，分别见于《地名官名》《辽金元相因》《诗歌》《余生得二十幸》等4条。至正十八年，江西省臣弃城逃遁，熊太古住所亦被焚毁，此见《地名官名》条。① 《辽金元相因》条云"我朝弃宗社，幸沙漠，本根已丧矣"②，所指为至正二十八年元顺帝妥懽贴睦尔弃守大都，逃往漠北之事。《诗歌》条附记"已上并见《瑟谱》。书版不存，兵燹后于金陵礼乐局中抄录"③。按《明史·礼志一》载，"明太祖初定天下，他务未遑，首开礼、乐二局，广征耆儒，分曹究讨"④。此正与熊太古洪武元年参与制定乐章的活动相合。前文已经提到，《余生得二十幸》记述熊太古子、孙之仕宦，尤其是孙辈熊昱登进士之时，已在永乐十九年。根据其父熊朋来以及与熊太古交游的同辈人年寿判断，熊太古应生于元世祖末、成宗初。及至洪武初年，熊太古已到"逾七望八"之岁。笔者推测，《余生得二十幸》的第二十幸，至多到"有《爨余集》《熙真集》以遗子孙"，为熊太古所写；"子五人，景略封文林郎、监察御史；孙九人，昱登进士，拜监察御史"一句，应是后人抄录或刊印时所增。《余生得二十幸》整篇文本的形成，应不早于明永乐年间。

讨论《冀越集》中至正十五年乃至至正二十八年（洪武元年）及之后的纪事，具有多重意义。首先，反映出《冀越集》随记随录、不断累积的成书特征。熊太古在序文中提到，"囊楮笔随"，"因书以备遗忘"。至正十五年以后，熊太古离开大都，回到江西，其游历见闻尽管大不如前，但这并不意味着《冀越集》已经完全脱稿。其次，《冀越集》既然处于不断增补的状态，又载录了元亡和明初的史事，可证《冀越集》并无元刻本存世之可能。最后，我们还可以根据这些纪事的有无，来判断《冀越集》部分版本产生的大致时间。

现存最早的明本《冀越集》为一卷本，收录在明人梅纯（1457—?）抄辑的丛书《艺海汇函》中，现藏南京图书馆（索书号：GJ/EB/117704）。⑤《艺海汇函》全书分为十集，《冀越集》位列第四《格物类》。有学者指出，正德二年（1507）是

---

① 〔元〕熊太古《冀越集》卷上《地名官名》，第7叶。
② 〔元〕熊太古《冀越集》卷上《辽金元相因》，第3叶。
③ 〔元〕熊太古《冀越集记》卷下《诗歌》，《续修四库全书》本，第554页。
④ 〔清〕张廷玉等撰《明史》卷四七《礼志一》，北京：中华书局，1974年，第1223页。
⑤ 关于梅纯及《艺海汇函》丛书的简要介绍，参见万明《明代马欢〈瀛涯胜览〉版本考》，《文史》2018年第2辑，第222—224页；周中梁《今本宋濂〈洪武圣政记〉辨伪》，《史学史研究》2021年第3期，第96—98页。

《艺海汇函》抄缮完成的时间。① 但需要留意的是，《艺海汇函》本《冀越集》（以下简称为"艺本"）所抄据的版本，成书年代应该更早。除书前《冀越集序》外，艺本共收篇目89条，较之更为通行的清乾隆四十七年（1782）吴翌凤抄本少15条。艺本缺少的15条分别为《卜筮》《余生得二十幸》《三界十方》《富贵贫贱》《乡遂之法》《三白》《礼刑》《牢牲》《禹贡》《古文》《天子之服》《食疗》《古今品级》《古今车制》《诗歌》。艺本无《余生得二十幸》《诗歌》二条，尤其是《余生得二十幸》独不见于艺本，表明艺本所抄据的本子在明洪武初年就已经存在。这一时间上限，由艺本所收的《辽金元相因》条决定，当在洪武元年八月之后。②

目前已知的明本《冀越集》还有三种，分别是嘉靖伍氏刻本（以下简称为"伍本"）、顾元庆（1487—1565）《广四十家小说》本（以下简称为"顾本"）和"吴鼒庵本"。

伍本旧为燕京大学图书馆藏，现藏北京大学图书馆（索书号：NC9153/2344），题"冀越集"，一卷，著录为"明嘉靖（1522—1566）伍氏刻本"。③ 书前有熊太古撰《冀越集叙》，无跋语。"伍氏"，即伍忠光，室名"龙池草堂"，以刊行《张说之文集》《白氏文集》而知名。④

顾本亦刻于明嘉靖年间，祁承㸁（1563—1628）《澹生堂藏书目》著录此本。⑤ 民国初年，《广四十家小说》几为孤本，上海文明书局重价购入，并石印刊行，以广其传。⑥ 文明书局石印本所据《广四十家小说》嘉靖原刻已残佚，现仅存习凿齿《襄阳耆旧传》、苏轼《渔樵闲话》等数种。⑦ 顾本亦题"冀越集"，一卷。或许是出于丛书统一体例的考虑，顾元庆已将卷首序文删去。除个别字句稍有出入之外，顾本与伍本重合度颇高。

"吴鼒庵本"，见于清人吴翌凤（1742—1819）为《冀越集》所题跋语：

> 右《冀越集》二卷，元熊太古撰。太古，丰城人，天慵先生朋来之子。篇末所引《瑟谱》及《家集》，皆朋来所著也。予旧藏明伍氏刻本，无后卷。

---

① 此即梅纯所撰《艺海汇函序》的落款年代。序文整理本参见〔明〕马欢著，万明校注《明本〈瀛涯胜览〉校注》附录六《瀛涯胜览》相关序文书目题跋》，广州：广东人民出版社，2018年，第249页。
② 〔明〕宋濂等撰《元史》卷四七《顺帝纪十》，第986页。
③ 北京大学图书馆编《北京大学图书馆藏古籍善本书目》，北京：北京大学出版社，1999年，第305页。
④ 部分书籍将伍本著录为"元熊太古《冀越集》八卷"，有误。如江澄波、杜信孚、杜永康《江苏刻书》，南京：江苏人民出版社，1993年，第128页；瞿冕良编著《中国古籍版刻辞典（增订本）》，苏州：苏州大学出版社，2009年，第140页。
⑤ 〔明〕祁承㸁撰，郑诚整理，吴格审定《澹生堂藏书目·子部一·小说家》，上海：上海古籍出版社，2020年，第462页。《澹生堂藏书目》称"载《四十家小说》"，似有脱文，当为"载《广四十家小说》"。
⑥ 〔明〕顾元庆编辑《广四十家小说》卷首《广四十家小说提要》，上海：文明书局，1915年，卷首页。
⑦ 朱银萍《顾元庆及其编刊小说研究》，暨南大学硕士学位论文，2011年，第56、119页；程国赋、朱银萍《顾元庆新考》，《文史》2012年第1辑，第249—255页。

乾隆壬寅六月,借蒋氏赋琴楼所藏吴匏庵本录全。是年九月,又得武林鲍氏知不足斋本校雠讹脱,遂并录而识之如此。①

吴翌凤跋语"借蒋氏赋琴楼所藏吴匏庵本录全",涵括了丰富的文献信息。"赋琴楼"为蒋重光(1708—1768)藏书楼名。② 吴匏庵,即吴宽(1435—1504),明成化八年(1472)状元,以诗文名世。从诸本的形成时间来看,"吴匏庵本"要早于嘉靖年间刊刻的伍、顾二本,而较之艺本所依据的本子稍晚。所谓"录全",则表明"吴匏庵本"与伍本不同,是上、下卷齐备的二卷本。可惜"吴匏庵本"今已不存,只能藉由吴翌凤抄校本窥其大概。

我们由此可以对四种明本《冀越集》的卷数、篇目进行归纳总结。据吴翌凤抄校本推测,"吴匏庵本"亦为二卷本,正文上卷63条,下卷41条,总计104条。伍本、顾本皆为一卷本,共63条,与"吴匏庵本"上卷条目完全重合。艺本虽然是一卷本,正文却有89条,涵括了"吴匏庵本"上、下两卷大部分条目。

"冀越集"的书名亦需正本清源。艺本、伍本、顾本等三种原貌尚存的明本,明代私家书目如《澹生堂藏书目》《徐氏家藏书目》③,以及明人著述如李时珍《本草纲目》④、罗日褧《咸宾录》等书⑤,俱称"冀越集"。此外,据吴翌凤抄校本,"吴匏庵本"题为"冀越杂记",书前有熊太古所作"冀越集序",各页版心题"冀越集"。综上可知,在明代,"冀越集"是更为正式且通行的书名,但同时亦有"冀越杂记"之称。不过,从名实相符的角度来看,"冀越集"毕竟是一部笔记小说,而非集部著述,书名作"冀越杂记"更具合理性。至于"冀越集记",则是迟至清代才出现的称呼。清代四库馆臣和钱大昕(1728—1804)《元史艺文志》皆著录为"冀越集记"。⑥"冀越集记"书名的产生,有可能是"集""杂(雜、襍、糵)"字形相近,抄校者用"冀越集"校改"冀越杂记"所致。总而言之,清人"冀越集记"的表述应予改正,书题应以"冀越集""冀越杂记"为是。

---

① 〔清〕吴翌凤《冀越集跋》,《冀越集记》,《续修四库全书》本,第557页。
② 叶昌炽《藏书纪事诗(附补正)》卷四《蒋杲子遵 蒋重光子宣》,上海:上海古籍出版社,1999年,第431—433页。
③ 〔明〕徐𤊹等撰,马泰来整理,吴格审定《徐氏家藏书目》卷四,上海:上海古籍出版社,2020年,第316页。
④ 〔明〕李时珍著,刘衡如点校《本草纲目(第二版)》卷一《引据古今经史百家书目》,北京:人民卫生出版社,2004年,第38页。
⑤ 〔明〕罗日褧著,余思黎点校《咸宾录》附录《引用诸书目录》,北京:中华书局,2000年,第236页。
⑥ 四库全书研究所整理《钦定四库全书总目(整理本)》卷一四三《子部·小说家类存目一·冀越集记二卷》,第1891—1892页;〔清〕钱大昕《元史艺文志》卷三《子类·杂家类》,陈文和主编《嘉定钱大昕全集(增订本)》,南京:凤凰出版社,2016年,第5册,第169页。

三 清代《冀越集》的采进与抄校

为了纂修《四库全书》,乾隆帝下诏在全国范围内广泛征集书籍图册。清代的地方官员和藏书家积极响应,先后呈进了多个版本的《冀越集》。呈进年代较早的是两淮盐政李质颖采进本(以下简称为"李本"),抄本,一卷,①现藏中国国家图书馆(索书号:A10484),②封题"乾隆三十八年(1773)□月,两淮盐政李质颖送到熊太古《冀越集》一部,计书一本"。李本仅有上卷,四库馆没有选择此本著录。

四库馆列入存目的"浙江巡抚采进本",或即《浙江省第五次范懋柱家呈送书目》所载"《冀越集记》二卷,元熊太古著,一本"。③《天一阁书目》载范氏进呈书目亦有"《冀越杂记》一册",亦与之相合。④ 天一阁还藏有"《冀越集》一卷,刊本,明豫章熊太古撰并序"。⑤ 此《冀越集》为一卷刊本,而且收录了熊太古所撰序,很有可能是明刻伍本。

四库馆臣将《冀越集》列入"小说家类存目",给出的理由是"记载每不甚确":

> 如《元史·天文志》言"郭守敬为太史,四海测景之所,凡二十有七",太古乃云"奏遣使者十四辈,分隶十四处",殊未详考。又河源之说,据翰林学士潘昂霄、道士朱思本所记,谓"张骞所言,乃葱岭支川",以今核之,亦多妄传失实也。⑥

四库提要以史部的标准来衡量子部小说家类的《冀越集》,未免过于严苛。其实,提要举出的两条例证都难以成立。例证一,《元史·天文志》记载元初"四海测景之所凡二十有七"⑦,但《冀越集》此条并非统计观测地点的总数⑧,而是说明元廷派出观测人员的数量和大致分工。"奏遣使者十四辈,分隶十四处"的类似表达,最早见于郭守敬(1231—1316)晚年的助手、元人齐履谦所撰

---

① 吴慰祖校订《两淮盐政李呈送书目》,《四库采进书目》,北京:商务印书馆,1960年,第60页。
② 《国家图书馆古籍普查登记目录》编委会编《国家图书馆古籍普查登记目录》,第2册,北京:国家图书馆出版社,2015年,第248页。
③ 吴慰祖校订《浙江省第五次范懋柱家呈送书目》,《四库采进书目》,第112页。
④ 〔清〕范邦甸等撰,江曦、李婧点校,杜泽逊审定《天一阁书目》卷一之一《进呈书》,上海:上海古籍出版社,2019年,第39页。
⑤ 〔清〕范邦甸等撰,江曦、李婧点校,杜泽逊审定《天一阁书目》卷三之二《子部二》,第294页。
⑥ 四库全书研究所整理《钦定四库全书总目(整理本)》卷一四三《子部·小说家类存目一·冀越集记二卷》,第1891—1892页。
⑦ 〔明〕宋濂等撰《元史》卷四八《天文一》,第990页。关于元初"四海测景",参见郭津嵩《元初"四海测验"地点与意图辨证——兼及唐开元测影》,《文史》2021年第2辑,第165—184页。
⑧ 〔元〕熊太古《冀越集》卷上《国朝历法之精》,第2叶。

《知太史院事郭公(守敬)行状》,"遂设监候官一十四员,分道相继而出"①。相反,此例恰好说明熊太古《冀越集》的记载具有切实可信的资料来源。

例证二,为四库提要片面摘引《冀越集》所致。《冀越集·角端河源》条云:

> 又遣使穷河源,在西南平地,泉源涌出,日光射之,形于列星,因名星宿海。北流至河州始浊,复东南入海。河源历汉、唐、宋所不能穷,至我朝方得其详。张骞所言乃葱岭之支川耳。②

此条末句只是对西汉张骞所言进行简要回顾。元朝完成大一统之后,通过实地考察、查阅参考民族文字史料记载等方法,重新探寻黄河河源成为可能。无论是熊太古,抑或潘昂霄、朱思本等人,都认为星宿海(蒙古语"火敦脑儿")为黄河之源。③ 四库馆臣不仅曲解了熊太古等人的意见,又进一步说"以今核之",意在引出清朝在河源探寻方面取得的新进展。④

四库提要对《冀越集》的总结和评断有失偏颇。与此同时,仍有为数不少的藏书家和学者,意识到了《冀越集》的文献价值,开始致力于《冀越集》的抄校工作。清乾隆四十七年吴翌凤抄本(以下简称"吴本"),是《冀越集》最常见的本子。吴本先后为黄丕烈、韩应陛(?—1860)⑤、周叔弢(1891—1984)等人收藏⑥,现藏中国国家图书馆(索书号:08242)⑦,经影印收入《续修四库全书》《四库全书存目丛书》等大型丛书之中。⑧

通读前引吴翌凤跋语,容易给人以吴本《冀越集》上卷据"明伍氏刻本"、下卷据"吴匏庵本"抄录配全的印象。笔者比勘诸本发现,实际上,吴翌凤几乎全据"吴匏庵本"抄录。为了抄写方便,吴翌凤先据"吴匏庵本"通贯抄录了《冀越集》上、下卷。上卷《辽金元相因》《天干合地支》《鸟性畏寒》《人之形》等条,吴翌凤依据伍本在行间、页脚处进行了部分回改和校勘。也就是说,吴本《冀越集》上卷所据底本应为"吴匏庵本"。"吴匏庵本"与吴翌凤用作校本的"武林鲍

---

① 〔元〕苏天爵编,张金铣校点《元文类》卷五〇《知太史院事郭公(守敬)行状》,第1012页。
② 〔元〕熊太古《冀越集记》卷下《角端河源》,《续修四库全书》本,第539页。引文最后一句,艺本作"张骞之所言者,乃葱岭之支川耳。"
③ 杨晓春《校读〈元史·地理志·河源附录〉》,《元史及民族史研究集刊》第15辑,海口:南方出版社,2002年,第192—207页。
④ 关于清代对黄河河源的探寻与认识,参见苗鹏举《谈清代所探黄河源头的今地释证》,《历史地理研究》2023年第1期,第128—140页。
⑤ 邹百耐纂,石菲整理,陈先行审定《云间韩氏藏书题识汇录·子类·冀越集前后二卷附相宅管说》,上海:上海古籍出版社,2015年,第105—106页。
⑥ 周叔弢撰,赵嘉、王振伟标注《弢翁古书经眼录标注》,上海:上海古籍出版社,2021年,第72—75页。
⑦ 《国家图书馆古籍普查登记目录》编委会编《国家图书馆古籍普查登记目录》,第1册,第347页。
⑧ 〔元〕熊太古《冀越集记》,《续修四库全书》本,第463—558页;四库全书存目丛书编纂委员会编《冀越集记》,《四库全书存目丛书》,第239册,济南:齐鲁书社,第286—310页。

氏知不足斋本"皆不知所终。前者的文本面貌尚可通过吴本反映,而后者只见于吴本页脚处零星的校勘文字了。

吴本呈现出的面貌颇为复杂,有数种版本综汇其上。同时代另一位藏书家黄丕烈,初藏伍本,嘉庆九年又收得吴本。黄丕烈两相比照,"缘校刻本异同于前卷",做出了"抄本殊胜刻本,想抄所自出定为元刻矣"的评判。①

黄氏"抄本殊胜刻本"的说法,印证了吴翌凤抄本上卷所据并非伍本,而是"吴匏庵本"的结论。否则,黄丕烈无需重复劳动,再次核校抄本(即吴本)与刻本(即伍本)的异同。吴翌凤先录"吴匏庵本",再用伍本校勘的工作方式,当然能够订正部分伍本原有的疏失。此外,吴本在回校的过程中,也可能对某些字句或无意忽略,或主观地做出取舍。伍本《冀越集叙》"规模之弘"②,吴本作"规模之宏",显然是在避乾隆帝弘历之讳;③《国朝军制》"不服水土",吴本作"不习水土";《国朝历法之精》"故作简仪",吴本"故作简夷"。④ 黄丕烈在数年之后再次校勘《冀越集》时,对这一类例子多有指摘。

嘉庆十三年,黄丕烈"观西庄王氏所散之书中有旧钞本熊太古《冀越集》",于是"携归校阅"。"西庄王氏",即王鸣盛(1722—1797)。王鸣盛所藏抄本"每叶十八行,每行二十字,本文较标题空一格,有抬头处需出格也"。⑤ 此本形制与前述诸本迥异,黄丕烈称"纪其异同于上方"。我们在吴本正文上方读到的校勘文字,就是黄丕烈作的校语。黄丕烈校书的特征,重在比较同一部书籍在文字内容层面的差别,并将校本与底本不同的文字校录在底本之上,而无意于校勘取舍诸本异文。⑥ 幸运的是,笔者经过调查发现,王鸣盛旧藏的《冀越集》抄本,今藏常州图书馆(索书号:S129)。⑦

将常州图书馆所藏《冀越集》(以下简称为"常图本")判定为王鸣盛藏抄本,最直观的证据是常图本钤有"西庄王氏"朱印。诸处文本细节也符合黄丕烈校跋的描述,谨举条目次序、抬头书写两类例证。黄丕烈在上卷"鱼之性"条

---

① 〔清〕黄丕烈《冀越集跋》,《冀越集记》,《续修四库全书》本,第514页;〔清〕黄丕烈撰,余鸣鸿、占旭东点校《荛圃藏书题识再序录》卷二《冀越集记前后二卷》,第896页。
② 〔元〕熊太古《冀越集》卷首《冀越集叙》,第1叶。
③ 〔元〕熊太古《冀越集记》卷首《冀越集序》,《续修四库全书》本,第464页。
④ 〔元〕熊太古《冀越集》卷上《国朝军制》,第1叶;《冀越集记》卷上《国朝军制》,《续修四库全书》本,第467页。《冀越集》卷上《国朝历法之精》,第2叶;《冀越集记》卷上《国朝历法之精》,《续修四库全书》本,第469页。
⑤ 〔清〕黄丕烈《冀越集跋》,《冀越集记》,《续修四库全书》本,第558页;〔清〕黄丕烈撰,余鸣鸿、占旭东点校《荛圃藏书题识序录》卷四《冀越集前后二卷附相宅管说》,《黄丕烈藏书题跋集》,第815页。
⑥ 姚伯岳《黄丕烈评传》,南京:南京大学出版社,2011年,第198—207页。
⑦ 《江苏省常州市图书馆古籍普查登记目录》编委会编《江苏省常州市图书馆古籍普查登记目录》,北京:国家图书馆出版社,2015年,第149页。

作校语称:"此条在'两江'一条后"。① 按,"两江"指同在上卷的"两江所产"。笔者所见诸本,唯有常图本"鱼之性"条在"两江所产"条之后,这进一步说明,常图本即黄丕烈所用校本。关于抬头书写,黄丕烈提到王鸣盛旧藏抄本,遇"世皇"抬头,同时又将"国朝"改为"元朝"等特征,都与常图本相符。不过,抬头与改称本来就是自相矛盾的做法。常图本之外的诸本各处皆未出格,沿用"国朝""我朝"指称"元朝"亦无避忌。黄丕烈认为王鸣盛旧藏本有后改嫌疑,可以信从。

常图本即王鸣盛旧藏抄本的发现,至少有两层文献学层面的意义。第一,常图本对《冀越集》尤其是《冀越集》下卷的相关条目,具有独到的参校价值。吴翌凤抄本下卷,有些字迹标识不易辨认,少量条目尚有艺本可供参校,对于大多数条目而言,常图本几乎成了唯一的参校本。第二,我们可以用常图本来检核黄丕烈校语的准确性。经过笔者覆按,黄丕烈尽管大致遵循了校录王鸣盛旧藏本文字异同于吴本上方的原则,但仍存在不少对吴本或王鸣盛藏本的字句误读以及漏校。黄丕烈采用的这种校书方法,能够在何种限度上反映出校本的原始面貌,也是值得反思的问题。清代藏书家普遍重视宋元珍本和旧抄本的文献价值,然而《冀越集》并无元刻本存在之可能。黄丕烈注重收集版本和校录文字异同,却忽略了《冀越集》本身所载录的信息,以致对《冀越集》版本的判断并不准确。

四 结论

熊太古既是元朝典章文物盛极一时的见证者,又亲历了元末政局的扰攘不休。其足迹北至漠北,南至岭南,对元代南北各地的动植物等各类物产资源有着宏阔而详实的描述。《冀越集》的成书,与熊太古丰富的宦游经历密不可分。清人俞樾(1821—1907)曾将《冀越集》与《徐霞客游记》相比较,指出《冀越集》"知者尟矣","宜表而出之也"。②《冀越集》所记多为元代名物制度,但也有若干涉及明初史事的条目。因此,《冀越集》不可能存在元刻本。

《冀越集》分为一卷本、二卷本两个不同的版本系统。艺本、伍本、顾本、李本为一卷本,而吴翌凤抄本及其所据之"吴匏庵本"、黄丕烈校录的王鸣盛藏旧抄本,属于二卷本。就明本《冀越集》而言,伍本、顾本均择取了史料价值略胜一筹的上卷单独刊印成书,流传更广。"吴匏庵本"虽为完帙,但很有可能是以

---

① 〔元〕熊太古《冀越集》卷上《鱼之性》,《续修四库全书》本,第504页。
② 〔清〕俞樾著,陈景超点校《九九销夏录》卷九《熊太古》,赵一生主编《俞樾全集》,第11册,杭州:浙江古籍出版社,2017年,第114页。

抄本的形式流通。明清时代未见二卷、印本《冀越集》传世。由于抄本流传的不确定性,"冀越集"在清代出现了"冀越集记"的误题。今见数种明本《冀越集》,以及其他明人著述所引,多作"冀越集";与此同时,亦有"冀越杂记"之称。故当以此二名为正。

常见易得的吴翌凤抄本,并不是一个可以直接利用的本子。吴翌凤所抄录的底本实为"吴匏庵本",上卷部分字句根据伍本进行了回改,亦有不少漏校。此后,黄丕烈又比勘王鸣盛旧藏抄本与吴翌凤抄本,并在吴本正文上方写出校语。然而,黄丕烈只校异文,不做校勘取舍,使吴本的面貌更趋复杂。《冀越集》的校勘研究,上卷应利用好艺本、伍本,下卷则需在参校艺本、常图本(王鸣盛藏本)的基础上,充分发挥《瑟谱》等他校文献的作用,进而对《冀越集》所载名物制度进行更为深入的考察。

徐大年生平及诗文述略

张 良

【内容提要】 明朝初年，淳安人徐尊生曾以布衣参修《元史》《大明集礼》及当朝《日历》，供职金陵期间尝代宋濂诸公草拟制诏，同胜朝遗老、国初名士互有唱和，又多记史馆、礼局见闻，笔下所载对考史征文颇有裨益。惟其集流传不广，诗文多以零篇断简行世，致使百年来尊生遗泽始终罕为人知。幸其家集未曾失坠，民国初年乡人石印行世；此外清初鲍樾编集《青溪赘翁诗集》，堪为保存篇什之大宗，亦有重要校勘价值。于是略加校理，俾广闻知。

【关键词】 徐尊生　生平　撰述　石印本　鲍编本

一

徐尊生，字大年，号赘民，晚号赘叟。①淳安县人〔元至元十四年（1277）后属建德路，入明后归严州府辖制〕②。生于元延祐七年（1320）③。曾祖应庚，字

【作者简介】 张良，复旦大学历史学系青年副研究员。
【基金项目】 国家社会科学基金青年项目"《元史》纂修与版本研究"〔项目编号22CTQ003〕阶段性成果。

① 〔明〕佚名《尊生公本始传》，〔清〕鲍樾《徐徵君大年先生传》，收入《厚屏福派徐氏支宗谱》卷一〇，民国十二年（1923）活字印本，淳安县图书馆藏；鲍樾《徐徵君大年先生传》亦收入〔明〕徐尊生撰、〔清〕鲍樾编《青溪赘翁诗集》卷首，清抄本，天一阁博物院藏。

② 《元史》卷六二《地理志五》，北京：中华书局，1976年，第1495页；《明史》卷四四《地理志五》，北京：中华书局，1974年，第1102—1103页。

③ 〔清〕鲍樾《徐徵君大年先生传》称"先生生于延祐庚申七月六日"，即延祐七年七月六日，时英宗已继位。又谓："追洪武初，诏选遗逸之士修《元史》。……〔二年〕八月癸酉，《史》成进呈。……公年五十，即首出引年求退。"〔明〕徐尊生《还家酬赠》诗："蹉跎五十年，久绝青云志。新朝下征书，迫起不得辞。"洪武二年前溯五十年，恰为延祐七年。参见〔明〕徐尊生撰，徐一桂等校订《赘叟遗集》卷四，淳安：威坪镇德又新石印本，1934年。

梦白。祖梅叟,字子高,号春亭。父直之,字仲儒①。曾受业于金华许谦,继述北山学脉;又能融汇钱时之学,可谓学有根底②。年方二十七,绝意于仕进③,其时已是至正七年(1347)。五年后,淳安即陷于兵火④。张丁《送徐先生序》谓:"诏修《元史》,……而编摩者则征山林遗逸之士焉,凡官前代者皆不得与。"⑤徐尊生其后既能入馆编摩,则有元一代未尝入仕。

明太祖洪武二年(1369)三月,尊生受其故交、时为翰林修纂的鲍绚举荐,以布衣任史事,于是徜徉金陵,先后与修《元史》《大明集礼》。同宋濂、王袆、赵汸、梁寅、朱右、陶凯、高启、申屠衡诸辈多有唱和。一时名公巨卿之书翰奏议,亦多见出于尊生手笔;如洪武二年四月,承中书省命作《贺册诸王表》;七月,代宋濂作《礼部侍郎除刑部尚书制》;八月,李善长所上《进元史表》名为宋濂代笔,实则徐尊生操刀;十一月,代徐达作《贺武成表》。⑥ 纂修之事毕功,同局大多身跻显宦,然尊生却无意仕进,托以老病,于洪武三年(1370)八月返回故里⑦。《元史》《集礼》之外,亦曾以布衣身份协赞宋濂、詹同诸公编修当朝《日历》。

徐尊生参修《日历》时间尚有龃龉不明之处。据《徐徵君大年先生传》所述:"〔洪武二年〕八月癸酉,《史》成进呈。上面谕多士,赐银带,赏赉有差,其壮而可仕者授以职,老疾者听其归。公年五十,即首出引年求退,上允其请。既陛辞,总裁官以壬申君三十六年间事迹未有载籍,弗克纂修,方遣官访求未返,乃复奏留之,俾入禁中修《日历》。既而春官议修《大明集礼书》,三年正月,改公入礼局,与梁寅、徐一夔等共事,复二十余人。"由此,将徐尊生参与纂修《日历》的时间系于洪武二年八月《元史》初次纂修之后,三年正月以前;《(乾隆)淳安县志》因袭其文,并无辨正;民国二十二年方赞修撰《序》,亦承袭其说⑧。然而,徐尊生洪武三年归家后自撰《怀归稿自序》,无只言片语提及二、三年间曾有参与纂修《日历》之事。所有证据也都清楚地表明,明初纂修《日历》均起自洪武六年(1373)九月,至次年(1374)五月毕功。宋濂《大明日历序》载其本末

---

① 〔明〕危素《春亭先生徐君子高墓志》,收入〔明〕徐尊生撰,徐一桂等校订《赘叟遗集》卷五;〔清〕鲍樾《徐徵君大年先生传》。
② 〔明〕佚名《尊生公本始传》、〔清〕鲍樾《徐徵君大年先生传》。
③ 〔明〕佚名《尊生公本始传》:"方二十七岁时,与钱敬之游严陵,登钓台,观子陵遗迹,喟然叹曰:'此千古高人也。'乃与钱子归,俱以高尚为事,不复应试。"
④ 〔明〕徐尊生撰,徐一桂等校订《赘叟遗集》卷二《烈女俞童传》:"至正十三年春,红巾由徽再据淳安之威平。二月,官军克之,将士贪暴无纪,剽掠四方。"
⑤ 〔明〕徐尊生撰,徐一桂等校订《赘叟遗集》卷五。考之行实,可知并非虚语。
⑥ 〔明〕徐尊生撰,徐一桂等校订《赘叟遗集》卷三。
⑦ 〔明〕徐尊生撰,徐一桂等校订《赘叟遗集》卷一《怀归稿自序》;〔明〕佚名《尊生公本始传》、〔清〕鲍樾《徐徵君大年先生传》所记略同。
⑧ 方赞修《赘叟遗集序》,〔明〕徐尊生撰,徐一桂等校订《赘叟遗集》卷首。

及参修人员悉备①，陶凯《故晋相府长史朱公行状》亦详述其本末②。有关尊生此间行实，在馆诸公记录班班可考。吴伯宗《送徐大年序》载："洪武六年秋八月，乡先达赵君伯友以荐者来京师，与予言，亟称淳安徐君大年之贤。……乃九月，有旨命翰林承旨詹公侍宋公编摩《日历》，仍妙选儒士七人，分任其事。赵君固在选，而徐君复与其同列。……越十有二月，书成，有旨皆授官。而徐君预以疾恳请得辞，且赐钱万二千、彩帛三表里以赏之。"③又宋濂《送徐大年还淳安序》记载："《史》成，会有诏集诸儒议礼，大年复与其事。廷议将命官，大年以宿疾辞。去年秋，中书奉旨纂修《日历》，朝绅各荐所知。予以大年知本末义例，可以观会通，而无首尾衡决之患，疏其名以闻，使使者持书下郡国，大年即欢然应命诣阙。入馆之后，俯首探刺，唯恐一事有遗，记注有阙略，悉补足为完文。《日历》成，廷议又将锡之官，大年固辞如初。"④亦将徐尊生参与纂修《日历》的时间系于第一次还乡之后。《尊生公本始传》称其"屡出而弃官"，亦可资是证。因此，徐尊生参与纂修《日历》的时间，毫无疑问就在洪武六、七年。《徐徵君大年先生传》为清人鲍楹编集，属词比事间难免失实。所谓洪武二、三年之间"俾修《日历》"，若仅仅视为动议，则未必无据。一般认为明代纂修《日历》首倡于詹同⑤。然实际上，洪武三年徐一夔报书王祎详述《日历》之制，已寓倡修之意于其中⑥。其后一夔亦参与《大明日历》修撰工作，宋濂《送徐教授纂修日历还任序》曾予以表彰⑦。

  徐尊生于洪武二年、六年两度以布衣入京，并未接受明朝官职。《徐徵君大年先生传》称洪武二年"三月至京师，授翰林应奉文字，官国史编修"，《(乾隆)淳安县志》因袭前《传》之说。然徐尊生《怀归稿自序》明言，洪武二、三年间，"国子、翰林、太常咸欲举为其属，力拒之，犹恐不能脱，愈益怀归。"⑧危素《春亭先生徐君子高墓志》云："洪武己酉，仲孺之子尊生以布衣应诏来京，修《元史》，定《礼书》讫事。"⑨王祎《徐徵君大年先生文集序》亦称："一时同预史事

---

① 〔明〕宋濂撰，徐儒宗等点校《宋濂全集》，杭州：浙江古籍出版社，2014年，第1032—1034页；《明太祖实录》卷八五，台北："中央研究院"历史语言研究所，1964年，第1507—1508页；同书卷八九，第1573页。
② 《国家图书馆藏稿本〈珊瑚木难〉》不分卷，北京：中华书局，2016年，第282页；《明太祖实录》卷八六，第1540页；《翰林记》卷三所载与《实录》略同。
③ 〔明〕吴伯宗《吴状元荣进集》卷三，明万历刻本，北图甲库旧藏。
④ 〔明〕宋濂撰，徐儒宗等点校《宋濂全集》，第907页。
⑤ 《明史》卷一三六《詹同传》，第3928页。
⑥ 〔明〕徐一夔撰，徐永恩点校《徐一夔集》卷六《与王待制书》，杭州：浙江古籍出版社，2017年，第135—137页；收入《明史》卷二八五《徐一夔传》，第7322—7323页。
⑦ 〔明〕宋濂撰，徐儒宗等点校《宋濂全集》，第1192页。
⑧ 〔明〕徐尊生撰，徐一桂等校订《赘叟遗集》卷一。
⑨ 〔明〕徐尊生撰，徐一桂等校订《赘叟遗集》卷五。

者皆被擢拔,而大年独谦退,不乐为时用,以布衣还故山。"①洪武六年参修《日历》,宋濂《大明日历序》亦明言其布衣身份②。据此可知,《徐徵君大年先生传》《(乾隆)淳安县志》的说法绝非事实。

不过洪武十年(1377),徐尊生在宋濂举荐下获授翰林应奉之职③。《明太祖实录》载:"洪武十年二月……丙辰,以秀才徐尊生为翰林应奉。尊生,字大年,严之淳安人,博学能文。洪武初,征诸儒编修《元史》及议礼、纂修《日历》,尊生皆与,授以官,固辞,归乡里。至是,郡复以秀才荐,授今官。"④授官后略述姓字生平,标志着自此开始,徐尊生才接受了明朝的官职。其诗作《授翰林应奉》纪其事:"布衣昨日孤寒士,翰苑今朝已授官。幼有文章淹滞久,老无筋力进趋难。追班香案晨簪笔,列坐宫门午赐餐。早晚归休宜引分,免教白发玷金銮。"⑤末一句颇能显露其心曲。于是任职不久,"寻以老疾归",可见其情非得已之状。⑥ 洪武十三年(1380),又受召入京,这一次惟不任职事,备顾问而已。时有蜚短流长,颇受物议,尊生依旧固辞还山,不意忤逆上意,外放为陕西教授,然而未及启程就去世了。⑦

明初士大夫坚守山林,不欲自效,无疑需要极大的勇气。鲁渊以前朝遗民自命,易代之际,曾亲自雇募兵马捍卫元廷,入明后屡受征召,坚辞不就。据其自述生平,吴元年(1367)"冬十一月,台臣以诏命特授江西按察司佥事,同选十有八人悉升,见宣谕。予深惧弗称,以不材、衰病恳辞。上方以事怒近臣,同列惶惧失色,忧在不测。有顷,上霁威,顾左右曰:'鲁渊,老实人也,宜放为民。'既而同列进士有以谗言间者,上弗听。明日,所司以余被黜,弗许居官舍。依故人张讷,茅檐疏漏,不蔽风雨。凡故旧亲戚谓予违时异俗,藐然无情,有相视若仇雠者。"⑧其险恶怖惧、内外逼拶之状,由此可见。徐尊生虽无鲁渊这般必

---

① 〔明〕徐尊生撰,徐一桂等校订《赘叟遗集》卷首。
② 〔明〕宋濂撰,徐儒宗等点校《宋濂全集》,第1034页。
③ 〔明〕佚名《尊生公本始传》:"后因学士宋濂乞致仕于上归家养亲,上问:'卿归,孰可代者?'濂以公之名对。乃复召赴京,拜翰林应奉,兼承旨郎,同知制诰,兼国史院编修,草制悉称旨。"
④ 《明太祖实录》卷一百十一,第1845—1846页。
⑤ 〔明〕徐尊生撰,徐一桂等校订《赘叟遗集》卷四,并《厚屏福派徐氏宗谱》卷一〇、〔明〕徐尊生撰、〔清〕鲍樻编《青溪赘翁诗集》及〔清〕朱彝尊《静志居诗话》卷二。《(万历)续修严州府志》卷一九亦收录此篇,文字略有不同。
⑥ 〔明〕佚名《尊生公本始传》。
⑦ 〔明〕徐尊生撰,徐一桂等校订《赘叟遗集》卷二收录了洪武十三年七月所撰《淳安县学记》。〔明〕佚名《尊生公本始传》:"又数年,当道者复荐。帝思其贤,复召入京,不强以职事,但侍讲论而已,大得上意。左右有不悦者,数谮之。公知其不可久留,又固辞还乡,拂上意。故出为陕西教授,未之任而卒于道,以血丧归葬于徐氏家庙。"〔清〕鲍樻《徐徵君大年先生传》所记略同。
⑧ 〔元〕鲁渊《青溪鲁道原先生诗集》卷首,清康熙刻本,华东师范大学图书馆藏;并收入《岐山鲁氏宗谱》,题《元进士奉训大夫本斋公自序》,参方格成《从鲁渊的〈自序〉看鲁渊其人》,油印本,1985年9月。

死之志,然屡次以布衣修史,却坚不为官,除天性使然外,亦有不负胜朝旧友的一番心意。

先是,元明易代前,徐尊生不乐仕进,专意于《春秋》之学。撰有《春秋公羊经传习读》十四卷,明初赴金陵修史,曾就危素求序。① 又有《春秋论》一卷,见收于文集。② 邻郡郑玉同样"邃于《春秋》,绝意仕进"③。尊生与其耳目相接,学术、志趣均颇为投契。今《师山先生遗文》附收徐尊生《与郑子美先生论春秋阙疑书》,可窥见二人砥砺学术之情形。尊生曾代郑玉作《谢皇太子赐酒笺》④,至正十四年(1354),郑玉获授翰林待制⑤,尊生亦具文称贺⑥。然郑玉坚辞不赴。十六年(1356),就馆于淳安之西的徐成大家,尊生往访友人,徜徉山水名胜之间,多有唱和⑦。然而就在次年(1357),朱明占据徽州,郑玉不愿服事二姓,毅然身死⑧。十一年后〔丁未(1367)〕徐尊生故地重游,见山水翕然变化,恍若造物神示,颇有哲思。然子期既殁,孰与言说。⑨ 其后洪武三年,幸有尊生据理力争,旧友郑玉方列名于《元史·忠义传》。⑩

二

徐尊生颇擅文学,年少即享时誉⑪。供职金陵期间,曾代宋濂诸公草拟制诰,同胜朝遗老、国初名士互有唱和,又多记史馆、礼局见闻,笔下所载对考史征文颇有裨益。洪武三年还乡后,大年即有意整齐平生著作。《尊生公本始传》记载:"所著有《春秋公羊传习读》十有四卷,《制诰》二卷,《京都士大夫还乡赠言》并《怀归》等稿二十卷。"⑫《(嘉靖)淳安县志》附传称:"所著有《春秋论》一

---

① 《春秋公羊经传习读》原书已佚。〔明〕危素《春秋公羊经传习读序》收入〔明〕徐尊生撰,徐一桂等校订《赘叟遗集》卷五。
② 〔明〕徐尊生撰,徐一桂等校订《赘叟遗集》卷二收录了《春秋五论》。
③ 《元史》卷一九六《忠义四·郑玉传》,第4432页。
④ 〔明〕徐尊生撰,徐一桂等校订《赘叟遗集》卷三,并收入《师山先生文集》卷一,明嘉靖刻本。
⑤ 《元史》卷一九六《忠义四·郑玉传》,第4432页;同书卷四四《顺帝纪七》,第925页;又〔明〕徐尊生《龙眼记》:"丙申,新安郑隐君辞玉堂之聘,送诏使至东海上。"《(顺治)淳安县志》卷五,清顺治十五年刻本,国家图书馆藏〔索号〕0223〕。
⑥ 〔明〕徐尊生撰,徐一桂等校订《赘叟遗集》卷三,并收入〔元〕郑玉《师山先生文集》附录。
⑦ 〔明〕徐尊生撰,徐一桂等校订《赘叟遗集》卷三,并收入〔明〕徐尊生撰、〔清〕鲍楹编《青溪赘翁诗集》。
⑧ 《元史》卷一九六《忠义四·郑玉传》,第4432页。
⑨ 〔明〕徐尊生《龙眼记》,《(顺治)淳安县志》卷五。
⑩ 〔明〕徐尊生撰,徐一桂等校订《赘叟遗集》卷二《书童烈妇传后》。
⑪ 〔明〕佚名《尊生公本始传》、〔清〕鲍楹《徐徽君大年先生传》。
⑫ 〔明〕佚名《尊生公本始传》。

卷,《制诰》二卷,《怀归》《还乡》等稿二十卷。"①二者所载契合度颇高,当源自同一部家传文献,反映了生前厘定的规模。其中《怀归稿》一编,包罗了洪武二年三月至次年八月寓居京城其间撰作的诗文。②《嘉靖志》所载《还乡》稿应当就是《本始传》所谓"还乡赠言",非尊生自作。黄虞稷《千顷堂书目》著录徐尊生著作,包括《春秋论》一卷③、《怀归》《还乡》等稿二十卷④、《制诰》二卷⑤,显然因袭了《(嘉靖)淳安县志》之说(其书未被焦竑《国史经籍志》收载)。《千顷堂书目》"徐尊生《怀归》《还乡》等稿二十卷"条附注生平,存在两类迥异的文本系统,其一云:"字大年,淳安人。两修《元史》,皆在列。又入礼局议《礼》,不肯受官,归。"⑥另有异文见于别本:"字大年,淳安人。召修《元史》,授翰林应奉文字。"⑦国图藏416卷本《明史·艺文志》及日本京都大学藏《明史艺文志》抄本(经部阙)书名著录与《千顷堂书目》一致⑧,其中别集类小注均作:"字大年,严陵人。两修《元史》,尊生皆在列。又入礼局议《礼》,不肯受官,归。"显然和《千顷堂书目》第一类文本系统同源。又416卷本《明史》徐尊生本传,文字显然依据《(嘉靖)淳安县志》删略而来(参见表1)⑨。其后王鸿绪《明史稿》将书名"《怀归》《还乡》等稿二十卷"误改作"《怀归稿》十卷、《还乡稿》十卷"⑩,实属自出机杼,并无确切依据。敕修《明史》亦承袭其误。⑪

---

① 《(嘉靖)淳安县志》卷一二,明嘉靖刻本。
② 〔明〕徐尊生《怀归稿自序》、〔明〕佚名《尊生公本始传》。
③ 〔明〕黄虞稷撰,瞿凤起、潘景郑整理《千顷堂书目》卷二,上海:上海古籍出版社,2001年,第61页上栏。
④ 〔明〕黄虞稷撰,瞿凤起、潘景郑整理《千顷堂书目》卷一七,第451页上栏。
⑤ 〔明〕黄虞稷撰,瞿凤起、潘景郑整理《千顷堂书目》卷三〇,第733页下栏。
⑥ 〔明〕黄虞稷《千顷堂书目》,国图藏清抄本(索书号:15068/15111/目41 823.2/目41 823.3);北图甲库旧藏抄本(国图胶片编号:CBM1283/台图编号:04991)。
⑦ 〔明〕黄虞稷《千顷堂书目》,《适园丛书》本;文渊阁《四库全书》本;南京图书馆藏清抄本(八千卷楼旧藏);上海图书馆藏清抄本(索书号:线善790302-13);台图所藏乌丝栏抄本(索书号:04992);国图藏清抄本(索书号:02788/02789/10813);北图甲库旧藏抄本(国图胶片编号:CBM1284/台图编号:04990);北京大学图书馆藏抄本(索书号:LSB673)。通行的瞿凤起、潘景郑整理本以《适园丛书》本为底本,又赘以"又入礼局议《礼》,不肯受官,归"十一字,颠倒了徐尊生参与修礼、获授翰林编修的时序,颇不伦。参见〔明〕黄虞稷撰,瞿凤起、潘景郑整理《千顷堂书目》卷一七,第451页上栏。
⑧ 《明史》(416卷本)卷一三三《艺文志一》,卷一三六《艺文志四》,清抄本,国家图书馆藏(索书号:A02199);并《明史艺文志》不分卷,京都大学附属图书馆藏,第2、31叶。
⑨ 《明史》(416卷本)卷三八六《文苑一·徐尊生传》。
⑩ 〔清〕王鸿绪《明史稿》卷九六《艺文志四》,清雍正元年(1723)刻本。
⑪ 《明史》卷九九《艺文志四》,第2462页。

表1　明史416卷本徐尊生传与嘉靖淳安县志之因袭关系

嘉靖淳安县志	明史416卷本
徐尊生，字大年，七岁能诗，十五善为属文，经史诸子百家之书靡不淹贯，而隐居不仕。	徐尊生，字大年，淳安人。七岁能诗，十五淹贯百家。
洪武初，以遗逸举，与修《元史》。竣事，俾编《礼书》，修《日历》。	《元史》成，受赐归。复同修《日历》。
时翰林学士承旨宋濂乞致仕，上问："卿归，孰可代者。"濂以尊生对，乃拜翰林应奉，阶承事郎，草制悉称旨。寻以老疾归。	后宋濂乞致仕，太祖问谁可代者，濂以尊生对，乃授翰林应奉文字，草制悉称旨，寻以老疾辞还。
所著有《春秋论》一卷，《制诰》二卷，《怀归》《还乡》等稿二十卷。	所著有《春秋论》一卷，《制诰》二卷，《怀归》《还乡》诸集二十卷。

徐尊生的著作在其生前均未付梓①，在明朝大部分时间内，多以零篇行世。如徐楚《青溪诗集》卷一收录《游上善观》，卷二收录《玄同生游黄山还过始新源赠予竹杖酬以長歌》《感旧吟》，卷三收录《闺中词》，卷四收录《五月杨花效南朝体》《[追]和唐元白[刘诸]公倡和[原韵四首]》《梅雨》，卷五收录《新年》《次前韵(即"至正丙申游尹山庵次郑狮山韵")》《闻方道辇被召》《正月十四日周敏学招同俞士渊饮江阁晚宿斋(原题漫漶，此据文集)》《元夜县衙预宴简刘思学县丞张士廉主簿时退绢再征甚急》，卷六收录《画梅一枝》《马图》《天历间夏大之先生为湖州安定院长时求唐子华作松石图寄乡友周子高为寿子高之子仲思藏之六十年请予题其上》②；《(嘉靖)淳安县志》收录《贺方道辇被召》③，即前编"闻方道辇被召"；钱谦益《列朝诗集》收录《佩刀行》《梅雨》二首④，《佩刀行》又为刘仔肩《雅颂正音》收录⑤。以上诸篇，均本自乡党亲旧传录，文字与家传文集存在较多差异。万历年间⑥，裔孙徐弘直重为董理，目之所见，家藏旧稿已是历年弥久，散落无绪。据其自述称："顾其笔稿散出无绪，年久蠹坏，而掇拾于糟粕之余，仅存什一而已。惜乎其《春秋公羊经传习读》等书不尽传于世也。"⑦

---

①〔明〕周瑄《富山先生遗稿序》："特《春秋》之学素号专门，若元之……徐大年之立《五论》……此其全书虽存，亦皆未有梓传者。"见《(乾隆)淳安县志》卷一四，清乾隆二十一年(1756)刻本。

②〔明〕徐楚《青溪诗集》，明嘉靖刻本，国家图书馆藏(索书号：16492)。

③《(嘉靖)淳安县志》卷一七，明嘉靖刻本。

④〔清〕钱谦益《列朝诗集》甲集十五，北京：中华书局，2007年，第1644页。

⑤〔元〕刘仔肩《雅颂正音》卷四，明洪武三年王举直刻本，国家图书馆藏(索书号：04898)。

⑥〔明〕徐弘直《赘翁怀归诗文稿书后》末署"大明万历戊寅春三月壬子，厚屏八世孙弘直谨书"〔明〕徐尊生撰，徐一桂等校订《赘叟遗集》卷末。则董理书稿当在万历六年(1578)之前。

⑦〔明〕徐弘直《赘翁怀归诗文稿书后》。

清康熙三十年(1691),存世书稿亦为余杭鲍楹寓目,据其自述所见云:

> 〔尊生〕所著有文稿四本,《春秋公羊经传》十四卷,《春秋论》一卷,《怀归稿》一卷,又《京都赠言》一集,则史馆告归相知诸公饯送赠行之作,而非公所自著也。集藏于家,无刻本,岁久散亡略尽。惟《怀归稿》与《春秋五论》仅存。先生八世孙弘直于万历初年取《怀归集》中诗文分类编录,旁摭乡党亲旧间所传先生诗文数篇,杂入其中,以为全集,而仍留其词句中显著怀归之意者,以存原稿之旧。卷帙虽分,什七八皆应聘入都一二年间所作耳。其他遗帙甚多,自弘直时便谓止程少参家有藏本,求之不可得。乃弘直抄本又已百年,断烂糜灭,几不可读,及今不传,不复存矣。①

家藏稿本经徐弘直编订后,在徐氏族人手中世代相传,至民国二十三年(1934),由方赞修、徐炳编次,后人徐一桂、徐树茂校订,交付威坪镇当地书铺"德又新"石印行世。② 印本流传不广,其中一部辗转于外,由中国书店售予北京图书馆。据至今仍然生活在淳安的徐氏后人,三十六世徐身贵先生所言,弘直修订原稿历经世变,业已不存,其家所藏同样也是这部石印本。

国图收藏的这部石印本一函两册,行款半叶八行,行二十字,无栏格。封面题书名、册次及"湖山外史藏"五字。全书分五卷,前四卷收录徐尊生诗文,末卷为京都诸公赠言。卷首为方赞修、王祎序,书后附徐弘直跋。牌记、序跋及诸卷题名存在差异:封面、目录及卷一题"赘叟遗集",卷二、卷四及卷五题"怀归文集稿",卷三题"青溪赘翁诗文集",牌记题"赘翁诗文集"(参见表2)。另外,每卷校理者署衔亦有差异。诸如此类,透露出文集流传过程中散乱、拼合的蛛丝马迹。

表2 石印本分卷编次

卷数	题名	类别
卷一	赘叟遗集卷之一	序
卷二	怀归文集稿卷二	论、说、传、记、题跋
卷三	青溪赘翁诗文集卷三	制、表、笺、启、疏、箴、铭、赞
卷四	怀归文集稿卷四	诗、辞、赋、歌、吟
卷五	怀归文集稿卷五	京都诸公赠言

---

① 〔清〕鲍楹《徐徵君大年先生传》。《(乾隆)淳安县志》称尊生"所著有《春秋公羊经传》十四卷,《春秋论》一卷,《怀归稿》一卷",则本之鲍楹所撰编集本末。
② 方赞修《赘叟遗集序》,见〔明〕徐尊生撰,徐一桂等校订《赘叟遗集》卷首;书前牌记题"民国二十三年甲戌冬重版""威坪德又新石印"。

核其内文可知,《春秋五论》并《序》原本单行为一卷,石印本全部收入卷二"论"类;《京都赠言》原本单行成篇,石印本则系于徐尊生诗文之后,为第五卷;《怀归稿》原本一卷,石印本则以类相从,拆入各类当中,惟其《怀归稿自序》一篇收入"序"类,嵌在卷一第十二、十三叶之间(参见图1),显然属于后人补入,并不符合原本编次;书前王袆《徐徵君大年先生文集序》作于洪武三年六月,自述撰文本末云:"去年,同被诏纂修《元史》,始朝夕得相亲,尽得其文而读之,大年因嘱余为之《序》。"其时亦撰有"《春秋公羊传习读》《春秋五论》,皆别为书以行"。从时间及撰作本末来看,原本也应是《怀归稿》的序言,而为编者拆出,用以统赅包括《春秋五论》《京都赠言》在内的全部存世诗文。总而言之,石印本契合了徐弘直的编集体例,即鲍楹所述"取《怀归集》中诗文分类编录,旁摭乡党亲旧间所传先生诗文数篇,杂入其中,以为全集",可以肯定的是,徐弘直编集之本应当就是石印本底本。作为石印本祖述渊源,徐弘直抄本在清初已是"断烂糜灭,几不可读",经校勘补缀,方成今日规模。石印本行文间多夹注释义注音,应属后世校理者手笔。

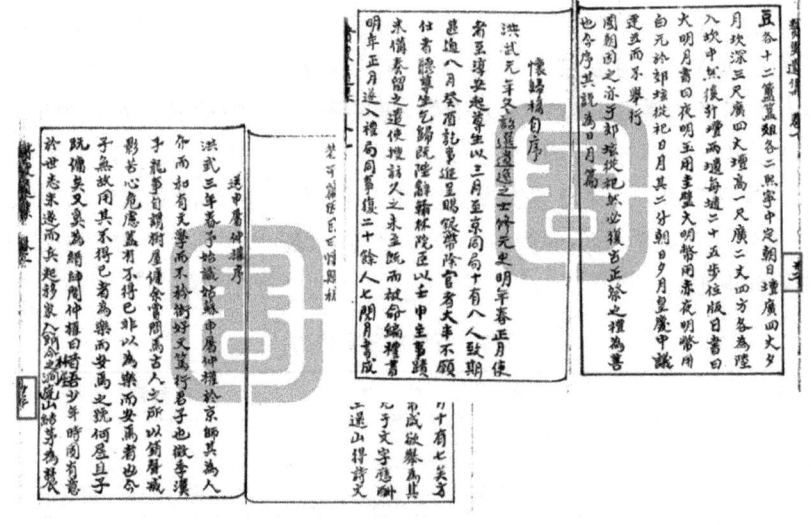

图 1 《怀归稿自序》

石印本于考史、征文均有裨益。徐尊生仕宦经历,诸书记载颇有参差,凭借这部文集记载都能得到厘清。此外,石印本对于研究《元史》及《大明集礼》的纂修亦颇有价值,如卷一收录徐尊生所撰《元史地理志序》《隐逸传序》《循吏传序》(今本《元史》改作"良吏传"),以及《礼书祀天总序》《祀地总序》《籍田享先农总序》《祭日月总序》《书学篇序》诸篇,与定本文字略有差异,可藉此追溯《元史》《集礼》成书经过及材料来源的诸多细节。石印本卷二《书童烈妇传后》,卷三为宋濂草拟的《进元史表》初稿,均为考史者瞩目。① 此外,文稿中收录了危素、王祎、贝琼、张丁等人所撰篇什②,多不见传世文集收载,同样可为征文者取资。

除石印本外,鲍楹选录的《青溪赘翁诗集》(后文简称"鲍编本")堪为保存徐尊生篇什之大宗。鲍编本曾付剞劂,惟原刻失坠。今宁波天一阁图书馆藏有递抄本一卷,半叶十行,行二十一字,与今藏于华东师范大学图书馆的三部鲍楹编刻诗集完全一致③。卷首题"明徐尊生大年氏著,后学禹航鲍楹订正,会稽唐炌、同邑方瑞合、徐嵎仝订,裔孙弘直原抄"。检书中"佳"字多作"隹",属康熙年间鲍氏旧椠之鲜明特点。此本以收诗为主,书前所附《徐徵君大年先生传》并鲍楹撰写的编辑本末,对考察大年生平、文稿流传极有价值。

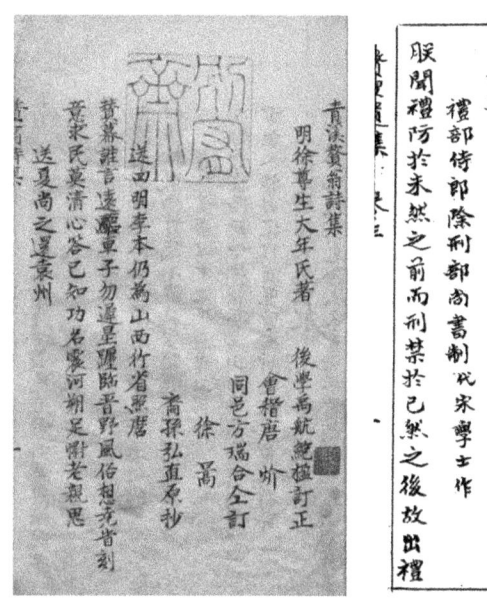

鲍编本正文首叶　　　　石印本卷三首叶

图 2　鲍楹校订

有趣的是,前述石印本还保留下了鲍楹点对徐尊生原稿的蛛丝马迹:第三

---

① 参见方龄贵《〈元史〉纂修杂考》,《社会科学战线》1992 年第 2 期,第 161—172 页。然尚有未尽如人意之处。

② 〔明〕徐尊生撰,徐一桂等校订《赘叟遗集》卷首收录了王祎《徐徵君大年先生文集序》,卷五收录危素《春秋公羊经传习读序》《送大年还乡序》《春亭先生徐君子高墓志》,贝琼《钓台歌一首奉送大年著作先生东还以寓缱绻之意一笑幸正》。

③ 华东师范大学图书馆藏有鲍编本三种,分别是邵桂子《青溪玄同子雪舟胜诗》一卷、何景福《青溪何介夫诗集》一卷、鲁渊《青溪鲁道原先生诗集》六卷,三者行款一致,半页均十行二十一字,清康熙年间所刻。卷首钤"愚斋图书馆藏"朱文大方印,为盛宣怀旧藏。

卷首题"余姚鲍楹订正",他卷无。此处"余姚"宜为"余杭"之误。另外本卷题"青溪赘翁诗文集",与前后诸卷均不同(卷一"赘叟遗集",卷二、四、五"怀归文集稿"),却与鲍编本正题相契(参见图2)。

鲍楹,字觉庭,余杭人,工书善诗。康熙十四年(1675)莅职淳安训导,其间专事搜集当地遗诗,编集《青溪先正诗集》。康熙三十年(1691),鲍楹自作《序》述其本末云:"楹猥以庸虚,司训是邑,山高水深,景仰前哲,兴千载之思。然其遗文旧集多半不存,又或传刻失真,移易面目,几令声光暗然,风流顿尽,仆甚惜焉。课读之余,勤心采辑,于是故家子孙间出所藏以相示,而道原、玄同、大年诸集一皆覆酱瓿、障纬萧之余,漆污油渍,编绝纸弊,不可竟读。为手自誊写,正其讹谬,不可意解者,则仍其旧本以阙疑,不敢辄为删改。久之,稍稍成帙,而官寒俸薄,乏赀锓刻,以广其传。……汇集所得,总为一部,题目《青溪先正诗集》。卷帙不多,印本差易。或者存什一于千百,因其诗以见其人,则前哲之性情风概,犹可以不尽泯也。"①又康熙三十一年(1692),周召所撰《青溪先正诗集序》云:"觉庭甫下车,即与二三都讲抱琴载酒,日于沙村梅岭锦石素波之间搜求遗迹,久之,得其先正十五家诗,手自缮录,正其讹谬,共若干卷衷为一集。集成,皆为之序,且捐俸以付梓人,称善本焉。"②惟周召所见允非全本。《(乾隆)淳安县志》载:"公力事搜罗,得不传者三十九人,辑其遗诗,总题曰'青溪诗集',复次小传以冠篇端,捐俸刊布。秀水朱太史竹垞先生亟称之,其选《明诗综》多采掇焉。"③按《四库全书总目》卷一九四《青溪先正诗集》条:"是编采淳安之诗,合为一编。以淳安古青溪地,故以为名。凡唐一人,宋六人,元五人,明十人,国朝二人。……《总目补遗》又有宋方有开等六人,元汪云[留]等二人,明余溥等七人。"④合《总目》并《总目补遗》,恰为三十九人,与志书所记相符。此书编订后曾进呈御览,清初几种重要的官定诗选,如《元诗选》《明诗综》《御选宋金元明四朝诗》均予以采择。《明诗综采撷书目》即著录"鲍楹《青溪诗集》"。

自鲍楹编订《青溪赘翁诗集》并付手民之后,徐尊生诗流传弥广,《明诗综》《御选宋金元明四朝诗》《(乾隆)淳安县志》乃至家藏谱系均予以采择。核《明诗综》《厚屏福派徐氏宗谱》所选大年诗篇,全不出《青溪赘翁诗集》收录范围;《御选宋金元明四朝诗》所采则全见于《明诗综》。《厚屏福派徐氏宗谱》载:"康

---

① 〔清〕鲍楹《青溪先正诗集序》,见《厚屏福派徐氏宗谱》卷一〇,并收入《(乾隆)淳安县志》卷一四,文字略有删节。
② 《厚屏福派徐氏宗谱》卷一〇。华东师范大学图书馆所藏《青溪玄同子雪舟胜诗》书前见有此篇残叶,重合部分文字一致。
③ 《(乾隆)淳安县志》卷六。"综"字原误作"总",径改。
④ 《四库全书总目》卷一九四《青溪先正诗集》条,北京:中华书局,2003年,第1774页上栏—中栏。

熙三十年辛未,蒙县学老师鲍楒汇集有《赘翁诗集》,藏版迄今,不致泯没。不意地运极衰,书香难传,鲜知珍惜。今逢修葺支乘,付梓于谱,庶使后之肖子贤孙或见有《赘翁诗集》,须知爱惜珍重,使翰墨家声不致中斩耳。"①进一步对照可见,并见于鲍编本与《厚屏福派徐氏宗谱》《明诗综》《御选宋金元明四朝诗》中的篇目,文字几乎完全一致,与石印本却存在系统性差别。

对照石印本、鲍编本所收篇目,鲍编本中《游上善观》《梅雨》二首不见前者收载,其他篇什概不出石印本之外。二者编集体例也有很大区别,石印本一律按照体裁重加编排,鲍编本则大致以时间先后为序。鲍编本卷末缀以《还山赠言》,选篇未超出石印本卷五范围,惟正文前缀一小序"大年先生于洪武三年七月与修礼书,告成,即固请得归,于是平日知己大夫士赋诗饯赠"云云,为石印本所无,极有可能是单行本《京都赠言》之原序,而为徐弘直刊落不载。石印本与鲍编本属于徐尊生诗文流传过程中的关节性文本,核诸文字往往各擅胜场,均具有重要的校勘价值。

两部遗编存世极尠,又长期秘储兰台私箧,不便展观;遗文流传于外者多属零篇断简,致使百年来尊生遗泽始终罕为人知。② 于是不揣鄙陋,重加董理,冀异日展布于外,俾博雅君子闻知。

---

① 《厚屏福派徐氏宗谱》卷一〇。
② 中共淳安县委党史研究室、淳安县地方志办公室曾于2017年内部出版了徐尊生文集的整理本,此本由尊生后人徐身贵委托党史研究室主任徐远龙点校,题"赘叟诗文集",以徐一桂校订本为底本,未能系统参校鲍编本及《厚屏福派徐氏宗谱》所收遗文,付梓后又旋即束之高阁,影响有限,颇有遗珠之憾。参见〔明〕徐尊生撰,徐一桂等校订,徐远龙标点《赘叟诗文集》,淳安:中共淳安县委党史研究室、淳安县地方志办公室,2017年。整理及出版始末承蒙徐身贵、徐远龙二位前辈告知,谨致谢忱。

沈周著作补考

汤志波

【内容提要】 新见沈周别集10种,其中俄罗斯国立图书馆藏明刻本《石田诗集》、上海图书有限公司藏清王乃昭抄本《石田稿》、私人藏抄本《明石田翁诗文杂录》、南京图书馆藏抄本《石田诗选》、上海图书馆藏清道光间鹭田子抄本《石田文选》等5种,《中国古籍总目》未著录;另有国家图书馆藏明末抄本《石田稿》、北京大学图书馆藏清康熙间胡二乐抄本《石田先生集》、南京图书馆藏清康熙刻《明诗百三十名家集钞》本《沈石田先生诗集》、南京图书馆藏清抄本《沈石田先生诗集》、北京大学图书馆藏影明抄本《石田先生集》等5种,或有重要的辑佚与校勘价值,或存多家珍贵题跋。沈周亡佚著作除《石田画诗》《石田随笔》《石田咏史补忘录》等书外还有《会茶篇》一卷。《续通志》著录的沈周《酒概》作者应是沈沈(沈沉),上海图书馆藏沈周所编《群书丽藻》实即《百川学海》零种,日本国立公文书馆藏沈周《落花七律三十首》系后人追和沈周之作,均非沈周著作。沈周集外诗文甚多,但伪作亦多,不可轻率"辑佚"。

【关键词】 沈周 《石田诗集》 《石田先生诗集》 《明石田翁诗文杂录》

沈周(1427—1509),字启南,号溪翁、石田、白石翁,明代苏州府长洲县相城里(今苏州市相城区阳澄湖镇沈周村)人,与文徵明、唐寅、仇英并称"明四家"。沈周是吴门画派领袖,一生著述宏富,现存著作有《石田稿》《石田诗选》《石田先生集》《石田先生诗文钞》《客座新闻》《沈氏客谭》《石田杂记》《吟窗小会》《杜东原先生年谱》等十余种。笔者曾撰《沈周著作考》一文[①],今就其中所未述及者略作增补,并考察其亡佚及被误系沈周名下的著作。

【作者简介】汤志波,华东师范大学中文系副教授。
【基金项目】国家社科基金一般项目"明人别集序跋辑录与研究"(项目批准号:21BZW018)阶段性成果。
① 汤志波《沈周著作考》,《图书馆理论与实践》2012年第8期,第29—32页。

一 《中国古籍总目》未著录别集 5 种

《中国古籍总目》著录沈周别集 17 种①，但其中有一书误分为多种著录，亦有遗漏。前者如《石田先生集》，有七卷、十卷、十一卷、十三卷、不分卷者等卷数之异，亦有明刻本、明万历间刻本、明万历四十二年(1614)刻本、万历刻《陈沈两先生稿》本等版本之歧，其实均应合并，即《石田先生集》不分卷，明万历四十三年(1615)陈仁锡刻《陈沈两先生稿》本；后者因未涉及私藏，海外公藏仅著录日本内阁文库等数家，国内公藏亦偶遗漏，故仍有遗珠。今新见 5 种未著录者，列叙如下。

（一）《石田诗集》十卷，明刻本，俄罗斯国立图书馆藏。是书半叶九行行十七字，黑口，四周双边，双黑鱼尾，版心镌是页文题如"天文""时令""山川""居室"等，版心页码或按卷计，或按文类计，并不统一。卷端题"长洲沈周著　上海诸弘济分类"，卷首有弘治十三年(1500)吴宽《石田诗□序》《石田诗集目录》，卷末有正德元年(1506)李东阳《书沈石田诗后》。序跋、目录、卷首钤"会东""金星轺藏书记""家在黄山白冈之间""大连图书馆藏""项墨林鉴赏章""天籁阁""结社溪山""文瑞楼之人"等图记，当是曾经项元汴、金檀递藏，后流入满铁大连图书馆，1945 年被运往莫斯科。今由山东大学"全球汉籍合璧"项目课题组普查发现且复制回国。②

按，是书金镶玉装共 8 册，但多有阙页，如卷二"山川"类第 1 叶、卷四"杂流"类第 10 叶、卷九"花竹"类第 29 叶。③ 藏家均补入空白纸，并手绘行格。其中卷二处已补抄完整，但后两处仍空白未补。是书与明正德间无锡安国重刻本《石田诗选》卷数、分类一致，内容基本相同，甚至书名也较为相似。关于两书的不同点，《俄藏沈周〈石田诗集〉考述》一文已有介绍，其未提及之处，本文进一步增补说明。

1. 较之《石田诗选》，《石田诗集》卷五"时事"类在《闻刘兵侍称疾竟归》与《观补官》中间阙《读杨宫詹与屠太宰论事劄子》，在《海讆行》与《吴俗火葬》中间阙《土偶祸》一首，并将《洪城奇遇》小序当作标题，而无"洪城奇遇"四字。"述怀"类末阙《拨雨闷》《秋凉遣病》《林居病怀》三首。

---

① 中国古籍总目编纂委员会《中国古籍总目》集部第 2 册，北京：中华书局、上海：上海古籍出版社，2012 年，第 594—595 页。
② 参见由墨林《俄藏沈周〈石田诗集〉考述》，《汉籍知新》第 1 辑，济南：山东人民出版社，2021 年，第 133—147 页。
③ 按，有些阙页应属复制时遗漏，如卷四"宗族"类页 1b 与 2a 阙，并非原书阙损。此外卷六至卷八错简颇多，亦非原书之貌。

2.《石田诗集》卷六"闲适"类中,《晚出过邻家小酌》后是《诵靖节诗》《南园杂兴》二诗,而《石田诗选》该诗后是《纪梦》《憨憨》《贫富吟》《闲居》四诗,即较《石田诗选》少了四首诗却新增两首不同的诗。

3.《石田诗选》卷七"投赠类"在《赠黄执之》与《寄别李知州》之间有《薛尧卿场中卷短策长莫录被枉黜》一诗,但在《石田诗集》中,此诗被移到卷末,放置于"挽诗类"《挽黄节妇》后。或是《石田诗集》刊刻时遗漏,后发现并补刻于卷末。

4.《石田诗选》卷末附录屠滽次韵诗,而《石田诗集》无。《石田诗选》后有邵宝《奉读尊集有作录呈请教》、唐寅《奉题石丈集后》两首,诗后分别署"邵宝顿首上石田老先生阁下""后生唐寅谨顿首拜",《石田诗集》中标题统一改为"附录邵国贤、唐子畏《题石田稿后》二首",显得更整齐划一,当是较《石田诗选》晚出。

关于《石田诗集》卷二中的阙页,藏家手抄补入《舟中望虞山与吴匏庵同赋三篇》《登梁昭明读书台访徐辰翁丹井》及《留连山中薄暮返棹》一诗之标题。通过比勘不同版本间的异文,可以判断其补抄自明万历本《石田先生集》,而非更早的弘治本《石田稿》、正德本《石田诗选》。如《舟中望虞山与吴匏庵同赋三篇》,标题中最后两字弘治本、万历本均作"三篇",而正德本作"三首";《登梁昭明读书台访徐辰翁丹井》中第16句,弘治本作"谬图附一轴",正德本作"谬图仍附轴",万历本作"谬图附一幅",各不相同。补抄内容与万历本同,故可推知抄补者是据卷首目录得知所阙篇目,但手头并无相同版本,仅有万历刻本《石田先生集》,故据其补录,补抄的时间当在万历以后。

按,诸弘济(生卒年不详),字大经,南直隶松江府上海县人,成化二十二年(1486)举人,正德五年(1510)任福建尤溪知县。《石田诗集》历代书目未见著录,沈周不曾提及此书,亦不见与诸弘济交往之材料,或是书商将华理分类妄改为"诸弘济分类",刊刻用以牟利。其所据底本,应与正德刻本《石田诗选》同出一源,二书均系弘治间华理刻本之增补本。但此本刊刻时或又有辑补,如卷六中多出的《诵靖节诗》《南园杂兴》二诗,均出自明弘治刻本《石田稿》卷二同一叶。

又按,正德刻本《石田诗选》上海图书馆、云南大学图书馆、日本宫内厅书陵部有藏,其中云南大学藏本为残本,《云南大学图书馆善本书目》著录:"《石田诗选》五卷,明沈周撰,明安国重刻本,四册。"[①]是书即十卷本《石田诗选》的前五卷,但卷首目录亦仅五卷,或是被书商裁去部分目录,故误著录为五卷。较之上海图书馆藏本,云南大学藏本断线更多,当系后印本。上钤"礼庵""瞿

---

① 云南大学图书馆编《云南大学图书馆善本书目》,昆明:云南大学出版社,2001年,第61页。

氏藏书""山谷""藏数卷书贫富贵仗弍杯酒老精神"等图记，1954年由教育部调拨至云南大学，原馆藏地俟考。

（二）《石田稿》不分卷，清王乃昭抄本，上海图书有限公司藏。是书半叶十行行二十三字，无界行，卷端题"长洲沈周著"，卷首有嘉庆丁丑（二十二年，1817）黄丕烈题跋，钤"虞山王乃昭图书""乃昭""乐饥""槐隐""嬾髯""朱之赤印""朱卧庵收藏印""休宁朱之赤珍藏图书""寒士精神""闽戴成芬芷农图籍""侯官赵在翰林""治廎文库"等图记。可知曾为朱之赤、戴成芬所藏。黄跋云：

> 余偶读金孝章《春草闲房诗集》，有《赠乐饥翁》一首，诗云："虞山有客王髯叟，历落嵚崎世无偶。孤踪暂寄童子师，所急初非为升斗。平生苦爱属奇书，见辄相夸得某某。丛函巨轴姑舍诸，小品遗编时在口。闲来袖钱向书肆，目涉手探凝立久。吾侪一一老蠹鱼，假借搜罗费奔走。不知老至况云疲，矻矻钞装辰至酉。叟更苦心能爱画，鉴别收藏尤不苟。前惟古农并二王，近续阿咸（谓石谷翚）堪劲后。小铛自起旋烹茶，兴发还倾半壶酒。寓楼朝暮总看山，挂画摊书增二友。君不见，东邻老翁富田亩，日困催科容瘠黝。尽将珍玩售途人，尚恐愆期遭吏殴。又不见，西家主人书满屋，高弃不观供鼠宿。子孙持卖不论钱，蟫走尘封乱绳束。叟无泛爱且密娱，心严目冷与众殊。观人取友亦如此，意贵立俗存廉隅。只今六十头如雪，斷斷不肯因人热。乐饥有志讵可迁，穷老弥坚厉高洁。谓予斯世少完人，宜共初终保清节。试看岭上岁寒松，傲雪凌霜可交结。予闻叟言益凛然，敢不永矢心如铁。古来贫士凡几何，为尔悠悠数前哲。"据此，则乐饥之爱书可见，其手钞书籍与孝章先生同乐此不疲矣。因附著于此，以见此书出名人手钞，未可以寻常抄本论也。嘉庆丁丑立秋后一日，廿止醒人记。①

按，是书底本为明弘治刻本《石田稿》。王乃昭即王慎德（1608—?），号乐饥翁、嬾髯翁，苏州府常熟人，有"豁尔间"，喜抄书，除《石田稿》外还抄有宋史虚白《钓矶立谈》、宋方岳《秋崖先生词稿》、宋汪元量《汪水云诗》、元黄庚《月屋漫稿》、元倪瓒《倪元镇遗墨》、明丁元吉辑《陆右丞蹈海集》、明杜琼《杜东原诗集》、明王绂《王舍人诗集》、明李黼《李江洲遗墨题跋》等。② 黄丕烈早年曾得王乃昭抄本《汪水云诗》，始不知王氏为何人，后购得别本汪集，经与《石田稿》对比才确定："……惟是此书钤有洒昭印，向不知为何人，并以最后补录四叶为牧翁书，由今考之，皆非也。近日见虞山王乃昭手录《石田诗稿》，始知洒昭即乃

---

① 图版亦可参见上海市古籍保护中心编《上海市古籍保护十年》，上海：上海古籍出版社，2017年，第232—233页。
② 参见瞿冕良编《中国古籍版刻辞典》，苏州：苏州大学出版社，2009年，第964页。

昭,与牧翁同时而稍后,善于书法。以补录之手迹证诸《石田稿》,相类,此书盖藏于洒昭而为之补录者。"①《藏书纪事诗》记王乃昭云:"昌炽按,余藏乃昭手录《沈石田诗》,亦士礼居物,有'虞山王乃昭图书'及'乐饥''嬾髯''槐隐'诸印,尧翁跋云……"②可知王乃昭抄本《石田稿》后又为叶昌炽所得。王欣夫笺云:"陆绍曾有《白石翁诗》一册,后有题识云:'甲子清和王乃昭手抄,时年七十有七。'前后印文七:'匏如珍藏书籍私印''乐饥老人''槐隐',此三印朱文;'寒士精神''王氏乃昭''嬾髯''衡泌',四印白文。"③或即上海图书有限公司藏本。

（三）《明石田翁诗文杂录》不分卷,抄本,私人藏。是书半叶九行行十九到二十四字不等,白口,左右双边,双黑鱼尾,不标页码。前有阙页,故不知卷端题名、序跋目录的情况。卷末有三处题跋:"共九十九页,收时出青蚨三百文。""丙午秋七月,心兰捡赠□□□先生藏。""此书字法甚庄,必是有名人所抄,瞎牛庵中藏二十余年,今归□氏,愿世世藏之。"卷首尾钤"子梅过目""葑溪散人""宏道之印""马氏人伯""余庆堂印""金心癸""瞎牛"及藏家图记。今装订为两册,封面题《明石田翁诗文杂录》,上册题"金心兰丈旧藏,庚寅二月五日□□署检",下册题"光绪卅二年岁次丙午,心兰丈贻赠□□公,重加装治"。可知此书为金涑（金心兰）旧藏,光绪三十二年（1906）七月赠予□氏。

按,"宏道之印""马氏人伯"当是明末苏州人马宏道之图记,此书是否系其抄录,有待进一步考证。是书前已残缺,中间亦有阙页,收诗文350余题550首。分体编排,依次标小题"古体七言""古体长短句""白石翁稿近体五言律""排律""白石翁遗稿""白石翁五言绝句""白石翁六言""白石翁七言绝稿""白石翁诗余""铭""附录"等11部分,据此推算,前阙的部分应该是"古体五言",书名定为"白石翁稿"较为合适,今为避免分歧,仍以封面题名为准。

是书有小字校改,《周君宗道生圹志》天头题"有顿句有阙误不解,伺后博学者正之"。若干诗题或诗末后有小字,如《书床屏》下题:"此后《长安桃李花》一首、《少年吟》一首、《门前有垂杨》一、《风吹枝上花》一首。"《倪云林画》下题:"《观梅图》'老夫笔枯春不生,特写梅花惜春色'云云。"应是另有一本沈周诗集,准备据其校补,故仅过录标题及首句。以下小字亦可佐证:

《题元祐党人碑》已录《石田正稿》,《过湖偶言》录过《正稿》。（《题画》[境静人累超]下）

《题画松》"寸莛悠悠至千丈"云云,已钞石田刻本。（古体七言下）

---

① 黄丕烈撰、余鸣鸿、占旭东点校《黄丕烈藏书题跋集》,上海:上海古籍出版社,2015年,第507页。
② 叶昌炽撰,王欣夫笺正《藏书纪事诗 藏书纪事诗笺正》,桂林:广西师范大学出版社,2021年,第455页。
③ 《藏书纪事诗 藏书纪事诗笺正》,第1069页。

《骑牛图》"老夫自是骑牛汉",已抄入《石田佚诗》本上。(《题颜鲁公书中兴颂碑》后)

　　《病后揽镜词》"匣中青铜不圆月"云云,钞正集中。(《题画》[溪容泛煖春波动]后)

可见编者应是在编纂一部沈周诗集,分为《石田正稿》(或名《石田正集》)与《石田佚诗》两部分,且编者手头应该有沈周诗集刻本作为工作本,所以会有"已钞石田刻本"一说。是书与今所见沈周多种别集的顺序均不相同,且有三分之二的内容系首次出现,比勘已见诗歌也有众多异文,如明崇祯刻本《石田先生诗钞》中的《贺德韫弟冠带之荣》,是书题作"新天子未改元丁未之仲冬八日,余弟德韫入粟,膺冠带之荣,老兄沈周状其所以荣者,为图以贺云",标题似是未经修订过的原稿。笔者拟撰专文介绍,此处不再展开。

　　(四)《石田诗选》十卷,抄本,南京图书馆藏。是书半叶十一行行二十五字,无界行,卷端题"明沈周撰",卷首有四库提要、吴宽《石田诗选序》,卷末有李东阳《石田诗选后序》、张铁《石田诗选跋》,卷七卷端钤"江苏省立第一图书馆藏书"。

　　按,是书装订为两册,据卷首提要可知其录自《四库全书》本。现存四阁阁本《石田诗选》卷首提要并不一致,其中文渊阁本与文澜阁本同,文津阁本与《四库荟要》本同,文溯阁本综合了《四库全书总目》与《四库荟要》本的内容。① 是书卷首提要同文渊阁本、文澜阁本,文渊阁本后署"乾隆四十六年十月恭校上",文澜阁本署"乾隆五十二年正月恭校上",而是书仅署"恭校上",不题日期。笔者猜测此书系过录自文澜阁本,首先,文渊阁本卷末并无李东阳《石田诗选后序》,而文澜阁本后有此序;其次,文澜阁本卷五末为《邻火幸不及殃》,而文渊阁本此诗后尚有《拨雨闷》《秋凉遭病》《林居病怀》三首,是书卷五末亦是《邻火幸不及殃》,故可知录自文澜阁本。《中国古籍总目》"集20206908"条著录《石田诗选》十卷,下有明正德元年安国重刻本、四库全书荟要本、四库全书本3种②,是书亦应置于此条下。

　　(五)《石田文选》一卷附录《石田先生事略》一卷,清道光间鹭田子抄本,上海图书馆藏。是书半叶十一行行二十六字至二十八字不等,无界行,无序跋目录,封面题"沈石田文选年谱附,鹭田子手抄",卷端钤"鹭田潘氏珍藏""生沐秘藏""叔美过眼"图记,卷末钤"别下斋藏书""生沐""蒋光煦印"图记,当系蒋光煦别下斋旧藏。

---

① 参见汤志波《沈周诗集四库提要考论》,《励耘学刊》第37辑,北京:社会科学文献出版社,2023年,第337—350页。

② 《中国古籍总目》集部第2册,第595页。

按，是书收录《记雪月至观》《听蕉记》《东广记》《秋轩记》《老杯酒轩诗引》《周君宗道生圹志》《陆允晖墓志铭》《育庵陈先生墓志铭》《张允尝妻徐孺人墓志铭》《盲富祀父母》《杨梅传》《莱赞》《白端石琴砚铭》《五十八自赞画像》《跋司马提学公与祝希哲手帖后》《跋杨君谦所题拙画》等共16篇，均自明崇祯刻本《石田先生文钞》39篇文章中摘录，并无新增内容。附录钱谦益所辑《石田先生事略》亦同崇祯本。鹭田子或是苏州人潘惠，字孟游，号鹭田，生平俟考。

二　其他别集5种

（一）《石田稿》三卷（阙卷二），明末抄本，国家图书馆藏。是书半叶九行行十九字，白口，四周单边，无界行，版心题卷数，卷首有癸丑年（1912）朱玖聃贴签题跋，卷末有陈衍跋。陈跋曰："石田先生诗不止于此。是卷虽其手集，而晚季续作皆不及补入。予所见题画诗与家藏墨迹，大半无存矣。"朱跋云："按，石田先生集，明嘉靖间华汝德《诗选》本作十卷，又《耕石斋石田集》作九卷，陈仁锡本不分卷，此外无他刻本矣。此明抄本三卷本，首有佐伯文库印，后有陈衍跋，是明季流入日本，今复归中土，不重可贵乎？癸丑阳二月，玖聃。"钤"佐伯文库""朱桎之印""九丹鉴藏""陈衍之印"等图记。

按，是书仅存卷一与卷三，且首尾均阙两页，卷一自《题杜东原先生雨景》始，卷三至《清溪散步图为徐文序作》止。朱跋中所说"明嘉靖间华汝德《诗选》本作十卷"即前揭十卷本《石田诗选》，弘治刻本已亡佚，正德刻本尚存，但并无嘉靖间刻本，朱氏当是误记。陈衍（1586—？），字磐生，福州府闽县人，明末清初藏书家，有《大江集》《大江二集》行世。佐伯文库系1781年日本佐伯藩主毛利高标所建，藏书八万余册。1827年毛利高翰将部分藏书献给江户幕府，部分图书由方功惠买回中国，之后在琉璃厂出售[①]，《石田稿》或即是此次回流，为朱桎之所得，后入藏国家图书馆。朱桎之（1859—1912后），字淹颂，号玖聃、九丹、琴客等，河北永清人，清末藏书家。

又按，是书据明弘治刻本《石田稿》抄录。明弘治刻本《石田稿》上海图书馆、南京图书馆等藏。上海图书馆藏本钤"汪士钟藏""越然""曾留吴兴周氏言言斋""宜武""臧毅之印""画阁""秋涌""宪奎""琴剑诗书为吾所好""平阳汪氏藏书印"等图记，可知曾为汪士钟、周越然递藏。1933年北平图书馆曾寄《景印四库全书罕传本拟目》给周越然，周因其中有沈周《石田诗选》，而回信告知家

[①] 参见[日]大塚秀高《写字台文库与佐伯文库——马廉与泽田一斋》，《北京大学中国古文献研究中心集刊》第七辑，北京：北京大学出版社，2008年，第48—57页。

藏《石田稿》的情况①，其藏本今归上海图书馆。南京图书馆藏本钤"安璿""小绿天藏书""孙毓修印"等图记，卷首童轩《石田诗稿序》后有安璿手跋，今一并备录于此："石田翁追趣洽而取名淡。其诗不行家集，不登国选，徒于所作墨戏林峦树石、花鸟虫鱼间见之。或谓诗以画掩，余独不然，以必传之诗，附必传之画，是诗以画寿也。康熙二十九年庚午春王，洁园孟叟安璿记。"②

（二）《石田先生集》十卷，清康熙六十年（1721）胡二乐抄本，北京大学图书馆藏。是书半叶九行行十九字，白口，四周单边，无鱼尾，版心题"沈集"，卷端题"长洲沈周启南著　后学钱允治功甫校　后学胡二乐象虚书"，卷首有颜世清手跋、胡二乐手跋、钱允治旧序、目录。胡跋曰："家尊素宝绘，故藏石田先生真迹甚多，少时见其题句清隽拔俗，心窃爱之。每短檠独夜，朗哦三四篇，辄达旦忘卧，则其诗之有遗音，可知已矣。今年春，吴兴书贾携其刻本来，得之不胜喜，然别风淮雨，列序都无伦次，爰为抽毫濡墨，校录旋订外，更益以未刻，庶几称完璧云。康熙辛丑二月，新安胡二乐题于茸城旅舍。"颜跋云："沈石田集，康熙间胡氏影抄本，道光时徐紫珊旧藏，余从杭州吴伯宛转让，其字纯师赵荣禄，可玩也。丙辰八月，瓢叟记。"③钤"邈翁"图记。是书由胡二乐传至徐紫珊，再由吴伯宛至颜世清，流传有序。

按，是书底本为明万历刻本《石田先生集》，原不分卷，今按文体厘为十卷。校以明万历刻本，卷三与卷四间阙五言排律、七言排律两类23首，但卷一末多五言古《题画》4首，卷十末增七绝《题画》1首，其中2首不见于沈周各集，或有辑佚价值，今录之如下。《题画》："秋水一篙深，扁舟渡南浦。沙鸥本无心，相随飞不去。昨夜西风多，落叶莫留树。白苎不胜凉，还复歌白苎。"④《题画》："久知跛鳖行千里，亦信良医折九肱。今日东娄江上别，老夫无语但含情。"⑤当是胡二乐据家藏书画增补，即其跋中所云"更益以未刻"。胡二乐（生卒年不详），字象虚，江南歙县人，廪生，举乾隆元年（1736）博学鸿词科。

（三）《沈石田先生诗集》一卷，清康熙六十一年（1722）敬事堂刻《明诗百三十名家集钞》本，南京图书馆、河南省图书馆藏。是书半叶十行行二十一字，白口，左右双边，上黑鱼尾，版心镌"沈石田集"，卷端题"雄山后学王企埥芑远钞"，卷首有提要："沈周字石田，长洲人，祖、父皆隐居。工画画，年十五游金陵，作百韵上地官崔侍郎，面试《凤凰台赋》，援笔而就，人皆以为王子安复生也。郡守以贤良应诏，坚卧不起。所居有水竹亭馆之胜，闲居奉母，母九十九

---

① 周越然著，周炳辉辑，周退密校《言言斋古籍丛谈》，沈阳：辽宁教育出版社，2001年，第32页。
② 〔明〕沈周《石田稿》卷首，南京图书馆藏明弘治刻本，第7b页。
③ 〔明〕沈周《石田先生集》，《明别集丛刊》第1辑第51册，合肥：黄山书社，2013年，第163页。
④ 《石田先生集》，第202页。
⑤ 同上书，第344页。

龄乃终,启南年八十矣,又三年而卒。启南诗抒写性情,牢笼物态,天真烂漫,不以组织为工,出入于少陵、香山、眉山、剑南诸家,未可以一体名也。祝希哲以为家法在放翁,而风度主浣花,可谓知言矣。"

按,是书共收诗85首,系据明崇祯刻本《石田先生诗钞》过录。首先,除卷末《题画四首》外,皆见于明崇祯刻本,顺序亦基本一致。其次,《过湖偶书》《钩弋夫人》《题钱舜举渔乐图》《蓝关图》《病中夜怀》《观西湖百咏集感旧有作》《至日闲居自述》《九日无菊》《秋夜卧病》《寄三原王冢宰》《上巳日漫作》《送方水云》《题画与赵文美别》等十余首,《石田稿》《石田诗选》《石田先生集》等均不载,仅见于崇祯刻本。最后,诗集中的异文均与明崇祯刻本一致,而与其他诗集不同,如《送程宫詹》一诗,弘治本《石田稿》、正德本《石田诗选》、万历本《石田先生集》均作《送程宫谕》,仅崇祯本作《送程宫詹》,故可确定录自崇祯刻本。但个别诗歌与崇祯本亦有异文,如"图琴川钱氏沁雪石",崇祯本作"题钱氏沁雪石",弘治本、正德本作"图钱氏沁雪石",均不一致,原因俟考。《题画四首》当是据《历代题画诗》所收沈周《题画六首》选录前4首。① 《中国古籍总目》著录国家图书馆藏清刻《明诗百家集》本《沈石田先生诗集》一卷,收录诗歌与此书相同。编者王企靖(生卒年不详),字苾远,直隶雄县人,康熙二十四年(1685)进士,官至江西巡抚。除《明诗百三十名家集钞》外,还编有《畿辅七名家诗钞》四十六卷、《四家诗钞》二十八卷。

又按,《中国古籍总目》著录浙江大学图书馆藏明崇祯刻本《石田先生诗钞》卷末有赵彦修跋②,今核其书,系赵彦修先后过录孙承泽、李日华、何良俊等人关于沈周的评论,并非赵氏题跋。因书及明崇祯刻本,姑记于此。

(四)《沈石田先生诗集》不分卷,清抄本,南京图书馆藏。是书半叶八行行十九字,无界行,不标页码,卷端题"长洲沈周著",仅钤"南京图书馆藏"图记,亦无序跋。编者似拟分为三卷,每卷之首题"沈石田先生诗集 长洲沈周著"③,为便于论述,今姑以卷相称:卷一收诗121首,各体诗歌均有;卷二 90首,均为五言诗;卷三 33首,均为七言绝句,共收诗歌244首。

卷一中除《传神》《白露雨辞》《田家乐》《田园杂兴》4首(分别是第7、8、81、82首)外,均出自明崇祯刻本《石田先生诗钞》,而且顺序也有迹可循。如第1—107首,均出自卷一至卷四,又可分为1—71、72—83、84—91、92—107首四个模块,模块内均与《石田先生诗钞》中的先后排序一致;第108—121首,均出自《石田先生诗钞》卷四至九,除第108首外,其余先后顺序均与《石田先生诗钞》

---

① 〔清〕陈邦彦选编《历代题画诗》卷二十五山水类,北京:北京古籍出版社,1996年,第315页。
② 《中国古籍总目》集部第2册,第594页。
③ 按,第二部分大题作"石田先生诗集 长洲沈周著";第三部分大题作"沈石田先生诗集",未题撰人。

一致。卷二除《戏题》一首外,均出自明万历刻本《石田先生集》,顺序亦较为一致。卷三除《过友人题画》及最后4首《元日戏咏》《老妪骑牛吹笛图》《鸡冠花》《白发》外,均出自《石田先生诗钞》卷五至卷七,顺序亦一致。故可知其卷一、卷三或录自《石田先生诗钞》,而卷二则源出万历本《石田先生集》。

比勘存世各版本沈周诗集,可以确定《沈石田先生诗集》(卷一、卷三)与《石田先生诗钞》同出一源,编排顺序、文本内容最相近。如《陈太常师召邀赏南轩牡丹》一诗,弘治本《石田稿》题作《陈太常南轩牡丹》,正德本《石田诗选》、万历本《石田先生集》题作《块庵陈太常南轩牡丹》,仅崇祯本《石田先生诗钞》与其一致。但《沈石田先生诗集》与《石田先生诗钞》又多有异文。如《沈石田先生诗集》第1首《观连理山茶》"虞仲山中寻此花,六年两度来僧家",《石田先生诗钞》作《游海云观连理山茶》"穹隆山中寻此花,六年两度来僧家"①,亦未见沈周其他别集版本与前者相同。且《石田先生诗钞》中的小序,在《沈石田先生诗集》多作为正式标题,如《天全徐先生夜过》《莫鳌登高卷》《七星桧》等,然标题中同样多有异文。以《七星桧在致道观梁天监二年真人张道裕手植今尚存其三其余则宋人补植也》一诗为例,崇祯本标题作《七星桧》,诗后题:"致道观七星桧,梁天监二年真人张道裕手植,今尚存其三。其余则宋人补植也。先生独画其最古者三株,旧藏太仓王司寇家。"②最后两句,明显是后人口吻。笔者猜测《沈石田先生诗集》之底本或是《石田先生诗钞》编纂过程中的初稿,至少与今传崇祯刻本并不完全一致。

《沈石田先生诗集》中共有10首诗歌不见于沈周诸集,但并不能轻率辑佚。如《传神》一诗:"我问你是谁,原来你是我。我本不认你,你反却认我。我少你不得,你倒少得我。再隔几年来,有你没了我。"此诗又见于《唐伯虎集》,题作"伯虎自赞"③,真实作者有待进一步考证。至于《田家杂兴》"不登花雪堂,不会风云路"一诗,即王磐散曲《[北吕]一枝花·村居》,真实性亦有待考察。而卷三最后4首诗,或许是编者辑自相关的笔记,以《白发》为例:"白发如何不顺情,朝朝摘去又还生。如今不摘从它白,那得功夫与老争。"沈周诗话《吟窗小会》载有一则与之相关:"尝闻人诵《镊白发》诗云:'白发新添四五茎,一边镊去一边生。从今白也从他白,那得功夫与老争。'似俗而雅,可爱。不知谁所作也。"④或是由此演变而来。其余之诗亦需详加考辨。

(五)《石田先生集》存二卷,影明抄本,北京大学图书馆藏。是书半叶九行行十九字,白口,四周单边,版心题卷数,下镌"藕庐钞存"。卷首有丙辰年

---

① 〔明〕沈周《石田先生诗钞》,《四库全书存目丛书》集部第37册,济南:齐鲁书社,1997年,第52页。
② 〔明〕沈周《石田先生诗钞》,第77页。
③ 〔明〕唐寅撰,周道振、张月尊辑校《唐寅集》,上海:上海古籍出版社,2013年,第272页。
④ 〔明〕沈周撰,汤志波点校《沈周集》,杭州:浙江人民美术出版社,2019年,下册,第1469页。

(1916)杨复跋、过录朱玖聃旧跋,卷末有过录陈衍旧跋、丙辰吴昌绶题跋。钤"金开藩所藏书画之印""金袁荣瑾""伯宛""寿瑜""荣瑾""寿瑜之印"等图记。卷首杨复长跋云:

> 此有明沈石田先生诗集,湘南袁寿瑜女士手录本也。女士为吾北庼金曹之冢媍,潜荸世讲之佳耦,名门淑质,夙著贤声,婉顺温恭,琴耽瑟好。以问安视膳之多暇,时复移情缃素,好弄柔翰,妙格簪花,婀娜流丽,允宜兰薰藏浣,丝绣纱笼,不徒供学士吟哦、增名媛慧业已也。集本源流,以见前贤叙录,毋庸再述。丙辰小春,钱塘杨复剑星氏题识于宣南双塔寺侧清河寓庐。维时夕阳西下,塔影飞来,雁字横空,乡书递至。为报故园花讯已著寒梅,因并记之,并奉题小诗一律,呈北庼主人大吟坛,以博一粲:
>
> 金闺丽质洞庭仙,华腴家声重九天。偶洗霜毫传画本,更操云管写诗篇。行行馨逸花争媚,字字庄姝玉比妍。赢得郎才夸吐凤,绿窗韵事记年年。

卷末吴昌绶题记:"此《石田先生集》通行三本外之别本,明人所钞,惜已缺中卷。昌绶收得朱玖聃家旧藏,北楼主人假观,属其子妇袁女士手录一过,人间遂有副墨。又出簪花楷,则至足矜重。丙辰十月,仁和吴昌绶记。"

按,是书即据国家图书馆藏明末抄本《石田稿》影抄,故行款格式一仍其旧,乃至"佐伯文库""朱柽之印""九丹鉴藏"等图记亦用朱笔描在相同位置。杨复(1866—?),字剑星,浙江杭州人;吴昌绶(1868—1924),字伯宛,浙江仁和人,均为藏书家。"北楼主人"即金城(1878—1926),号北楼,浙江吴兴人,工书画篆刻。"子妇袁女士"即其长子金开藩(号潜庵)之妻袁寿瑜(生卒年不详),湖南人,画家。

又按,将是书命名为"石田先生集",或是受杨复开篇云"此有明沈石田先生诗集"、吴昌绶题记曰"此《石田先生集》通行三本外之别本"影响。其实此书虽卷首残缺,但末卷卷端题"石田稿"仍有迹可循。命名"石田先生集"导致《中国古籍总目》将其与国图藏明末抄本分成两条著录,也极易让读者误以为此书源出明万历刻本《石田先生集》。应著录为"《石田稿》三卷(阙卷二),民国间袁寿瑜影抄本"。

三　亡佚与误属著作 4 种

沈周亡佚著作,除《石田画诗》一卷、《沈诗补遗》一卷、《石田随笔》四卷以及未知卷数的《石田文钞》《石田咏史补忘录》《沈氏交游录》《续千金方》之外,尚有《会茶篇》一卷。各大图书馆著录或学界提及的沈周著作中,有 3 种并非沈周著作,亦考证如下。

(一)弘治十年(1497)朱存理作《书会茶篇》云:"右《会茶篇》一卷,白石翁为王浚之所作。浚之性嗜茶,煎法特妙,尝载佳茗过竹巢,煎以饮翁,其好事如此。翁连啜尽七碗,形容其妙,见于此篇。"①按,朱存理(1444—1513),字性甫,号野航,苏州府长洲县采莳溪人,与沈周同为吴中隐士,交游密切。沈周嗜茶,曾绘有《茶磨屿图》《火龙烹茶图》《汲泉煮茗图》等。《会茶篇》今或已亡佚,不知具体内容。但诸多署名沈周的茶文献,却是伪作。如清雍正间陆廷灿撰《续茶经》,过录沈周文三则,除引自《客座新闻》中的一则系沈周所撰外,其余均是伪作,如《书岕茶别论后》:"自古名山留以待羁人迁客,而茶以资高士,盖造物有深意。而周庆叔者,为《岕茶别论》,以行之天下,度铜山金穴中无此福,又恐仰屠门而大嚼者,未必领此味。庆叔隐居长兴,所至载茶具,邀余素鸥黄叶间,共相欣赏。恨鸿渐、君谟不见庆叔耳,为之覆茶三叹。"②此文为周庆叔《岕茶别论》而作,广为学界征引,其实周氏为晚明人,《岕茶别论》成书于万历、崇祯间,学界辨之已详。③ 此文又见于陈继儒《白石樵真稿》,或是陈氏之作,当是陆廷灿将沈周号"白石翁"与陈继儒号"白石樵"混淆所致。

(二)清嵇璜《续通志》著录"《酒概》四卷,明沈周撰"④。今人邓子勉编《明词话全编》延其说,收录沈周词话六则,其中四则出自《酒概》,并云:"沈周……著有《石田诗集》《客座新闻》《石田杂记》等。又有《酒概》四卷……"⑤均将《酒概》归入沈周名下。

按,《酒概》现存明刻本,卷端题"震旦醯民沈沈困困父辑,海陵友弟储煐君照父、韩涛如巨源父校",其作者翁方纲辨之已明:"《酒概》四卷,不著作者时代,盖明人也。其著书之人姓沈名沈,字困困,又称'震旦醯民'。'因'古'渊'字,'醯'音'弥',醉也。所载'酒源''酒名'等凡二十二则,亦《酒经》《酒史》之类。"⑥《续通志》此说引自《四库全书存目》,今核《钦定四库全书总目》载:"《酒概》四卷,明沈沉撰。自题曰'震旦醯民困困父',前有自序一首,则称曰'褐之父困困沈沉'。名号诡谲,不知何许人。每卷所署校正姓氏,皆称海陵,则刻于泰州者也。"⑦二者均明言《酒概》作者是沈沉(沈沈),而非沈周。沈沉在天启间

---

① 〔明〕朱存理《楼居杂著》卷一,《景印文渊阁四库全书》第1251册,台北:台湾商务印书馆,1986年,第610页。
② 〔清〕陆廷灿《续茶经》卷下,郑培凯、朱自振主编《中国历代茶书汇编》下册,香港:商务印书馆,2007年,第805页。
③ 参见丁以寿《周庆叔〈岕茶别论〉成书年代考》,《农业考古》2008年2期,第299—301页。
④ 〔清〕嵇璜《钦定续通志》卷一百五十九,《景印文渊阁四库全书》第394册,第505页。
⑤ 邓子勉《明词话全编》,南京:凤凰出版社,2012年,第220页。
⑥ 〔清〕翁方纲等著,吴格、乐怡标校《四库提要分纂稿》,上海:上海书店出版社,2006年,第190页。
⑦ 〔清〕纪昀等《钦定四库全书总目》,北京:中华书局,1997年,第1555页。

曾修《泰州志》，当是晚明人。《酒概》卷首自序称"题于泰之观衍居"，参与校订者储煐、韩涛如均为泰州人，亦与沈周无涉，《续通志》与《明词话全编》误。

（三）上海图书馆藏明刻本《群书丽藻》八卷，著录为"明沈周辑"。是书半叶十二行行二十字，白口，左右双边，无鱼尾，卷首手写目录，题"明沈周启南辑"，依次收录宋杨伯岩《九经补韵》、唐颜师古《隋遗录》、唐李肇《翰林志》、宋许棐《献丑集》、宋谢集《四六谈尘》、宋郑清致《文房四友除授集》《拟弹驳文房四友除授集》、宋高似孙《选诗句图》八种各一卷。目录后有"皇明成化六年庚寅 欈李沈氏宋本重梓"手写牌记。钤"池北书库""何焯之印""屺瞻""吴翌凤枚庵氏珍藏"图记，可知经由王士禛、何焯、吴翌凤等名家递藏。

按，五代时朱遵度曾编大型诗文总集《群书丽藻》一千卷，今已亡佚①，与上海图书馆藏本无涉。是书《中国古籍善本书目》《中国古籍总目》等均未著录，核其子目，与宋代左圭编《百川学海》相同。《百川学海》子目100种，以天干为序，分为十集。《群书丽藻》所存8种，出自甲、乙、己、庚四集中。《百川学海》有宋刻本存世，亦有多种明代重编翻刻本，谢国桢曾指出："自左氏《百川学海》流行而后，明代屡经传刻，刊刻丛书之风接踵而起，迄乎明季著录尤繁。"②此书或即明代翻刻本《百川学海》零种，书商妄题书名、目录、牌记及编者，沈周及同代友人均未提及此书。

（四）日本国立国会图书馆著录"《落花七律三十首》一卷，明沈周撰，江户写本"。③ 是书半叶十行行十九字，无界行，卷首小引云："明长洲沈启南咏落花七律，凡三十首。丙戌晚春，书窗无事，偶翻及此，得十七首。因效颦妄述三十首，益启南诗清丽婉约，堪为落花倍香添色。而如予诗则不过欲惜落花之香，香于其诗之无香，惜落花之色，色于其诗之无色耳。岑熙自识。"岑熙生平俟考。是书系岑熙追和沈周《落花诗三十首》而作，非沈周著作。

四　结语

笔者十余年前点校《沈周集》，以为对沈周著作各版本已竭泽而渔，但较之今见，仍遗珠甚多。如今古籍的查找条件较当年已大为改善，首先是《中国古籍总目》等综合性公藏目录的出版，使得读者按图索骥查访国内藏书更为方便；而随着域外汉籍研究热潮的兴起，海外公藏古籍目录亦逐渐完备，更多域外汉籍进入研究者的视野，如俄藏《石田诗集》的发现，为研究华埕本《石田诗

---

① 参见卢燕新《〈群书丽藻〉考论》，《古籍整理研究学刊》2010年第1期，第102—106页。
② 谢国桢《明清笔记谈丛》，上海：上海书店出版社，2004年，第149页。
③ 国立国会图书馆图书部编《国立国会图书馆汉籍目录》，东京：国立国会图书馆，1987年，第551页。

选》如何被增补、翻刻提供了极好的材料。其次,私藏不断得以披露,如《明石田翁诗文杂录》的出现,是沈周研究史上重要的发现。虽然私藏无目录可循,但留意拍卖市场,关注藏书家动向,亦会有所收获。

以往的著录多注重古籍版本的辨析,藏书印往往会被忽略,甚至古籍目录中著录藏书印的也不多。据笔者统计,1949年至今出版的千余种公藏古籍目录中,著录藏书印的仅125种,尚不及什一。藏书印对鉴定古籍版本、考察其流播递藏有重要价值,勿庸笔者赘言。同样,与原书的序跋相比,递藏中产生的手跋、题识亦应得到重视,这些题跋或评论赏析,或辑佚增补,或记录鉴藏,多未系统整理。之前笔者撰《沈周著作考》时对此多有忽略,故今将沈周著作中的藏书印、手跋一并著录介绍,以期对沈周著作的流通、收藏、鉴定提供一定的帮助。

总集中析出的小集,往往不被视为独立的别集,以往的研究多有忽略。今《中国古籍总目》单独著录,《明别集丛刊》亦收录影印,均已将其视为独立版本。通过核对编排次序、比勘异文,可以确定其所据底本来源,如嘉靖隆庆间俞宪编《盛明百家诗》,其中的《沈石田集》所据底本为正德本《石田诗选》,而非弘治本《石田稿》;康熙间王企埥编《明诗百三十名家集钞》,其中的《沈石田先生诗集》是据明崇祯刻本《石田先生诗钞》编选,并参考了《历代题画诗》等增补。已有学者考察过《盛明百家诗》与明别集的早期形态,并探讨别集的传播面貌、文本生成顺序等。[①] 此类大型总集中析出的小集,不仅应作为一种独立版本著录,亦需细加考察其底本来源。

笔者点校《沈周集》时,发现有众多诗文未收入集中,故在《前言》中称"尚有大量散佚诗文可作辑佚"[②],但当时囿于时限仅收成书著作,因为辑佚涉及真伪考辨,短时间内难以完成。近有研究者陆续开始辑补,声称是据书画文献或存世真迹,其实风险很大。且不论明清书画著录中的沈周题画诗鱼龙混杂,即今传世的沈周作品,书画界真伪的鉴定都有很大争议。甚至是沈周后出别集中的作品亦不可遽信,不能轻易辑佚,南京图书馆藏《沈石田先生诗集》中的佚诗多属伪作,就是明证。且沈周诗歌多次修改,故异文甚多,笔者已撰专文考察[③],今再以新见私藏《明石田翁诗文杂录》之诗略举一例:

闻说横塘聚德星,弟昆和气满家庭。镜中丝鬓三人白,突里炊烟几世

---

① 参见叶晔《〈盛明百家诗〉与明别集的早期佚本及形态》,《传统文化研究》2023年第1期,第28—47页。
② 《沈周集》前言,第13页。
③ 参见汤志波《铸炼诗名:论沈周的诗歌修改与成效》,《浙江大学学报(人文社会科学版)》2025年第6期,第81—95页。

青。耳绝妇言终是福,座书忍字可为铭。何当一造高塘上,击节临风诵眷令。(《明石田翁诗文杂录》之《同心堂》)

　　王氏诸郎有德馨,芝兰玉树倚春庭。老偕鬓雪三人白,食共炊烟五世青。不听妇言家免祸,每书忍字座为铭。何当把酒高堂上,为尔临风咏鹡鸰。(《石田诗选》卷三《同心堂为渎川王氏赋》)[1]

其《同心堂》与《石田诗选》中的《同心堂为渎川王氏赋》,应系同一首诗的原稿与修改稿,但修改幅度颇大,几乎重写。若对沈周诗歌不熟悉,同一首诗的原稿和修改稿,很容易被误解为两首,从而当作"佚诗"收集。《同心堂》与《同心堂为渎川王氏赋》虽然每句都不相同,但只能用于校勘,可全文附于《同心堂为渎川王氏赋》下以资对照,但不可当作佚诗加以"辑佚"。

---

[1] 《沈周集》,第89页。

版本目录学与书籍史

古书序文之生成及其演变

韦胤宗

【内容提要】 古书之序文或约产生于战国晚期,其时单篇别行之古书逐渐聚合成后世意义上的书,儒家文本亦经纂辑与阐释而逐渐开始其经典化历程。早期之序实兼后世序文与目录二体,序、目之分立始于西汉末,成熟于六朝,主要由实用检索需求、刘向校书体例及佛经目录影响而促成。早期序文多置于书末,但自汉初《诗序》分置篇首后,书序逐渐前置,六朝隋唐写本中序文多冠于卷首,而佛经目录则进一步推动序文结构分化,总序、部类序位置渐趋规范。宋以后刻本承袭前代体例,序、目分列并前置成为定制。此外,序文衍生出"叙例"与"进书表"等别体,前者见于史书凡例,后者则有较早之起源,至汉魏六朝形成独立文体,兼具目录与表奏功能。

【关键词】 序 目录 叙例 进书表 书籍形制

古书序文之早期形态

今日学界一般认为早期古书多单篇别行。篇卷之内虽或有章节、条目,然结构简单,篇幅较小,因此无篇章目录之需要。篇章目录之产生,在于诸多篇卷聚为一书,书籍体量变大,且编订者有论次之意,故需目录以记其次序。前人多以传孔子所订之《诗序》《书序》《易·序卦》(简称"易序")为目录之缘起。[①]孔子是否序"易"、删"诗""书",现难以遽知,但今传之《诗序》《书序》《易序》为战国末期完成,为目前普遍接受之观点。《诗序》《书序》《易序》对于古书序、目之产生皆有重要影响。

据出土简帛可以推知,战国之前,"易"与"诗"之部分内容应已聚合成结构

【作者简介】韦胤宗,新加坡南洋理工大学人文学院助理教授。
① 例如《隋书》卷三十三《史部·簿录类小序》,北京:中华书局,1973年,第992页;卢文弨《钟山札记》卷四"史汉目录",北京:中华书局,2010年,第100页;余嘉锡《目录学发微》,北京:中华书局,2007年,第27、90页。

较为完整之书,内有篇章,且篇章以较为固定之顺序编排。"书"类文献虽未见成书,但内容有关联之篇,被时人以类相称,如春秋战国典籍中之"夏书""商书"者,清华大学所藏战国中期简书中又有"书"类文献多篇,可见无论从观念层面还是物质层面而论,"书"篇皆以类相聚。战国末期,"易""书""诗"完成条文聚合成篇章、篇章聚合成书之过程,成为最早的、符合后世概念的书,各书之序又分别撰成。依古人之习惯,既然经典之文本早已写定,则其后所撰之序理应缀于正文之后,皮藏之时,序篇置于正文各篇之末。简言之,最早之序产生于编辑散篇而成系统著作之时,且皆缀于书后。"编辑散篇而成系统之著作"为书籍形态方面之表现,可以证明后世观念中"书"之形成;而从思想层面来看,这一原来分散的文本经过编辑、阐释、使用等过程而逐渐形成一个相对闭合的文本群体的过程,则是中国古书——特别是儒家经典——经典化的重要一环,而最早形成的"书",就是儒家经典。因此,从外在形态,如序文、篇章、目录、结构等角度考察古书之形成与发展,不仅是研究古代书籍史的重要内容,也应该是考察古书经典化的必要基础。

大约在战国末期到汉初,或受《易》《书》《诗》成书之影响,自撰一部具有完整结构且内部章节按照特定逻辑编次之著作的观念产生;或受《易序》《书序》《诗序》之影响,自撰书并为之写序之习惯亦逐渐形成。最早自著的具有多层结构之"书"目前可知应为《吕氏春秋》,内有十二纪、八览、六论,下又各有分篇,凡一百六十篇,十二纪之末有《序意》一篇,称"十二纪者,所以纪治乱存亡也,所以知寿夭吉凶也。上揆之天,下验之地,中审之人,若此则是非、可不可无所遁矣"。① 其《序意》篇虽未条陈各篇旨意,不如《易序》等体例完备,但总述一书之主旨与作者之意,亦为早期序文之一例。汉初淮南王刘安之《鸿烈》、太史公之《史记》,又有《要略》《自序》等篇,缀于书末,总叙其书宗旨,条陈各篇大意,为一书之纲目,其内容较《易序》等更为丰富。其后著述写序并附于书末成为惯例,后汉班固《汉书》、扬雄《法言》、王符《潜夫论》、王充《论衡》、许慎《说文解字》等,或有"叙传""序",或有"叙录""自纪",魏晋刘勰《文心雕龙》、葛洪《抱朴子》、梁元帝《金楼子》等,亦有"序志""自序"之文,俱法前人旧式。流风所及,章句注释之书亦采其例,班固有《离骚序》,郑玄有《诗谱序》《周礼序》,何休有《公羊解诂序》,赵岐有《孟子题辞》,王逸有《楚辞章句叙》等,不一而足。书之"序"体,渐成规模,又有所演进。

序之内容,除如后世序文一般略陈作者家世、撰述之意以及全书大旨之外,又多条其篇目,撮述各篇大义,实则内含篇章目录于其中。卢文弨云:"《太史公自序》即《史记》之目录也,班固之《叙传》即《汉书》之目录也。乃后人以其

---

① 许维遹撰,梁运华整理《吕氏春秋集释》卷十二《序意》,北京:中华书局,2009年,第274页。

艰于寻求,而复为之条列,以系于首,后人又误认书前之目录即以为作者所自定,致有据之妄訾謷本书者。"① 则战国末期至于汉初,"序"之一体随书之生成而自然产生,早期之序,实兼后世序、目二体也,且作序之初,编订篇目次第恐为其最主要之功能。序之本字或为"叙",《说文》:"叙,次第也。"段注"古或假序为之。"古书"序""叙"往往通用,又偶与"绪"通,多与"次第"之义相关。《汉志》称"汉兴,张良、韩信序次兵法……任宏论次兵书"②,所谓"序次""论次",皆修订原文、排定篇章次序之意,刘勰称"序者次事"③,同其义也。要言之,序(为叙述之便,本文使用"序"字)之本意为编订典籍之后,次其篇目,同时原始要终,略陈著书之事,战国至汉初之书序,大致从其本义。序、目之分立,则约略始于刘向校书之后,完成于六朝经籍大盛之时期。

古书序、目之分立与序体之成熟

古书序、目之分立,约始于西汉之末而完成于六朝时期,其原因概有四条:其一,因检索之需要,古书章节目录产生并渐趋成熟,目录一体遂自序中独立;其二,刘向校书,"条其篇目,撮其旨意",其书录虽有序有目,但序、目分列,已开后世书籍序、目前后并立之例;其三,汉魏六朝著书,多进御上,其进书表与书录同体,有序有目,且多序、目分列,促成二体之流行;其四,章句注释,附丽经文,经典篇目既定,注释自然于其次序无所发明,故注释之序不必包含目录,而应以传叙作者、评骘经文为要也,故而序文一体渐趋成熟。古书章节目录之产生与演变,情况较为复杂,下节将有专论,此处先对刘向校书之影响与书序之变迁略作讨论。

刘向校书,《汉志》云:"每一书已,向辄条其篇目,撮其指意,录而奏之。"所谓"条其篇目",谓定著文本,确定篇目顺序,并为著篇章目录;所谓"撮其旨意",指撰写序文,概括一书大旨。余嘉锡称刘向书录兼包目、叙,且"目在叙前",④ 以今日所存之《荀子书录》而论,余氏所言极是。《荀子》最早之刻本为北宋熙宁元年(1068)国子监刻杨倞注本,北宋监刻诸书,往往颇存写本之样貌,熙宁《荀子》应该保存了杨倞本结构之原样。熙宁监本早已不存,然其南宋之翻(覆)刻本目前还可见二本:其一为南宋淳熙八年(1181)唐仲友台州公使库翻刻熙宁监本,原书曾传入日本,原本已佚,清光绪十年(1884)黎庶昌据影摹日本金泽文库旧藏本影刻之,收入《古逸丛书》之中;其二为国家图书馆所藏

---

① 卢文弨《钟山札记》卷四"史汉目录",第100页。
② 《汉书》卷三十《艺文志》,北京:中华书局,1965年,第1762—1763页。
③ 刘勰撰,范文澜注《文心雕龙注》卷四,北京:人民文学出版社,1962年,第326页。
④ 余嘉锡《目录学发微》,第24—26页。

南宋浙北翻刻熙宁监本，《中华再造善本》有影印本。二者版式行款相同，皆为半叶八行行十六字，字体为浙刻欧体字。此两书前有杨倞序，台州本题"荀子注序"，国图本题"荀子序"，略有不同，然杨倞序后皆提行写"荀子新目录"，后列《荀子》二十卷各篇之目；二书最后一篇结束之后，皆另缀新叶为《荀卿书录》，《书录》首题"荀卿新书十二卷三十二篇"，后为三十二篇之目，目后提行书叙（图1—图4），叙之末尾曰："谨第录，臣向昧死上言。"后提行落款："护左都水使者光禄大夫臣向言所校雠中孙卿书录。"依此可知，刘向书录，目、叙分列且目在叙前。且可知，刘向校雠《荀子》，定著三十二篇，缮写于十二卷简册之上，杨倞注后，复位篇卷，为二十卷，且对三十二篇之顺序略作调整，是以有"荀子新目录"之说。《荀子》宋刻本又有俄罗斯国立图书馆藏南宋淳熙八年（1181）钱佃江西漕司刊本（3B 2—11/312），版式行款与前二者不同，字句略有异文，但篇章结构与之类似，应系以熙宁监本为底本，参合他本所刊之书。依此俱可略见《荀子》写本以及刘向书录之原貌。国家图书馆又藏有南宋坊刻纂图互注本杨倞注《荀子》，将刘向《书录》提至书前，厕于杨倞序与目录之间，名之曰"后序"，①因杨倞本本有目录，为免重复，又因刘向篇目与杨书次序有所不同，因此删去刘向书录前之目录，且将杨倞序、目分开，题之曰"荀子篇目"，而非"荀子新目录"（图5—图6），如此，杨倞注之唐写本旧式与刘向书录之原貌皆已不存，但符合宋以后序、目各自不同之观念，因此，此一样式渐趋流行，宋元各种坊刻本、明顾氏世德堂本以及诸多明清刻本多用此式。《荀子》一书版式之演变，可以略见写卷变为刻本之后书籍结构之演变。

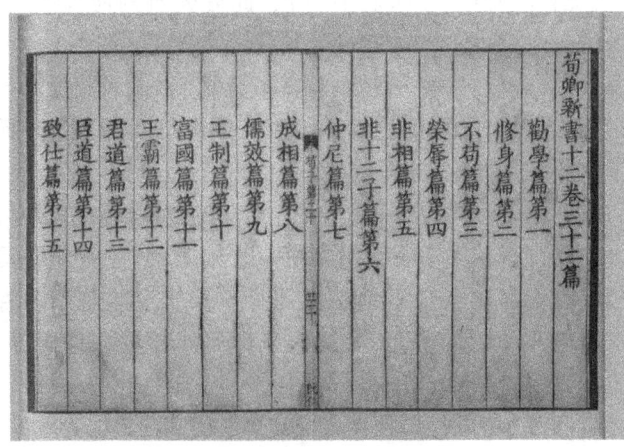

图1

---

① 按，刘向《后序》也有可能原本附在书后，后人重装之时提至书前。

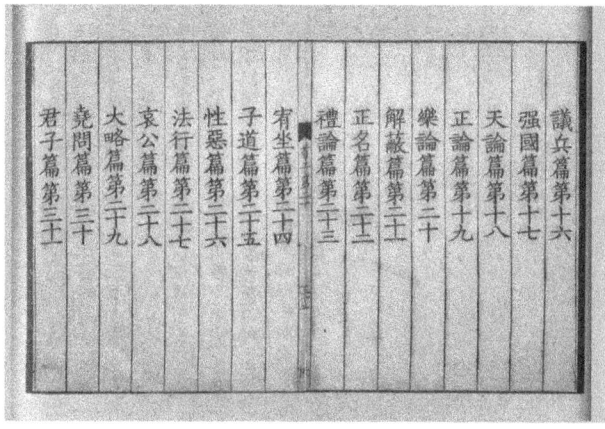

議兵篇第十六
強國篇第十七
天論篇第十八
正論篇第十九
樂論篇第二十
解蔽篇第二十一
正名篇第二十二
禮論篇第二十三
宥坐篇第二十四
子道篇第二十五
性惡篇第二十六
法行篇第二十七
哀公篇第二十八
大略篇第二十九
堯問篇第三十
君子篇第三十一

图 2

賦篇第三十二
護左都水使者光祿大夫臣向言所校讎
中孫卿書凡三百二十二篇以相校除復
重二百九十篇定著三十二篇皆以定殺
青簡書可繕寫孫卿趙人名況方齊宣王
威王之時聚天下賢士於稷下尊寵之若
鄒衍田駢淳于髡之屬甚衆號曰列大夫
皆世所稱咸作書刺世是時孫卿有秀才
年五十始來游學諸子之事皆以爲非先
王之法也孫卿善爲詩禮易春秋至齊襄
王時孫卿最爲老師齊尚脩列大夫之缺
而孫卿三爲祭酒焉齊人或讒孫卿乃適
楚楚相春申君以爲蘭陵令人或謂春申
曰湯以七十里文王以百里孫卿賢者也
今與之百里地楚其危乎春申君謝之孫
卿去之趙後客或謂春申君曰伊尹去夏

图 3

觀孫卿之書其陳王道甚易行疾世莫能
用其言悽愴甚可痛也嗚呼使斯人卒終
於閭巷而功業不得見於世哀哉可爲霣
涕其書比於記傳可以爲法謹第錄臣向
昧死上言
護左都水使者光祿大夫臣向言所校讎
中孫卿書錄
荀子卷第二十
將仕郎守秘書省著作佐郎充御史臺主簿臣王子韶 同校
朝奉郎尚書兵部員外郎知制誥騎都尉賜紫金魚袋臣呂夏卿 重校

图 4

图 1—图 4 南宋翻刻北宋熙宁监本《荀子》书后所附刘向《荀子书录》，国家图书馆藏，书影见《中华再造善本》影印本。

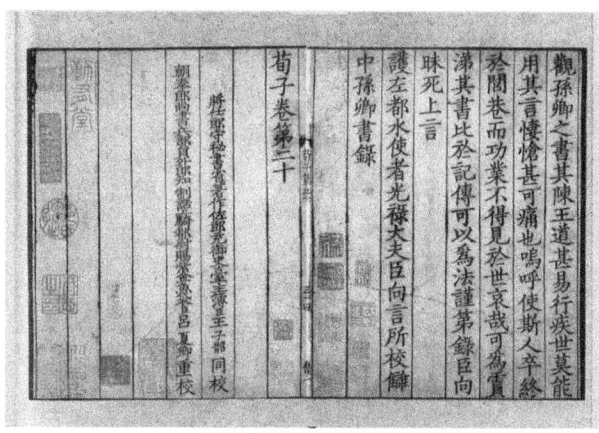

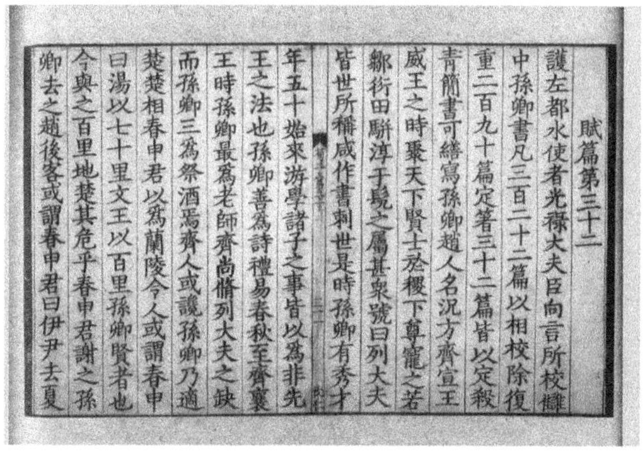

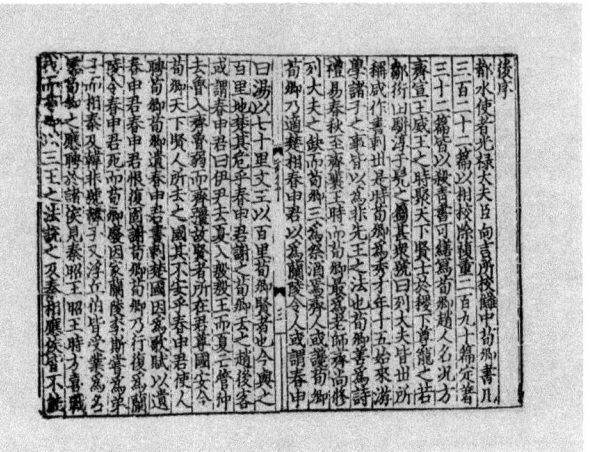

图 5

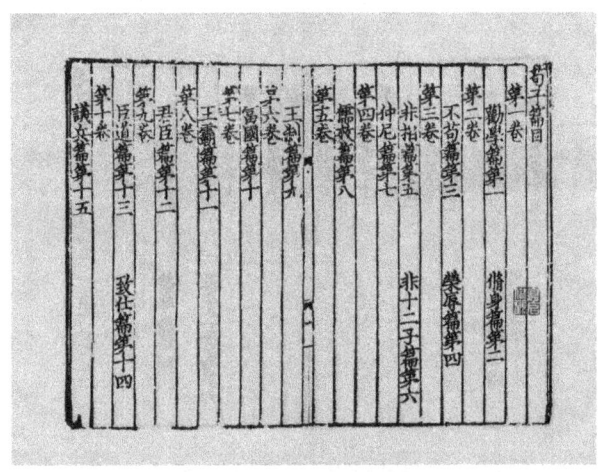

图 6

图5—图6　南宋坊刻纂图互注本《荀子》刘向《后序》、目录，国家图书馆藏，书影见《中华再造善本》影印本。

检考史籍与出土文献可知，单纯之篇章目录于刘向之前已经出现，出土简帛中马王堆帛书《*五十二病方》《*养生方》之病题目录、湖北荆州胡家草场西汉律令简与医方简之篇章目录、成都老官山汉代医方简之病题目录、山东临沂银雀山西汉兵书简篇题木牍等可以为证。刘向编制篇章目录之举，应系受到其时实用类书籍篇章目录之影响，并非刘氏首创；刘向因其所校雠之中秘书数量庞大，遂将目、叙分立，编制篇章目录，以明古书篇章并便寻检也。

东汉开始出现章句注疏之书，其序或有沿袭《诗序》《书序》者，如王逸《楚辞章句叙》。但大多不含目次，而以叙述作者生平、撮述一书大旨、评骘文本内容、梳理学术脉络、略陈注书之意等为主，如郑玄《诗谱序》主要论述"诗"之兴起及其政教功用,何休《公羊解诂序》略陈注书之缘起,赵岐《孟子题辞》先述孟子生平、思想,再赞《孟子》之书,后明注书之旨。晋郭璞《尔雅序》,邢《疏》称其"序之大指,凡有五焉",一"明此书之用也",二"言为群经之枢要也",三自"言其博物,他书不之过也",四"明其兴隆之时也",五"序己所以作注之意也",①其序已与后世序跋相同。

《文选》王康琚《反招隐》李善注曰"刘向《列子目录》曰"云云,所称之"目录",实则为刘向之叙录。《隋志》所载之书,或云有"目录一卷"者,如云"梁《河图洛书》二十四卷,目录一卷","《史记》一百三十卷"注云"目录一卷","晋《伏滔集》十一卷"注云"并目录。梁五卷,录一卷",②所谓"目录""录"者,应皆指一书之篇章目录而言。余嘉锡称东汉至唐初之人,"或认录为目,或认录为叙"③,叙(序)、目之名混杂难辨,此正可说明其时尚在序、目分化之阶段。

自汉魏六朝时期佛经渐次传入中土,传译之人往往编有篇章目录,撰有序文,并随之纂有译经目录、众经目录等。在多数六朝僧众观念之中,书目、书序与篇章目录已自不同。南朝释僧祐所撰之《出三藏记集》(简称"祐《录》"),为现存最早之众经通录,据僧祐自序,本书分为四体:"一撰缘记,二铨名录,三总经序,四述列传。"④祐《录》凡十五卷,卷一为记,述佛经翻译结藏之经过,类似于刘歆之辑略;卷二至五为录,即汉至齐梁四百年间所译佛经之书目;卷六至十一辑录各经之序,卷十三至十五为译经高僧之传。经目、书序、列传,三者相合,类似于四部书目之有目录解题。其书序部分,即卷六至十一所集之众经原序,皆无篇章目录。然颇为可异者,祐《录》卷十二为"杂录",主要为僧祐所纂十种(部)"法集"之目录及序,与刘向之书录类似,而与以上四体不合。僧祐《杂录》所载十种(部)"法集",有类于书者,其目录则等于书之篇目;有类于丛书者,其目录则相当于丛书目录。⑤ 此二者僧祐混而未分,且其时书、篇恐亦未有严格之界限,故此处暂将其中之丛书也看作一部部书。其所称"目录"者,即一书之篇目(或丛书之子目),且既有大类总目,亦有各类之详目,篇章目录之下,详列每篇所在之卷、帙,不仅显示其篇幅体量,又便于按目寻检。然祐《录》之四体,本为经目及其序与译者之传,未列篇目目录,因此"杂录"体例特出,姚名达因此称祐《录》体例不严,曰:"然既已分标四体,则何为又杂以《杂录》?

---

① 《尔雅注疏》,台北:艺文印书馆影印嘉庆二十年南昌府学刻《十三经注疏》本,2007年,第4页上。
② 《隋书》卷三十二《经籍一》,北京:中华书局,1973年,第940页;卷三十三《经籍二》,第953页;卷三十五《经籍四》,第1068页。
③ 余嘉锡《目录学发微》,第26—27页。
④ 释僧祐《出三藏记集》,北京:中华书局,1995年,《序》第2页。
⑤ 按,僧祐《杂录》所载十种"法集",前三种为法集丛书之目,其第三种"释僧祐法集总目录序"列僧祐所集八种法集之目,后七种即为僧祐所集法集之篇目。其少一种者,因本书即为《出三藏记集》,其序在书前,目录在各卷之前,不必列出。

《杂录》所录皆书序也,胡为乎不以入《序》也?"①实则在僧祐观念之中,所集法论,并非"正经",而为"圣典之羽仪,法门之警卫"②,因此缀于通录之后;且"序"与"篇目目录"已然迥异,难以厕杂其中。僧祐《杂录》十篇为:

  宋明帝敕中书侍郎陆澄撰法论目录序第一;齐太宰竟陵文宣王法集录序第二;释僧祐法集总目录序第三;释迦谱目录序第四;世界记目录序第五;萨婆多部师资记目录序第六;法苑杂缘原始集目录序第七;弘明集目录序第八;十诵律义记目录序第九;法集杂记铭目录序第十。

此十题皆为"书名+目录+序"之格式,如"弘明集目录序第八",意即所录为僧祐撰《弘明集》之目录与原序。其中仅第二单称"录",第三称"总目录",然所录之内容,各皆相同。可证僧祐所称"目录"者即原书之篇章目录(或丛书之子目),而其所称"序"者则为后世之序跋。由正文而论,《出三藏记集》卷十二"弘明集目录序第八"先录《弘明集》僧祐之原序,再列各卷篇目,序自是序,目自是目。今传刻本《弘明集》多无目录,但其书首皆有祐《序》,题曰"弘明集序"。有学者引《出三藏记集》之文,称《弘明集》"初编本开篇之序,叫《弘明集目录序》,其定本也见于定本卷首,后者藏内多称为《弘明集序》,偶尔也说《弘明序》"云云③,将目与序混为一谈,实则不明祐《录》之体例,又不谙六朝序、目分化之状况。

  自唐以后,序中已不含篇章目录。《史通·序例》:"孔安国有云:序者,所以叙作者之意也。窃以《书》列典谟,《诗》含比兴,若不先叙其意,难以曲得其情。故每篇有序,敷畅厥义。"④《尔雅序》邢《疏》云:"《释诂》云:'叙,绪也。'言己注述之由,叙陈此经之旨,若茧之抽绪耳。孔子作《书序》,子夏作《诗序》,故郭氏亦谓之序。"⑤刘、邢观念之中,"序"已不含次序之意,而同于后世之序跋也。

书序位置之变迁

(1)早期古书之序多缀于书后

  早期经籍,单篇别行,以类相聚,多无序篇,亦无目录。自战国末期始有《易序》《书序》《诗序》,兼有序、目之功能,且各序原本单独成篇,缀于书后。后之《淮南子》有《要略》篇,《史记》有《太史公自序》,扬雄《法言》有《序》篇,王充

---

① 姚名达《中国目录学史》,上海:商务印书馆,1957年,第249页。
② 僧祐《出三藏记集》卷十二,第428页。
③ 李小荣《宋思溪藏本弘明集序言》,见《宋思溪藏本弘明集》,北京:国家图书馆出版社,2018年,《序言》第3页。
④ 刘知几撰,浦起龙释《史通通释》,上海:上海古籍出版社,1982年,第87页。
⑤ 《尔雅注疏》,第4页上。

《论衡》有《自纪》，班固《汉书》有《叙传》，王符《潜夫论》有《叙录》，许慎《说文解字》有《叙》篇，刘勰《文心雕龙》有《序志》，其序类皆缀于书后。序缀于书后，乃古书惯例。

至于刘向、刘歆父子，雠校篇籍，始有"书录"，备列各书篇次，始成定本。刘氏书录，序目分列，与前述诸序略有不同。阮孝绪称："昔刘向校书，辄为一录，论其指归，辨其讹谬，随竟奏上，皆载在本书。时又别集众录，谓之'别录'，即今之《别录》是也。"①余嘉锡称："载在本书者谓之录，编集别行者谓之《别录》。"②所谓"载在本书"者，不知是缀于末篇之后，还是单独成卷而厕于本书各卷之中。《史记》《汉书》之序，篇幅较长，著成之时当单独成卷，此观《史》《汉》自序可知，晋唐之八十卷本《史记》，其《自序》亦单独成卷，③皆因其篇幅较大易于成卷也。而刘向书录篇幅短小，其"载在本书"者，或原缀于各书末篇之后。《后汉书·谢该传》李贤注引"刘向《孙卿子后序》"曰"卿名况，赵人也，楚相春申君以为兰陵令"云云④，所引为刘向《荀子书录》，而李贤称为"后序"者，应是唐人所见卷子之中，刘向书录缀在原书末卷之末也。南朝陶弘景之《真诰》，共有七篇，其末篇为《真诰叙录》，首列七篇之目，再叙本书之源流，体例模仿刘向叙录，疑陶氏《叙录》或仿刘向书录而作，以此反证，刘向叙录之"载在本书"者，应是附在本书之末。或缀在原书末篇之后，或单独成篇而厕于原书各卷之后，总之，以抽象观念而论，皆是缀于书后。以读者而论，序目单出，自然便于循目检篇；以简帛、卷轴之物质属性而言，篇幅较长之序目自应单出，篇幅较短之序目，则可缀于末篇之后，便于保藏寻检也。

扬雄《法言》原应有《自序》，缀于书后，⑤北宋宋咸重订之本将其冠于各篇之首，并称："观夫《诗》《书》小序，并冠诸篇之前，盖所以见作者之意也。《法言》每篇之序皆子云亲旨，反列于卷末，甚非圣贤之法。今升之于章首，取合经义，第次之由，随篇具析。"⑥宋咸不知《诗》《书》小序本即自成一篇而置于书后，变乱古书旧式，是宋以后之人习见书前之序，不知古书之"序（叙）"原为次第之义且皆缀于书末也。

---

① 阮孝绪《七录序》，见《广弘明集》卷三，《四部丛刊》影印明刊本，叶10a。
② 余嘉锡《目录学发微》，第25页。
③ 此据日本尊经阁文库旧藏镰仓时代写本《二中历·经史历》所载八十卷本《史记集解》之目录可知。见日本前田育德会尊经阁文库编《二中历》卷十一，收入《尊经阁善本影印集成》第16册，东京：八木书店，1988年。
④ 范晔撰，李贤等注《后汉书》，北京：中华书局，1965年，第2587页。
⑤ 按，汪荣宝等人以为扬雄《自序》为其所撰《太玄》十九篇、《法言》十三篇、《乐》四篇、《箴》二篇之总序，且缀在此三十八篇之末，可备一说。见汪荣宝《法言义疏》，北京：中华书局，1987年，第2—4页。
⑥ 宋咸《重广注扬子法言序》，见扬雄撰《新纂门目五臣音注扬子法言》，哈佛大学哈佛燕京图书馆藏明嘉靖顾氏世德堂刊本，宋咸《序》叶2ab。

(2)书序之前置

序之置于书篇之首,盖起于汉初。《诗·小雅》有《南陔》《白华》《华黍》三篇,虽有目无诗,然仍有小序,郑《笺》云:"此三篇者,乡饮酒燕礼用焉,曰笙,入立于县中,奏《南陔》《白华》《华黍》是也。孔子论诗,雅颂各得其所,时俱在耳,篇第当在于此。遭战国及秦之世而亡之。其义则与众篇之义合编,故存。至毛公为诂训传,乃分众篇之义各置于其篇端。"①则汉初之时《诗序》已被分置各篇之首,此为序冠篇首最早之例。

汉魏六朝之人所著辞赋,多有小序冠于篇首。《文选》所录贾谊《吊屈原文》前有贾谊自序曰"谊为长沙王太傅,既以谪去,意不自得,及渡湘水,为赋以吊屈原。屈原,楚贤臣也,被谗放逐,作离骚赋,其终篇曰:'已矣哉!国无人兮,莫我知也。'遂自投汨罗而死。谊追伤之,因自喻。其辞曰"云云,知此序原即在贾《文》之前。汉武帝《秋风辞》前有序曰"上行幸河东,祠后土,顾视帝京欣然,中流与群臣饮燕,上欢甚,乃自作《秋风辞》曰"云云,据其词气,序当为其时史官所作,且置于篇首。②《文选》所录西汉司马相如《长门赋》、东汉班固《两都赋》、扬雄《甘泉赋》《羽猎赋》《长杨赋》、晋人左思《三都赋》、陆机《叹逝赋》《文赋》《答贾长渊诗》、傅咸《赠何劭王济诗》、陶渊明《归去来兮辞》、南朝刘孝标《辩命论》等辞赋诗文,皆有序文,冠于篇首,此皆继轨《诗序》《书序》之流风矣。

以上所论皆为一篇之小序;至于具有多层结构之书,其书序之置于书前者,或以刘歆《七略》为始。《汉书·艺文志》云:"会向卒,哀帝复使向子侍中奉车都尉歆卒父业。歆于是总群书而奏其《七略》,故有《辑略》,有《六艺略》,有《诸子略》,有《诗赋略》,有《兵书略》,有《术数略》,有《方技略》,今删其要,以备篇籍。"阮孝绪《七录序》称:"昔刘向校书,辄为一录,论其指归,辨其讹谬,随竟奏上,皆载在本书。时又别集众录,谓之《别录》,即今之《别录》是也。子歆撮其指要,著为《七略》,其一篇即六篇之总最,故以'辑略'为名。"③观《汉志》、阮《序》,刘歆以《辑略》为《七略》一书之总序,且置于一书之首,与《淮南·要略》《太史公自序》之置于书末已有不同。

班固删取《七略》以为《艺文志》,前人多云班固"散《辑略》之文,分载各类之后","犹之《诗序》本自为一篇,'毛公为诂训,乃分众篇之义各置于篇端',凡以便于读者而已"。④班《志》前有总序,六部各有大序在每部之后,部下之类又

---

① 《毛诗注疏》卷九,台北:艺文印书馆影印嘉庆二十年南昌府学刻《十三经注疏》本,2007年,第342—343页。
② 萧统编,李善注《文选》,上海:上海古籍出版社,1986年,第2025,2590页。
③ 阮孝绪《七录序》,见《广弘明集》卷三,《四部丛刊》影印明刊本,叶10a。
④ 余嘉锡《目录学发微》,第66—67页。

有小序在每类之后。其后晋唐目录之书(篇)，往往有序，或有总最之总序，或有七部、四部之大序，或有小类之小序；①其在书(篇)中位置为何，向来少有讨论，此处略作梳理。南齐王俭撰有《七志》，《隋志》称俭"又作九篇条例，编乎首卷之中"，余嘉锡称其九篇条例同于刘歆《辑略》，②则《七志》之总序在于书前。余嘉锡又推测阮孝绪《七录》、许善心《七林》亦皆有大序、小序，且其体制与《汉志》《隋志》同，③《汉志》《隋志》之总序在目录之前，大序、小序在各部类之后，则《七录》《七林》或为同一体式。汉唐间四部典籍书目之有序者，其位置大概如此。可知，其大序、小序多在部类之后，然其总序多在书(篇)首，与东汉之前已有所不同。

六朝佛经目录，情况较四部典籍稍显复杂，然总序前置之例与四部目录一致，唯大序、小序后置之例稍有松懈。如南朝僧祐《出三藏记集》，其书最前有自序，是为一书总序；卷二至五为众经总目，前有大序一篇，卷十二为体例较异之《杂录》，前亦有大序一篇，名为"杂录序"，两篇大序皆在卷前。祐《录》卷二至卷五经目部分，又分十七小类，多数小类之前皆有序，或为此类之解题，或明纂集之方式，如卷二"新集条解异出经录第二"，前有小序云：

> 异出经者，谓胡本同而汉文异也。梵书复隐，宣译多变，出经之士，才趣各殊。辞有质文，意或详略，故令本一末二，新旧参差。若国言讹转，则音字楚夏；译辞格碍，则事义胡越。岂西传之踏驳，乃东写之乖谬耳。是以泥洹、楞严重出至七，般若之经，别本乃八。傍及众典，往往如兹。今并条目列入，以表同异。其异出杂经失译名者，皆附失源之录。④

此处先释"异出"之名，再述异出经产生之缘由，最后说明纂集之方式，俾读者览序而知类，不至惑于新见之名也。⑤祐《录》之体例较一般四部目录为异，其卷二至卷五为众经总目，卷六至卷十一辑录各经之序，卷十三至卷十五为译经高僧之传，经目、书序、列传三者相分。其经目部分可单独看作一部目录，则其十七个小类之序，实则类似于一般目录之大序，大序在前，亦与祐《录》本书之大序一致。祐《录》经目部分各小类之下，同一译者所出之经目又聚为一类，后

---

① 按，"总序""大序""小序"之名，各家所指不一，如《文献通考·经籍考》称经籍考总最之序为"总叙"，《四库全书总目》称四部之序为"总叙"，余嘉锡称部类序与小类序皆为小序等。此处为便叙述，称一书一目之总最为"总序"或"书序"，称部类之序为"大序"，称部类下各个小类之序为小序。
② 余嘉锡《目录学发微》，第68页。
③ 余嘉锡《目录学发微》，第69页。余氏所谓"总序"指各部之大序而言，余氏称全书之总序为"大序"，均与本文不同。
④ 僧祐《出三藏记集》，第65页。
⑤ 按，祐《录》各小类之下，同一译者所出之经又聚为一类，后有短记，简述出经之过程，与《旧唐书·经籍志》《新唐书·艺文志》等目各个部类后之总计类似，学者并未以"序"视之。

有短记,简述出经之过程,与其后《旧唐书·经籍志》《新唐书·艺文志》各个部类后之总计类似,学者并未以"序"视之。然从目录发展之历程而论,各部类后之总计又偶有论述译者生平与学术源流者,实可看作小序,此处将其视为后置小序。祐《录》大序、小序皆为前置者,可谓随宜设序,并未囿于旧例也。

　　隋费长房《历代三宝记》(简称"费《录》")之体例较祐《录》简明:未录各经之序,又将译者列传附入各译经小类之后,使其小序较祐《录》为详。费《录》全书十五卷,卷一至卷三为历代帝王纪年表,卷四至卷十二为历代译经目录,卷十三、卷十四为入藏录,卷十五为"上开皇三宝录表"。费氏上表云本书"外题称曰'开皇三宝录'",则"开皇三宝录"为费氏原定之书名。其上表前述纂目之因缘,后列全书细目,实则同于书序,学界向来以"费氏自序"称之,①其在末卷者,恐当时进书之表多附在书后,详下文所述。费录之主体部分,为其译经目录与入藏录,实则相当于两个单独之目录,每目之下,其部类之前皆有大序,译经目录下之各个译经小类之后又皆有小序,位置与祐《录》一致。

　　唐释道宣之《大唐内典录》(简称"宣《录》")向称精严,其书前有总序,有叙有目,书分十部,每部之前皆有大序,卷一至卷五为历代译经目录,各译经者所出之经目后有较详之小序。尤可注意者,宣《录》之大序,每以"序曰"起首,全书条理清晰,体例完备,可为楷模。稍后智升之《开元释教录》(简称"升《录》")虽分类稍异,然其序体则与宣《录》一致;后之圆照等人,又有续录、新录等,多踵武升《录》,其序虽有详略,然体例少见改易。其他见存之隋唐佛录中,除无序者(如法经《大隋众经目录》)之外,彦琮《隋仁寿年内典录》(《大藏经》题《众经目录》)、静泰《大唐东京大敬爱寺一切经论目序》、明佺《大周刊定众经目录》等,皆无大序、小序,而有总序,总序往往有叙有录,与费《录》之《上表》、宣《录》之总序同。

　　简言之,汉唐目录书(篇)之有序者,其总最之序一般置于书(篇)前,最小之小类序往往置于每一小类之后,部类之序则稍显复杂。汉唐四部目录各部之大序多在部类之后,佛经目录各部类之大序则多在部类之前;然宋以后四部目录之部类大序亦有前置之趋势,如宋晁公武《郡斋读书志》、马端临《文献通考·经籍考》、清《四库全书总目》等,其部类之大序或称"总论",或称"总叙",概述本部之发展源流以及其下划分小类之状况,其位置则皆在部类之前。《文献通考·经籍考》与《四库总目》之小序亦提至小类之前,其实更便查阅。现将汉唐重要目录序文之位置情况列表如下(表1),以见其发展之趋势:

---

① 比如姚名达《中国目录学史》,第261页。

古书序文之生成及其演变　245

表 1　汉唐书目序之位置

目录种类	目录名称	总序		大序		小序	
		目前	目后	部前	部后	类前	类后
四部目录	刘歆《七略》	○					
	班固《汉书·艺文志》	○			○		○
	王俭《七志》	○					
	阮孝绪《七录》	○			○		○
	许善心《七林》	○			○		○
	《隋书·经籍志》	○			○		
	《旧唐书·经籍志》	○					
	《新唐书·艺文志》	○					
佛经目录	僧祐《出三藏记集》	○	○				
	费长房《历代三宝记》		*○	○			
	彦琮《隋仁寿年内典录》	○					
	道宣《大唐内典录》	○		○			○
	静泰《大唐东京大敬爱寺一切经论目序》	○					
	明佺《大周刊定众经目录》	○					
	智升《开元释教录》	○		○			○
	圆照《贞元新定释教目录》	○		○			

前文云古书之序多缀于书后，自刘歆《七略》始置《辑略》于书前，总最全书，此后目录书（篇）之总序多在其前，成为永制。而晋唐目录外一般书籍之序，有沿袭旧例缀于书后者，亦有如目录之序置于书前者，且书前之序似有增多之势。书后序有前举《淮南·要略》等例，兹不赘述。书前之序，恐东汉之时已经出现，魏晋之后略有增多。东汉赵岐作《孟子章句》，名其序曰"孟子题辞"，"题"者，额首之义，则其《孟子题辞》原即在全书之首。徐幹《中论序》云："恐历久远，名或不传，故不量其才，唷然感叹，先目其德，以发其姓名，述其雅好不刊之行，属之篇首，以为之序。"①明言其序在书前。晋杜预之《春秋序》，孔疏云："晋宋古本，序在集解之端。"②亦为序在书前之证。

---

① 徐幹《中论序》，见徐幹《中论》，《四部丛刊初编》影印江安傅氏双鉴楼藏明嘉靖乙丑青州刊本。
② 《春秋左传注疏》，台北：艺文印书馆影印嘉庆二十年南昌府学本，2007年，第6页。

有学者通过考察敦煌写卷之书序，指出"敦煌写本书序全部置于卷首"，并从而推论"早在宋代以前的写卷时代，书序已普遍置于卷首"。① 举例而论，法藏敦煌文献 P.2710 为《李瀚（翰）蒙求》一篇，起首为唐饶州刺史李良所写的《荐〈蒙求〉表》，前部残缺，只余后半部分，《表》后提行书"蒙求序　赵郡李华撰"，《序》后提行书"蒙求一篇安平李瀚制并序"，再提行书正文（图7）。敦煌研究院藏残本（敦研095）《李翰蒙求》前亦有李良荐表与李华序，与此本一致。② 此为他人序例。自序之置于书前者，如敦煌写本《籝金》，此书目前存9个写卷，英藏本 S.5604 为蝴蝶装的册子，书前有残序。法藏本 P.3907 亦为蝴蝶装册子，书题"籝金一部"，另行下部署"少室山处士李若丘（立）撰"，另行书李氏自序。法藏本 P.3363 为写卷，仅余序、目部分，首题"籝金一部并序　少室山处士李若立撰"，另行书李氏自序，序后列第一至十四篇之篇目。法藏 P.2537 亦为写卷，首题"略出籝金一部并序　小（少）室山处士李若立撰"，另行书序，序后另行书正文。此亦可见写本之有序者，首题或"序""并序"，或不作标注，体例不一（图8）。其他写卷之有序者，序亦皆在书前，其未标"序"字者有《百行章》（S.1920, S.3491, P.3176, P.3306, P.3796）、《字宝》（P.2058, P.3906）、《新集文词教林》（P.2612）、《新集周公解梦书》（P.3908）、《新集文词九经抄》（S.5754）等，标有"序""并序"者有《切韵》（S.2055）、《新定吉凶书仪》（P.4019, S.6537 背）、《记室备要》（P.3723）、《敦煌泛氏家传》（S.1889）、《新集天下姓望氏族谱》（S.2052）、《算经》（P.3349）、《新集文词九经抄》（P.2557）、《辩才家教》（P.2515）等。③

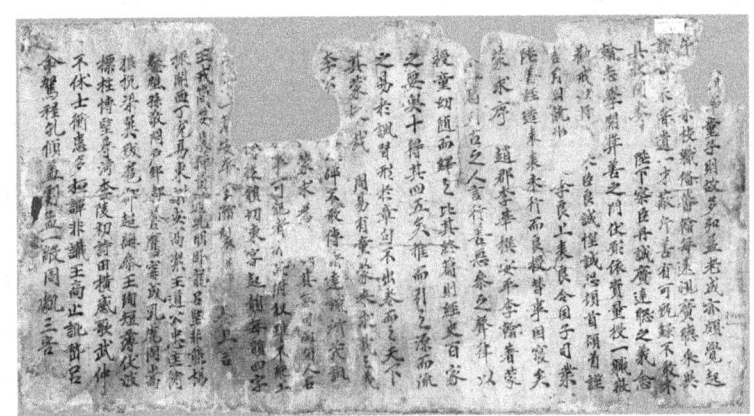

图7　法国国家图书馆藏本《李瀚蒙求》残卷（P.2710）序之部分，图片来源于法国国家图书馆网站：https://gallica.bnf.fr/ark:/12148/btv1b8302388t（2022年5月10日）

---

① 李树亮《敦煌写卷古籍序初探》，《求索》，2010年第7期，第243—244页。按，李文举例颇多，然对写卷之描述偶有疏误，后文在李文之基础上结合写卷照片进行讨论。
② 见段文杰主编《甘肃藏敦煌文献（第一卷）》，兰州：甘肃人民出版社，1999年，第100—103页。
③ 见李树亮《敦煌写卷古籍序初探》，《求索》，2010年第7期，第243—244页。

图 8　法国国家图书馆藏本《略出籯金》残卷（P.2537）序与正文之前部，图片来源于法国国家图书馆网站：https://gallica.bnf.fr/ark:/12148/btv1b83032770?rk=21459;2♯（2022 年 5 月 10 日）

英藏敦煌写卷 S.614《兔园策府》开篇为序文，序文后另行书本卷之篇章目录。①《兔园策府》之法藏本 P.2573（图 9）与英藏本 S.1722（图 10）原为一卷，缀合后本卷首题"兔园策府卷第一并序　杜嗣先奉敕撰"，另行书写序文，序文结束后空格书"兔园策府卷第一"，再空格书第一章之题目，另行书正文。以上两种《兔园策府》写本之序文皆在第一卷之卷首，二者序文一致，末句云："所定篇目，题之如左。"②则编订之初，序文即安排在前。据学者考订，本书大致编于唐贞观年间，③可见唐人观念已与汉代序文在书后有所不同。

自六朝隋唐书序逐渐提至书前之时，书后之序方有被称为"后序"者。前文云杜预作《春秋经传集解》，撰有《春秋序》，孔疏云晋宋古本序在书前，此书又有杜预《后序》，缀在书末，略述竹书所记之事，其末句曰"为其粗有益于《左氏》，故略记之，附集解之末焉"④，知此序原本即在书末，只是难以确知何时何人始称其为"后序"耳。南朝僧祐所撰《出三藏记集》卷八录有《法华经后序》《自在王经后序》，卷十二有《旧首楞严经后序》等。⑤又，六朝译经者出经之后，

---

①　方广锠、吴芳思主编《英国国家图书馆藏敦煌遗书》，桂林：广西师范大学出版社，2011 年，第 10 册第 228 页。
②　方广锠、吴芳思主编《英国国家图书馆藏敦煌遗书》，桂林：广西师范大学出版社，2011 年，第 10 册第 228 页；2013 年，第 27 册第 22 页。
③　屈直敏《敦煌本〈兔园策府〉考辨》，《敦煌研究》2001 年第 3 期，第 127—129 页。
④　《春秋左传正义》卷六十，第 1064 页。
⑤　僧祐《出三藏记集》，第 306—307、308、312—313、445 页。

多有"记"或"后记"以述其事,缀在经典之末,佛经文献中多有记载,《出三藏记集》卷七录有《道行经后记》《首楞严后记》,卷十有《僧伽罗刹经后记》,卷十一有《菩萨波罗提木叉后记》等,[①]此类"后记"实则同于后序。南朝时期后序、后记已较为多见,此亦可反证书前序文之渐成惯例。

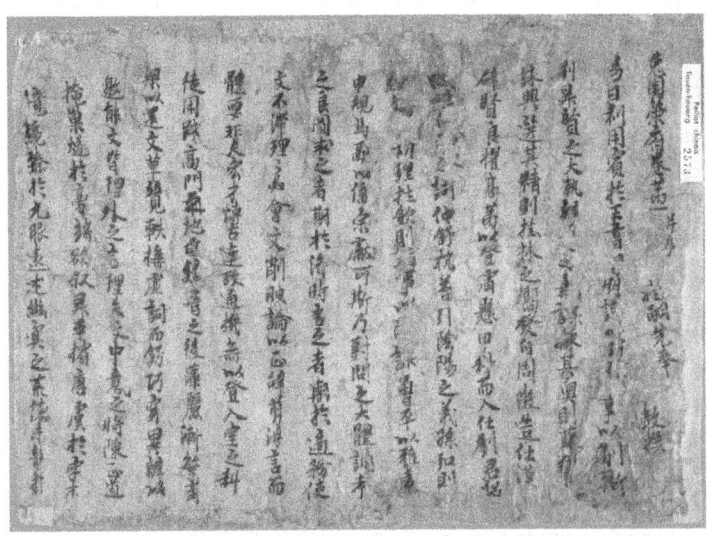

图9　法国国家图书馆藏本《兔园策府》(P.2573)卷首部分,图片来源于法国国家图书馆网站:https://gallica.bnf.fr/ark:/12148/btv1b83006887(2022年5月10日)

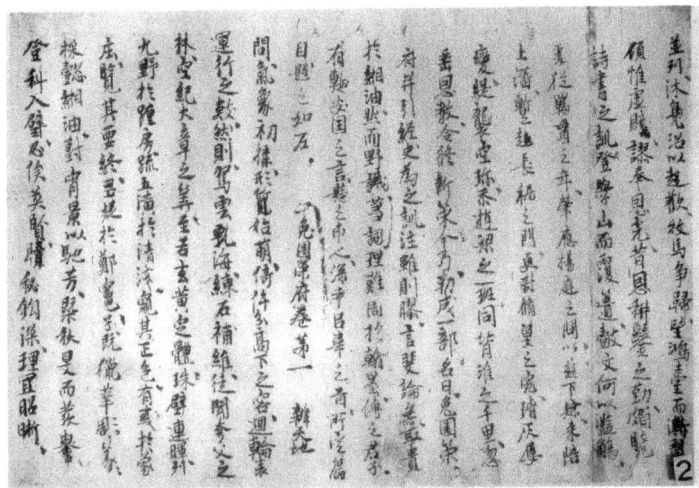

图10　英国国家图书馆藏《兔园策府》(S.1722,局部),见《英国国家图书馆藏敦煌遗书》,桂林:广西师范大学出版社,2013年,第27册第22页。

---

① 僧祐《出三藏记集》,第264、271、374—375、410页。

书序之别体:叙例与进书表

古人之序,除述先世之迹、著述之旨以外,亦会论及编撰之体例,金毓黻称:"《史记》《汉书》未明言有例,然《史记》有《自序》,《汉书》有《叙传》,而例即寓于《自序》《叙传》之中。"①魏晋南北朝之世,叙例则从序中分立而出。刘知几《史通·序例篇》称叙例之立,始于干宝《晋纪》,之后邓粲、孙盛、檀道鸾、范晔、沈约、萧子显等递相踵武,又史载崔鸿《十六国春秋》亦有《序例》等,②固刘知几曰:"史例中兴,于斯为盛。"③干宝、邓粲之《晋纪》,孙盛、檀道鸾之正续《晋阳秋》,并范晔《纪传例》、萧子显《南齐书序录》等皆已亡佚,不知体例如何;唯沈约《宋书·志序》尚存,载在其书八志之首,叙其撰志之例,刘知几称其"虽皆以序为名,其实例也"④。其实史家所谓之"叙例",与目录书之"辑略""条例"性质相同,前文云王俭《七志》、阮孝绪《七录》、许善心《七林》皆有"条例"或"总叙",编于书卷之首,以便翻检,则其时史书叙例,应亦多在书首。逮至唐初,陆德明《经典释文》前有叙录,分"序(叙)""条例""次第""注解传述人""目录"等,与六朝常见之"序目"同,内容则更为丰富。颜师古注《汉书》,有《叙例》一篇,原本即应在书前。后世之书,有序、目、凡例等,列于书前,称为"卷首",其体式则于晋唐写本时代已经确定,后世沿袭,少有逸出者。

与序体之性质近似者,还有"进书表"一体。战国之后,私人著述之风渐起,而时人有所著作,多献于君上。《史记·孙武传》载孙武"以兵法见于吴王阖庐,阖庐曰:'子之十三篇,吾尽观之矣'"云云;《魏公子列传》载信陵君"威振天下,诸侯之客进兵法,公子皆名之,故世俗称'魏公子兵法'";《陆贾传》载陆贾著书十二篇奏献于高祖,"每奏一篇,高帝未尝不称善,左右呼万岁,号其书曰'新语'";《韩非传》云韩非"为人口吃,不能道说,而善著书","人或传其书至秦,秦王见《孤愤》《五蠹》之书",秦王得见韩非之书,其间亦或有献书之事;《汉书·淮南王刘安传》载刘安招致宾客方士数千人,作为《内书》《外书》等,并曾入朝献其书于武帝,⑤类似者《史》《汉》之中屡屡有之,不烦举例。然献书之时,不知是否皆有进御之表奏,文献难征,只能阙疑。

---

① 金毓黻《中国史学史》,上海:上海古籍出版社,2013年,第58页。
② 魏收《魏书》卷六七《崔光传》附《崔鸿传》,北京:中华书局,1974年,第1505页。
③ 刘知几著,浦起龙释《史通通释》,第88页。
④ 同上。
⑤ 《史记》卷六五《孙子吴起列传》,第2161页;卷七七《魏公子列传》,第2384页;卷九七《郦生陆贾列传》,第2699页;卷六三《老子韩非列传》,第2146—2155页。《汉书》卷四四《淮南衡山济北王传》,北京:中华书局,1962年,第2145页。

两汉又有文士献赋之风,盛况空前,班固称:"奏御者千有余篇,而后大汉之文章,炳焉与三代同风。"①献赋者时有小序,以明撰著之背景、旨趣等,如班固《两都赋》,其序曰:"臣窃见海内清平,朝廷无事,京师修宫室,浚城隍,起苑囿,以备制度。西土耆老,咸怀怨思,冀上之眷顾,而盛称长安旧制,有陋洛邑之议。故臣作《两都赋》,以极众人之所眩曜,折以今之法度。"②设以臣下对君上之言,与上书、奏表同工。然其体式不严,还不能称之为进书表。逮于六朝隋唐,庾信《进象经赋表》、王勃《上九成宫颂表》、陈子昂《为陈御史上奉和秋景观竞渡诗表》等,方合上表体式,然此时进书之表已经较为多见,此类献诗赋表,或许因进书表之影响而体式渐备。

目前可见最早之进书表,应为刘向之群书叙录。史称:"昔刘向校书,辄为一录,论其指归,辨其讹谬,随竟奏上,皆载在本书。"③据前文所述,刘向书录应附在原书之末,随书奏上。以今存最完整之《孙卿书录》而言,刘向叙录原由两部分组成:第一部分为题名与章节目录,《荀子》一书刘向题名为"荀卿新书十二卷三十二篇",所谓"新书"者,指为刘向所订,"十二卷三十二篇"者,应是刘向编订之篇卷分合状况;书录第二部分为叙,开篇云"护左督水使者光禄大夫臣向言",末言"谨第录,臣向昧死上言。/护左督水使者光禄大夫臣向言所校雠中孙卿书录"。④ 明嘉靖顾氏世德堂刻本《列子》前有刘向书录,亦以篇章目录起首,应为刘向书录之旧式,其叙文曰"右新书定著八章。护左督水使者光禄大夫臣向言",末曰末言"谨第录,臣向昧死上。护左督水使者光禄大夫臣向言所校列子书录,永始三年八月壬寅上",恐亦非明人伪造,应是刘向之旧。⑤其他如《战国策书录》《管子书录》《晏子叙录》《说苑叙录》等,篇章目录部分已经不存,疑为宋人所删;其叙文部分,则皆以"护左督水使者光禄大夫臣向"为始,末尾或曰"谨第录,臣向昧死",或曰"向谨第录",或曰"护左督水使者光禄大夫臣向所校某某书录",虽稍有异同,然体例一致,与汉魏之一般表体相合。又国家图书馆所藏南宋淳熙刻本《山海经》书首有刘歆之书录(或称上表),前为新订《山海经》十八篇之目录,后为叙,起首曰:"侍中奉车都尉光禄大夫臣秀领校,秘书言校秘书太常属臣望所校《山海经》凡三十二篇,今定为一十八篇,已定。"末曰:"臣秀昧死谨上。"(图11—图12)体式与刘向书录一致。

关于汉魏上表之体式,蔡邕《独断》云:"表者不需头,上言'臣某言',下言

---

① 班固《两都赋序》,见萧统编,李善注《文选》卷一,第3页。
② 同上书,第3—4页。
③ 阮孝绪《七录序》,见《广弘明集》卷三,《四部丛刊》影印明刊本,叶10a。
④ 刘向《荀卿书录》,见《荀子》,《中华再造善本》据国家图书馆藏南宋翻刻北宋熙宁监本影印本。
⑤ 刘向《列子书录》,见《冲虚至德真经》,哈佛大学哈佛燕京学社图书馆藏明嘉靖顾氏世德堂刻本。

'臣某诚惶诚恐,顿首顿首,死罪死罪',左方下附曰'某官臣某甲上'。"①现存汉魏上表虽未严格遵照此式,但大体不爽。而刘向、刘歆书录基本遵守上表之体式,称其为最早之进书表,当无疑义。《文选》李善注引"刘向《上列子表》"云云②,所引者见于宋刻本《列子》所录之刘向书录,后人亦多称刘歆《山海经》之书录为"上山海经表"③,可见在古人观念之中,向、歆书录即为进书表。

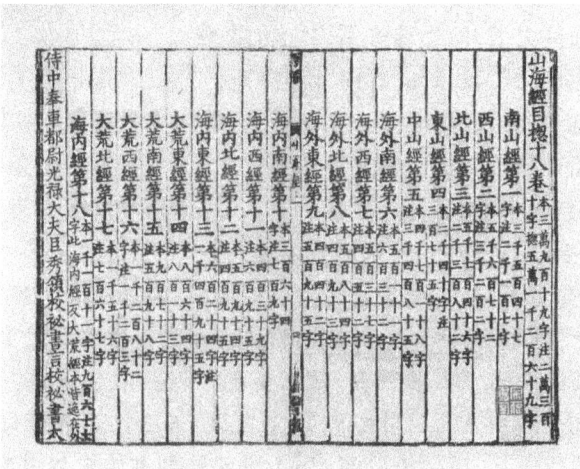

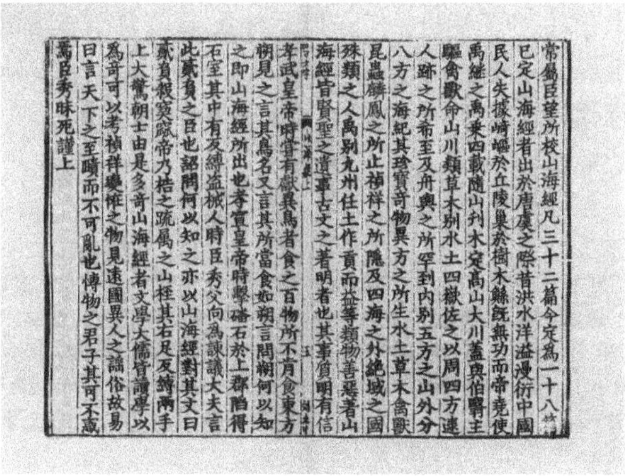

图 11

图 12

图 11—图 12　南宋淳熙七年池阳郡斋刻本《山海经》卷首刘歆书录,
国家图书馆藏。图见《中华再造善本》影印本。

---

① 蔡邕《独断》卷上,《丛书集成初编》据《抱经堂丛书》本排印本,第 4 页。
② 萧统编,李善注《文选》卷十八《琴赋》,第 842 页。
③ 严可均辑《全汉文》卷四十,第 346 页。

东汉魏晋南北朝时期，进书表渐次增多。有进呈所自著书之表者，如三国魏张揖《上广雅表》、南朝裴松之《上三国志注表》、沈约《上宋书表》、徐勉《上五礼表》、北魏崔鸿《上十六国春秋表》、高允《上天文灾异八篇表》、杜弼《上老子道德经注表》等，①《南齐书·王俭传》载王俭"依《七略》撰《七志》四十卷，上表献之，表辞甚典"②，惜其表不存。亦有进献他人所撰书而有上表者，如陈寿《上诸葛氏集表》等，又刘孝绰《昭明太子集序》首曰"臣窃观"云云，恐原为进书之表，或原书为进呈之书，序文有进书表之功能。③

陈寿《上诸葛氏集表》叙文首曰"臣寿等言"，末曰"谨录写上诣著作。臣寿诚惶诚恐，顿首顿首，死罪死罪。泰始十年二月一日癸巳，平阳侯相臣陈寿上"。④张揖《上广雅表》首云"博士臣揖言"，末云"臣揖诚惶诚恐，顿首顿首，死罪死罪"。⑤沈约《上宋书表》前言"臣约言"，后云"臣约诚惶诚恐，顿首顿首，死罪死罪"。⑥皆合蔡邕《独断》所载进表之体式。

与一般之奏表不同者，进书表多依刘向旧例，恐皆有目有叙，唯序、目之位置时有变革耳。陈寿《上诸葛氏集表》前有"诸葛氏集目录"，后为叙文，与刘向一致，则其上表原或附于本书之末，随书奏上，所谓"载在本书"也。《梁书》所载徐勉《上五礼表》，中有简目并卷帙条文之数，末曰："具载撰修始末，并职掌人、所成卷帙条目之数，谨拜表以闻。"⑦上表条陈撰书始末并附篇目，以便按目知书，恐为进书表较为完备之体式。沈约《上宋书表》中云："本纪列传，缮写已毕，合七帙七十卷，臣今谨奏呈。……谨条目录，诣省拜表奉书以闻。"⑧则献书之时，上表并未附于《自序》之后，而是单行，且原有目录，今日所无者，或提至书前，与表别行，或因书前原有目录故而刊去也。

《昭明太子集序》文末有句曰："谨为一帙十卷，第目如左。"⑨则是进书之

---

① 张揖《上广雅表》见严可均辑《全三国文》卷四十，第1276页；裴松之《上三国志注表》见严可均辑《全宋文》卷十七，第2525页；沈约《上宋书表》见沈约《宋书》卷一百《自序》，北京：中华书局，1974年，第2466—2468页；徐勉《上五礼表》见姚思廉《梁书》卷二五《徐勉传》，北京：中华书局，1973年，第382—383页；崔鸿《上十六国春秋表》见魏收《魏书》卷六七《崔光传》附《崔鸿传》，第1503—1505页；高允《上天文灾异八篇表》见魏收《魏书》卷四八《高允传》，第1072—1073页；杜弼《上老子道德经注表》见李百药《北齐书》，北京：中华书局，1972年，第348—349页。
② 萧子显《南齐书》卷二三《王俭传》，北京：中华书局，1972年，第433页。
③ 刘孝绰《昭明太子集序》见陈寿撰，裴松之注《三国志》卷三五《诸葛亮传》，北京：中华书局，1982年，第929—931页；刘孝绰《昭明太子集序》见严可均辑《全梁文》卷六十，第3312页。
④ 陈寿撰，裴松之注《三国志》卷三五《诸葛亮传》，第929—931页。
⑤ 严可均辑《全三国文》卷四十，第1276页。
⑥ 沈约《宋书》卷一百《自序》，第2466—2468页。
⑦ 姚思廉《梁书》卷二五《徐勉传》，第382—383页。
⑧ 沈约《宋书》卷一百《自序》，第2468页。
⑨ 刘孝绰《昭明太子集序》，《全梁文》卷六十，第3312页。

时,序、目原为一体,序在目前,且序、目原在全书之前。隋费长房撰有《历代三宝记》(原名《开皇三宝录》),末卷有上表,题曰"上开皇三宝录表",后为《开皇三宝录总目序》,有叙有目,疑原随前表并为一卷,一同呈奏,犹存刘向旧式。

入唐之后,又有倩人代写进书表之风,《全唐文》卷二八八载张九龄《为何给事进亡父所著书表》《为信安王献圣真图表》,卷三二二有萧颖士《为陈正卿进续尚书表》,卷六二六有吕温《代国子陆博士进集注春秋表》《代百寮进农书表》等。[①] 然撰表者多非著书者,篇章目录多非撰表者所订,且此时书序与目录业已分立,故在传抄之书籍中,序、目、进表各自独立。如敦煌卷子《李翰蒙求》,法藏本 P.2710、敦煌研究院藏本敦研 095 书前皆有李良荐表与李华序,表、序各自独立,且皆载在书首。

总体而论,汉魏六朝时期,进书表多为撰著者所写,且其时尚在序、目分化时期,因此进书表、书序、目录多合为一体;隋唐之后,三者渐趋独立,各有其用,而且多在书首。宋以后之刻本,基本遵守此一体式,少有变革。

---

① 《全唐文》,北京:中华书局,1983 年,第 2924、2923、3266、6322、6324 页。

《淮南子》高诱注所载异说考辨
——兼论东汉注书载录异说通例

吴扬广

【内容提要】《淮南子》高诱注所载异说是否为许慎旧注,是离析传世本《淮南子》许、高二注过程中衍生出的关键问题,这一问题却也限制了对异说本身的探讨。分析高注中的一百多条异说,首先可以按照其与《淮南子》本文语境的关联程度,分为解释型异说和事实型异说两大类型。进而通过相关文献的佐证,辨别不同异说的性质和来源,可知解释型异说中确实含有许注,但同时也有其他经典的说解以及另有出处的内容,而事实型异说则多出于不同文献记载或民间通行的传闻异辞,所以高注异说具有丰富的层次性。这些异说有一部分互见于高诱后来所撰的《吕氏春秋》注,说明高诱注书惯于勾连群书,至于仅见于后者的异说,则凸显出所谓"先师旧训"的具体意涵。作为东汉时代的古书注解之一,高注反映了当时注书载录异说的通例,此通例除了内容上的区分,还包括异说的载录形式、异说在注解中的性质和功能等诸多方面。对包括高注在内的古注所载异说进行专门研究,有助于加深我们对古注的理解。

【关键词】《淮南子》 高诱注 异说 古注通例

《淮南子》旧注以许慎、高诱二家为大宗,经过清代以来众多学者的考证,基本可以确定传世注本中《原道》等十三篇为高诱注本,而《缪称》等八篇则是许慎注本。[①]不过,在离析许、高二注的过程中,衍生出另一个关键问题,即十三篇高注中是否存有许注,对此学界尚无共识。王念孙较早判断高注中有后人附入的许注,其依据在于,唐以前文献所引许注有与今本高注相同者,并初步确立一项离析许注的条例,即"凡注内称'一曰'云云者,多系许注"[②]。陶方

【作者简介】吴扬广,北京大学中国语言文学系中国古代文学专业2022级博士研究生。

① 相关学术史的梳理,可参李秀华《〈淮南子〉许高二注研究》,北京:学苑出版社,2011年,第34—41页。
② 〔清〕王念孙撰,徐炜君等校点《读书杂志·读淮南内篇杂志》第二十二,上海:上海古籍出版社,2015年,第5册,第2468页。

琦全面辑考许注，明确指出十三篇"当是许、高注杂"，并根据他书的许注引文将高注本中相同的文本认定为后世羼入，另一方面也认可"'一曰某某'者，多为许说"。① 羼入之说多为后来的学者所不取，如岛田翰认为"一篇之中二注混乱，且事为出于宋以后，益非事情也"②，余嘉锡也从高在许后的角度推断"未必定是后人羼入高注"③。而对于高注所载异说多为许慎旧注这一观点，影从者则大有人在，如杨树达、向宗鲁、刘文典诸家④；唯吴承仕强调"不得以一说别异许、高"⑤，何宁继承其说，亦云"高注之'一曰'非必许注也""未可以'一曰'定许、高也"⑥，但都只是否定性的判断，并未就异说本身进行细致的探讨。可以说，既有研究对高注异说的关注始终受到其是否为许注这一单一视角的遮蔽。

由于中古文献中的高注引文中已有异说，则将高注的"一曰""一说"视为后世羼入，确实不妥⑦，但就可以考定的许慎佚注与高注所载异说的比勘情况而言，亦不可过度低估高、许二注之间的联系。与此同时，考虑到高诱注《吕氏春秋》也多存异说，并且这些异说与其《淮南子》注的异说颇有关联，自然有利于我们全面认识高注《淮南子》异说，应当纳入考察范围。此外，与高诱时代相仿的众多古注都兼存不少异说，则载录异说作为一种重要的古注体例，对其进行深入分析，也可以为高注异说的研究提供有益的参照和佐证。本文拟结合上述视角对高注《淮南子》所载异说的类型、来源等问题进行讨论。

一 高注所载异说的类型

高注载录异说的表述方式有数种，包括"一曰""一说""或曰""或说""旧说"，这些表述只有形式上的差异，看不出在内容上有什么区分。从数量上来

---

① 〔清〕陶方琦《淮南许注异同诂》卷首《自叙》，国家图书馆藏清光绪七年（1881）陶氏汉孳室刻本（善本书号：01598），第1a、5a页。
② ［日］岛田翰撰，杜泽逊、王晓娟点校《古文旧书考》卷四，上海：上海古籍出版社，2014年，第305页。
③ 余嘉锡《四库提要辨证》卷十四，北京：中华书局，2007年，第833页。
④ 《览冥》"改调一弦"注，杨树达以为"盖高、许二说"（《淮南子证闻》卷二，《杨树达文集》十五，上海：上海古籍出版社，2006年，第50页）；《天文》"蚕珥丝"注，向宗鲁指出"注中两义，一为高说，一为许说也"（转引自何宁《淮南子集释》卷三，北京：中华书局，1998年，上册，第177页）；《精神》"九解"注，刘文典云"高注之一说，多即许注"（《淮南鸿烈集解》卷七，北京：中华书局，2013年，上册，第220页）。
⑤ 吴承仕《淮南旧注校理》卷一，民国十三年（1924）付文楷斋刊本，第25a页。不过，《览冥》"手征忽恍不能览其光"，吴氏又以注"一说"前为许慎注（卷二，第11a页），似未贯彻。
⑥ 何宁《淮南子集释》卷八、十三，第575、936页。
⑦ 《玉烛宝典》引《淮南子·时则》"其兵剑"，注"高诱曰：季夏，中央也。剑有两刃，喻无所主。一曰：喻无所不主，皆主人"（卷六，光绪十年［1884］遵义黎氏日本东京使署刻《古逸丛书》影旧钞卷子本，第7a页）。按：末"人"字为"之"字之讹。

看,用"一曰"和"一说"最多,分别有72例和49例,用"或曰"有7例,"或说"和"旧说"各1例,共计130例,①在当时各种古书注解中相当具有代表性。其分布的篇目比较均衡,除《主术》和《精神》分别仅有3例和6例外,余篇皆有8至15例不等,既从一个侧面佐证了这些篇目同出一家之手,也显示出高诱有意识地载录异说。对这些异说进行类型上的划分,有助于更好地厘清其性质和来源。

按照与《淮南子》本文语境的关联程度,我们首先可以区分出两大类型的异说,一种是与本文语境紧密相关,属于对正文意义理解有别的异说,可称为"解释型异说";另一种异说则不取决于所处语境,而是对某一具体事物本身存在认知上的不同,但并不影响对正文的理解,不妨称为"事实型异说"。

"解释型异说"包括两类,一类是对正文字词的训释,例如:②

《原道》"高不可际,深不可测",注:"度深曰测。一曰:尽也。"(页2)
《精神》"随其天资而安之不极",注:"资,时也。一曰:性也。"(页516)

按测之训尽,更近乎其字之本义,而"度深"之训则属于引申义③,在《淮南子》的语境当中,两训皆通,而侧重点稍有不同。有趣的是,同篇及《主术》"大不可极,深不可测",高注并云"测,尽也"(页54、609),反与上引异说相同,于是向宗鲁、何宁都认为此处两说应当倒置,作"测,尽也。一曰:度深曰测",即高诱统一训测为尽,以"度深"为异说。④ 事实上,揣摩不同的语境,同样是"深不可测",在与"高不可际"并列时可以具象化为一种往下的事物(如水),其深度不可测量;而与"大不可极"并列,则相对更加抽象,并且受到"极"字的含义影响,故理解为深度不可穷尽。这种依托于具体语境而产生专门意义的训释,正是黄侃所谓"解文之训诂"或"经学家之训诂"⑤,显示出高诱对原文的细致体察,不得谓其遇"测"字则必训为尽⑥。至于"天资"是指天时还是天性,自然与"资"字本身的意涵相去更远,而要在该句乃至于全篇的语境下加以考量,不难看

---

① 有的注文一个解释对象包含两种异说(溪子之弩、九解、宗布),有的异说重复出现(鹔鹴、礛),都计入在内。有的"一曰"本质上相当于"一名",自然应当排除。按:李秀华的统计数量为126例,包括许注异说一共133例。氏著《〈淮南子〉许高二注研究》,第61页。
② 本文引用《淮南子》高、许注,皆据何宁《淮南子集释》,于引文后标注页码,标点或有改动,不一一说明。又,凡引注文,都仅录异说及其对应之说,后引《吕氏春秋》注及其他古注同此例。
③ 段玉裁云:"深所至谓之测,度之深所至亦谓之测,犹不浅曰深,度深亦曰深也。今则引伸之义行而本义隐矣。《吕览》'昏乎其深而不测',高云:'测,尽也。'此本义也。"(《说文解字注》十一篇上,影印经韵楼刻本,上海:上海古籍出版社,1988年,第549页下栏a)
④ 何宁《淮南子集释》卷一,上册,第2页。
⑤ 黄侃述,黄焯编《文字声韵训诂笔记》,上海:上海古籍出版社,1983年,第192页。
⑥ 《说林》"以篙测江,篙终而以水为测,惑矣",注云"篙擿船,以篙渡江(何宁谓渡通度,刘文典本径作度),篙没,因以江水为尽,故曰惑也"(页1198),两"测"字,前训度,后训尽。此即典型之例。

出,二说分别立足于外在环境和内在禀赋两个角度理解原文,虽然何者为优不易定夺,但都是针对《淮南子》的特定语境,不能作为书传通训。

另一类"解释型异说"是对正文语句的推阐,例如:

> 《天文》"淮南元年冬,太一在丙子,冬至甲午,立春丙子",注:"淮南王作书之元年也。一曰:淮南王长,孝文皇帝异母弟也。僭号自称东帝,以徙严道,道死于雍。其四子皆为列侯。时人歌之曰:'一尺缯,好童童。一斗粟,饱蓬蓬。兄弟二人,不能相容。'文帝闻之曰:'以我为利其土耶?'皆召四侯而王之。是则淮南王安即位之元年,以纪时也。"(页221)

由于此处"冬至甲午,立春丙子"一句不合历法,后世学者有多种校订方案①,皆言之成理。而高诱大概也意识到了这一历法问题,其所见文本很可能已与今本相同,但他将解释的重心放在了"元年"所指,通过调整年份巧妙地规避了淮南王刘安即位年前冬至非甲午日的问题,实际上也调整了对"太一在丙子"一句的理解,淮南元年即冬至甲午的某一年,而非丙子年。后世学者都立足于"一曰"之说与汉代诸侯国自称元年之制改易原文,反而忽略了高诱前一说的考虑。不过,这里要强调的是此条异说就《淮南子》本文而发,其依附性的特征最为显著,这种异说一般不会脱离原文而单独引述。又如:

> 《说山》"天下莫相憎于胶漆",注:"胶漆相持不解,故曰'相憎'。一说:胶入漆中则败,漆入胶亦败,以多少推之,故曰'相憎'。"(页1110)

> 《说山》"尧有遗道",注:"遗,失。谓不能放四凶,用十六相是也。一说:不传丹朱而传舜天下,有不慈之名,故曰'有遗道'也。"(页1149)

两条异说最后都扣合到对原文的解释,从不同的角度解释为什么说胶漆"相憎",为什么说尧"有遗道"。前一条尚可看作对胶和漆的物理特性存在理解上的分歧,而后一条引入不同的史事来阐述文本,其差异完全基于对原文意旨的把握。

"事实型异说"也可根据内容分成两类,一类是人物、名物、地名等专名所指,例如:

> 《原道》"昔舜耕于历山",注:"历山,在沛阴城阳也。一曰:沛南历城山也。"(页46)

> 《地形》"沙棠、琅玕在其东",注:"皆玉名也,在木禾之东也。一说:沙棠,木名也。《吕氏春秋》曰:'果之美者,沙棠之实也。'"(页323)

> 《泛论》"楚庄王专任孙叔敖而霸",注:"孙叔敖,楚大夫蒍贾伯盈子。

---

① 何宁《淮南子集释》卷三,上册,第220—222页。

或曰：童（当作章）子也。"（页939）

关于历山的地点、沙棠的品类、孙叔敖的世系诸说，既非由原文所得，也不影响原文之义。其中沙棠一说为木名，引《吕氏春秋》为证，完全是对沙棠这一名物本身的认知。这类异说的数量颇为可观，人物之例还有王孙绰、郑子阳、公输、伯余、史皇、钳且、大丙等，地名之例还有肃慎、三苗、反舌、阳原、玄耀、薄落、大号、沙所、会稽、巨桥、柳下等，名物之例还有鹔鹴、敦圉、蛋、鼓造、应龙、猰貐、鲛、阳阿、绿水、鼓（郑）舞、九解、瑶光、九鼎、县联、属镂、宗布、锴、礜石、邓林、宣室、旋室、干舟、顷襄之剑、溪子之弩、乌号之弓、形残之尸等，合计50余例。

另一类"事实型异说"是史事、传说的叙述，例如：

《俶真》"醢鬼侯之女，菹梅伯之骸"，注："鬼侯、梅伯，纣时诸侯。梅伯说鬼侯之女美好，令纣妻之。女至，纣以为不好，故醢鬼侯之女，菹梅伯之骸也。一曰：纣为无道，梅伯数谏，故菹其骸也。"（页159）

《本经》"故周鼎著倕，使衔其指，以明大巧之不可为也"，注："倕，尧之巧工也。周铸鼎，著倕像于鼎，使衔其指。假令倕在见之，伎巧不能复逾，但当衔咄其指，以明巧之不可为也。一说：周人铸鼎，画象镂倕身于鼎，使自衔其指，以戒后世，明不当大巧为也。"（页527）

两事在其他早期文献中都有记载，叙述有同有异，高诱兼载两说，疑以传疑，并无碍于原文意旨的理解。此外尚有"范氏之败，有窃其钟负而走者""土龙待之而得食"等数例，虽然以《淮南子》原文语句为解释对象，但实际上与专名词汇的异说没有本质差别，都属于传闻异辞。

就数量而言，解释型异说共计67例，事实型异说共计63例，二者大致相当。当然，以上两大类型的划分是为了总体把握异说内容的基本特征，具体到异说的分析还是要结合原文环境和注家载录异说的意图，不必拘泥于是哪一种类型。

二　高注所载异说的来源

我们不妨先探讨事实型异说的来源。事实型异说不依附于《淮南子》原文，而是诸多独立于文本语境之外的知识，其之所以产生，从知识史的角度来说，一方面是由于不同文献记载之间存在出入，另一方面也受到口耳相传等因素的影响。所以就来源而言，高注中的事实型异说并非生成于《淮南子》的训解过程，而是出自通行的异闻，这可以从同一时期的其他文献得到佐证。例如：

《原道》"射者扞乌号之弓"，注："乌号，桑柘其材坚劲，乌峙其上，及其将飞，枝必桡下，劲能复，巢乌随之。乌不敢飞，号呼其上。伐其枝以为弓，因曰乌号之弓也。一说：黄帝铸鼎于荆山鼎湖，得道而仙，乘龙而上。
其臣援弓射龙，欲下黄帝不能也。乌，於也。号，呼也。于是抱弓而号，因
名其弓为乌号之弓也。(页26)

黄帝乘龙上天之说颇为离奇，较早的出处是《史记·封禅书》①，王充以此为虚言②，应劭也表示可怪。而应氏又云"乌号弓者，柘桑之林，枝条畅茂，乌登其上，下垂著地，乌适飞去，从后拨杀；取以为弓，因名乌号耳"③，此即与高注前一说相同，而此说可以《韩诗外传》"乌号之柘"为根据④。由此不难看出，高诱实际上只是将已有的不同说法存录注中而已，而这些说法不专属于《淮南子》一书。前引孙叔敖为蒍章之子的异说又见于《潜夫论》⑤，也说明有关孙叔敖的世系原本就有不同的传闻。又如：

《说林》"鼓造辟兵"，注："鼓造，盖谓枭。一曰：虾蟆。今世人五月望
作枭羹，一作虾蟆羹。"(页1187)

当时并存这两种稍有差别的民俗应该是同源的，或即与"鼓造辟兵"的不同传闻有关，何宁据《万毕术》的记载指出汉时固有此说，诚是。高诱用二说为注，虽有主从之分，但却没有先后之别，并不表明哪一种是《淮南子》旧说。因此，事实型异说确如吴承仕所言，不是许、高异义，而是"兼存两说，以广异闻"⑥，"异闻"一词正点出了这类异说的本质，所以即便许慎佚注与异说相同⑦，也仅能构成同源关系，无法说明高诱引取了许说。

有趣的是，作为最早的一部《淮南子》注解⑧，许慎《间诂》同样载录了一小部分的异说，而从现存八篇来看，这些异说主要都是事实型异说，也佐证了这一类型的异说非本书旧说，而是通行的异闻。不妨并举二注之例以明之：

《道应》"以临方皇"，许注："方皇，水名，一曰：山名。"(页856)
《地形》"玄耀不周"，高注："玄耀，水名，一曰：山名。"(页361)

---

① 《史记(修订本)》卷二八，北京：中华书局，2013年，第4册，第1666页。
② 〔汉〕王充撰，黄晖校释《论衡校释》卷七《道虚》，北京：中华书局，1990年，上册，第313页。
③ 〔汉〕应劭撰，王利器校注《风俗通义校注》卷二《正失》，北京：中华书局，1981年，上册，第65、69页。
④ 许维遹《韩诗外传集释》卷八，北京：中华书局，1980年，第297页。
⑤ 〔汉〕王符撰，〔清〕汪继培笺，彭铎校正《潜夫论笺校正》卷九《志氏姓》，北京：中华书局，1985年，第418页。
⑥ 吴承仕《淮南旧注校理》卷一，第11b页。
⑦ 如《俶真》"骑蜚廉而从敦圄"，注："敦圄，似虎而小。一曰：仙人名也"；《主术》"发巨桥之粟"，注"巨桥，纣仓名也。一说：巨鹿漕运之桥"。
⑧ 《后汉书》云马融所注书，其中有《淮南子》。《隋志》已无著录，其书早亡。且马注应晚于许注，故姚振宗列之于许注之后。《后汉艺文志》卷三，《二十五史艺文经籍志考补萃编》第七卷，北京：清华大学出版社，2011年，第234页。

方皇又见于《战国策》作"彷徨"①,玄耀见于《吕氏春秋》作"天翟"②,二者都有水名、山名两种说法,两家都采取了兼载异说的处理方式。当然,在两说并存的情况下,以何说为主也体现了注家的考虑,"玄耀(在)不周"上下句云"湍池在昆仑""申池在海隅",则此处玄耀确以水名为妥。又如《缪称》"鲁酒薄而邯郸围",许慎以赵、鲁献酒于周为异说,并云"事见《庄子》"(页 743),也与前文所举高注引《吕氏春秋》证沙棠为木名之说相似,故其所谓"一曰",本质上就是他书的不同记载,而非针对本书文本的不同说法。

既然事实型异说多非本书旧说,而解释型异说则围绕本书文本,那么其来源是否就是本书旧注,甚至就是许注呢?可以肯定的是,高注所载异说确实包含部分许慎之说,根据比较可靠的引证文献并排除误引的可能性,略举其例如下(表 1):

表 1

许慎注	高诱注
许慎曰:"曼声,长声也。"③	《氾论》"侯同曼声之歌",注:"二人善歌。一曰:曼,长。"(页 937)
《淮南子》曰:"段干木,晋国之大駔(许慎注曰:"駔,市侩也。"),而为文侯师"。④	《氾论》"段干木,晋国之大駔也,而为文侯师",注:"駔,骄怛。一曰:駔,市侩也。言魏国之大侩也。"(页 964)

前一例虽然没有并引《淮南子》原文,但有出文"曼声"二字,且与《说文解字》训曼为引不同⑤,可知"长声"之训出自许慎《淮南子》注,正与高注所引异说同,两家对"曼声"在原文中的意涵理解有别。后一例则是训诂上的差异,"市侩"之训与《说文》"一曰:駔,会也"相合⑥,许慎据之以释《淮南子》,而高诱引为异说。

另外,今本八篇许注也有可以印证高注所载异说与许注存在关联的内容,例如(表 2):

---

① 范祥雍《战国策笺证》卷二三《魏二》,上海:上海古籍出版社,2006 年,下册,第 1354 页。
② 向宗鲁以《吕氏春秋》"天翟"即《淮南子》"玄耀",高诱说不同。
③ 引文见〔唐〕杜佑撰,王文锦等点校《通典》卷一四五《乐五》,北京:中华书局,1988 年,第 3699 页。
④ 引文见〔宋〕李昉等《太平御览》卷八二八,缩印 1935 年商务印书馆影印宋蜀刻本,北京:中华书局,1960 年,第 4 册,第 3694 页下栏 a。
⑤ 〔汉〕许慎撰,段玉裁注《说文解字注》三篇下,第 115 页下栏 a。
⑥ 〔汉〕许慎撰,段玉裁注《说文解字注》十篇上,第 468 页上栏 b。

表 2

许慎注	高诱注
《道应》:"身处江海之上,心在魏阙之下,为之奈何?"许注:"江海之上,言志在于己身心之魏阙也。言内守。"(页849)	《俶真》"是故身处江海之上,而神游魏阙之下",高注:"魏阙,王者门外阙,所以县教象之书于象魏也。魏魏高大,故曰'魏阙'。言真人虽在远方,心存王也。一曰:心下巨阙,神内守也。"(页112)
《道应》"于是乃去其瞀而载之木",许注:"瞀,被发也。木,鹖鸟冠也,知天文者冠鹖。"(页908)	《泛论》"古者有鍪而绻领以王天下者矣",高注:"鍪,头著兜鍪帽,言未知制冠也。绻领,皮衣屈而纫之,如今胡家韦袭反褶以为领也。一说:鍪,放发也。绻,绕颈而已。皆无饰。"(页911)

许说魏阙为"身心之魏阙",与"王者门外阙"的解释方向正好相反,所以该句之义一为"神内守",一为"心存王",高注所引异说当即从许注而来。瞀、鍪二字通假,许慎训为被发,与高注异说"放发"相同,可以推断"绻,绕颈而已"以下亦为许说。

由此可见,许慎旧说对高注确有影响①,值得一提的是这种影响并不限于所载异说,还包括承袭的情况,例如(表3):

表 3

许慎注	高诱注
许叔重注《淮南子》云:"钧,陶法也。"②	《原道》"钧旋毂转,周而复匝",高注:"钧,陶人作瓦器法下转旋者。一曰:天也。"(页6)
天下莫相憎于胶漆,胶漆相贼(胶漆相抱,不得还其本也)。③	《说山》"天下莫相憎于胶漆",高注:"胶漆相持不解,故曰'相憎'。一说:胶入漆中则败,漆入胶亦败,以多少推之,故曰'相憎'。"(页1110)

前一例许注佚文虽未并引《淮南子》原文,但据《淮南子》全书可知当属"钧旋毂转"之注;而后一例虽未标明许注,但考《意林》所引《淮南子》"可灼知其为许

---

① 姚振宗云"诱未尝见许君注本"(《后汉艺文志》卷三,第234页),其说不可信。
② 引文见〔唐〕慧琳《一切经音义》卷一一,徐时仪校注《一切经音义三种校本合刊》,上海:上海古籍出版社,2008年,中册,第685页。
③ 引文见〔唐〕马总撰,王天海、王韧校释《意林校释》卷二,北京:中华书局,2014年,上册,第272页。

注",故陶方琦、叶德辉辑佚许注都有这两条①。两条许注皆与高注前一说相同,而与其异说有别。由此可以判定部分解释型异说并非出自许慎,而是另有来源。至于是出自"先师之训",还是高诱自己的别解,在没有其他材料可供佐证的情况下,就不宜过度揣测了。

此外,《淮南子》一书杂采群书之文而成,其中一些典籍的解释史远比《淮南子》为长,异说更加丰富,在高诱"参以经传道家之言,比方其事"的过程中,原本属于其他典籍的异说也进入《淮南子》当中,构成其所载异说的另一重要来源。如《时则》一篇多出自《月令》,由于五藏与五行有两种对应方案,故对《月令》祭五祀所用祭肉的解释呈现出系统性的差异(表4):

表 4

	祭先脾	祭先肺	祭先心	祭先肝	祭先肾
高注前说	属土,木胜土	属金,火胜金	属火,土胜火	属木,金胜木	属水
高注异说	属木	属火	属土	属金	属水

按照不同的相配方案,所用五藏的原理也不同,一为"常食所胜",一为"自用其藏"。据《五经异义》可知,前者出自今《尚书》欧阳说,后者出自古《尚书》说,许慎以为《月令》符合古《尚书》说②。但许氏在《说文解字》中则又用今《尚书》欧阳说,唯心藏反而属土,盖沿用《白虎通》之说③,或是调停两家的结果。因此,尽管我们不知道许注《淮南子》取用何说,但如庄逵吉所言,高注此处所载异说"未必是许注"④,而是源于之前已有的《月令》经说。又如:

> 《精神》"故曰:'一生二,二生三,三生万物。'"注:"一谓道也。二曰神明也。三曰和气也。或说:一者元气也。生二者乾坤也。二生三,三生万物,天地设位,阴阳通流,万物乃生。"(页505)

比对《老子》河上公注"一生阴与阳""阴阳生和气"⑤,虽然具体表述不一,但隐约可见高注前有所承,应当参考了《老子》旧说。

综上所述,高诱注《淮南子》所载异说具有丰富的层次性,既有字词训释、

---

① 〔清〕陶方琦《淮南许注异同诂》,卷四第10b页、补遗第1b页;叶德辉辑《淮南鸿烈间诂》,国家图书馆藏光绪乙未(1895)长沙叶氏郎园刻本(善本书号:01596),卷首第2b页、卷上第1a页、卷下第19b页。
② 〔清〕陈寿祺《五经异义疏证》卷下,《五经异义疏证 驳五经异义疏证》,北京:中华书局,2014年,第25页。
③ 〔清〕陈立《白虎通疏证》卷二《五祀》,北京:中华书局,1994年,上册,第80页。
④ 转引自何宁《淮南子集释》卷五,上册,第380页。
⑤ 《老子道德经》卷三《道化第四十二》,国家图书馆藏傅增湘校跋及章钰校明刻本(善本书号:00234),第5a页。

正文推阐这两类解释型异说,也有以专名、史事为主的事实型异说;既取材于书传异闻,又广泛吸收许慎旧注和群书异解。与《淮南子》的杂家性质相呼应,高注所载异说也显示出网罗众说的集解性质。

三 高注异说与《吕氏春秋》注的关系

高诱注毕《淮南子》后又解《吕氏春秋》,并同样强调"依先师旧训"①,因而成为我们考察高注异说的重要参照。此前吴承仕等学者注意到高注二书的内在关联,并据此说明高注《淮南子》所载异说非引许注。事实上,仅就高注《吕氏春秋》亦载录异说这一点而言,也可以做出另一种理解:其异说的数量远远少于《淮南子》注②,且内容多与后者相同,同时考虑到我们对异说类型的划分,那么反而说明《吕氏春秋》因无旧注而异说少,《淮南子》以有马融、许慎旧注故异说多,其高注异说必有许注。不过我们既然明确了高注异说来源的复杂性,则已不必拘泥于这一问题,而应将关注的重点转移至二注的关系上。

与《淮南子》注载录异说在表述方式上呈现的随意性相似,高注《吕氏春秋》也未确定引录异说的体例。但值得注意的是,其"一说"所录异说全部来源于《淮南子》注,而"或曰"所引说则皆属事实型异说。这些异说多与《淮南子》注异说完全一致,如:③

> 《仲春纪·功名》"善为君者,蛮夷反舌殊俗异习皆服之",注:"东方曰夷,南方曰蛮,其在四表皆为夷也。戎、狄言语与中国相反,因谓'反舌'。一说:南方有反舌国,舌本在前,末倒向喉,故曰'反舌'。"(页54)
>
> 《季秋纪》"收禄秩之不当者,共养之不宜者",注:"不当者,谓无功德而受禄秩也。不宜者,谓若屈到嗜芰、曾皙嗜羊枣,非礼之养,故收去之也。一说:言所养无助于国,其先人无贤,所不宜养,故收敛之也。"(页199)

关于反舌原有两种不同的传闻,高注取言语与中国不通之说,故于《离俗览·为欲》但载此说(页533),可知其仅将反舌国之说作为异闻载录。后一例是对原文的理解差异,"非礼之养"为所养不合适,而"所不宜养"是所养不应当,两说皆可通,故高注二书并载之④。而祭牲五藏的两种五行匹配方案也在《吕氏春秋》注中载录,可见高诱对于旧有的异说持相对开放的态度,与许慎、郑玄分别按断是非不同。

---

① 许维遹《吕氏春秋集释》卷首高诱《吕氏春秋序》,北京:中华书局,2009年,上册,第3页。
② "一曰"14例,"一说"6例,"或曰"3例,总计23例,不足《淮南子》注异说的五分之一。
③ 本文引用《吕氏春秋》注,皆据许维遹《吕氏春秋集释》,于引文后标注页码,标点或有改动。
④ 何宁《淮南子集释》卷五《时则》,上册,第420页。

然而与此同时，《吕氏春秋》注的异说存在与《淮南子》注异说相反的情况，例如：

> 《审应览·离谓》"周鼎著倕而龁其指，先王有以见大巧之不可为也"，注："倕，尧之巧工也，以巧闻天下。周家铸鼎，著倕于鼎，使自啮其指，明不当大巧为也。一说：周铸鼎象百物，技巧绝殊，假令倕见之，则自衔啮其指，不能复为，故言大巧之不可为也。"（页489）

这里的前一说相当于前引高注《淮南子·本经》所载异说，而此所载"一说"则与《淮南子》注前说相同。类似的例子还有关于身在"江海"而神游"魏阙"这一至人境界的解释，《吕氏春秋》注虽载两说（页592），但也与《淮南子》注的两说颠倒，这就让通过高注异说搜寻许注的学者感到为难，由于高注二书采用的说法不一致，所以"殊难定谁高、谁许"，而向宗鲁又试图从二书语境差异的角度解释这一现象①。实际上，从高诱在两书中对郑子阳的四次解释来看，其为郑君抑或郑相，犹疑不决，但既不影响原文的理解，也并没有特别的考虑，只是提示异闻而已。

以上无论哪一种情况，高注《吕氏春秋》所载异说都与《淮南子》注异说直接相关②，进一步说明高诱注书重视与其他文献进行勾连，在引据群书的同时，既将不同的记载和传闻列为事实型异说，又兼载相关的解释型异说。

另外，《吕氏春秋》注还有部分独有的异说亦不容忽视，其数量与互见于《淮南子》注的异说数量基本持平③，除了阳华、大夏两条地名之说可能与《山海经》等书传异闻有关外，其他异说都属于正文字词的训诂④。如前所述，高诱注《吕氏春秋》时并无本书旧注，那么这些独有的训诂异说只有可能出自"先师旧训"，这就为我们重新认识作为高诱注书重要来源的所谓"先师之训""先师旧训"提供了一个侧面视角。陶方琦指出：

> 考《淮南》之注，传者惟许、高二家。惟《后汉·马融传》言融曾为《淮南》注，《隋志》不录，书已早逸。然高诱之师为卢植，植之师即为马融。诱《自序》云"从故侍中同县卢君受其句读，诵举大义"，是高诱当亲见马氏注本，承用师说，必多相合，故与许氏注说亦不甚异也。况高出汉季，去许未

---

① 何宁《淮南子集释》卷二《俶真》，上册，第113页。
② 高注《淮南子》曾引《吕氏春秋》，而《吕氏春秋》注也引用过《淮南记》，又《审应览·精谕》"法室"，注引异说"一曰浴室"（页484），实即指《淮南子·道应》。
③ 在《吕氏春秋》注所载23例异说中，有11例不互见于《淮南子》注。
④ 比较特殊的一例是《季春纪·论人》"故知知一则复归于朴，嗜欲易足，取养节薄，不可得也"，注"不可得使多欲，厚自养也。一曰：若此人者不可得"（页75），异说直接解释文意。

远,所云"深思先师之训",即指马氏注本,故音训之详,确非魏、晋以后可逮。①

将"先师之训"坐实为马融的《淮南子》旧注,恐怕不妥。现存文献中并无《淮南子》马注佚文,高注是否承袭,已经无从覆核,然而联系《吕氏春秋》的情况,我们认为"先师旧训"并不特指本书旧注,而是泛指先师的群书训释。所以陈寿祺认为高注"群鸟养羞"或据卢植《礼记解诂》②,虽无确证,但可备一说,反较陶氏拘泥于本书旧注更加合理。

进一步而言,"先师"其实也并不特指本师,而是一种泛称③;至于所谓"旧训"则恰恰相反,并非泛指所有旧注、旧说,而是特指训诂方面的内容。高诱注《淮南子》《吕氏春秋》除了引据群书、串讲文意外,最主要的内容就是训诂,而且相同的字词也不惮其烦地进行训释,即便同篇上下相去不远也并不避重。分析其中包含异说的训诂,可看出其与群书故训多有关联:

《淮南子·俶真》"一范人之形而犹喜",注:"范,犹遇也、遭也。一说:范,法也。言物一法效人形而犹喜也。"(页97)

《淮南子·说山》"乘桴而入胡",注:"桴,筏。一曰:瓠。"(页1137)

《吕氏春秋·慎大览·下贤》"谋志论行,而以心与人相索",注:"索,尽也。孔子曰:'子产有君子之道四焉:其行己也恭,其事上也敬,其养民也惠,其使民也义。'推其志行,以忠心与人相极尽,知其情实。一曰:索,法。与人为法则。"(页372)

《吕氏春秋·离俗览》"则必不之赖",注:"赖,利也,一曰:善也。"(页511)

这些训释多数都前有所本,其中"桴"字前一训与马融注《论语》相近④,尤合"先师旧训"之义,不必是本书旧注。而范之训法,更是《尔雅》以来的书传通训,但高诱另作别解,存之为异说。又如《淮南子》注训丑为怒,以"愧也"为异说(页1185),而《吕氏春秋》注则训丑为愧(页548),也说明训诂异说属于旧训。由此可见,高诱采择故训具有一定的标准,故训合乎本书语境则沿袭,故训两说可通则兼载,其不尽善则在存录的同时改作新说,正如毕沅所说,高注二书"随文

---

① 〔清〕陶方琦《淮南许注异同诂》卷首《自叙》,第6a—b页。
② 〔清〕陈寿祺撰,陈乔枞述《礼记郑读考》卷二,《续修四库全书》影印上海辞书出版社图书馆藏清刻《左海续集》本,上海:上海古籍出版社,2002年,第106册,第103页上栏b。
③ 如郑玄云"我先师棘子下生安国""先师以来"(《尚书正义》引,影印嘉庆二十年(1815)阮元校刻《十三经注疏》本,北京:中华书局,2009年,第1册,第248页上栏a、252页下栏a),又高注《天文》《泛论》明引"先师说"(页172、963)。
④ 何晏《论语集解》引"马曰:桴,编竹木,大者曰栰,小者曰桴"。《论语注疏》卷五《公冶长》,阮元校刻《十三经注疏》本,第5册,第5372页。

生义,或又各依先师旧训为解",所以呈现出"错出"的特点①。

总之,对《吕氏春秋》注所载异说及其与《淮南子》注异说关系的考察,不仅佐证了前文对高注异说不同类型和来源的划分,而且加深了我们对"先师旧训"这一具体注书来源的理解。

四 东汉注书载录异说通例

我们还可以将考察的范围进一步扩大到东汉时期的各种古书注解,同时也兼顾时代略早或略晚的其他古注。② 从内容上来说,高注异说的两大类型基本适用于其他注解;但就异说的形式、性质和功能而言③,则各家之注既有相通之处,又具备不同的特点。只有从整体上把握东汉注书载录异说的通例,并发现其中的变例,才能更好地认识和利用纷繁的异说,进而厘清古注之流别。

如高诱注《淮南子》和《吕氏春秋》所示,凡是异说,例皆载于正说之后,形成"正说+一曰(一说、或曰、或说)+异说"的注文结构。虽然高注完全没有任何按断,但细绎两说不难发现,一些事实型异说往往更不可靠(如前引"乌号之弓"异说),而与解释型异说相对的正说则往往更合原书语境,除了前举诸例外,又如《原道》"舒之幎于六合",异说以四方上下为六合,而正说则取《时则》"六合"解之(页3),依托《淮南》本证立说,高注对此显然还是有一定的倾向性。所以一般而言,凡异说一方面都有其合理性,故为注家所取裁;另一方面又存在缺陷,故在注中次于正说。古注斯例繁多,其中赵岐《孟子章句》可以明晰地反映出注家对异说的态度:

> 《离娄上》:"孟子曰:'人之易其言也,无责耳矣。'"注:"人之轻易其言,不得失言之咎责也。一说:人之轻易不肯谏正君者,以其不在言责之位者也。"
>
> 《离娄下》:"孟子曰:'大人者,不失其赤子之心者也。'"注:"大人谓君。国君视民,当如赤子,不失其民心之谓也。一说曰:赤子,婴儿也。少小之心,专一未变化,人能不失其赤子时心,则为贞正大人也。"④

前说与后说的解释方向都不相同,导致对句意的理解出入较大,而赵注设有

---

① 〔清〕毕沅《吕氏春秋校正序》,转引自许维遹《吕氏春秋集释》附考,下册,第711页。
② 主要考察存世的各家注解,但也兼顾其他可靠的佚注。之所以以东汉为主,是因为魏晋注解除了韦昭《国语解》、郭璞《尔雅》《山海经》等注外,其中引录的异说数量显著减少,个中缘由应另行讨论。
③ 需要特别说明的是,以下所讨论的"异说",不包括那些出具主名加以引录的说解。
④ 〔清〕焦循《孟子正义》卷一五、一六,北京:中华书局,1987年,上册,第527、556页。

《章指》，分别云"言出于身，驷不及舌，不惟其责，则易之矣""人之所爱，莫过赤子，视民则然，民怀之矣。大人之行，不过是也"，皆与前说一致，可知其视前说为正说。不过，存录异说而不断是非，却在客观上保留了另一个文本理解向度，有的反而成为后世通行的正说，如关于孟子所谓"赤子之心"，程瑶田即力主后一说。因此，异说也不妨看作是对正说的一种补充，未必代表注者不从其说。

事实上，异说有时并不与前一说构成主从关系，而是两说兼通并行。前述《吕氏春秋》注所载异说或在《淮南子》注中列为前说，即说明高诱对其没有明确立场，这种异说多出于通行的异闻，或者旧有数解，不易定其是非。最典型的情况是注中所载异说不止一条，例如：

《左传·宣公四年》"又射，汰辀，以贯笠毂"，服虔云："笠毂，毂之盖如笠，所以蔽毂，上以御矢也。一曰：车毂上铁也。或曰：兵车旁幔轮谓之笠毂。"①

《孟子·滕文公上》"许子衣褐"，赵岐注："以毲织之，若今马衣者也。或曰：褐，枲衣也。一曰：粗布衣也。"②

《淮南子·俶真》"乌号之弓，溪子之弩"，高诱注："溪子为弩所出国名也。或曰：溪，蛮夷也。以柘桑为弩，因曰'溪子之弩'也。一曰：溪子阳，郑国善为弩匠，因以名也。"（页163）

关于"笠毂"，除了《左传》并没有其他文献记载，容易产生悬测之说，所以杜预又在三说之外另立新说，也只是"以意而言，差于人情为允耳"（《正义》），别无实证。而关于褐衣，《说文》云"编枲袜，一曰粗衣"③，两说正为赵注异说所本，其马衣之说也有所凭据④，所以三说其实并无主次。至于溪子之弩三说，其第二种反而与高注对"乌号"的解释相呼应，可见异说未必优于前一说。在异说难定优劣的情况下，兼存众说反映出注家审慎的阙疑态度。

更能直观地体现这种阙疑态度的是仅录异说，不设与之相对的前说。例如：

《楚辞·离骚》"忽反顾以流涕兮，哀高丘之无女"，王逸注："或云：高丘，阆风山上也。无女，喻无与己同心也。旧说：高丘，楚地名也。"⑤

---

① 《左传注疏》卷二一引，阮元校刻《十三经注疏》本，第4册，第4059页下栏a。
② 〔清〕焦循《孟子正义》卷一一，上册，第368页。
③ 〔汉〕许慎撰，段玉裁注《说文解字注》八篇上，第397页上栏a。
④ 《淮南子·览冥》高注云："褐，毛布，如今之马衣也。"（页494）
⑤ 〔汉〕王逸《楚辞章句》卷一《离骚》，国家图书馆藏明隆庆五年（1571）夫容馆刻本（善本书号：11140），第20b页。

《论语·颜渊》"棘子成曰：'君子质而已矣，何以文为？'"，郑玄曰："旧说云：棘子成，卫大夫也。"①

《国语·鲁语下》"木石之怪曰夔、蝄蜽"，韦昭注："或云：夔，一足，越人谓之山缲（音骚）。蝄蜽，山精，好效人声而迷惑人也。"②

结合《离骚》原文"朝吾将济于白水兮，登阆风而绁马"的语境，据"或云"之说，则反顾阆风山，哀其无同心之人，乃继而游春宫；按旧说，则反顾楚地无贤臣，故进而游春宫。王逸串讲句意云"楚有高丘之山"，其实是调和了这两种说法，尚可认为其对异说有所斟酌。然而郑玄解释棘子城，韦昭解释夔和蝄蜽，都只是单列异说，完全没有采择其他说法，也没有提出新见，权以异说充当注解，这就显然是一种存疑的做法。郑玄注书多云"未闻"，高诱也明确指出"其所不达，注以'未闻'"（页6），杜预则云"未审"③，而郭璞更是常于注中坦言"未详"，这些阙疑之辞或在仅录异说时加以运用，可以佐证仅录异说的基本立场。

当然，从严格意义上而言，单列一说就不能说是"异"说，不过注家仍使用"或云""旧说"等用于领起异说的表述，可知并未视之为完满的解释，所以这些说法仍未摆脱其作为"异说"的基本性质。而且，当一种异说被打上"旧"的烙印时，往往意味着要有针锋相对的新说产生，所引旧说也就成为被批判的对象，因此我们可以看到，凡古注载录旧说往往持否定态度。例如：

《礼记·间传》"葛带三重"，郑玄注："葛带三重，谓男子也，五分去一而四纠之，带轻，既变，因为饰也。妇人葛绖，不葛带。旧说云：'三纠之，练而带去一股。'去一股则小于小功之绖，似非也。"④

《孔子家语·曲礼子夏问》"邴人子革卒，哭之，呼'灭'"，王肃注："旧说以灭子蒲名。人少名'灭'者，又哭名其父，不近人情。疑以孤穷，自谓亡灭也。"⑤

《庄子·至乐》"髑髅深矉蹙頞曰：'吾安能弃南面王乐而复为人间之劳乎！'"，郭象注："旧说云：'庄子乐死恶生。'斯说谬矣！若然，何谓齐乎？所谓齐者，生时安生，死时安死，生死之情即齐，则无为当生而忧死耳。此

---

① 《论语注疏》卷一二，阮元校刻《十三经注疏》本，第5册，第5437页下栏a。
② 徐元诰《国语集解》，北京：中华书局，2002年，第191页。按："音骚"二字，徐据明道本补，然明道本注当是羼入的唐ru旧音（参见方韬《韦昭〈国语解〉文献考释》，载《中国典籍与文化》2021年第2期），本不必补。徐又据黄丕烈《礼记》删"或作獿富阳有之人面猴身能言或云独足"十七字，然按《史记集解》所引，则有其中"或言独足"四字，姑志一疑。
③ 《左传·僖公四年》"尔贡包茅不入"注，《左传注疏》卷一二，阮元校刻《十三经注疏》本，第4册，第3891页上栏b。
④ 《礼记注疏》卷五七，阮元校刻《十三经注疏》本，第3册，第3604页上栏a。
⑤ 高尚举等《孔子家语校注》卷一〇，北京：中华书局，2021年，第645页。

庄子之旨也。"①

对于这些不合理的旧说,注者没有直接另设正说,而是在批驳旧说的基础上创建新说,无疑更加完整地显示出其立说的依据和过程。对此我们除了可以进行异同的比勘,还能藉之一窥注家的学术旨趣,如郑玄基于五服差次,以明练时三分葛带而去一股为不合礼制;而王肃认为以"灭"为名的旧说难以成立,则只是出于"人情"的考虑;至于郭象径斥旧说之谬,盖因事关庄书弘旨,故而不得不辩。

这种"异说＋按断＋正说"或"正说＋异说＋按断"的注文结构,不限于标记旧说,也适用于一般的异说载录形式。例如:

《楚辞·大招》"三圭重侯",王逸注:"三圭,谓公、侯、伯也。公执柏圭,侯执信圭,伯执躬圭,故言'三圭'也。重侯,谓子男也。子、男共一爵,故言'重侯'也。或曰:'公、侯、伯、子、男同谓之诸侯,三圭比子男为重。'非也。"②

《仪礼·士虞礼》"其他如馈食",郑玄注:"如特牲馈食之事。或云:'以左胖虞,右胖袝。'今此如馈食,则尸俎、祔俎皆有肩臂,岂复用虞臂乎?其不然明矣。"③

大致上来说,一部文献的注解史越长,异说就越丰富,面对林立的众说也就势必需要一定的判断和别择。因此,在汉晋古注中,按断的多少或者对异说的态度宽严,基本构成经籍注解和子史注解的分野标准。汉代经学本就强调家法,若"观听不决",则"多随二创"④;而注解子书则没有这种负担,所以赵岐只是指出《孟子》"宜在条理之科"⑤,高诱也仅评价《吕氏春秋》为"大出诸子之右"⑥,二家对异说都不加按断,相对较为通达。当然,郑玄笺《诗》"宗毛为主"⑦,王弼注《易》"尽黜象数"⑧,孔氏传《书》出于作伪,诸家皆不载录异说,则各有缘由,

---

① 郭庆藩《庄子集释》卷六下,北京:中华书局,1961年,中册,第619页。
② 〔汉〕王逸《楚辞章句》卷一〇,第9b页。按:《楚辞补注》本"或曰"作"补曰",无"非也"二字,黄灵庚谓因《补注》窜乱(氏著《楚辞章句疏证(增订本)》,上海:上海古籍出版社,2018年,第6册,第3121页),然注文末尾部分显系异说,且不符洪兴祖补正注文多有文献引据的特点,当以《章句》单行本作"或曰"为是。
③ 《仪礼注疏》卷四三,阮元校刻《十三经注疏》本,第2册,第2547页下栏b。
④ 《公羊传注疏》卷首何休序,疏云"凡论义之法,先观前人之理,听其辞之曲直,然义正决之"(阮元校刻《十三经注疏》本,第5册,第4760页下栏a),说尤得理。
⑤ 〔清〕焦循《孟子正义》卷首赵岐《孟子题辞》,上册,第25页。
⑥ 许维遹《吕氏春秋集释》卷首高诱《吕氏春秋序》,上册,第3页。
⑦ 《毛诗正义》引郑玄《六艺论》,《毛诗注疏》卷一,阮元校刻《十三经注疏》本,第562页上栏a。
⑧ 〔清〕纪昀等《四库全书总目》,《国学基本典籍丛刊》影印清武英殿本,国家图书馆出版社,2019年,第2册,第6页。

另当别论。

不管是哪种异说类型和载录形式,也不论异说性质和注家态度如何,凡是异说都不出具主名,区别于那些标明来源的某家之说。可是,对于一些异说,我们并不难考其出处,高注异说自不待言,即如前引王肃所载"以灭子蒲名"的异说,实际出自郑玄①;又如《公羊传》何休注"或说:甒,玉甒",亦即来自《左传》②。那么为何注家都不明指,而是采用这种笼统的引录方式呢？更有趣的是韦昭《国语解》:

> 《周语上》"宣王欲得国子之能训导诸侯者",注:"贾侍中云:'国子,诸侯之嗣子。'或云:'国子,诸侯之子,欲使训导诸侯之子。'唐尚书云:'国子,谓诸侯能治国、治养百姓者。'昭谓:国子,同姓诸姬也。凡王子弟谓之国子。"
>
> 《晋语一》"伯氏不出",注:"贾、唐皆云:'伯氏,申生也。'一云:'伯氏,狐突也。'昭谓:是时狐突未杜门,故以伯氏为申生。伯氏,犹言长子也。"
>
> 《晋语四》"蒲城伯请佐",注:"或云:'蒲城伯,狐毛也。'贾侍中云:'蒲城伯,先且居也。'昭谓:上章,狐毛已卒,使先且居代之。贾得之矣。"③

贾为贾逵,唐是唐固,而"一云""或云"则不知谁氏,从内容上看,当是某家《国语》注解,但韦昭载其说或在贾、唐前,或在二家中间,则难以据此定其时代先后。韦注又明称"郑司农""虞御史",可知没有主名的异说应当出于四家之外,或即王肃之说④,亦未可知。然而韦氏在采录各家之说的同时,必兼载此佚名之说,足以引起我们进一步的思考:古注何以多载异说,其渊源如何？

其实通过"一曰""或曰"等方式引录旧说异辞,原本就是早期文献中的一个重要传统,如《礼记》解释射义云"射之为言者绎也,或曰舍也"⑤,兼载两说;又如《史记》述老子其人,"或曰:老莱子,亦楚人也""或曰:儋即老子"⑥,异闻并存。不过,载录异说真正发挥其在经典注解中的功能,还是得益于章句学的实践。除了一般意义上的广异闻、存异说之外⑦,章句、传注载录异说的功能还包

---

① 《礼记·檀弓上》"子蒲卒,哭者呼灭",郑注:"灭盖子蒲名。"《礼记注疏》卷八,阮元校刻《十三经注疏》本,第3册,第2797页上栏a。
② 此徐彦疏说。《公羊传注疏》卷一七,阮元校刻《十三经注疏》本,第5册,第4973页下栏a。
③ 徐元诰《国语集解》,第23、257、359页。
④ 按《隋书·经籍志》载王肃《春秋外传章句》一卷。《隋书(修订本)》卷三二,中华书局,2019年,第4册,第1053页。
⑤ 《礼记注疏》卷六二,阮元校刻《十三经注疏》本,第3册,第3665页下栏a。
⑥ 《史记(修订本)》卷六三《老子韩非列传》,第7册,第2592—2593页。
⑦ 刘向《洪范五行传论》以"一曰""或曰"载录时人异说,参程苏东《〈汉书·五行志〉体例覆核》,载《中国史研究》2020年第4期。

括以下几个方面:

一是辩驳异义。上文所引诸家注解辩驳异说,其实正是章句学的余风。章句之学长于论难,谨守章句就必须应对各种不同的说解,包括一些相传旧说或流行之说,这时就可以通过"或曰""一说"等方式引录其说而施以辩论。虽然史称王充"博览而不守章句",但《论衡·正说》一篇反而呈现出一定的章句学特点,其所引五种《尚书》"或说""或谓""或以为",三种《春秋》"或说""又说"①,大抵皆出于当时的博士官学,王氏旨在批驳,不须明举异说出处。又《五经异义》载"一说"虞主"埋之于庙北墉下",与"《戴礼》及《公羊》说"及"《左氏》说"相对②,盖为今文家内部异说,许慎按语不存,然其按断的对象自然包括这则异说。可见不具主名有利于最大限度地载录各种异说。

二是自设异辞。章句学惯于设难应敌,一些异说其实就是在这个过程中产生的,属于自创的异说。相应地,古注中的异说可能也有不少是注家自己所发,而非另有来源,如:

> 《周礼·春官·典瑞》"四圭有邸以祀天、旅上帝",郑司农云:"于中央为璧,圭著其四面,一玉俱成。尔雅曰:'邸,本也。'圭本著于璧,故四圭有邸,圭末四出故也。或说:四圭有邸,有四角也,邸读为抵欺之抵。"③

贾疏即谓"以无正文,故两释之",认为郑众自为两说。又对于《淮南子》高注异说,也颇有学者指出其为自作别解④。这些看法并无根据,略备一说。值得一提的是,何晏《论语集解》以"一曰"的形式载录5条异说,而邢昺《正义》指出:

> "颇为改易"者,言诸家之善则存而不改,其不善者颇多为改易之。注首不言"包曰""马曰",及诸家说下言"一曰"者,皆是何氏自下己言。⑤

如果此说成立的话,那么"一曰"之说反而出于注者,虽是集解体下的特殊变例,但却不妨当作异说可以自设的佐证。

三是整理异说。当众说纷纭而各有得失时,不具主名加以载录就不失为一种可供采纳的整理方式。《白虎通》作为当时诸儒"讲议五经同异"的直接成果,其载录异说便与《石渠议奏》一一出具主名不同⑥,显示了班固"撰集其事"

---

① 〔汉〕王充撰,黄晖校释《论衡校释》卷二八,下册,第1123—1127、1131—1132页。
② 《礼记正义》卷引九引,阮元校刻《十三经注疏》本,第3册,第2818页上栏b。
③ 《周礼注疏》卷二〇,阮元校刻《十三经注疏》本,第2册,第1677页上栏a。
④ 《淮南子·说山》"乘桴而入胡",高注"一曰瓠",陶方琦认为"乃别解也"。《淮南许注异同诂》卷四,第12a页。
⑤ 《论语注疏》卷首,阮元校刻《十三经注疏》本,第5册,第5334页上栏b—下栏a。
⑥ 参[日]田中麻纱巳《〈白虎通〉之"或曰"与"一说"》,刘莹译,石瑊校,载《经学文献研究集刊(第二十一辑)》,上海:上海书店出版社,2019年,第121—134页。

之用心。例如：

> 祭五祀，天子、诸侯以牛，卿、大夫以羊，因四时祭牲也。一说：户以羊，灶以鸡，中溜以豚，门以犬，井以豕。或曰：中溜用牛，不得用牛者用豚。井以鱼。①

这里"或曰"之说仅言祭中溜、祭井所用，其余当同"一说"，显然是其进行了局部调整，都与第一说截然不同。无论主说还是别说，都未必是一家之说，陈立《疏证》常将前说、异说坐实为某家说，其实就是忽略了"考详同异"和班固整理的过程。古注载录异说应当也有整理之迹，与其本来面貌不尽相同。正如后来皇侃整理旧说而称"一云""一家"非所以干没前人②，古注载录异说亦各有其用心。

由此可见，异说载录形式的灵活性与其功能的多样性相辅相成。然而与此同时，"一曰""一云""一说""或曰""或云""或说""或谓""或以为""旧说"等纷错的表述方式却也容易让人无所适从，所以王逸、赵岐等人都曾进行过整齐化的尝试。王逸载录异说，主要都用"或曰"，其中又有部分异说并载其对应的异本③，例如：

> 《国殇》"操吴戈兮被犀甲"，注："戈，戟也。甲，铠也。言国殇始从军之时，手持吴戟，身被犀铠而行也。或曰'操吾科'，吾科，楯之名也。"
>
> 《惜诵》"又众兆之所咍"，注："咍，笑也。楚人谓相嘲笑曰咍。言己行度不合于俗，身以巅堕，又为人之所笑也。或曰'众兆之所异'，言己被放而巅越者，行与众殊异也。"④

以"或曰"出示异本也见于郑玄注《礼记》，如《玉藻》"乘路车不式"，郑注引"或曰'乘兵车不式'"即是其例⑤，但以校勘为主，其性质与王逸兼载异本及其说解并不相同。而赵岐载录异说，则严格区分了"曰"和"说"两种表述，前者正好对应于本文所区分的事实型异说，后者则都属于解释型异说，二者判然有别，例如：

> 《告子上》"性，犹杞柳也"，注："杞柳，柜柳也。一曰：杞，木名也。《诗》云：'北山有杞。'"

---

① 〔清〕陈立《白虎通疏证》卷二《五祀》，上册，第81页。
② 〔日〕乔秀岩《义疏学衰亡史论》，北京：生活·读书·新知三联书店，2017年，第17—19页。
③ 参张祝平《〈楚辞章句〉所引"或曰"蠡测二则》，载《中国楚辞学》第19辑，北京：学苑出版社，2013年，第160—168页。
④ 〔汉〕王逸《楚辞章句》，卷二第18b页、卷四第4a页。
⑤ 《礼记注疏》卷三〇，阮元校刻《十三经注疏》本，第3册，第3215页下栏a。

《告子上》"今夫弈之为数",注:"弈,博也。或曰:围棋。《论语》曰:'不有博弈者乎。'"

《滕文公上》"吾有所受之也",注:"言我转有所承受之,不可于己身独改更也。一说:吾有所受之,世子言我受之于孟子也。"①

前两例先出异说,后加引证,表明了异说的文献来源。这种形式在赵注中也实现了较强的一致性,可以确定是有意为之。以上虽然只是一家内部的注例,并未成为注书通例,但无疑都是有益的尝试。②

后世兴起了各种不同的注解体式,而具体的学说也异代迭出,但载录异说作为一种基本的注书方法,却始终影响着历代注家。所有上述关于异说的内容类型,记异闻、补正说、表阙疑等不同性质,以及辩驳异义、自设异辞、整理异说等不同功能,都得到了一定的承袭,展现出古典注解史所具有的延续性的一面。

余　论

最后我们再回过头来看《淮南子》高诱注所载异说。通过以上对东汉注书载录异说通例的释证,可知高注与当时注书多载异说的做法相一致,其载录异说自然符合基本通例。然而奇怪的是,后世学者借由存世古注中的异说以进行佚注的辑录,把异说当旧注,却仅见于《淮南子》注这一种书;而对于其他古注所载异说,由于在唐代以前就已经多属"不知谁说"的佚名之说③,学者们的态度基本是将其作为订正古注的说解资源,并不真正关心这些异说本身的性质差异以及注家载录异说时的学术考量,这在经注以外其他古注的研究中尤其如此。从这个角度来说,陶方琦试图从《淮南子》高注异说中离析出许注,虽然在操作过程中运用的方法存在问题,但在思路上反倒值得称许。如果我们进一步意识到古注载录异说的普遍性及其通例,并对这些不具主名的异说加以悉心甄别,尽管很难直接将其转化为辑佚的材料,但毫无疑问能够促进我们理解不同古注之间的关系。

---

① 〔清〕焦循《孟子正义》卷二二、二三、一〇,第732、779、328页。
② 后来陆德明在《经典释文》中区分各题姓氏之音和"一音""或音",也是整齐体例的做法。虽非异说,但音义所载异文、异读,本与异说有关。《经典释文》卷首《序录》,影印宋刻宋元递修本,上海:上海古籍出版社,1985年,上册,第5页。
③ 《左传注疏》卷五一,阮元校刻《十三经注疏》本,第4册,第4580页下栏b。

南京图书馆藏毛扆手校汲古阁试印本《说文解字》述略

董婧宸

【内容提要】 南京图书馆藏毛扆手校汲古阁试印本《说文解字》，实为毛扆康熙四十三年（1704）至康熙四十四年前后主持汲古阁本《说文解字》初印本阶段修版工作的校样。毛扆在试印本上的朱笔、墨笔、蓝笔校语，表明毛扆曾参考毛抄本《系传》，兼采《广韵》《玉篇》《类篇》等字书韵书，校改汲古阁本《说文解字》的点画、篆形、说解、反切。结合毛扆批校墨色和毛本不同印次的实物版本，可以厘清毛扆的校勘层次，确定毛初印本的修版时间：毛扆在试印本上的部分朱笔、墨笔校语，关乎毛本《说文》初印甲本、初印乙本的修版；毛扆在试印本上的部分朱笔、墨笔及蓝笔校语，关乎毛本《说文》初印丙本的修版。康熙四十三年三月至四月前后，初印甲本修版；此后，初印乙本修版；康熙四十四年八月前后，初印丙本修版。段玉裁嘉庆二年（1797）作《汲古阁说文订》时，另外获见了一部毛扆手校汲古阁初印甲本《说文解字》，该本为毛扆康熙五十二年（1713）主持汲古阁本《说文解字》剜改本阶段修版的校样，为毛扆不同时期、不同性质的汲古阁本《说文解字》校样。

【关键词】 毛扆 《说文解字》 汲古阁本 校样

在《说文解字》的版本流传史上，版片屡经修版、数次易手、多见翻刻的毛氏汲古阁本《说文解字》，是清代前期流通最广、影响最大的《说文解字》版

【作者简介】 董婧宸，北京师范大学民俗典籍文字研究中心、中国文字整理与规范研究中心副教授。

【基金项目】 国家社科基金重大项目"传统训诂学与现代阐释学会通研究"（24&ZD231）。论文撰写时，蒙好友董岑仕订正谬误，小友许小慎删定校勘，并得到了南京图书馆、上海图书馆、中国国家图书馆、湖南图书馆、辽宁图书馆、京都大学人文科学研究所、大谷大学等藏书机构的协助。论文初稿曾在"从'治书之学'到'作为方法的文献学'——第二届中国古典文献学新生代研讨会"宣读，幸得李霖老师评议指正，并蒙浙江古籍出版社慨充，拟影印收入"批校经籍丛编"，一并致谢。

本。① 嘉庆二年(1797),段玉裁获见了有毛扆"癸巳年修板第五次"题识和校语的汲古阁初印本《说文解字》,作《汲古阁说文订》,揭示了汲古阁本的前后修版,推动了《说文》研究和刊刻。② 然而,关于汲古阁本《说文解字》的刊刻底本、修版印次、修版年月,段玉裁《说文订》仍留下了一些尚未解决的问题。

南京图书馆收藏有一部毛本《说文解字》(GJ115366),是今存的毛本《说文解字》中印次最早的一部,上有毛扆康熙四十三年(1704)、康熙四十四年的题识,及毛扆的朱笔、蓝笔、墨笔手校校语。前贤时彦曾就此本《说文》的文献价值作了初步讨论,但关于毛扆的校勘层次和校语性质,仍有重新检讨的必要。③ 本文旨在既有研究基础上,结合毛本《说文》的印本考察,略述该本的递藏源流和毛扆题识校语,厘清毛扆的校语层次,梳理毛扆校语墨色和毛本《说文》修版的关联,明确毛本《说文》初印各本的具体修版时间,以期推进对毛本《说文》刊行过程及毛扆《说文》校勘特色的认识。

一

南图藏毛扆校本《说文解字》,除四上叶十二及十四下叶一、叶二,系据毛剜改本抄补外,其余版叶均为毛试印本。④ 其中二下叶三"遴"、四下叶十八"觜"、十上叶十四"焌",十三上叶十六"蜗",文字尚有墨钉。又七下叶九至叶廿一,叶码皆误,是此本区别于初印本的典型特征。就装订、藏印和题跋而言,此本标目和卷一合装为一册,其余每卷各一册,共十五册。书衣白色绫面,内为金镶玉装,经过重装后,部分天头校语被裁去。标目首叶钤赵宗建"曾在赵次侯处"白方,各册首叶钤"南京图书馆蠹本图书"朱方,四上叶二十有"□□□□

---

① 为行文方便,本文所引诸本,遵循前人习惯,沿用简称。徐铉校定《说文解字》简称《说文》,徐锴《说文解字系传》简称《系传》,李焘《说文解字五音韵谱》简称《五音韵谱》,段玉裁《汲古阁说文订》简称《说文订》,赵均抄本《说文解字》简称赵抄本,毛氏汲古阁本《说文解字》简称毛本。毛氏汲古阁本《说文解字》的印次,本文沿用段玉裁《说文订》"初印本"和"剜改本"之说,并细分为试印本、初印本(含初印甲本、初印乙本、初印丙本)、中间印本、剜改本(含剜改初修印本、剜改后印本)。参见下文讨论及段玉裁《汲古阁说文订》,嘉庆二年袁氏五砚楼刻本;潘天祯《潘天祯文集》,上海:上海科学技术文献出版社,2002年,第217—267页;郭立暄《中国古籍原刻翻刻与初印后印研究》,上海:中西书局,2015年,第347—349页;董婧宸《毛氏汲古阁本〈说文解字〉版本源流考》,《文史》2020年第3辑。
② 段玉裁所见的有毛扆癸巳题识的《说文解字》,今下落不知。乾嘉时期此本藏于周锡瓒处,段玉裁嘉庆二年六月廿四日撰跋,七月十五日续有考订,另撰《汲古阁说文订序》。嘉庆五年(1800)五月,顾广圻借得此本并撰跋。光绪七年(1881),淮南书局本以此本为底本翻雕,书前摹刻毛扆书衣题字,卷末摹刻毛扆题识,书后摹刻段玉裁、顾广圻跋文。
③ 潘天祯、郭立暄、董婧宸等学者均已指出南图藏本为毛扆康熙四十三年至康熙四十四年校勘毛本《说文》的校样本,并对毛本《说文》印次作了调查。遗憾的是,既往研究在毛本《说文》的印次调查上还有遗漏,也未能充分揭示毛扆校语墨色和毛本《说文》修版印次之间的关系。
④ 据四上叶十二"旧"、十四下叶二"隄"下文字,知抄补所据为毛剜改本。

川太史纸"纸号戳记。书后有顾葆龢跋文二纸,第一跋作于戊午(1918)三月重装后,第二跋作于四月廿四日。① 顾葆龢,字兰泽,亦作兰蜇、澜蛰,顾湘之孙。顾葆龢跋文指出,此本有毛扆校语,"逐卷纠正点画,剔其错误,眉端字里,朱墨灿然",卷末间有毛扆题识,"并记年月"。以下为讨论方便,先录出毛扆题识,再考察毛扆的校勘方式和校勘内容。

毛扆校本《说文解字》各卷卷末,间有毛扆题识,共十六则:

二上:乙酉中秋前一日早稻登场,尘坌中阅此。扆。

二下:乙酉中秋日崑山返棹,阅完此卷。毛扆。

五上:甲申三月晦阅此卷,正一字(说)。省庵。

五下:甲申三月晦阅。省庵。

六下:甲申四月朔阅此卷,是日西北风,老农占验,其应必潦,殊有杞人之忧也。省庵。

七上:三月二十六日上午阅。

七下:三月二十六日阅,精神困券,恐多挂漏。

八上:甲申三月二十五日巳时阅毕,正五字(闻、偷、备、取、厄。省庵记)。

九上:甲申三月二十三日雨窗阅(多所是正)。

九下:甲申三月二十四日阅竟此卷。省庵。

十上:甲申三月二十九日修过再阅。

十下:甲申三月二十二日阅此卷。省庵。

十一上:甲申三月二十有一日晴窗阅此卷,正二字(千、木。省庵)。

十一下:甲申三月二十一日泊莫阅此卷。省庵。

十二上:甲申三月十九日阅一过。省庵。

十三下:甲申四月二日灯下复阅一过,正当戌时,立夏之候,德儿侍后。省庵。

毛扆(1640—1713),字斧季,号省庵。卷二上、二下末署"扆""毛扆",其余多署"省庵"。卷十三下提及"德儿",为毛扆第三子毛绥德。结合跋语时间和墨色看,毛扆所校顺序,依次为卷十二上、十一上、十一下、十下、九上、九下、八上、七上、七下、十上、五上、五下、六下,用朱笔,自康熙四十三年(甲申)三月十九日至四月初一日止。再次为卷十三下,用墨笔,在康熙四十三年四月二日。最后为二上、二下,用蓝笔,在康熙四十四年(乙酉)八月十四日至八月十五日。在校勘顺

---

① 顾葆龢跋文,可参江澄波《古刻名抄经眼录(增订本)》,北京:北京联合出版公司,2020年,第21—24页。

序上,毛扆并非顺次校勘,也未逐卷题识。毛扆在试印本上的题识署名和题识顺序,与淮南书局翻刻的毛扆康熙五十二年(1713)校样上的题识情况类似①。

就校勘方式而言,毛扆在试印本上采用了多种校勘符号和校勘文字。毛扆多在版框内和天头用三角或圆圈标记校改之处②,毛扆也径用挑笔符号,提示修整点画、篆形,如一上 9b 版框和天头,各有七处朱笔挑笔,指校改"瑝"下"皇"字,"珒"下"若""若""补"三字,及"玖"和"珸"下三处"若"字的点画;又如六下 8b"貿""費"二篆,在版框和天头各有一处挑笔和横笔,指将"貿"上"丣"篆断开,改作从"卯",将"費"篆上下断开。同时,毛扆也会在天头附书"修断了""修短""修断裹员""补笔"等校语,交代修版细节。校改整字者,毛扆多直接将正确的字形书于天头,如十二上 2a"臻"字,毛扆在版框内的"秦"字旁画叉,在天头以朱笔书写"秦"字,指将版框内字形有误的"秦"字,校改作天头的"秦"字。校改局部者,毛扆多直接在版框内校改,并在天头书写正确的局部字形。如十二上 1b,毛扆以朱笔直接校改了版框内的"烏""鳥"二字,并在天头另书"灬"字,指将版框内原从两点的"烏""鳥"诸字,校改作从四点;又如三下 15a"瞅"字,毛扆以墨笔在版框内的篆形旁画叉,并在天头书写局部篆形,指示刻工据天头的篆形修版。

就校勘内容而言,毛扆在试印本上校勘了《说文》的篆形、说解和反切。

毛扆在试印本上对篆形的校勘,包括四种情况:其一,毛扆以挑笔、横笔等,校改粘连的篆形,间附考论。只有校勘符号,而无考论者,如前述"貿""費"二字;既有校勘符号,又附考论者,如"瑾"字"修分科了","蓛"字"修断"等。其二,小篆为玉箸篆,一般为圆头,古文、籀文为悬针篆,一般为尖头。毛扆以"裹员"提示将小篆修为圆头,见"透""棚""山"等字下;毛扆另以"尖头"提示将古文、籀文修为尖头,见"犾""归""星""丘"诸字下。其中,七上 7a 的"曡""曐"之例较为典型:"曡"为《说文》小篆,"曐"为《说文》古文,试印本中,二篆均作圆头。毛扆在版框内二篆旁分别以朱笔书"员"和"尖",并在天头以"上头要员""下头要尖"指示修版,区别二字的字体,初印甲本遵改。其三,毛扆校改局部篆形,并在天头书写正确的篆形,见"葛""蕩""瞅""胱""垙""饕""槌""衷""顗""頷""鬚""綦""希""豹""狔""竫""沸""瀰""澍""挞""豌""蟲""圖"等字下。相关篆字,"葛""蕩""蟲""圖"四字为初印乙本修版时校改,其余均为初印甲本修版时校改。其中,"瞅""胱""槌""鬚""挞""豌"的试印本篆形讹误,祖出明刻《五音韵谱》,毛扆或参考《系传》校改;"狔"字的篆形,毛扆或据《玉篇》《广韵》

---

① 淮南书局本摹录的毛扆题跋中,标目、八上署"毛扆",九下署"省庵"。
② 淮南书局本摹录的毛扆书衣题字云:"癸巳年修板第五次,凡上方有青圈者要修,无者不动。若大字内要增者,边头增一小字。"这表明加圈是毛扆用于提示修版的习惯之一。

《集韵》等字书韵书。① 其四,毛扆在天头撰写校勘篆形的校语,但未明确指示修版,见如下诸例②:

　　一下 2b 薇(䕷)[朱笔]景要考。
　　二下 13b 踹(𨂻)[朱笔]"困"篆,《传》从"困",俟考。
　　二下 15b 册(𠕋)[朱笔]"册"字长短异文,考秦碑而修正。
　　二下 15b 𦎧(𣍼)[朱笔]古文要考。
　　四上 10a 閵(𨷲)[墨笔,又整条朱笔涂去]〈上閵字,应省二笔。〉
　　五上 3b 筵(𦰩)[朱笔,又整条朱笔涂去]〈𦰩,《系传》作筵。〉

踹下之"《传》",筵下之"《系传》",明确表明毛扆的校勘系据《系传》。其中,"薇"字在中间印本修版,"閵"字在剜改本修版,其余待考的篆形,在后印本中亦未改动。

　　毛扆在试印本上对说解、反切所作的校勘,包括三种情况:其一,毛扆采用局部校改或挑笔的方式,根据《说文》小篆的不同来源,校改楷书中形近之字的点画。如"艸""丷""昔""共"诸字,楷书多作"艹"形,形体相近而小篆来源不同。从"艸"之"若""蓝"等字,毛扆以挑笔或"略断开""修分科"等文字,指示刻工将横略修断,反之,如误作不出头,则校改为从二"十"之形。从"丷"之"羊""敬""观""蔑""夢"等字,毛扆校为两竖中横不出头。其余"昔""共"等字,毛扆未作校改。再如,小篆"匀""次"等字从"二","冬""寒"等字从"仌",毛扆多将从"二"诸字的楷书校改作"二",又将从"仌"诸字的两点校改作"冫"。毛扆对点画的校改,还集中见于与"用""冃""而""矢""凸"诸字相关的文字中。这些点画校勘,继承了《五经文字》《佩觿》《字鉴》以来的传统,但对《说文》正文意义基本没有影响。其二,毛扆在版框、天头、地脚处,直接校改说解和反切的正文。如校改说解,见"芝""芙""苘""起""叉""叜""曼""毇""䭆""刺""角""觜""𦢈""筜""可""盡""晶""高""毫""楷""柳""柿""窔""窐""癢""瘱""癰""倪""侠""佻""匕""厄""廛""砭""犯""愿""湉""洰""泛""濱""西""闸""捋""挮""挑""妻""婁""匁""彈""绷""莽""騷""蟹""蠰""𦨶""封""墨""垂""镝""輓"等例下。校改反切,见"穨""僮""𩠐""頣""砭""猥""灸""怸""泚""戕""甀""驛"

等例下。这些改动,有的仅是校改试印本上源出底本的古字,有的则是参考《系传》《玉篇》《广韵》等书改动内容。其中,五上"朙"下改"就"为"说",八上"倪"下改"闻"为"闻"、"佻"下改"愉"为"偷"、"匕"下改"耴"为"取"、"覽"下改"见"为"厄",十一上"沘"下改"于"为"千"、"泲"下改"水"为"木",初印甲本遵改,也与相应各卷卷末毛扆康熙四十三年的题识相合。其三,毛扆在天头、地脚撰写校勘《说文》说解、反切的校语。涉及说解者,如:

二上 10a 嗙,淮南宋蔡舞嗙喻也。[朱笔]《系传》"舞"上有"謌"字,出《上林赋》。

四上 10b 瘫,人所指辙。[墨笔]辙,疑。

六上 7b 樧,长木也。[朱笔]木长。

八上 8a 偘,徼偘受屈也。[朱笔]徼偘受屈也。楚金谓《上林赋》之文,考《上林赋》无此文,乃是《子虚赋》,二赋相联偶误尔。

八上 8b 伃,憺词。[朱笔]"伃"注,考《类篇》注作"俌"。亻。

九上 2b 頯,头颒頯也。[朱笔]颒,《韵谱》作颔,《系传》作"蕱",徐锴曰:按字书"蕱"作"頯"。〈头恶也。而"頯"字潦卄不成字,无所是正。〉应作"颠"。[墨笔]颒。

十上 6b 麒,麋身牛尾。[朱笔]麋字疑。

十一上 3b 溠,荆州浸也。[朱笔]按《周礼》"溠,豫州浸也",作"荆"恐误。[墨笔]《系传》亦作"荆"。

十二下 8a 婴,阴婴也。[朱笔]阴,《系传》作"婞",要考。《玉篇》亦作"婞"。

十三下 1b 蠱,蛊蠱也。[墨笔]蠱,疑〈蠱〉蠱。

十四上 14b 靲,读若胥。[朱笔]〈音释〉要考。"胥"字误,疑作"揩"。茸。

十四下 3a 陇,酒泉天依阪也。[墨笔]天依,疑。

涉及反切者,如:

一下 12b 芝,匹凡切。[朱笔]"匹"考。

二上 9b 嗲,古肴切。[朱笔]"古"考。

三下 16a 改,古亥切。[朱笔]〔考《玉篇》《佩觿》俱〔当〕"余止切",从攴巳声,〔徐〕氏兄弟音误。余止。

四上 13a 冐,徒结切。[朱笔]□作莫。"徒"字误。《说文》□时未有翻切,徐鼎臣□孙愐《唐韵》音之。今《广韵》□"莫结反"。

四上 17a 鸮,千娇切。[朱笔]〔千〕疑,要考。《玉篇》不见。《广韵》作"于娇切"。于。

十上 17b 煇，沉韦切。[朱笔]"沉"，疑"况"。

十一上 9b 滥，卢瞰切。[朱笔]滥，《玉篇》音槛。

十二下 4b 姣，胡茅切。[朱笔]胡茅，《系传》作"根卯"。考《玉篇》作"户交"。

十二下 13b 义，宜奇切。[朱笔]〈奇，疑〉寄。《系传》作"鱼智反"。寄。

十二下 18a 甑，上封切。[朱笔]"上"，应"与"。《系传》作"与"。与。

十三下 15b 勋，余两切。[朱笔]"余"，要考《玉篇》。[墨笔]作"余"。

这些校语中，"頼"下引及《韵谱》，指《五音韵谱》；"嗙""御""頼""瑳""姣""嬰""义""甑"下引及《系传》；"改""鸮""滥""姣""嬰""勋"下引及《玉篇》；"苴""鸮"下引及《广韵》；"侉"下引及《类篇》。另外，"芝""梴""陒"等字，虽未明确提及所据书籍，当据《系传》；"雍""麒"等字，虽未明确提及所据书籍，当据《类篇》。①上述校语表明，毛扆在校勘时，多先据《系传》校勘，再参考《玉篇》《广韵》《类篇》等书考订。相关校语中，"侉"例合于卷末毛扆康熙四十三年的朱笔题识，且"侉""頼""嬰""改""义""甑"诸例，初印甲本依毛扆校语修版；"蠹"例，初印乙本依毛扆校语修版；"嗙""苴""鸮"三例，中间印本依毛扆校语修版。"梴""斲""陒""煇"诸例，试印本的校语为疑词，毛刻改本修版。其余各例，毛刻改本中亦未作改动。

另外，卷七下版心叶码，叶九至叶廿一有误，毛扆朱笔校于版心和天头，初印甲本据以修版。标目卷，毛扆除了校勘前述的点画、篆形外，还集中校勘了《说文》部首分卷、序次及音读。就部首分卷而言，标目叶 1a 天头："凡乚者上卷也。"在标目各卷下，毛扆据大徐本分卷，以朱笔勾出《说文》各卷上、下的分卷。② 就部首序次而言，毛扆参考《汗简目录》，校勘了毛本《说文》标目的部次。毛本《说文》标目卷八，作"重裘老毛毳尸尺尾卧身月衣履"，与宋本、赵抄本《说文》标目、正文及《系传》正文之"重卧身月衣裘老毛毳尸尺尾履"不同。毛本标目的顺序，当为毛晋刊刻时，参考《系传·部叙》校改。毛扆在此卷"重"至"履"部的篆文旁，以朱笔注明"汗一"至"汗十三"，表明毛扆另据《汗简目录》次序校勘③；毛扆又于"卧身月衣"边，勾勒至"重"下，并在天头校云，"标目'重'下接

---

① 如陒，《系传》作"酒泉天陒阪也"，故毛扆校语："天依，疑。"麒，《说文》《系传》《五音韵谱》作"麋身牛尾"，毛抄本《集韵》《类篇》作"麋身牛尾"，故毛扆校语："麋字疑。"

② 《说文》大徐本和小徐本的分卷，略有不同，见《说文》卷五、六、七、八、九、十、十三、十四下。毛扆此处均据大徐本正文勾出分卷。

③ 案，《汗简》正文中，卷三内部首顺序为"重老裘毛毳尸尺尾卧身月衣履"；《汗简目录》中，则为"重裘老毛毳尸尺尾卧身月衣履"，知毛扆所据，为《汗简目录》。又，《说文》卷十五上《说文解字叙》亦有《说文》部序，与《说文》标目不同。毛扆于卷十五上叶十四"重"至"履"旁，以"一"至"十三"注明《汗简目录》序次。

'卧'""标目'尾'下接'履'""标目'衣'下接'裘'",毛扆之"标目",当指《说文》正文中的部次。就部首反切而言,毛扆在天头对"示""疋""步""皀""髟""炙""且"这些有多个音读的部首,加注直音或反切。

二

毛扆康熙四十三年至康熙四十四年前后在毛试印本《说文解字》上的朱笔、墨笔、蓝笔校语,实为毛扆主持汲古阁本《说文解字》初印本阶段修版工作的校样。毛扆康熙五十二年又在另一部毛初印甲本《说文解字》上留下了朱笔、蓝笔校语,作为汲古阁《说文解字》剜改本阶段的修版校样。①

段玉裁作《汲古阁说文订》,指出毛本《说文》以"癸巳修版"为界,可分为初印本、剜改本。结合毛本《说文》的版本调查看,段氏的划分大体正确。从实物版本看,毛本的存世印本,可以进一步区别为试印本、初印本、中间印本、剜改本。毛试印本即南图藏毛扆校本《说文解字》。段氏所说的初印本,可细分为初印甲本、初印乙本、初印丙本。② 需要说明的是,初印丙本笔者尚未访见完整的印本,但考察中间印本卷一至卷五的印面可知,在初印乙本之后、剜改本之前,毛本的书版曾参考毛扆在试印本上的部分校语作了一次修版,对篆形、点画和个别说解作了校改。可以推知,完整的初印丙本,卷一至卷五当与中间印本一致,卷六至卷十五当亦有经过这次修版的印本。③ 中间印本反映了毛本从初印本到剜改本的过渡面貌:卷一至卷五同初印丙本,标目及卷七至卷十五同毛剜改初修印本,且已增刻《附录》六叶,卷六则仅部分同剜改本,说明毛剜改本的修版工作并非顺次进行。④ 段氏所说的剜改本,可细分为剜改初修印本、

---

① 淮南书局本摹录时,"葛""蔿""封""墨""趨""旹""鴞""闠"等字下,与初印甲本的面貌稍有睽违,或为刊刻时,未尽依底本摹刻,而以毛剜改本为工作底本所致。

② 南图孙毓修旧藏本(GJ117527)、上图许厚基旧藏本(善751837—42)、辽图藏本(善22009)、湘图徐松跋本(善193.3/42—3)为初印甲本。其中湘图藏本(善193.3/42—3)为徐松、何绍基、叶启勋、叶启发递藏,卷十五下叶十四"有明后学毛晋从宋本校刊男扆再校"一行割去。徐松跋云:"此汲古阁初印本,极为难得。末行故有'后学毛晋从宋本校刊男扆再校'十三字,书贾削去,伪作宋椠,其版心补迹亦镵去'汲古阁'字也。道光七年余得此本,因记之。后之作伪者必并此行矣。大兴徐松识于好学为福之斋。"南图陈奂跋本(GJ114967)、台图莫棠跋本(00912)为初印乙本。其中台图藏本(00912)仅存标目至卷六,卷七以下以淮南书局本配补。

③ 需要说明的是,中间印本标目卷"卅""辛""△""色"下,较初印乙本亦有修版。但参考淮南书局本的题识看,中间印本标目卷当为剜改初修印本,故暂时不将标目卷的改动作为初印丙本的证据。

④ 上图藏本(线普329461—64)、国图藏本(字131.1/254部二)、京都大学人文科学研究所本(经一X—2—2)为中间印本。中间印本卷六中,"枏""楳""柟"下的文字,业已修版,"梃""闲""郝""鄂"等字,则仍同初印本。

剜改后印本两个印次。①

在试印本《说文解字》上，毛扆的朱笔校语遍及全书，其中八上、八下、九下仅有朱笔校语。毛扆的墨笔校语，有一些单独另起，有一些则在原有朱笔的基础上另作补充和涂抹，也几乎遍及全书。毛扆的蓝笔校语，有的直接书于天头，有的则在原有的朱笔、墨笔校语旁加圈，集中见于标目、一上、一下、二上、二下，并散见于三上、三下、六上、七上、十三上、十三下。结合毛本《说文》不同印次的印本来看，毛扆在试印本上的校勘，并非完全依朱笔、墨笔、蓝笔的顺序进行。毛扆不同墨色的校语，和毛本《说文解字》从试印本到初印本的历次修版，有着复杂的对应关系，试述如下：

汲古阁本《说文解字》从试印本到初印甲本的修版，遍及全书，包括点画、篆形、说解、反切的校改，大多能追溯到试印本上的毛扆朱笔、墨笔校语。毛扆朱笔校语，初印甲本遵改者，见一上 1a"校"、1b 丕下"敷"、2a 帝下"辛""龙""童"、示下"观"，一下 1a 屮下"通"、2a 芝下"之"、5a 蓏、10a 茉下"市"，二上 14b 起下"巳"、16a 止下"市"，二下 3a 遄下"市"、3b 耄，十三下 7b 坙下"乌"、16a 勇下"余"及 13a 畹、13b 留等。毛扆墨笔校语，初印甲本遵改者，见三上 7a 话下"胡"、12b 谰、13b 讟下"无"，三下 3a 鞻、15a 㪝，四下 10a 胅，五上 17b 竷等。

汲古阁本《说文解字》从初印甲本到初印乙本的修版，集中见于一上、一下、二上、二下、十三下，以点画修整为主，间涉篆形和说解，大多能追溯到试印本上毛扆的朱笔、墨笔校语，也涉及部分蓝笔加圈。毛扆朱笔校语，初印乙本修版者，见一上 5a 祃下"苏"、7b 瑗、璜下"璧"，一下 7b 薂下"苏"、9a 菒，二上 1a"汉"、2a 公下"红"，二下 1b 趆下"贾"、辵下"若"等。毛扆墨笔校语，初印乙本修版者，见一上 1a"汉"、10a 瑂，一下 2b 萱下"梦"、18a 莽下"昌"及 5a 蓏、9a 葛、13b 蔼，二上 12a 售下"贾"、13b 趡下"踊"，十三下 2a 蠹下"象"、8a 封下"之"、8b 墨下"墨""黑"及 1b 晶、2b 畾、8b 堞、9a 塓、10b 坟等。又十五下 14b，试印本、初印甲本作"有明后学毛晋从宋本校勘"，试印本天头有朱笔"凿深些"，墨笔在版框中圈"有明"二字，初印乙本剜去此二字。另外，毛扆初印乙本修版的朱墨校语，有个别旁有蓝笔加圈，或为确认修版，见一下"葛""菒""蔼"等例下。

汲古阁本《说文解字》从初印乙本到初印丙本的修版，包括点画、篆形、说解、反切的校改，大多能追溯到试印本上毛扆的朱笔、墨笔、蓝笔校语，尤以蓝笔校语关系最为密切。毛扆朱笔校语，初印丙本遵改者，见一上 8a 璬、8b 璘，一下 2b 薇、3a 芋下"于""芌""吁"，二上 3b 牭及㹀下"牛"、15b 趆下"趆""虔"，

---

① 国图藏袁廷梼旧藏本（善07316）、上图藏本（线善863671—73）为剜改初修本。剜改后印本存世较多，如国图藏吴骞校本（善09908）、国图藏桂馥校本（善02093）、上图藏张燕昌校本（线善T12153—68）等，均经过乾嘉学人手校，为当时的通行本。

二下9b 齻下"晢"、15a 喦下"嵒",三上2b 覹下"粤"、9b 误下"吴",三下9a 聿下"吴",四上13a "昔"下"徒结切"、17a 鴗下"千娇切",四下3b 閽下"曰曰"、18a 犕下"奮",五上10b 寍下"寧声",五下1a 彤下"冬"、8b 侯、14b 舜下"舛"等例下。毛扆墨笔校语,初印丙本遵改者,见二下6a 遏下"通用"、三上13b 誌,五上15b 虞等例下。毛扆蓝笔校语,初印丙本遵改者,篆形见一上8a 瑱、8b 瑂、12b 塙、13a 圿,一下16b 茸,二上8b 喔、9a 呈、10a 噴、10b 嗷、11b 嚳、獔、13b 趨,二下3a 遷、4a 逯、6b 徎、7a 微、13a 跐等字;点画、说解见一上1a "汉"、3a 紫下"虞"、4b 裖下之"辰",一下8a 茚下"印"、10b 蘱下"疑""蘱"、11b 芼下"蔓",二上8a 嘂下"尧"、14b 趫下"秩",二下2a 遯下"殷"、14b 蹙下"戚",三上11a 譱下"咨"等,三下15b 斁下"段"等字。另外,与初印甲本、初印乙本相较,试印本所无的四上叶12、十四下叶1叶2,中间印本补刻版叶,并校改"旧""陧"下文字。

从毛本《说文》的修版情况反观毛扆在试印本上不同墨色的校改可知,毛扆的朱笔、墨笔的校语,有的与初印甲本的修版相合,有的与初印乙本的修版相合,有的则与初印丙本的修版相合,更有一些校语,至后印本中亦未改动。毛扆的蓝笔校语,间为对初印乙本修版的确认,多与初印丙本的修版相合。同时,毛本《说文解字》的部分文字,存在反复修版的情况。如点画方面,如图1所示,一上1a "漢太尉祭酒许慎记"之"漢"字,有墨笔的挑笔和蓝笔的校语,试印本、初印甲本,右侧"卄"下为长横;初印乙本修版,长横稍短,与毛扆墨笔校语相合;中间印本、剜改本两侧横不出头,与毛扆蓝笔校语相合。又一下17a 荀下"宜"字,试印本"宜"有长点,版框中有朱笔挑笔、朱笔加圈和蓝笔加圈,天头又有"该有点"的朱笔校语。初印甲本修去长点,合于朱笔挑笔;初印乙本则又修版加刻短点,与朱笔"该有点"及蓝笔加圈的校语相合。此外,"社""昔""蕰"下之"宜",也有类似的反复修版情况。篆形方面,如"蔬"字试印本"卄"与"宀"篆形粘连,版框中有朱笔挑笔,天头有朱笔"修断",初印甲本遵朱笔校语修版而误断开成"宀",天头复用墨笔勾出局部"宀"篆,至初印乙本重新修版,校改篆形。此外,"茚""犕""髡""涪""蟁""豌""輐"等字,毛本的不同印次中,也有因多次修版造成的篆形或说解差异,试印本上的毛扆校语,往往与毛本在初印本阶段的校改情况一致。

三

毛晋、毛扆父子以汲古阁藏书闻名。顺治十六年(1659)毛晋去世前,曾将书籍及刊刻的书版分授其子毛褒、毛表、毛扆。根据书目著录和文献记载看,毛晋收藏甚富,小学类古刻精抄尤多。如宋本《说文》和宋高宗本《广韵》,经毛晋、毛表递藏;宋本《五音韵谱》、宋宁宗本《广韵》《玉篇》、影抄本《集韵》《类篇》

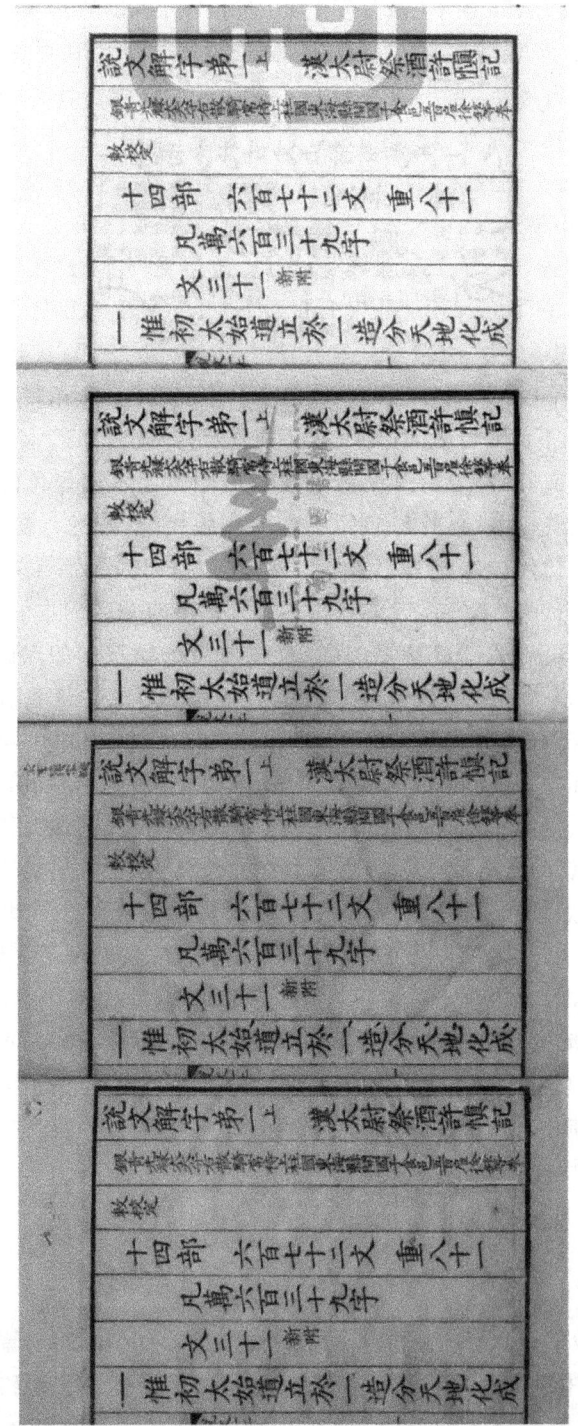

图1　毛本《说文解字》卷一叶一　试印本 初印甲本 初印乙本 剜改初修印本

等,经毛晋、毛扆递藏。① 结合毛扆手校试印本《说文解字》、毛本《说文解字》不同印次的印本和相关文献记载来看,毛本《说文解字》的书版从刊刻到修版,再到版片易手,经历了漫长的过程。

毛本《说文解字》的开雕,肇端于毛晋。毛扆在毛剜改本书后识语中提及:"(先君)嫌其字小,以大字开雕,未竟而先君谢世。"毛试印本卷十五末叶的"有明后学毛晋从宋本校刊"及淮南书局摹刻的毛扆康熙五十二年校本上的"家刻说文第四次样本"题字,均透露出毛晋在明末已经刊刻了毛本《说文》的部分版叶。② 毛本内封题"北宋本挍刊/说文真本/汲古阁藏板",但从内容和行款看,毛氏汲古阁本《说文解字》的主要底本,并非毛晋、毛表递藏并被时人视为北宋本的宋早修本《说文解字》,而是赵均抄本《说文解字》。赵均抄本《说文》今存残本,包括标目至二上、十二上至十三下、十四上至十五下,共三册,藏日本大谷大学。清人多以赵均抄本为影宋抄本,然考察其篆形及正文可知,赵抄本实据万历年间通行的明刻白口左右双边本《五音韵谱》改编而成,改编时篆次和个别文字,参考了赵均之父赵宧光旧藏的宋晚修本《说文》。毛晋在刊刻毛本《说文》时,基本保留了赵抄本《说文解字》之行款、文字,并部分参考了毛晋收藏的宋早修本《说文》、抄本《系传》及梦英石刻、《玉篇》《广韵》《类篇》《集韵》等书作了校改。③

毛晋初步雕成汲古阁本《说文》书版后,并未刷印流通。康熙四十一年(1702),朱彝尊寓居吴下,劝刊小学书籍。康熙四十六年(1707),朱彝尊为汪立名刻《汗简》作《汗简跋》,云:"予也侨吴五载,力赞毛上舍扆刊《说文解字》,张上舍士俊刊《玉篇》《广韵》,曹通政寅刊丁度《集韵》、司马光《类篇》。"④据相关题跋可知,朱彝尊提及的汪立名《汗简》刊成于康熙四十二年(1703),张士俊

---

① 参丁延峰《汲古阁藏宋刻本存佚考录》,《古典文献学术论丛(第二辑)》,合肥:黄山书社,2011年;苏晓君《汲古阁汇记》,北京:北京大学出版社,2018年;樊长远《毛氏汲古阁钞本研究》,北京:北京大学出版社,2024年。

② 毛扆所言"家刻",均指毛晋刻书,参毛扆跋《洛阳伽蓝记》《忠义集》《中吴纪闻》《春渚纪闻》《五色线集》《放翁逸稿》,收入潘天祯辑《毛晋书跋零拾》,《潘天祯文集》,第282—327页。

③ 明代白口左右双边本《重刊许氏说文解字五音韵谱》有两种,其一翻刻自嘉靖七年(1528)郭雨山本《五音韵谱》,祖出弘治十四年(1501)益藩本《五音韵谱》,所见此种,各本均无内封题记;其二为天启七年(1627)世裕堂本,卷首牒文末有"天启七年世裕堂重梓",实翻刻自第一种白口左右双边本,又有新增之误。从相关异文看,赵宧光作《说文长笺》、赵均抄《说文解字》,所据即第一种明刻《五音韵谱》。赵宧光旧藏宋元递修晚修印本《说文解字》,今存残本,藏北大(LSB/9084),钤赵宧光"赵氏凡夫""吴郡赵宧夫光家经籍"等印。关于赵均抄《说文解字》的改编情况及毛晋刊刻汲古阁本《说文解字》时的校改情况,参王辉《明抄大字本〈说文解字〉底本考论——兼说宋刊〈说文〉是否有大小字之分》,《文史》2020年第2辑;董婧宸《毛氏汲古阁本〈说文解字〉版本源流考》,《文史》2020年第3辑。

④ 〔清〕朱彝尊《曝书亭集》卷四三,清康熙五十三年(1714)刻本;又可参朱彝尊《重刊玉篇序》《重刊广韵序》《合刻集韵类篇序》,《曝书亭集》卷三四。

泽存堂本《玉篇》《广韵》刊成于康熙四十三年,曹寅扬州使院本《类篇》《集韵》刊成于康熙四十五年(1706),唯毛本《说文解字》无明确刊刻题跋。今考其印行年月,大约在康熙四十三年,有两则史料为证:其一,朱彝尊致马思赞札,提及"汲古书单,《说文》真本价甚昂,已购得一部存案头,当觅当人方可奉耳"①。此札作于康熙四十三年,是年五月,朱彝尊曾致书马思赞,言及搜罗新刊的《汗简》和即将竣事的《玉篇》《广韵》。札中透露,内封题"说文真本"的毛本《说文解字》刚刚印成,故朱彝尊购得一本并拟觅人转呈马思赞。其二,南图藏本是迄今所见的印次最早的毛本《说文》的印本,有毛扆康熙四十三年三月题识。由此可知,毛本《说文解字》的印行,当不晚于康熙四十三年三月。同时,需要指出的是,毛本《说文》当有更早的极初印本。从印面来看,毛试印本《说文解字》有个别文字歪斜、字迹纤细,且与赵抄本《说文》、宋本《说文》、抄本《系传》、明刻本《五音韵谱》互有出入,当为最初刊印后修版所致。②

　　毛扆在印行汲古阁本《说文解字》时,毛晋旧藏的宋本《说文》,已由其兄毛表售予季振宜,毛扆无由得见。③ 因此,毛扆在康熙年间校勘《说文》时,多取资《系传》。康熙四十三年至康熙四十四年,毛扆在试印本《说文解字》上作了多次墨色不一的校勘。这部校本,也是毛本《说文解字》从初印甲本、初印乙本到初印丙本的修版校样。在校语中,毛扆的朱笔、墨笔校语,与三次修版皆有关系;毛扆的蓝笔校语,与初印丙本的修版关系最为密切。揆毛初印甲本修版,与毛扆卷五上、八上、十一上署康熙四十三年三月的朱笔题识相合,知试印本到初印甲本的修版,大约在此前后。毛初印丙本的修版,与毛扆卷二上、二下署康熙四十四年八月的蓝笔题识关系密切,知初印乙本到初印丙本的修版,大约在此前后。至于毛本《说文》初印甲本到初印乙本的修版,当在康熙四十三年至康熙四十四年之间。从试印本到初印本的历次校改,点画校改尤多,亦不乏篆形、说解、反切的改动。初印本阶段,毛扆的校改来源主要为《系传》,此外也参考了《玉篇》《广韵》《类篇》《集韵》等书。

---

①　朱彝尊《朱彝尊致马思赞等书札》(第十通),收入龙野《题朱彝尊、查慎行致马思赞等四十九通书札考录》,《中国典籍与文化论丛》第17辑,南京:凤凰出版社,2015年,第133—134页。
②　如毛试印本《说文》中,榛,"一曰蓻也",《五音韵谱》益藩本等"蓻"作"芜";舜,"人马血积中为舜",《五音韵谱》各本"中"作"年",毛试印本"蓻""中"二字,有修版痕迹。又揭下"例,姆下"每",妜下"决",戬下"晋",匜下"也",娘下"良",锉下"坐",钹下"皮",醺下"熏"醺",明刻《五音韵谱》及赵抄本《说文》作隶定古字,毛本则作通行文字,然文字歪斜、字迹纤细,亦有修版痕迹。
③　国图藏宋本《说文解字》(09588),钤毛晋"臣晋"、毛表"海虞毛表奏叔图书记"、季振宜"季印振宜""沧苇"等人藏印。季振宜《季沧苇藏书目》"延令宋板书目"下著录有"说文(六本)"。季振宜康熙十三年(1674)去世,藏书散去。毛扆康熙四十四年跋《山海经》(国图12274):"沧苇殁,其书散为云烟,后闻归于昆山徐氏,无由得见。"又案,湘图藏宋本《说文解字》(善193.3/42),标目叶割补处,钤有毛扆"毛扆之印""斧季"之印,实系伪印。

康熙五十二年，毛扆另取一部毛初印甲本《说文解字》作为校样，对毛本《说文解字》作了全面的修版。根据淮南书局本摹录的书衣题识、书中跋文看，这一次修版为随校随修。四月六日至十八日，毛扆校完标目、八上、八下、九上，八上题识提及，"因有疑难处，遍检小学诸书以证之"，九上题识提及"十七日，续添《说文》后《附录》"，指卷十五下后增刻叶十五至叶二十的《附录》及毛扆识语。四月十九日至五月初六日，毛扆又陆续校完七上、七下、九下、十上、十下、十一上、十一下。今存汲古阁中间印本，卷七至卷十五与毛剜改初修印本一致，且卷十五后已经增刻《附录》六叶，其修版完成，或即在毛扆完成前述各卷的校勘后不久。稍晚一些时候，卷一至卷六的修版工作完成，经过毛扆康熙五十二年全面校勘和修版后的版本，即毛剜改初修印本。在毛剜改初修印本中，增刻的《附录》各叶版心均有"汲古阁"字，当即毛扆生前完成修版并刷印的面貌。从初印本到剜改本，除增刻《附录》外，在相关部首末修版增入了来自《系传》的"殺""殺""壞""閑""麲""犟""婁""陲""窳"等篆文，并对《说文》的篆形、说解作了不少校改。① 剜改本阶段，毛扆的校改来源，仍是《系传》《玉篇》《广韵》《类篇》《集韵》等字书韵书。

康熙五十二年九月十七日，毛扆去世。此后，毛刻《说文》的书版多次易手。段玉裁《汲古阁说文订序》："毛氏所刊版入本朝归祁门马氏在扬州者，近年又归苏之书贾钱姓。"乾隆八年（1743）至乾隆九年（1744），毛刻《说文》书版曾在苏州求售，此后书版归扬州马曰琯、马曰璐昆季，即段玉裁所说的"祁门马氏"。② 大约因版片易手，此时卷十五版心中的"汲古阁"字悉被剜去，各卷卷端的字数亦据卷内实际字数剜改，形成了毛剜改后印本的面貌。朱文藻乾隆三十五年（1770）援引《说文》以作《说文系传考异》，朱筠乾隆三十八年（1773）翻刻毛本以雕椒华吟舫本，所据均为毛剜改后印本。③ 李文藻乾隆三十九年

---

① 段玉裁《汲古阁说文订》和淮南书局本《说文解字》书后张行孚《汲古阁说文解字校记》，已指出了毛本从初印本到剜改本的明显改动，可供参考。唯二家校勘，有个别失校和误校，必要时须复核初印本和剜改本。

② 〔清〕李斗《扬州画舫录》卷四："（马曰琯）刻许氏《说文》《玉篇》《广韵》《字鉴》等书，谓之马板。"北京：中华书局，1960年，第88页。国图藏《乾嘉间名人书札诗稿》（善14899），有盛百二致桂馥书，云："癸亥、甲子间，有一苏人以汲古《说文》及《乐府诗集》并张氏所刊《玉篇》《广韵》板求售，索价一总不过二百金，而无有售主，其后遂皆归马氏。"由此可知，乾隆八年（1743，癸亥）、乾隆九年（1744，甲子）间，毛氏汲古阁本《说文》书版并张氏泽存堂本《玉篇》《广韵》在苏州求售。毛本《说文》书版归扬州马氏，又可参姚世钰《孱守斋遗稿》卷二《马秋玉佩兮昆季寄齐刀及吴溇张氏雕本〈群经音辨〉〈字鉴〉二书赋此答谢并索其新购常熟毛氏所开〈说文解〉》、周京《无悔斋集》卷十四《寄扬州马秋玉乞许氏〈说文〉诸书》。除毛本《说文》外，张氏泽存堂所刊部分书版，此时亦归扬州马氏。

③ 朱文藻乾隆三十五年汇校《系传》抄本，参校《说文》，作《说文系传考异》，其中"茜""婁""蚕""盘"等字及杀部所引重文、木部下所引篆次，均同毛剜改本。又朱筠乾隆三十八年刊椒华吟舫本，其底本亦为毛剜改后印本。

(1774)作《送冯鱼山说文序》,中云:

> 壬辰春,予调潮阳,其书院山长郑君安道,为朱竹君学士分校会试所得士,锐意穷经,且以教其徒,索《说文》于予,乃为札,求于济南周林汲,而揭阳郑运使适自两淮归里,专一介问有此书否,运使实无之,而不遽报,遣健足走扬州,从马秋玉之子取数部,往返才三阅月。以其二饷予,一插架,一贻郑进士,进士喜过望。是冬,予有事羊城,又得林汲所寄,则此本也。

乾隆三十七年(1772,壬辰),李文藻官潮阳,时郑安道主讲东山书院,向李文藻索《说文》。李文藻遂向周永年、郑大进等友人求书。郑大进又转从马曰琯(秋玉)之子马振伯索得数部。知乾隆中期,书版尚存扬州。乾嘉之际,毛刻《说文》书版转归钱景开苏州萃古斋,即段玉裁所说的"苏之书贾钱姓"。今存的毛刻改后印本中,多有内封钤有"姑苏萃古斋书坊发兑印"或"虎丘萃古斋书坊发兑印"戳记的印本,为版在萃古斋时刷印。① 从印面看,有"姑苏萃古斋书坊发兑印"戳记者刷印稍早,有"虎丘萃古斋书坊发兑印"戳记者刷印稍晚。根据这些印本看,毛本书版在乾嘉之际已较为漫漶,如卷十上自叶一至叶十二,几乎每一叶都有局部的文字模糊。道光年间,毛刻《说文》书版转至扬州,郑德懋辑、顾湘校《汲古阁刻板存亡考》"许氏说文"条云,"板向存苏州钱锦开书坊,今在扬州,字已漫漶"②。

四

南京图书馆所藏毛扆手校汲古阁试印本《说文解字》,既是目前所知毛本《说文》中印次最早的一部,又是毛扆主持汲古阁初印本《说文解字》修版工作时的校样,具有重要的文献价值。

一方面,汲古阁试印本《说文解字》呈现了毛本《说文》早期的面貌,为追溯《说文解字》从赵均抄本到汲古阁本《说文》的文本变化,提供了重要的实物版本依据。作为毛本《说文》底本的赵均抄本,今仅存残本,但根据赵抄本和明刻白口左右双边本《五音韵谱》的关系推测,毛本中的一些异文,实出《五音韵谱》。如水部新附字"瀰",宋本《说文》作:"大水也,从水爾声,武移切。"此字

---

① 上图线善 789892—97、上图线善 821510—17、上图线普长 05592、上图线普 651111—16、傅图 A 423.11 423 等毛本《说文解字》,钤有"姑苏萃古斋书坊发兑印";国图 04667、上图线普长 387304—18、台图 00914 等毛本《说文解字》,钤有"虎丘萃古斋书坊发兑印"。
② 〔清〕郑德懋辑,〔清〕顾湘校《汲古阁校刻书目》(附二种),清道光二十二年(1842)顾湘小石山房刻本。

《类篇》《集韵》等未见，《五音韵谱》列在之韵"淇"后，下有李焘案语："诸家不收，今附之字韵末。"今毛本正同《五音韵谱》而混入了李焘案语。又"突""痊""鈹""廜"等字的篆形，《五音韵谱》明刻白口左右双边本有误，毛本承袭。同时，毛试印本在"街""夌""夏""洌""甚""昊""栩"下的挤版或空字，亦当是由于毛本依赵抄本写样并据宋本《说文》、抄本《系传》等校改后形成的。

另一方面，毛扆康熙四十三年至康熙四十四年校样上不同墨色、不同层次的校勘，也为了解毛本《说文解字》在初印本阶段的修版情况和校改来源，提供了重要的线索。毛扆另有康熙五十二年在毛初印甲本《说文解字》上的毛剜改本修版校样，嘉庆二年六月廿四日，段玉裁跋云："独毛本之病，在子晋之子斧季妄改剜版，致多误处，则人未之知也。斧季孜孜好学，此书精益求精，笔画小讹，无不剜改，固其善处。然至顺治癸巳校至第五次，先以朱笔校改，复以蓝笔圈之，凡有蓝圈者，今版皆已换字，与初印本不合，而所换之字，往往劣于初印本。初印本往往与宋椠本、《五音韵谱》等本相同，胜于今版。"是年七月十五日，段玉裁又作《汲古阁说文订序》，云："四次以前，微有挍改，至五次则挍改特多，往往取诸小徐《系传》，亦间用他书。"段氏前后二文，揭示了从毛初印本到毛剜改本《说文》，既有点画的校改，又有内容的校改。唯段氏将汲古阁本《说文》的修版系于顺治十年（1653，癸巳），不确，当为康熙五十二年。段氏所见，实为毛扆康熙五十二年的修版校样，而非毛扆康熙四十三年至四十四年的修版校样。南图藏试印本书后顾葆龢跋文，曾据洪汝奎（琴西）光绪七年淮南书局本为"汲古阁弟四次样本"，推断此本为"斧季第三次覆勘者"，不确。另有学者据南图藏毛扆初印本校样，否定段玉裁所见的毛扆剜改本校样的真实性，此说也不能成立。考察毛本《说文》初印本与剜改本的修版情况，可知毛扆在两本校样上的校勘特色和改动情况，可谓有同有异。两本校样所同者，毛扆的题识和修版，均非顺次进行；毛扆的校勘墨色，均为朱笔在前，蓝笔殿后，且蓝笔加圈为确认修版的标志；毛扆的改动来源，均以《系传》为主，兼及《玉篇》《广韵》《类篇》《五音韵谱》等书。两本校样所异者，毛初印本的改动，以点画居多，并未径据《系传》校补篆文；毛剜改本的改动，在增刻《附录》之外，以篆形、说解、反切为多，乃至径依《系传》校补篆文。

总体而言，毛试印本《说文》反映出毛晋、毛扆父子《说文》校勘工作的早期面貌和具体过程，也对认识毛氏汲古阁的其他书籍校刊工作，具有借鉴意义：汲古阁本《说文解字》呈现出以《五音韵谱》为底色，又曾部分参考大徐本、小徐本及其他字书韵书校改后的面貌。大徐本、小徐本、《五音韵谱》原本各自独立而又相互关联的文本内容，梦英石刻、《玉篇》《广韵》《类篇》《集韵》等不同来源的篆形、说解和反切，最终以不同形式、不同层次，汇入汲古阁本《说文解字》。伴随着毛本《说文》在清代的通行，又潜在而深刻地影响了清代的小学研究。

准此之例,审视毛扆参与校刊的泽存堂本《玉篇》《广韵》,其中参取各书以校补字头、改动说解、改订反切,亦不乏其例。① 毛氏汲古阁刻书的得失,也值得后人深思。

---

① 据行款、刻工、文字可知,泽存堂本《玉篇》《广韵》,实自毛扆旧藏的宋宁宗本翻刻,然以同版的宋本相较,知泽存堂本改易不少。参冯先思《泽存堂校订〈玉篇〉考》,《励耘语言学刊》2019 年第 1 辑;郭立暄《中国古籍原刻翻刻与初印后印研究》(实例编)"宋宁宗时浙刻本《广韵》五卷"条,上海:中西书局,2015 年,第 190—196 页;董婧宸《南宋浙刻监本〈大宋重修广韵〉版本补考——兼述宋元详本〈广韵〉的版本源流》,《历史文献研究》2021 年第 1 辑。

论清代以来《说文》校勘的局限性及相关问题新校
——以使用古籍的版本为中心

王　辉

【内容提要】 以古书征引材料校订《说文》时,缺乏充分利用古籍善本的条件或对使用古籍的版本源流考察不足,是清代以来学者存在的局限。清代通行的古书版本多为明清时期刊刻,这些版本存在先天不足,或因为所据底本自身存在问题以致沿袭错误,或因为校刻者以他书或己意进行修改以致未能完全忠实于底本。以此校订《说文》,就会导致本来没有问题的校出了问题,有问题的却没有校出。而当代学者虽然在材料上实现了突破,但在具体实践中,梳理版本源流、利用古籍更优版本进行《说文》校勘的意识似乎并未增强。

从《经典释文》《玄应音义》《玉篇》《广韵》等书来看,存在底本与《说文》相同、通行本修改为不同,底本与《说文》不同、通行本修改为相同等诸多问题。其中有些误解沿袭至今,未被发现。只有充分利用版本研究成果,尽可能使用早期版本,才能看出校勘者存在的问题,进而祛疑解惑;也只有从版本的角度理顺这些错误,才能做到客观对待已有成果,进而提高对清代以来《说文》校勘乃至《说文》本身意义的认识。

【关键词】 说文　校勘　局限　版本

《说文解字》是中国语言文字学的核心原典之一。自东汉成书以来,一直是历代学者研究的重点。以考据学著称的清代,是《说文》研究的鼎盛时期。清人研究《说文》的第一步,就是校订文本。围绕这项工作比较有代表性的著作有段玉裁《汲古阁说文订》、钮树玉《说文解字校录》、姚文田与严可均《说文解字考异》《说文校议》、顾广圻《说文考异》、沈涛《说文古本考》等,当代王贵元著有《说文解字校笺》。这类著述广泛搜集历代古籍对《说文》的征引,校订大小徐本,取得了很好成绩。现代学者又在具体专书引用《说文》的研究上遍地开

【作者简介】 王辉,山东大学文学院、"古文字与中华文明传承发展工程"协同攻关创新平台教授。

花,成果颇多。①

然而,上述校订工作的局限性同样存在,即:或缺乏充分利用古籍善本的条件,或对使用古籍的版本源流考察不足。就清代来说,大部分学者利用的是当时的通行本,如《经典释文》用通志堂本、《玉篇》《广韵》用泽存堂本,这些刻本虽然大都依照古本刊刻,但基本都会对其使用的底本进行修改,并不能做到完全忠实的复刻。也有的是因为根据的底本自身存在问题,导致沿袭了错误。具体到书中引用的《说文》材料,也会被修改:有的本来与《说文》相同,被改为不同;有的本来与《说文》不同,被改为相同。学者使用这样的修改本校订《说文》,就会造成结论存在问题。当代学者在利用古书征引材料进行《说文》校勘的实践中,并没有因为容易获取数据,而增强了梳理版本源流、利用更优版本的意识,对有些古书的版本选择反而较清人退步了。

全面考察清代以来的《说文》校勘成果,发现存在不少因为使用古籍版本问题而导致的疏失,其中有些误解沿袭至今,未被发现。有鉴于此,今不揣浅陋,以《经典释文》《玄应音义》《太平御览》《大广益会玉篇》《广韵》《集韵》《类篇》为例,充分利用版本研究成果并结合个人探索,讨论清代以来利用这些古书校勘《说文》时存在的问题,分五类论述,并在某些条目中提出自己的新观点。为直观显示各家引书的共同性与区别,一般以直接引文形式罗列意见。出自丁福保《说文解字诂林》者,径括注该书页码。② 所用大徐本《说文》为现存最早印次的国家图书馆所藏宋刻元修本③,小徐本为《四部丛刊》影印今存台北"国家图书馆"的述古堂抄本。

一 底本或早期版本与《说文》相同或基本相同,但清代通行本与《说文》不同,这种"不同"被误用作校订的依据

清代通行的古籍刻本,征引内容与《说文》不同,被用作校订依据。但这种"不同"是出于清人的校改(也可能是沿袭底本所致,并未校改)。因为该书刊刻时所使用的底本(或与其底本属于同版同一来源)、或其底本所从出的早期版本与《说文》相同。学者利用这种并无版本依据的"不同"校订《说文》,往往会出现问题。

---

① 杜丽荣《〈说文〉学研究的新领域:"引〈说文〉研究"》对此有比较详细的综述(《宁波大学学报(人文科学版)》2015年第6期,第40—45页)。
② 丁福保主编《说文解字诂林》,北京:中华书局,2014年。
③ 〔汉〕许慎撰,〔宋〕徐铉校定《宋本说文解字》,北京:国家图书馆出版社,2017年。

(一)鞮(《经典释文》)

《说文》卷三下《革部》:"鞮,革履也。"大小徐本同。或谓《经典释文》引"履"作"屦",并据以校订,如(《诂林》第3307—3308页):

  段玉裁《注》—《周礼》释文云:"许慎曰:鞮,屦也。吕忱曰:鞮,革屦也。"与今本异。

  桂馥《义证》—"履"当为"屦"。本书"屦,鞮也"。《周礼·春官·鞮鞻氏》注云"鞻读如屦也"。《释文》:"鞮,许慎云:屦也。吕忱云:鞮,革履①也。"馥谓本书多为人改从《字林》者,此其一也。《六经正误》引《字林》与《释文》同。《广雅》"鞮,履也","履"亦当为"屦"。

  王筠《句读》径校改作"鞮,屦也"—依《周礼》释文引改。又引《字林》"鞮,革履②也",则知今本以《字林》改也。

  沈涛《古本考》—《周礼·鞮屦氏》释文云:"鞮,许慎云:屦也。吕忱云:革屦也。"《一切经音义》卷十七引"鞮,韦履也"。窃意"鞮"字从革不应单训为屦,疑元朗所引"屦也"亦"韦履也"传写之误。

唐陆德明所撰《经典释文》(三十卷),今存完本最早者为南宋刻宋元递修本,现藏国家图书馆③。此本刻于南宋初期,南宋中期、元代初期又有补版④。清代最为通行的是康熙年间徐乾学刊刻的通志堂本⑤,该书据现藏台北"国家图书馆"的明末叶林宗抄本校刊而成⑥。叶抄本源自钱谦益绛云楼藏宋本⑦,此本清初已毁灭于火。将叶抄本与国图藏宋本对照,发现宋本补版中的墨丁,叶抄本基本留白,可知绛云楼本与今见宋本应是同出一版、印次相近。又乾隆

---

  ① 按,《释文》各本无前作"屦"此作"履"者。桂馥所引此处作"履",或是出于校改,有误。桂馥《义证》手稿现藏台北故宫,王云五主编《四部丛刊广编》(台北:台湾商务印书馆,1981年)收录,此处作 [草稿] (第285页),初为"屦",改作"履"。

  ② 按,王筠引此处亦作"履",或是沿袭桂馥。非是。

  ③ 1985年上海古籍出版社影印出版此本。

  ④ 参看丁瑜《南宋浙刻本〈经典释文〉》,《文献》1980年第1期,第181—184页。李致忠《宋版书叙录》,北京:北京图书馆出版社,1994年,第240—246页。

  ⑤ 1983年中华书局影印出版此本。《通志堂经解》始刻于康熙十二年(1673年),至十九年(1680)主体部分刻完,至二十九年(1690)到三十一年(1692)之间,全部刻印完毕。参看王爱亭《〈通志堂经解〉刊刻过程考》,《图书馆杂志》2011年第1期,第83—86页。

  ⑥ 叶抄本现藏台北"国家图书馆"(索书号:109.4 01208)。此本曾为钱曾收藏,何焯谓通志堂本《释文》"从遵王钞本付刊"(翁方纲《通志堂经解目录》,《丛书集成初编》本,上海:商务印书馆,1937年,第18页)。

  ⑦ 该本后有康熙年间叶万跋语:"此书从兄林宗借钱牧斋绛云楼藏本影写,书工谢行甫也。"

五十六年(1791)卢文弨亦刻《释文》,系据叶抄本重校通志堂本而成①。

按,《释文》卷八《周礼音义·春官宗伯第三》"鞮"下引此,通志堂本作:"鞮,丁兮反。许慎云:'屦也。'"下一字"鞻"下曰:"鞻,九具反,又力具反。吕忱云:'鞮,革屦也。'"为各家所据。然叶抄本、宋本两"屦"字均作"履",与《说文》同;经注附释文本《周礼》亦未见作"屦"者。可见通志堂本作"屦"系出于校改。卢文弨刻本仍作"履也",《考证》曰:"许慎云'履也'。○旧作'屦也',今依宋本正,下同。《说文》二徐本皆作'革屦也',则与下引吕忱说同,疑非。"②

表1

鞮	经典释文			
说文	宋本	明叶抄本	清刻本	
			通志堂本	卢刻本
革屦也	履也	履也	屦也	履也

《玄应音义》卷一四、《慧琳音义》卷八五、《文选》李善注卷一六引《说文》作"革履",《玄应音义》卷一七、《慧琳音义》卷六七引作"韦履",《初学记》卷二六引作"草履"。"革""韦"义同,《慧琳音义》卷四一又谓"鞮,皮履也"。《初学记》"草"应是"革"之形近误字。可见唐时所见《说文》与大小徐本基本相同。《释文》作"履也"或是陆德明节引,《字林》则是承袭《说文》。

通志堂本此处经过刊刻者校改,且这种校改并无版本依据,以此校订《说文》,不可从。桂馥又在此基础上谓《广雅》"鞮,履也"之"履"亦当为"屦",益不可信。《急就篇》卷二"靸鞮"颜师古注:"鞮,薄革小履也。"③颜注可视作《说文》的进一步解释。又,《说文》卷八下《履部》:"屦,履也……一曰:鞮也。"小徐本中的徐锴按语,今通行的祁寯藻刻本作"鞮,革屦也"。然《韵会·遇韵》引、述古堂抄本、汪启淑刻本、祁刻初印本均作"鞮,革履也",则通行本作"屦"亦是校改所致。

(二)蔃(《太平御览》)

《说文》卷一下《艸部》:"蔃,芎藭也。"《集韵·月韵》引同,唯"蔃"作"藒",

---

① 卢文弨本或以用叶抄本校勘过的通志堂本为底本。(叶抄本后卢文弨跋语曰:"杭东里人卢文弨借校家本讫,因题数语于后。")
② 〔清〕卢文弨《卢文弨全集·经典释文考证》,杭州:浙江大学出版社,2017年,第188页。"旧作"指通志堂本,"宋本"指叶抄本。
③ 张传官《急就篇校理》,北京:中华书局,2017年,第183页。

与小徐本同。或据《太平御览》《古今韵会举要》所引作"蒳车,芮舆也"校订《说文》,如(《诂林》第1508—1510页):

  严可均《校议》——《御览》卷九百八十三、《韵会》九屑引作"蒳车,芮舆也"。

  沈涛《古本考》——《御览》九百八十三香部引"蒳车,芮舆也",盖古本如是。《尔雅·释草》:"蒳车,芮舆。"《离骚》云:"畦留夷与揭车兮。"王逸注:"揭车,一名芮舆。"《说文》之例,以篆文连注字,浅人不知,妄删车字,误矣。《尔疋》释文云:"车,本多无此字。"与《离骚》不合,不可从。《韵会》亦引有车字。

  王筠《句读》——《尔雅》:"蒳车,芮舆。"《御览》《韵会》引《说文》皆有"蒳车"字。

  北宋李昉等编纂的《太平御览》成书于太平兴国八年(983),早于徐铉本《说文》(986年)完成。现存宋刻本有二:一是藏于日本静嘉堂文库、京都大学的闽本①;二是藏于日本东福寺、宫内厅书陵部的蜀本②,是闽本的重新校刊本③。明抄本有近20种。明刻本有万历元年(1573)倪炳校刊本、万历二年(1574)饶氏活字印本两种;清刻本有嘉庆九年(1804)张海鹏刻本、嘉庆十一年(1806)汪昌序活字印本、嘉庆十二年(1807)鲍崇城刻本。④ 明清诸抄、刻本的具体底本,尚待进一步分析,然其最终来源不出宋刻闽、蜀二本。

  按,《御览》卷九八三《香部三》"蒳车"条下引此,明、清刻本均作:"《说文》曰:蒳车,芮舆也。"为各家所本。部分明抄本亦如此。然宋蜀刻本"蒳车"作"蒳",无"车"字,与《说文》同。闽刻本此卷宋版页面不存,静嘉堂文库藏两种闽刻本中的抄配页及浙江图书馆藏明抄本亦作"蒳",与蜀刻同。疑作"蒳车"系自明抄、刻本始,修改依据或是此处引用《说文》位于"蒳车"条下。"蒳车"条列

---

① 静嘉堂文库藏三帙,S079存366卷,76册,无抄配;S080存1000卷,96册,有抄配;S081存1000卷,103册有抄配。京都大学本存39卷,5册,无抄配。
② 宫内厅本存1000卷,114册,有抄配;东福寺本具体情况未知。《四部丛刊》合宫内厅本756卷、东福寺本214卷计970卷影印,仍缺者以闽本与日本喜多邨氏安政二年(1855)刻本补齐;中华书局1960年缩印此本。
③ 蜀刻本蒲叔献、李廷允序、跋,云:"《太平御览》……载籍繁伙,无复善本,惟建宁所刊,多磨灭舛误,漫不可考……叔献叨遇圣恩,将漕西蜀,因重加校正,勒工镂板。""廷允获与校雠,凡金根亥豕皆厘正之,字三万八千有奇。其义有弗可猝通而无所援据以为质者,则亦传疑,弗敢臆也。""此集川蜀元未刊行,东南惟建宁所刊壹本。然其间舛误甚多,非特句读脱略、字画讹谬,而意义往往有不通贯者,因以别本参考,并从经史及其它传记校正,凡三万字有奇。"(〔宋〕李昉《太平御览》,北京:中华书局,1960年,第1—3页)
④ 参看胡道静《中国古代的类书》,北京:中华书局,2005年,第175—181页;周生杰《太平御览研究》,成都:巴蜀书社,2008年,第117—141页。

书四种:"《尔雅》曰:藒车,芞舆也。《说文》曰:藒,芞舆也。《广志》曰:藒车,黄叶白华,出徐州。《楚辞》曰:畦留夷与藒车,杂杜蘅与芳芷。"唯《说文》似缺"车"字。但类似情况《御览》多见,如卷第八〇八《珍宝八》"玗琪"条下列书三种,《尔雅》《山海经》均有"玗琪"一词,"《说文》曰:玗,石之似玉者也",无"琪";卷九二五《羽族部十二》"鸩鹬"条下列书六种,《说文》《西京杂记》《异物志》《梦书》《唐书》均有"鸩鹬"一词,"《尔雅》曰:鹬,鹬",无"鸩"。更为重要的是,《御览》所列诸书未见内容全同者,即使意思一样,也有表述方式的区分。如,卷一七四《居处部二》:"《说文》曰:室,实也。《释名》曰:室,实也,物满实其中也。"卷一八四《居处部十二》:"《尔雅》曰:枢谓之椳。《说文》曰:门枢谓之椳。"卷七五九《器物部四》:"《说文》曰:笾,竹豆也。《尔雅》曰:竹豆谓之笾。"若此处作"《说文》曰:藒车,芞舆也",则与前之《尔雅》内容完全相同,不合体例。

由上分析可见,《御览》所引《说文》当作"藒,芞舆也",与今本同。

《尔雅·释草》:"藒车,芞舆。"陆德明《释文》于"车"下曰:"音居。本多无此字。"①可见陆氏所见《尔雅》多有与《说文》合者。郭璞注曰:"藒车,香草。见《离骚》。"《楚辞·离骚》:"畦留夷与揭车兮。"②

　　臧琳《经义杂记》——郭景纯因《离骚》谓之"藒车",故援以证之。后人辄仿注义增经字耳。

　　桂馥《义证》—写者因郭注加"车"字,郭乃引《离骚》"藒车",非谓《尔雅》亦有"车"字也。故本书但云"芞舆",无"藒车"字。

　　王筠《句读》——写者因郭注引《离骚》"藒车",遂于经文增"车"也。

三家意谓《尔雅》原文无"车",郭璞引《离骚》"揭车"注之,后人遂补"车"于正文。所说当有可能。若此,则《说文》《尔雅》相同。段玉裁《注》已注意《尔雅》材料,但又说"不得以之改《说文》也",意谓《说文》当有"车"。徐承庆《段注匡谬》曰:"段氏改'剡'字、'鹛'字、'岸'字解依《尔雅》,此则谓不得以《尔雅》改《说文》。未知其区别之旨。"徐灏《注笺》曰:"段氏自改《说文》而反斥人改,殊不可解。"

《韵会》卷二十七《九屑》引小徐本《说文》亦作"藒车"③,与今存抄、刻本不同。段玉裁《注》据《韵会》所引补"车",又谓"藒芞、车舆,皆叠韵"。

　　徐承庆《段注匡谬》曰:"'藒车'字乃《韵会》增,非原文也。"徐灏《注笺》曰:"《韵会》乃据今本《尔雅》增之耳。"

---

① 此处郭璞注"藒车,香草。见《离骚》"。《离骚》"畦留夷与揭车兮,杂杜衡与芳芷",不可能无"车"。因此陆氏所释即正文"车",而非注文"车"。
② "揭"亦有异文作"藒""藒",参看黄灵庚《楚辞集校》,上海:上海古籍出版社,2009年,第50页。
③ 小徐本中的徐锴按语与《韵会》引文中的"徐曰"内容相合,可见《韵会》此处所引为小徐本。

表 2

稿	太平御览											尔雅
说文	宋本	抄本		明抄				明刻		清刻		
	蜀刻	静嘉堂	静嘉堂	浙图	澳图	国图11729	公文书馆别016	倪刻	活字	张刻	汪刻	鲍刻	

（三）䀌、陜（《广韵》）

《说文》卷四上《目部》："䀌，目财视也。"小徐本同。或据《广韵》引"财"作"邪"校订，如（《诂林》第3833—3834页）：

> 段玉裁《注》——"财"，当依《广韵》作"邪"。"邪"当作"衺"，此与辰部"䀼"音义皆同。"财视"非其训也。

> 钮树玉《校录》——《广韵》引"财"作"邪"。《玉篇》："相视也。䀌䀌，奸人视也。"则"邪"字当不误。

> 严可均《校议》——《广韵》廿一麦引作"目衺视也"，据偏旁从辰，则"衺"字为长。"辰"，水之衺流别也。

> 顾广圻《考异》——《广韵》引"财"作"邪"。①

> 沈涛《古本考》——《广韵》二十一麦引作"目衺视也"，盖古本如是。今本作"财"，义不可通。

《大宋重修广韵》，宋真宗大中祥符元年（1008）陈彭年等校订陆法言《切韵》而成。清代最通行的是康熙四十三年（1704）张士俊泽存堂本②，该书以毛

---

① 参看〔汉〕许慎撰，〔宋〕徐铉校定《孙氏覆宋本说文解字》，桂林：广西师范大学出版社，2021年，第633页。
② 中国书店1982年影印此本；周祖谟《广韵校本》（北京：中华书局，1960年）、余迺永《新校互注宋本广韵：定稿本》（上海：上海人民出版社，2008年）均以此为底本。

宸所藏南宋时刻本及潘耒抄本为底本校刻而成①。毛本为南宋宁宗时刊刻,上海图书馆、日本静嘉堂文库、日本宫内厅书陵部等处藏有与之相同的版本,可资利用。宁宗本以高宗监本为底本刊刻,高宗本现藏国家图书馆(存三卷)、日本静嘉堂文库。又有康熙四十五年(1706)曹寅刻楝亭本。该本前四卷所据为元刻宋本《广韵》,末卷所为元注略多本②,又据泽存堂本校改③,加之行款与宋本不同,已失原貌。

按,《广韵》卷五《入声·二一麦》引此,泽本作:"《说文》曰:目邪视也。"为各家所本。然其底本宁宗本作"财视",与《说文》同。高宗本、钜宋本、宋巾箱本、楝亭本作"䚩","䚩""财"正通。可见泽本系刊刻修改所致,据此校订《说文》,不可信。小徐本徐锴曰:"谓目略视之也。"正是释"财视"之义,即略略视之。《目部》"瞥":"一曰:财见也。""财见""财视"义正相同。周祖谟曰:"邪,段改作衺,是也。说文二徐本作财,非也。"④以《说文》有误,非是。余迺永曰:"'目财视'犹言'暂目相视',张刻改'财'为'邪',段以之改《说文》,《周校》附和之,俱非。"⑤余氏已经注意到这个问题,正确可从。

表3

眽	广韵						类篇		
	宋本				清刻本		明抄本		清刻本
说文	高宗本	宁宗本	钜宋本	巾箱本	楝亭本	泽本	天籁阁	汲古阁	楝亭本
财视	财视	财视	䚩视	䚩视	䚩视	邪视	财视	财视	略视

《说文》卷十一下《非部》:"陸,牢也,所以拘非也。"《类篇·非部》《增韵·齐韵》《韵会·齐韵》引同。或谓《广韵》引作"拘罪",并据以校订《说文》,如(《诂林》11513—11514页):

---

① 潘耒曰:"近岁,耒始见宋锓本于昆山徐相国家,借录以归。张子士俊,孜孜好古,得旧刻于毛氏而缺其一帙。余乃畀以写本,精加校雠,梓之行世。"(《重刊古本广韵序》,载泽存堂本《广韵》)详参董婧宸《南宋浙刻监本〈大宋重修广韵〉版本补考——兼述宋元详本〈广韵〉的版本源流》,《历史文献研究》2021年第1辑,第17—18页。
② 朴贞玉《广韵版本考》,高雄:学海出版社,1986年,第150—154页。
③ 参看〔清〕顾广圻《顾千里集》,北京:中华书局,2007年,第275—276页。
④ 周祖谟《广韵校本》,北京:中华书局,2011年第4版,第1120页。
⑤ 余迺永《新校互注宋本广韵:定稿本》,第963页。

钮树玉《校录》——《广韵》引"非"作"罪"。《玉篇》:"陛,牢也。所以拘罪人也。"与《广韵》合。

沈涛《古本考》——《广韵》十二齐引"非"作"罪",乃传写之误。

徐灏《注笺》——"拘非",《广韵》引《说文》作"拘罪",《玉篇》亦曰"拘罪人"。今本"非"字疑涉"非声"而误。

王筠《释例》——《广韵》十二齐两引"牢也,所以拘罪人也",惟前引无"人"字。《玉篇》引亦有"人"字。案"拘非"语太纤巧,《玉篇》《广韵》是。(《句读》大意同)

张舜徽《约注》——徐(灏)说是也。说解原文,本作"所以拘罪也",传写者误脱"罪"字上半而成"非"耳。①

按,"陛"字《广韵》卷一《上平·十二齐》两见。一处(边兮切)引《说文》,泽本作:"《说文》曰:牢也,所以拘罪也。"为各家所用。查宁宗刻本即作"拘罪",则泽本自有凭依。然宁宗本所据之高宗本作"拘非",正与《说文》同;钜宋本、宋巾箱本亦作"拘非"。《玄应音义》卷十三引作"所以拘非者也",仍是"拘非"。可见作"罪"系南宋宁宗本校改所致,为泽本承袭。据此校订《说文》,不可据。"陛"在"非"部,以"拘非"释义,正合体例。周祖谟、余迺永均已指出《广韵》宋本与《说文》合。②

另一处"陛"(匹迷切)未引《说文》,作:"牢也,所以拘罪人也。"与《玉篇》释义全同,应与《说文》无关。

表4

陛	广韵					
说文	宋本				清刻本	
	高宗本	宁宗本	钜宋本	巾箱本	泽本	楝亭本
拘非	拘非	拘罪	拘非	拘非	拘罪	拘罪

(四)瞁(《经典释文》《玄应音义》《五音韵谱》)

有时候,多种古书征引了《说文》的同一条材料,学者综合起来进行校订,看似证据充足、十分可信。然仔细分析可知,这些被使用的材料基本都是经过

---

① 张舜徽《说文解字约注》,武汉:华中师范大学出版社,2009年,第2885页。
② 周祖谟《广韵校本》,第653页。余迺永《新校互注宋本广韵·定稿本》,第601页。

校改的。如，《说文》卷四上《目部》："睽，目不相聽也。"或校作"目不相视也"（《诂林》第3828—3830页）：

    桂馥《义证》——李焘本、《易》睽卦释文、《增韵》、《洪武正韵》并作"目不相视也"。本书"俁，左右两视"，"聧，耳不相聽"。馥谓从耳之"聧"当云"聽也"，从目之"睽"当云"视也"。

    钱坫《斠诠》——《易》释文、《一切经音义》引并作"目不相视"，此误。

    钮树玉《校录》——《易》释文及《韵会》引"聽"作"视"。

    严可均《校议》——"聽"当作"视"。《易·睽》释文、《韵会》八齐引作"目不相视也"。

    沈涛《古本考》——《易·睽》卦释文、《一切经音义》卷一皆引"睽，目不相视也"，盖古本如是。目宜言视不宜言聽，今本乃误字之显然者，有元朗、玄应书可证，更无庸曲为之说。

    朱骏声《定声》径作"目不相视也"。

各家所据材料有《经典释文》《玄应音义》《增韵》《说文解字五音韵谱》等。

1.《释文》卷二《周易音义·睽》"睽"下引此，通志堂本作："《说文》云：目不相视也。"为各家所本。然其底本叶抄本及宋本均作"相聽"，敦煌写本亦如是①，与《说文》相同。可见作"视"是刊刻修改所致，用以校订《说文》，不可信。卢文弨刻本仍作"相聽"，《考证》曰："睽，《说文》云：'目不相聽也。'聽，旧本作'视'，乃妄人所改。聽者，顺从之意。今据宋本正，与《说文》正合。"②顾广圻《考异》曰："《易》释文引，潭本作'聽'，不误。通志堂本亦改为'视'。"③王筠《句读》曰："《易·睽》释文引'睽，目不相视也'，朱文游本④仍作'聽'。"可见他们均已注意到了通志堂本的校改问题。

又，经注附《释文》本《周易》亦有此条材料。查元刻十行本《周易注疏》所附《释文》作"目不相视也"，以其为源头的明、清刻本均作"视"。元本所据的宋本现已不存，然现存附有《释文》的宋刻《周易》经注本有二：一藏于国家图书馆（善本号03337），一藏台北"国家图书馆"（索书号：101.2 00006），均作"目不相聽"。阮刻本《周易注疏·校勘记》曰："'目不相视也'，闽、监本同。宋本、卢本'视'作'聽'。按'聽'字是也。"⑤正确可从。索喻引上述诸家意见，谓《释文》作

---

    ① 上海古籍出版社、法国国家图书馆编《法国国家图书馆藏敦煌西域文献》，上海：上海古籍出版社，2001年，第16册，第289页。
    ② 〔清〕卢文弨《卢文弨全集·经典释文考证》，第33页。
    ③ 参看〔汉〕许慎撰，〔宋〕徐铉校定《孙氏覆宋本说文解字》，第633页。
    ④ 朱文游本即叶抄本。
    ⑤ 〔清〕阮元等校刻《十三经注疏》，北京：中华书局，1980年，第107页。

"目不相视也"为确,大徐本作"聽"当是讹字。① 不可信。

2. 唐玄应撰《玄应音义》,又称《一切经音义》《众经音义》。清代通行的是乾隆五十一年(1786)庄炘刻本②,参与校对者有庄炘、钱坫、孙星衍等。该本以西安大兴善寺明南藏本为底本③,南藏本与始刻于南宋嘉定九年(1216)、约完成于元英宗至治二年(1322)的碛砂本为同一系④,内容与高丽藏本一系有所不同。

查《玄应音义》卷一"瞚眼"条引此,庄刻本作:"《说文》:目不相视也。"为各家所据。然其底本南藏本及其他写、刻本均作"相聽",《慧琳音义》卷四二引《玄应音义》亦作"相聽"。可见作"视"系修改所致,据以校订《说文》,不可信。⑤

3.《说文解字五音韵谱》为南宋李焘按照《集韵》顺序重编大徐本而成。现存宋本四帙⑥,以中国书店藏本刷印最早⑦。明刻本八种,一种依宋本行款、文字翻刻;其余七种行款一致,而与宋本不同,均为弘治十四年(1501)车玉刻益藩本的衍生版本。而车刻的底本即今流传至今的宋版《五音韵谱》⑧。宋本及覆宋刻本作"相聽",与《说文》同。明刻其他诸本作"相视",系修改所致,亦不能作为校订《说文》的依据。

由上分析可见,清人所据之《经典释文》《玄应音义》《五音韵谱》均是经过修改的版本,难以为据。《增韵·齐韵》《韵会·齐韵》引《说文》确作"相视",然徐锴《篆韵谱》清抄本、《集韵》《类篇》引北宋本《说文》均作"相聽",则《增韵》《韵会》很可能亦是南宋毛晃、元熊忠校改所致。

---

① 索喻《〈经典释文〉引〈说文〉研究》,北京师范大学硕士学位论文,2009年,第43—44页。
② 嘉庆十六年(1811)阮元《宛委别藏》本(中国基本古籍库收录)、道光十一年(1831)印牌记题"古稀堂藏板",均是庄刻本;同治八年(1869)曹籀刻本是据庄本覆刻,行款一致;道光末年海山仙馆本(中国基本古籍库收录)则是据庄本重新校刻,行款不同。
③ 庄炘《唐一切经音义序》:"顷宰咸宁,至大兴善寺,见转轮释藏,求其卷帙,善本犹存,乃施金五百刊而行之,以贻知者。"《中华大藏经》第57册收有南藏本《玄应音义》,北京:中华书局,1993年。
④ 参看徐时仪《金藏、丽藏、碛砂藏与永乐南藏渊源考——以〈玄应音义〉为例》,《世界宗教研究》2006年第2期,第18—31页。《碛砂大藏经》第97册收有《玄应音义》,北京:线装书局,2005年。
⑤ 段玉裁《读》:"当依《众经音义》引作'目不相聽'。不相聽者,二目不相顺从。"(〔清〕段玉裁《说文解字读》,北京:北京师范大学出版社,1995年,第155页)段氏此处所据并非底本。《段注》所据《玄应音义》为二十六卷本(鲁一帆《〈段注〉所据〈玄应音义〉版本考》,《殷都学刊》2023年第4期,第116—117页),此本最早为永乐北藏本,作"相聽"。段《读》所据应即二十六卷本。
⑥ 分别藏于中国书店、甘肃图书馆、台北故宫、台北图书馆(存卷十二)。
⑦ 中国书店2012年影印此本。
⑧ 参看董婧宸《毛氏汲古阁本〈说文解字〉版本源流考》,《文史》2020年第3期,第187—216页。

表 5

睺	经典释文											
说文	单行本					经注附释文本						
				清刻本		宋本		元明清本				
	敦煌写本	宋本	明叶抄本	通志堂	卢刻本	国图藏	台图藏	元十行本	明闽本	明万历本	武英殿本	阮刻本
相聰	相聰	相聽	相聽	相視	相聽	相聰	相瞧	相視	相視	相視	相視	相視

	玄应音义							说文解字五音韵谱			
	刻本				写本			宋本	明本		
	碛砂藏	南藏	高丽藏	庄刻本	金刚寺	七寺	西方寺①	大治②	车玉	陈大科	世裕堂
相聰	相聰	相攘	相聽	相视	相聰	相聽	相聰	相聽	相聽	相視	相視	相視

"目不相聽"之义，段玉裁《读》曰："二目不相顺从，故为睺乖。《人部》'僉'字下曰'左右两视'，亦其义也。"③《注》曰："聽犹顺也。"徐灏曰："聽犹从也。"焦循"目不相聽考"对此已有十分详细的考证，可以参看。④ 张舜徽《约注》："此'聽'非聽闻，乃聽从也。本书从下云'相聽也'，与此相聽义同。本书人部：'僉，左右两视。'左右两视，即不同视，亦即目不相从之意，乃今俗所称斜视也。"⑤以上诸家解释均可信从。"目不相视"只能指两人不看对方，显然不可从。

又，《广韵》卷一《上平·十二齐》"聧"下曰："《说文》云：耳不相聽。""睺"下曰："《说文》云：目少精。"今《说文》无"聧"，"睺"已如上所言《说文》作"目不相聽"。按《玉篇·耳部》："聧，耳不相聽也。"《目部》："睺，目少精。"则《广韵》所

---

① 国际佛教学大学院大学学术フロンティア实行委员会编《日本古写经善本丛刊·第一辑·玄应音义》，2006年，第1册第17页、第3册第498页、第7册第1204页。
② 日本宫内厅藏大治时期写本。
③ 〔清〕段玉裁《说文解字读》，第155页。
④ 〔清〕焦循《易话下》，《焦循全集》，扬州：广陵书社，2016年，第1214页。
⑤ 张舜徽《说文解字约注》，第803—804页。

引《说文》实与《玉篇》同。但"耳不相聽"亦不辞。颇疑"目"形体近"耳"①,"睽"被误认为"聯",而释义为"目不相聽"似不可解,遂改作"耳不相聽"。然此误自谁,始于何时,尚待研究。

二 底本或早期版本与《说文》不同,但清代通行本与《说文》同,以致无法作为校订依据

清代通行的古籍刻本,征引内容与《说文》相同。但这种"相同"是出于清人的校改。因为该书刊刻时所使用的底本(或与其底本属于同版同一来源)与《说文》不同。这样导致异文消失,就无法作为校订《说文》的依据了。

(一)䛟(《玉篇》)

《说文》卷三上《言部》:"䛟,大呼自勉也。"清人多校"勉"为"冤",最主要的依据是《经典释文》与《广韵》引《说文》均作"冤"。

《大广益会玉篇》,宋真宗大中祥符六年(1013)陈彭年等重修《玉篇》而成。清代通行的是康熙四十三年(1704)张士俊泽存堂本②,该书以毛扆所藏宋本为底本校刻而成③。毛本今已不存,日本宫内厅书陵部藏有一部宋刊宋元递修本,根据行款、刻工等信息,可以判断与毛本同出一版,但印次较晚,补版更多。④ 又有康熙四十五年(1706)曹寅刻楝亭本,从内容看,其所据亦与今存宋本同版。

按,《玉篇》卷九《言部》引此,泽存堂本作:"《说文》曰:大呼自勉也。"与《说文》相同。然宋本、楝亭本包括唐写本均作"冤",与《释文》《广韵》引同。可见,泽本"勉"系修改所致,依据很可能就是《说文》,以致各家未能利用这条材料。钮树玉《校录》已经注意到了这个问题,他说:"元本《玉篇》作'大呼自冤',盖本《说文》。张本⑤引《说文》作'勉',则经后人转改,其字迹可辨。"(《诂林》第3088—3099页)钮氏所据元刻本《玉篇》虽非泽存堂本的刊刻底本,但他

---

① 如"眼""睡"作眼、睡,所从"目"旁,与"耳"近。参看臧克和主编《日藏唐代汉字钞本字形表》,上海:华东师范大学出版社,2016年,第1239、1241页。《玄应音义》卷一"睽"字,七寺抄本作睽、高丽刻本作睽,均似"聯"。

② 中华书局1987年影印出版此本。

③ 张士俊曰:"嗣见常熟毛丈扆所购宋板《大广益会玉篇》一部,精核无缺画,相与赏叹,冀共流传。因延王君为玉繕录授梓,其斥讹反正,毛丈之功多。"(见泽存堂本张士俊前识)

④ 按,从泽本版心保留的刻工名出发考察,可知毛本保存的宋版页面远多于宫内厅本。查宫内厅本补版58页,其中8页刻工与泽本相同,其余50页泽本共涉及24名刻工,除"何滋"之外,皆见于宋版页面。可见,毛本仅8页补版。

⑤ 即张氏泽存堂本。

能注意利用并指出泽本经人校改,已是难能可贵。

表 6

書	玉篇				
说文	唐写本	宋本	宋分段本	清刻本	
				泽本	楝亭本
自勉	自宛	自寃	自寃	自勉	自寃

(二) 栚 (《类篇》)

《说文》卷六上《木部》:"栚,㮯梠,木也。"《五音韵谱》同。小徐本"㮯"作"椶"。或谓《类篇》所引与大徐本同,如(《诂林》第5742—5743页):

    段玉裁《注》——《集韵》作"椶",《类篇》作"㮯",是宋初本不同也。
    严可均《校议》——宋本及《韵谱》、《类篇》皆同。
    钮树玉《校录》——《系传》及《集韵》引同,宋本、初印本、《五音韵谱》及《类篇》引"椶"并作"㮯",盖讹。

司马光等编《类篇》,宋神宗熙宁五年刊行。① 清代通行的是康熙四十五年(1706)曹寅刻楝亭本,其所据底本已难考得。现存明抄本《类篇》有二:一是上海图书馆藏汲古阁抄本②,二是台北故宫藏天籁阁抄本。两者均与楝亭本行款一致,应与其所据之本同出一源。光绪二年(1876)姚觐元有据楝亭本重刊本③。

按,《类篇》卷六上《木部》引此,楝亭本作:"《说文》:㮯梠,木也。"与大徐本同,为诸家所据。然两抄本均作"椶",与小徐本同。楝亭本作"㮯",系据大徐本校改。诸家据此认为《类篇》所引与大徐本同,非是,实际应作为小徐本作"椶"的证据。又《集韵·锺韵》引此,潭州本作椶,即"椶"字;明州本作栚,即"椶"之形误。可见《集韵》《类篇》所引《说文》一致,并无"宋初本不同"。

---

① 参看孔仲温《类篇研究》,台北:台湾学生书局,1987年,第29页。
② 上海古籍出版社1988年影印出版。
③ 中华书局1984年影印出版。

表 7

梛	类篇		
说文	明 天籁阁	明 汲古阁	清 楝亭本
梏据	梭据	梭据	㮼据

三 底本或早期版本作 A，是校订《说文》的重要材料。然清代通行本作 B，B 被误用作校订依据，A 反而被忽略了

清代通行本所依据的底本、或与其底本属于同版同一来源的早期版本与《说文》不同，是用于校订的重要材料。但通行本却将这种不同修改成另外一种并无切实依据的不同（也可能是沿袭底本所致，未修改）。另一种"不同"被错误地用作校订的依据，原本的"不同"反而被长期忽略，甚至被认为是错误的。

(一) 蘘（《经典释文》）

《说文》一下《艸部》："蘘，草丛生皃。"或谓《经典释文》引"蘘"作"衆"，如（《诂林》第 1915 页）：

> 严可均《校议》—《释鱼①》释文引作"草衆生也"。
>
> 沈涛《古本考》—《尔雅·释鱼》释文引作"草衆生也"，是古本作"衆"不作"蘘"。桂大令以为当作"蘘"。然"衆生"即"丛生"，似不若作"衆"之为有据。
>
> 王筠《句读》—《释鱼》释文引"蘘，草衆生也"，盖即此文之讹。

按，《释文》卷三〇《尔雅音义下·释鱼第十六》"蘘"下引此，叶抄本、通志堂本："《说文》云：草衆生也。"国图藏宋本此页为南宋初期刊刻版面，未经修补，作"聚生"。可见叶抄本作"衆"，是校改或误认所致。

"聚""衆"形近，古书多有互讹之例，如：

(1)《文苑英华》卷三八《冰赋》"颁聚位取饮以受命，御至尊得象于朝

---

① 原误作《释草》，下王筠同误。

宗",注谓"一作衆"。① 是"衆"误为"聚"。

(2)《周易·系辞上》"是故知鬼神之情状",王弼注:"尽聚散之理则能知变化之道。""聚",闽本、监本误作"衆"。② 是"聚"误为"衆"。

可见,以通志堂本作"衆生"校改《说文》,不可信。《释文》所引,实作"聚生"。在校勘实际中,应排除"衆生"的干扰。沈涛所校,显然非是。

表 8

叢	经典释文			
说文	宋本	叶本	清刻本	
		通志堂	卢刻	
叢最生	聚生	衆生	衆生	衆生

《慧琳音义》卷五七引《说文》"草木聚生为叢",卷六三又引"以草聚生曰叢也","叢"应即《说文》"叢"字。合《释文》观之,唐人所见《说文》存在作"聚生"的可能性。又《说文》卷六上《林部》:"鬱,木叢生者。"《文选》卷七《甘泉赋》"回焱肆其砀骇兮,鞁桂椒而鬱栘杨",李善注引《说文》:"鬱,木聚生也。"③这是大小徐本作"叢生"唐人所见本作"聚生"的又一例子。不过《说文》释义中多见"叢生"一词,如"兴",叢生田中;"菽",细草叢生也;"芈",叢生草也;"棘",小枣叢生者。二徐所见本即作"叢生"亦不能排除。

(二)筝(《太平御览》)

《说文》卷五上《竹部》:"筝,鼓弦竹身乐也。"或据《太平御览》所引校作"五弦",如(《诂林》第 4939—4940 页):

段玉裁《注》径校作"五弦筑身乐也"—各本作"鼓弦竹身",不可通。今依《太平御览》正。

钮树玉《校录》—《御览》五百七十六引作"五弦筑声乐也"五字,恐非。

严可均《校议》—"鼓弦竹身",误。《御览》卷五百七十六引作"五弦筑身乐也"。

---

① 〔宋〕李昉等《文苑英华》,北京:中华书局,1966 年,第 169 页。
② 参看〔清〕阮元校刻《十三经注疏》,第 108 页。
③ 〔南朝〕萧统编,〔唐〕李善注《文选》,上海:上海古籍出版社,1986 年,第 327 页。

王筠《句读》径校作"五弦筑身乐也"——依《御览》引改。

朱骏声《定声》——《御览》引《说文》"五弦筑身乐也"。

按,《御览》卷五七六《乐部十四》"筝"条引此,两种宋刻本作:"《说文》曰:皷絃筑身乐也。""皷""絃"即"鼓""弦"异体字。明抄本同。明倪刻、活字印本始作"五弦",系校刻时修改所致,为清重校活字印本承袭,应是上述清人所本。其余诸家或未提《御览》引作"五弦",仅言"筑身",如:

桂馥《义证》——《御览》引作"筑身"。

沈涛《古本考》——《御览》五百七十六《乐部》引"竹身"作"筑身",盖古本如是。

冯桂芬《段注考正》——《御览》五百七十六引作"鼓弦筑身乐也"。

王贵元《校笺》——竹身,《太平御览》卷五百七十六引作"筑身",当据正。①

清鲍刻、张刻据明抄本重校刻,仍作"鼓弦"。② 或即桂、沈、冯所本。王氏所据为中华书局影印宋本。

《慧琳音义》卷二六"筝"条、《希麟音义》卷二"筝笛"条引《说文》,均作"鼓弦筑身乐"③。可见二徐作"鼓弦"当有所本。以经过校改之《御览》校订《说文》,不可从。《御览》"筝"条《说文》之后为《风俗通义》,曰:"《乐记》:筝,五弦筑身也。"明人或据此修改前之《说文》。

表 9

筝	太平御览							慧琳音义	希麟音义
说文	宋本		明刻		清刻				
	闽刻	蜀刻	倪刻本	活字本	鲍刻	张刻	汪刻		
鼓弦竹身樂	皷絃筑身樂	皷絃筑身樂	五絃筑身樂	五絃筑身樂	皷絃筑身樂	皷絃竹身樂	五絃筑身樂	皷絃筑争樂	皷絃筑身樂

---

① 王贵元《说文解字校笺》,上海:学林出版社,2002 年,第 193 页。
② 张刻又作"竹身",与《说文》全同,很可能是据《说文》校改。
③ 《慧琳》"身"误作"争"。

(三)獵(《类篇》)

《说文》卷十上《犬部》:"獵,放猎逐禽也。""放",小徐本作"敓",《集韵·叶韵》《韵会·叶韵》引作"效"。或谓《类篇》引作"校獵",并据以校改,如(《诂林》第9788—9789页):

> 桂馥《义证》、钮树玉《校录》均谓《类篇》引《说文》作"校獵"。

> 王筠《句读》径改作"校獵"——依《类篇》引改。以"校獵"说"獵"者,以汉语释古语也,《孟子》"獵较"即此。"较""校"通。

按,《类篇》卷十上《犬部》"獵"字下引此,栋亭本作:"《说文》:校獵逐禽也。"为清人所据。然两抄本均作"效",与《集韵》《韵会》引同。可见"校"是修改所致。

《集韵》《类篇》引《说文》均作"效",北宋本《说文》或即作"效"。又《慧琳音义》卷四五引作"效獵",卷五三、九〇引作"効獵","效""効"一字异体。可见作"效"或即唐以来《说文》原貌。

表10

獵	类篇			慧琳音义		
说文	天籁阁	汲古阁	栋亭本	卷四五	卷五三	卷九〇
放獵	效獵	效獵	校獵	效獵	効獵	効獵

段玉裁《注》谓"效"疑"校"之讹,"校猎"见《吴都赋》,盖即《孟子》之"猎较"。按,古书"效""校"异文多见,如:

(1)《庄子·列御寇》"彼将任我以事而效我以功",陆德明《释文》谓"效"本又作"校"。[1]

(2)《左传·僖公六年》"夷吾不能守,盟而行",杜预注:"非不欲校,力不能守。"《校勘记》:"闽本校作效,误。"[2]

(3)韩愈《答柳柳州食虾蟆》"强号为蛙蛤,于食无所校",南宋廖莹中注:"或作较,或作效。"[3]

---

[1] 〔唐〕陆德明《经典释文》,上海:上海古籍出版社,1985年,第1575页。
[2] 〔清〕阮元校刻《十三经注疏》,第1803页。
[3] 〔唐〕韩愈撰,〔宋〕廖莹中校正《昌黎先生集》,北京:北京图书馆出版社,2005年,卷六页十五。

《说文》"效"当是用为"校"。"校猎"是古汉语常用词,指用木栏遮阻而猎取禽兽。① 小徐本作"畋猎",于义可通,大徐本"放猎"则不辞。"放猎"一词见于《汉书·王褒传》"上令褒与张子侨等并待诏,数从褒等放猎",颜师古曰:"放,士众大猎也。一曰:游放及田猎。"②王念孙曰:"'放猎'当为'斿猎',字之误也。'斿'与'游'同。古书言'游猎'者多矣,未有言'放猎'者。旧本《北堂书钞·设官部八》(陈禹谟本仍改'游'为'放')《艺文部八》(此卷'游'字未改)《艺文类聚·杂文部二》《太平御览·文部三》引此并作'游猎'。"③王说可信,如此则"放猎"古书无征。"放"当是"效"之形近误字。在仿效这一义项上,"放""效"可互训、连用、对举,可视作同义词,古书多见,如《北堂书钞》卷十七《帝王部·制作》引《帝王世纪》"颛顼命飞龙放八风之音,帝尧命质劾山谷之音"。④ 在其他义项上的异文,则应当视作形近误字。如:

(1)《山海经·南山经》"其名自号也,见则其县多放士",郭璞注:"放,放逐,或作'效'也。"⑤

(2)《汉书·循吏传·朱邑》"虽有,亦安所施",颜师古曰:"言在远郡,无足展效也。"宋祁曰:"注文旧作'放',姚本改作'效'。"⑥

(3)《宋书·乐志四》"天恩赦有罪,东土放鲸鲵"⑦,《晋书·乐志下》"放"误作"效"。⑧

---

① 此据颜师古说,又有他说,全录存参。《汉书·成帝纪》:"冬,行幸长杨宫,从胡客大校猎。"如淳曰:"合军聚众,有幡校击鼓也,《周礼》校人掌王田猎之马,故谓之校猎。"颜师古曰:"如说非也。此校谓以木自相贯穿为阑校耳。校人职云'六廄成校',是则以遮阑为义也。校猎者,大为阑校以遮禽兽而猎取也。军之幡旗虽有校名,本因部校,此无豫也。"刘攽曰:"予谓校读如犯而不校之校,校亦竞也,竞逐猎也。"(参看〔清〕王先谦《汉书补注》,上海:上海古籍出版社,2008 年,第 450 页)又《司马相如列传上》:"于是乎背秋涉冬,天子校猎。"李奇曰:"以五校兵出猎也。"颜师古曰:"李说非也。校猎者,以木相贯穿,总为阑校,遮止禽兽而猎取之。说者或以为《周官》校人掌田猎之马,因云校猎,亦失其义。"(王先谦《汉书补注》,第 4132 页)《文选·上林赋》此句李周翰注:"校猎,谓出校队而猎也。"(俞绍初等《新校订六家注文选》,郑州:郑州大学出版社,2013 年,第 495 页)《后汉书·明帝纪》:"冬,车骑校猎上林苑。"李贤注:"《周礼》校人掌王田猎之马,故曰校猎。谓以木相贯穿为栏校,以遮禽兽。"(〔刘宋〕范晔《后汉书》,北京:中华书局,1965 年,第 119 页)《孟子·万章下》"鲁人猎较,孔子亦猎较",赵岐注:"猎较者,田猎相较,夺禽兽得之以祭。"(〔宋〕孙奭《孟子注疏》,北京:北京大学出版社,2000 年,第 329 页)较量、比较之"较"古书又作"校"(参看宗福邦等《故训汇纂》,北京:商务印书馆,2003 年,第 2251 页),段玉裁谓"猎较"即"校猎"。
② 〔汉〕班固《汉书》,北京:中华书局,1962 年,第 2829 页。
③ 〔清〕王念孙《读书杂志》,上海:上海古籍出版社,2014 年,第 846 页。
④ 〔唐〕虞世南《北堂书钞》,天津:天津古籍出版社,1988 年,第 69 页。
⑤ 〔清〕郝懿行《山海经笺疏》,上海:上海古籍出版社,2019 年,第 8 页。
⑥ 〔清〕王先谦《汉书补注》,第 5475 页。
⑦ 〔梁〕沈约《宋书》,北京:中华书局,2013 年,第 631 页。
⑧ 〔唐〕房玄龄等《晋书》,北京:中华书局,2013 年,第 712 页。

由上辨析可知，《类篇》原与《说文》相同，栋亭本为修改所致，不能作为校订《说文》依据。虽然《说文》"效獵"仍即"校獵"，但这是用字问题，而非有版本依据的校正。

四　新校三例

上述例子中存在的问题，清人或已指出。虽然在版本源流的梳理上并未做到精细，但已经能够注意利用早期版本解决问题。以下三例则属未见有人指出者，今试为说之，是为"新校"。

（一）菉（《经典释文》）

《说文》卷一下《艸部》："菉，菉月尔也。""菉"，《五音韵谱》、小徐祁寯藻刻本作"菉"。诸家均以作"菉"是。《集韵·之韵》引《说文》作"菉月也"，脱"尔"字。针对释义"菉月尔也"，清儒多据《经典释文》校勘，如（《诂林》第1565—1567页）：

（1）

惠栋等《惠记》——《尔雅·释文》引此曰"菉，土夫也"。此作"月尔"，似后人因郭注改。

钱大昕《潜研堂集》——土夫、王菉、月尔，亦一物而三名。王菉盖菉之大者，犹草有王刍，鱼有王鲔耳。郭必读三字为句，分为二物，盖泥于"女萝""马舄"之例，谓三四名必重文。其实未必然也。陆德明引《说文》"菉，土夫也"，与今《说文》不同，陆所见犹是唐初本，当取以正郭注之失。①

桂馥《义证》——《释草》文。《释文》引作"土夫"。程君瑶曰：《尔雅》"芏夫王"句，"菉月尔"句，《释文》所引是。许氏原文读"芏夫"为一句，今《说文》系后人据郭注而改者。钱君大昭曰：《释草》"芏夫王菉月尔"，陆氏《释文》引《说文》"菉土夫也"，则"土夫也""王菉也""月尔也"一物三名。……今《说文》以"菉"为"月尔"者，是俗儒因郭注二物不同改《说文》以合之也。

桂馥《晚学集》——芏夫也、王菉也、月尔也，一物三名，《释文》所引《说文》乃唐时旧本，今徐本为后人所乱。②

段玉裁《读》——菉，王菉，土夫也。从艸菉声。各本"王菉，土夫也"五字作"月尔也"三字。今依《尔雅释文》订正。《尔雅·释草》……《释文》

---

① 〔清〕钱大昕《潜研堂集》，上海：上海古籍出版社，2009年，第156页。
② 〔清〕桂馥《晚学集·书尔雅后》，《续修四库全书》第1458册，上海：上海古籍出版社，2002年，第678页。

曰："……《说文》云：'藱，土夫也。'"玉裁按，许以"土夫王藱"连读，以"土夫"一名"王藱"。后人用郭说改易《说文》，非也。陆所见是古本，其引用又落一"王"字耳。①

段玉裁《注》——陆德明曰："……《说文》云：'藱，土夫也。'"其所据《说文》必与《尔雅》殊异而偶之，不则何容偶也。今本《说文》恐是据《尔雅》郭本郭注改者。但许君《尔雅》之读今不可知矣。

钮树玉《校录》——《释草·释文》引作"土夫也"。树玉按，《释草》"芏夫王"下文即"藱月尔"，窃疑此六字本是一物，郭注误分为两条，后人又因之转改《说文》。

严可均《校议》——《释草·释文》引作"土夫也"。盖许读《尔雅》以"藱"字上属，校者依郭本改为"月尔也"，又于"月"上衍一"藱"字。

阮元《校勘记》——《释文》："……《说文》云：藱，土夫也。"按，此则许氏读《尔雅》"芏夫王藱"为句，与郭氏异读。今本《说文》作"藱月尔也"，系据郭本窜改，非许慎原文。②

王筠《句读》——《释草》"芏夫王、藱月尔"，郭注各三字为一物，而陆氏引《说文》"藱，土夫也"，岂许以"藱"字筦上下，谓"土夫"名"藱"，"王"者大也，"大藱"又名"月尔"乎？

朱骏声《定声》——《尔雅·释文》引《说文》"藱，土夫也"，此陆所见本。疑许读"芏夫，王藱，月尔"，一物三名，故不录"芏"字。后人据郭本《尔雅》改许书也。

沈涛《古本考》——《尔雅·释草》释文引作"藱，土夫也"，盖古本如是。

（2）

钱坫《斠诠》——《尔疋》文。《释文》引作"土夫也"，因连文而误。

严章福《校议议》——《释草》"芏夫王藱月尔"，疏："芏，草，一名夫王。藱，一名月尔。"据知大徐不误，惟说解衍藱字。《释草·释文》引作"土夫也"，盖误。……余谓《尔雅》"芏"句"夫王"句，若以"藱"字上属，亦不当"土夫"连文。

徐承庆《匡谬》——《释文》引作"土夫"，盖涉上文"芏夫王"而误。

徐灏《注笺》——陆氏引《说文》"藱，土夫也"。盖因《释草》"芏夫王藱月尔"文相连，以致舛互。

（3）

姚文田《邃雅堂集》——《〈尔雅·释文〉》又云："藱，土夫也。"今《说文》

---

① 〔清〕段玉裁《说文解字读》，第57页。
② 〔清〕阮元等《十三经注疏校勘记》，北京：北京大学出版社，2015年，第11册，第220页。

本后人妄改,《释文》所引尚存旧本。此以《尔雅》"土夫、王蔜"为句。郭氏《释草》注则以"芏"为"夫王"、"蔜"为"月尔"。此固各有师承,未可以后人而妄合之者也。①

郝懿行《尔雅义疏》——《释文》引《说文》云"蔜,土夫也",与今本异,所未详。②

顾广圻《考异》——《尔雅·释草·释文》引作"土夫也"。③

由上可见,各家均提及《说文》此处与《尔雅·释草》"土夫王蔜月尔"句密切相关,又注意到陆德明《释文》所引《说文》作"蔜,土夫也",或据以校正大小徐本(第 1 类),或谓《释文》所引有误(第 2 类),或谓各有所本(第 3 类)。不过遗憾的是,不论所得结论是否正确,他们所使用的关键证据都是有问题的。

按,《释文》卷三十《尔雅音义下·释草第十三》"藄"下引此,通志堂本、卢文弨本作:"藄,郭音其。字亦作蔜,紫蔜菜也。《说文》云:蔜,土夫也。"为各家所本。然叶抄本、国图藏宋本,《释草》此处作:"《说文》:王蔜,士〈土〉夫也。"④可见清儒所据作"《说文》云"者,均是修改或误刻底本"王"字所致,并非《经典释文》宋本的原始面貌。《释文》直接引用《说文》释义,大部分作"《说文》云:……",亦有不少无"云"且不出被释字直接出释义者,如卷三"垆:音卢。《说文》:黑刚土也""谌,音是。《说文》:理也",均是其例。此处即是《说文》释"蔜"作"王蔜,土夫也"。类似释义之例《说文》多见,就《艹部》而言,如"蒚:江蒚,蘪芜""苠:苠冬,跳弋""苦:苦蒌,果蓏也"。

《尔雅·释草》"芏夫王蔜月尔"六字相连。郭璞注本句读为"芏,夫王""蔜,月尔",即"芏"又名"夫王","蔜"又名"月尔"。但从陆德明所引《说文》释"蔜"为"王蔜,土夫"看,《尔雅》"王蔜"应为一物,其名又为"月尔",又为"芏夫",即《尔雅》此处当断为:"芏夫、王蔜,月尔。"以"月尔"释"王蔜""芏夫"二名。若陆氏所引为《说文》本来面貌,则许慎读《尔雅》与郭璞不同。《篆隶万象名义·艹部》:"蔜,紫蔜,似蕨。土夫。"释"蔜"为"土夫",益可证"土夫"连读。类似郭读与许读不同者,如《释草》"葭,芦。炎,薍。其萌虇蘼芛葟华荣",郭璞注断作"其萌,虇",注曰"今江东呼芦笋为虇,然则萑苇之类其初生者皆名虇",是以芦苇之萌芽为"虇"。其后断作"蘼、芛、葟、华,荣",注曰"蘼犹敷蘼,亦华之貌。所未闻",是以"蘼"为开花之意。而《说文·艹部》:"萠,灌渝。从艹梦声。读若萌。"清儒多据此指出许读《尔雅》为"其萌虇蘼"(《说文诂林》第

---

① 〔清〕姚文田《邃雅堂集·卷一·说文论上》,《续修四库全书》第 1482 册,第 365 页。
② 〔清〕郝懿行《尔雅义疏》,北京:中华书局,2017 年,第 743 页。
③ 参看〔汉〕许慎撰,〔宋〕徐铉校定《孙氏覆宋本说文解字》,第 575 页。
④ 〔清〕阮元曰:"叶本土作士,非也。"(参看阮元《十三经注疏校勘记》,第 11 册,第 334 页)

1568—1572页,《尔雅诂林》第3444—3457页),与郭读不同。

又有郭读与别书不同者,形式与上述极似。《释草》"蕮苻止泺贯众"六字,郭璞以"蕮苻止"为句,下注"未详";"泺贯众"为句,下注"叶员锐,茎毛黑,布地,冬不死。一名贯渠。《广雅》云:贯节",应是断为"泺,贯众"。陆德明《释文》曰:"《本草》云:'贯众,一名贯节,一名贯渠……一名蕮苻……'案《尔雅》'蕮苻止',郭云'未详',《本草》乃是'贯众'。"依据《本草》"蕮苻"即"贯众",则此处当断读为"蕮苻、止泺,贯众",即以"贯众"释"蕮苻""止泺"。邵晋涵谓之所以有这样的区别,是"师读不同故也"①。

表11

蒢	经典释文				尔雅	
说文	宋本	叶本	清刻本		唐石经	郭注本
			通志堂	卢文弨		
[图]	[图]	[图]	[图]	[图]	[图]	[图]

前述研习《说文》诸家,多已指出"芝夫""王蒢""月尔"一物三名;但均是以误改的"蒢,土夫也"为据,未得切证。段玉裁《读》已将"蒢"之释义校作"王蒢,土夫也",又说"陆所见是古本,其引用又落一'王'字耳"。今据宋本及影宋抄本《释文》,始知"王蒢"连文,并无脱字。国图宋本为清宫旧藏,前述清代学者均未得寓目②。但阮元、段玉裁、钮树玉、王筠等都曾利用过叶抄本勘校通志堂本③,却均未发现此处问题。清人顾广圻《跋经典释文》曰:"近日此书有三厄:卢抱经重刻本所改多误,一厄也;段茂堂据叶钞更校,属其役于庸安人,舛驳脱漏,均所不免,二厄也;阮云台办一书曰《考证》,以不识一字之某人临段本为据,踳驳错误,不计其数,三厄也。彼三种书行于天壤间一日,则陆氏之真面目晦盲否塞一日。计惟有购叶抄原本,重加精雕,而云雾庶几一扫,其厄或可

---

① 〔清〕邵晋涵《尔雅正义》,北京:中华书局,2017年,第756页。
② 参看林世田、赵洪雅《宋刻本〈经典释文〉的流散与合璧》,《文献》2022年第2期,第178—191页。
③ 参看袁媛《清代〈经典释文〉校勘整理中的两个问题》,傅刚主编《春秋学的新视野与新方法——春秋三传研讨"黉门对话"集》,北京:北京大学出版社,2020年,第368—390页。

救也。"①这就尖锐地指出了相关学者或校改过甚、或校勘不精、或以他人校本为据,造成了近乎集体性的失校。今人黄焯《经典释文汇校》以通志堂本为底本,与宋本对勘,惜于此处亦未出校记。《儒藏》点校本《释文》以宋本为底本,通志堂本为校本,校记云:"'云',原作'王',今据通志堂本改。"②反以误改之文校正原本。

　　据上所论,依陆德明《经典释文》所引《说文》释"蘲"为"王蘲,土夫也",可知许慎读《尔雅》为"芏夫、王蘲,月尔",与郭璞读"芏,夫王;蘲,月尔"有所不同。今之大小徐本释"蘲"为"蘲月尔也",义不可通;或是后人据《尔雅》郭注本修改,又衍"蘲"字,原作:"蘲,月尔也。"《说文》原本或当如陆氏所引,作:"蘲,王蘲,土夫也。"亦或二徐本脱"王"字,原作:"蘲,王蘲,月尔也。"与许读《尔雅》合,而与陆氏所据本不同。

(二) 頯(《广韵》《玉篇》)

　　《说文》卷九上《页部》:"頯,痴不聪明也。"《集韵》《类篇》所引、小徐本同③。清代以来,各家均据《玉篇》《广韵》校作"痴頯,不聪明",如(《诂林》第8879—8880页):

　　　　段玉裁《注》径改作"頯,痴頯,不聪明也"——各本夺"頯"字,今依《玉篇》《广韵》补。

　　　　桂馥《义证》——《广韵》引作"痴頯,不聪明也"。

　　　　严可均《校议》——《广韵》八未、十八怪引作"痴頯,不聪明也",此脱"頯"字。

　　　　钮树玉《校录》——《广韵》去声十六怪及《玉篇》注"痴"下有"頯"字,上声十四贿引讹作"顚"。

　　　　沈涛《古本考》——《广韵》八未、十八怪引作"痴頯,不聪明也",盖古本如是。"痴頯"二字当是古时恒语,今本夺"頯"字,乃浅人妄删。十四贿引"頯"作"顚",乃传写之误。

　　　　王筠《句读》径改作"頯,痴頯,不聪明也"——依《广韵》引补。

　　　　王筠《释例》——《广韵》引作"痴頯,不聪明也",《玉篇》亦然。则今本挩字。

　　　　朱骏声《定声》径改作"頯,頯痴,不聪明也"——《广韵》引《说文》"痴頯,不聪明也"。

　　　　冯桂芬《段注考正》——《玉篇·页部》"頯,痴頯,不聪明也",不引《说

---

① 〔清〕顾广圻《思适斋书跋》,上海:上海古籍出版社,2019年,第7页。
② 张旭辉校点《经典释文》,《儒藏(精华编九七)》,北京:北京大学出版社,2017年,第1132页。
③ 小徐本无"也"字。

文》。《广韵》十六怪:"頯,他怪切。《说文》五怪切,痴頯,不聪明也。"

张舜徽《约注》—《玉篇》亦云"痴頯不聪明也"。是"痴頯"二字本为连语矣。①

王贵元《校笺》—《广韵》引"痴"下有"頯"字,《玉篇》注也有,当补。"痴頯",当是古语。②

按,《广韵》"頯"下引《说文》者共三处:

一在卷三《上声·十四贿》(五罪切)。泽存堂本、楝亭本均作"痴顈",宋、元、明刻本均作"痴頭"。

二在卷四《去声·未八》(鱼既切)。泽存堂本、楝亭本均作"痴頯",宋本、元大宋本作"痴頭"。元、明本则作"痴頯"。

三在卷四《去声·怪十六》(五怪切)。泽存堂本、楝亭本均作"痴頯",宋、元本作"痴頭"。《古逸丛书》影印元泰定本、《四部丛刊》影印宋巾箱本作"痴頯",然二者底本均作"痴頭",可见"頯"是校改所致。

表 12

頯1贿韵	广韵						
说文	宋元本					清刻本	
	高宗	宁宗	钜宋	巾箱	元大宋本	泽本	楝亭
疑不聪明也	癡頭	癡頭	癡頭	癡頭	癡頭	癡顈	癡顈

表 13

頯2未韵	广韵								
	宋本				元本			清刻	
	高宗	宁宗	钜宋	巾箱	元大宋	泰定	至正	泽本	楝亭
	癡頭	癡頭	癡頭	癡頭	癡頭	癡頭	癡頯	癡頯	癡頯

---

① 张舜徽《说文解字约注》,第 2181 页。
② 王贵元《说文解字校笺》,第 375 页。

表 14

頟 3 怪韵	广韵									
	宋本						元本		清刻	
	北宋①	高宗	宁宗	钜宋	巾箱		元大宋	泰定	泽本	楝亭
					巾箱	影印巾箱		泰定 影印泰定		
	[字图]	[字图]	[字图]	[字图]	[字图]	[字图]	[字图]	[字图]	[字图]	[字图]

查《玉篇·页部》"頟"下未引《说文》，然释义相同。泽存堂本、楝亭本均作"痴頟，不聪明也"，诸家用此与《广韵》参照。然宋本作"痴頭"②，元、明刻本同。③可见《玉篇》作"痴頟"，亦是泽存堂校改所致。张氏《玉篇》《广韵》同刻，相互为校。

表 15

頟	玉篇		
	宋本	清刻本	
		泽本	楝亭本
	[字图]	[字图]	[字图]

以上分析可见，各家所据《玉篇》《广韵》作"痴頟"者，均系校改所致，原均当作"痴頭，不聪明也"。

"痴頭"一语见于《切韵》。《王一》曰："頟，頟頟，痴頭。"（卷四去声十六怪，敦煌 P. 2011）《王三》同。《王二》曰："聐，聐頟，痴頭皃。""頟，聐頟。"（卷三上声十五贿）④或谓"頭痴"，《集韵·怪韵》："頟，谓頭痴。"可见"痴頭"于义可通。

---

① 俄罗斯科学院东方研究所圣彼得堡分所等《俄藏黑水城文献①》，上海：上海古籍出版社，1996年，第180页。

② 此页泽本底本与宋本同版，刻工为"方坚"。

③ 明刻本《玉篇》中有作"痴顽"者，与配套的《广韵·贿韵》引《说文》同。《玉篇》（国图善本书号07969）《广韵·贿韵》（国图善本书号07989）二书行款一致，半页九行，黑口，四周双边，版心设计亦全同，应是《篇》《韵》配套刊刻、相互校改所致。

④ 周祖谟编《唐五代韵书集存》，北京：中华书局，1983年，第577页。

更为重要的是,小徐本《说文》有徐锴按语曰:"痴之状见于头面也。"据此可以推断其正文当作"痴頭,不聪明",今本作"痴不聪明",有脱文。

清代以来,各家均以清人校改的《玉篇》《广韵》为据,谓《说文》当作"痴頿,不聪明","痴頿"为古语,可谓无中生有,因为"痴頿"除此两处之外未见于其他古书。受到这些校勘意见的影响,现代学者反而以"頿"是"頭"非,如周祖谟校《广韵》曰:"頿,北宋本、巾箱本、黎本、景宋本作'頭',误。"① 余廼永认为《广韵》"頿"字误作"頭"。② 吕浩校宋本《玉篇》曰:"痴頿,原作'痴頭',据棟亭本改。"③ 蔡梦麒校《广韵》曰:"《玉篇》作'痴頿',《广韵》'痴颠'当据改。"④

表 16

切韵		
王一	王二	王三⑤
頿頿癡明	耻 具頿字五罪及 頿癡頭	頿癡頭

(三) 荃(《集韵》)

《说文》卷一下《艹部》:"荃,芥脆也。""脆"即"脆"字。"芥脆"的含义,学者多有讨论(《诂林》第 1825—1826 页):

> 段玉裁《注》——谓芥菜松脆可口也。
>
> 徐灏《注笺》——《肉部》曰:"脆,小耎易断也。"引申之则凡细碎皆曰脆,故谓"芥脆"。非松脆可口之谓也。
>
> 朱骏声《定声》——谓以芥为齑,鲜脆也。
>
> 马叙伦《疏证》——脆者为荃,"芥脆"即芥荃。"脆"即肉部之"臇"。⑥
>
> 张舜徽《约注》——谓以芥为齑嫩脆异于他齑也。⑦

---

① 周祖谟《广韵校本》,第 934 页。
② 余廼永《新校互注宋本广韵·定稿本》,第 830 页。
③ 吕浩校点《大广益会玉篇》,北京:中华书局,2019 年,第 118 页。
④ 蔡梦麒《广韵校释》,北京:中华书局,2021 年,第 662 页。
⑤ 《唐写本王仁昫刊谬补缺切韵》,南京:江苏凤凰教育出版社,2017 年,第 64 页。
⑥ 马叙伦《说文解字六书疏证》,上海:上海书店,1985 年,卷之二,第 118 页。
⑦ 张舜徽《说文解字约注》,第 224 页。

各家释义虽有不同，但均是按照"脆"来解释。不过《说文·黑部》谓"黵""读若以芥为齑名曰芥荃"，则"芥荃"即"以芥为齑"。《周礼·天官·醢人》"王举则共醢六十瓮，以五齐、七醢、七菹、三臡实之"，郑玄注："齐当为齑，……酰酱所和，细切为齑，全物若脄为菹。"可见"齑"是指用酱拌合切碎的菜或肉，即今所谓酱菜。但如上述用松脆、鲜脆、嫩脆或细碎来解释"芥脆"，明显不能突出"荃"的"和酱""经过腌制"这一核心义素。因此王筠《句读》认为《说文》"脆"当作"荃"，大概是意识到了这个问题。但这一校订并无版本依据。桂馥《义证》谓"实为酱，茎叶根为荃也"，亦未能准确释"荃"。《集韵》中存在这一问题的解决线索。

丁度等编写的《集韵》于宋仁宗庆历三年(1043)刊行。清代通行的是康熙四十五年(1706)曹寅刻楝亭本①，其底本传抄自南宋潭州刻本②，潭州本今藏国家图书馆③。现存南宋刻本尚有上海图书馆藏明州本④、日本宫内厅书陵部藏金州本(缺卷一)⑤，可资参照。

按，《集韵》卷三《平声·二僊》引此，明州本、金州本与《说文》同，然潭州本、楝亭本作："《说文》；芥脆也。"但上述专事《说文》研究者均未提及此处不同。又小徐述古堂抄本、翁方纲藏抄本、朱筠藏抄本、《韵会》引小徐本⑥亦均作"脆"。

表 17

荃	集韵				小徐本			
说文	宋本			清刻本	述古堂本	韵会引	汪刻本	祁刻本
	明州本	金州本	潭州本	楝亭本				
芥脆	芥脆	芥脆	芥脆	芥脆	芥脆	芥脆	芥脆	芥脆

《集韵·业韵》《类篇·肉部》收有"脆"字，以为"腌"之异体；《龙龛手鉴·

---

① 赵振铎《集韵校本》即以此为底本(上海：上海辞书出版社，2012年)。中国书店1983年影印出版。又光绪二年(1876)姚觐元据楝亭本重刊。
② 参看郭立暄《〈集韵〉的宋本及其传本》，《复旦古籍所学报(第一期)》，上海：复旦大学出版社，2012年。
③ 中华书局2005年影印出版。
④ 收入中华书局编辑部《古逸丛书三编》，北京：中华书局，2004年。
⑤ 收入高等院校古籍整理研究工作委员会编《日本宫内厅书陵部藏宋元版汉籍选刊》，上海：上海古籍出版社，2013年。
⑥ 小徐本中的徐锴按语与《韵会》引文中的"徐曰"内容相合，可见《韵会》此处所引为小徐本。

肉部》收"胆",注"俗",即俗体字。《集篆古文韵海》收有"👁"篆,释为"腌"。①隋唐以来韵书中"奄"声、"邑"声之字多有同音者,如《切韵·业韵》下收有"腌""罨""鰪""裛"等,读音均为"于业反"(王三)、"于劫反"(王二)。②《集韵·业韵》同为"乙业切"的"奄""邑"声字更多。以"奄""邑"为声且是异体字者,尚有唐写本《唐韵·业韵》"腌……亦作鰪",《集篆古文韵海·业韵》"👁鰪",《集韵·业韵》"鰪……或从邑""鰪……或从臭从奄"。

"胆""腌",古书多作"腌",即腌制。结合《说文》"荃"前后之字,"韭郁""瓜菹"是腌制的韭菜、瓜果(图1),则"芥胆(腌)"是腌制的芥菜无疑。

图1

元鲁明善《农桑衣食撮要》卷下:"腌芥菜 取紫青白芥菜切细,于沸汤内灼过,带汤捞于盆内,与生莴苣同熟油芥花或芝麻白盐约量拌匀,按于瓮内,熟则搅动。按下待二三日,变黄色可食,至春间,味不变。"这个腌制过程与前述郑玄注"醯酱所和,细切为齑"及许慎所言"以芥为齑名曰芥荃"基本吻合。

由上可见,《说文》作"胆"是形近误字。古书"邑""色"形体接近,互讹之例甚多不赘举。《集韵》所引大徐是北宋本;《韵会》所引此字为元时所见小徐本,述古堂本系据宋本抄写而来。它们能够反映大小徐本的最早面貌,可见二徐原本或不误,其后因转引、抄刻而产生了错字。《说文》有"腌"字,许慎原本或当作"芥腌",其后传抄使用俗字"胆",为大小徐本沿用。

校勘《集韵》又熟悉《说文》的小学家甚多,也大都发现了通行的棟亭本《集韵》引《说文》作"胆",但反而几乎都认为"胆"是"脆"的误字。赵振铎参校各本《集韵》,引清代以来校勘意见甚详,录其中与"脆""胆"有关者如下:

> 明州本、金州本、毛钞、钱钞注"胆"字作"脆",余校、陈校、陆校、庞校、黄校、钱校同。姚校:"宋本'胆'作'脆',是。韩校同。"方校:"案:'胆'讹从邑,据宋本及《说文》正。"按,清人于此尚有他说,录以存参……吕锦文曰:"锦文按:'胆'即'腌'字,渍肉也,与艹无涉,当从《说文》作'脆'为是。

---

① 〔宋〕杜从古撰,丁治民校补《集篆古文韵海校补》,北京:中华书局,2013年,第94页。
② 参看徐朝东点校《切韵汇校》,北京:中华书局,2021年,第929页。

《说文》无'胒'字。上'苏'字,香草也。《楚辞》'苏'与'荎'同。《玉篇》'荎'亦注'香草也'。此注草名,引《说文》'芥胒也'。引《说文》或另有本。'芥胒'则不知何物,'胒'亦不知何字。《说文》有'胑'字,是采'芑'与'胒'形或可沿讹,而菜实则断无涉。'胒'或"芑"之讹,与香义较近,而'芥'字无可系。"①

"姚校"(姚觐元)所用宋本为明州本,"方校"(方成珪)所用宋本实是据明州本所抄②,均作"脆"。他们据此误认为"脆"是而"胒"非。黄桂兰曰:"二徐本均作'芥脆也',《集韵》引'脆'作'胒',讹从邑,当改。"③亦误。

就小徐本而言,清代通行的是乾隆五十九年(1794)汪启淑刻本、道光十九年(1839)祁寯藻刻本。汪刻以翁方纲藏抄本为底本④,翁本作"胒",汪启淑校改作"脆"。祁刻本与汲古阁藏抄本密切相关⑤,此本现已不存,钮树玉多有引用,《校录》谓"《系传》'脆'作'胒'",此书《系传》采毛氏旧钞,兼钱楚殷钞本"⑥。"毛氏旧钞"即毛氏汲古阁藏抄本,现已不存,祁刻本与之关系密切,从祁刻本亦作"胒"来看,该抄本或即如钮氏所言作"胒"。至于"钱楚殷钞本"今亦不存,系从钱曾述古堂而来,但钮氏很可能并未参考这一本⑦。而述古堂本等抄本并未在学者之间广泛流传,以致小徐抄本这一线索也未被发现。

《校录》又谓"《韵会》采元本"作'胒'",查《韵会》元刻本及明翻刻元本均作"脆",钮氏或校勘偶失。段玉裁《注》十分重视《韵会》,多有引用,然于此条亦未涉及。以上种种原因,导致作"胒"的线索一直未被学者充分重视,甚至几乎未被专事《说文》校勘者提及。

结 论

以上探讨了清代以来利用古籍征引材料校勘《说文》时存在的失误,并对

---

① 赵振铎《集韵校本》下册"校记",第230页。
② 参看赵振铎《集韵校本》"序",第2页。
③ 黄桂兰《〈集韵〉引〈说文〉考》,台北:花木兰文化出版社,2012年,中册第388页。
④ 参看董婧宸《汪启淑刻本〈说文解字系传〉刊刻考》,《经学文献研究集刊》第22辑,上海:上海书店出版社,2019年,第183—214页。
⑤ 参看董婧宸《祁寯藻本〈说文解字系传〉刊刻考》,《北京大学中国古文献研究中心集刊》第十八辑,北京:北京大学出版社,2019年,第57—83页。
⑥ 〔清〕钮树玉《说文解字校录凡例》(见《诂林》第216页)。
⑦ 《校录》著成于嘉庆十年(1805),钮氏《说文系传跋》曰:"嘉庆六年六月,从顾东京假得抱冲所藏毛氏旧钞《系传》,校录于上。旧钞《系传》有二部,其一为黄荛圃所得,去岁十二月曾借荛圃藏本,略观一过,岁暮不及校,率作一跋还之。"(参看〔清〕钮树玉《匪石先生文集》,《丛书集成续编》,台北:新文丰出版公司,1991年,第192册,第768页)嘉庆五年(1800)曾借得黄丕烈(荛圃)藏本,即钱楚殷抄本,但未及校。

几个问题进行了新的校勘。虽然少数能够接触到早期版本如宋本、影抄宋本的清代学者,已经注意到了这个问题,但由于各种原因及条件限制,始终无法摆脱当时通行本的制约,导致"有问题的校不出来,没问题的校出了问题"。

现代学者有条件观览并充分利用各大藏书机构公布的、各出版社影印的早期版本,也能够便捷获取通行于清代的版本进行对比。但具体到《说文》校勘,或是对版本问题未加重视,或是默守前人成说不加核实,导致诸多疑惑时至今日仍不能完全祛除。就《经典释文》来看,马红范《〈经典释文〉引〈说文〉考》[1]仍以通志堂本为据,又参考黄焯的《汇校》。索喻《〈经典释文〉引〈说文〉研究》谓以国图藏宋本《释文》为依据,然从其"附录"中搜集的征引材料来看,仍是通志堂本。[2] 这样不仅无法发现问题,在结论方面反而比清人倒退了,当代的材料优势也就不能凸显出来。

总之,要克服清代以来《说文》校勘的局限性,就必须充分重视使用古籍的版本问题,弄清源流、追根溯源,发现新线索,获得接近事实的校勘结论以祛疑解惑。也只有这样才能客观地辨析前贤已有成果,进而提高对《说文》校勘这项重要工作的历史认识。

---

[1] 马红范《〈经典释文〉引〈说文〉考》,河南大学硕士学位论文,2009年,第5页。
[2] 索喻《〈经典释文〉引〈说文〉研究》,北京师范大学硕士学位论文,2009年。

上海图书馆藏惠栋批补王应麟《古文春秋左传》抄本考论

许俊炜

【内容提要】 上海图书馆藏惠栋批补《古文春秋左传》抄本是现存最早的《春秋左传》古注辑本,其中未经批补的正文系宋儒王应麟原辑本。原辑本确立了《左传》古注的辑佚体例,但存在不少疏误。惠栋则校改正文经注舛谬,并充分利用正史传注、唐宋类书等文献补辑佚注。上图本一方面是惠栋辑补古注的工作底稿,另一方面是他长期储材著书的资料长编。上图本内的批点考案屡见于《春秋左传补注》,展现了惠栋读书撰作的治学细节。从校改、出典、条目等角度全面比勘现存的六种《古文春秋左传》抄本,可确认上图本是其余抄本的源头。但惠栋尚未完成批补时,稿本已被人抄出流播,其余抄本应是依据惠栋未成稿之传抄本转录而成。而辨析其余抄本存录的书家批跋,亦可勾勒出《古文春秋左传》抄本在清代的流传轨迹。

【关键词】《古文春秋左传》 王应麟 惠栋 辑佚 批校本

唐贞观年间孔颖达等奉敕修撰《五经正义》,《春秋》以杜预《春秋经传集解》为正注,其余汉魏注家寖微。北宋太平兴国年间编纂的《太平御览》尚引东汉贾逵、服虔的《左传》旧注,但《崇文总目》已不著录。至南宋末年,王应麟始辑诸经古注,题"浚仪王应麟撰集"。《古文春秋左传》是今见最早专门辑佚《春秋左传》旧注的著作,《贩书偶记》《中国古佚书辑本目录解题》有著录[①]。是书体例完备,搜讨广博,收录了绝大部分散佚的《春秋左传》先唐古注。国家图书馆、上海图书馆、南京图书馆、台湾"国家图书馆"、北京大学图书馆皆有藏本。

近年已有学者甄录部分藏本特征、抄录跋文并分析批语,然而并未考察《古

【作者简介】许俊炜,北京大学中文系、北京大学中国古文献研究中心博士研究生。
【基金项目】国家社科基金重大项目"两汉经学佚籍的新辑与研究"(23&ZD281)阶段性成果之一。
① 孙殿起、雷梦水《贩书偶记续编》卷二,收入《贩书偶记(附续编)》,上海:上海古籍出版社,2020年,第591页;孙启治、陈建华《中国古佚书辑本目录解题》,上海:上海古籍出版社,2009年,第55—56页。

文春秋左传》原书体例得失及诸抄本之间的源流关系。本文拟以上图本为重心，讨论正文原辑与惠栋批补的关系以及二者辑佚之得失，并揭橥上图本对于深入了解惠栋治学撰作的学术价值，进而全面调查现存抄本，辨明诸本源流，追溯《古文春秋左传》在清代的流传。

一　现存《古文春秋左传》诸抄本解题

现存《古文春秋左传》抄本凡六种，为便后文讨论，今拟定简称，并略作解题如下。

（一）上图本

上图本（线善 773405）是现今可考最早的《古文春秋左传》抄本，《中国古籍总目》《中国古籍善本书目》皆有著录①。此本正文以行楷在无栏格稿纸上抄写，半叶十一行，行二十四字，双行小字注同。全书不分卷，版心记叶数。首叶原题"春秋左氏传集注"，被墨笔圈改，右补题"古文春秋左传汉学"，"汉学"二字又用墨点涂抹。书题下记"浚仪王应麟撰集"。题下有"虞山李氏"朱文方印、"上海图书馆藏"朱文长方印，书签钤"淑照堂丁氏藏"章。全书正文有朱点句读，天头与正文空白处多有行楷批注，笔迹潦草。漆永祥据潘景郑《著砚楼书跋》著录《惠氏古文春秋左氏稿本》条目，指出此书即是潘氏所藏惠栋补辑批校之本。②下文将上图本的正文经传佚注及其出典通称作"原辑本"，而其余批校统称"惠批"。

（二）国图甲、乙本

国家图书馆藏有题为"王应麟《古文春秋左传》"抄本两种，《中国古籍总目》《中国古籍善本书目》皆有著录。③

其一索书号 03743（下文简称国图甲本），两册十二卷。首叶附有签条"《古文春秋左传》，抄附《古文论语》《论语佚质》旧抄一本"，钤"铁琴铜剑楼"白文长方印。卷首有乙亥（1935）三月十一日王大隆跋，正文以正楷抄录于长方红格稿纸。半叶十一行，行二十一字，双行小字注同。左右双边，白口，版心记书

---

① 中国古籍善本书目编辑委员会《中国古籍善本书目 经部》，上海：上海古籍出版社，1989 年，第 237 页；中国古籍总目编纂委员会《中国古籍总目 经部》，北京：中华书局，2012 年，第 559 页。
② 漆永祥《东吴三惠著述考》，《国学研究》第十四卷，北京：北京大学出版社，2004 年，第 394 页。收入氏著《乾嘉考据学新论》，北京：北京联合出版公司，2022 年，第 261 页。
③ 中国古籍善本书目编辑委员会《中国古籍善本书目 经部》，第 237—238 页；中国古籍总目编纂委员会《中国古籍总目 经部》，第 559 页。

名,下记卷叶数,每卷重新计叶。卷一首叶顶格题"古文春秋左传卷第一",次行低两格题"浚仪王应麟撰集"。书题下依次有"铁琴铜剑楼"白文长方印,"北京图书馆藏"朱文方印。

其二索书号09319(下文简称国图乙本),两册十二卷,正文以正楷抄录于无格稿纸。半叶九行,行十九字,双行小字注同,版心不记叶数。书前录有墨笔题识,每册卷首空白页有"吴昂驹读"朱文长方印。卷一首叶顶格题"古文春秋左传卷第一",书题下有"馥"白文方印,后以浮签覆盖,签上钤"陈鳣印信"朱文方印。书题左侧自上而下依次有"盐官蒋氏衍芬草堂三世藏书印"朱文方印、"臣光煇印"白文方印、"寅昉"朱文方印、"北京图书馆藏"朱文方印。每卷皆不题撰人,唯卷二首叶批校者粘贴浮签,于书题次行用朱笔补题"浚仪王应麟撰集"。书内粘有十余条浮签,数则提及"骞案""驹案",为吴骞、吴昂驹叔侄所作,浮签又提及"丁"云云,指丁杰。书内间有墨笔校改及朱、绿双色批语。

(三)南图本

南京图书馆藏本(索书号:GJ/10579),两册十二卷,下册附有《古文论语》两卷,《中国古籍总目》有著录①。全书无序跋、钤印,正文以正楷抄录于稿纸上,半叶十行,行二十二字,双行小字注同。四周双边,白口,每叶版心题"古文春秋左传",下记叶数。卷一首叶顶格题"古文春秋左传卷第一",次行题"宋浚仪王应麟撰集"。

(四)台图本

台湾"国家图书馆"藏本(索书号:106.12 00577),一册十二卷。正文以工楷抄录于稿纸,半叶十二行,行二十四字,双行小字注同,版心不记叶数。书名页题"古文春秋左氏传贾服注",卷一首叶顶格题"古文春秋左传卷第一",次行题"宋浚仪王应麟撰集"。书题下依次有"国立中央图书馆收藏"朱文长方印、"孔继涵印"白文方印、"荭谷"朱文方印,书末有孔继涵跋。书内粘有十余条浮签,偶有朱笔校讹,墨笔批语,应为孔氏手笔。

(五)北大本

北京大学图书馆藏本(典藏号:NC/0735/1100),三册十二卷,《中国古籍总目》有著录②。三册书根分别题有"古文春秋左传上 钞本 宋王应麟辑""古文春秋左传 中""古文春秋左传 下"。全书无序跋,正文以正楷抄录于稿纸,半叶

---

① 中国古籍总目编纂委员会《中国古籍总目 经部》,第559页。
② 同上。

十一行,行二十四字,双行小字注同。每叶版心题"古文春秋左传",不记叶数。卷一首叶顶格题"古文春秋左传卷第一",次行题"宋浚仪王应麟撰集"。书题下依次有"熙征和印"朱文方印,"燕京大学图书馆"朱文方印。书内偶有朱、墨笔校改。

需要注意的是,除了上图本不分卷外,其余抄本虽分册不同,但分卷皆一致。其中,国图乙本、台图本、北大本版心皆不记叶数,而国图甲本、南图本皆每卷重新记叶。为保持格式统一,后文引用抄本时皆按每卷重新计叶的体例注明引文卷叶数。

二 上图本所见原辑本体例及其得失

前人讨论《古文春秋左传》抄本多着眼于上图本及国图甲、乙本[①],然而并未全面分析上图本中惠氏补辑考校的内容,且对《古文春秋左传》辑佚体例、佚注史源及抄本流传等问题亦缺乏更深入的考察,今将相关问题辨析如下。

(一)《古文春秋左传》原辑本撰者补证

今存《古文春秋左传》诸抄本皆题"浚仪王应麟撰集",前人多有疑窦。国图甲本王欣夫跋即云"此宋王伯厚辑《春秋左传》古注及《论语》郑注,皆吾吴惠定宇征君所托名者也"[②],又国图乙本卷前有墨笔题识云"此亦惠定宇所辑,不出王厚斋手"[③]。同时,国图藏《知不足斋丛书》本《古文论语注》书前有丁杰题跋云:"余氏《古经解钩沉》谓郑注《尚书》《论语》、贾服注《左传》,皆厚斋原本而定宇补之。然《宋史·艺文志》《儒林·王应麟传》无文,王圻《续文献经籍通考》、焦竑《国史经籍志》,亦不言厚斋有此三书也。观《尚书·禹贡》'和夷底绩'夹注所谓'应麟案'者,乃出惠氏《尚书古义》中,然后知《钩沉》之言妄也。"[④]

---

① 梁葆莉将国图甲本称作"题宋王应麟本",乙本称作"题清惠栋本",简略比对二本条目多寡,并摘录国图甲本王欣夫跋、国图乙本书前题识,然并未考得乙本卷前题识作者,亦未能准确把握题识观点。朱天助著录上图本惠栋的六则批语、国图甲本王欣夫跋、国图乙本的书前题识及部分浮签内容,推断国图乙本题识为吴骞过录的丁杰跋文。参梁葆莉《国家图书馆藏〈古文春秋左传〉版本、序跋及辑者考释》,《文津学志》第五辑,北京:国家图书馆出版社,2012年,第37—49页;朱天助《现存〈古文尚书〉〈古文春秋〉〈古文论语注〉旧辑本检讨及其衍生问题之初探》,《儒家典籍与思想研究》第七辑,北京:北京大学出版社,2015年,第40—47页。
② 《古文春秋左传》卷前,国图甲本,叶一。按,为避免重复,后文脚注引用《古文春秋左传》诸抄本皆略去著者,仅注明书名、版本简称及卷叶数。
③ 《古文春秋左传》卷前,国图乙本,叶一。
④ 〔宋〕王应麟撰集《古文论语注》,国家图书馆藏吴骞、陈鳣校补鲍廷博知不足斋本(善本书号:15065)。

后陈鸿森①、赵四方②重申丁杰、王欣夫旧说,以为《古文尚书》《古文论语》《古文春秋左传》三书皆为惠栋托名所作。

与此相对,朱天助最早调查《古文尚书》《古文论语》《古文春秋左传》现存诸种题名"王应麟撰集"的辑本,指出三书当为宋儒王应麟手辑资料长编,以备博学鸿词科考。③ 就《古文春秋左传》一书而言,他从不同角度反驳惠栋托名伪作说。其一,上图中存在惠栋不详正文佚注出处,作揣测之语,如隐元年传文"百雉"佚注出处作"《异义》'古《春秋左氏》说'"云云,惠栋旁批"此叔重说""古《春秋左氏》说当是刘子骏"④;其二,上图本正文佚注多讹字倒文,惠栋有所校改;其三,知不足斋刻《古文论语》卷前乾隆四十二年(1777)三月二十九日卢文弨《序》云"金陵严侍读⑤东有自秦中归,从三原王端毅⑥后人处钞得王深宁所辑《古文尚书》郑氏注、《古文左传》贾、服各家义,而此书亦其所编缀者也"⑦,可证辑本流传远早于惠栋,且若为惠栋手辑,严、卢亦无理由掩盖其功。⑧

笔者全面蒐讨上图本保留惠栋的圈点及十五则考校案语,发现多能补证朱氏之说,如:

宣二年传"桃园"。

【原辑】虞翻曰:"园名也。"(《晋世家注》)

【惠批】是《外传》注。⑨

本条佚注出自韦昭《国语注》转引虞翻之说,并非《左传》旧注。可见原辑佚注并非惠栋手辑,故而批示误收。又:

---

① 陈鸿森《丁杰行实辑考》,《传统中国研究集刊》第六辑,上海:上海人民出版社,2009年,第9页。
② 赵四方《惠栋托名撰集〈尚书郑注〉考》,《清史研究》2020年第4期,第125—136页。
③ 朱天助《现存〈古文尚书〉〈古文春秋〉〈古文论语注〉旧辑本检讨及其衍生问题之初探》,第62—64页。
④ 见《古文春秋左传》,上图本,叶二;朱天助《现存〈古文尚书〉〈古文春秋〉〈古文论语注〉旧辑本检讨及其衍生问题之初探》,第41页;朱天助《王应麟三种辑本与惠栋之关系再考证》,《清史研究》2021年第2期,第142页。
⑤ 严侍读,即严长明(1731—1787),字冬友,一作东友,又作东有,号道甫,又号用晦,江苏江宁人,师方苞。乾隆二十七年(1762)弘历南巡,以诸生献赋,赐举人,用内阁中书,入军机,累官至内阁侍读。后以忧归,客毕沅,主讲庐阳书院。《清史稿》有传。
⑥ 王恕(1416—1508),字介庵,号介庵,又号石渠,陕西三原人,正统十三年(1448)进士,由庶吉士授大理左评事,进左寺副,后历任扬州知府、南京兵部尚书等要职,谥"端毅",《明史》有传。
⑦ 《古文论语注》卷前卢文弨《序》,国家图书馆藏吴骞、陈鳣校补鲍廷博知不足斋刻本(索书号:15065),叶一至二。此序后收入《抱经堂文集》,见〔清〕卢文弨《抱经堂文集》卷二《郑氏注论语序(丁酉)》,陈东辉主编《卢文弨全集》第8册,杭州:浙江古籍出版社,2017年,第29页。
⑧ 朱天助《王应麟三种辑本与惠栋之关系再考证》,第143—144页。
⑨ 《古文春秋左传》,上图本,叶四七a。按,【原辑】【惠批】为笔者所加,以示分别,前者指上图本正文辑录佚注,后者指惠栋批校文字,后文引文皆仿此例。

襄十四年传"鄑人执之。"

【原辑】服虔云:"执追公徒者,公如鄑,故鄑人执之执之【惠批】为公执之。"(《齐世家注》【惠批】《春秋正义》同)①

惠批墨点涂抹"执之执之",改作"为公执之",并补出典。事实上,本条服注不见于《史记集解》,仅见于《春秋正义》。不难看出,正文佚注绝非惠栋手辑,故惠栋点对佚注,查明出典。再如:

襄十九年传"孔成子曰"
【原辑】服虔曰:"卫卿孔烝鉏。"(《卫世家注》)
【惠批】再查。②
昭二十九年传"夏后飨之,既而使求之。惧而迁于鲁县。"
【原辑】贾逵曰:"夏后既飨,而又使求致龙,刘累不能得而惧也。"(同前)
【惠批】查《外传》。③

上述两例均可说明原辑本正文非惠栋手辑,否则不必再查出处。

此外,朱氏仅注意到卢文弨知不足斋本《古文论语》序,其实卢文弨于乾隆四十二年(1777)作《王伯厚辑古文春秋左传序》,有更详细的说明:

今贾、服书既已不可复见,就《正义》所引谓杜不取者,往往远出杜解之上。宋厚斋王氏乃于诸书中搜辑补缀,贾、服外,若郑康成、马季长、王子雍之说咸录焉。匪徒掇拾阙遗,盖将以正杜氏之失也。因十二公分十二卷。江宁严用晦从秦中旧家录此以归,余见而爱之。向见吴中惠定宇氏《左传补注》一书,亦以古义纠杜之违,服其精确,录而置之箧中有年矣。今乃知王氏此书,定宇祖父以来即相传有钞本,而外人罕得见。余虽往来吴中,实不知惠氏之有此书也。顷阅近人余仲林所为《钩沉》,而后知之。惟王氏开之于前,故惠氏祖孙得益精之于后。④

如上所述,卢文弨直至惠栋殁后获睹余萧客《古经解钩沉》,方知惠氏家传《古文春秋左传》抄本的存在。⑤ 这证明《古文春秋左传》在清代流传源头有二,其一源出明中期三原王恕家,严长明于其后人处过录,后卢文弨取之订正抄录;其二乃吴县惠周惕家传抄本。《古文春秋左传》不唯一家所传,卢文弨抄录

---

① 《古文春秋左传》,上图本,叶六三 b。
② 《古文春秋左传》,上图本,叶六五 b。
③ 《古文春秋左传》,上图本,叶一一一 a。
④ 〔清〕卢文弨《抱经堂文集》卷二《王伯厚辑古文春秋左传序(丁酉)》,陈东辉主编《卢文弨全集》第 8 册,第 21—22 页。
⑤ 陈修亮编著《卢文弨钞校题跋本目录·经部春秋类》误读序文,错以为卢氏曾校惠士奇抄本。见陈东辉主编《卢文弨全集》第 15 册,第 388 页。

严长明在前,知惠氏抄本在后,此亦侧面证明《古文春秋左传》为惠栋托名王应麟之说不成立。卢文弨抄本今已亡佚,而惠氏家传抄本正是存世的上图本。上图本正文王应麟原辑与惠栋的批补考校层次分明,正文原辑撰者归于王应麟,当无疑义。

(二)原辑本题名、引书范围与体例

上图本所见原辑本旧题"春秋左氏传集注",因其所辑旧注,上至东汉贾逵、郑众,下逮两晋孙毓、干宝,故惠栋改题为"古文春秋左传汉学"后,不得不涂去"汉学"二字,以名就实。

原辑本辑佚格式规范,经、传文字顶格书写,次行低一格迻录注文。注文下以双行小字出典。若与上一条注文出处相同,则标"同前"。原辑本引书范围广博,经部有《经典释文》《毛诗正义》《礼记正义》《春秋正义》、二礼疏,史部有《史记集解》《索隐》《水经注》《通典》《路史》,集部有《文选》李善注。

而原辑本体例可归纳为如下数条。

其一,杜预注攘袭贾、服旧注时会在出处前标"杜同"①,如:

> 桓二年传"是以清庙茅屋。"
> 【原辑】贾逵注云:"肃然清静,谓之清庙。"(杜同。《清庙·正义》)②

本传杜注作"以茅饰屋,著俭也。清庙,肃然清净之称也",与贾注释"清庙"同。

其二,《正义》言"先儒某某云……相传为然"者,原辑本辑录旧注时皆径录杜注,复补注家之名,如文十八年传"饕餮"下杜注"贪财为饕,贪食为餮",疏曰"此无正文,先儒贾、服等相传为然",原辑本整齐作:

> 文十八年传"饕餮"。
> 【原辑】贾、服等注贪财为饕,贪食为餮。③

其三,如一注见引不同文献,文字有多寡异同,皆以双行小字注明,如:

> 庄二十二年传"臣卜其昼,未卜其夜。"
> 【原辑】服虔云:"臣将享君,必卜之,示戒慎也。"(《春秋正义》。《湛露·正义》引服说云:"臣享君必卜,示敬慎也。")④

---

① 吕东超最早指出洪亮吉《春秋左传诂》"杜同此""杜取此""杜本此"以明新旧因袭之例,得益于王应麟启发。参吕东超《〈春秋左传诂〉成书考——以其所辑〈左传〉汉儒旧注为考察中心》,《中国典籍与文化》2021年第2期,第34—49页。
② 《古文春秋左传》,上图本,叶八a。
③ 《古文春秋左传》,上图本,叶四五a。
④ 《古文春秋左传》,上图本,叶一六a。

两处服注字句相类,详者见本疏,略者见《毛诗正义》,故原辑本出典作《春秋正义》,以双行小字注明《毛诗正义》之异文。

其四,当经传与《史记》存在异文的时候,原辑本同样以小字注明,如:

> 昭五年传"雩娄。"
>
> 【原辑】服虔曰:"雩娄,楚之东邑。"(《吴世家注》。"雩",《史记》作"雩"。)①
>
> 庄九年传"乃杀子纠于生窦。"
>
> 【原辑】贾逵曰:"鲁地句渎也。"(《齐世家注》。《索隐·齐世家注》引贾逵说云"鲁地句窦"。"生窦",《史记》作"笙渎",《索隐》同。)②

需要注意的是,原辑本仅出注异文,并不据之改正文经传。

(三)原辑本之疏误

虽然原辑本体例相对规范,但仍存在不少讹误疏漏,兹类举如下:

其一,不审服注体例。《南齐书·陆澄传》云:"《左氏》太元取服虔,而兼取贾逵经,由服传无经,虽在注中,而传又有无经者故也。今留服而去贾,则经有所阙。"③可知服虔《春秋左氏传解谊》注传而不注经。已有学者据《太平御览》存录服注,指出其"本经在注文中"的解传体例。④ 因服虔不注经,故往往在传文注解中复引经文以作解。然而原辑本昧于服注体例,将大量本应系于传文的服注系于经文,如:

> "经(隐公)元年春王正月。"
>
> 【原辑】服虔亦云:"孔子作《春秋》,于春每月书'王',以统三王之正。"(《春秋正义》)⑤

本条理应系于本传"元年春王周正月"。但服注此例长期被学者忽视。⑥

其二,以杜预所据经传为底本。杜预注之底本与贾、服注之底本不尽相同,《释文》《正义》亦多次引及"服本"异文。辑佚古注,辑本经传理应以佚注所据之本为底本。原辑本以杜本为底本的体例容易忽略佚注细节,如:

---

① 《古文春秋左传》,上图本,叶八七b。
② 《古文春秋左传》,上图本,叶一三b。
③ 〔南朝梁〕萧子显《南齐书》卷三九〈陆澄传〉,北京:中华书局,1972年,第684页。
④ 方韬《〈左传〉服虔注体例臆解》,顾永新编《经学文献学研究》,北京:北京大学出版社,2019年,第320—330页。
⑤ 《古文春秋左传》,上图本,叶一b。
⑥ 池田秀三为重泽俊郎《〈左传〉贾服注捃逸》重印出版撰写解题,不解重泽辑本为何"尤其服虔注,几乎所有条目都系于传文"。见〔日〕重泽俊郎《春秋董氏传〈左传〉贾服注攟逸》,武汉:崇文书局,2018年,第22页。

> 僖九年传"丕郑、三公子"
>
> 【原辑】贾逵曰:"邳郑,晋大夫。三公子,申生、重耳、夷吾也。"(杜同。《晋世家注》)①

今按宋蔡梦弼东塾刻本《索隐集解》本《史记》②、宋黄善夫家塾刻本三家注本《史记》③正文、贾注皆作"邳"。虽然裴骃《史记集解》引旧注文字存在改从所注之书的情况④,然不排除贾注所据之本原作"邳郑"的可能。原辑本称"杜同",只留意内容相同,未细辨异文差异。类似例子繁多,此不赘引。

其三,据杜本经传改旧注,如:

> 隐十一年传"馆于穷氏"。
>
> 【原辑】服虔曰:"馆,舍也。穷氏,鲁大夫。"(同前)⑤

杜预本经传作"穷氏",宋本《史记·鲁世家集解》原引作"芳"⑥,保留了服注异文。然而原辑本却据杜本《左传》改之。此类繁多,亦不赘录。

其四,出处显误,如:

> 闵二年传"齐人使昭伯烝于宣姜。"
>
> 【原辑】服虔云:"昭伯,卫宣公之长庶伋之兄。宣姜,宣公夫人,惠公之母。"(《旄丘·正义》)⑦

覆案《毛诗正义》,本注引自《墙有茨》序下疏文,出典有误。

三 上图本所见惠栋补辑与批校

潘景郑《著砚楼书跋》云"此册为先生手采贾、服旧注,不自立说,其为《补注》獭祭之业,无疑也"⑧,可知上图本批语为惠栋所作。细审惠批会发现有一定先后层次,非一时所为,如原辑本成九年传文天头抄有:

---

① 《古文春秋左传》,上图本,叶二六 a。
② 〔汉〕司马迁撰,〔南朝宋〕裴骃集解,〔唐〕司马贞索隐《史记》卷三九《晋世家第九》,《中华再造善本》影印国家图书馆藏宋乾道七年(1171)蔡梦弼东塾刻本,叶七 b。
③ 〔汉〕司马迁撰,〔南朝宋〕裴骃集解,〔唐〕司马贞索隐,〔唐〕张守节正义《史记》卷三九《晋世家第九》,日本历史民俗博物馆藏宋绍熙建安黄善夫家塾刻本,叶一一 a。
④ 方韬发现,当《史记》文本与《左传》有异,裴骃会据《史记》文字改杜注。见方韬《杜预〈春秋经传集解〉研究》,北京:中国社会科学出版社,2017年,第442页。
⑤ 《古文春秋左传》,上图本,叶七 a。
⑥ 〔汉〕司马迁撰,〔南朝宋〕裴骃集解,〔唐〕司马贞索隐《史记》卷三三《鲁世家第三》,《中华再造善本》影印国家图书馆藏宋乾道七年蔡梦弼东塾刻本,叶七 b。
⑦ 《古文春秋左传》,上图本,叶二〇b。
⑧ 潘景郑《著砚楼书跋》,上海:上海古籍出版社,2006年,第7页。

【天头惠批】九年传"南冠而絷者。"○贾逵曰:"南冠,楚冠也。"(《御览》六百八十五。)疑《国语注》。①

覆案《太平御览》卷六八五《服章部二·法冠》引"《国语》曰:'定王使单襄公聘于宋,假道于陈。陈灵公与孔宁仪行父南冠以如,……(贾逵曰:"南冠,楚冠也。")'"②,惠栋"疑《国语注》"的判断准确。或许惠栋初次从《御览》辑录时未审其非贾逵《左氏解诂》,后续才纠正。由此可知,上图本是惠栋累次增订《古文春秋左传》的工作底稿。下文将梳理惠氏对原辑本的增补与批校,进而讨论批语与惠栋撰作的关系。

(一)补辑之来源

上图本所见王应麟原辑本取材基本涵盖《五经正义》《二礼疏》《史》《汉》旧注等常见文献,惠氏则在此之外网罗佚阙,新辑得二百一十条佚注,来源如下:

其一,《续汉志》《后汉书》注,如:

桓二年传"大路越席"

【惠批】服虔曰:"大路,总名也,如今驾驷高车矣。尊卑俱乘之,其采饰有差。"(刘昭补注)③

昭七年传"圣人之后也,而灭于宋。"

【惠批】服虔曰:"圣人谓商汤也。孔子六代祖孔父嘉为宋华督所杀,其子奔鲁也。"(《后汉·孔融传注》)④

前者辑自《续汉书·舆服志》刘昭注,后者辑自《后汉书·孔融传》李贤注。

其二,《史》《汉》以外之正史列传,如:

庄元年传"不称姜氏,绝,不为亲。"

【惠批】"夫人有与杀桓之罪,绝不为亲,得尊父之义。善庄公思大义,绝有罪,故曰礼也。"(《魏书·窦瑗传》引注云)⑤

惠栋虽辑出此注,但昧于《魏书》引文蒙上省例,未能明确其所属。案《窦瑗传》前文正引"《春秋》庄公元年'不称即位,文姜出故'。服虔注云:'文姜通于兄齐襄,与杀公而不反。父杀母出,隐痛深讳,期而中练,思慕少杀,念至于母。故

---

① 《古文春秋左传》,上图本,叶五五a。按,国图甲本、乙本皆误收此条。
② 〔宋〕李昉等撰《太平御览》卷六八五,《四部丛刊三编》影印中华学艺社借照日本帝室图书寮京都东福寺东京静嘉堂文库藏宋刊本,叶五a。按,惠栋所用《御览》版本详下文。
③ 《古文春秋左传》,上图本,叶八a。
④ 《古文春秋左传》,上图本,叶八九a。
⑤ 《古文春秋左传》,上图本,叶一三a。

经书:三月夫人逊于齐'"①,故下文引同年传文之"注云"理应归诸服虔。又有:

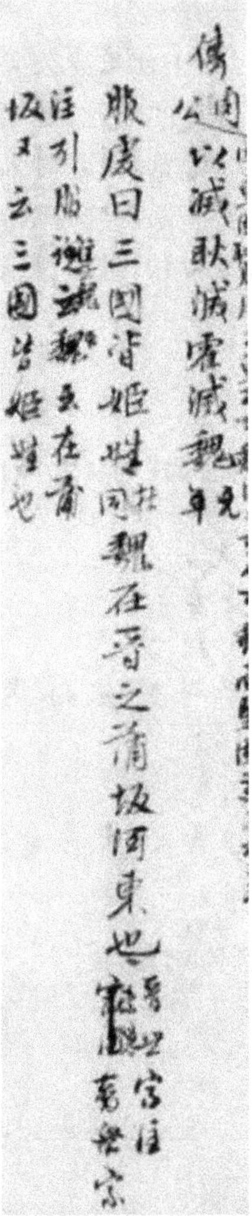

> 襄二十三年传:"美疢不如恶石。"
> 【惠批】服虔曰:"石,砭石也。"(《南史·王僧孺传》)②

惠栋据《南史》卷五九《王僧孺传》引"服子慎注云"补。

其三,原辑本未收《史记索隐》存录旧注之条目,如:

> "传(闵公)以灭耿,灭霍,灭魏。(元年)"
> 【原辑】服虔曰:"三国皆姬姓(杜同),魏在晋之蒲坂河东也。"(《晋世家注》)③

惠栋以墨笔涂去小字原出典,改作"《晋世家注》,《索隐·晋世家注》引服说云'魏云在蒲坂',又云'三国皆姬姓也'",后又以朱笔在第二个"世"字上覆写"系","服说云魏云"改作"服注云魏"(图1)。覆案汲古阁翻刻单行本《史记索隐》,"世家"保留讳字,皆作"系家","灭魏""灭狄"大字下分别有注文:"《地理志》河东河北县,古魏国。地记亦以为然。服虔云:'在蒲阪',非也","服虔云:'三国皆姬姓也'"④,与惠栋所补文字相合。值得注意的是,惠栋补辑《索隐》出典时皆改"世"作"系"。

其四,唐代类书,如《初学记》:

> 襄三年传:"使邓廖帅,组甲三百,被练三千。"
> 【原辑】……【惠批】服虔注曰:"以组缀甲。"马融注曰:"被练,练为甲里,卑者所服。"《初学记》廿二。⑤

惠栋于小字出典下补佚注出自《初学记》卷二二《武部·甲第六》。⑥

又如《白氏六帖事类集》:

> 文十三年传:"绕朝赠之以策。"

图1 上图本惠栋改原辑出典

---

① 〔北齐〕魏收《魏书》,北京:中华书局,1974年,第1911页。
② 《古文春秋左传》,上图本,叶六七 b。
③ 《古文春秋左传》,上图本,叶一八 a。
④ 〔唐〕司马贞《史记索隐》卷一二,国家图书馆藏明毛氏汲古阁翻刻宋本,叶一 a。
⑤ 《古文春秋左传》,上图本,叶五八 b。
⑥ 〔唐〕徐坚《初学记》卷二二,北京:中华书局,2004年,第535—536页。

【原辑】服虔云:"绕朝以策书赠士会。"(《春秋正义》)
【惠批】《白氏六帖》引注云"以有策而不用也"。①

惠批辑自《白氏六帖》卷一〇《饯送七》。②

其五,宋代类书《太平御览》。惠栋从《御览》辑补佚注一百余条,占其新辑条目一半以上,其中数条注云"宋本"。如原辑本昭二十八年传文处有:

【天头惠批】"小人之腹为君子之心。"(属,足也。小人二子自谓小人復饥,则恐食之不足,厌饱则恐君亡。君子居尊,官食重禄,而知不足,故愿以其腹为君子之心。)似贾、服注。《御览》四百五十一。(宋本。)
【地脚惠批】"復饥"当是"腹饥"。③

《荛圃藏书题识》录残宋本《太平御览》三百六十卷,黄丕烈跋云"是书出郡中朱丈文游家,朱与惠征君栋为莫逆交。惠所著述大半取材是书,故有定宇借观图记"④。惠栋借阅"宋本"即密友朱奂所藏之宋闽刊本,是书后经周锡瓒、黄丕烈、汪士钟、陆心源辗转递藏,终为日人收购,今藏日本静嘉堂文库。案静嘉堂文库藏宋本《御览》卷四五一《人事部九十二·谏净一》所存的佚注正作"復饥"⑤。而惠栋据宋闽刊本《御览》补辑后复有校正,进一步佐证上图本是累次增订之稿本。需要说明的是,惠栋所见宋闽刊本《御览》已是残本,故辑佚时超出宋本《御览》之卷数应是利用当时通行本⑥。

此外,惠氏从中辑录佚注时,多能据引文体例判断其归属,如:

【惠批】僖四年传"死王事加二等,于是膏以衮敛"。
贾逵曰:"死王事谓朝天子,以命用师。衮敛者,上公九命服衮也。"
(五百五十六。宋本无"贾逵曰"三字,首承上条增入)⑦

《御览》本卷本条前文引《左传》注有云"贾逵曰",故惠氏推知后文相连之传注

---

① 《古文春秋左传》,上图本,叶四二a。
② 〔唐〕白居易《白氏六帖事类集》第5册卷一〇,日本静嘉堂文库藏宋刊本(资料番号:75),叶二六a。
③ 《古文春秋左传》,上图本,叶一一〇b。
④ 〔清〕黄丕烈《荛圃藏书题识》卷六,收入《清人书目题跋丛刊六 黄丕烈书目题跋 顾广圻书目题跋》,北京:中华书局,1993年,第118页下栏。
⑤ 〔宋〕李昉等撰《太平御览》第73册卷四五一,日本静嘉堂文库藏宋闽刊本(资料番号:77-1),叶二a。
⑥ 惠栋所引《御览》有卷8、146、147、179、201、390、432、448、451、480、495、538、532、553、562、880。然宋闽刊本《御览》彼时仅存卷1-133、172-200、212-368、424-455、531-535、541-545、726-730。见〔清〕陆心源《皕宋楼藏书志》卷五九,收入《清人书目题跋丛刊一 皕宋楼藏书志 皕宋楼藏书续志 上》,北京:中华书局,1990年,第664页上栏。
⑦ 《古文春秋左传》,上图本,叶二四a。按,本注实出自《御览》卷五五三,惠批出典有误。

皆蒙上省注者。不过仍有少部分辑自《御览》的条目，惠氏不明注者，如：

【惠批】庄二十三年传"丹桓宫楹"。
丹，雕。桓宫，桓公庙。楹谓之柱。(《御览》四百五十一，宋本。)
【惠批】庄二十四年传"刻其桷"。
经书刻桓宫桷。桷谓之榱。榱，椽也。(《御览》四百五十一)①

实际上，因《御览》卷四五一《谏诤》一篇全引《左传》，且此条前后传文相属，服虔不注经，传文相连，故注文应归服虔，惠栋失考。

除了辑佚《春秋左传》旧注，惠氏还关注与经传内容相关的文字，随文抄补。如僖二十九年传"介葛卢闻牛鸣，曰：是生三牺，皆用之矣"，原辑本抄有《秋官·夷隶·正义》引贾、服注及《车邻·正义》引贾注。惠栋旁批"张华曰：嵇叔夜以为无此者，先儒妄说"②。此文实出自《御览》卷八九九引张华《博物志》佚文。盖因《隋书·经籍志》著录《春秋左氏传音》三卷，魏中散大夫嵇康撰"③，惠氏疑嵇康之说出于此，故抄出此条。

(二) 校讹补阙

上图本正文虽以行楷誊录，但亦存在不少显而易见的讹字，应是转录更早的抄本时造成，如隐元年传：

"摄也【惠批】不书，即位。"
【原辑】贾、服以为四公皆实即位，孔子修经，乃有不书。(《春秋正义》)④

原辑本提行传文倒错，惠批据《左传》校改。而校改时曾多次提及"宋本作某"，如：

文六年传"难必抒矣。"
【原辑】服虔作"舒"。【惠批】纾，云缓也。宋本作"纾"。(《春秋正义》)⑤

原辑本误作"舒"，惠批据宋本圈改。传文仍循杜本文字，并未据服虔所据本易作"纾"。所谓"宋本"亦是惠栋密友朱奂旧藏。惠栋《松崖笔记》载："孔颖达

---

① 《古文春秋左传》，上图本，叶一六 b。
② 《古文春秋左传》，上图本，叶三六 a。
③ 〔唐〕魏征等《点校本二十四史修订本 隋书》第 2 册卷三二《经籍志》，北京：中华书局，2019 年，第 1049 页。
④ 《古文春秋左传》，上图本，叶一 b。
⑤ 《古文春秋左传》，上图本，叶三九 a。

《春秋正义》三十六卷,淳化元年本,庆元六年重刊,前后各八行,每行十六字,卷末有冯嗣祖、赵彦橚校勘姓名。此书北平孙氏藏本,康熙末归季沧苇,后又归东海徐氏。朱君文游以八十金得之。文游名奂,笃行好学士也。"①乾隆十一年(1746)三月,惠栋亦曾"以唐石经、宋椠本校汲古阁本《春秋左传注疏》六十卷"②。此宋八行本《春秋正义》今藏国家图书馆,而文字恰好与惠校相合。③

此外,惠栋会有意识地纠正原辑本不以旧注所据为本的错误体例,如:

> 隐八年传"诸侯以字为谥,因以为族"。
> 【原辑】服虔云:"公之母弟则以长幼为氏,贵適统,伯、仲、叔季是也。庶公子则以配字为氏,尊公族,展氏、臧氏是也。"
> 【惠批】仿注,"谥"当作"氏"。④

如前所述,原辑本辑录经传不以旧注用字为本,如本例服注作"以长幼为氏",原辑本传文却从杜预本作"谥",惠批以为传文当从注文作"氏"。

(三)惠批与惠栋撰作之关系

除了补辑佚注、校讹补阙外,上图本还保留了惠栋对经传旧注的考案。潘景郑《著砚楼书跋》尝云此书"为《补注》獭祭之业",敏锐地指出上图本与惠栋《春秋左传补注》(下文省称《补注》)的关系。朱天助亦注意到二者关联,然略举数条,未暇深考。⑤ 不过,细绎上图本批语会发现,惠批不仅与《补注》有关,亦可窥见与其他著述的关联以及惠栋治书之思,今分别论列疏证如下:

1. 惠批与《补注》

(1)桓五年传"旝动而鼓"。
【原辑】贾逵以旝为发石,一曰飞石,引《范蠡兵法》作飞石之事以证之。(《春秋正义》)
【惠批】贾逵曰:"旝,发石。一曰飞石。《范蠡兵法》曰:'飞石重十二斤,为机发,行二百步。'"(《汉书·甘延寿传》注,《说文》用贾侍中说)⑥

---

① 〔清〕惠栋《松崖笔记》卷二,《丛书集成续编》第20册影印《聚学轩丛书第三集》,台北:新文丰出版公司,1988年,第595页上栏。
② 傅增湘《藏园群书经眼录》第1册卷一《经部一》,北京:中华书局,1983年,第73页。
③ 《春秋左传正义》卷一四,《中华再造善本》影印国家图书馆藏宋庆元六年(1200)绍兴府刻宋元递修本,叶三八b。
④ 《古文春秋左传》,上图本,叶六a。
⑤ 笔者统计上图本所见惠批凡十五条,其中隐元年传"百雉"、隐八年传"诸侯以字为谥,因以为族"、宣二年传"桃园"三则前文已引。朱天助曾过录隐元年传、隐八年传及下文例1、5、9的惠批。见朱天助《现存〈古文尚书〉〈古文春秋〉〈古文论语注〉旧辑本检讨及其衍生问题之初探》,第41—42页。
⑥ 《古文春秋左传》,上图本,叶九b。

《汉书·甘延寿传》颜注转引张晏曰:"《范蠡兵法》:飞石重十二斤,为机发,行二百步。"①惠栋据之补正原辑本引文,并注明许慎《说文》亦用贾说。而本条考证与惠著《补注》相应条目若合符节:

> "旝动而鼓。"贾逵曰:"旝,发石。一曰飞石。《范蠡兵法》曰:飞石重十二斤,为机发,行二百步。"《说文》:"旝,建大木,置石其上,发以机以追敌也。从㫃,会声。《诗》云:'其旝如林'。"《三国志》"太祖为发石车,击袁绍",注引《魏氏春秋》曰:"以古有矢石。又《传》言'旝动而鼓',说曰:'旝,发石也。'于是造发石车。"所云说者,即贾侍中说也。杜以旝为旃,盖本马融。(追,古文碪。)②

惠栋据《汉书注》倒推《说文》释"旝"本诸贾逵之说,可见其在上图本批语的基础上撰写《补注》条目。

(2)闵二年传"公衣之偏衣"。

【原辑】服虔曰:"【惠批】偏衣,偏裻之衣,偏异色。駮,不纯,裻在中,左右【惠批】各异,故曰偏衣。"(《晋世家注》)

【惠批】裻即督,《庄子》"缘督以为经"。③

《御览》卷一四六引服注文字较《史记集解》为详④,惠批据之校补,然惠批未注出典。覆案《补注》:

> "公衣之偏衣。"服虔曰:"偏衣,偏裻之衣,偏异色。駮,不纯,裻在中,左右各异,故曰偏衣。"此说详于杜。裻即督也,《庄子》"缘督以为经"。⑤

惠氏引证与《补注》同,且文字与《御览》相合,可见惠栋补辑当在写作《补注》之前。

(3)僖十年经"夷吾无礼"。

【原辑】贾逵云:"烝于献公夫人贾君,故曰无礼。"(《春秋正义》)马融云:"申生不自明而死,夷吾改葬之,章父之过,故曰无礼。"(同前)

【惠批】此说不的。⑥

遍检《补注》,相关考证见于卷一"僖十五年":

---

① 〔汉〕班固著,〔唐〕颜师古注《汉书》卷七〇,北京:中华书局,1962年,第3007页。
② 〔清〕惠栋《春秋左传补注》卷一,《景印文渊阁四库全书》第181册,台北:台湾商务印书馆,1986年,第126页。
③ 《古文春秋左传》,上图本,叶二一b。
④ 〔宋〕李昉等撰《太平御览》卷一四六,叶九a。
⑤ 〔清〕惠栋《春秋左传补注》卷一,第133页下栏。
⑥ 《古文春秋左传》,上图本,叶二六b。

传"秦穆姬属贾君"。注:"晋献公次妃。"案,"献公取于贾"则是正妃,为惠公之適母,何须穆姬之属。唐尚书曰:"贾君,申生妃。"故僖十年《传》云"夷吾无礼",此为近之。①

贾逵认为"贾君"是晋献公之夫人(夫人即正妃),惠栋推诸贾注似本乎庄二十八年《传》"晋献公娶于贾"。然而若贾君是晋献公之正妃,自然是惠公夷吾(献公子)的嫡母,便不可能由秦穆姬(献公女,申生同母姊、夷吾异母姊)来将贾君许配给惠公夷吾。因此,惠栋认同唐固《国语注》之说②,以为贾君应是申生之妃。狐突之所以说"夷吾无礼",是因为夷吾娶了自己异母兄弟的妃,而并非因为"烝"于自己父亲献公的夫人。惠批"此说不的",可见他并无墨守贾注,而《补注》则对此一判断展开论证。

(4)襄十九年传"号之,乃下。问守备焉,以无备告。揖之,乃登"。

【原辑】服虔引鼓仲 传文 【惠批】彭仲博云:齐欲诛卫,呼而下,与之言,固可取之,无为揖之复令登城。仲 传 【惠批】博以为齐侯号卫,卫惭而下,云"问守备焉",问卫之守高唐者。卫无恩信,故令守者以无备告,齐侯善其言,故揖之,乃命士卒登城。【惠批】此说近之。

【天头惠批】彭汪,字仲博。
【地脚惠批】依宋本改。③

惠栋据宋本圈改讹字,又于注文末据《正义》原文"服虔谓此说近之",补批"此说近之"。又惠批补辑昭二十七年传及佚注:

(5)【惠批】"是无若我何"○彭仲博云:"当言是无我若何,我母无我,当如何?我字当在若上。"(《春秋正义》)
栋案,彭汪,字仲博,汝南人。见《经典释文》。④

而上述两则关于彭汪佚注的校改、批语皆见于《补注》:

"问守备焉,以无备告。揖之,乃登。"服虔曰:彭仲博以为齐侯号卫,卫惭而下,云"问守备焉",问卫之守高唐者。卫无恩信,故令守者以无备告,齐侯善其言,故揖之,乃命士卒登城。此说近之。栋案,《经典序录》曰:"汝南彭汪,字仲博,说先师奇说及旧注。"又昭廿七年传云:"母老子弱,是无若我何。"彭仲博云:"当言是无我若何,我母无我,当如何?我字

---

① 〔清〕惠栋《春秋左传补注》卷一,第138页下栏。
② 徐元诰集解,王树民、沈长云点校《国语集解》卷九《晋语三》,北京:中华书局,2004年,第304页。
③ 《古文春秋左传》,上图本,叶六五b。
④ 《古文春秋左传》,上图本,叶一〇八b。

当在若上。"《正义》所载惟此二说。①

（6）昭六年传"藏争辟焉"。

【原辑】服虔云："铸鼎藏争辟，故今出火与五行之火争明，故为灾；在器，故称藏也。"（《春秋正义》）

【惠批】说本刘歆。②

覆案《汉书·五行志》云：

《左氏传》昭公六年"六月丙戌，郑灾"。是春三月，郑人铸刑书。士文伯曰："火见，郑其火乎？火未出而作火以铸刑器，藏争辟焉。火而象之，不火何为？"

说曰：火星出于周五月，而郑以三月作火铸鼎，刻刑辟书，以为民约，是为刑器争辟。故火星出，与五行之火争明为灾，其象然也，又弃法律之占也。不书于经，时不告鲁也。③

盖因《汉书·五行志》所载"说曰"与服说相类，而惠栋又认为此即刘歆之说，故批注言然。不过在《补注》中，惠栋却修正了原本的想法：

"火未出而作火，以铸刑器，藏争辟焉。火如（《汉书》作"而"）象之，不火何为？"古《春秋左氏》说曰："火星出于周五月，而郑以三月作火铸鼎，刻刑辟书，以为民约，是为刑器争辟，故火星出于五行之火，争明为灾，其象然也。"服氏《解谊》从其说。栋案，《汉书·五行志》、许叔重《五经异义》所载《左氏》说及古《春秋左氏》说，皆前汉诸儒传《左氏》者之言。唐人《正义》以为贾逵，非也。顾君补正亦采《五行志》数条，而不言左氏说，没其义矣。④

《补注》中惠栋除了提及《五行志》，还引述《五经异义》所载之"说"，称"皆前汉诸儒传《左氏》者之言"，并未落实到刘歆一人。如班固所云，"是以揽仲舒，别向、歆，传载眭孟、夏侯胜、京房、谷永、李寻之徒所陈行事"⑤，《五行志》本是整合前汉诸家灾异说解而成，故惠栋后出之说更为合理。前后对比，亦能进一步确认上图本惠栋考案在《补注》之前。

除了考案批语之外，惠栋补辑的佚注亦体现在《补注》之中，如前文提及文十三年《传》"绕朝赠之以策"，惠批"《白氏六帖》引注云'以有策而不用也'"，而

---

① 〔清〕惠栋《春秋左传补注》卷三，第181页上栏。
② 《古文春秋左传》，上图本，叶八八a。
③ 〔汉〕班固撰，〔唐〕颜师古注《汉书》卷二七上《五行志第七上》，第1327页。
④ 〔清〕惠栋《春秋左传补注》卷五，第197页下栏。
⑤ 《汉书》卷二七上《五行志第七上》，第1315页。

《补注》释"绕朝赠之以策"下文"吾谋适不用也"恰好收录此条。① 此外,惠栋批补与经传相关的文字,同样见于《补注》,如襄二十六年传"栾、范易行以诱之",原辑本抄录《正义》引贾逵、郑众之说。惠栋于天头补"郑众曰:'易行,中军与上下军易卒伍也。中军之卒良,故易也。'"② 此句出自《国语·楚语上》"若易中下,楚必歆之"韦昭注引郑众说。③ 郑众尝注《国语》,故惠栋以此注补证《左传》,后《补注》录有此条④。

2. 惠批与《易汉学》

(7)僖十五年传"西邻责言,不可偿也"。

服虔以为三至五为坎,坎为月,月生西方,故为西邻。【惠批】三日,月出,震在庚方。坎为水,兑为泽,泽聚水,故坎责之泽,泽偿水则竭,故责言不可偿。(《春秋正义》)⑤

晋史苏占晋献公嫁伯姬于秦,得"遇《归妹》之《睽》"象,史苏云"不吉"。杜注云"将嫁女于西,而遇不吉之卦,故知有责让之言,不可报偿",皆循传文史苏言之。而服虔则用互体之说,以两卦三爻至五爻恰成坎卦,而坎卦代表月,月出西方故与西邻秦国有关。又两卦下卦皆是兑卦,兑卦象征泽,坎卦又象征水,水多求泽,泽若取尽则枯竭,故嫁于西方如泽求水竭,得不偿失。

惠栋之圈点旁批,实是用汉代《易》学常见的纳甲说申述服注。所谓纳甲即以八卦纳十二天干,再配日月四方,乾纳甲壬,坤纳乙癸,震纳庚,巽纳辛,艮纳丙,兑纳丁,坎纳戊,离纳己。其说源于《周易参同契》"三日出为爽,震庚受西方",因服注语涉"月生西方",故引之。惠栋在《易汉学》中有详细阐述,而惠批正与此通。⑥

3. 惠批其余考补

除了与传世撰著文字直接相关的批语,上图本还保留了不少惠栋读书过程中的考案,可藉此管窥清人治学之细节。今不避繁复,条列如下:

(8)隐公"经十有一年"

【原辑】干宝云:"十盈则更始以奇,从盈数,故言有也。"(《春秋正义》)

---

① 〔清〕惠栋《春秋左传补注》卷二,第150页下栏。
② 《古文春秋左传》,上图本,叶七一b。
③ 徐元诰集解,王树民、沈长云点校《国语集解》卷一七《楚语上》,第491页。
④ 〔清〕惠栋《春秋左传补注》卷四,第182页上栏。
⑤ 《古文春秋左传》,上图本,叶二八a。
⑥ 〔清〕惠栋撰,郑万耕点校《周易述 附易汉学 易例》,北京:中华书局,2007年,第555—556页。

【惠批】宝撰《春秋左氏函传义》十五卷、《春秋序论》二卷。①

(9)庄八年传"见大豕,从者曰:公子鼓【惠批】彭生也"。

【原辑】服虔曰:"公见豗,从者乃见鼓【惠批】彭生,鬼改形为豕也。"（《齐世家注》）

【惠批】《左氏》好博异说。故《墨子》有《尚鬼》之篇,恃异说。史官所以垂戒后世,而墨子尚之,过矣。②

惠栋于原辑本讹字"鼓"字上覆写"彭",又圈改注文"鼓"作"彭"字,并由《左传》申发对墨子学说的点评。

(10)庄三十二年传"使针、季酖之"。

【原辑】服虔曰:"鸩鸟,一曰运日鸟。"（《鲁世家注》）

【惠批】《淮南子》曰:"晖目知晏,阴谐知雨",晖目即"运日"也,雌名"阴谐"。③

惠批引子书《淮南子·缪称》"晖目"证服注"运日鸟"。

(11)襄四年传"恃其射也"。【惠批】《说文》曰:"羿,帝喾射官。"

【原辑】贾逵云:"羿之先祖,世为先王射官,故帝喾赐羿弓矢,使司射。"（《春秋正义》）【惠批】《尚书正义》）④

惠栋补同文出典,又于传文下批《说文·弓部》"弲"字释义。⑤ 许慎师贾逵,惠栋引之以明贾注源流。

(12)襄九年传"弃位而姣"。

【原辑】服氏同。嵇叔夜音效。读为放效之效。言效小人为淫。（《春秋正义》）

【惠批改作】姣,如字。嵇叔夜音效。服氏云:"姣读为放效之效。言效小人为淫。"

【天头惠批】嵇康《左氏音》三卷。⑥

原辑本实际上整合了《释文》"姣,户交反,注同。徐又如字。服氏同嵇叔夜音效"与《正义》"服虔读'姣'为放效之'效'。言效小人为淫"两段文字。嵇

---

① 《古文春秋左传》,上图本,叶六b。
② 《古文春秋左传》,上图本,叶一三b。
③ 《古文春秋左传》,上图本,叶一八b。
④ 《古文春秋左传》,上图本,叶五九a。
⑤ 〔清〕段玉裁《说文解字注》,北京:中华书局,2013年,第647页下栏。
⑥ 《古文春秋左传》,上图本,叶六〇b。

康、服虔皆破读为"效",惠批据《释文》补"姣,如字"并不妥。而天头批语则指出《释文》录嵇康音读出处。

(四)小结

东吴惠氏世代传经,至惠栋集其大成。然惠栋至今未有系统董理的全集出版,他一生大量著述仍以手稿形式存世。① 近年不乏学者注意到惠栋批校稿本及其批校之过录本,并借此探寻惠栋学术思想之演进②,却鲜有人留意到上图藏惠批《古文春秋左传》的独特价值。一方面,上图本保存了惠栋从正史传注、唐宋类书中蒐补的佚注,这些在王应麟原辑本基础上大量增补的条目,在《春秋左传》古注辑佚史中具有重要的学术价值;另一方面,上图本留存了大量的圈点与批校,宛若亲见惠栋的"读书现场",而其中的案断更见于《补注》与《易汉学》。《补注序》作于康熙戊戌(1718)③,《易汉学序》作于乾隆甲子(1744)④,可见稿本保留了惠栋至少数十年的读书治学记录。要之,上图本既是惠栋辑补《春秋左传》古注的工作底稿,亦是他长时间獭祭文献、撰作立说的资料长编。

四 《古文春秋左传》诸抄本源流关系

现存《古文春秋左传》抄本凡六种,若以上图本与其余抄本一一对校会发现,虽然其余抄本字迹不同,行款各异,但上图本所见原辑本的体例及疏误大多被其余抄本继承,如杜注袭旧注标"杜同"、服注误系于经文、经传以杜本为底本且据杜本经传改旧注。同时,惠栋补辑佚注及其出典大部分亦出现在其余抄本的正文,如前文列举惠栋辑自《魏书》⑤《南史》⑥《初学记》⑦《白氏

---

① 见漆永祥《东吴三惠著述考》,第363—427页。收入氏著《乾嘉考据学新论》,第223—294页。
② 如樊宁于湖北省图书馆发现张尔耆过录惠栋《十三经注疏》批校本,其与《补注》异同,有助于探析《补注》成书过程。此外,他亦注意到《补注》多据惠栋批补《古文春秋左传》摘录,但未充分展开论述。见樊宁《王欣夫所见惠栋〈十三经注疏〉批校本及其特殊价值》,北京大学中国古文献研究中心编《北京大学中国古文献研究中心集刊》第二十八辑,北京:北京大学出版社,2024年,第113—125页;樊宁《从〈春秋左传补注〉的撰作过程看惠栋汉学思想之演进》,《文史》2022年第1辑,第251页。
③ 〔清〕惠栋《春秋左传补注》卷一,第122页下栏。
④ 〔清〕惠栋撰,郑万耕点校《周易述 附易汉学 易例》,第513页。
⑤ 《古文春秋左传》卷三,国图甲本,叶一a;国图乙本,叶一a;南图本,叶一a;台图本,叶一a;北大本,叶一a。
⑥ 《古文春秋左传》卷九,国图甲本,叶九b;国图乙本,叶一六b;南图本,叶一四a;台图本,叶一一b;北大本,叶一二。
⑦ 《古文春秋左传》卷九,国图甲本,叶一b;国图乙本,叶二a;南图本,叶一b;台图本,叶一b;北大本,叶九b。

六帖》①的佚注即见于其余抄本正文,这暗示了上图本或许是其余抄本的源头,下文将参校众本,检验这一假设。

(一)上图本与其余抄本关系

1. 惠批与其余抄本之相合处

虽然上图本惠栋批补佚注大量出现在其余抄本正文,但仍无法排除其余抄本自行补辑而与惠批偶合的可能,自然亦无法证实其余抄本即是据上图本传抄。然而,假如惠栋对原辑本校正,抑或批校时无意间产生的错讹皆见于其余抄本正文,那么其余抄本便极有可能是依据上图本惠批过录,而我们亦恰好发现相合之数端。

其一,惠批校改与其余抄本基本相合。兹表列如下(表1):

表1 上图本惠批校改与其余抄本对照表②

上图本所见原辑本	惠批校改	国图甲本	国图乙本	南图本	台图本	北大本
隐元年传:"摄也,即位。"	不书即位,摄也。	○	○	○	○	○
隐元年传:"同轨。"服虔皆以轨为车**辄**也。(《春秋正义》)	服虔皆以轨为车**辙**也。③	○	○	○	○	○
隐元年传:"有宋师。"服虔以为宋师即黄之师也。(《春秋正义》)	服虔以为宋师即黄之师也。**是时宋来伐鲁,公自与战。**(《春秋正义》)④	○	○	○	○	○

---

① 《古文春秋左传》卷六,国图甲本,叶五b;国图乙本,叶九a;南图本,叶八a;台图本,叶六b;北大本,叶七a。
② 若抄本与惠批校改后相合,则记○;若不合,则将异文加粗标识。
③ 《古文春秋左传》,上图本,叶三a。
④ 《古文春秋左传》,上图本,叶三a。

续表

上图本所见原辑本	惠批校改	国图甲本	国图乙本	南图本	台图本	北大本
隐七年传:"及郑伯盟,歃如忘。"服虔云:"如,而**似**,临歃而忘其盟载之辞,言不精也。"(《春秋正义》)	服虔云:"如,而**也**。临歃而忘其盟载之辞,言不精也。"(《春秋正义》)【惠批】出宋本改正。①	○	○	○	○	○
文六年传:"难必抒矣。"服虔作"舒"。(《春秋正义》)	服虔作"**纾**",云**缓也**。	○	○	○	○	○
宣二年传:"遂扶以下,公嗾夫獒焉。"服虔本"扶"作"跣",注云:"赵盾徒跣而下走。"又云:"嗾,**取**也。夫,语辞。獒,犬名。公乃嗾夫獒,使之噬盾也。"(《春秋正义》)	……又云:"嗾,嗾也。夫,语辞。獒,犬名。公乃嗾夫獒,使之噬盾也。"(《春秋正义》)【惠批】嗾,宋本。②	○	……又云:"嗾,嗾也。夫,语辞。獒,犬名。公乃嗾夫獒,使之噬盾也。"(《春秋正义》)	○	○	○
襄二十五年传:"陪臣干掫有淫者,不知二命。"服虔云:"一曰干,扞也。**掫**,谋也。言受崔子命,扞御谋淫之人。"(《春秋正义》)	服虔云:"一曰干,扞也。诹,谋也。言受崔子命,扞御谋淫之人。"(《春秋正义》)【惠批】宋作诹。③	服虔云:"一曰干,扞也。**掫**,谋也。言受崔子命,扞御谋淫之人。"(《春秋正义》)	○	○	○	○

---

① 《古文春秋左传》,上图本,叶六 a。
② 《古文春秋左传》,上图本,叶一五 a。
③ 《古文春秋左传》,上图本,叶六九 a。

南图本、台图本、北大本正文与上图本惠栋校补吻合，国图甲本、乙本仅两处有异，其余全同。

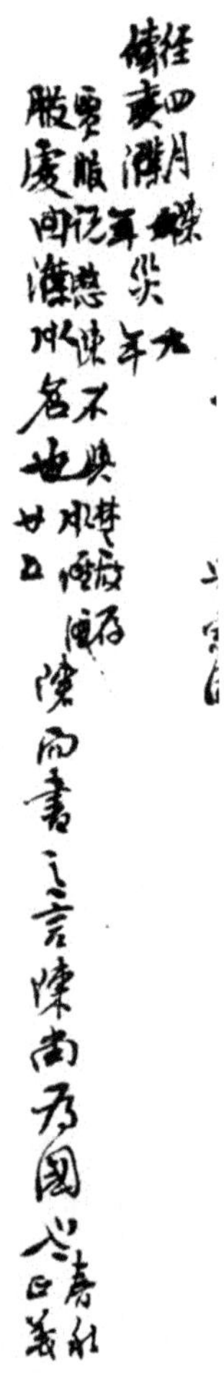

其二，惠批出典讹误与其余抄本相合。如前文引僖四年传"死王事加二等，于是胥以袞敛"，惠栋从《御览》卷五五三中辑得贾注一则，但出典误作"五百五十六"。然而，其余《古文春秋左传》抄本出典皆与惠氏同误①，这极大程度排除了其余抄本自行补辑的可能。

其三，惠栋误删原辑本条目竟不见于其余抄本。如：
原辑本原有辑自《水经·潩水注》的服注：

传"夷濮。"（九年）
【原辑】服虔曰："濮，水名也。"（《水经注》廿二）②

然而惠栋为了腾出位置，将昭九年传文删去，再补经文"四月，陈灾"及贾、服之说（图2）。

【惠批】经"四月，陈灾。"（九年）
贾、服说愍陈不与楚，故存陈而书之，言陈尚为国也。（《春秋正义》）

而《古文春秋左传》其余抄本一律失收原辑本辑自《水经注》的服注。结合前述诸抄本正文与惠栋校补后文字大多一致的情况，我们推测其余抄本很可能是根据附有惠批的上图本或是已将惠栋校补吸收入正文的传抄本转录而成。

2. 惠批与其余抄本之不合处

虽然从校改、出典、误删的情况来看，上图本惠批与其余抄本基本吻合，但如表1所示，国图甲、乙本仍有异文与惠校不合。其他龃龉不合处还有：

其一，条目不合。上图本惠批从《御览》中辑得二百一十条佚注，大多见于其余抄本正文。③ 然而，前文提及惠栋从《御览》卷四五一辑得庄二十三年传"丹桓宫楹"、庄二十四年传"刻

图2 上图本惠栋删补原辑注文条目

---

① 《古文春秋左传》卷五，国图甲本，叶三a；国图乙本，叶四b；南图本，叶三b；台图本，叶四a；北大本，叶三b。
② 《古文春秋左传》，上图本，叶九一a。
③ 如前文引及僖五年传"凡分、至、启、闭，必书云物，为备故也"，惠栋从《御览》卷八辑得佚注一则，并疑为服虔注，该条目即见于其余《古文春秋左传》抄本正文。见《古文春秋左传》卷五，国图甲本，叶三b；国图乙本，叶五b；南图本，叶四；台图本，叶四b；北大本，叶四a。

其桷”两条佚注，则不见于其余《古文春秋左传》抄本正文。又惠栋从《续汉志》《后汉书》注中辑得佚注及新出处凡八则，其中仅有五则见于其余抄本正文[①]，剩余三则不见。初步统计诸本异同，发现约有三十条惠批佚注不见于其他抄本。

此外，前文曾引及宣二年传“桃园”下原辑有“虞翻曰：园名也。（《晋世家注》）”，然此条实转引自《国语》韦昭注，故惠批云“是《外传》注”。但是其余抄本却相沿旧误，未据惠批删去误辑之注。[②]

其二，出典不合。若有原辑本佚注文字相近的条目还见于其他文献，惠批会于原有出典下增补出处。如：

> 文六年传“将焉寘此？”
>
> 【原辑】服虔曰：“**【惠批】寘，置也**。此，太子。”（《晋世家注》**【惠批】《御览》一百四十六**）[③]

其余抄本虽在正文处见“寘，置也”，却未见出典“《御览》一百四十六”。[④] 可见其余抄本虽将新辑文字补入正文，然遗落出典，这说明其余抄本应非直接依据附有惠批的上图本过录，否则不至于脱漏。

其三，体例不合。上图本所见原辑本对于难以判断经传归属的佚注，一般遵循“首见出注”体例，如晋大夫“解扬”首见于文八年传“晋侯使解扬归匡、戚之田于卫”，故原辑将“服虔曰：‘解扬，晋大夫。’（《晋世家注》）”系于首见之传文。[⑤] 然而，其余抄本则遵循“同文重注”体例，即当不同经传出现相同语词时，

---

① 桓五年传“龙见而雩”，惠补：“服虔曰：‘龙，角、亢也。谓四月昏，龙星体见，万物始盛，待雨而大，故雩祭以求雨也。’（刘昭《补注》）”见《古文春秋左传》，上图本，叶一〇a；《古文春秋左传》卷二，国图甲本，叶三；国图乙本，叶五 a；南图本，叶四 a；台图本，叶三 b；北大本，叶四 a。僖二年传：“冀为不道，入自颠軨，伐鄍三门。”惠补：“服虔曰：‘鄍，晋别都。’（刘昭《补注》）”见《古文春秋左传》，上图本，叶二四 b；《古文春秋左传》卷五，国图甲本，叶一 b。国图乙本，叶二 a；南图本，叶一 b；台图本，叶一 b；北大本，叶一 b。宣二年传“首山”，惠补：“马融曰：‘在蒲坂华山之北，河曲之中。’（刘昭《补注》）”见《古文春秋左传》，上图本，叶四七 a；《古文春秋左传》卷七，国图甲本，叶二 a。国图乙本，叶三 a；南图本，叶二 b；台图本，叶二；北大本，叶二 b。昭元年传：“迁实沈于大夏，主参。”惠补：“贾逵曰：‘陶唐之胤刘累也。’（刘昭《补注》）”见《古文春秋左传》，上图本，叶八二 a；《古文春秋左传》卷一〇，国图甲本，叶二 b。国图乙本，叶三 b；南图本，叶三 a；台图本，叶二 b；北大本，叶二 b。昭七年传：“圣人之后也，而灭于宋。”惠补：“服虔注曰：‘圣人谓商汤也。孔子六代祖孔父嘉为宋华督所杀，其子奔鲁也。’（《后汉・孔融传》注）”见《古文春秋左传》，上图本，叶八九 b；《古文春秋左传》卷一〇，国图甲本，叶八 b。国图乙本，叶一五 a；南图本，叶一二 a；台图本，叶一二 b；北大本，叶一一 a。

② 《古文春秋左传》卷七，国图甲本，叶二 b；国图乙本，叶六 b；南图本，叶三 a；台图本，叶二 b；北大本，叶二 b。

③ 《古文春秋左传》，上图本，叶三九 a。

④ 《古文春秋左传》卷六，国图甲本，叶三 a；国图乙本，叶四 b；南图本，叶四 a；台图本，叶三 b；北大本，叶三 b。按，北大本传文作“将焉至此”，朱笔校改作“寘”。

⑤ 《古文春秋左传》，上图本，叶四〇b。

会重复出注,比如除了将服注系于文八年传①,还于宣十五年传"使解扬如宋"处重复出注。②

综上可见,从惠批校改、出典、误删来看,其余抄本与上图本存在紧密关联,并非自行补辑而与惠批偶合。但从条目多寡、出典去取、出注体例来看,其余抄本亦绝非简单地全数移录上图本惠批。一方面,惠批少量条目不见于其余抄本,说明惠栋在未完成今本所见的所有批补时,其工作底稿已被人抄出流播;另一方面,其余抄本相互之间或在传抄的过程产生异文③,且体例与上图本不尽相合,已与上图本惠批的面貌存在一定差距。要之,上图本所见原辑本及惠批无疑是现存其余《古文春秋左传》抄本的源头,但绝非其余抄本的转录底本,其余抄本应是依据惠批未成稿之传抄本转录而成。

(二)从诸抄本批跋看《古文春秋左传》流传

确定上图本是现存的诸种实物抄本之源头后,进一步考索国图乙本及台图本保留的书家批跋,还能勾勒出《古文春秋左传》在清代的流传情况。

国图乙本数条浮签有"骞案""驹案"文字,可知为吴骞、吴昂驹叔侄所批。又有签条提及"拜经楼本""丁本"④,已有学者据吴骞之子吴寿旸的《拜经楼藏书题跋记》指出,拜经楼本即吴骞自丁杰处过录的《古文春秋左传》抄本⑤,而浮签正能反映吴骞叔侄以丁杰抄本以及自家拜经楼本校勘手头抄本(即国图乙本)的痕迹,不过前人并未细究吴骞如何获得国图乙本。事实上,乙本保留的钤印提供了线索。

国图乙本卷一首页大题"古文春秋左传卷第一"正下方有"馥"白文方印,当指钱馥。钱馥,浙江海宁人,师周春,与同乡周广业、吴骞相善。年甫四十而殁,其藏书被典卖,部分为吴骞购藏,如《拜经楼藏书题跋记》即著录有钱

---

① 《古文春秋左传》卷六,国图甲本,叶三b;国图乙本,叶五b;南图本,叶四b至五a;台图本,叶四a;北大本,叶四b。
② 《古文春秋左传》卷七,国图甲本,叶六a;国图乙本,叶一〇b;南图本,叶八b;台图本,叶七a;北大本,叶八a。
③ 除了上文表1提及国图甲、乙本之间的异文外,其余抄本之间还存在区别。如前文引闵元年传"以灭耿,灭霍,灭魏",惠栋据《史记索隐》补辑服注,出典校改作"系家",保留讳字。国图甲、乙本、南图本、北大本凡辑自《索隐》的佚注,正文出典皆作"系家",与惠批相合,但台图本却作"世家"。见《古文春秋左传》卷四,国图甲本,叶一a;国图乙本,叶一b;南图本,叶一a;台图本,叶一a;北大本,叶一a。又北大本原保留讳字皆作"系",但同时有墨笔校改,皆覆写作"世",或是藏主所为。
④ 如昭元年传有浮签云:"'山川之神'注,拜经楼本先服虔而后贾逵。丁本贾在服前。"见《古文春秋左传》卷一〇,国图乙本,叶四b。
⑤ 朱天助《现存〈古文尚书〉〈古文春秋〉〈古文论语注〉旧辑本检讨及其衍生问题之初探》,第46—47页。

绿窗《广韵》《字鉴》手校本。① 虽然国图乙本更早的来源确不可考，但应曾为钱馥所藏。② 归吴骞之后，吴氏叔侄便取传抄自丁杰的拜经楼本以及丁杰原本相雠校。卷一首页还有"陈鱣印信"白文方印③，盖因陈鱣同为浙江海宁人，与钱大昕、卢文弨、段玉裁、丁杰、王念孙等游，更与同邑吴骞过从甚密，二人常相互借抄要籍。④ 且钱馥之女嫁陈鱣长子，钱、陈正好互为亲家⑤，故国图乙本在浙江海宁钱、吴、陈三家间流通。至于丁杰抄本的来源，可参国图乙本的卷前题识：

> 此亦惠定宇所辑，不出王厚斋手，丙申春（1776）传写程渔门本，庚子（1780）夏粗阅一过，其秋九月以钱可庐手辑本互校。（初七上册校毕，十五下册校毕。）

> 贾、服好引二《传》，为杜氏所诃，《公》《穀》疏中当采撷之。贾、孔疏中推原贾、服意者，用小注为安。钱本贾、服各自为书，故遇两家注同者必重载之。又马氏、王氏、孙氏诸家说不载，又不注书名。大约不出《正义》及惠氏《左氏补注》两书。⑥

题识内容出自丁杰，经吴骞辗转过录至国图乙本卷端。⑦ 丁杰称"丙申春传写程渔门本"，程渔门即程晋芳，这表明丁杰抄本得自程晋芳。而乾隆十七年（1752）程晋芳就试金陵时便与严长明相识⑧，不妨推测程晋芳抄本应源出严长

---

① 〔清〕叶昌炽著，王欣夫补正，徐鹏辑《藏书纪事诗（附补正）》，上海：上海古籍出版社，1989年，第559页。

② 据前文引卢文弨《王伯厚辑古文春秋左传序》，卢文弨抄严长明本在前，知惠氏家传本在后，但不排除他后来又抄录惠氏家传本。而钱馥曾助卢文弨校书，钱馥本或出于卢氏。然苦无实证，姑附记于此。

③ "陈鱣印信"白文方印钤于签纸，恰好粘贴覆盖在"馥"白文方印之上，似表明抄本最后归陈氏。

④ 阚晓云《吴骞及其拜经楼藏书研究》，潘美月、杜洁祥主编《古典文献研究辑刊·六编》，新北：花木兰文化出版社，2008年，第52—55页。

⑤ 〔清〕陈鱣《简庄文钞》卷六《祭钱广伯文》，《续修四库全书》第1487册影印清光绪十四年（1888）刻本，上海：上海古籍出版社，2002年，第285页上栏。

⑥ 《古文春秋左传》卷前，国图乙本，叶一a。按，题识后半为摘录史传、史志以及《世说新语》中关于贾、服注《左传》的事迹，兹不赘引。

⑦ 朱天助根据《拜经楼藏书题跋记》指出，吴骞于乾隆四十八年（1783）方从丁杰处借抄《古文春秋左传》，然而卷首题识却说乾隆四十一年（1776）传写程晋芳之本、四十五年（1780）校阅，远在吴骞抄书之前，因而题识并非吴骞所作。又丁杰曾在知不足斋本《古文论语郑氏注》卷前题识中指出，余萧客称"郑注《尚书》《论语》，贾、服注《左传》皆厚斋原本而定宇补之"（《古文论语郑氏注》卷前，国家图书馆藏吴骞、陈鱣校补知不足斋刻本，叶二a），认同三种辑本皆由惠栋手辑，与此本所引题识说法相符。综合上述意见，朱氏推测题识内容出自丁杰，吴骞先过录至拜经楼本，后又辗转传抄至国图乙本。朱说可从。见朱天助《现存〈古文尚书〉〈古文春秋〉〈古文论语注〉旧辑本检讨及其衍生问题之初探》，第46—47页。

⑧ 〔清〕程晋芳《勉行堂文集》卷二《勉冬有诗序》，《续修四库全书》集部第1433册影印清嘉庆二十五年（1820）刻本，上海：上海古籍出版社，2002年，第311页上栏。

明。又台图本书末有跋文:

> 此本同程渔门先生抄本均有脱简讹字,而此本更多。更有数条两本俱无者,如昭二十六年传"阙塞",服虔谓南山伊阙是也,见杜少陵《游龙门奉先寺》注。①

因台图本卷一、卷九皆钤有"孔继涵印""荭谷"印,跋文当为孔继涵手笔,可见孔氏亦曾以手头抄本与程晋芳本参校。

结合前文论及清代流传的两个源头,《古文春秋左传》抄本流布及其与现存实物抄本关系可图示如下(图3):

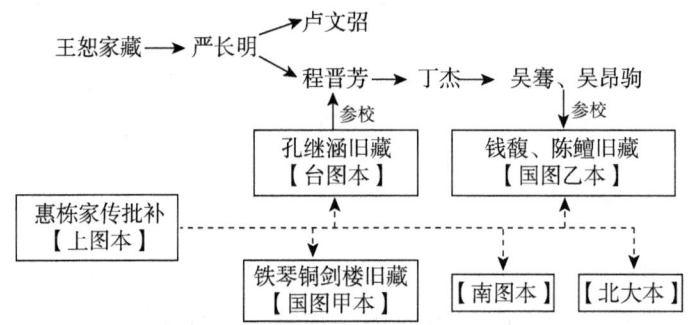

图3 《古文春秋左传》抄本流传图

五 结语

考察上海图书馆藏《古文春秋左传》抄本正文以及惠栋的批补,可知惠栋以家传王应麟原辑本为底稿,从正史传注、《初学记》《白氏六帖》《太平御览》等唐宋类书中补辑佚注,修订原辑本经注讹误,此后又覆核新辑条目,然仍有未暇查考之处,故知惠批非一时所作。梳理惠批内容,会发现辑本圈点佚注文字多被《春秋左氏传补注》直接引用,且案语见采于《补注》。这说明上图本既是惠栋辑校《左传》旧注的工作底稿,亦是撰作《补注》等学术专著的资料长编。

从讹文、条目、出典、体例等角度比勘存世《古文春秋左传》诸抄本,可知上图本系现存诸抄本之源头,然而诸抄本并非直接抄自上图本。在惠栋尚未彻底完成批补时,上图稿本已被人抄出流播,而其余抄本应是依据惠批未成稿之传抄本转录而成。辨析国图乙本、台图本的批跋与钤印,亦可勾勒出《古文春秋左传》一书在清代的流传轨迹。至于其余抄本内部的关系则更为复杂,俟日

---

① 《古文春秋左传》卷一二,台图本,叶一五a。

后别撰详论。① 总言之,上图本对于深入了解惠栋读书治学之细节,乃至清代《左传》古注辑佚之发展均具有重要的学术价值。

附识:本文写作在查阅古籍过程中,得到袁恩吉、王江鹏、陈腾帮助。匿名审稿专家提出了宝贵的修改意见。谨此致谢!

---

① 简言之,国图甲本、南图本、台图本、北大本与上图本较为接近;而国图乙本具有独特性,一方面据宋元文献增辑条目,另一方面对上图本讹误多有校改。

抄校、粘贴与体例
——以赵一清《三国志注补》的三个稿本为中心

李寒光 刘 倩

【内容提要】 赵一清《三国志注补》现存三个稿本，湖北省图书馆所藏时间最早，先据手稿本誊抄，此后依次经墨笔校正文字、舒畅文义，朱笔全面统一体例、增删条目、修改内容等，并辅以签条修改，成为一个复杂的修改稿本。中国国家图书馆藏稿本据鄂图朱笔校改本重抄，剪截、粘贴了一部明万历南京国子监刻本《三国志》，将原书摘句条辨式的体例改造成为全书注释体。因南监本正文及裴注字号相同，所以国图本用"志""注""止""中字"等小戳区分原文，且指示抄写。作者最初撰作时并非以南监本为底本，故多以南监本校底本误字。重抄成国图本时，为保留注补文，先将南监本正确的文字剪去，墨笔改写成鄂图底本错误的样子，再抄写注补。南京图书馆所藏为赵氏定稿，据国图本直接抄录而来，将《三国志》、裴注及赵氏注补分别抄成大字、中字、双行小字。抄成后又进一步校改讹误。光绪年间，广雅书局以南图本为底本，采用节刻的方式刊成行世，又一次改变了著作体例，且产生了一些错误。

【关键词】《三国志注补》 赵一清 稿本 体例

《三国志注补》是清代学者赵一清的史学考订著作，其通行本为光绪年间广雅书局刻《史学丛书》本，此本以南京图书馆藏稿本为底本节刻而成。二十世纪三十年代，张允亮曾以北京大学图书馆藏广雅书局刻本影印行世，郑天挺作《景印〈三国志注补〉序》曰："清代治陈书者，以陈少章景云，何义门焯，杭大宗世骏，赵东潜一清为较先。各补遗逸，并有发明；赵氏《三国志注补》最以恢博著。"[①]给予高度评价。接着，郑氏又撰文讨论杭世骏《三国志补注》与赵一清

【作者简介】 李寒光，武汉大学文学院副教授、武汉大学文化遗产智能计算实验室兼职研究员；刘倩，湖北省图书馆古籍文献部馆员。

① 郑天挺《景印〈三国志注补〉序》，《清史探微（第二版）》，北京：北京大学出版社，2011年，第166页。此序写成于1936年2月8日。

《三国志注补》之间的关系,注意到二书深有渊源,从杭、赵二人生平入手,考证他们的交游时间,认为世骏作《补注》在先,后见一清有新注,且较己书丰富,遂将初稿付一清而一清损益之。① 关于《三国志注补》的内容与价值,郑天挺在《景印〈三国志注补〉序》中已"综所补正,约得十事":音义、地理、典制、人物、载籍、故实、异同、违误、史法、校雠。② 殷梦霞先生亦尝撰文评论此书,认为"堪称清人研治《三国志》著作中卷数最多、最有价值的一种"③。近年来,《三国志注补》再次受到重视,刁生虎教授撰《赵一清〈三国志〉研究成就发覆——以〈三国志注补〉为例》,从十个方面归纳总结了赵氏《三国志》研究的成就:字句考订、词义训释、意义阐发、史实补充、地理诠解、官职考释、人名疏证、书名疏释、异文辨析、讹误纠摘。④

郑天挺、刁生虎的研究关注《三国志注补》的内容,均以广雅书局刻本为依据;殷梦霞则是在影印中国国家图书馆藏稿本时谈及,并未作出更具体的分析。除中国国家图书馆所藏,以及郑天挺提到的南京图书馆藏广雅书局刻本之底本外,湖北省图书馆亦有稿本,综合来看,赵书共有三个稿本存世。这对于我们准确认识《三国志注补》的成书过程,进而研究清代学术著作的撰作始末,具有十分难得的资料价值。本文从对三个稿本的认识与对比入手,以作者撰作过程中改变著述体例的实际行为为线索,在厘清稿本之间先后顺序的基础上,进一步探讨学者的编撰行为与内容、体例的关系,从而为清代稿本研究、清代考据学研究提供助益。

一 湖北省图书馆藏稿本的抄写与批校

赵一清《三国志注补》现存三个稿本,根据《中国古籍善本书目》著录,依次为:

1. 中国国家图书馆藏六十五卷本;
2. 南京图书馆藏六十五卷本,清陶浚宣校并跋、清丁丙跋;
3. 湖北省图书馆藏本,存三十八卷(二至三、六至十三、二十一至三十

---

① 详见郑天挺《杭世骏〈三国志补注〉与赵一清〈三国志注补〉》,《清史探微(第二版)》,第149—164页。此文写成于1936年7月6日,最早发表于《国学季刊》五卷四期。
② 郑天挺《景印〈三国志注补〉序》,第166—167页。
③ 殷梦霞《赵一清和〈三国志注补〉》,《文献》1992年第2期,第280页。先是,1991年书目文献出版社影印中国国家图书馆藏稿本时,已在出版说明中作出同样评价。
④ 刁生虎《赵一清〈三国志〉研究成就发覆——以〈三国志注补〉为例》,《阜阳师范大学学报(社会科学版)》2022年第6期,第74—81页。

七、四十一、四十六至四十七、五十七至六十四）。①

《中国古籍总目》将此三部稿本归于同一条下，湖北省图书馆藏本标注为残本，而三本的著录顺序与《中国古籍善本书目》相同：

> 三国志注补六十五卷 清赵一清撰
> 　　稿本　国图　南京（清陶浚宣校并跋，清丁丙跋）　湖北*②

既然都是稿本，那么各本形成的先后是怎样的呢？它们之间的异同关系又是如何？这是我们研究古籍稿本，特别是同一种书的不同稿本时首先需要明确的问题。③经比勘，我们认为，鄂图本实为赵氏《三国志注补》现存最早稿本，国图本据以纂成，南图本又因国图本成书。

湖北省图书馆所藏赵一清《三国志注补》稿本为残本，现存四十四卷，与《中国古籍善本书目》著录"存三十八卷"有异，多出卷三十八至四十、四十二至四十五共七卷，或以残损严重、篇幅短小未计，或漏计。此四十四卷装成十四册，虽非全帙，但抄写工整，又经朱墨修改，内容颇为丰富。

此本首册卷端钤"桐风高繙卙疏录之书"朱文长印、"徐恕"朱文小方印、"彊诊"朱文小方印及"湖北省图书馆藏书"朱文长方印。除此之外，其他十三册及各卷卷端、卷尾处未见钤印。可知此书民国时期归武昌藏书家徐恕，已以卷二为首册。由"徐恕""彊诊""桐风高繙卙疏录之书"俱为徐氏藏印可知。二十世纪五六十年代，徐氏将家藏古籍捐赠湖北省图书馆。《中南、西南地区省、市图书馆馆藏古籍稿本提要》著录为"作者手稿本"，曰："是书用红格稿纸钞写，半页十行，行二十二字，白口，无鱼尾，左右双边。书内朱笔勾勒多、浮笺多，有佚名批校。版心和卷端题名均为《三国志补注》，卷端用朱笔勾勒为'注补'。"④已经简明扼要地描述了所藏稿本的基本特征。从抄写、批校情况来看，这个稿本并非作者最初的手稿本，而首先是一个誊清稿本，此后又经朱墨批校，最终形成了一个修改稿本。在体例和内容上，其誊抄原貌与修改结果，均有所不同。

---

① 中国古籍善本书目编纂委员会《中国古籍善本书目·史部》，上海：上海古籍出版社，1991年，第60页。
② 中国古籍总目编纂委员会《中国古籍总目·史部》，上海：上海古籍出版社，2009年，第1册，第55页。
③ 为表述方便，下文若无特殊需要，在称述三本时，中国国家图书馆藏本简称"国图本"，南京图书馆藏本简称"南图本"，湖北省图书馆藏本简称"鄂图本"。
④ 阳海清主编《中南、西南地区省、市图书馆藏古籍稿本提要》，武汉：华中理工大学出版社，1998年，第54页。

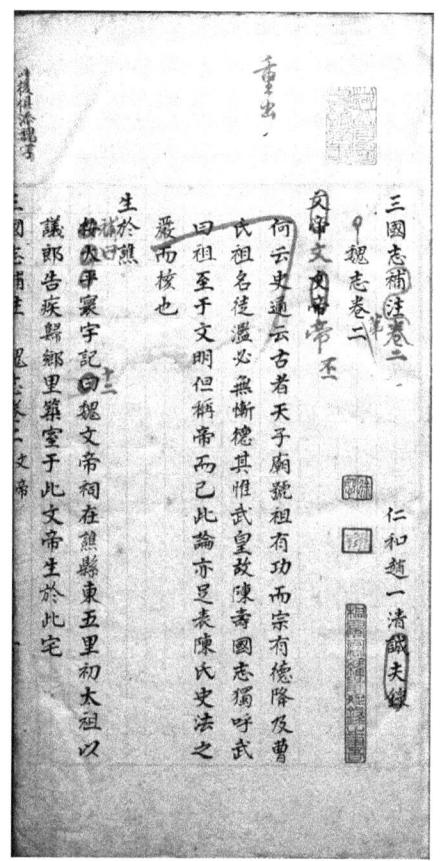

图1 《第六批国家珍贵古籍名录图录》所载鄂图本卷二卷端

就体例而言(图1),卷端首行顶格书"三国志补注",下书撰者"仁和赵一清诚夫录",次行低二格书卷次,如"魏志卷二",次正文。正文先摘需注补原文顶格书写,裴注前用"注"字标出。之后另起一行,低一格抄录赵氏考证语。赵氏注语或引他书、他说,或以"按"字起首下以己意。抄成后,对于誊抄原稿体例和格式的调整,首先是将多数书名"补注"改作"注补"①。正如《中南、西南地区省、市图书馆馆藏古籍稿本提要》所言,卷端处将"补注"乙改为"注补",但版心题名不易勾改,仍保留了"补注"的写法。同时,书名之下补写了卷次。书题下的撰者"仁和赵一清诚夫录",改成了"仁和赵一清"。次行"魏志卷二"上提一格,且改作"卷第二"。第二,在后期修改批校时,除去删削的条目,赵氏注补全部改作"补曰"起首,这是正文内容体例的一大变化。此外,全书的内容,也做了表述统一的修改。比如在引用书名后加上卷数、"后汉书"改作"后书"、"隋书经籍志"改作"隋经籍志"等。

---

① 所存四十四卷,仅卷三十一未乙改。

对于誊抄原稿的内容，无论是摘录的《三国志》及裴注原文，还是赵一清自撰的考证语，修改前后变化都很大。可见，誊抄所依据的稿本，时间非常早，甚至极有可能是作者最原始的手稿。而修改力度之大、样貌之复杂，也表明这是《三国志注补》成书过程中最重要的一次修改活动。细审之，对誊抄原稿的修改批校，并非成于一时，而是历经多次。誊抄原文及其批校，构成了多层次的文本面貌，既保留了作者较早时期编撰此书的情境，又反映了成书过程中的文本变化与修订趋向。

我们统计了卷二《魏志·文帝纪》的修改情况，除卷端大小题及撰者外，全卷共有208条札文，原稿誊抄完成后，再经修改。按照时间顺序，这些修改大致可分为三期：墨笔校改、朱笔修改以及签条修改、墨笔复校。208条札文都在修改之列，只不过修改的时间、方式各有差异。

誊清稿上的诸多修改，当以墨笔校改为最先，因为在有些地方，同时存在墨笔、朱笔两种改动，而朱笔修改的对象，既包括原誊抄内容，又包括一旁的墨笔痕迹。从体例上来看，墨笔修改与誊抄原稿并没有什么差异，在内容上也没有明显的改动，是誊抄之后的初步校改。据统计，卷二有约80条札文经过这种墨笔校改，所校内容，既有顶格书写的志、注摘句，也有作者的注补；既有对明显误字的订正，也有对具体用词、表达的修改。可知，此书誊清后，首先经历了一次以校正文字、舒畅文义为主要目的的批改。与此同时，墨笔校改还包括三处增补条目：或直接抄写在书眉上，如"注王令曰昔栢成子高辞夏禹而匿野"条（13B）[①]；或以浮签的形式粘贴在眉上，如"十一月魏受禅碑"条（11A）、"常为大常"（22B）条。

墨笔校改之后的朱笔校改是鄂图藏本的最大特色，卷端的大小题名以及撰者题署，都有朱笔改过的痕迹，卷二208条札文，全部经过朱笔校改。第一，对原誊抄内容及墨笔抄补条目的删削。删掉的条目，便不再继续修改。所删条目，既有最早誊抄而成的，也有墨笔补抄的。如"注虽欲勿用将焉避之"条下接"注辛酉给事中博士苏林董巴上表曰"条，两条之间的书眉上，墨笔补抄一条"注王令曰昔栢成子高辞夏禹而匿野"，次行低一字抄"按栢改伯"（13B）。后又用朱笔抹掉了。删去的条目，主要是整条删弃，亦有并入其他条目的情况。第二，加批注说明被删削的原因。"注尝以汉朝为三公"条用朱笔抹去，且下有朱批："以，用也。言尝见用于汉朝，为三公也，无语病。"（26B—27A）因为此条赵氏注语本来以为"以汉朝为三公""微有语病"，至此又认为无误，故删旧文，并

[①] 本文引用诸本，鄂图本据馆藏原本（图像），国图本据《中华再造善本》影印本，南图本据《南京图书馆藏未刊稿本集成·史部》影印本（南京：凤凰出版社，2020年），故鄂图、国图本随文括注原书页码，南图本随文括注原书页码及影印本页码。下文南监本同随文括注原书页码。不一一脚注。

说明缘由。"制五经课试之法"条,原誊抄注语全用朱笔抹去,并书新解,"补曰"后为"△△△△",眉上有朱批:"查《唐类函》补书名,架上无此书,故缺。"(36B)第三,对未删条目的大幅修改。修改的情况十分丰富,如前文提到的统一在注补语前增加"补曰"二字,以及表述方面的调整,是体例的修改。除此之外,还包括字词的校改、内容的增删,甚至考证结论的订正,等等。有的札文虽然没有被整条删去,但其摘录原文用朱笔抹掉了,赵氏考证的内容,则合并到其他条目中。

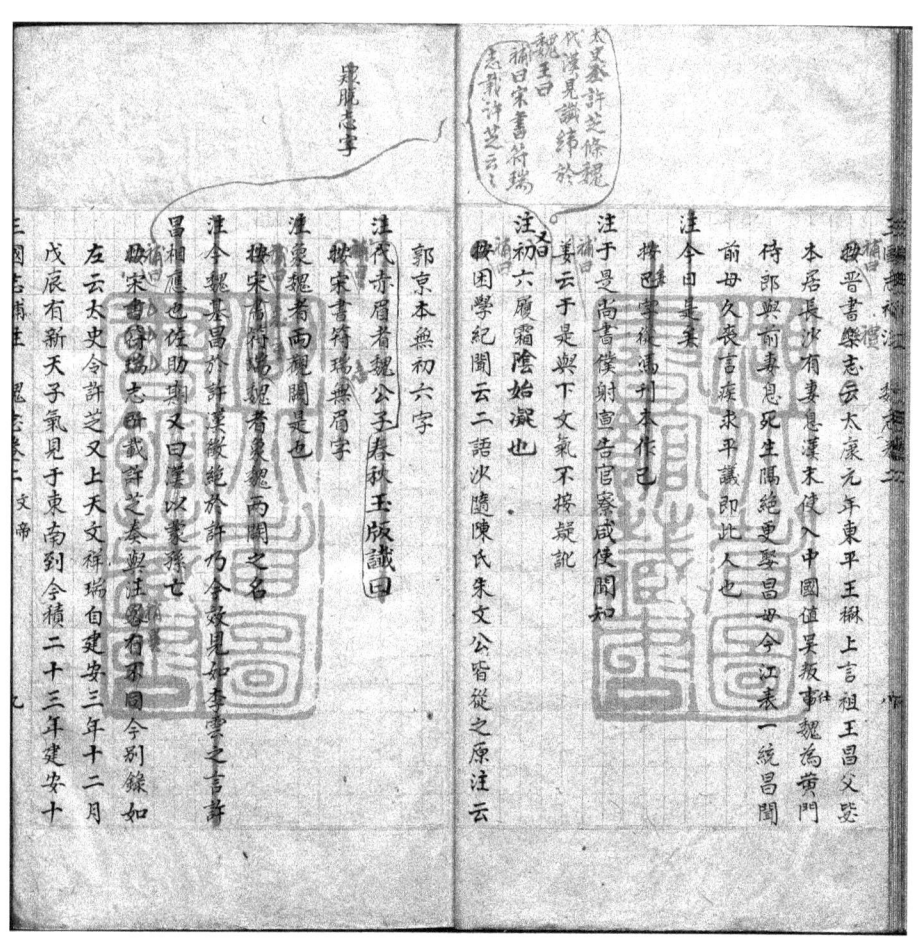

图 2　鄂图本卷二第 8B—9A 页

除以上在书册上直接校改,此本还有许多签条,亦是朱墨二色,根据形式、字体和内容,不难判断这些签条及其文字、修改,与以上所述墨笔、朱笔校改同期,在后来重抄过程中,也起到了关键作用,它们共同再现了赵一清《三国志注补》所存最早稿本的形成过程与复杂面貌(图2)。

表面看来,这个稿本在认真誊抄之后,依次经过墨笔、朱笔(并签条)两次修改批校。然而，细审之，在朱笔修改之后，部分条目又经过墨笔校改。如卷二"注栢城子高以义为贵"条(图3)，赵氏曰：

  按：栢城二字从冯刊本作伯成。

修改者先是用朱笔将此条引文及按语抹掉，以示删弃，后在摘句首尾"注""贵"二字右侧，用墨笔分别加了△符号，表示恢复保留。据校例，赵氏注补的"按"字圈掉，改作"补曰"二字，这一行为应发生在朱校环节。因为此条被删弃不用，所以没有改"按"为"补曰"。但在"按"字右侧，却有墨笔"补曰"二字，其下"栢城"右有△符号，"本"右有"当"字，"作伯成"右亦标△符号，即朱笔删削之后，又用墨笔恢复保留了此条，而将按语改作：

  补曰：栢城当作伯成。（12B）

这种情况表明，在用朱笔修改全书内容、体例、格式之后，又进行了一次覆校，为与朱校区分，仍然使用了墨笔。

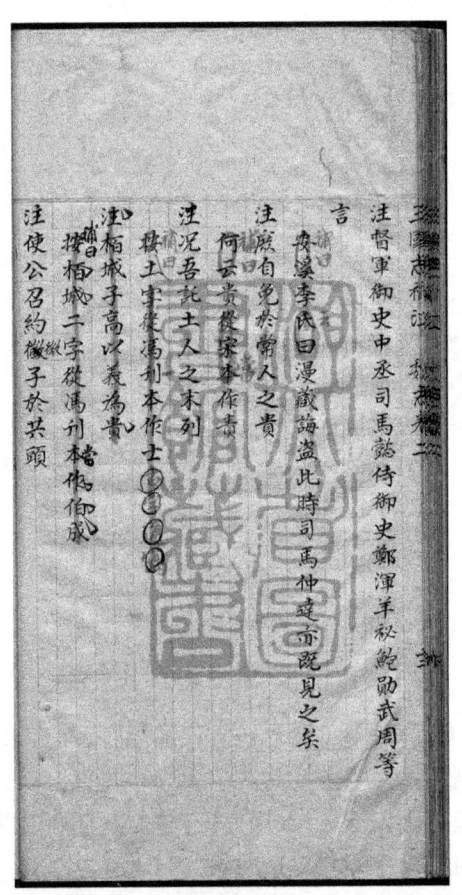

图3　鄂图本卷二第12B页

二　中国国家图书馆藏稿本据鄂图本朱校重编

国图藏《三国志注补》稿本为蒋氏衍芬草堂故物(图4),首卷卷端钤"武进蒋氏衍芬草堂三世藏书印"朱文方印、"臣光熽印"白文方印、"寅昉"朱文方印,以及"北京图书馆藏"朱文方印。是本共24册,六十五卷内容俱全。其抄写用纸与鄂图本为同版刷出者,均为半页二十行行二十二字的小红格稿纸,纸张大小相同,版框右边栏上端第三格处皆有明显断口,可证此二本为赵一清前后不同时期的修改稿本。全书体例、格式统一,首卷卷端首行顶格书"三国志注补卷一",下书"仁和赵一清",次行低一格书"魏志卷第一",次行低二格书"武帝操","操"用小字。次行为正文。正文每半页十行,行二十二字,小字双行同。其中大字为《三国志》原文及裴松之注,小字为赵氏注补,皆以"补曰"起句。版心上书书名"三国志注补"。中为篇卷名,如"魏志卷一　武帝纪""魏志卷六　董卓　李傕　郭汜","武帝纪""董卓　李傕　郭汜"之类用小字,仅书于本篇开端页,与鄂图本当篇数页版心皆题写传主姓名不同。版心下为页数。

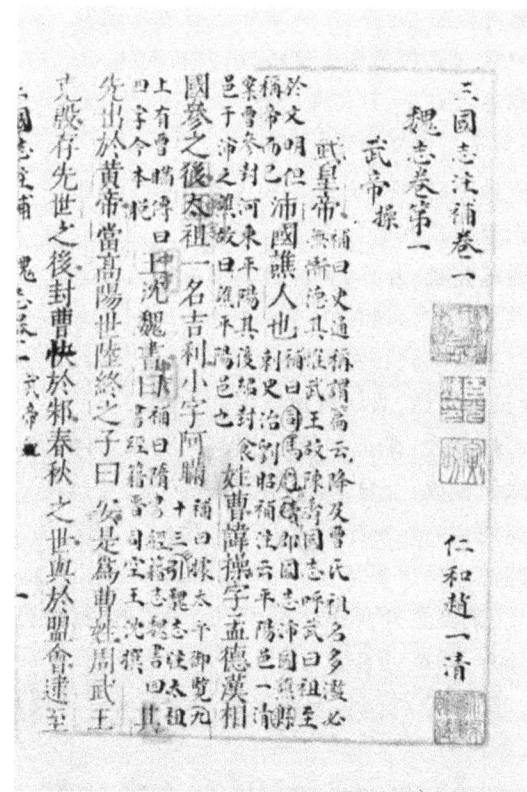

图 4　《中华再造善本》影印国图本首卷卷端

单就赵氏的注补而言，其内容及行文方式与鄂图本朱笔修改之后的面貌几乎完全一致，如①：

1. 以太中大夫贾诩为太尉。

鄂图本原抄赵注：按：司马彪《百官志》："太中大夫千石。本注曰：无员。"刘昭补注引《汉官》曰："二十人，秩比二千石。"属光禄勋。《宋书·百官志》曰："前汉大夫皆无员，掌论议。后汉中大夫二十人。魏以来复无员。"中大夫，即太中大夫也。

鄂图本朱笔校改：补曰：《汉·百官公卿表》："太中大夫秩比千石。"《续志》同。注引《汉官》曰："二十人，秩比二千石。"(2B)

国图本赵注：补曰：《〔前〕汉〔书〕·百官公卿表》："太中大夫秩比千石。"(《续志》同。注)引《汉官》曰："二十人，秩比二千石。"(2A)

南图本赵注：(同国图修改本。)(2B,P300)

2. 注：况吾托土人之末列。

鄂图本原抄赵注：按：土字从冯刊本作士。

鄂图本朱笔校改：补曰：土一本作士，古字通写。

鄂图本墨笔复校：补曰：土一本作士，(古字通写)。(12B)

国图本赵注：(同鄂图本朱笔校改。)(17A)

南图本赵注：(同上。)(17A,P333)

3. 注：栢城子高以义为贵。

鄂图本原抄赵注：按：栢城二字从冯刊本作伯成。

鄂图本朱笔校改：(删此条。)

鄂图本墨笔复校：补曰：栢城当作伯成。(12B)

国图本：(无注补。)(17A)

南图本：(无注补)(17A,P333)

4. 注：武王始受命，为时将讨黄巾。

鄂图本原抄赵注：按：《宋书·符瑞志》无时字，盖衍文。

鄂图本朱笔校改：补曰：时字衍，《宋志》无。(14A)

国图本赵注：补曰：时字衍，(《宋志》无)。(22B)

南图本赵注：(同国图修改本。)(22B,P344)

5. 为水军，亲御龙舟，循蔡、颍，浮淮，幸寿春，扬州界。

鄂图本原抄、墨笔初校赵注：按：《方舆纪要》云："颍水在寿州西北四(四)〔十〕里。《汉志》：'颍水东至下蔡入淮。'其入淮处谓之颍尾，亦曰颍

---

① 鄂图本原抄、墨笔初校与朱笔校改有差异处加着重号；鄂图本墨笔复校、国图本修改，用〔〕表示增字，()表示删字。在前后修改过程中，《三国志》及裴注摘句亦有修改，此处从略，以鄂图本摘句立目。

口。魏主丕盖自颖口以(上)〔入〕淮也。"一清按:《魏略》曰:"司农度支校尉黄初四年置比二千石,掌诸军兵田。"

鄂图本朱笔校改:补曰:《汉志》南阳郡蔡阳,应劭曰:"蔡水所出,东入淮。"颖川郡阳(郡)〔城〕,"阳乾山,颖水所出,东至下蔡入淮。"九江郡寿春。《方舆纪要》二十一:"颖水在寿州西北四十里,其入淮处谓之颖尾,亦曰颖口。魏主丕盖自颖口入淮也。"(36B—37A)

国图本赵注:补曰:《〔前〕汉〔书·地理〕志》南阳郡蔡阳,应劭曰:"蔡水所出,东入淮。"颖川郡阳城,"阳乾山,颖水所出,东至下蔡入淮。"(九江郡寿春。《方舆纪要》二十一:"颖水在寿州西北四十里,其入淮处谓之颖尾,亦曰颖口。魏主丕盖自颖口入淮也。"(44A)

南图本赵注:(同国图修改本。)(45A,P393)

6. 行幸召陆,通讨虏渠。

鄂图本原抄赵注:《郡国志》汝南郡召陵。陆改陵。一清按:《方舆纪要》:"讨虏城在郾城县东五十里。黄初六年幸召陵,通讨虏渠,谋伐吴也。"

鄂图本朱笔校改:补曰:陆当作陵。《汉志》汝南郡召陵。《方舆纪要》四十七:"讨虏渠在许州郾城县东五十里。通渠,谋伐吴也。"

鄂图本墨笔复校:补曰:(陆当)〔陵一讹〕作(陵)〔陆〕。《汉志》汝南郡召陵。《方舆纪要》四十七:"讨虏渠在许州郾城县东五十里。通渠,谋伐吴也。"(39B)

国图本赵注:补曰:陆当作陵。《〔后〕汉〔书·郡国〕志》汝南郡召陵。《方舆纪要》四十七:"讨虏渠在许州郾城县东五十里。通渠,谋伐吴也。"(46A)

南国本赵注:(同国图修改本。)(47A,P397)

7. 注:《魏书春秋》曰。

鄂图本原抄赵注:按:书改氏。

鄂图本朱笔校改:补曰:书当作氏。

鄂图本墨笔复校:补曰:(书当)〔氏一讹〕作(氏)〔书〕。(43A)

国图本赵注:(同鄂图本朱笔校改。)(48A)

南图本赵注:(同上。)(49B,P404)

8. 注:土若涸鱼。

鄂图本原抄赵注:按:土从冯刊本作权。

鄂图本朱笔校改:补曰:士一作权。

鄂图本墨笔复校:补曰:〔权一本作〕士(一作权)。(45A)

国图本赵注:(同鄂图本朱笔校改。)(50A)

南图本赵注:(同上。)(51A,P407)

通过以上例证，可知国图本就是根据鄂图朱笔校改之后的形式重编而成的，中间并没有另外的誊抄本或修改本。特别是第5例，鄂图本朱笔校改前后跨越三个半页，修改情况十分复杂，"汉志南阳郡蔡阳"至"东至下蔡入淮"一段是从下一条勾移过来的，此段原文之下"郡国志九江郡寿春广陵郡治广陵"一句本来是要用朱笔抹掉的，但"九江郡寿春"五字并未涂抹，以致国图本抄写时，将这五个字也照抄了，后来修改时才删掉。

通过对比鄂图本签条内容与国图本相应的抄写内容，也可证明国图本直接继承鄂图本这一观点。对于鄂图本中的签条，无论是原誊抄内容的修改，还是增补且校改的条目，抑或下一步抄写的指示意见，国图本基本上都一一遵照抄写。在抄写时，签条的内容偶有脱漏，其后又粘签补写。如鄂图本"甲午军次于谯，大飨六军及谯父老百姓于邑东"条，注补内容经朱墨修改，又于书眉上粘签，专门为"大飨六军"写了一段论证文字（6B）。按照国图本的体例，应在"大飨六军"下抄写粘签内容，在"邑东"下抄写书页上的修改内容。不过，我们看到国图本上"大飨六军"下无注补，而是同样用粘签的形式粘在了书眉上（6B）。

有意思的是，我们今天见到鄂图本中的签条，一部分粘在书眉上，其位置固定。还有一些为浮签，是作者修改时夹在书中的，或本为粘签而年久脱落。此稿几经转手，有些浮签或脱落的签条发生了错位，以致签条上的文字与所在书页的内容不相吻合。国图本在抄写时，书者很明确签条各自的位置，所以根据国图本的内容，可以确定鄂图本中发生错乱的签条的原始位置所在。如鄂图本卷二第1页B面有一粘签，墨书："《魏略·五行志》曰：'延康元年，大霖雨五十余日，魏有天下，乃霁，受魏祚之征也。'"又经朱笔校改。而此页的内容并不关涉魏受汉祚之事。相反，在第2页A面有"改建安二十五年为延康元年"条。在国图本上，此签的内容正抄写于"改建安二十五年为延康元年"下注补内容之后（2A）。可见，此签脱落之后，经人重新粘贴，却粘错了位置。又，鄂图本第二卷第8页A面书眉上有粘签，曰："失其实尔，《魏志》十一月癸卯犹称令者……"仅凭此签，无法判断是对什么内容的注补。第10至11页之间有一浮签，首行书"冬十一月癸卯下令曰"，其下曰"补曰：《集古录》云……书其初命，而略其辞让，往返遂"。国图本抄写时，在"冬十一月癸卯令曰"下，先抄写了浮签的内容，至"往返遂"，接着抄写了粘签的内容"失其实……"（7B—8A）。据此可知，这条完整的注补本来就是书写在两个签条上的，由于内容太多，所以前半条的签条夹在了书中，后半条则粘在了书眉上，本来置于一处，但后来夹条被放到了其后三页处，一条完整的注补被分开了。国图本的样貌，还原了错乱之前的情景。

不过，我们仍然不难发现，在重抄、重编过程中，国图本有进一步修改，呈现出较为明显的差异。其一，国图本补全征引的书名、篇名。鄂图本原抄内容，书名、篇名是完整的，后经修改，做了简省。如"后汉书""隋书经籍志""宋书百官志"省作"后书""隋经籍志""宋志"，等等。国图本先据鄂图修改本抄写，可能觉察到表意不够明确，又补全了部分书名和篇名。如"后书献帝纪"，在"后"下添加增字符号，并于书眉上书"汉"字(1B)；"晋书礼志"，"志"下增"中"字(2A)；"晋志"补作"晋书地理志"(4B)；"郡国志"改作"后汉书郡国志"(6A)，等等。其二，国图本在引书卷数之前增添"卷"字。鄂图本在朱笔校改时，为引书内容补充了卷数，但仅写有数字，如"寰宇记十二"(1A)"方舆纪要十四"(4A)"御览八百十四"(15A)等，国图本先是照抄了以上内容，又在一旁添加了增字符号，并旁注"卷"字。由于这种情况较多，所以更多时候只是在书名与卷数之间添加了增字符，以示此处当补"卷"字。

　　据前文所述，鄂图本原抄内容经墨笔、朱笔依次校改之后，又有一个墨笔复校的过程。在对勘鄂图、国图所藏二本时，我们发现，鄂图本墨笔复校的结果，并没有被国图本所继承。如上述例证2、3、6、7、8，鄂图本上都经墨笔复校过，但无一例外，国图本完全按照此前的朱笔校改抄写。不唯如此，以国图本为底本重抄而成的南图定稿本也没有吸收鄂图本墨笔复校的意见。由此可知，这次复校的时间，当在国图本抄写之后，甚至在赵氏抄成南图本所藏定本之后。这些校改可能并非出于作者之手，而是在后世流传过程中又加上去的。综合以上异同，我们认为鄂图本上部分无法区分原抄、初校、复校的墨笔痕迹，很可能属于晚期复校。如"注潜心无罔"条，鄂图本注补之下，又有墨笔双行小字："按：罔字，即《论语·学而》'不思则罔'之罔。"(43B)国图本无此十四字(49A)。"注宅士之表"条，从鄂图本原抄来看，是赵氏直接过录了何焯的批校，以"何云……又云……"的句式书写，后来用朱笔将前段文字校勘的"何云"以及后段中的"又云"删去，改作："补曰：《艺文》作'宅土之中'，下有'率民以渐'四字。此谓都洛阳。"在"此谓"前，又有墨笔补写"何云"二字(44A)。而国图本并无"何云"(49B)。"注恢拓规矩"条，鄂图本仍从何校而来，朱笔校改之后作："《艺文》拓作折，似非。"(44B)国图本无"似非"二字(49B)。等等。这些不见于国图本的文字，极有可能同属于墨笔复校。

　　综上所论，国图本《三国志注补》是紧随鄂图本之后的一个稿本，仅就赵一清注补语而言，是直接根据鄂图朱笔批校的结果抄录而成的，在条目、内容、表述、观点上，基本上完全继承了鄂图本的面貌，只在书名、卷数等方面做了统一的修改。同时，也进一步厘清了鄂图本的抄写、批校层次，使我们更加客观、准确地认识了《三国志注补》不同稿本的内容和价值。

三　南京图书馆藏赵氏定本据国图本传抄

南京图书馆藏赵一清《三国志注补》稿本（图5），为丁氏八千卷楼故物，钤"丁氏八千卷楼藏书记"朱文方印、"嘉惠堂藏阅书"朱文长印。《八千卷楼书目》卷四著录，入选第四批国家珍贵古籍名录。近年，南京图书馆已将此本彩色高清扫描，实现馆内电子阅览，《南京图书馆藏未刊稿本集成·史部》亦付之影印，读者赖以得窥全书。丁丙得此书后，跋曰：

> 一清，字诚夫，昱之子也。家有小山堂，藏书富甲东南。尝注释《水经》四十卷、《刊误》十二卷，著录《四库》。以同时杭世骏补裴松之《三国志注》之遗，凡《魏志》四卷、《蜀志》《吴志》各一卷，犹有残剩，更采集史传、诸子、旧说，按卷系缀，而别书"补曰"二字，助证订讹，不无裨益。曾见原稿，以冯刻《三国志》剪截原文、原注，黏贴素册，而自书补注于其间，用心可为独苦。此本从原清稿出，格板之心有"东潜赵氏定本"六字，劫中卷缺，借硖石蒋氏藏原本补写完帙。光绪十四年，南皮张尚书之洞督两广，设广雅书局，编刊《史学丛书》。会稽陶孝廉浚宣假是稿本携粤，以全志繁重，专节补注，寿之汗青，跋其事于卷端。按制府有《书目答问》，世称该博，中列《三国志》，如洪齮孙之《职官表》、洪亮吉之《（疆）〔疆〕域志》、侯康之《补注》及《补艺文志》、杭世骏之《补注》、宋无名氏之《辨误》、陈景云之《国志举正》、钱大昭之《（志）〔辨〕疑》、潘眉之《考证》、沈钦韩之《补训诂》《释地理》诸目，而独未及此书。其为传本之罕可知。今得摘出刊传，殊可慰幸。①

丁氏根据版心下方印有"东潜赵氏定本"，证明此亦赵氏稿本，认为此本从"原清稿出"，而所出之"原本"乃是硖石蒋氏所藏"剪截原文原注黏贴素册"之本。今按，硖石蒋氏即蒋光焴，光焴为清末浙江嘉兴海宁藏书家，家在硖石镇。显然，所借抄的剪截黏贴本，正是我们今天所见的国图藏本。

与鄂图、国图本所用抄书格纸相比，南图本用纸仍是半页大字十行、小字二十行，行二十二字的小格纸。但与前二本用纸非同版刷印：南图本右边栏上端没有断口，版心上方书名"三国志注补"、鱼尾下方"志卷"二字，及版心下方"东潜赵氏定本"六字均与格板一体，当是赵氏为誊抄此书而专门刻印的格纸。也可看出，此本正是赵氏当作定本来抄写的。

---

① 此跋先书于书前，见《南京图书馆藏未刊稿本集成·史部》第1册，第2页。后刊入《善本书室藏书志》，见〔清〕丁丙《善本书室藏书志》卷六，《宋元明清书目题跋丛刊》，北京：中华书局，2006年，第9册第469页。本文据书前手书誊录，"原清稿出"，《藏书志》作"原稿清出"；"格板之心"，《藏书志》作"版格之心"；"全志繁重专节补注"，《藏书志》作"全志繁重节补注"；洪亮吉《疆域志》，《藏书志》不误。

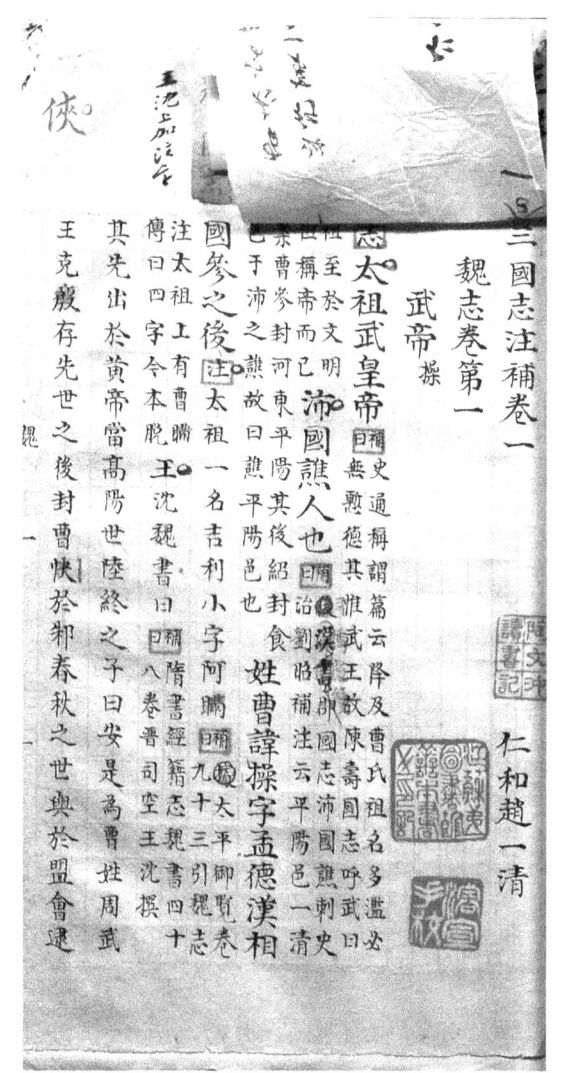

图5　《第四批国家珍贵古籍名录图录》所载南图本首卷卷端

丁氏认为"此本从原清稿出",即据国图蒋氏旧藏本重抄,这种认识是正确的,从体例到内容,南图本与国图本保持高度一致,国图本朱笔校改的样貌,几乎都被南图本直接继承。(如上文所举8例。)国图本剪贴了一部刻本《三国志》,由于该刻本的志文、注文字体、字号一致,所以赵氏另制小戳"志""注""中字""止",用来区分剪贴上去的史注文字。(见下文。)在南图本中,我们可以看到,《三国志》原文之前,书以"志"字;裴注之前书以"注"字,字号略小,但仍占大字一行的空间。至于赵氏注补,仍以"补曰"二字起首,以双行小字的形式书于志、注文下。"志""注""补曰"等均用红框标出,以示醒目。这种体例,正是对国图本的转抄。

在内容上，国图本据鄂图本抄成，又有所修改，南图本复据国图本修改后的内容抄写。仍以卷二为例，如裴注原文魏文帝曹丕"善射骑，好击剑"，国图本"射骑"乙改作"骑射"(1A)，南图本抄作"骑射"(1A，P295)。"以太中大夫贾诩为太尉"条注补，国图本删"续志同注"四字(2B)，南图本不抄(2B，P300)。等等。又如在国图本中，卷二共有8处签条，其中6处是增补内容的，在南图本中，都按签条的指示，抄写在了相应的位置(表1)：

表1

序号	国图本			南图本
	类型	内容	位置	抄写位置
1	粘签	分安定扶风为新平郡……卷二第四页阴面第九行。	4A	5A；注"新平霍性"下。(P305)
2	粘签	困学纪闻卷十三舜禹有天下……	6A	6B；志"大飨六军及谯父老百姓于邑东"下。(P310)
3	粘签	第二卅一页阴面第十行志行汉正朔下增……	31B	32A；志"行汉正朔"下。(P365)
4	粘签	帝纪卷第二卅二页阳面第一行志文以天子之礼郊祭下增……	32A	32B；志"以天子之礼郊祭"下。(P366)
5	浮签	（即上签指示补写内容。）	32A	同上。
6	浮签	第四十一页阳面第十行穿灵芝池下增入……	42B	42B；志"是岁穿灵芝池"下。(P388)

国图本中另外两处签条，则为删削注补的说明：一是第11A页粘签说"□后补注与第二卷第六页第四行补注重出，应酌删。卷二第六页补注"，下又墨笔书"已删"。国图本此处"二十五年分南郡之巫、秭归、夷陵、临沮并房陵、上庸、西城七县为新城郡"用墨笔圈出，以示删去。二是末页浮签："五十四页阴面第六行补注一段，下文裴注既有，重出应删。"(55A)相应处国图本亦有墨笔删削符号。在南图本中，这两处圈删的文字都没有抄写。

关于签条，还有一处现象，亦可证明南图本与国图本的直接因继关系。国图本卷二第32页A面有浮签(图6)，即增入志文"以天子之礼郊祭"下的注补。这个浮签明显是有残缺的：所见文字共七行，首行为位置提示"礼郊祭 下双行"，其下六行为正文。此签最上端文字不全，以致读至每行上端时，语义不相连属。南图本补抄在志文下时，浮签缺字的位置用朱笔补写，凡五处"惧其"

"县之乐""丘方泽""帝据""郊于",共 12 字,即浮签后五行上端文字。而首行所缺之字,乃"补曰"二字,本为必然应有之字,故不必待补。由是可知,国图本浮签上端的文字,至晚在重抄南图本时已经残缺了,残缺的原因,可能是此签本粘贴在书眉上,后来脱落,成为浮签,而上端粘纸的部分反而散失了。在抄写定本时,抄者知有缺字,但无法确定何字,故而预留了空格,之后又用朱笔填补。这也解释了"帝据"二字处原本留了三个空格的现象。这种特殊面貌足以说明南图本是直接从国图本及其签条过录而来的,中间不存在另外一个抄稿本。

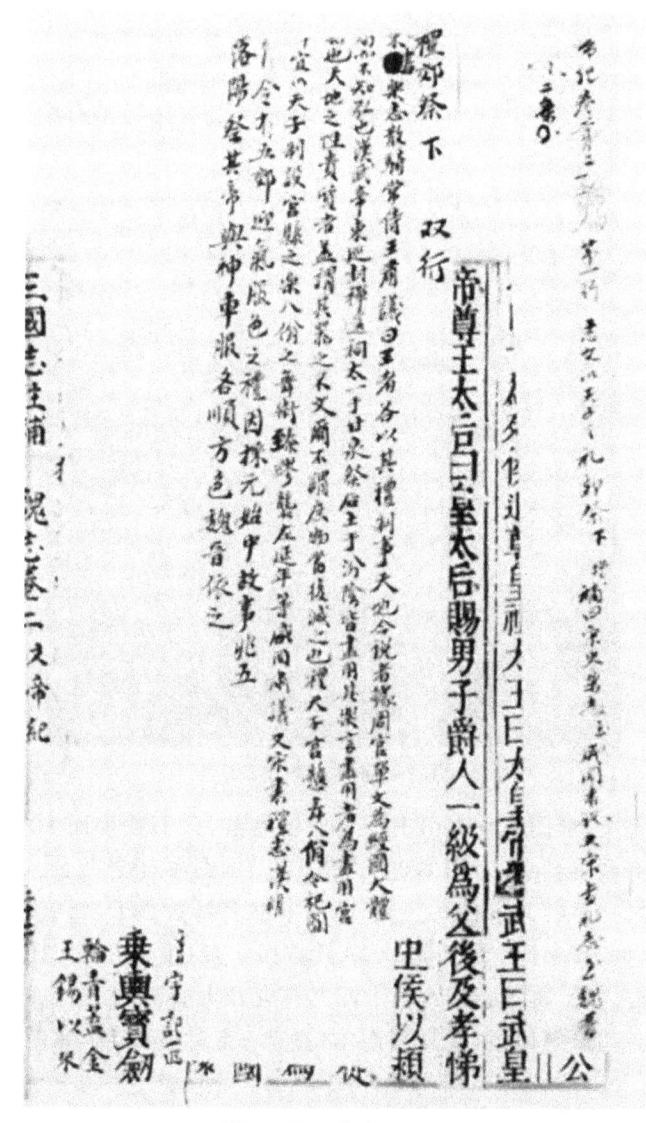

图 6　国图本卷二 32A

图 7　南图本卷二 32B

赵氏注补文，鄂图修改本引书书名后接卷数，只书数字而无"卷"字，国图本在书名下旁添"卷"字，南图本直书"卷几"。国图本补全书名、篇名处，南图本也一一照增补后的文字抄写。又，国图本书名卷数之下，常有增添符号，上有二三短杠，如"寰宇记〔卷〕十二"(1A)"方舆纪要〔卷〕十四"(3B)"困学纪闻〔卷〕十三"(6A 签)"御览〔卷〕八百十四九百九及九百三十一"(28B)下，等等，皆有此符号。初未解何意，及见南图本(图 7)，上举各处，都留有空格①，知国

---

① 分别见卷二第 1A、3B、6B、28B 页，即影印本第 295、302、310、358 页。

图本上乃空格符,即提示抄写时应在此符处留空。

当然,因为国图本仍是一个修改未定稿本,故而南图本也有一些独特的异文。这些异文有的是必要的修正,有的则是抄写时的错误。如国图本志文"饶安县言白雉见"注补:"一清案:《郡国志》勃海无此县,盖缺失也。""郡国志"上有增添符号(3B)。南图本"郡国志"上先空一格,后补"续"字。又此句后有"《宋·符瑞志》延康元年四月丁巳饶安县言白雉见,又《郡国》十九言白雉见"一句28字(3B,P302),为国图本所无。志文"孙盛曰在礼天子哭同姓于宗庙门之外"句注补,国图本作"孙盛所议非也"(4A),南图本则无"孙"字(4A,P303),或为抄脱。志文"冬十一月癸卯令曰"注补,赵氏引欧阳修《集古录》,国图本作:"汉献帝纪:延康元年十月乙卯,皇帝避位,魏王称天子。""避"字,墨笔点去,在书眉上改作"逊"字。下文复曰"《汉纪》乙卯避位者"(7B—8A)。南图本在抄写时,大概是注意到了上文点删的"避"字,所以前后两处都删去了此字,作"皇帝位""乙卯位者",文义不通。后又用墨笔旁添两"禅"字(8A,P313)。其实,欧书原文作"逊",南图本"禅"当为抄脱后以意增补。不过,就卷二内容整体来看,南图本的抄写及修改,并没有形成新的特征。

综上所论,南图本的性质,当是直接从国图本过录而来的誊清稿本,也是赵一清《三国志注补》的定稿本。这个稿本先由书手抄成,再经作者校订,反映的即为赵氏意欲此书行世的体例和面貌。

通过对鄂图、国图、南图所藏赵一清《三国志注补》三个稿本的比勘分析,我们明确了它们之间的先后关系:鄂图本是现存最早的稿本,据作者手稿抄成,几经修改,面貌最为复杂;国图本据鄂图本朱笔校改抄写,南图本又从国图本出,在注补内容上,此二本并无大的修改,均未形成新的版本特征。三个稿本传抄关系清晰,且衔接紧密,它们之间并不存在另外的抄本。由此看来,无论是对《三国志注补》本书而言,还是我们的学术研究来说,都是一件十分幸运的事,它们共同展示了赵一清撰作此书相对完整的过程。

四 著述之体与作者意图

鄂图、国图、南图所藏赵书三个稿本,在内容上是一脉相承的,具有明显的连续性特征。不过,这种相类性与连续性,并不能掩盖其中的差异,这些差异更能体现出作者撰作的过程变化与意图转向。这三个稿本最大的差异,在于它们编纂体例的不同,特别是从鄂图本到国图本,著述方式发生了极大变化。

简单地说,鄂图本的著述体例是条辨体,按照原书的内容顺序,只将《三国志》及裴注中需要注补的句子摘录出来,加以订补;而国图本、南图本则是注释体,保留了原书志、注全文,依次将注补内容抄录于相应文句之下。关于赵一清撰《三国志注补》的原因，丁丙作跋时已说同时杭世骏有作在先，犹有未尽，故而更撰此书。杭氏著作，即《三国志补注》，有《四库全书》本、《补史亭賸稿》本、《道古堂外集》本及《粤雅堂丛书》《食旧堂丛书》《丛书集成初编》等丛书本。① 郑天挺较早注意于赵书，已明确指出：

> 清代治《三国志》者，以何义门焯《读书记》，陈少章景云《校误》，杭堇浦世骏《补注》，越诚夫一清《注补》为较先。杭、赵二书尤繁博负盛名。顾两家所述，颇多雷同。②

又曰：

> 杭世骏《三国志补注》凡六百五十六条，赵一清《三国志注补》与之雷同者四百二条（其中六条刻本删），《杭州府志》谓"赵氏所引皆杭氏所未采"，盖不然也。赵书之所征引七、八倍于杭书，其雷同者仅此，本不为多；且两书均参稽旧籍，原书具在，尤无足异。惟论定之说，若"东郡"、"徐爰"、"周生烈"、"关羽滩"、"诸葛恪伐蜀"诸条，亦复相同，则不无可疑；况两氏生同时，居同里，交谊素笃乎？③

在详细比勘二书，并分析其材料、观点异同之后，郑氏提出自己的假设："世骏始补裴注，一清方居京师，不能相与上下其议论；今两书义例相同，征据旧籍亦复相近，意者其世骏入京后以初稿付一清而一清损益之乎？"④鄂图本誊抄原稿，书名作《三国志补注》，与杭书全同。但后来朱笔改作"注补"，极有可能是与杭书避重。至于是一清得杭氏书之前，是否已有所撰作，今不得而知。

不过可以肯定的是，赵氏《注补》一定受到了杭书《补注》的影响。今所见《三国志补注》最早版本文渊阁《四库全书》本的体例，正是鄂图《三国志注补》稿本原誊抄的样貌。所不同的是，杭书摘句，陈寿《三国志》原文顶格，裴注低一格书写，杭补则低两格。鄂图本原誊清稿书写格式，则是《三国志》正文和裴注摘句均顶格，裴注之前有"注"字，与志文相区别，以换行且低一格的形式抄写注补。无论是杭书，还是赵书原稿，补注或注补均是直接抄写正文：杭氏补注直接引书证发明；赵氏注补的内容，或以某云（曰）如"何云""姜云""安溪李氏曰"起首，或以引书书名如《隋书·经籍志》《宋书·礼志》、刘昭补注《续汉书·舆服志》为首，或以"按"字起句，但并无统一标志词。二书中的作者考证本与原书志、注摘文厘然有别，眉目清晰。

---

① 《中国古籍总目·史部》第1册，第55—56页。
② 郑天挺《杭世骏〈三国志补注〉与赵一清〈三国志注补〉》，第149页。
③ 同上。
④ 同上书，第162页。

鄂图本用朱笔校改时，一律在注补文字前加上了"补曰"二字。我们认为，这种改动固然可使本书的编纂体例更加明确，但细思之，似乎也没有十分的必要。然而，结合国图本和南图本的体例，这反而成为一种必然行为，意味着作者著述体例的变化。

与鄂图本相比，国图本更为人知。早在1991年，书目文献出版社就曾黑白影印出版，近年来，《中华再造善本》也将此书收入"明清编"中彩色影印行世（图8）。对于此书体例，早期的"出版说明"指出：

> 《三国志注补》按《三国志》纪传顺序，从史籍、地方志、《艺文类聚》等书中，辑出有关三国时的遗文、逸事，逐卷加以补注。凡裴松之未注者，则加以补注；裴注已有而未详者，则予以补充；若裴注有而不当者，则详加辩证，尤精于地理方面的考辨，并兼及文字校勘，人物评论等等。[①]

学者为《中华再造善本》撰写提要，表述与此相近，而更加详细。不过，仅说"按《三国志》纪传顺序"补注[②]，似乎并不能准确表达出此稿本的文本面貌。

国图本与鄂图本最大的不同，就是包含了《三国志》及裴注原文，在需要考辨的志文或注文处断开，其下抄写赵一清的注补文字，实际上是一个带有赵氏注补的《三国志》及裴注全本。而赵氏的注补文字，均以"补曰"起首。这就解释了为什么在早期的稿本上，作者在考证语前统一增添了看似无可无不可的"补曰"二字。所谓"补曰"，主要是相对于裴注而言的，为与裴注区分，故冠以"补曰"。"补曰"的内容，是以双行小字抄写的，陈寿《三国志》原文则是大字。不过，令人疑惑的是，裴注也是大字，与志文的字体、字号完全相同，接在志文之后，而不换行。单就两类文字而言，我们根本无法加以区分。审视之，我们又发现每行的志、注原文常有明显的边栏界线，包括左右边界和上下边界。在多行成段的志、注文中，还可以看到在多行相同的中间位置同时有上下边界，在页面上连成一条横线，或阶梯状的折线——这些边界线都是黑色的，与抄书稿纸上的红格明显不同。其实，根据这些现象，我们不难发现，此本上的《三国志》及裴注原文并不是抄写上去的，而是将一部刻本《三国志》裁剪开，按照赵氏稿本的高度尺寸，一条条粘贴上去的。在粘贴过程中，遇有辨证处辄剪开，将注补抄于下方，然后在注补下继续粘贴。晚清时期，丁丙得此定稿本时，就已经指出这个粘贴本的存在，他说："曾见原稿，以冯刻《三国志》剪截原文、原

[①] 书目文献出版社综合编辑室《〈三国志注补〉出版说明》，见影印《稿本三国志注补》卷首，北京：书目文献出版社，1991年，第1页。

[②] 中华再造善本工程编纂出版委员会编《中华再造善本续编总目提要》，北京：国家图书馆出版社，2017年，第698页。

注,黏贴素册,而自书补注于其间,用心可为独苦。"① 不过,当代学者似乎并没有给以足够的重视,两次影印国图本,都没有说明其《三国志》及裴注来源。

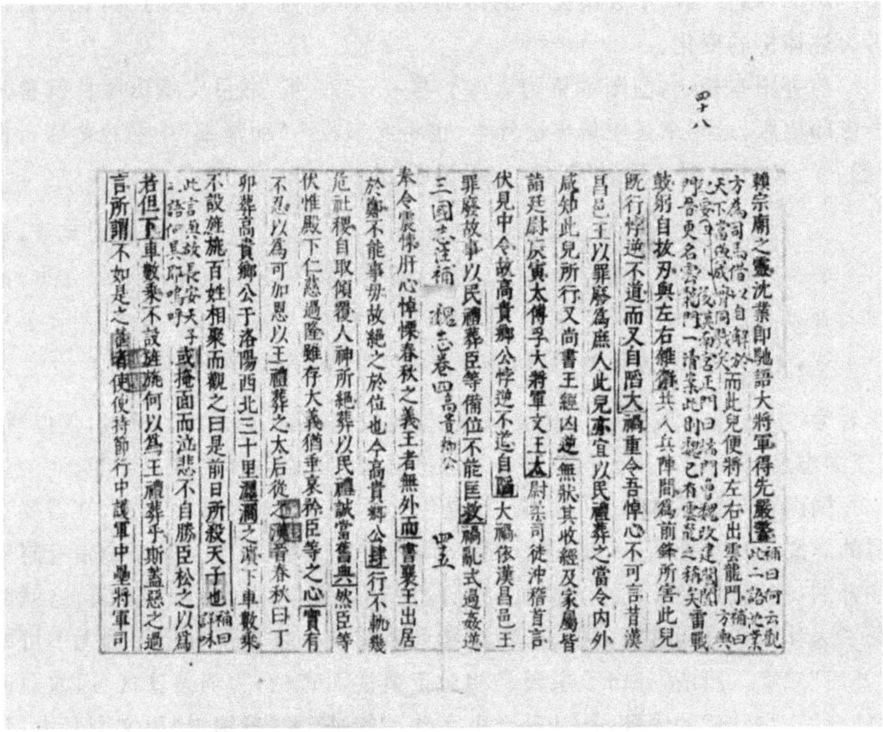

图8 《中华再造善本》影印国图本卷四第45页

丁跋认为,国图本剪截的是"冯刻《三国志》",所谓冯刻本,即明万历二十四年(1596)南京国子监刻本。南监本书前有冯梦祯重刻《三国志》叙:

> 南雍书库具二十一史,而《国志》板最为刓缺。嘉靖十年以后,续补几十之七,鲁鱼帝虎,又不胜其讹也。余既视事,首谋新之。随行有宋本《魏志》,原缺《吴》《蜀》,乃参监本,手自校雠,随付剞劂。

目录后有"大明万历二十四年南京国子监镂板"牌记,衔名有"祭酒冯梦祯、司业黄汝良校正"。② 因是之故,清人常称此本为冯刻。国图本上粘贴的这部刻本《三国志》,有一个明显的特征,即志文与注文均为大字。在《三国志》的刊刻史上,只有冯梦祯主持的南京国子监刻本具此特征。莫友芝曾专门指出"南监

---

① 丁丙《三国志注补》稿本跋,见书前,《南京图书馆藏未刊稿本集成·史部》,第1册第2页。
② 见明南监本《三国志》卷首。所据南监本为中国国家图书馆所藏,"中华古籍资源库"公布全书影像,善本书号:17560。访问地址:http://read.nlc.cn/allSearch/searchDetail?searchType=1002&showType=1&indexName=data_892&fid=411999029646。[2024-12-22]

本注作大字,低一格",傅增湘亦不云"注双行",而曰"注另行低一格"。① 以原书相验证,国图本粘贴字体、字号,与南监本悉合,丁氏所言不误。

南监本体例,注文另行低一格刊刻,有效地与志文区分,不至于混淆。但国图本剪开粘贴时,却是将注文直接接续在志文之后的,又该如何区分呢?为此,赵氏专门制作了四个小戳:志、注、中字、止,用红色的印泥或墨汁钤盖在相应的位置,具体用法分别是:

志:钤于志文起首字上,表示以下为陈寿《三国志》原文;

注:钤于裴注起首字上,表示以下为《三国志》裴注原文;

止:钤于志文或裴注结尾字处,表示《三国志》原文或裴注至此为止;

中字:钤于注文起首和结尾字右侧,说明中间的注文要用中字,若一段注文中有赵氏注补语,即注补语将一段裴注分成两段或多段,则在第一段起首处钤"注""中字"二戳,在最后一段结尾处钤"止""中字"二戳,中间段句首尾只钤"中字"小戳。

如此一来,不仅起到了有效区分明南监本相同字号、字体的志文和注文的作用,而且有指示下一步抄写或刊刻格式的意义,即作者期冀,在将来的抄本或刻本中,裴注原文以"中字"的形式出现,与《三国志》正文的大字以及新的小字补注相区分。回到早期影印本的"出版说明",只说这是"作者手稿本"②,《中华再造善本》提要同③,都没有全面揭示这个稿本的详细面貌。

由此可知,鄂图本注补文统一用朱笔改作以"补曰"起首,其实是作者撰作此书过程中,改最先模仿杭世骏《补注》的摘句条辨式为全文注释体的开端,与作者对此书下一步的誊录,甚至最终成书面貌的设想有密切关系。这个计划在国图本中,通过剪截、粘贴刻本《三国志》,盖红戳标记文本类型的方式而实现,并最终在南图本中得以完成定稿。可见,在此过程中,作者关于成书形态的设想,正是国图、南图所藏两个稿本的面貌。这种面貌改变了早期稿本摘句条辨式的札记体撰写方式,更与光绪年间广雅书局所刻,其后流传于世,为人所熟知的《三国志注补》不同。换句话说,我们研究三个稿本的继承与流变,重新发现了赵一清作为该书的作者,所希望的著述体例与意图,这对于还原清代学者的考据行为与考据心态,具有十分重要的意义。

---

① 〔清〕莫友芝撰,傅增湘订补,傅熹年整理《藏园订补郘亭知见传本书目》,北京:中华书局,2009年,第212—213页。

② 《〈三国志注补〉出版说明》,第1页。

③ 《中华再造善本续编总目提要》,第697—699页。

五　余论

本文通过对赵一清《三国志注补》三个稿本的比较研究,厘清了它们之间的先后关系:鄂图本最早,国图本据鄂图本重编,重编时剪截、粘贴了一部明万历南京国子监刻本《三国志》;南图本又从国图本誊抄,成为定稿。三个稿本的面貌以及它们之间的关系,展示了此书从撰作到修改、重抄、写定的全部过程,以及整个过程中的全部文本细节。每个版本都有其独特价值:鄂图本的誊抄原稿是最原始面貌,朱墨批校则反映出赵氏撰作此书的曲折经历和此书修订、流传的丰富层次;国图本粘贴与抄写相结合,作者对底本的选择和利用,为研究清人著作稿本提供了新的启示;南图本作为赵书定稿本,是作者编定此书的最终形式,最契合作者的考据水平和学术思想,具有极高的文献价值与校勘意义。从鄂图本誊抄原稿,到朱墨校改,到国图本、南图本,赵书不仅在考证条目上有所增损,在注补内容上不断精进,而且在体例上发生了重要变化:以鄂图本朱校增写"补曰"为开端,至国图本而完成的从史书摘句条辨式到全本注释体的转变。这一变化是作者自我撰作过程中的主动改变,蕴含了作者的著述理念和成书意图。

在研究过程中,相关问题也引发我们的思考。我们发现,赵一清撰写此书,最早依据的底本并非南监本。鄂图本誊抄原文,屡屡出现"冯刊本"字样,即据"冯刊本"正底本文字。从赵一清的校勘记来看,遇《三国志》及裴注讹误,或据何焯校宋本改之,或从冯刊南监本校正。可见,南监本是赵氏考证的一个重要校本。不过,令人疑惑的是,在朱笔校改时,"冯刊本"痕迹全无,取而代之的是"一本作某""一作某"之类的笼统表述。这样的条目在卷二中共有10处(表2):

表 2

序号	位置	摘句原文	摘句修改①	注补原文	注补修改	南监本
1	4A	注:少府谢奂。	未改	按:奂字从冯刊本作涣。	补曰:奂一作涣。	奂(2B)
2	8B	注:今日是矣。	删	按:矣字从冯刊本作已。	删	已(8A)
3	12A	注:非人力所能逮也。	未改	按:逮字从冯刊本作建。	补曰:逮一作建。	建(11A)

---

① 本列及后"注补修改"列,以鄂图本朱笔校改文本为准,不考虑墨笔复校的情况。

续表

序号	位置	摘句原文	摘句修改	注补原文	注补修改	南监本
4	12B	注:况吾托土人之末列。	未改	按:土字从冯刊本作士。	补曰:土一本作士,古字通写。	士(12A)
5	12B	注:栢城子高以义为贵。	删	按:栢城二字从冯刊本作伯成。	删	栢城(12A)
6	12B—13A	注:使公召约征子于共头。	"征"改"微"。	按:公召二字从冯刊本乙。	补曰:公召当作召公。	召公(12A)
7	15B	注:仰稽天命。	未改	按:仰字从冯刊本作久。	补曰:仰一本作久。	久(21B)
8	44B	注:黄根金屋。	未改	按:从冯刊本作金根黄屋。	补曰:一本作金根黄屋。	金根黄屋(34B)
9	45A	注:土若涸鱼。	"土"改"士"。	按:土从冯刊本作权。	补曰:士一本作权。	权(35A)
10	47A	注:以还相吞灭。	未改	按:灭冯刊本作并。	补曰:灭一本作并。	并(37A)

以上10处,其中8处与南监本合,2处不合,不合者为赵氏误写[①]。

回顾上文分析国图本的粘贴、抄写情况,在确定全书著述体例时,赵一清特别使用了一部志、注字体、字号相同的南监本,足以说明作者对南监本是比较认可的。以南监本校南监本,自然不合常理。既然如此,那么,在粘贴一部南监本,抄成一个新的稿本时,遇南监本不误处,当不必再出校,原注补文删去即可。南监本志、注原文中明显的错误,国图本也有所改正。如南监本裴注作"善射骑,好击剑",国图粘贴本墨笔将"射骑"乙正为"骑射"(1A)。南监本裴注"事有似是而非者,今日是已"(8A),国图粘贴本"已"作"矣",为墨笔手书改写(10B)。今按:鄂图本原来摘此处辨证,摘句作"今日是矣",曰:"按'矣'字,从冯刊本作'已'。"(8B)后删去,度其原因,当是作者改变了原来的观点,认为作"矣"才是正确的。赵氏最早摘句的版本,正作"矣"不误。所以,在另本誊抄

[①] 之所以认为是赵氏写误,而非印本有别,是根据国图粘贴的南监本的原文或改写情况判断的,见下文。

时,直接将南监本错误的"已"字剪去,改写成了"矣"。

令人费解的是,在国图本上,我们发现赵氏采取了另一种校改异文的形式:先将南监本正确的文字剪去,墨笔改写成鄂图底本错误的样子,再抄写鄂图本朱笔校改后的注补。以上 10 例对应的国图本各处,其中第 1 例,南监本作"奂",鄂图本朱笔修改过的注补恰好适用;第 2 例删去注补,分析见上文;第 5 例,鄂图本朱笔已删去注补,且南监本作"栢城"。除此 3 例,其他 7 例的国图本注补与鄂图本朱笔校改完全一致。为了弥缝《三国志》或裴注原文不误与赵氏有注补之间的矛盾,这 7 处所粘贴的文字全都被剪去,改成了与鄂图原抄本一致的错误内容。又如"行幸召陆通讨虏渠"条(39B/46A)①、"注魏氏春秋曰"条(43A/48A)、"注体逮存亡"条(45B/50B)等,虽然并未用南监本校过,但亦属南监本原本不误,无需出校者,在国图本中也通过剪字改写的方式对注补加以保留。可见,在改变原体例的过程中,因为增加了抄写汇入整部裴注《三国志》的繁重任务,难免顾此失彼,出现了不合常理的现象。

再回到南图本上,赵一清虽自命此本为"定本",但上面的校订显示,此仍非最终定本,原因有二:一是据国图本重抄的内容,包括整部《三国志》及裴注,篇幅巨大,书经三写,乌焉成马,在所难免,即使单就注补而言,底本虽然不像鄂图本那样错综复杂,但毕竟是一个修改本,抄写时容易出现讹脱倒衍之误;二是清代学者著书立说,反复修改,至死不休,在作者的生命时段内,往往没有尽头。因此,南图本在眷抄之后,又有一些朱笔校改,彰示此书定而未定之意。晚清时期,此本归杭州丁氏,光绪十九年(1893),陶浚宣从八千卷楼借出,拟刻入张之洞主编的《史学丛书》。因为赵书是在一部完整的裴注《三国志》中插入自己的注补的,刊刻时为了节约成本,早日完工,采取了"节刻补注"的办法。三年后,即光绪二十二年(1896)此书刻竣(图9),是为赵一清《三国志注补》的第一个、也是唯一一个刻本——广雅书局刻本。事见南图本书前陶氏手跋(图9):

> 光绪十四年,座主南皮张孝达尚书总督两广,奏设广雅书局,延浚宣总校局书,访刻国朝经史箸述。而甲部自阮刻《皇清经解》、王刻《续经解》外,纂书不多。乃广搜乙部,拟编《史学从书》。岁癸巳,浚宣重度岭南,向松生丁丈假是稿本,而同人以全志繁重,难付手民,因议节刻补注,既易汗青,且便通行。唯删乙移续,颇费斟雠,阅三年始竟。时浚宣因病旋里,理董其事者,阳湖吴孝廉翊寅也。光绪丙申十二月,会稽陶浚宣记。②

---

① 分别括注鄂图本、国图本页码,以"/"隔开,下同。
② 《南京大学藏未刊稿本集成·史部》,第 1 册第 3—4 页。

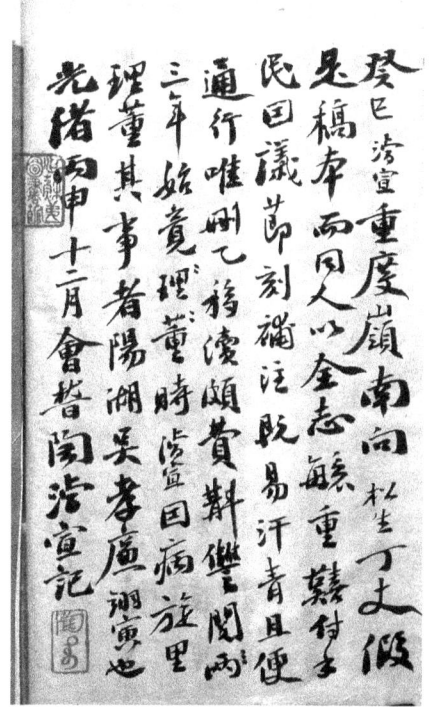

图 9 《第四批国家珍贵古籍名录图录》所载南图本书前陶浚宣跋后页

为了做好"节刻"工作,陶浚宣专门请吴翊寅等在南图本上做了大量的批注和标记,一方面对赵氏原书进一步校正;另一方面标记如何将注补的内容及相应摘句从一部史书注释体著作中节抄出来,刻成一个新的版本,其中包括条目的取舍及内容的起讫。于是,从南图赵氏定本到光绪间广雅书局刻本,《三国志注补》一书在内容和体例上,又发生了一次变化,与之前不同,这次变化是由后人主导完成的,体现的是晚清学者对于清代考据成果校理和传播的新的理念和实践。当然,在这一过程中,也产生了一些错误,比如郑天挺提到的误以裴注为赵注的例子,其实都是在刊刻时形成的①,这类错误不见于鄂图本,更不可能出现于国图本、南图本这样的全书注释体中。从稿本到刻本,成为一个新的

---

① 郑天挺《杭世骏〈三国志补注〉与赵一清〈三国志注补〉》曰"赵氏抉择虽精,于裴注旧文亦有阑入";《景印〈三国志补注〉序》曰:"顾其所述,间有舛错。若《钟繇传》'尸主事之臣,枸音荀豳地';《刘放传》,'殁音都活反,裪音诩'乃裴注之旧文。"见《清史探微(第二版)》第164、168页。郑氏是针对刻本而言的。实际上,在南监本中,裴注中的注音,是用双行小字刻的,所以在粘贴到国图本上时,与赵氏注补字号相同。特别是再抄成南图本时,在字体上也都变成了与注补一样的手写体。因此,在赵氏所有稿本中,并未将裴氏音注误作己注,而光绪间节刻时,书手偶尔将此二注当作赵注抄出了。这当然不能归咎于赵氏。

值得深入讨论的问题,本文限于主旨及篇幅,不再申述,将另行撰文分析。

最后,关于清代稿本、批校本研究,不能仅限于对勘稿本与刻本的差异,一味强调其价值。因为作者会反复修订自己的著作,形成不同稿本,稿本上的批注、修改痕迹也可分出不同的层次,对应不同时期、不同主体、不同面向的参与活动。从初稿本,到修改稿本、批校本,到刻本,既包含内容的修订,也可能蕴藏了书籍体例的变化。特别是有多个稿本、批校本存世时,更应该对它们进行过程性观察,将它们视为考论学者学识变化与学术成就生成的重要材料,重视其形态特征与变化,在文本之外,探索稿本研究的深层空间。

王先谦《汉书补注》成书考论

尹伟杰

【内容提要】 王先谦《汉书补注》是清代《汉书》学的集大成者。同治二年(1863),王先谦师从周寿昌后,立志辑录唐、宋以来之旧注,绍续颜《注》之事业。同治十三年(1874)后,王先谦领衔京城之门人弟子共同批注《汉书》,启发了他们各自的《汉书》研究。沈钦韩《汉书疏证》经由陈倬、缪荃孙,为王先谦及其门人抄录共有。光绪八年(1882)返湘后,王先谦继续与湘籍学者研治《汉书》,最终在光绪二十六年(1900)二月刊成《汉书补注》。王先谦与师友门人共同研治《汉书》,并重新肯定颜《注》的学术价值,深刻影响了晚清《汉书》学的发展。

【关键词】 王先谦 《汉书补注》 《汉书》学

《汉书》因文辞古奥,非深通汉儒诂训者不能明之,故而引起了清儒的极大关注,令纪、志、表、传四体研究均向精深处迈进,各家著述层出不穷。王先谦(1842—1917)博采众说,补苴罅漏,历经三十余年,撰成《汉书补注》。该书是颜师古《汉书集注》后又一集大成之作,也是对清儒考证《汉书》丰硕成果的一次总结,被杨树达誉为"取精用弘,便于学者,几于家有其书矣"①。王先谦本人勤于著书,又久典学政,擢育人才,惟所著"不外续、纂、选、辑四者"②,故后世谓其发明不多、以抄代作③。学界对《汉书补注》在清代《汉书》学的地位已经

【作者简介】尹伟杰,华东师范大学古籍研究所博士研究生。
【基金项目】国家社会科学基金后期资助一般项目"清代《汉书》校读与注释研究"(批准号:23FZSB046)阶段性成果。
① 杨树达《读王葵园先生〈后汉书集解〉》,杨树达著《积微居小学金石论丛》,上海:上海古籍出版社,2008年,第338页。
② 李肖聃著,绛希点校《星庐笔记》,长沙:岳麓书社,1983年,第69页。
③ 叶德辉说:"葵园老人刻书必附以己注,注又未必高,甚或以其族人王先慎、门下苏厚康之注参入,其人均不知注古书之法,纯乎俞曲园之应课材料。"(钱伯城、郭群一整理,顾廷龙校阅《艺风堂友朋书札》,上海:上海人民出版社,2018年,第698页)胡适致信王重民说《汉书补注》"不算是好书,因为王益吾本人的见解不太高明,所见的板本也不多,所收的诸家旧注也没有经过好好的整理。"(胡适《致王重民》[1943年4月5日],北京大学信息管理系、台北胡适纪念馆编《胡适王重民先生往来书信集》,北京:国家图书馆出版社,合肥:安徽教育出版社,2009年,第43页)

有了一定的共识①,但对其成书始末仍存在较多语焉不详之处②,通过梳理相关尺牍、日记等材料,能够还原王先谦研治《汉书》的学术历程,更能揭橥王先谦对晚清《汉书》学的推动之功。

一 周寿昌、王先谦对颜《注》的肯定

王先谦曾在《前汉补注序例》中概述道:"先谦自通籍以来,即究心班书,博求其义,荟最编摩,积有年岁,都为一集,命曰《汉书补注》。臧之箧笥,时有改订。"③学界通常沿用序中说法,认为王先谦在通籍后便开始研治《汉书》,但王先谦早年受桐城派影响,耽好诗文,如他同治元年(1862)的《述怀》一诗中说道:

> 六经大文章,星日烂万祀。颇病笺注家。聚讼生疮痏,迂儒墨守之,古鬼笑不已。吾师陶元亮,读书不甚解。平情观大意,凝虑取妙理。往籍虽浩博,中有得师旨。乞灵章句间,痴蝇钻故纸。④

此时王先谦"颇病笺注家",讥为"迂儒墨守",又倾心于陶渊明"不求甚解"之旨,未暇从事考据之学。王先谦致力于注疏,应在受业于周寿昌之后。周寿昌撰有《四史注校补》,其中尤以《汉书注校补》发明居多。《汉书注校补自序》中回忆二人的交往始末云:

> 寿昌幼受书,略解义训,治经外好读史。……先君故有《汉书》一册,日自评校,细字双行,朱墨几遍,阅后辄奔诸箧,禁儿辈翻弄。至是别以毛刻两汉书赐寿昌。此道光丁亥春,寿昌得读《汉书》之始也。……同治二年,寓武昌,购得此册,时取评校。盖结好在此,聊用遣日。抵京后,待漏应官之暇,无辍业。及门王生先谦恐又废弃,亟请成书。予笑无以应。王生乃毅然自任,手录成十四册。⑤

道光丁亥年(1827),周寿昌受其父赐汲古阁本《汉书》,在父亲的影响下,

---

① 陆骏元《清代〈汉书〉研究的趋向——对颜师古〈注〉定位的反思》,《中国典籍与文化论丛(第十九辑)》,南京:凤凰出版社,2018年,第274—294页。
② 现在对《汉书补注》成书过程的研究中,李明介绍得较为简略(李明《王先谦〈汉书补注〉研究》,南昌:南昌大学硕士学位论文,2007年),李和山罗列了《汉书补注》成书过程的大致时间节点(李和山《王先谦学术年谱》,苏州:苏州大学博士学位论文,2007年),张海峰虽利用了许多参与者的信札和日记,但说"《汉书补注》实由王先谦一人完成",也未尽客观(张海峰《王先谦〈汉书补注〉研究》,济南:山东大学博士学位论文,2011年)。
③ 〔清〕王先谦《前汉书补注序例》,《汉书补注》,上海:上海古籍出版社,2021年,第1页。
④ 〔清〕王先谦《述怀三首》,梅季标点,王先谦著《葵园四种》,长沙:岳麓书社,1986年,第363页。
⑤ 〔清〕周寿昌《汉书注校补自序》,《汉书注校补》,北京:商务印书馆,1937年,第2页。

周寿昌对《汉书》产生了浓厚的兴趣。尤其是在父亲谢世后,周寿昌发奋研治《汉书》,先后多次批校,以至"书眉行间涂染无隙"①。诚如前人所言,清代前期注《汉书》者多不满颜《注》之解释,直指颜《注》之失;周寿昌则对颜《注》多有回护,态度趋向温和。②周寿昌在《汉书注校补序》中,记录了周父肯定颜《注》"班氏忠臣"地位的观点,说道:"注家诚不无阙失,后学从而勘正,亦读书应尽事,必寻罅逞辨,诋前耀己,益之毒詈,胡为乎?"③周父批驳那些诋毁颜《注》的陋儒,认为后学欲注《汉书》者,只要在颜《注》的基础上"从而勘正"即可。周寿昌后来回护颜《注》的研治趋向,当是受到其父亲的影响,并深刻影响了他的门生王先谦。

同治二年(1863),周寿昌在武昌购得《汉书》一部,在待漏应官之暇批注校订,成绩斐然,并于是年结识了王先谦④。同治四年(1865),王先谦得殿试二甲第四名,钦点翰林院庶吉士,同治六年(1867)应诏入京,拜周寿昌为师,治学兴趣开始由辞章转向考据,如次年(1868)诗中写道:"末世无文章,万口颂史汉。不能明句读,胡以操论赞?"⑤王先谦不仅寝馈于乙部之学,更劝说周寿昌将《汉书》批校稿本整理成册,"毅然自任,手录成十四册",成为后来《汉书注校补》之雏形。王先谦门生陈毅在《先师长沙祭酒王先生墓表》中总结道:

> 暨官翰林,从周自庵阁学游……阁学习故事,好校两《汉书》,先生效为之,辄举正高邮王氏说数事,见赏阁学,则益喜自负。后以数十年精力,成两书注解者始此。⑥

王先谦在与周寿昌共治《汉书》的过程中,逐渐形成了自己的见解。今《汉书注校补》收录王先谦案语4条,就是他早期的成果。⑦随着研究的深入,王先

---

① 《汉书注校补序》记载周寿昌父亲去世后的情形:"发遗箧则残纸破书满中,而遗墨渺然,并先君手评勘之两《汉书》皆无有,恸绝而无如何。寿昌遂发愤,将早岁所赐两《汉书》日夜研习,凡四年,于书眉行间涂染无隙。叔父见而喜之,取诸行箧。逾年,自江右归,云熊氏留录副本,别以一册赐。仍校勘如前。复为王牧庄世兄取去,寿昌亦不甚惜。复手校一册,旋借失。又一册用五色笔校,未卒业,亦佚去。"(《汉书注校补》,第2页)
② 参见陆骏元《清代〈汉书〉研究的趋向——对颜师古〈注〉定位的反思》,《中国典籍与文化论丛(第十九辑)》,第274—294页。
③ 〔清〕周寿昌《汉书注校补·自序》,清光绪十年思益堂本,第2页。
④ 王先谦同治二年有《送自庵先生入都》一诗(《葵园四种》,第377页)。
⑤ 〔清〕王先谦《赠曹镜初》,《葵园四种》,第414页。
⑥ 〔清〕陈毅《先师长沙祭酒王先生墓表》,卞孝萱、唐文权《民国人物碑传集》,北京:团结出版社,1995年,第406页。
⑦ 如《汉书注校补·徐乐传》注云:"寿昌案:主父偃前死,徐、严上书不能同时,王先谦考证颇核,兹不录。"(周寿昌:《汉书注校补》卷二六,光绪十年思益堂刻本)王先谦对主父偃、徐乐、严安三人上书时间的考证,载录于《汉书补注》同传中(《汉书补注》,第4456页),可见师生二人相互讨论、共享成果的情形。

谦萌生了自成一书的想法。值得注意的是,在郭嵩焘同治十二年(1873)致王先谦的信中,曾提到王先谦当时正致力于《汉书集注》。① 集注的体例,是汇集前人注解并附以自己见解。颜师古在《汉书注叙例》中说:"《汉书》旧无注解,唯服虔、应劭等各为音义,自别施行。至典午中朝,爰有晋灼,集为一部,凡十四卷,又颇以意增益,时辩前人当否,号曰《汉书集注》。"②自东汉至初唐,《汉书》注释以晋灼、臣瓒、蔡谟相承的《汉书集注》作为核心传承脉络,颜师古在前人基础上,汇辑二十三家之说,终结了汉魏六朝旧注纷乱的局面。郭嵩焘在与王先谦的往来中,以"汉书集注"来代称王先谦的注解,显示出王先谦在颜《注》之后,继续汇集唐、宋以来旧注,并补正前人疏陋的撰作意图。在《前汉补注序例》中,王先谦阐述了对于颜《注》的看法:

> 自颜监注行,而《班书》义显,卓然号为功臣;然未发明者固多,而句读讹误、解释踳驳之处,亦迭见焉。良由是书义蕴宏深,通贯匪易。昔在东汉之世,朝廷求为其学者,以马季长一代大儒,尚命伏阁下从孟坚女弟曹大家受读,即其难可知矣。宋明以来,校正板本之功为多。国朝右文兴学,精刊诸史。海内耆古之士,承流向风,研穷班义,考正注文,箸述美富,旷隆往代,但以散见诸书,学者罕能通习。③

序言首先肯定颜《注》"班氏功臣"的地位,并解释颜《注》之所以迭见"句读讹误、解释踳驳之处",在于《汉书》体量宏大、义蕴深厚,不易贯通。即便是马融这样的东汉大儒,尚需追随曹大家授读。宋明以来校正版本、清代精研之功散见群籍,无法通观遍览。因此,王先谦立志"萃前古之膏腴"④,辑录前人之旧注。从《汉书注校补》仅收录了4条王先谦案语来看,王先谦当时补充新注较少,尤以辑录旧注为重。梁启超总结该书"集全清考订之成,极便学者矣"⑤,正是这一阶段奠定的基础。

在《汉书补注》与《汉书集注》之间,可能还有一个重要的别称,见于王先谦光绪七年(1881)致缪荃孙的这通信札:

---

① 郭嵩焘信云:"尊撰《汉书集注》,已成几许,具此精鉴,当使三刘避席。大业日新,弥增企仰。"(王祖陶《葵园述略·名贤来札选钞》,长沙:经文印刷公司,1948年,第67页)按,王先谦在这通信中提到刻成《汉饶歌释文笺正索解》,在同治十一年七月(《王先谦自订年谱》),又《郭嵩焘日记》同治十二年四月十二日有"寄……王逸吾……信"(梁小进主编《郭嵩焘日记》,《郭嵩焘全集》,长沙:岳麓书社,2012年,第574页),该信当作于此前不久。
② 〔唐〕颜师古《前汉书叙例》,王先谦《汉书补注》,第51页。
③ 〔清〕王先谦《前汉补注序例》,《汉书补注》,第1页。
④ 俞廉三赠序,转引自《王先谦自定年谱》"宣统三年辛亥",《葵园四种》,第808页。
⑤ 梁启超著,夏晓虹、陆胤校《中国近三百年学术史》,北京:商务印书馆,2017年,第350页。

《汉书旁证》第二十卷奉上,乞查收。①

前人典籍中无以"汉书旁证"为名者,窃疑所谓"旁证"即指王先谦注解《汉书》的成果,是《汉书集注》与《汉书补注》间的过渡阶段。王先谦将之寄呈缪荃孙,请他批阅增注。无独有偶,王先谦在刊刻《后汉书集解》前,另有名为《后汉书旁证》的稿本②,据缪荃孙云:"此王一梧师《后汉书旁证》(后改名《补注》)之稿。""《范书旁证》的是长沙师之补注。"③因此推测,"旁证"也是时人对王先谦两《汉书》注解的一个代称。所谓"旁证",实际上即对于"集注"的补证,如梁章钜有《论语集注旁证》《孟子集注旁证》等④。因此,王先谦取名《汉书旁证》,也体现出他在肯定颜师古《汉书集注》的基础上,想要继续补订颜《注》的撰作意图。

总之,周寿昌在父亲的影响下,回护颜《注》之失,肯定其"班氏功臣"的历史地位。同治二年(1863),王先谦师从周寿昌后,整理周氏《汉书》批校稿本。与此同时,王先谦亦有志于辑录唐、宋以来之旧注,意在绍续颜《注》之事业。不管是《汉书集注》《汉书旁证》,还是最终定名《汉书补注》,都显示出他有别于乾嘉诸儒,对于颜《注》的回护和肯定态度。

二 在京士子合力研治《汉书》的过程

同治十三年(1874),王先谦的"集注"工作告一段落后,吴光尧曾在十月初八日致信王先谦⑤,劝说他不要半途而废,继续注解《汉书》:

> 曾闻令爱及侄媛噩耗,犹冀谣传不实。得书浏览,凄惋良深。……第《班注》中辍,更事他书,势将与《水经》之修,同束高阁。见异思迁,学人大病。况著述多门,又非百年精力所能兼顾者乎。目今纂辑之书,讳恶避

---

① 〔清〕王先谦《致缪荃孙》,钱伯城、郭群一整理,顾廷龙校阅《艺风堂友朋书札》,第18页。按此札提及校毕缪荃孙藏《郡斋读书志》旧抄本,与光绪七年(1881)二月十一日致缪荃孙札以及同年四月十一日致缪荃孙札记载相和,当作于光绪七年(1881)四月十一日后不久(《王先谦学术年谱》,第69—70页)。
② 〔清〕王先谦《后汉书疏证》卷首自识云:"撰修十余年,费用百余□,始成《旁证》一书,共计十四本,外《补注续》一本,均已抄毕。因发刊时为父丧所阻,故宝藏于家。如后人遗失不以为重者,非吾子孙也。乙酉八月,益吾特白。"(《四库未收书辑刊(壹辑)》十三册,北京:北京出版社,2000年,第2页)该稿本包含《后汉书旁证》十四册、《〈后汉书补注〉续》一册,后者更是惠栋《后汉书补注》的续作,即《后汉书集解》的雏形。
③ 缪荃孙《致刘承幹》,《缪荃孙全集·诗文》,南京:凤凰出版社,2014年,第615页。
④ 徐世昌等编纂,沈芝盈、梁运华点校《清儒学案》卷一三四,北京:中华书局,2008年,第5277页。
⑤ 案《王先谦自订年谱》,同治十三年(1874)正月,王先谦女娱祖殇(《葵园四种》,第688页),又该信结尾标有"十月初八日"。

嫌,断不能为将来信史。原编已不足重,续之增之,未免捐有限之岁月,为无用之简编,殊可惜也。①

当时,王先谦中辍注解《汉书》的工作,转而从事《续古文辞类纂》一类的"纂辑之书"。吴光尧认为这些书不过是"无用之简编",惟有注解《汉书》才是有裨后世的立言之事。同年(1874),王先谦充会试同考官,据《〈葵园校士录存〉序》记载:"缪筱珊编修,李莼客、朱蓉生两侍御,赵桐孙太守卷,并出余房,力荐未售,同人诧余。此四君获隽,足冠一榜,余时亦颇自负。"②王先谦十分赏识缪荃孙、李慈铭、朱一新等人,遂招致门下,共同研治《汉书》,如《奉政大夫陕西道监察御史朱君行状》载:

> 长沙周荇农侍郎为丙子朝考阅卷师,王益吾祭酒为甲戌会试荐卷师,两公皆研精班氏书,知君有同嗜,招与商榷,甚器重焉。③

朱一新肄业于杭州诂经精舍,深感"今人求治世之道在于史"④;结识王先谦后,又在他的引导下研治《汉书》,著有《汉书管见》一书。《汉书管见》最早有光绪二十二年(1896)葆真堂刻本,乃后人据朱一新手批本整理而成,原手批本现藏浙江省义乌市图书馆,据初步考察,系以翻刻汲古阁本为底本,半页十二行,行二十五字⑤,与王先谦《汉书补注》所用底本一致。朱一新在手批本的书眉抄录注语四十余家,或缀以朱一新自己的案语。刻本相较于手批本,节略了诸多重要的学术信息,不能反映朱一新当时研治《汉书》的全貌。

笔者择取《司马迁传》来对勘手批本《汉书管见》与《汉书补注》的异同,作为在京士子共治《汉书》的个案。可以发现,《汉书管见》抄录的注语几乎都囊括在《汉书补注》中,如《汉书补注》收录缪荃孙注4条,《汉书管见》保留3条;《汉书补注》收录李慈铭注6条,《汉书管见》保留5条。朱一新之所以能够辑录这些时人注解,是因为王先谦当时将自己的注本寄呈同人,请他们各附己见,如李慈铭《越缦堂读书记》光绪七年(1881)十一月三十日记载:

> 阅王益吾祭酒《汉书补注·司马迁传》一卷,采辑极详,已附著鄙说三条,今日又附七条。……⑥

王先谦寄呈《司马迁传》后,李慈铭附入10条案语;今《汉书补注》收录李

---

① 吴光尧《致王先谦》,王祖陶《葵园述略》,第71—72页。
② 〔清〕王先谦《〈葵园校士录存〉序》,《葵园四种》,第105页。
③ 廖廷相《奉政大夫陕西道监察御史朱君行状》,《朱一新全集》,上海:上海人民出版社,2017年,第1743—1744页。
④ 详见朱荃宜、朱恺元《直臣名师朱一新传》,杭州:浙江人民出版社,2008年,第12—15页。
⑤ 黄灵庚、陶诚华主编《重修金华丛书提要》,上海:上海古籍出版社,2014年,第138—139页。
⑥ 〔清〕李慈铭著,张桂丽辑校《越缦堂读书记全编》,上海:上海古籍出版社,2021年,第1563页。

慈铭注6条,可知王先谦又有所选取。随后,王先谦将注本转呈缪荃孙,并致信云:

> 送上《司马迁传补注》一册,敬乞审正。有不当处,尽言为盼。毕则赐还,以便送蓉生处也。①

缪荃孙共添4条注释,并在注中补充李慈铭的见解,如"名家使人俭而失真"条下有:

> 【补注】李慈铭曰:梁玉绳《史记志疑》以"俭"字为未的,引《评林》董份说为"检"字之误。案,梁说是也。名家以察覈名实为务,不得云使人俭,盖检即敛也。《孟子》:"狗彘食人食而不知检。"赵注:"检,敛也。"本书《食货志》作"不知敛"。名家以绳墨检察人,使各约束于礼,而不得肆,故曰使人检而善失真。若作俭,则与墨家义犯矣。
>
> 缪荃孙曰:古检、俭、险多通用。《易》"君子以俭德避难",虞翻云:"一作险。""险且枕",释文云:"古文郑本作检。"可证。②

李慈铭据《孟子》《汉书·食货志》二书,认为原文"俭"为"检"之误;缪荃孙引《周易》,认为古文"检""俭"本通用,"俭"可训"检",未必是讹误。这一方面佐证缪荃孙批注《司马迁传》的时间后于李慈铭,另一方面体现《汉书补注》稿本在流传批注的过程中,后者纠补前者的意见,形成一种传播、讨论的学术模式。

王先谦在信中还说道,请缪荃孙阅毕注本后赐还,"以便送蓉生(即朱一新)处也"。显然,朱一新收到注本后,一边附呈己见,一边在自己的手批本上过录王先谦、李慈铭、缪荃孙等人的批注,并附以案语。仅以手批本中李慈铭注"谈为太史公"句为例:

> 李慈铭曰:太史公自是当时官府通称,固非官名,亦非尊加,如后世之称史氏,亦非有此官名也。流俗相沿,如晋之中书令称令君,唐之御史称端公,不必以其尊官也。
>
> 新案:卫说使果无其事,不应虚诞至此,窃疑所谓位在丞相上者(《西京杂记》作"位在丞相下"),盖谓朝会之位,以其国史所关,使之密迩至尊,以便记注,非以其爵秩,亦非必以尊宠也(《史记正义》引《志林》已有朝会坐位之说,特其论过泥)。此如唐之起居舍人,秩从六品上,而分侍左右秉笔,随宰相入殿,复夹香案,分立殿下,直第二螭首,和墨濡笔,盖其职事使

---

① 〔清〕王先谦《致缪荃孙》,钱伯城、郭群一整理,顾廷龙校阅《艺风堂友朋书札》,第16页。
② 〔清〕王先谦《汉书补注》,第4333页。

然耳。若计书先上太史公,则法自应尔,不足为疑。太史公当时通称,李说甚确。①

该段讨论汉代"太史公"一称究竟何指,颜《注》引卫宏《汉仪注》云:"太史公,武帝置,位在丞相上。天下计书先上太史公,副上丞相。"②李慈铭认为太史公乃"当时官府通称",而非官名;朱一新在肯定李说的基础上,又解释卫宏所谓"位在丞相上"者,指朝会之座位,而非官秩之爵位。李注与朱案均收录在《汉书补注》中③,王先谦又在两者之后总结道:"迁言'近乎卜祝之间,厕下大夫之列',官职自明。宋、晋、吴氏驳卫说,是。迁自谓太史公,则太史令实有太史公之称。颜谓迁尊其父为公,韦昭谓杨恽尊迁为公,合之迁书,理不可通。李、朱二说得之,吴氏县公之说,失之凿矣。"④颜《注》曰:"谈为太史令耳,迁尊其父,故谓之为公。"⑤王先谦肯定了李、朱二说,纠正颜《注》之误。

正如王式通《越缦堂读史札记序》中所说:"当时王葵园祭酒假诸华阳叶氏与同人分任雠勘,计日而毕。"⑥在京士子"分任雠勘"的过程中,朱一新承担了《汉书》"汪文盛本"的校勘工作⑦,故《汉书补注》收录的二百余条"汪本"校语大多出自朱一新的注解。王先谦自称担任"乾道本"与"北监本"的校勘⑧,案《汉书补注》共引"乾道本"异文 8 条,其中王先谦校语 4 条、周寿昌校语 2 条、瞿鸿机校语 2 条⑨;引"北监本"4 条,其中钱大昕 1 条(可不论)、朱一新 3 条⑩。从分布情况看,王先谦应该承担了一定数量的校勘任务,但周寿昌、朱一新、瞿鸿机等在京士子也曾"分任雠勘",故陈直推测"排比校雠之役,且多假手于他人"⑪,是有一定依据的。

手批本《汉书管见》过录了《汉书补注》中的一些校语,如《汉书·司马迁传》云:"十年而遭李陵之祸。"朱一新批云:"乾道本作七年。"《司马迁传》云:"伐秦定天下。"朱一新批云:"乾道本伐秦作代秦。"⑫这两条校语看似是朱一新

---

① 黄灵庚主编《重修金华丛书·三编》第 33 册,上海:上海古籍出版社,2014 年,第 220—221 页。
② 〔清〕王先谦《汉书补注》,第 4329 页。
③ 同上书,第 4330—4331 页。
④ 同上书,第 4331 页。
⑤ 同上书,第 4329 页。
⑥ 王式通《越缦堂读史札记序》,李慈铭撰《越缦堂读史札记》,民国十一年北平国立图书馆排印本。
⑦ 〔清〕王先谦《前汉补注序例》记载:"汪本,朱一新校,明汪文盛刊。"《汉书补注》,第 4 页)
⑧ 〔清〕王先谦《前汉补注序例》记载:"乾道本(宋乾道中刊)、北监本(以上二本先谦校)。"《汉书补注》,第 4 页)
⑨ 〔清〕王先谦的 4 条案语都位于《汉书补注》卷一《高帝纪》,周寿昌 2 条位于《汉书补注》卷一《高帝纪》与卷一三《异姓诸侯王表》,瞿鸿机 2 条位于《汉书补注》卷六二《司马迁传》。
⑩ 朱一新 3 条均位于《汉书补注》卷八四《翟方进传》。
⑪ 陈直《汉书新证自序》,北京:中华书局,2008 年。
⑫ 黄灵庚主编《重修金华丛书·三编》第 33 册,第 230、246 页。

所注,但被《汉书补注》引用并标注"瞿鸿禨曰"①,故知这两条校语实际上是瞿鸿禨帮助王先谦校勘"乾道本"后所增添的。朱一新得到《汉书补注》稿本后,又过录在自己的底本上。这意味着在"分任校勘"的同时,在京士子能够共享校勘成果,这一模式有利于在京士子的研究。

总之,王先谦自同治十三年(1874)任会试同考官后,至光绪八年(1882)返湘守丧之前,长期在京典官,与师友门人共治《汉书》。这一阶段分校批注的合作模式虽为后世所讥②,却使《汉书补注》广备诸家之说。王先谦诚于颜师古抄袭叔父《汉书决疑》之讥③,谓其"盗实遗名,有惭德矣",坦言"《补注》所采,悉出其人"④,在致缪荃孙信中也说:"同辈中有为此学者,幸请吾弟敦劝写示,但愿有裨书义,非前人所已言,必为录入。先谦之不肯掠美,谅为弟所深信也。"⑤体现出王先谦不掠人之美的撰作态度。此外,王先谦作为翰林祭酒的引领学坛之功也不可忽略。除朱一新《汉书管见》外,缪荃孙曾刊刻监本《汉书》,李慈铭《越缦堂读史札记》有《汉书》部分七卷⑥,瞿鸿禨著有《汉书笺释》一卷⑦。正是与王先谦共同研治《汉书》的经历,促使在京士子各自在《汉书》上有所建树。

三 沈钦韩《汉书疏证》的发现

沈钦韩曾先后在嘉庆九年(1804)、嘉庆十九年(1814)两次批校《汉书》,并在嘉庆二十二年(1817)撰成《汉书疏证》一书⑧。《汉书疏证》是乾嘉时期研治《汉书》的高峰,《汉书补注》能够奠定集大成者的地位,很大程度上受益于该书的发现。但沈钦韩《汉书疏证》迟至光绪二十六年(1900)方有刻本,尚在《汉书补注》刊刻成书之后,此前仅以稿钞本的形式潜布世间,晚清治《汉书》者多不

---

① 〔清〕王先谦《汉书补注》,第4348、4371页。
② 如门下叶德辉就认为王先谦"所刻书必加以自注,又杂以本家及门人之注,注者往往不知门径,以意为之,且又不据古本,但据时本,校所不当校,注所不必注,灾梨祸枣"(叶德辉《致缪荃孙》,《艺风堂友朋书札》,第700页)。
③ 〔清〕王先谦《前汉补注序例》:"《旧唐书·颜籀传》叔父游秦撰《汉书决疑》十二卷,为学者所称,师古注《汉书》,多取其义。今书中未见。……至游秦行辈文学,岿然在前;盗实遗名,有惭德矣。"(《汉书集注》,第1页)
④ 〔清〕王先谦《前汉补注序例》,《汉书集注》,第2页。
⑤ 〔清〕王先谦《致缪荃孙》,钱伯城、郭群一整理,顾廷龙校阅《艺风堂友朋书札》,第40页。
⑥ 《越缦堂读史札记》为王重民撮录李慈铭《越缦堂日记》中的读史批校汇辑而成,共三十卷。
⑦ 陈三立《部尚书善化瞿公墓志铭》载瞿鸿禨著有《汉书笺释》一卷(闵尔昌编《碑集传补》卷二),惜今不传,仅从《汉书补注》瞿鸿禨注中见得残貌。
⑧ 〔清〕沈钦韩《幼学堂文稿》卷六,《清代诗文集汇编》第514册,上海:上海古籍出版社2010年影印道光八年本,第368页;陆骏元《上海图书馆藏沈钦韩〈汉书〉校读本研究——兼论其递抄本之流传》,《历史文献研究(总第47辑)》,扬州:广陵书社,2021年,第53—82页。

及见，王先谦最初十余年也不识其庐山真面目。王先谦如何发现并利用《汉书疏证》，蕴藏着鲜为人知的书林旧事。王銮《宁国县训导沈君墓志铭》记载沈钦韩遗稿最初的流传情况：

> 予得交君晚，读君著述乃大惊服。闻君之没也，家无余财，不克葬者十年。尝与宝山毛君生甫语及之，为慨然而叹曰："天下有读破万卷、著书满家之士，而忍其不归于土乎？"会毛君之友上海郁君泰峰，好古有义行，闻之，助以葬资。乃共谋以君著作遗稿归于郁氏，庶几能刻而传焉。①

沈钦韩一生穷困潦倒，身后不得安葬，在沈钦韩去世大概十年即咸丰元年（1851），由当时富甲一方的巨贾郁泰峰出资解决棺椁之事。郁氏也是当时著名的藏书家，于是入藏了包括《汉书疏证》在内的诸多稿本。原稿本难得一见，李慈铭在光绪七年（1881）七月二十六日《越缦堂读书记》中，就惊叹"此书闻稿本在上海郁氏，余尚未见，不知祭酒何从得之，晤时当询之也"②。王先谦（祭酒）得以采录《汉书疏证》，主要归功于缪荃孙与陈倬（字培之）二人，缪荃孙《浙本沈文起两汉书疏证跋》记载道：

> 吴县沈文起……撰《汉书疏证》，成三十六卷，而《地理志》尚缺。文起未能刻，身后手稿入郁泰峰宜稼堂，后为莫偲老借去，归于冯景亭中允所。今按《宜稼堂书目》云："《汉书疏证》十二本，莫友芝借去八本。非完书。"……光绪己卯，荃孙在京师，长沙王师借陈培之户部藏本录副，嘱为校字，亦录副焉。③

缪跋提供了两段重要信息。其一是《汉书疏证》稿本的递藏情况。咸丰十年（1860），冯桂芬（景亭）因太平军乱避难上海，得知《汉书疏证》藏于郁氏宜稼堂，郭嵩焘曾在同治元年（1862）十二月廿一日的日记中记载："冯景翁言吴人沈小宛钦韩著有《汉书疏证》一书，极为渊博，其草本分质两家，为谋录存之。"④莫友芝在冯桂芬的影响下，曾从宜稼堂借抄该书⑤。冯桂芬后来如愿以偿，入藏《汉书疏证》稿本。据蒋凤藻回忆，《汉书疏证》稿本后来"辗转入于吴县冯镜

---

① 〔清〕王銮《宁国县训导沈君墓志铭》，缪荃孙编，王兴康等整理《续碑集传》卷七六，上海人民出版社，2019年，第3096页。
② 〔清〕李慈铭《越缦堂读书记》，北京：中华书局，2006年，第3册，第177页。
③ 〔清〕缪荃孙《浙本沈文起两汉书疏证跋》，《缪荃孙全集·诗文》，第375页。
④ 梁小进主编《郭嵩焘日记》，第577页。
⑤ 《郘亭日记》同治六年六月初一日载："假得沈学博（钦韩）《汉书疏证》十二册，中阙一册，……是书以冯敬亭为言及，留意访求获之，计敬亭当收其全本，至苏宜访之。……其《地理》自谓未就，不知后来补完否，并当询之敬亭。"（莫友芝《郘亭日记》，北京：中华书局，2017年，第376页）

亭家,今冯氏后人犹宝守之"①。其二,王先谦在京所见的《汉书疏证》,源自陈倬家藏抄本,该抄本仍藏于南京图书馆,共二十五册②,卷首有陈倬识语。这段识语亦收录在上海图书馆藏《隐蛛盦文集》稿本中,题名《书〈汉书疏证〉后》,现迻录如下:

> 吾吴沈小宛先生《汉书疏证》,胡墨庄谓其闳博不待言,犹患才多,考汉制而阐及元明,似可不必,且词繁,亦艰于授梓,若取而删节之,当不减惠氏《后书补注》也。手稿藏上海郁氏,冯景亭先生在沪时,向郁氏借录副本,曾一见之,今从申之比部借得,计《汉书》二十五本、《续汉郡国志》六本,中记卷数,而《汉书》阙《地理志》,《后汉书》仅有《郡国志》,未识郁氏所藏即如此否,不可考也。……缪筱珊编修荃孙曾为余言,闻杭州某氏藏有完本,其言果否亦不可知也。……光绪庚辰正月钞竣,记之于后。③

此段识语向来未被学界提及,实际对于考察《汉书疏证》在晚清的流传情况极为重要。《汉书疏证》稿本辗转归冯桂芬后,陈倬"曾一见之";约光绪五年(1879),是时冯桂芬已谢世,陈倬又从其子冯芳缉(即"申之比部")处借得,抄录副本,缀以案语,并有剞劂之志④,至次年庚辰(1880)正月钞竣。陈倬的抄本将吴地研治汉书的成果带到了北京,使王先谦与其他在京士子终于得见《汉书疏证》的面貌。王先谦知此消息,立即命缪荃孙校录副本,在致缪荃孙信中说道:"《汉书疏证》兄处只存一本未校,余四本在周荇丈处,闻已校毕(荇丈昨自言及),当走取奉上,或径由弟驰书往取亦可(恐兄处事忙故也)。"⑤当时的校勘工作由周寿昌、缪荃孙两人合力完成,在该信写作的光绪六年(1880)已大致抄校完毕⑥。沈钦韩《汉书疏证》稿本的流传和发现,推动了晚清《汉书》学的发展,故笔者将沈钦韩校读《汉书》至王先谦等人批读《汉书》的时间节点列表于下(表1):

---

① 蒋汝藻《三国志补注》批注,朱绪曾撰,周星诒、蒋汝藻批《开有益斋读书志》卷二,国家图书馆藏批校本(善本书号:02864)。
② 南图索书号 GJ/KB0480。
③ 〔清〕陈倬《书〈汉书疏证〉后》,陈倬《隐蛛盦文集》,上海图书馆藏稿本(索书号:线善823364-66)。案,《隐蛛盦文集》所收跋文应该晚于南图藏抄本的识语,增添了"缪筱珊编修荃孙曾为余言"等重要信息,故在此以《文集》版本为准。
④ 如《百官公卿表》写有眉批:"此表行次多参差,如写样须重挍,乙卯十月,倬记。"
⑤ 〔清〕王先谦《致缪荃孙》,钱伯城、郭群一整理,顾廷龙校阅《艺风堂友朋书札》,第17页。
⑥ 信中提到王先谦"改衙门后,已不似翰苑清闲",王先谦于光绪六年(1880)由翰林院侍讲升任国子监祭酒,故云。又,信中提到"汪仲伊外用",案刘师培《汪仲伊先生传》云汪宗沂于"光绪六年(1880)成进士,签分山西即用知县"(许承尧《歙事闲谭》,合肥:黄山书社,2001年,第468页)。综合二者,该信写于光绪六年(1880)。李和山《王先谦学术年谱》误系光绪七年(1881),恐误。

表 1

时间	事件
嘉庆二十二年(1817)	沈钦韩两次校读《汉书》,撰成《汉书疏证》
咸丰元年(1851)	郁泰峰入藏沈钦韩《汉书疏证》稿本
咸丰十年(1860)	冯桂芬得知《汉书疏证》稿本藏于郁氏宜稼堂,后收藏该稿本
同治十三年(1874)	王先谦充会试同考官,招致缪荃孙、李慈铭、朱一新等门人
光绪五年(1879)	王先谦得知陈倬从冯芳缉处抄录《汉书疏证》,命缪荃孙校录副本
光绪六年(1880)	周寿昌、缪荃孙合力抄校《汉书疏证》毕
光绪八年(1882)	王先谦返湘,继续与王闿运、瞿鸿机、郭嵩焘等研治《汉书》

冯桂芬、陈倬、沈钦韩同为吴县人,为保存吴地的这份《汉书》学的重要文献倾注了绝大心血。除《汉书疏证》稿本外,沈钦韩另有《汉书》校读本,亦为晚清吴地士子争相递抄,由此可见沈钦韩对于吴地《汉书》校读风气的持续影响。① 陈倬抄本最大的价值,在于使原本流传不广的《汉书疏证》稿本,得以为王先谦与其师友门人所抄录共有,亦将吴中校读《汉书》的风气带到了京城。据笔者粗略统计,王先谦《汉书补注》援引沈注多达 2000 余条,朱一新《汉书管见》也大量收入沈注,可以说,晚清《汉书》学某种程度上就是对沈钦韩《汉书疏证》的补正和回应。

四 王先谦返湘与《汉书补注》的刊刻

光绪八年(1882)六月,王先谦因母丧返湘②,随后与湘中名流交往密切。王闿运在光绪八年(1882)曾数次批校《汉书补注》③。瞿鸿机光绪八年(1882)三月亦因丧返湘,"家居治许书、班史,王先谦《汉书补注》多采其说"④。郭嵩焘不仅在日记中大加称赞《汉书补注》为不朽之盛业⑤,更评论道:

---

① 参见陆骏元《上海图书馆藏沈钦韩〈汉书〉校读本研究——兼论其递抄本之流传》,《历史文献研究(总第47辑)》,第 53—82 页。
② 《翁同龢日记》光绪八年六月初九日记载:"送王益吾行,甚凄恻。"(翁万戈编《翁同龢日记》,上海辞书出版社,2019 年,第 1703 页)
③ 《王闿运日记》光绪八年有:"逸吾送《汉书补注》来请校验,为阅两卷,无所发明。"(八月七日)"晨起,为王祭酒改定《汉书·儿宽传注》,自送往不遇。"(九月十二日)"为王一梧校《武五子传》毕。"(九月廿六日)"与过益梧谈《汉书》。"(十月十六日)
④ 刘宗向《瞿鸿机传》,卞孝萱、唐文权编《辛亥人物碑传集》,北京:团结出版社,1991 年,第 701 页。
⑤ 《郭嵩焘日记》光绪八年八月十一日载:"瞿子玖与健甫相过久谈。王逸梧出示《汉书补注》卷五十八,仅得《公孙弘传》一篇,引国朝诸儒之说为多。其校订经史之功,实远出宋明诸儒之上,即此亦可汇为一书,不朽之盛业也。逸梧博学多能,虚心善下,良不易得。"(《郭嵩焘日记》,第 508 页)

絾询王逸梧,以所著《汉书补注》引沈钦韩、朱一新说最多,其学皆有根柢。①

当时,沈钦韩《汉书疏证》与朱一新《汉书管见》均以稿本形态存世,湘中名流欲见之而不可得,批注《汉书补注》成为阅读二者的重要方式。借此,郭嵩焘得以在《汉书补注》中 3 次回应沈钦韩的《汉书疏证》,其中 1 次同意沈注,1 次补充沈注,1 次批驳沈注。② 更得以回应先前在京士子研治《汉书》的成果。例如《严朱吾丘主父徐严终王贾传》"时武帝年未二十,以问太尉田蚡"下有:

> 【补注】缪荃孙曰:《田蚡传》"蚡以侯家居,虽不任职,以王太后故亲幸,数言事"。此其证矣。
> 先谦曰:《通鉴考异》云"是时蚡不为太尉,云太尉,误也。下云太尉不足与计,盖亦追呼其官,或亦误耳"。
> 郭嵩焘云:《百官表》"太尉官,建元二年省"。是田蚡免,并罢太尉,故可仍其旧称,非误也。③

建元三年,《汉书》记载田蚡免职居家却仍称太尉。缪荃孙认为原文不误,可证田蚡"以王太后故亲幸,数言事"的记载;相反,王先谦引《资治通鉴考异》之说,归为讹误。郭嵩焘回应二人在京时期的争论,认为太尉之官已在建元二年减省,不影响田蚡沿用这一旧称,故倾向于缪荃孙"太尉"二字并非讹误的观点。这是湘中名流继承在京士子成果的一个例证。

光绪十一年,王先谦出任江苏学政,光绪十四年十一月二十九日返回长沙,此后长期闭户著书。④ 光绪十八年(1892),王先谦结识叶德辉,"每撰一书,必持稿相商榷"⑤。叶德辉不仅为《汉书补注》增添了 299 条案语,还帮助校勘明德王刊刻的"德藩本"⑥。随着《汉书补注》日臻完善,刊刻事宜逐渐提上日程。王先谦先拟刊"十志",《皮锡瑞日记》光绪十九年(1893)九月初四日记载:"逸梧先生来回拜,云近刻《汉书补注》。"⑦光绪二十年(1894)九月二十日,"王逸梧两丈来拜,……《天文》《律历》二志已刊",十一月初十日"《艺文志》将送

---

① 梁小进主编《郭嵩焘日记》,第 518 页。
② 分别见《张骞李广利传》"徙其城下水空以穴其城"条、《严朱吾丘主父徐严终王传》"选好事者依鹿鸣之声习而歌之"条与《严朱吾丘主父徐严终王传》"必下领水"条(《汉书补注》,第 4426—4426 页)。
③ 〔清〕王先谦《汉书补注》,第 4418—4419 页。
④ 《王先谦自订年谱》,《葵园四种》,第 726、735 页。
⑤ 叶德辉《葵园四种跋》,《葵园四种》,第 940 页。
⑥ 《序例》云:"德藩本,叶德辉校,明德王刊。"(《汉书补注》,第 4 页)
⑦ 吴仰湘点校《皮锡瑞日记》第一册,北京:中华书局,2020 年,第 139 页。

阅",次年(1895)又校阅《郊祀》《礼乐》两志①,并补《郊祀志》注1条②。光绪二十一年(1895)闰五月十一日,王先谦曾将样稿寄呈缪荃孙,并致函云③:

> 从事《汉书》,先刊十志,惟《地理》排日参究,尚未发写,而省中俗务纠纷,几无暇晷,益信清福不多得也。已刻数志,先行呈上,有不合,尚可改订,教之为幸。④

此时,王先谦已将其中的九志刊毕,惟余《地理志》"排日参究",尚未付写。这一方面是因为沈钦韩《汉书疏证》唯独缺少《地理志》⑤,使王先谦失去了一种重要的学术参考。手批本《汉书管见》在《地理志》部分未见王先谦批语,也是这一困境的真实写照。另一方面,由于《汉书·地理志》体量庞杂,清儒多先治《水经注》,再治《汉书·地理志》,正如王先谦在《前汉补注序例》中所说:

> 班志《地理》,存前古之轨迹,立来史之准绳,兼详水道源流,使后人水地相资,以求往迹,可谓功存千古者也。元魏郦道元《水经注》一书,于汉世水道,曲折具存,实为疏证班《志》而作,前人引用不得要领。……读者因郦证班,即汉考古,然后递推诸史,上下数千年地理,可以了然胸中。⑥

王先谦认为《水经注》是为疏证《汉书·地理志》而作,必须"因郦证班",才能将《地理志》的记载了然于胸。王先谦自称"夙嗜《水经注》一书,舟车不舍垂三十年"⑦,不仅亲自考察地形⑧,又以戴震校武英殿聚珍本为底本,参校朱谋

---

① 《皮锡瑞日记》光绪二十一年(1895)二月十五日:"《郊祀志》'九臣十四臣',疑脱一'六'字,即'九皇六十四民之臣'也,未知以为然否。"(《皮锡瑞日记》第一册,第271页)又三月初四日:"阅王祭酒补注《汉书·礼乐志》。"(《皮锡瑞日记》第一册,第275页)
② 《汉书补注·郊祀志》有"皮锡瑞曰:'九臣十四臣'疑'九臣六十四臣'"云云,与上引《皮锡瑞日记》光绪二十一年(1895)二月十五日记载相合,即此时补入。
③ 《艺风老人日记》光绪二十一年(1895)闰五月十一日有:"接王一梧师长沙信,并新刻《汉书补注》五册。"(张廷银、朱玉麒主编《缪荃孙全集 日记》,南京:凤凰出版社,2014年,第362页)又,王先谦在信中说自己"今年逾五十有四",正合光绪二十一年(1895)(《王先谦自订年谱》,《葵园四种》,第744页),故知该信写于此前不久。
④ 〔清〕王先谦《致缪荃孙》,钱伯城、郭群一整理,顾廷龙校阅《艺风堂友朋书札》,第39页。
⑤ 沈钦韩《汉书疏证序》:"丁丑,复当大比,亲敦责以禄养,乃暂辍业,故《地理志》犹缺焉。"(沈钦韩《幼学堂文集》卷六,嘉庆十八年刻道光八年增修本)故《汉书疏证》稿本原来就没有《地理志》部分,前引陈倬识语也说:"《汉书》阙《地理志》,……未识郁氏所藏即如此否,不可考也。"当然,陆骏元发现上海图书馆藏沈钦韩《汉书》校读本中有《地理志》的批校,说明沈钦韩对此有过初步的研究(陆骏元《上海图书馆藏沈钦韩〈汉书〉校读本研究——兼论其递抄本之流传》,《历史文献研究(总第47辑)》,第53—82页)。
⑥ 〔清〕王先谦《前汉补注序例》,《汉书补注》,第5页。
⑦ 〔清〕王先谦《水经注要删正续编序》,《葵园四种》,第121页。
⑧ 〔清〕王先谦《合校水经注序》:"余耽此三十年,足迹所至,必以自随,考按志乘,稽合源流,依注绘图,参列今地,兼思补证各史关涉水地事迹。"(《葵园四种》,第87页)

玮《水经注释》、赵一清《水经注笺刊误》等,在光绪十八年(1892)刊刻了《合校水经注》一书。随后,王先谦在光绪十九年(1893)三月二十二日致缪荃孙的信中谈及《汉书·地理志》的刊刻情形①:

> 《水经注》刻成合校本,可供学人考核之资,前拟作疏,迄未能就。刻下专力《汉书》,无暇旁及,殚精八志,先其难者,先刊《地理》,再及其余,欲以两载成之,不知能否。②

可见,王先谦在完成《合校水经注》一书后,才将精力专注于《汉书·地理志》上。并且,校勘《水经注》时,王先谦本拟为《水经注》作疏,不仅向陈倬借钞沈钦韩《水经注疏证》稿本③,还曾以今水注《水经注》之古水④。此后虽因致力于《汉书补注》一书而"迄未能就",但补注《地理志》不啻是对《水经注》的一种疏证,王先谦在《前汉补注序例》就说:

> 兹编于郦注诸水,颠末毕备:同郡之水,则云自某县来,下入某县;隔郡之水,则云自某郡某县来,下入某郡某县。脉络毕贯,胪载无遗。更取历代水地诸书为之疏通发明,订正讹谬。⑤

王先谦认为《汉书·地理志》"宏纲已举,细目未赅"⑥,故以《地理志》郡县为宏纲,将《水经注》所载诸水散入"某郡某县"下成为"细目",又"取历代水地诸书为之疏通发明,订正讹谬",正是对《水经注》所在诸水的疏证。梁启超评《合校水经注》"无新发明"⑦,但王先谦在《地理志》上的"疏通发明",亦足以备一家之言。杨树达称《汉书补注》"地理一志,最为卓绝",可谓公论。

《皮锡瑞日记》光绪二十四年(1898)记载:"王祭酒至,……云《汉书》纪、表、志刊成,今刊列传。"又光绪二十五年十月廿七记载:"覆校《汉·地志》,签出数条,其中颇采刍荛,然不尽得郦书作意。"同年十一月初二:"祭酒以《汉书·列传补注》十卷来,请校正。为校一卷,岂非舍而芸人乎?"⑧光绪二十四年

---

① 该信有"去秋吴中丞到湘"及"三月廿二日"二语,案,吴大澂于光绪十八年任湖南巡抚,可知该信作于光绪十九年三月廿二日。
② 〔清〕王先谦《致缪荃孙》,钱伯城、郭群一整理,顾廷龙校阅《艺风堂友朋书札》,第32页。
③ 王先谦致缪荃孙信有:"闻陈培之先生告假,开缺将归。其珍藏沈小宛先生手辑《水经注疏证》,前闻弟云可以借钞,拟趁此时赶觅书人陆续钞写。"(《艺风堂友朋书札》,第27页)
④ 朱一新《上王益吾师》:"《郦注》证以今水,董方立氏残稿,惜未成书。前阅江苏试题,似吾师夙有此志,愿力益宏,倘得成书,诚快事也。"(《朱一新全集》整理小组整理《朱一新全集》,上海:上海人民出版社,2017年,第1353页)
⑤ 〔清〕王先谦《前汉补注序例》,《汉书补注》,第5页。
⑥ 〔清〕王先谦《合校水经注序》,《葵园四种》,第87页。
⑦ 梁启超著,夏晓虹、陆胤校《中国近三百年学术史》,第296页。
⑧ 吴仰湘点校《皮锡瑞日记》,第二册,第749、851—852页。

(1898)后，王先谦开始集中刊刻《地理志》与列传部分。在此期间，萧穆曾致信王先谦讨论《汉书补注》：

> 闻尊撰《汉书详注》近已刊十志，刻日考核。又示以沈文起《天文志》、钱献之《地理志》全不可据，沈志杂乱荒谬，不在情理之中，《钱志》全无师法，凭口乱说。老辈著述，可信从者实不多见，然享此大名，不应全不顾门面也。阅之殊骇人耳目。由此类推，读前人著述，不能不细为审察之。又《汉书疏证补注》刊成后，宜将所撰诗文集刊行，以慰艺林雅意。①

萧穆提到《汉书补注》的两个别称，《汉书详注》和《汉书疏证补注》。前者显示出王先谦对此书用力之久、征引之富，后者道出王先谦"补注"的主要对象是沈钦韩《汉书疏证》。据萧穆转述，王先谦在著作中对沈钦韩《汉书疏证》和钱坫《新斠注地理志》各有微词，如沈注《天文志》"杂乱荒谬"，钱注《地理志》"凭口乱说"。今周寿昌《汉书注校补》保留的王先谦案语中，曾责备钱坫"误后学"②；而《汉书补注》中不见对沈、钱二氏的微词，可能是王先谦后来删去的。

据《葵园自订年谱》，王先谦在光绪二十六年(1900)二月刊成《汉书补注》。王先谦自称"以两年之力剞劂告成"③，而揆诸《皮锡瑞日记》，至晚在光绪十九年已开雕，不无矛盾④。笔者推测，王先谦所谓的"两年之力"，可能仅指最后集中刊刻的两年时间。

结　语

本文大致还原了王先谦《汉书补注》的成书过程，可分为以下四个层面。其一，同治二年(1863)，王先谦师从周寿昌后，受周寿昌研治《汉书》理念的影响，立志辑录唐、宋以来之《汉书》旧注，绍续颜《注》之事业。其二，同治十三年(1874)，王先谦充会试同考官，招致缪荃孙、李慈铭、朱一新等门人，在光绪八年(1882)前，领衔在京士子合力研治《汉书》，使《汉书补注》广备诸家之说。这一流传、批注的过程，也启发了门人各自的《汉书》研究，推动晚清《汉书》学的发展。其三，沈钦韩《汉书疏证》经由郁泰峰、陈倬、缪荃孙，在光绪六年(1880)

---

① 〔清〕萧穆《致王先谦》，朱荣琴整理《敬孚函稿》，《历史文献（第七辑）》，上海：上海古籍出版社，2004年，第173—174页。
② 王先谦云："……钱氏坫引《说文解字》云：'漾水出陇西氐道，东至武都为汉。'欲迁就以成其说。案《说文》实作'漾水出陇西獂道'，非'氐道'……钱氏奈何径改'獂'作'氐'字，以误后学耶？"（《汉书注校补》卷二四《地理志》"武都"条）
③ 〔清〕王先谦《葵园自订年谱》，《葵园四种》，第746页。
④ 张海峰就对此有疑问，认为王先谦至少用了五年时间（实际尚不止此数）方刻成《汉书补注》，但《王先谦自定年谱》说仅用两年刻成，"其中原委，已难考证"。（《王先谦〈汉书补注〉研究》，第21页）

为王先谦及其门人抄录共有,亦将吴中地区校读《汉书》的风气带到了京城。其四,光绪八年(1882),王先谦返湘后,继续与王闿运、叶德辉、皮锡瑞等湘籍学者共同研治《汉书》,最终在光绪二十六年(1900)二月刊成《汉书补注》。王先谦在与师长、同僚、门人共同研治《汉书》的过程中,以颜《注》为基础,集唐、宋以来之大成,撰成《汉书补注》一百卷,深刻影响了晚清《汉书》学的发展。

附记:小文撰成后,经陆骏元兄两次审读,在晚清《汉书》稿抄本的流传,以及学术史的内在理路方面给予指正,外审老师也提出了诸多宝贵意见,在此一并致以谢忱。

湖南图书馆藏《秘书省续编到四库阙书目》叶德辉批校本述略

董岑仕

【内容提要】 湖南图书馆藏《秘书省续编到四库阙书目》，为倪恩福自丁氏迟云楼本抄出之本，属《秘书省续编到四库阙书》传本系统中较为后出的半叶十三行本系统抄本。叶德辉得到倪恩福抄本后，在光绪二十二年丙申（1896）曾参考《宋史·艺文志》、《崇文总目》、《遂初堂书目》、《玉海》、《文献通考》所引晁公武《郡斋读书志》、陈振孙《直斋书录解题》、《旧唐书·经籍志》、《新唐书·艺文志》，道藏目录等书，以朱墨双色批校，并作识语。倪恩福抄本上叶德辉批校，当为光绪二十九年（1903）叶德辉考证刊行观古堂本《秘书省续编到四库阙书目》之基础。然而，湘图本并非观古堂本的直接底本。从叶德辉初校倪恩福本，再到写样刊刻，尚有调整校勘记顺序、覆校、另行誊录写样等过程。不少条目的校证，在倪恩福抄本上未见；同时，也有不少倪恩福抄本不误而刊本讹误的内容。湘图本既是《秘书省续编到四库阙书》的重要传本，也是叶德辉校勘过程的重要反映，具有重要的文献价值。

【关键词】 秘书省续编到四库阙书 叶德辉 稿本 批校本 观古堂

《秘书省续编到四库阙书》最初是北宋元祐二年（1087）至政和年间（1111—1117）秘书省陆续访求补写的秘阁原阙之书书目。[①]南宋绍兴十三年（1143）[②]，向子固建议在《新唐书·艺文志》《崇文总目》《秘书省续编到四库阙

【作者简介】董岑仕，北京大学中国古文献研究中心兼任研究员，人民文学出版社古典文学编辑室副编审。

[①] 关于《秘书省续编到四库阙书》的性质及其编修过程，参见张固也、王新华《〈秘书省续编到四库阙书目〉考》，《古典文献研究》第十二辑，2009年。近年来，又有不少学者对这一问题作了进一步探讨，如杨金川根据相关史料，提出了与张固也等不同的意见，参见杨金川《宋代官修书目考论》（南京大学博士学位论文，2016年），但笔者认为这些论断尚不成熟。

[②] 《宋会要辑稿·崇儒四》"求遗书藏书"（北京：中华书局，1957年，第2243页），记向子固建言为绍兴十三年事，当是。翁方纲在担任四库馆纂修官时，据《永乐大典》摘录《中兴会要》资料，将此事系年于绍兴十二年（翁方纲撰，吴格整理《翁方纲纂四库提要稿》，上海：上海科学技术文献出版社，2005年，第421页），或错看年份，恐非。其后，翁方纲作分纂稿，至《四库全书总目》定稿，皆误系此事于绍兴十二年。

书》南渡后秘阁所缺之书下注"阙"字,由国子监刻印颁行,作为访求遗书的依据,遂有绍兴改定本《新唐书·艺文志》《崇文总目》《秘书省续编到四库阙书》。据陈振孙《直斋书录解题》,陈氏所得的《崇文总目》《秘书省四库阙书目》均题"绍兴改定"①。《秘书省续编到四库阙书目》清抄本二卷卷首各有"绍兴□□年改定"字样②,《崇文总目》今传本皆从天一阁藏明抄本而出,虽未有"绍兴改定"字样,实属绍兴改定本。作为搜访阙书的访书目录,改定时除了加注"阙"字以外,类叙与解题亦遭删削。南宋孝宗以后,《秘书省续编到四库阙书》又出现了多种增补本,宋代的目录著录和文献称引中,此目多有异称。③

《崇文总目》《秘书省续编到四库阙书》绍兴改定本的国子监刊本板片,元代贮于西湖书院,泰定元年(1324)所编的《西湖书院重整书目》"史部"中所录《崇文总目》《四库阙书》,当即指《崇文总目》《秘书省续编到四库阙书》二书的南宋绍兴改定国子监本的板片。入明之后,杭州西湖书院所存板片移入南京国子监,嘉靖二十三年(1544)编纂《南雍志·经籍考》,并无《崇文总目》《四库阙书》二书,板片当已佚失。

明初的南京文渊阁中,当藏有用南宋国子监本板片刷印的《崇文总目》《四库阙书》。永乐三年(1405)至永乐五年(1407)编《永乐大典》,曾参引南宋改定的国子监本《崇文总目》《四库阙书》④。永乐十九年(1421),迁都北京,同年,朝廷将南京文渊阁藏书迁至北京,至正统(1436—1449)初年,北迁图书正式移入北京文渊阁⑤。正统六年(1441),杨士奇等编录北迁至北京文渊阁的藏书情况,厘为《文渊阁书目》。今存的《文渊阁书目》版本可分三系⑥,作为杨士奇编

---

① 陈振孙《直斋书录解题》,上海:上海古籍出版社,1987年,第231页。
② 今按,南京图书馆藏丁氏八千卷楼旧藏抄本《秘书省续编到四库阙书》,用墨笔填补空字,作"绍兴十五年改定"。这一填补过程,约为光绪二十八年(1902)前后丁立中刊刻时校补。此本入藏丁氏时,如丁丙《善本书室藏书志》卷十四所著录,言"绍兴年改定",时尚未填补空字。
③ 《秘书省续编到四库阙书》,郑樵《通志·艺文略》《通志·校雠略》中称为"《四库书目》",南宋官修《中兴馆阁目》称为"《秘书省目》",赵希弁《郡斋读书志附志》中称为"《秘书省阙书目》",陈振孙《直斋书录解题》称为"《秘书省四库阙书》",《宋史·艺文志》中所著录的"《秘书省目》"之名,或承袭自《中兴馆阁目》而来,亦为《秘书省续编到四库阙书》的异称。详张固也、王新华《〈秘书省续编到四库阙书目〉考》及张固也、李秋实《郑樵所引〈四库书目〉考》,《图书馆》2009年第六期。另外,《景定建康志》卷三三《文籍志》下"书籍·类书之目"中有"四库窥书","窥"当为"阙"之讹字,亦属此书宋代之别名。
④ 关于《永乐大典》所引《崇文总目》《秘书省续编到四库阙书》之面貌,参见董岑仕《〈永乐大典〉之〈崇文总目〉、〈四库阙书〉考——兼论〈永乐大典〉中四十二卷书目汇编》,《古典文献研究》第二十一辑下卷,2018年。
⑤ 明代宫廷藏书的搬迁等的考订,参见张升《明清宫廷藏书研究(修订版)》,北京:商务印书馆,2015年,第21—24页。
⑥ 按,《文渊阁书目》的版本分系及性质考察,参刘仁《〈文渊阁书目〉版本系统考论》,《文献》2019年第4期。

为定本之前的草稿本系统的漫堂钞本（国图15851），于"黄"字号"子类"第二橱中分别著录了《四库阙书》（二册，黄五百五十）和《崇文总目》（二册，黄七百七十），至定本（国图02838），则编入"盈"字号第六厨"类书"，二书前后相邻，分别作"《崇文总目》一部二册"，"《四库阙书录》一部二册"。万历时清点文渊阁藏书，形成塾本系统，二书皆注"完全"①。然张萱等编《内阁藏书目录》时，二书皆不见著录。

明清之际，《秘书省续编到四库阙书》多以抄本形式流传。存世的《崇文总目》《秘书省续编到四库阙书》的明清抄本，多采用上下两栏的格式，并且各有上栏或下栏整栏首字连续阙文的情况，而从源流上来看，二书均祖出南宋的绍兴改定本，或为绍兴改定本刊刻时，便已采用上下二栏的形式。嘉庆年间，钱东垣等作《崇文总目辑释》，为清代首个《崇文总目》刻本；而《秘书省续编到四库阙书》的刊行，则晚至光绪二十九年，分别为叶德辉考证本与丁立中刊本，后者亦流布不广。然而，这些刻本的参校范围有限等，亦造成了不少缺憾。

湖南图书馆本《秘书省续编到四库阙书目》二卷，是该书的重要传本，在以往的研究中，已得到了一定的重视②，然而，对于该本的具体性质、版本源流及其与叶德辉考证刊行观古堂本《秘书省续编到四库阙书目》之间的关系，尚有待细致梳理。以下，在已有研究基础上，试对该本的版本价值、批校特色等，略作发覆。

湘图本《秘书省续编到四库阙书目》正文共计七十六叶，用无格稿纸，半叶十三行，行二十余字。正文二卷卷端，均书"秘书省续编到四库阙书目"字样，下题"绍兴□□年改定"，书末题"秘书省续编到四库阙书"及"小巢倪恩福手抄"一行。版心位置无书名，下端有叶数及"迟云楼定本"字样，二卷叶数通贯而下，卷二不从"一"始。按，迟云楼为丁丙藏书楼，丁丙《宝书阁著录》曾著录"《秘书省续编到四库阙书目》二卷"③。丁丙有版心下方镌"迟云楼定本"字样半叶十三行之格纸，如上图藏《游志续编》、国图藏《内阁藏书目录》等，皆用此种格纸。综考可知，湘图本当非迟云楼原本，而是倪恩福据半叶十三行之迟云

---

① 杨埈编《文渊阁书目》卷十一，读画斋丛书本，第11叶。
② 参见会谷佳光《「秘书省续编到四库阙书」の成书と改定》，《东方学》2003年第106期，第66—80页；杨胜祥《〈秘书省续编到四库阙书目·易类〉考证与研究》，山东大学2020年硕士学位论文；翟新明《〈秘书省续编到四库阙书目〉〈直斋书录解题〉版本考述》，《版本目录学研究》第十二辑，2021年。然而，已有研究中，对于《秘书省续编到四库阙书》各本的源流梳理，仍存在不足与误判，关于其版本系统，笔者拟另撰文。
③ 丁丙《宝书阁著录》叶2a，收入《丛书集成续编》第68册史部，上海：上海书店出版社，1994年，第1021页。

楼本抄录而成，今迟云楼原抄本，下落不知。

卷一首叶，有叶德辉之"郋园"朱长、"叶德辉"白方、"朱亭山民"朱方、"叶启发家藏书"朱长、"东明所藏"朱方、"石林后裔"白方、"定侯所藏"朱方、"叶启勋"白方、"尹天祜"白方、"湖南省文物管理委员会收藏"朱方。卷二首叶，钤有"观古堂"朱方、"湖南省文物管理委员会收藏"朱方，书末钤有"叶启发读书记"白方印。

传世的《秘书省续编到四库阙书目》的明清抄本中，书名大多题作"秘书省续编到四库阙书"，湘图本二卷卷端均多一"目"字，唯书末一行无此"目"字。传世抄本中，有分上下栏和不分上下栏两种，不分栏的抄本属后出。根据文字内容、抄本行款，分上下栏的抄本大体可分为二系，其一为半叶十行本系统，这一系统相对较早。存世抄本中，以静嘉堂文库藏明抄本抄成时间最早（唯其上所钤盖诸印，多有伪印），国图藏稽瑞楼旧藏本、南图藏丁氏八千卷楼旧藏本等，皆属此系统。其二为半叶十三行本系统，今存的有上海图书馆藏莫棠旧藏本及此湘图本。二本有不少共同异文，而与半叶十行本系统有别。其中，在十三行本系统中，"子类·杂家"末，皆脱去十行本有的"赞宁撰《要言》三卷"一条。上图本、湘图本两者之间，亦偶有异文。此外，国图藏师石山房抄本，钤"慰祖读过"印，书末有"辛卯三月二十二日遂庵校"一行。该本为不分上下栏的抄本，有朱笔校勘。比勘源流，可知师石山房抄本所据底本，当为十行本系统中未经校改时的八千卷楼藏本，其上的朱笔校勘内容，反映出所用参校本属十三行本系统，与上图本、湘图本接近，但部分校记亦不能完全对应，或为迟云楼原本，或为一种已佚的半叶十三行系统之抄本。

上图本、湘图本换叶等大体一致，然而，值得注意的是，虽笼统概称为"半叶十三行本"系统，上图本中，有部分书叶，半叶实有十四行，如12a"史类·仪注"下，"梁隐撰《列国祖庙式一卷》（阙）"后，湘图本脱去上图本第十一行"汾阴记五十二卷""正旦朝会仪注一卷（阙）"两条；16a"史类·谱牒"下，"《京兆杜氏家谱》一卷"后，湘图本脱去上图本第四行下《曲江张氏谱》一卷、第五行上"《建安章氏家谱》一卷"两条；47b"子类·道书"下，"魏伯阳撰《丹经》一卷（阙）"一条，实当为上图本第四行"魏伯阳撰《周易三契分章通义》三卷"与第五行上"太上老君撰《丹经》一卷（阙）"两条，脱去了两行中"《周易三契分章通义》三卷/太上老君撰"的文字。核以半叶十行本之抄本，这些条目属原有，而湘图本在转抄时有脱文，这些脱文，或为其祖本迟云楼本之脱文；或为倪恩福抄录时脱漏。今迟云楼本下落不知，难以遽定。又，湘图本叶56a"子类·小说"下首行误衍"欧阳修《诗集》二卷""又《笔录》一卷"两条，而与前叶末二条重，至56b末行，则脱去"《南北朝小名录》一卷""杨蕴撰《同字录》一卷（阙）"两条。另外，叶56a"赵槩《见闻录》一卷"一条，其他诸抄本同，唯湘图本误作"赵柴"。

这些脱漏和讹误,在叶德辉所得到的倪恩福抄本原抄中便已出现。

叶德辉得到倪恩福抄本后,在光绪二十二年丙申(1896)曾据诸书予以校勘,批校用朱墨双色,并作识语。第一卷卷末记:

> 丙申八月初一、初二、初三,长沙叶德辉以《宋史·艺文志》手校,重见者以圈别之,又《宋志》有者以点识之。
> 初七、初八、初九,以《崇文总目》校,十三、十四以《遂初堂书目》校。
> 十六日以《玉海》校。十七日以《文献通考》中晁、陈二书校。
> 十八日以《旧唐书·经籍志》校。十九日以《唐书·艺文志》校。

下有"郋园手笔"朱方。

第二卷卷末记:

> 丙申八月初四、初五、初六,以《宋志》校,德辉记于都门浏阳馆。
> 初十、十一、十二,以《崇文总目》校。
> 十五以《遂初堂书目》校毕,是夜月明如昼,在都门已三见月圆矣。
> 十六日以《玉海》校。十七日以《文献通考》中晁、陈二书校。
> 十八日以《旧唐书·经籍志》校,十九日以《唐书·艺文志》校。
> 二十日以道藏目录校。

下有"郋园"朱方。

光绪二十九年,叶德辉考证刊行观古堂本《秘书省续编到四库阙书目》,作序言:

> 《秘书省书目》则自宋浙漕司摹版后,别无刻本,东南藏书家虽间有钞存,而孤本单传,海内学人,无由共见。往余得丁氏迟云楼钞本,文多讹误,然于宋讳缺避及脱烂空白之处,皆无所改移。是知其书传授自古,必有依据,因仿钱氏考证《崇文目》之例,取宋人官私书目,悉录以资校勘,其书名异同、卷帙多寡,必详载之,以见古书传世之存亡、有宋一代朝野崇文之盛治。郑樵《通志略》出自钞胥,马氏《文献通考》第录旧目,弃而勿采,以画鸿沟。家藏晁公武《读书志》有衢州、袁州二本,今但据衢本,俾读者易于覆检,亦免烦乱。昔钱氏考证《崇文目》,集朋友兄弟之力而成书,余以孤陋混俗,外无同志佐其校雠,内无子弟助其翻检。徒于雨宵月夕,废寝摊书,挂漏必多,惴惴不敢问世。惟念斯文未丧,异说朋兴,存此背时违俗之编,留为守先待后之用,同文之治,余不得而见之,图籍有灵,或不至有天水散亡之祸。是则余撰刊此书之意云尔。光绪二十有九年春仲月惊蛰,长沙叶德辉序于观古堂。

叶德辉言"得丁氏迟云楼钞本",所指即为祖出迟云楼本的倪恩福抄本。故湘图本在广义上,属叶德辉考证刊本《秘书省续编到四库阙书目》之稿本。不过,从叶德辉识语、书中校勘等来看,湘图本上的叶德辉批校,应当是叶氏光绪二十二年在得到倪恩福抄本后进行的初校。初校的校记过程,是以抄本为底本,核以众目。因未得他本校勘,底本的部分脱误,无从校正。天头有"○"和"、"号,如识语所记,"重见者以圈别之,又《宋志》有者以点识之",叶德辉以"○"标示在本书中重出者,以"、"标示收录于《宋史·艺文志》之书名,方便之后整理校记。校记的顺序一般以条目下为先,次条目右侧旁注,再天头。所用校本排序,大抵依叶德辉识语所记时间先后。正文天头批校,《旧唐书·经籍志》《新唐书·艺文志》所涉校记,用墨笔;余则以朱笔。后来,叶德辉考证刊行《秘书省续编到四库阙书目》观古堂本时,将各校勘记重新誊出,并调整了部分校勘记顺序。相较于刻本,这一初校过程较为粗疏。如《玉海》校记,湘图本上多有失校,而刻本则多有补充,似又经复核。《遂初堂书目》原虽有四部分类的框架,但是整部目录实只设一级分类,不设二级分类。批校初稿有《遂初目》"子部某类"之类说法,在刻本中基本改删"子部";同时,《遂初目》在初稿中仅记录"《遂初目》有",刻本则大多改作"《遂初目》无卷数"。参校本由于时代限制,部分版本选取也并非善本。如《崇文总目》择取的是《崇文总目辑释》,事实上,《辑释》中所题书籍撰人,多为辑本所加①。此外,从批校至刻本,一个显著的变化,便是改换了《晁志》《陈录》的版本——初校中,均从《文献通考》勾稽,在刊本中,如《郡斋读书志》,已改用衢州本。

从叶德辉初校倪恩福本,再到写样刊刻,当调整过校勘记顺序、覆校,并另行誊录写样。不少条目的校证,在此本上未见;同时,也有不少此本不误而刊本讹误的内容。如"经类·易类"的"《周易经类》一卷","经类·论语类"的"《论语撰人名》一卷(阙)"等,倪恩福本中有,叶德辉观古堂刊本脱漏;倪恩福本有"阙"而叶氏刊本脱"阙"的,或倪恩福无"阙"而叶氏刊本衍"阙"的,亦不鲜见。

叶德辉在考证刊刻观古堂本《秘书省续编到四库阙书目》时,并未得到其他《秘书省续编到四库阙书》相关抄本对校,故底本之阙讹等,多有承袭;同时,取诸目以他校,而择取的他校之书中,与此目有密切关联的诸书,如郑樵的《通志·艺文略》及徐松全唐文馆时从《永乐大典》辑出的《四库阙书》等,均未纳入,自然留下了不少遗憾。然而,叶氏筚路蓝缕之功,自不容忽。既是《秘书省续编到四库阙书》十三行本系统的重要传本,又与叶德辉观古堂本刊刻密不可分的湘图本,其文献价值亦自不待言。

---

① 参见张固也、唐黎明《〈崇文总目辑释〉"补释撰人"考》,《文献》2011年第3期。

《咫进斋丛书》版本考

赵兵兵

【内容提要】 本文利用实物版本学的方法，通过对十八部《咫进斋丛书》复本的考察，推翻了此前对该丛书"初刻与重刻"两个版本的认定，证明此前所谓"初刻"实际上是"盗版"翻刻，而所谓"重刻"才是"原版"初刻。这两个本子又都可以区分出多个不同的印次。

【关键词】 咫进斋丛书　姚觐元　初刻　重刻　实物版本学

《咫进斋丛书》（以下或简称《丛书》），是清末藏书家姚觐元（1824—1890）①所刻书，陈澧（1810—1882）认为它"别择精而校雠善"②。该丛书已印行者共三集，另有第四集朱、墨印校样本存世③。

2008年，王曦发表《咫进斋丛书〈四声等子〉版本研究》一文，首次公开指出《咫进斋丛书》有两种版本。文中并以所校《四声等子》为例，认为错讹较多的当是"初刻本"，错讹较少的是校勘后的"重刻本"。④2021年，马珂发表《〈咫进斋丛书〉版本研究》一文，对王曦的观点表示认可，并以《丛书》中所收之《小尔雅疏证》和《中州金石目》二书为证，总结"初刻本与重刻本"的两点不同分别是"序跋的增入"和"内容的校改并重刻"。⑤然而，从版本学的角度来说，仅以文字错讹的多少来判定两个版本何者为初刻、何者为重刻，根本无法成立。

王、马二人简单地认为，错讹多即"初刻"，错讹少即"重刻"，其实是默认了一个基本前提，那就是这两个版本都是咫进斋所刻，只有这样，重刻之时才会去

【作者简介】 赵兵兵，北京大学图书馆馆员。
【基金项目】 国家社科基金青年项目"木犀轩藏书活动资料整理与研究"（项目编号：23CTQ039）阶段性成果。

① 案：觐元生平，详参清姚慰祖《彦侍府君行状》，见〔清〕姚学邃纂修《[浙江湖州]吴兴姚氏家乘》，清宣统二年（1910）刻本，上图藏（JP712），卷十六叶1—12（影像本第8册第269—291页）。
② 〔清〕陈澧《咫进斋丛书》序》，载《咫进斋丛书》，清光绪间姚觐元刻本，卷前。
③ 案：《丛书》第四集的相关情况，笔者将另文探讨，本文暂不涉及。
④ 王曦《咫进斋丛书〈四声等子〉版本研究》，《湖南社会科学》2008年第2期，第207—209页。
⑤ 马珂《〈咫进斋丛书〉版本研究——兼谈〈咫进斋丛书〉第四集》，《山东图书馆学刊》2021年第1期，第105—107页。

对初刻进行优化。但仍不能绝对保证重刻就必然较初刻错讹更少。

退一步讲,假令重刻确实是错讹更少,又何以认定这两个版本都是出于咫进斋所刻呢?从常理上来说,实在是没有这种必要。从版刻史的实际来看,也鲜见此类案例。马珂根据陈澧所作序,解读说:"从清光绪七年陈澧序也可以看出《咫进斋丛书》是如何汇刻成书的,即是单种刻印再汇成一集,再以'集'汇成丛书的成书模式,所以会出现在丛书汇印之前,其单种也有印刷出版的情况,结集而成的《咫进斋丛书》也就存在着初刻本与重刻本之分。"①前几句言《丛书》的"成书模式"基本能够成立,但末一句却显得突兀。从所述《丛书》的汇印过程来看,顶多能推论出《丛书》所收书有单印本与汇印本之分,而不是"初刻与重刻"的区别。

总而言之,我们对《咫进斋丛书》两个版本之间的关系问题,实有很大的疑问。因为相关记载的付诸阙如,要想厘清这个问题,恐怕只能藉助实物版本学的方法,通过对不同复本的比较分析,来获得一点蛛丝马迹。

一 《咫进斋丛书》复本十八部之调查

《咫进斋丛书》既有两个版本,且刻印时间又在光绪以后,所以刷印数量当较一般丛书为多。检索今日各地所存,其复本当在二百部以上(包含残本)。②限于时间与条件,我们仅以国家图书馆与北京大学图书馆所藏十八部以"咫进斋丛书"之名著录者为考察对象,③其零种以本书书名著录者则不在此内。

此次所考察之十八部《丛书》,八部藏国图,十部藏北大。先述其基本情况如下。

(一)中国国家图书馆藏复本八部

1. 索书号:8197

此部两函九册,收书十六种五十一卷。书根题写册号,首册且书丛书名。

所收书依次是:第一册,《说文检字》二卷《补遗》一卷;第二册,《说文引经考》二卷附补遗;第三册,《说文答问疏证》六卷;第四册,《小尔雅疏证》五卷;第五册,《大云山房十二章图说》二卷、《大云山房杂记》二卷、《销毁抽毁书目》二

---

① 马珂《〈咫进斋丛书〉版本研究——兼谈〈咫进斋丛书〉第四集》,《山东图书馆学刊》2021年第1期,第106页。
② 案:以"咫进斋丛书"作为题名限定符,于"全国古籍普查登记基本数据库"检索(2022-04-16),可得169条著录信息。而上海图书馆、北京大学图书馆所藏二十部尚未列入该数据库,加上未公布的其他古籍存藏单位的数据,总数当在二百部以上。
③ 案:国图与北大另有《丛书》第四集各一部,不在本文讨论范围之内,故不计入。

卷；第六册，《凤墅残帖释文》八卷；第七册，《中州金石目》四卷附补遗；第八册，《务民义斋算学》十一卷；第九册，《咽喉脉证通论》一卷、《瘗鹤铭图考》一卷、《苏斋唐碑选》一卷、《三十五举》一卷《续》一卷《再续》一卷。

书前有总目一纸，首行题"初印咫进斋丛书总目"，钤"京师图书/馆藏书记"朱长方。内钤"国子/监印"满汉文朱方，又有"国子监南学书/光绪九年二月/查过准部齐全"朱文戳记。首册有"京师图书馆藏"朱印牙签，题作"清光绪初年刻"本、"五十一"卷"九"册、"清监书"。

其版式为：左右双边，上黑口，双对鱼尾。版心下镌"咫进斋丛书/归安姚氏刊"。半叶十三行，行廿二字。

2. 索书号：8196

此部四函三十册，收书三十七种九十卷，分为三集。书根题写册次，首册又题有丛书名。

第一集十三种四十一卷：《公羊礼疏》十一卷、《公羊问答》二卷、《孝经疑问》一卷、《说文答问疏证》六卷、《瘗鹤铭图考》一卷、《苏斋唐碑选》一卷、《姚氏药言》一卷、《咽喉脉证通论》一卷、《务民义斋算学》十一卷、《大云山房十二章图说》二卷、《大云山房杂记》二卷、《棠湖诗稿》一卷、《春草堂遗稿》一卷。

第二集十一种二十七卷：《小尔雅疏证》五卷、《说文引经考》二卷附补遗、《说文检字》二卷《补遗》一卷、《古今韵考》四卷、《前徽录》一卷、《中州金石目》四卷附补遗、《三十五举》一卷《续》一卷《再续》一卷、《安吴论书》一卷、《寒秀草堂笔记》四卷。

第三集十三种二十二卷。《礼记天算释》一卷、《孝经郑注》一卷、《尔雅补郭》二卷、《说文新附考》六卷、《汲古阁说文订》一卷、《说文校定本》二卷、《四声等子》一卷、《销毁抽毁书目》一卷、《禁书总目》一卷、《违碍书目》一卷、《慎疾刍言》一卷、《阳宅辟谬》一卷、《清闻斋诗存》三卷。

第一册冠以"丛书"书名页，楷书题"咫进斋/丛书"，下有"咫进/斋印"木印，背面题字两行"光绪九年春三月/顺德李文田书题"。次为《丛书》"序"一叶，无题名，版心镌"序"字，落款署"光绪七年番禺陈澧序"。次为"总目"二叶，题"咫进斋丛书总目"，分三集依次罗列所收书之书名及卷数。

其后为第一集书名页，A面楷书题"咫进斋丛/书弟一集/归安姚氏校刊"，B面题字两行"光绪九年春三月/顺德李文田书题"。次为"第一集目"，首行题"咫进斋丛书弟一集"，下列该集所收书之书名及卷数。后即为该集所收书。

第十一册《小尔雅疏证》，前为第二集书名页，A面楷书大字题"咫进斋丛书/弟二集"，又小字署"彦侍方伯/雅命/弟龚易图/署签"，下有"易图"木印。B面题字两行"归安姚/氏校刊"。次为"弟二集目"，首行题"咫进斋丛书弟二集"。其后即该集所收书。

第二十一册《礼记天算释》，前为第三集书名页，A 面楷书大字题"咫进斋丛/书弟三集"，又小字署"彦侍方伯命禽题"。B 面题字两行"归安姚/氏校刊"。次为"弟三集目"，首行题"咫进斋丛书弟三集"。其后即该集所收书，惟将《禁书总目》置于《慎疾刍言》后与目录次序不同。

第七册《瘗鹤铭图考》之后，有刘文淇《文学薛君墓志铭》、包世臣《文学薛君碑》两文共四叶，本应在第六册薛传均《说文答问疏证》一书后，而误置于此。第十册《大云山房十二章图说》中有"十二章图"两组，一组为"十二章分图"六叶（对应卷一），一组为"历代十二章图"（对应卷二），第一组首叶首行镌"十二章图"，此部误置第二组第三叶于第一组第三叶之后。

所收各书前，除《安吴论书》外，均有书名页，半数以小篆题写，皆无署名。

内钤"京师图书/馆藏书记"朱长方。版式与上一部同。

3. 索书号：38185

此部二十四册，收书三十六种八十七卷，亦分三集，较上一部缺第二集《说文检字》二卷《补遗》一卷。书根题写册次及当册书名，首册又题丛书名。据知，此部原为二十六册，今缺第十三、十四两册，当即《说文检字》部分。

此部无第一集书名页及"弟一集目"，误置"弟二集目"于《〈小尔雅疏证〉序》后，又误置《礼记天算释》书名页于第三集书名页前。

此部又无《孝经疑问》书名页，误置《销毁抽毁书目》书名页于《瘗鹤铭图考》书前，误置《〈棠湖诗稿〉跋》于正文前，误置《说文引经考》书名页于卷下之首，误置《孝经郑注》、《尔雅补郭》二书书名页于《〈礼记天算释〉序》前，缺《〈说文新坿考〉序》，《书目总跋》二叶本应在《违碍书目》之后而误置《销毁抽毁书目》部分第二叶后。

第八册《大云山房十二章图说》一种，其次序本应为：书名页、大云山房十二章图说序、十二章图、卷一、卷二、大云山房十二章图说跋。此部误订上一种《务民义斋算学》之《造各表简法》于《图说》册前，又误置下一种《大云山房杂记》书名页及《刻〈大云山房杂记〉序》于《〈图说〉序》之前，且误置《图说》书名页于《十二章图》之后，误置《〈图说〉跋》于《十二章图》之前。此部该种之次序即错乱为：《造各表简法》、《杂记》书名页、《刻〈杂记〉序》、《〈图说〉序》、《〈图说〉跋》、十二章图、《图说》书名页、卷一、卷二。

内钤"北京图/书馆藏"朱长方。版式与上一部同。

4. 索书号：39205

此部二函二十四册，收书三十七种九十卷，分三集，与 8196 同。书根无字。

此部缺"第三集目"一叶。

朱士端《〈说文校定本〉后叙》两叶，本当在第二十册《说文校定本》之末，此部误置第五册《说文答问疏证》卷六后。第十七册《孝经郑注》本应有《〈孝经郑注〉叙》《传》各两叶,此部重复《叙》之第二叶,脱《传》之第一叶。

内钤"北京图/书馆藏"朱长方。版式与上一部同。

5. 索书号：40449

此部四函三十册,收书三十七种九十卷,分三集,与8196同。书根题写册号、丛书名、集次及当册书名。

第十册《大云山房十二章图说》之两组"十二章图",误置"历代十二章图"第三叶于"十二章分图"第三叶、四叶之间。

内钤"饮/冰室"朱方。版式与上一部同。

6. 索书号：41966

此部三函三十二册,收书三十七种九十卷,分三集,与8196同。书根题写册号、丛书名、集次及当册书名。

第十册《大云山房十二章图说》之两组"十二章图",误以第二组"历代十二章图"在前,而以第一组"十二章分图"在后。第二十册《三十五举校勘记》两叶,本应在《三十五举》正文后,而误置《续三十五举》正文后。第三十一册《慎疾刍言》之书名页,本应在同册《违碍书目》之《书目总跋》之后,而误置《书目总跋》之前。

内钤"国立北京图/书馆珍藏"朱方。版式与上一部同。①

7. 索书号：XD282

此部四函二十四册,收书三十七种九十卷,分三集,与8196同。书根无题字。书衣右上角有藏馆所编册号。

第八册"第二集目"一叶,本应在《小尔雅疏证》书名页之前,此部误置《〈小尔雅疏证〉序》之后。

第七册所收《大云山房十二章图说》《大云山房杂记》二种,其次序本应为：《图说》书名页、《图说》序、《十二章图》、《图说》卷一、《图说》卷二、《图说》跋、《杂记》书名页、《刻〈杂记〉》序、《杂记》卷一、《杂记》卷二,此部误置《杂记》书名页、《刻〈杂记〉》序于册首,后接《图说》跋、《十二章图》,其后始为《图说》书名页等其他部分。

第十六册《孝经郑注》一书,本应有《叙》二叶、《后叙》三叶、《传》二叶,此部重复《叙》之第二叶,又脱《后叙》前两叶及《传》之第一叶。第十七册《说文新附

---

① 案：另有一部(索书号：42964),见《国家图书馆古籍普查登记目录》(北京：国家图书馆出版社,2018年,第7册第116页),但国图官网无该条数据,赴古籍馆填单提书,工作人员告以查无此书。未知何故。

考》中，缺姚觐元《〈说文新附考〉序》两叶。第二十一册所收《瘗鹤铭图考》《苏斋唐碑选》《姚氏药言》三种，本应在第一集《说文答问疏证》之后，因此部书根无册次，藏馆误标作"21"册而处第三集《销毁抽毁书目》后。第二十三册《违碍书目》之末，缺《书目总跋》二叶。

此部无《孝经疑问》之书名页。《说文引经考》书名页本应在第九册卷上之首，而误置第十册卷下之前。第十六册中，误置《礼记天算释》之书名页于第三集书名页之前，又误置《孝经郑注》《尔雅补郭》之书名页于"第三集目"之后。《销毁抽毁书目》书名页本应在第二十册中，此部误置第二十一册《瘗鹤铭图考》之前。

内钤"吴兴/汤氏/珍藏"朱方、"长乐郑/振铎西/谛藏本"朱方、"北京图/书馆藏"朱长方。版式与上一部同。

8. 索书号：XD493

此部四函二十四册，收书三十七种九十卷，分三集，与8196同。书根无题字。书衣右上角有藏馆所编册号。

因此部书根无册次，藏馆所标册号与诸书应有次序多有错乱。第一至八册所收书为第一集，次序无误。然第九册即为第二集末一种《寒秀草堂笔记》，其后即为第三集。查第十九册至二十三册所收之《小尔雅疏证》《说文引经考》《说文检字》《古今均考》《前徽录》五种，本当在第一集（即第八册）后。第十七册、十八册所收之《中州金石目》、《三十五举》《续》《再续》、《安吴论书》五种，当接《前徽录》之下。

此部"丛书"书名页仅有A面题字（楷书题"咫进斋/丛书"，下有"咫进/斋印"木印），B面无字，即无"光绪九年春三月/顺德李文田书题"两行。

第四册《说文答问疏证》后，当有包世臣《文学薛君碑》两叶，此部误置第五册《瘗鹤铭图考》中。第七册《大云山房十二章图说》之"十二章图"，一组图六叶对应卷一，一组图三叶对应卷二，此部误倒三叶一组在前。第十册中，《孝经郑注》缺书名页及《传》两叶。第十三册《说文校定本》，本应有《后叙》两叶，此部缺第二叶即刘恭冕《后叙》一叶。第十八册中，《三十五举校勘记》本应在《三十五举》正文后，此部误置《再续三十五举》之后。

内钤"长乐郑/振铎西/谛藏本"朱方、"北京图/书馆藏"朱长方。版式与上一部同。

（二）北京大学图书馆藏复本十部

1. 索书号：Y/9100/7830

此部五函二十八册，前四函二十四册，收书三十七种九十卷，分三集（与国

图8196同),末一函装帧(函套)与前四函不同,书品偏小,所收为姚晏、姚衡《凤墅残帖释文》八卷及钱大昕《凤墅残帖释文》二卷,故总计收书三十九种一百卷。惟《凤墅残帖释文》二种,不见于《总目》中。书根题写册次。

第二函《大云山房十二章图说》之两组"十二章图",误置"历代十二章图"第三叶于"十二章分图"第二叶、三叶之间。第三函《续三十五举》书内,误将本应在正文之前的《续三十五举题辞》两叶,置于正文前两叶之后。

此部无《安吴论书》《礼记天算释》《阳宅辟谬》之书名页。

其版式为:左右双边,上黑口,双对鱼尾。版心下镌"咫进斋丛书/归安姚氏刊"。半叶十三行,行廿二字。

2. 索书号:X/081.17/4241.1

此部二函十六册,存二十四种五十四卷,缺第一集之《务民义斋算学》十一卷、《大云山房十二章图说》二卷、《大云山房杂记》二卷、《棠湖诗稿》一卷、《春草堂遗稿》一卷,第二集之《小尔雅疏证》五卷、《说文检字》二卷《补遗》一卷、《三十五举》一卷《续》一卷《再续》一卷、《安吴论书》一卷,第三集《说文新附考》六卷、《禁书总目》一卷。书根题写当册书名。

因此部缺《小尔雅疏证》,故无第二集书名页及"第二集目"。

内钤"马/裕藻"白方、"北京大/学图书/馆藏印"朱方。版式与上一部同。

3. 索书号:X/081.17/4241

此部四函三十二册,收书三十七种九十卷,分三集(与国图8196同)。书根题写册号及丛书名。

此部"丛书"书名页,与国图藏XD493同,B面无字。

第六册《瘗鹤铭图考》正文前,有刘文淇《文学薛君墓志铭》、包世臣《文学薛君碑》两文共四叶,本应在第五册薛传均《说文答问疏证》一书中,而误置于此。第九册《大云山房十二章图说》之"十二章图",一组图六叶对应卷一,一组图三叶对应卷二,此部误倒三叶一组在前。第二十三册内《孝经郑注》一种无书名页,较全本缺《传》二叶。第二十九册内《销毁抽毁书目》末附《书目总跋》二叶,本应在第三十一册《违碍书目》之末,而误置于此。

第十一册《小尔雅疏证》正文前,有葛起鹏《〈小尔雅疏证〉后序》一叶,此前诸部均无。

内钤"非宇馆/萧氏珍/藏图书"朱方、"清代通/史作者/萧一山"朱方、"北京大学附设/工农速成中学/图书馆"椭圆朱、"北京/大学/藏书"朱方。版式与上一部同。

4. 索书号:X/081.17/4241/C2

此部三函二十三册,存书三十五种八十七卷,分三集(与国图8196同),缺第三集之《说文校定本》二卷、《四声等子》一卷。书根题写册号、丛书名及当册书名,知所缺为第二十一册。

此部无"丛书"书名页及各书书名页,仅有各集"集名页"。

第九册《小尔雅疏证》一书中,无葛起鹏《〈小尔雅疏证〉后序》一文。第十册《说文引经考》书前,冠以包世臣《文学薛君碑》、刘文淇《文学薛君墓志铭》两文共四叶,本应在第五册薛传均《说文答问疏证》一书中,而误置于此。第十五册中,本应在《三十五举》正文之后的《三十五举校勘记》两叶,误置于《三十五举序》之前。第十七册内《孝经郑注》一种,较全本缺《传》二叶。第二十二册、二十三册所收书,依次为《违碍书目》《销毁抽毁书目》《慎疾刍言》《禁书总目》,据全书《总目》及《第三集目》,知其次序当为《销毁抽毁书目》《禁书总目》《违碍书目》《慎疾刍言》,而该部《禁书总目》后附《书目总跋》二叶,本应在《违碍书目》后,亦属误置。

内钤"铁仙/家藏"朱方、"铁仙图画/经籍藏印"朱长方、"抱经楼/藏善本"白长方、"四明沈氏/双泉草堂/珍赏印"朱方、"北京大学/图书馆/考藏记"白方。版式与上一部同。

5. 索书号:X/081.17/4241/C3

此部三函二十四册,收书三十七种九十卷,分三集(与国图 8196 同)。书根题写册号、丛书名及当册书名。

此部"丛书"书名页,与国图藏 XD493 同,B 面无字,但有"苏州振新书社经印"朱戳。此部又无《棠湖诗稿》之书名页。

第九册《小尔雅疏证》,末有葛起鹏《〈小尔雅疏证〉后序》一叶。第十七册内《孝经郑注》一种,较全本缺《传》二叶。

内钤"北平中/法大学/藏书"朱方、"北平中/法大学/图书馆/藏书章"朱方、"北京大/学图书/馆藏印"粉方。版式与上一部同。

6. 索书号:X/081.17/4241/C4

此部四函二十四册,收书三十七种九十卷,分三集(与国图 8196 同)。书根题写册号、丛书名及当册书名。

此部"丛书"书名页,与国图藏 XD493 同,B 面无字。

首册"第一集目",本应在《公羊礼疏》之书名页前,此部二者误倒。第九册"第二集目",本应在《小尔雅疏证》书名页前,此部误置《〈小尔雅疏证〉序》之后。第十七册"第三集目",本应在《礼记天算释》书名页前,此部误置《〈礼记天算释〉序》之后。

此部第九册《小尔雅疏证》中,亦无葛起鹏《〈小尔雅疏证〉后序》。第十五册《三十五举校勘记》当在《三十五举》正文后,此部误置在前。第二十一册《说文校定本》中,缺《后叙》两叶。

内钤"梓庼/图籍"朱方、"北京古学/院藏书"朱长方、"北京大学图书"狭长朱、"北京大/学图书/馆藏印"朱方。版式与上一部同。

7. 索书号:X/081.17/4241/C5

此部二函二十四册,收书三十七种九十卷,分三集(与国图 8196 同)。书根无题字。

此部"丛书"书名页,与国图藏 XD493 同,B 面无字。又无各书书名页。

第六册《〈瘗鹤铭图考〉序》前,有刘文淇《文学薛君墓志铭》两叶,《瘗鹤铭图考》正文前又有包世臣《文学薛君碑》两叶,此二文均应在第五册《说文答问疏证》一书中,误置于此。第八册《大云山房十二章图说》两组"十二章图",误以第二组"历代十二章图"在前,而以第一组"十二章分图"在后。第九册《小尔雅疏证》亦无葛起鹏《〈小尔雅疏证〉后序》。第十七册《孝经郑注》书后,本应有《〈孝经郑注〉后叙》三叶,此部误置前两叶于《〈孝经郑注〉叙》之前。第二十一册《说文校定本》,缺《叙》《后叙》各两叶。

内钤"北京大/学图书/馆藏印"粉方。有"通学"价签,标为"十六元"。版式与上一部同。

8. 索书号:X/081.17/4241/C6

此部一函八册,收书十三种四十一卷,仅为第一集。有夹板。书品宽大,印制书签以金、石、丝、竹、匏、土、革、木标册。书根无题字。

此部"丛书"书名页,与国图藏 XD493 同,B 面无字。其后无陈澧序、无《咫进斋丛书总目》,亦无"第一集"书名页。

第八册中,误置《〈大云山房十二章图说〉跋》于《大云山房杂记》书名页之后。

内钤"北京大/学图书/馆藏印"粉方。版式与上一部同。

9. 索书号:LX/7594

此部二函二十册,收书二十四种七十二卷,不分集。书根所题册号为阿拉伯数字,非原书所有。

此部"丛书"书名页,与国图藏 XD493 同,B 面无字。其后无陈澧序、无《咫进斋丛书总目》,亦无各集书名页及各集"目录"。

据现存次序,所收书依次为:第一册,《孝经疑问》《公羊问答》;第二至四册,《公羊礼疏》;第五、六册,《说文引经考》;第七册,《说文答问疏证》;第八册,《说文检字》;第九、十册,《小尔雅疏证》;第十一册,《三十五举》《续》《再续》《古今韵考》;第十二、十三册,《中州金石目》;第十四册,《瘗鹤铭图考》《苏斋唐碑选》《销毁抽毁书目》;第十五、十六册,《务民义斋算学》;第十七册,《凤墅残帖释文》;第十八册,《大云山房十二章图说》《大云山房杂记》;第十九册,《姚氏药言》《前徽录》;第二十册,《棠湖诗稿》《春草堂遗稿》《咽喉脉证通论》。

此部与前述分三集者相比,不仅次序大异,又无第二集之《安吴论书》《寒秀草堂笔记》及第三集中除《销毁抽毁书目》之外的其馀各书,共少十四种二十六卷,而多《凤墅残帖释文》八卷。

此部《小尔雅疏证》中,亦无葛起鹏《〈小尔雅疏证〉后序》。

内钤"北京大/学藏"朱方。版式与上一部同。

10. 索书号:LX/443

此部仅存一册,书根题册号"五",又题写该册所收书之书名——《瘗鹤铭图考》《苏斋唐碑选》《销毁抽毁书目》。

此部以上述三种书为一册,与上一部不分集者(LX/7594)同。

内钤"北京大/学藏"朱方。版式与上一部同。

纵观以上各部《丛书》,可以明显看到,"副文本"部分(书名页、目录、序跋、传记之类)常出现此有彼无、此前彼后或张冠李戴的现象,这说明装订之时,出错概率颇高,不能简单地认为这是不同刻本之间的差异。

二 《咫进斋丛书》之版本与印次

不同的两个版本,不管其间是何种关系,两相比对,都不难确定其为"二"而非"一"。因为雕版为手工操作,无论刻工技术如何纯熟,都不能保证所刻与其底本毫无二致。但要区分两个内容基本一致而无明显刻书时间特征的版本孰先孰后,却非易事。如果二者时代相差较远,则可据纸张、墨色来判断"刻板"之先后,但考虑到或许存在"先刻板而后印刷"的情况,此时实际只能区别出"印刷"之先后。至于两个版本时代相近的情况,则非但难以定其"印刷"先后,更难以判断其"刻板"先后了。因此,要区分两个版本孰先孰后,应当综合考证,而不能简单地依据其文字错讹的多少来作为唯一证据。

雕版印刷,需要一叶叶印,从理论上说,所有印本都存在先后之分。但同一次刷墨印制,往往印成多部,此同一批次所印常难分辨先后。而不同批次所印,其板框磨损程度不同,有时又有抽换、修补版片的情况,这就为区分不同印次及其先后提供了线索。

基于此一认识,可以区分出上述十八部《咫进斋丛书》的"版本与印次",只是北大第10号藏本,残缺过多,考察价值不大,故讨论印次时剔除在外。

(一)两个版本的差异

将上述各部《丛书》进行比对,不难发现,《丛书》确有两套版片。即以郑振铎旧藏两部之第一集第一种《公羊礼疏》卷一叶1A为例,乍一看,两本似乎并无不同(图1)。但仔细比对,几乎每一个字都有或大或小的差异,有些则差异显著,譬如首行题名中的"羊"字,左侧的本子并无异样,而右侧的本子却将竖画的末端刻成了向左的弯钩,近似"于"字的末端。整体上看,二者虽同为匠体字,但左侧的本子刻工较精,字体大小较为匀称,而右侧的本子明显逊色,其字体忽大忽小,刻工技术难称纯熟。

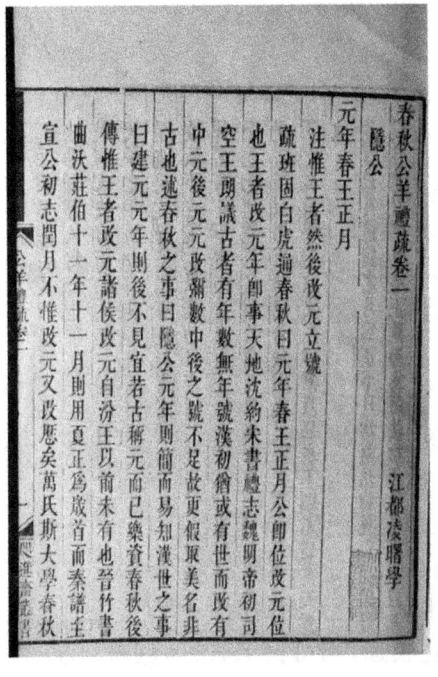 

左:XD493　　　　　　　　　　　右:XD282

图1

与左侧本子相同的有北大藏第3号至第10号本,与右侧本子相同的有国图藏第2号至第7号本以及北大藏第1号、第2号本。国图藏第1号本虽无《公羊礼疏》,但以其所有者与其他各部比对,亦可知它与上述左侧本子同属一套版片。这样,我们便可将上述十八部《丛书》分为两组:一组包含国图藏8197、XD493,北大藏X/081.17/4241以及同号C2－C6、LX/7594、LX/443,共十部,可称为"X本";一组包含国图藏8196、38185、39205、40449、41966、XD282,北大藏Y/9100/7830、X/081.17/4241.1,共八部,可称为"Y本"。

此二本相校,Y本讹误字明显多于X本,可知王曦、马珂所言之"初刻"即指Y本,"重刻"则指X本。但我们的看法正好相反,认为X本为"原版"初刻,Y本则为"盗版"翻刻。Y本之所以讹误更多,是因为该本属于"盗版",为谋利之产物,并非姚氏咫进斋所刻。

首先，觐元无重刻的必要。陈澧为《丛书》所作序中说：

> 归安姚彦侍方伯，承其祖文僖公家学，好传古籍，尤精于声音训诂，故搜采独多，皆世间不传之本。而又虚怀博访，往往从故家藏本，暨通人写本，辗转录出。好古之士，有终身求之而不得者。每刻一书，必期尽善而后止。得之若是其艰，刻之更若是其慎，而求书之志，固未有艾也。十年来，刻成三十馀种，汇为《咫进斋丛书》。举以示澧，澧受而读之，见其别择精而校雠善，足补从前丛书所未备。爰属及门陶春海孝廉，略以刻书年月之先后，编为三集，集以四部为次。

可见，觐元刻此《丛书》，历时十余年之久。假令汇印时，在初刻版片尚存的情况下，确有重刻之举，则其理由不外如下两种可能：一是此前十馀年间所刻三十馀种书，版式非一，既汇为《丛书》，则当划一，故为重刻；二是此前所刻版片因累年刷印，已多有磨损，以致部分抽换亦不能解决问题，故全部重刻。但这两种假设都不能成立。

第一种情形若存在，则如今所见两本当有一本是版式参差的情况，但上述两本内部版式均同，其版片即各为一套完整《丛书》，并没有一套版式参差的《丛书》存在。也就是说，觐元从刻书之始，即已确定版式，便已计划将来要汇印出版。所以，不管是独立刷印，抑或是汇集印行，其版式并无二致。觐元在同治癸酉"冬十有一月朔"（1873年12月20日）所作《〈药言〉后记》中说："原书页前后各九行，行十八字，通三十页。今刊入'丛书'，页前后各十三行，行二十二字。"此所谓"丛书"，当即指《咫进斋丛书》，故所记行款与《丛书》各印本同。而陈澧《〈丛书〉序》作于光绪七年（1881），则所谓"十年来，刻成三十馀种"云云者，即包含此同治十二年（1873）所刻之《药言》，故知觐元历年所刻《丛书》中各书均为同一版式。

第二种情形若存在，则今日所见两本中之"初刻"，在汇集印行时，已是面目模糊之邋遢本。但如今所见两本，均无此类现象。更何况，若说早年所刻书因刷印较多而有磨损尚属可信，但汇印之前的一段时间新刻之书，何来因磨损而重刻的理由呢？并且，若一套版片因刷印过多而磨损，则其印本必多，《丛书》时代既近，则存世者当不难见此类邋遢本，此又与实际情况不符。

其次，觐元无重刻的机缘。《丛书》三集虽仅有九十卷，但叶数在一千六百叶以上，双面刻板亦超出八百片，数量可观。耗资不菲之外，存储亦属难题。而觐元于此三集外，拟印之书尚夥，既有已刻而未印行的《丛书》第四集，亦有他投入多年心血而终未刻版之《说文解字考异》。未竟之业尚且来不及一一实现，何有先耗时间、精力重复已成之业者？

第三，说"X本为原版初刻"，有重要证据。前述两个版本的十七部印本

（已剔除北大藏 LX/443），除国图藏第 1 号（8197）印行于光绪九年二月之前，北大藏第 8 号（X/081.17/4241/C6）、第 9 号（LX/7594）印行时间难定外，其余十四部均印行于光绪十年之后。因为这十四部印本，在觐元《书目总跋》之末均有附记两行，文云："浙本末叶后半，凡残阙'应'下三字，又尾七行书目五种，于甲申三月在苏州觅得全编，校补讫。觐再记。"甲申，即光绪十年（1884）。①此十五部印本中，《禁书总目》第六十四叶之末又均有阴刻"甲申校补"四字，知所言"浙本末叶残阙"云云，即是指《禁书总目》第六十四叶末尾数行初刻时本有残缺，至光绪十年始得全本为之校补。如觐元所说，则当有"未校补"之本，且为该书之初刻。幸运的是，中山大学图书馆确藏一部"未校补"之印本，其《书目总跋》之末并无觐元附记两行，而其《禁书总目》第六十四叶末尾数行确有残阙如觐元所言者。②

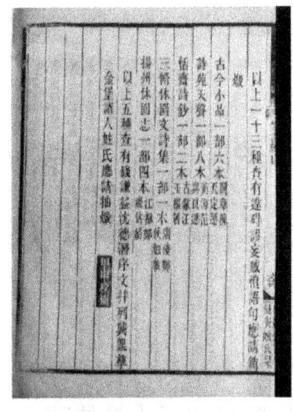  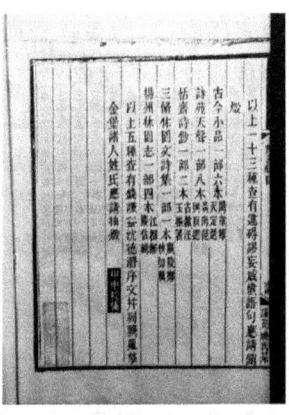

左：X 本（XD493）　　　中：初刻本（中山大学藏）　　　右：Y 本（8196）

图 2

　　将前述 X 本、Y 本与中山大学藏此部初刻印本比对，可以发现就《禁书总目》第六十四叶而言，三本均非同版（见图 2）。但比对其他叶面，可知 X 本与此部初刻印本实出同版。《禁书总目》末叶之不同，为校补时换版所致。也就是说，X 本即是咫进斋原刻本，其各印本与中山大学所藏此部印本之不同，只是印次有别而已。Y 本则是后出之翻刻本，且其底本为"已校补"

---

①　案：王曦已注意到此处"附记"，渠所见南京大学图书馆所藏三部《咫进斋丛书》均有之，所以认为"此三部丛书合集成书的时间最早也只能是 1884 年，而不是 1883 年"（《〈咫进斋丛书〈四声等子〉〉版本研究》，第 209 页注释[2]）而马珂则径以为"丛书合集成书的时间最早也是光绪十年（1884）"（《〈咫进斋丛书〉版本研究》，第 105 页）其实，南大所藏三部丛书有此"附记"，只能说明其印刷时间在光绪十年以后，而不能作为判定《咫进斋丛书》合集成书时间的证据。

②　案：《广州大典》"丛部"第 69 册第七辑所影印《咫进斋丛书》（广州：广州出版社，2015 年），即据中山大学此部藏本，以下或称中大本。《禁书总目》第六十四叶见第 803 页，《书目总跋》见第 820 页。

之本。

中山大学所藏此部初刻印本，既属"未校补"之本，则其印行时间当在光绪九年三月（李文田题字）至光绪十年三月（觐元校补）之间。又该书钤有"番禺王国瑞所藏"白长方、"学荫轩"朱长方之印，考王国瑞在广东书局中任分校，或为陈澧之弟子。① 而觐元汇印《丛书》，则由陈澧作《序》，并由陈澧之弟子陶春海为之分集。光绪九年，觐元由广东布政使任上罢官，当年三月二十日离开广州。② 则此部印本当即为李文田题字后之汇印初印本，时间即在该年三月也。

X 本诸印本，既多印行于光绪十年三月后，则可知觐元寓苏之时，初刻版片尚保存无虞。北大藏本第 5 号（X/081.17/4241/C3）为振新书社所经印者，亦属 X 本。查民国十九年（1930）《苏州振新书社精刻木版书目》，列有归安姚氏刻本《咫进斋丛书》一种，其提要云："今由本社印行。"③ 此目所著录者当即 X 本。也就是说，直至民国时，初刻版片依然存世。既如此，则觐元在生命的最后五六年里，何以会重刻一部错误增多的 Y 本呢？

第四，说"Y 本为盗版翻刻"，亦有版本依据。通过前文对《丛书》两个版本诸印本基本情况的描述，可以发现一个重要区别，即凡 Y 本均有"丛书"书名页，且该叶两面均有字（A 面楷书题"咫进斋/丛书"，下有"咫进/斋印"木印，B 面题字两行"光绪九年春三月/顺德李文田书题"）。而 X 本除 8197、X/081.17/4241/C2 两部外，其余七部之"丛书"书名页均只有 A 面镌字。何以说此点不同，便可成为"Y 本为盗版翻刻"的证据呢？

因为 A 面所题楷书"咫进斋丛书"五字，察其笔迹，当出觐元之手，故其下有"咫进斋印"木印（翻刻自手书题字之钤印）。B 面之镌字，则是翻刻 Y 本时，依照各集书名页均两面有字的例子，将第一集书名页 B 面题字同样镌刻于"丛书"书名页之后。殊不知，"丛书"书名页之题字并非李文田手笔，它和第一集书名页李文田所题字有显著不同（见图 3）。此可谓弄巧成拙。

总而言之，《咫进斋丛书》确有两个版本，其中"原版"初刻（即 X 本）错讹少、刻工精，"盗版"翻刻（即 Y 本）错讹多、刻工拙。

---

① 李绪柏《清代岭南大儒：陈澧》，广州：广东人民出版社，2009 年，第 130 页。
② 姚觐元《弓斋日记》，上图藏稿本（线善 792100-11），影像本，第 206 页。
③ 《苏州振新书社精刻木板书目》，苏州：振新书社，1930 年，叶 6B。案：国图藏本著录作"板"，书中卷端实作"版"。书衣署"振新书社书目"，落款署"庚午三月/陆镛题"。

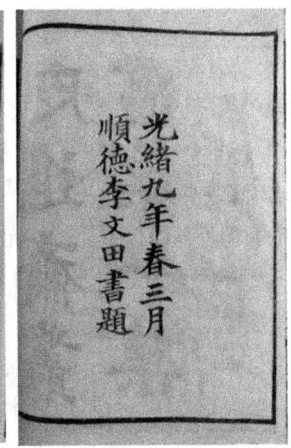

以 XD493 为例："丛书"书名页 A 面、第一集书名页 A 面、第一集书名页 B 面

图 3

(二)不同印次的区别

通常情况下,同一个版本的不同印本,可以根据相同叶面的磨损程度的不同来定其前后,这种磨损包括板框、界栏的断裂以及文字笔画的缺坏。但有时印刷时间较近的印本,因版片完整程度相近,而刷印质量不一,往往出现难以分别先后的情况。所以,有时需要综合考虑其他因素,才能得出可靠的结论。

1. 原版初刻本:X 本的不同印次

此本共十部,分别为:国图藏第 1 号(8197)、8 号(XD493),北大藏第 3 号(X/081.17/4241)、4—8 号(C2—C6)、9 号(LX/7594)、10 号(LX/443)。末一部残缺过多,不予讨论。

(1)该组印本有抽换版片的情况,可以据此将诸部印本进行如下分类。

分类一:《公羊礼疏》卷六第十一叶、十二叶,一类上黑口有苏州码字(国图藏第 8 号,北大藏第 4 号、6—9 号),一类上黑口无苏州码字(北大藏第 3 号、5 号)。中山大学藏汇印初印本与前一类同。以叶 12B 为例(图 4):

《咫进斋丛书》版本考 415

左：北大藏第 4 号　　　中：北大藏第 5 号　　　右：中大藏本

图 4

分类二：《中州金石目·补遗》前两叶，一类上黑口有苏州码字（北大藏第 6 号、9 号），一类上黑口无苏州码字（国图藏第 8 号，北大藏第 3—5 号、7 号）。中山大学藏汇印初印本与后一类同。以叶 2B 为例（图 5）：

  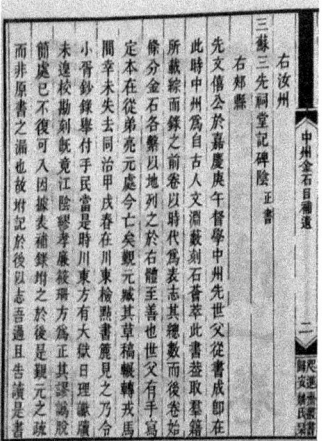

左：北大藏第 6 号　　　中：北大藏第 4 号　　　右：中大藏本

图 5

（2）该组印本有文字残损、改换的情况，故可据以进行如下分类。

分类三：《〈公羊礼疏〉序》第一叶 A 面第一行有一"蹈"字，一类印本此字完整（北大藏第 8—9 号），一类印本缺右旁"舀"字上一撇（国图藏第 8 号，北大藏第 3—5 号、7 号），一类印本"舀"字上一撇略有残存（北大藏第 6 号）。中山大学藏汇印初印本与第一类同。见图 6：

左:北大藏第9号　　　　中:北大藏第7号　　　　右:北大藏第6号

图6

分类四:同样是《〈公羊礼疏〉序》第一叶A面第一行,末一字"者",除了北大藏第9号印本完整外,其余各印本(国图藏第8号、北大藏第3—8号)均缺末笔。中大藏本亦缺。见图6。

分类五:《说文引经考·补遗》第五十叶首行题名及版心题名,北大藏第3号印本均误作"补遺",其余各印本(国图藏第1号、8号,北大藏第4—7号、9号)皆不误。中大藏本亦无误。见图7:

左:北大藏第3号　　　　　　　右:国图藏第1号

图7

分类六:《中州金石目》卷一第一叶 A 面第三行有一"铜"字,除国图藏第 1 号、北大藏第 9 号印本完整无缺外,其余各印本(国图藏第 8 号,北大藏第 3—7 号)右旁"同"字均残坏不成字。中大藏本与前者同。见图 8:

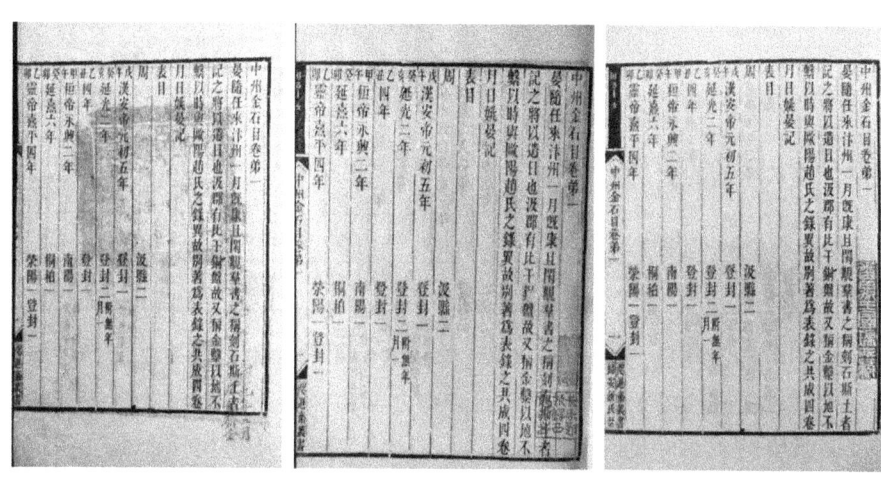

左:国图藏第 1 号　　　　中:国图藏第 8 号　　　　右:中大藏本

图 8

分类七:《中州金石目》卷三第一叶 B 面第十三行应有"刘洛真造释迦象"七字,一类"象"字残缺头部两笔(北大藏第 4 号),一类缺前六字(国图藏第 8 号,北大藏第 3 号、5 号、7 号),一类"象"字仅缺第二笔(北大藏第 6 号、9 号)。中大藏本与末一类同。见图 9:

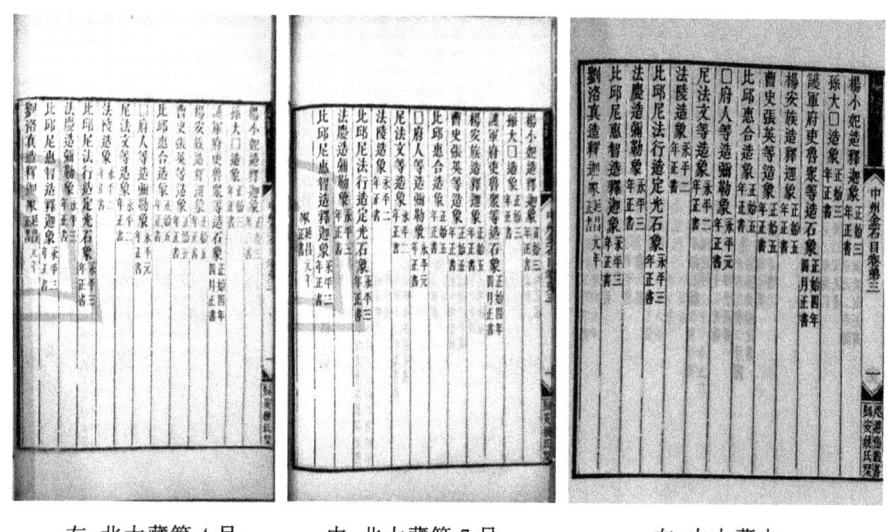

左:北大藏第 4 号　　　　中:北大藏第 7 号　　　　右:中大藏本

图 9

为便直观，可将上述七组分类结果列如表1：

表1

分类一	国图8，北大4、6、7、8、9，中大		北大3、5
分类二	国图8，北大3、4、5、7，中大		北大6、9
分类三	北大8、9，中大	北大6	国图8，北大3、4、5、7
分类四	北大9		国图8，北大3、4、5、6、7、8，中大
分类五	国图1、8，北大4、5、6、7、9，中大		北大3
分类六	国图1，北大9，中大		国图8，北大3、4、5、6、7
分类七	北大6、9，中大	北大4	国图8，北大3、5、7

从表中可以看到，无论如何分类，国图藏第1号印本都和北大藏第3号印本不同，也就是说，以上诸印本中，此二部之间差别最多。所以此二者即当为最早与最晚的印本。我们已经知道，国图藏第1号印本印成于光绪九年二月之前，而北大藏第3号则印成于光绪十年三月之后，所以前者为诸印本中最早的印本，后者为诸印本中最晚的印本。

再以北大藏第3号印本为中心，将表1重新调整如下表2：

表2

分类五	国图1、8，北大4、5、6、7、9，中大		北大3
分类一	国图8，北大4、6、7、8、9，中大		北大3、5
分类七	北大6、9，中大	北大4	国图8，北大3、5、7
分类三	北大8、9，中大	北大6	国图8，北大3、4、5、7
分类二	北大6、9		国图8，北大3、4、5、7，中大
分类六	国图1，北大9，中大		国图8，北大3、4、5、6、7
分类四	北大9		国图8，北大3、4、5、6、7、8，中大

既已知道"国图1"为最早印本，"北大3"为最晚印本，结合此表，可初步排出各印本次序：国图1/北大9，北大6/北大8/中大，北大4，国图8/北大7，北大5，北大3。如此一来，只需对前三组印本内部进行排次，便可得诸印本之次序。

第一组：国图1与北大9

这两个印本收书数量均少于其他印本，且不分集，然其印刷时间却又最早，可知此二部均为分集汇印之前所印行者。也就是说，北大第9号印本同样印行于光绪九年三月之前，该印本内各书次序并非原为分集排次而流传颠倒，实则原本即是如此。查此二部印本同有之《凤墅残帖释文》虽属同版,但也有换版叶面。而北大藏第 1 号印本虽属 Y 本,但其中配入之第五函《凤墅残帖释文》却与上述二部为同版。此三部《凤墅残帖释文》亦可根据换版与文字残损进行分类。

首先,卷四前八叶,国图 1 与北大 1 为同版,北大 9 独异。以叶 8B 为例(图 10):

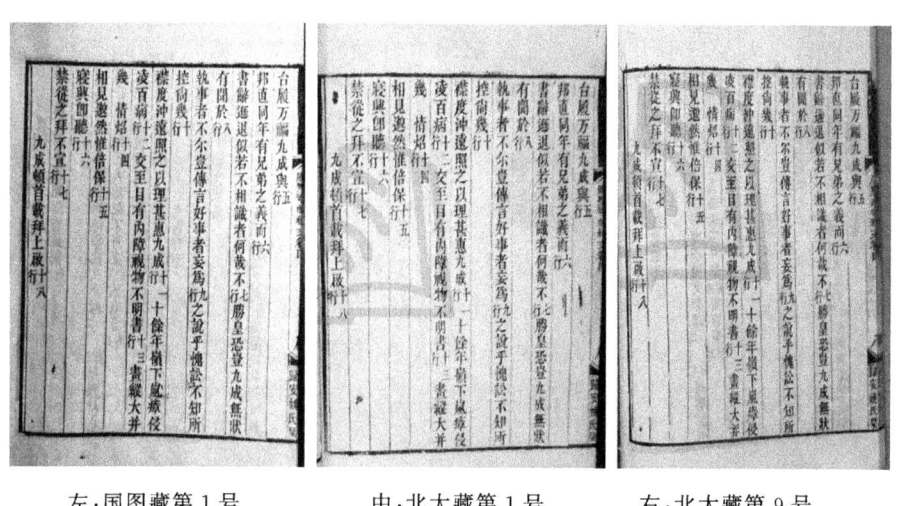

左:国图藏第 1 号　　中:北大藏第 1 号　　右:北大藏第 9 号

图 10

其次,卷四第九叶 A 面第九行有一"狭"字,北大 1 此字完整,国图 1 与北大 9 则已残坏。见图 11:

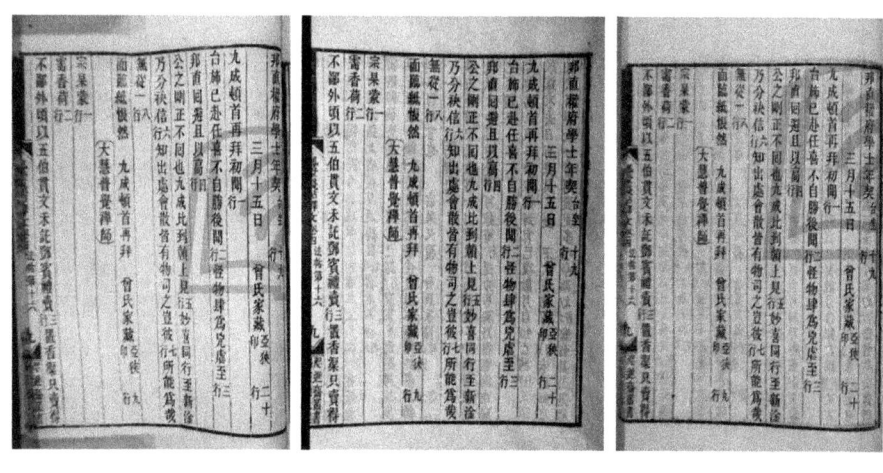

左:北大藏第 1 号　　中:国图藏第 1 号　　右:北大藏第 9 号

图 11

由此可知,此三部《凤墅残帖释文》印刷先后为:北大1、国图1、北大9。

第二组:北大 6、8 与中大藏本

先看北大 6 与中大藏本。虽然前述七种分类未能分出此二部印本之先后(由分类二则北大 6 早于中大本,由分类三、六则中大本早于北大 6),但根据前文所述,中大本印行于光绪九年三月,而北大藏第 6 号本属于印行于光绪十年三月之后的本子。因此,中大藏本要早于北大 6。之所以出现分类二的情形,则当是印行"北大 6"时,采用了换版之前的早期版片,其原因则无从揣想。

再看北大 8 与中大藏本。此二部印本叶面状态基本相同,其间界栏断续常出现彼此互胜的情况,难以判断先后。不妨视之为同批次印本。又因北大藏第 8 号本装帧特殊,且其书签为专门印制,或为分集汇印之试印本,似较中大本更早。

第三组:国图 8 与北大 7

在以上七组分类中,此二部始终相同,故难以分别先后。抽检多处二部相同的叶面,其状态亦无明显差别,无优劣之分。亦当视为同批次印本。

至此,我们可以将上述原版初刻(即 X 本)诸印本的印行次序排列如下:国图 1＞北大 9＞(北大 8≈中大)＞北大 6＞北大 4＞(国图 8≈北大 7)＞北大 5＞北大 3。

同时,根据这些印本的次序,我们可以推断《咫进斋丛书》的印行模式为:光绪七年(陈澧作序时间)之前,先是单种印行(如 Y 本之《凤墅残帖释文》),然后以若干种汇集印行(如国图 1、北大 9);光绪七年后,始有分集汇印本(如北大 8、中大本)。只是上述印本数量较少,直至光绪十年三月校补后,分集汇印全本才多有印行(北大 6 以下诸本)。

2. 盗版翻刻本:Y 本的不同印次

此本共八部,分别为:国图藏第 2 号(8196)、3 号(38185)、4 号(39205)、5 号(40449)、6 号(41966)、7 号(XD282),北大藏第 1 号(Y/9100/7830)、2 号(X/081.17/4241.1)。

如前文所证,Y 本是以 X 本光绪十年三月校补后之印本为底本进行翻刻的,所以此八部印本均印行于光绪十年三月之后。

该系列印本亦有换版现象,即《公羊礼疏》之"凡例"一叶。该叶 A 面第十行有一"羊"字,可作为二者异版之代表点位。一类"羊"字如常镌刻(国图藏第 5 号、6 号,北大藏第 2 号),一类刻"羊"字竖画末端为左弯钩作"羊"形(国图藏第 2—4 号、7 号,北大藏第 1 号)。见图 12:

《咫进斋丛书》版本考　421

  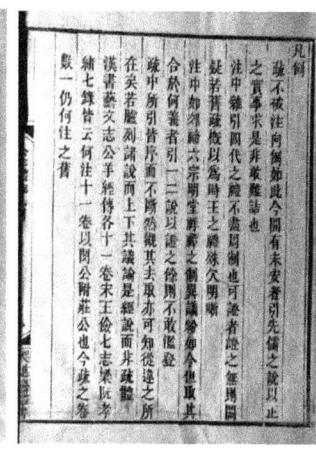

左：国图藏第5号　　　中：国图藏第2号　　　右：国图藏第3号

图 12

第一类三部印本，所呈现的版面状况无明显不同，只能从更细微处着眼。以《公羊礼疏》卷一首叶A面为例（见图13），可以发现右边栏中部稍偏下有一处断板，国图藏第6号印本较国图藏第5号与北大藏第2号印本裂口稍宽，则印次当较后。从叶面整体状况来看，国图藏第5号印本似早于北大藏第2号印本。因此，该三部印本次序当为：国图5早于北大2，北大2早于国图6。

  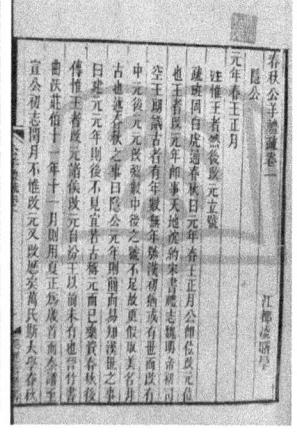

左：国图藏第5号　　　中：国图藏第6号　　　右：北大藏第2号

图 13

第二类五部印本，可以根据《公羊礼疏》之"凡例"叶（见图14及图12）对其印次进行区分。首先，第二行末之"正"字，国图藏第2号及北大藏第1号本均完整无缺，而国图藏第3号、4号、7号三本该字第一笔横画均已残坏，故前二者印刷较早。其次，根据叶面的整体状况，大体可以判断，国图藏第2号印本早于北大藏第1号印本,国图藏第4号印本早于第7号印本、第7号印本早于第3号印本。

左:北大藏第1号　　中:国图藏第4号　　右:国图藏第7号

图14

再将以上两类印本之相同叶面比对,不难确定,第一类印本印刷时间要早于第二类印本。仍以《公羊礼疏》卷一首叶A面为例,可以发现:第一类印本中国图藏第5号、北大藏第2号印本之断板仅波及第六行"沈"字、第七行"年"字,国图藏第6号印本又延及第九行"元"字;后一类印本中国图藏第2号、北大藏第1号印本之断板状况尚与国图藏第6号印本大致相当,此后便明显变宽,至国图藏第4号印本,已延及第十行"若"字、第十一行"自"字、第十二行"则"字,而国图藏第7号、3号印本断裂程度进一步加大。见图15及图13:

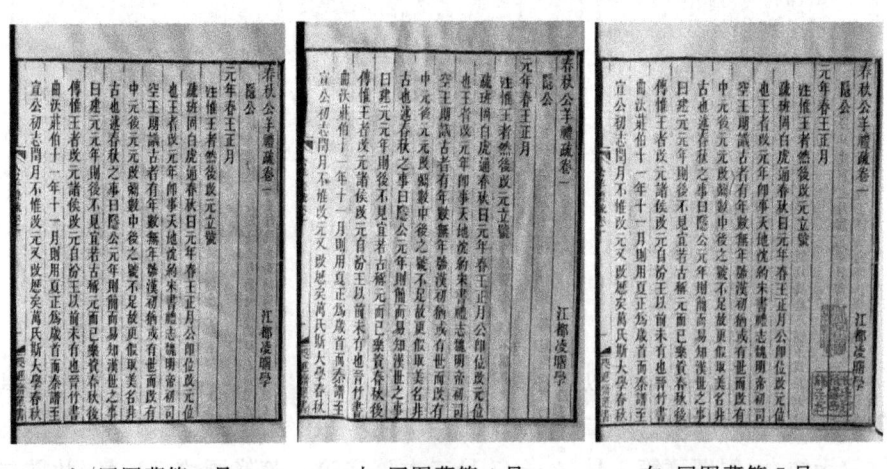

左:国图藏第2号　　中:国图藏第4号　　右:国图藏第7号

图15

至此，我们可以将上述盗版翻刻(即 Y 本)诸印本的印行次序排列如下：国图 5＞北大 2＞国图 6＞国图 2＞北大 1＞国图 4＞国图 7＞国图 3。

2022 年 4 月完稿
2025 年 2 月修订

附记：本文原为笔者博论之一节，于 2022 年 6 月 15 日投稿至《版本目录学研究》，几经波折，于 2023 年 9 月 22 日始得确切回复，言将刊发于第 15 辑。此后久无音信，乃于 2025 年 2 月 8 日去函咨询，至 20 日仍无回函，遂再去一函，声明撤稿。因此前曾以该稿口头发表于"从'治书之学'到'作为方法的文献学'——第二届中国古典文献学新生代研讨会"(2024 年 8 月 24 日至 25 日，北京大学中国古文献研究中心、北京大学中文系中国古典学研究平台主办)，主办方拟于《北京大学中国古文献研究中心集刊》刊发专集，遂改投于此。

类书研究

严可均批校本《初学记》若干问题考论

隗茂杰

【内容提要】 严可均批校本《初学记》在晚清学界影响极大,他批校《初学记》的直接动因是纂辑《全上古三代秦汉三国六朝文》,其所用底本当是孙星衍借自王昶的元本《初学记》而非傅增湘所说的明代郑氏宗文堂本。严氏批校原本历经蒋维基、方功惠、蒋汝藻、张乃熊等人收藏,现藏于台湾"国家图书馆"。傅增湘所见本、湖南师大藏本、日本静嘉堂文库藏安国本皆是严可均批校本的过录本。陆心源《初学记校补》亦根据元本校勘,同时也参考了严可均批校本。严、陆二家皆保存了元本的重要异文,但陆校多能补严校本之不足,故二者各有千秋,不能偏废。

【关键词】 严可均 《初学记》 陆心源 《初学记校补》

引 言

自宋代以来,雕版印刷成为书籍流通的主要方式,至清代达到顶峰。没有哪个学者不想把自己的著作付诸枣梨,传之后世。但不可忽视的是,伴随着雕版印刷物的流通,抄本、校本也一直扮演着举足轻重的角色。它们可以是雕版印刷物的替代品,限于物力财力,时人无法做到将每一种书都刊刻行世,有的书即便是有刻本行世,在经过数代流传后也变得极为稀有,这时候人们就只能借助抄本或校本保存和传播文献。比如祁承㸁澹生堂抄本、毛晋汲古阁影宋抄本、谢肇淛小草斋抄本、赵昱小山堂抄本等,皆久为世重。有时为了保存某一版本的重要信息,学者会将此本与通行本校勘,将文字异同记录在通行本的天头地脚,这就形成了一种批校本。后世学者再从批校本过录相关信息,就形成了过录本。清嘉庆年间,严可均见到了宋本《初学记》,他将宋本的重要异文批校在万历徐守铭刻本上,形成了一个校宋本,此后不断有学者过录此本。后来陆心源得到了严氏所校宋本,但鉴定为元本,又据元本校明代安国刻本,写成

【作者简介】隗茂杰,为山东大学儒学高等研究院中国古典文献学专业2022级博士研究生。

校勘记八卷，刻入《群书校补》，无形中又扩大了严校本的影响。然而严可均批校《初学记》的背景如何？此批校本现流落何方？其底本是宋本还是元本，抑或是明本？严氏批校本与陆心源《初学记校补》又有何关系？前人对上述问题并没有达成一致看法，因此需要进一步厘清。

一 严可均批校《初学记》的背景

自乾嘉汉学兴盛以来，清代学人热衷于校勘与辑佚，而作为校勘与辑佚的渊薮，各种大型类书成为了学者们重点关注的对象。《四库全书总目·太平御览》云："世所传宋以前书，可考见古籍佚文者仅六七种，曰裴松之《三国志注》、曰郦道元《水经注》、曰刘孝标《世说新语注》、曰李善《文选注》、曰欧阳询《艺文类聚》、曰徐坚《初学记》，其一即此书也。"① 由此可见清人对《初学记》等书的重视程度。然而《初学记》宋本难觅，清代以来流传最广的版本是明嘉靖十年（1531）安国桂坡馆刻本，此本的底本是宋绍兴十七年（1147）东阳余氏刊本，然此本久在东瀛，国内无缘得见。后来诸家刻本，如晋藩府虚益堂本、万历陈大科本、徐守铭本，皆来自安国刻本。嘉庆间，孙星衍从王昶处借得宋板大字本《初学记》，交给严可均校勘并嘱其审订。严可均在《书初学记校宋本后》一文中叙述了这一过程：

> 嘉庆初，王兰泉少寇得宋板大字本。丙寅（1806）春，孙渊翁借得之以示余。余案头有徐本，取与对勘。开卷见刘序"刑名度数"，宋本"刑"作"形"，形名犹言名物，改便失之。因竭四十日力，得互异字累万，用丹笔悉注于徐本之旁；宋有而徐无者，注于上方；宋无而徐有者，「之。……渊翁劝余审定，乃取校本常置案头，渐加决择，十得二三。至乙亥（1815）夏始以净徐本录取其长，仍其疑似，若讹谬灼然者，置不复载。宋本之善，不尽此而尽于此。嘉庆二十年七月五日，严可均书于冶城山馆。②

王京州已关注到此"校宋本"的产生过程③，但却未能揭示推动此本产生的直接原因。众所周知，严可均最具代表性的成果是《全上古三代秦汉三国六朝文》（以下简称《全文》），而关于此书的著作权问题，前人颇有争议，或以为是严可均独立纂辑，或以为孙星衍是工作主导者。④ 我们认为此书的主要纂辑者是严

---

① 〔清〕永瑢等撰《四库全书总目》下册，北京：中华书局，1965年，第1145页。
② 〔清〕严可均撰，孙宝点校《严可均集》，杭州：浙江古籍出版社，2013年，第275—276页。
③ 王京州《宋本〈初学记〉流布考》，《清华大学学报（哲学社会科学版）》2019年第1期，第121页。
④ 相关研究可参考杜泽逊师《文献学概要（修订本）》，北京：中华书局，2008年，第295—298页；尚小明《〈全上古三代秦汉三国六朝文〉纂辑人再论》，《中国典籍与文化》2018年第4期，第29—37页。

可均,但不可否认的是,孙星衍作为严可均曾经的幕主,为此书的纂辑提供了众多参考资料。① 《初学记》一书作为先唐文章辑佚的渊薮,自然是严可均的重要参考书籍②,而此书的重要版本正是孙星衍提供的。由此亦可见孙星衍在《全文》纂辑过程所发挥的重要作用。

二 严可均批校本《初学记》的流传

严可均批校本《初学记》自问世以来,影响颇大,但严氏批校本现今流落何方,前人却有不同看法。胡道静认为原本在台湾③,阎琴南曾撰文研究此本与《初学记》其他版本的关系④。此本现公布有全文影像,著录为明万历丁亥(1587)三吴徐氏宁寿堂刊本,清嘉庆二十年(1815)严可均手校并跋。然而严绍璗《日藏汉籍善本书录》著录明嘉靖十年(1531)安国桂坡馆覆宋绍兴十七年(1147)东阳余氏刊本,其中有静嘉堂文库藏本,严氏云"系清人严可均手校本"。⑤ 王京州即据此断定"严可均校宋本流落东瀛"。⑥ 另外《中国古籍善本书目》著录有明嘉靖十三年(1534)晋府虚益堂刻本,亦云"清严可均批校",今藏湖南师范大学图书馆。⑦ 傅增湘亦曾著录一明嘉靖十三年晋府虚益堂刊本,云"清严可均用明荥阳郑氏刊本校,改正甚多。余曾临一本于桂坡安国刊本"。⑧ 则究竟哪一本才是严可均批校原本,抑或严可均曾批校过多个版本? 这些问题前人并未釐清。今结合相关题跋目录,并目验相关版本,梳理出严可均批校本的大致流传过程。最终确定,严可均批校原本现藏台湾"国家图书馆"(索号:309 07793),傅增湘所见本、湖南师范大学藏本、日本静嘉堂藏本皆为严可均批校本的过录本。现详述于下。

---

① 高思莉对此有专门论述,见氏著《严可均〈全上古三代秦汉三国六朝文〉成书研究》,郑州大学2020年博士学位论文,第253—262页。
② 高思莉《严可均〈全上古三代秦汉三国六朝文〉成书研究》第216—222页对此有所论述,但重点论证严可均所见《初学记》是宋本,其结论有待商榷。
③ 胡道静《中国古代的类书》,北京:中华书局,1982年,第100页。
④ 阎琴南《跋"国立中央图书馆"藏严可均校本〈初学记〉——〈初学记〉版本研究之一》,载《木铎》第7期,1978年,第201—207页。此篇未见原文,转引自李玲玲《〈初学记〉引经考》,北京:中国社会科学出版社,2013年,第11页。
⑤ 严绍璗《日藏汉籍善本书录》,北京:中华书局,2007年,第980页。
⑥ 王京州《宋本〈初学记〉流布考》,《清华大学学报(哲学社会科学版)》2019年第1期,第122页。
⑦ 中国古籍善本书目编辑委员会编《中国古籍善本书目·子部》下册,上海:上海古籍出版社,1996年,第785页。
⑧ 〔清〕莫友芝撰,傅增湘订补,傅熹年整理《藏园订补邵亭知见传本书目》,北京:中华书局,2009年,第773页。

(一)台图藏万历徐守铭刻本为严可均批校原本

据严可均《书初学记校宋本后》,严可均的校宋本所据底本是明万历徐守铭刻本。目前符合此条件的只有台湾藏本。此本钤有"莅圃/收藏"朱文长方印、"张印/乃熊"白文方印、"芹/伯"朱文方印、"严/可均"白文方印、"铁/桥"朱文方印、"蒋维基/子厚氏"白文长方印、"国立中央图/书馆收藏"朱文长方印、"乌程/蒋维/基记"朱文方印、"俪籝/馆"朱文扁方印、"严可/均之印"朱文方印、"铁/桥"白文方印。由此可知,蒋维基、张乃熊曾先后收藏过此本。借助藏书印和相关目录题跋,可釐清其具体递藏过程。李希圣《雁影斋题跋》云:

> 《初学记》三十卷,严铁桥手校,其本即万历丁亥徐守铭刻于宁寿堂者也。卷首《书后》一篇,用朱笔涂改数十字。较刻本,"而尽于此"下多数行,盖刻《漫稿》时所删节也。……此铁桥用王兰泉宋版大字本一一对勘,极为精密。用朱墨二笔涂乙处,极不苟,可见读书之细,而亦见徐本之讹谬百出。①

李希圣《雁影斋题跋·自序》云:"余以辛卯乡试与湘宾为旧交,又值戊戌八月,……时余寓北半截胡同,湘宾赁屋沙土园,颇宏敞,而无车马之喧,乃请予馆其家,为定书目。于是五十万卷者,余皆得见之。……迨庚子夏五,红巾难作,湘宾仓卒南归,书亦稍稍为人售去。"②据此可知,李氏受方功惠之孙方朝坤之托,为其家藏古籍编目,因而得以尽览方氏藏书,《雁影斋题跋》即据方氏藏书撰成。则严可均批校本曾藏于方功惠之手。1935年傅增湘为此书撰写序言称:"编中各书,余先后获见者,如……严铁桥校《初学记》,今归蒋梦苹,余曾临有校本。"③王国维代蒋汝藻撰《传书堂藏书志》卷三著录此本:"此本先大父旧藏,有名字印及俪籝馆印。乱后失去,庚申(1920)夏复以重值得之。吾家故物,尤足宝也。卷首面叶有铁桥先生手篆'初学记三十卷共六册'九字,行书'校宋本'三字,有'严可均之印'、'严可均'、'铁桥'诸印。"④结合上述题跋,对比台图本所列藏书印,可知此本确是严可均批校原本。台图本卷前有严可均题跋一则,且有数处经过朱笔修改,其中"而尽于此"下较《铁桥漫稿》所刻多出"异日傥得元板本、晋藩本汇校之,醵赀付梓,实佳事也。然而此愿未知能遂焉否也"一句,盖《漫稿》刊刻时删去。此皆与李希圣之描述若合符契。由此可

---

① 〔清〕李希圣撰,李慧标点《雁影斋题跋》,上海:上海古籍出版社,2009年,第329页。
② 〔清〕李希圣撰,李慧标点《雁影斋题跋》,第315页。
③ 〔清〕李希圣撰,李慧标点《雁影斋题跋·傅增湘序》,第314页,严校原本归蒋汝藻属实,但傅增湘所见本乃明嘉靖十三年晋府虚益堂刊本,恐非严校原本,详见下文。
④ 王国维撰,王亮整理《传书堂藏书志》,上海:上海古籍出版社,2014年,中册第731页。

知,此本为蒋维基旧藏,后失去,辗转归于方功惠,方氏死后,其藏书由其孙方朝坤运往北京琉璃厂,庚子事变,其书四散,此《初学记》亦随之流出。1920 年夏,蒋汝藻见是其家"故物",以重金购回,最终归张钧衡之子张乃熊收藏,《莚圃善本书目》卷六著录:"初学记三十卷,唐徐坚等奉敕纂,万历丁亥刊本,十六册,严铁桥校跋。"①即是此本。抗日战争期间,张氏将藏书售与重庆中央图书馆,1949 年被运往台湾,现藏于台湾"国家图书馆"。②

至于傅增湘所说,其"曾临有校本",恐怕其所据之本并非严可均所校原本。据上引《藏园订补邵亭知见传本书目》,知傅氏所见"严可均校本"乃一明嘉靖十三年晋府虚益堂刊本,他将校语临于桂坡安国刊本上。傅氏所临之桂坡安国刊本,现藏国家图书馆,《藏园群书校勘跋识录》著录,云"甲子年(1924)临涵芬楼藏严可均校宋本"③。据上文可知,真正的严可均校宋本藏于蒋汝藻处,蒋汝藻藏书后虽归商务印书馆所有,但已经是 1926 年的事。④ 则 1924 年傅氏于涵芬楼所临之本(所谓严校)并非蒋汝藻所藏严校原本,而是得自他处的一个过录本。

(二)湖南师大藏"严可均批校本"是沈曾植过录本

《中国古籍善本书目》著录湖南师范大学藏严可均批校明嘉靖十三年晋府虚益堂刻本,根据湖南师范大学所藏原件来看,此本亦是过录本,而非严可均批校原本。《中国古籍善本书目》在编纂时,限于条件,未见到台湾藏本及日本静嘉堂文库本,因此无从比对,故误将湖南师大本定为严可均批校原本。是书首页钤有"海日楼"白文方印、"植"朱文方印、"一盦手校"朱文方印。乃沈曾植海日楼旧藏。《海日楼藏书目》著录有明嘉靖晋藩刊黑口本《初学记》三十卷,十二本,乃"尚书公手校本"。⑤ 此本当即今湖南师大藏本。此本仅卷一前二十页以及卷七前八页过录严可均部分校语,其余卷次则阙如。从仅有的校语来看,此本是沈曾植根据严可均原校本过录的。如严可均批校徐守铭本卷一第八页第三行:"举头见日不见长安。"无校语。湖师大藏本原文作"举头不见长安只见日",朱笔改为"举头见日不见长安",眉批云:"徐守铭本亦作'举头见日

---

① 张乃熊撰《莚圃善本书目》,台北:广文书局影印昌瑞卿藏抄本,1969 年,第 170 页。
② 参乔衍琯《影印〈莚圃善本书目〉序》,第 3 页,载张乃熊撰《莚圃善本书目》卷首。
③ 傅增湘撰,王菡整理《藏园群书校勘跋识录》,北京:中华书局,2012 年,第 271 页。
④ "(1926 年 9 月 6 日)蒋氏密韵楼之书,闻近日归商务印书馆。前年信畅(引者按:"信畅"即神田喜一郎自称)在沪之时屡由先生到其家,万卷琳琅,犹仿佛于耳目之间,而今归他家,闻之凄然,感慨不已耳。"参马奔腾辑注《王国维未刊来往书信集》,北京:清华大学出版社,2010 年,第 83 页。此转引自杨月英《董康生平交游及藏书刻书研究》,复旦大学 2022 年博士学位论文,第 123 页。
⑤ 沈曾植撰,许全胜、柳岳梅整理《海日楼藏书目·第十三号书箱》,北京:中华书局,2017 年,第 30 页。

不见长安'。"又如严校本卷一第十一页第九行:"秦钩断复接。"有墨笔眉批云:"秦钩,宋本作'秦镜'。"旁边另有朱笔"疑误"二字。湖师大藏本原文作:"秦镜断复接。""镜",朱笔改作"钩",朱笔眉批云:"宋本作'秦镜',疑误。徐本'镜'作'钩'。此条疑非严氏校语。"

　　根据以上信息可知,沈曾植见过且很有可能收藏过严校原本。叶德辉《郋园读书志》云:"陆校出自严铁桥孝廉,当时号为宋本,实则元刻。曩闻之缪艺风老人云:'严校原本在嘉兴某布政许,匿不示人。借刻借校均不允。'古书遇此等人,可谓冤沉海底。幸陆校其副,使人得见本来面目。"①又云:"严校宋本,陆心源已载所撰《群书校补》中。其原书则在某许,秘不示人,殊可怪诧。"②后来叶德辉在《易氏过录严校宋本初学记跋》中指出此人乃沈曾植,其跋云:"吾友寅邨姻兄出此校本见示,乃严铁桥以宋本校安本,寅邨从而过录者。余亟询其原书是否有沈子培曾植其人印记,寅邨曰:'然。'余乃叹曰:'世间秘书未有不传出者,特时有早晚耳。'子培昔得此书,奉为鸿宝。余与缪小山先生屡向其借校,渠靳不允。又劝其假之有力者刊行,亦不允。其鄙吝器小,生性使然。余恒为小山先生戏言:'古人著述遇此辈人收藏,真可云冤沉海底,永无见天之一日矣'。"③根据叶跋可知易培基所见原本是"严铁桥以宋本校安本",且有沈曾植印记。然而根据上文可知,严校原本乃徐守铭本,且书内未见沈曾植印记。那么沈曾植是否收藏过真正的严校原本呢?我们认为是有可能的。叶德辉从缪荃孙处得知沈氏曾收藏此本,而缪荃孙与沈氏多有书信往来④,因此当有所根据,并非空穴来风。只是易培基见到的并非沈氏藏原本,而是一个过录本。

　　上文提到,庚子年(1900)严校原本从方家流出后,直到1920年才被蒋汝藻购回。至于蒋氏从何处购回,则不得而知。我们认为此人极有可能是沈曾植。根据《沈曾植年谱长编》⑤可知,沈曾植与蒋汝藻多有交往⑥。1919年秋天,沈曾植为嫁侄女娶儿媳,曾向蒋汝藻借款一千二百元。⑦蒋汝藻于1917年

---

① 叶德辉撰,杨洪升点校《郋园读书志》,上海:上海古籍出版社,2019年,第255页。
② 叶德辉撰,杨洪升点校《郋园读书志》,第256页。
③ 叶德辉撰,载《图书馆学季刊》,1926年,第1卷第1期,第89页。王京州《宋本〈初学记〉流布考》一文中首先提及此文。
④ 《沈曾植书信集》中收有沈氏致缪荃孙信札五十八通,其中多谈及刻书事宜。参沈曾植著,许全胜整理《沈曾植书信集》,北京:中华书局,2021年,第206—232页。
⑤ 许全胜《沈曾植年谱长编》,北京:中华书局,2007年。
⑥ 如民国五年(1916)沈曾植劝蒋汝藻刊印伯希和出示的敦煌卷子,并劝其派人去新疆勘察。(《沈曾植年谱长编》第426页)民国九年(1920)作《题蒋梦苹乐庵写书图》二首、《题密均楼所藏张二严画册》八首。(《沈曾植年谱长编》第498页)
⑦ 参《沈曾植年谱长编》第484页引《王国维致罗振玉札》。

从曹元忠处购得《草窗韵语》，用一千五百元，时称高价。① 由此可知，沈氏所借并非小数目。巧合的是，沈氏借款的第二年，蒋汝藻就以重值购得了严校《初学记》，此或是沈曾植以之抵债亦未可知。

至于静嘉堂藏本亦是过录本，且是陆心源《初学记校补》的底本。具体论述见第四节。

三　严可均所校底本探原

严校原本下落虽已查明，但严可均所校之本是否真为宋本，前人尚有争议。陆心源认为严氏所谓宋大字本是孙星衍旧藏元本②，徐乃昌亦认为是元本③。傅增湘则认为是孙星衍藏明代宗文堂本而非元本，今人王京州赞成此观点。④ 胡道静认为孙星衍所藏元本实际是明代宗文堂本，而严可均所校之本为元本。⑤ 高思莉则认为严可均所据确是宋版。⑥ 今就上述诸说略作辨正。

（一）严可均所校之本非明代宗文堂本

以上诸说中以傅增湘说为主流。傅增湘《藏园群书经眼录》卷十云：

> 严氏跋称依青浦王述庵所藏宋刊大字本校于孙氏冶城山馆，而不言宋本之行款若何。然考《平津馆记》，言元本新刊《初学记》十行二十字，疑孙氏所见即严氏所校也。余又疑严氏所校不独非宋本，亦非元本，当即明嘉靖时所刻之宗文堂本也。近时见临清徐司业家遗书，有题宋板元修本者，索观之，则正为十行二十字，序后有"谨依古本荥阳郑氏重刊印行"一行，当为出于宋本之一证。以严校比勘之，目后题"重刊大字初学记"、卷首题"新刊初学记"正同。取卷中考订之处参之，亦无不同。然后知徐氏所藏正宗文堂本，严氏所校即此本也。⑦

孙星衍《平津馆鉴藏记·书籍》著录的书籍皆是孙氏家藏本，而严可均所见"宋

---

① 参《沈曾植年谱长编》第 448 页引叶昌炽《缘督庐日记》。
② 〔清〕陆心源撰《群书校补》卷五十，清光绪间刻《潜园总集》本，叶一 a。
③ 徐乃昌云："《初学记》均出于安桂坡馆本，……严铁桥曾以元本校补，为最佳。"此说当受陆心源影响。见徐乃昌撰、柳向春、南江涛整理《积学斋藏书记》，上海：上海古籍出版社，2020 年，第 159—160 页。
④ 王京州《宋本〈初学记〉流布考》，《清华大学学报（哲学社会科学版）》2019 年第 1 期，第 121—123 页。
⑤ 胡道静《中国古代的类书》，第 98 页。
⑥ 高思莉《严可均〈全上古三代秦汉三国六朝文〉成书研究》，郑州大学 2020 年博士学位论文，第 216—221 页。
⑦ 傅增湘《藏园群书经眼录·新雕初学记三十卷》，北京：中华书局，2009 年，第 674 页。

大字本"是孙星衍从王昶处借得的。若按照傅增湘的推论,是默认王昶藏本后归孙星衍所有,只不过著录为元本而已。那么严可均所见"宋本"究竟是否为明代宗文堂呢？台湾"国家图书馆"藏"明建刊本"《初学记》(索书号：30907782),半叶十行,行二十字,白口,四周单边。书前有吴县钱辰题记。目录后有"谨依古本荥阳郑氏重刊印行"一行文字。王京州断定此本即是宗文堂本,且认为与孙星衍《平津馆鉴藏记·书籍》所著录之元本为同一版本。① 此本行款与内容确实与傅氏描述相符。取之与严可均批校本相校,大部分内容亦吻合,但也有不相合之处。以卷二十五为例,严可均批校本曾根据"宋本"补抄"火部"内容,今以之与台图藏明建刊本对比,发现大部分内容吻合,但亦时有出入,今列表如下(表1)。

表1 严可均批校本与台图藏明建刊本卷廿五对比表

序号	明建刊本页行	明建刊本摘句	严可均补抄
1	27页11行	兼秦典略曰	"兼秦"作"鱼豢"
2	27页15行	故夏至温火胜	"温"作"湿"
3	27页16行	郯子云炎帝以火纪	"子"下无"云炎帝"三字
4	27页19行	则烟大发	"大"作"火"
5	27页20行	夜琢燃石	"燃"作"然"
6	28页1行	言其泰盛	"泰盛"作"太甚"
7	28页2行	客有遇主人人者	客有过主人者
8	28页4行	或谓生人	"生"作"主"
9	28页7行	文人之慎火也涂隙	"文"作"丈"
10	28页10行	以给水火之济	"济"作"齐"
11	28页11行	时有火于泥中	"火"下有"燃"字
12	28页11行	周易曰火在水上	"上"下有"未济"二字

由上表可知,严可均所据本与台图藏明建刊本出入较大。但是台图藏本究竟是否为明代宗文堂本,尚需进一步确定。北京大学图书馆藏有一部《新刊初学记》(索书号：LSB/7597),著录为明荥阳郑氏刻本(即宗文堂本),存卷一至十二、卷十七至二十一、卷二十五至三十。② 今将此本与台图藏明建刊本对比,发

---

① 王京州《宋本〈初学记〉流布考》,《清华大学学报(哲学社会科学版)》2019年第1期,第123—124页。
② 北京大学图书馆编《北京大学图书馆藏古籍善本书目》,北京：北京大学出版社,1999年,第315页。

现二者为同一版,上表中所列文字,北大本与台图本皆同。由此可证明,台图藏本确为明代宗文堂本。而更可证明严可均所据绝非宗文堂本。

(二)严可均所见本更可能是元代麻沙本

通过校勘,我们发现严可均所见之本并非宗文堂本,但其文本与宗文堂本相似,二者当来自同一文本系统。杨守敬所见宗文堂本有嘉靖丙申(1536)壶云子后跋云:"《初学记》三十卷,宋后刻于麻沙,今岁书林郑逸叟再购以版。……以钞本而赝字残简为多,献观于予,予谳隘弗敢雠也。"[①]据此可知宗文堂本的直接底本是一抄本,而抄本来源于元代(即宋后)麻沙本。杨守敬藏宗文堂本今藏台湾"故宫博物院",著录为明嘉靖丙申郑氏宗文堂覆元至正十七年(1357)刊本(统一编号:故观015359),所谓的元至正十七年刊本或即元代麻沙本。而孙星衍所藏元刻本或与此相同。《平津馆鉴藏记·书籍》卷一著录:

> 新刊初学记三十卷。题"光禄大夫行右散骑常侍集贤院学士副知院事东海郡开国公徐坚等奉敕撰"。前有绍兴四年(1134)福唐刘本序,目录一卷。末卷后有题云:"初学记三十卷,宋后刻于麻沙。"下尚有字,书贾已刓去。据此,则此本为元时所刻。黑口版。每叶廿行,行廿字。[②]

此本多数特征与傅增湘描述相符,但惟一不同的是傅增湘所见明代宗文堂本是白口[③],而孙氏藏本是黑口版,而黑口版正是元版的特征[④]。因疑此本即是当时严可均所见的"宋本",正如傅增湘所推断,"孙氏所见即严氏所校也"。那为何《平津馆鉴藏记·书籍》又著录为元本呢?我们推断,当初孙星衍向王昶借得此本时,误认为是宋版,后此本可能归孙星衍所有,至编写《平津馆鉴藏记·书籍》时[⑤],将此本定为元本,后来陆心源得到此本,也判定为元刻本。

高思莉认为孙星衍与严可均分别校过《初学记》,孙星衍是以元刊小字本校勘,而严可均以宋大字本校勘,陆心源误以为孙氏元刊小字本与宋大字本为一本。[⑥]孙星衍藏书目录中共著录过三种元刊本《初学记》,一是《孙氏祠堂书

---

① 杨守敬撰《日本访书志》卷十一,清光绪二十三年邻苏园刻本,叶二a。
② 〔清〕孙星衍撰,焦桂美标点《平津馆鉴藏记·书籍》,上海:上海古籍出版社,2008年,第40页。
③ 傅增湘《藏园群书经眼录·新刊初学记三十卷》,第675页。
④ 日本静嘉堂文库藏元版《新编古今事文类聚》《韵府群玉》等类书皆为黑口版。
⑤ 《平津馆鉴藏记·书籍》前三卷,由洪颐煊帮助编写,约成于嘉庆十三年戊辰(1808),参孙星衍《平津馆鉴藏记·书籍》序言,〔清〕孙星衍撰,焦桂美标点《平津馆鉴藏记·书籍》,第3页。关于洪颐煊对此书的具体贡献,可参考焦桂美《孙星衍研究》,上海:上海古籍出版社,2017年,第389—401页。
⑥ 高思莉《严可均〈全上古三代秦汉三国六朝文〉成书研究》,郑州大学2020年博士学位论文,第216—217页。

目》"元小字刊本"①,一是上述《平津馆鉴藏记·书籍》中的"元黑口版",一是《廉石居藏书记》著录的"元版《初学记》三十卷,十行,二十字,题'新刊初学记'"。②孙星衍确实用元版校过徐守铭本《初学记》,但仅说"以元版本校之"③,并未说是元刊小字本。《廉石居藏书记》是孙星衍于嘉庆十六年(1811)引疾归田后,把未能收入《平津馆鉴藏记·书籍》的善本重加挑选之后撰写的解题。④而孙氏校《初学记》当在嘉庆十三年(1808)以前。其所用底本很可能就是《平津馆鉴藏记·书籍》中提到的元黑口版《初学记》,且孙星衍的这次校勘活动很有可能是委托门客严可均完成的,这也和严可均《书初学记校宋本后》一文中描述的过程相符。则所谓孙星衍校《初学记》与严可均校《初学记》当为同一活动的不同描述。只不过孙星衍与严可均后来在版本判定上出现了分歧,孙氏认为是元本,而严氏认为是宋本。后来陆心源得到了孙星衍藏元黑口版《初学记》,又据以作《初学记校补》,具体情况见第四节。

严氏所据元本,今已不知所踪,虽有宗文堂本保存其整体面貌,但翻刻过程出现了不少错误。而严可均批校本在一定程度上保留了元本的异文。如上表所列,第一条,《典略》的作者"鱼豢",宗文堂本误作"兼秦"。第八条,"主人",宗文堂本误作"生人"。第九条,"丈人之慎火也涂隙"出自《韩非子·喻老》,"丈",宗文堂本误作"文"。以上三条严补抄皆不误,由此可见严氏批校本保存异文的独特价值。

四 严可均批校本《初学记》与陆心源《初学记校补》的关系

严可均批校本自问世以来,在晚清学术界颇具影响力,也出现了若干过录本,然而对于大多人来说,还是耳闻的多,目睹者少。清光绪间陆心源曾得到孙星衍旧藏的元刻本,也就是严可均所说的宋本,并以之与安国刻本校一过,写成校勘记八卷,刻入《群书校补》,使更多的学人能借以了解严可均校宋本的面貌。陆氏《初学记校补》卷前小序云:

《初学记》三十卷,唐徐坚撰。明有安国、徐守铭、陈大科三刻,以安国本为最善。孙星衍藏有元刊,严可均曾以陈大科本校一过,《铁桥漫稿》称为宋刻者也。孙氏藏本曾归于余,为人攫去未完,实元刻而非宋刻,详《仪顾堂三跋》。今以严校元刻为主,大字正书,讹字注于旁,夺句夺篇双行注

---

① 〔清〕孙星衍撰,焦桂美标点《孙氏祠堂书目》,上海:上海古籍出版社,2008年,第513页。
② 〔清〕孙星衍撰,沙莎标点《廉石居藏书记》,上海:上海古籍出版社,2008年,第202页。
③ 〔清〕孙星衍撰,焦桂美标点《平津馆鉴藏记·书籍》,第76页。
④ 焦桂美《孙星衍研究》,第404页。

明于逐句逐篇之下。严校既以元刻为宋刻,今未得宋刻,姑仍宋刻之称。①
按照陆氏的说法,陆心源是以元刻重新校勘。叶德辉云:"严校宋本,陆心源已载所撰《群书校补》中。"②刘咸炘也说:"铁桥所校,全载陆氏《群书校补》中。"③光绪二十三年(1897),杨守敬在上海买到《群书校补》,因而得知"严铁桥校本尚有传抄者"。④ 则杨守敬等人皆以为陆氏《群书校补》可以代替严可均批校本。司义祖认为"王昶藏本后归陆心源,陆氏又与安刻系统的本子重校一遍,写成校勘记八卷"⑤。基本与陆氏自己的叙述吻合。胡道静则认为严可均当时藉以校勘的是元刻本,而陆心源见到的实际是明宗文堂本,误认为是严可均曾校之本,因据以作校记,同时陆心源又见到了严氏校本,乃合写成校记八卷。⑥根据以上的叙述可知,由于严可均的批校本不易见到,陆心源的《初学记校补》俨然成了严氏校本的替代品。1962年中华书局整理本《初学记》将《初学记校补》与所见严可均过录本校记摘录汇编,列为校勘表,附在各卷之后。然而陆心源《初学记校补》与严可均批校本的具体关系若何?二者是否可互相替代?前人似乎并未厘清。

今将《初学记校补》与严可均批校本比对,并参考台湾藏明建刊本(即明代宗文堂本)、日本静嘉堂藏明嘉靖安国刊本《初学记》。发现二者虽相似度较高,但亦时有不同之处,故二本不能互相替代,皆有参考价值。通过校勘,可知陆心源《初学记校补》的直接底本是日本静嘉堂文库藏安国刻本。关于此本,《静嘉堂秘籍志》著录云:"《初学记》,明刊十本。……刘序后有'嘉庆二十年六月初二日,严可均依青浦王述庵少寇所藏宋刊大字本校于孙氏冶城山馆'。"⑦是本钤有"归安陆树声藏书之记"朱文方印、"静嘉堂现藏"朱文长方印。书内有朱笔批校。如卷二十六第廿一页第九行:"素□玉□。"严校本作"素茎玉质","茎"字旁批"颖"字,"质"字旁批"锐"字。静嘉堂藏安国本于阙文左侧墨笔补"茎""质"二字,右侧朱笔补"颖""锐"二字,另有墨笔眉批云:"徐作'茎、质',严校本不抹去。"由此可证,此本并非严校原本,而只是过录了严校本部分

---

① 〔清〕陆心源撰《群书校补》卷五十,叶一a。严可均是据徐守铭刻本校,而非陈大科本,陆氏判断有误。
② 叶德辉撰,杨洪升点校《郋园读书志》,第256页。
③ 此是刘咸炘对《铁桥漫稿·书初学记校宋本后》一篇的批注,见〔清〕严可均著,孙宝点校《严可均集》,第276页。
④ 杨守敬撰《日本访书志》卷十一,清光绪二十三年邻苏园刻本,叶三b。
⑤ 司义祖撰《初学记·点校说明》,北京:中华书局,1962年,第4页。按:司义祖为"史一组"的谐音,此《点校说明》实际撰者乃赵守俨,此文今收录于《赵守俨文存》,北京:中华书局,1998年。
⑥ 胡道静《中国古代的类书》,第99—100页。
⑦ 〔日〕河田罴撰,杜泽逊等点校《静嘉堂秘籍志》,上海:上海古籍出版社,2016年,第1083—1084页。正因书内过录有严可均跋语,严绍璗等人才误以为是严氏批校原本。

校语,但又与严校不尽相同。如安国本卷二第九页第十一至十二行:"鹰击见叙事。"徐守铭本同。严校改作"春秋感精符曰霜杀伐之表季秋霜始降鹰隼击王者顺天行诛以成肃杀之威",陆校略同,而"始"字作"如","肃"下无"杀"字。查静嘉堂藏本,与陆校并同。又如安国本卷二第十页第六行:"贞松非受令。""令",宗文堂本、徐守铭本同,严可均未出校,而陆校改作"泠",查静嘉堂藏本,此处朱笔改为"泠"。

今分析《初学记校补》的校勘记,大致可分为两类,第一类是陆氏校记与严氏批校相合者。第二类是严无陆有者,又可细分两种情况,第一种是严氏漏校而陆氏补校。第二种是严氏底本与校本相合,而陆氏底本与校本不合,故陆氏需出校。上述两类中,严氏漏校而陆氏补校者,最具价值,以《初学记》前三卷为例,这样的情况有20条。如安国本卷一第二十一页第一行:"愈病折醒。"徐守铭本同,严未出校,陆改为"析酲"。按陆改是也。"析酲"指解酒,《文选》所引宋玉《风赋》正作"析酲",应劭曰:"酲,酒病也。"吕延济注曰:"愈,差也。析,解也。言风之清凉,可以差病而解酒酲。"①又如安国本卷二第十八页第十行:"蚴蚪神骧。""蚪",徐守铭本同,严未出校,陆改为"虬"。按陆改是也,"虬"即"虯"也,《楚辞·惜誓》云:"苍龙蚴虯于左骖兮,白虎骋而为右骓。""蚴虯"乃联绵词,又作"蚴蟉"。若作"蚪",则不通矣。查宋本《初学记》正作"虬"。上述陆氏所改两条,皆与宗文堂本不同,推测亦出于元刻本,而胡道静所说陆氏所见为明代宗文堂本,显然不符合事实。

当然也存在严氏出校而陆未出校者,可分为两种情况,第一种是陆氏漏校,以《初学记》前三卷为例,陆氏漏校者有24条。如安国本卷一第十页第五行:"雀豹古今注","雀",徐守铭本同,严校改为"崔",陆漏校。第二种是陆氏所据底本(即安国本)与严氏校语相同,故无需出校,此类不再举例。

综上所述,可知陆心源《初学记校补》在撰写过程应当参考了严可均批校本,但并非照录严氏校语,而是又据元本作了细致的校勘工作,最终才形成校勘记八卷,因此其校勘记多能补严氏批校本之不足。总之,《初学记校补》虽与严可均批校本关系密切,但二者各有千秋,不可偏废。

五 结论

嘉庆间严可均从事《全上古三代秦汉三国六朝文》的纂辑工作,孙星衍为其提供了众多参考资料,其中就包括"宋大字本"《初学记》。严可均将"宋本"的重要异文过录在万历徐守铭本上,以备参考。严可均批校本《初学记》在晚

---

① 〔梁〕萧统编,〔唐〕李善等注《六臣注文选》卷十三,《四部丛刊》景宋刊本,叶三b。

清学术界备受关注,出现了不少过录本,以致部分学者将过录本误认作严氏批校原本,如湖南师大藏明嘉靖十三年晋府虚益堂刻本、静嘉堂文库藏安国刻本、傅增湘所见明嘉靖十三年晋府虚益堂刻本皆被误作严氏批校原本,而真正的严氏批校本历经蒋维基、方功惠、蒋汝藻、张乃熊等人收藏,现藏于台湾"国家图书馆"。傅增湘认为严可均当年所见并非宋本,而是明代宗文堂本,而我们通过校勘发现,严氏批校本与宗文堂本多有不同,更有可能来自宗文堂本的底本元至正十七年刊本。元本今已不知所踪,而严可均校本保留了元本的部分异文,具有独特的价值。光绪间陆心源得到了严可均所校元本,以之与安国本校勘,并参考严可均批校本,写成校勘记八卷,刻入《群书校补》。过去多数学者认为陆心源的校勘成果可以替代严可均批校本,但我们通过校勘发现,陆心源部分校记不见于严氏批校本,因此二者是互补关系,都保存了元本的部分异文,对于《初学记》的整理皆有重要的校勘价值。

补记:此文写成于2023年10月,同年10月19日在山东大学儒学高等研究院"儒林"论文报告会上口头发表。近日读到张伟《〈初学记〉郑氏宗文堂刻本与严可均校本关系考辨》一文,发表于《宁德师范学院学报(哲学社会科学版)》2024年第4期,第130—136页。该文亦对严可均校本的流传作了考证,可与本文互相补充。另外该文亦指出严校本之底本并非郑氏宗文堂刻本,论述过程要详于本文,足可参考。此外,作者指出国家图书馆藏清道光间许景潮临严可均校本《初学记》"增补了一些嘉庆校本所无的新校语",并且"严可均还在其中修改了嘉庆校本原有的校语"。这一点也是值得研究者注意的。张伟另撰《〈初学记〉附〈严陆校宋本异文〉考论》一文,发表于《莆田学院学报》2024年第6期,第97—102页。该文认为严可均批校本所录异文与郑氏宗文堂本不同的重要原因是严可均作了人为校改,这种观点是值得商榷的。前文既已论证,严可均批校所据底本并非郑氏宗文堂本,则二者存在差异自在情理之中。因此存在一种可能,即严氏所据底本本就如此,严氏并未在原本基础上有所校改。2025年4月14日补记。

致谢:本文在写作过程中得到了杜泽逊、何朝晖、吕双伟、娄上、沈珍妮、尹冠桦等师友的帮助,谨致谢忱!

《永乐大典》引《尚书》考述

周昕晖

【内容提要】《永乐大典》引用《尚书》之形式有整体引用和零散引用两种。整体引用部分，其经文内容来自洪武年间修成的《书传会选》，注、疏、释文应出自与平水本相仿而较早于平水本之版本；重言重意互注则与日本关西大学藏《尚书注疏》相近，应同出一系。另外一种可能是注、疏、释文、重言重意互注皆来自同一兼具平水本和关西本特征的版本。零散引用部分，涉及蔡传部分的文本应皆出自《书传会选》，其余则有多种来源，包括注疏本、前代类书，及其他相关文献。

【关键词】《永乐大典》《尚书》 平水本 《书传会选》

《永乐大典》（下简称"《大典》"）成书于明永乐六年（1408），作为中国古代规模最大的类书，其征引广博自不必多言，而所引录多宋元旧本，具有重要的文献价值。关于《大典》引录经书之情况，近年已有瞿林江、杜以恒、韩悦等学者分别针对《礼记》《周易》《仪礼》《周礼》展开专题研究。①本文以《大典》存卷②所引《尚书》为考察对象，探讨其引录特征、文本来源等问题。

【作者简介】周昕晖，首都师范大学文学院讲师。
【基金项目】教育部人文社会科学重点研究基地项目"《诗经》文本的数字化整理及相关问题研究"（项目号22JJD750006）阶段性成果。
① 瞿林江《新见〈永乐大典〉残卷引"礼记类"诸书及版本考》，《文献》2018年第1期，第78—86页；杜以恒《〈永乐大典〉引〈周易〉经注疏释文底本初探》，《周易研究》2021年第1期，第77—87页；韩悦《〈永乐大典〉引录文献方法考略》，《文献》2022年第5期，第157—178页；杜以恒《〈永乐大典〉引〈仪礼〉考实——兼论〈大典〉编纂来源的复杂性》，《文史》2023年第1辑，第195—222页。本文研究方法受到以上三位学者之工作的启发颇多，谨此致谢。
② 本文所据《永乐大典》存卷范围是1986年中华书局影印本《永乐大典》、2003年上海辞书出版社影印《海外新发现〈永乐大典〉十七卷》以及书格网"永乐大典"专题（https://new.shuge.org/view/yong_le_da_dian/）搜集整理之《永乐大典》零册书影。

一 《永乐大典》存卷引《尚书》概况

《大典》引用经书的原则,据《永乐大典凡例》:

> 《易》《书》《诗》《春秋》《周礼》《仪礼》《礼记》有序文、有篇目、有诸儒传授源流及论一经大旨者,今皆会粹于各经之下。(如《易经》入"易"字之类。)其诸篇全文,或以篇名,或从所重字收。(如"乾"字收《乾卦》、"礼"字收《曲礼》、"丧"字收《曾子问》之类。)若传注则取汉唐宋以来名家为首,(如《易》程《传》、朱《本义》,《书传会选》蔡《传》,《礼记》古注疏、陈澔《集说》之类。)余依世次,各附其后。其间有事于制度名物者,亦分采入韵。①

可知除序文、篇目、传授源流外,《大典》引录一经正文,共有两种形式:一是完整引用,经文并诸家传注收入相关字头下,二是零散引用,录于相关条目下。今见《大典》存卷完整引用《尚书》者有:

卷7677庚字,引《盘庚中》,"今予命汝一"至"永建乃家"。

卷8025—8026成字,引《武成》,"惟一月壬辰旁死魄"至"万姓悦服"。

卷13589—13590誓字,引《泰誓上》,"惟十有三年春"至"时哉弗可失"。

卷20426—20428稷字,引《益稷》,"帝曰来禹汝亦昌言"至"以出纳五言汝听"。

此整体引录部分,经文书以大字,其下诸家注释说解,均双行小字,其来源如"书传会选蔡氏传""孔安国传""陆德明释文"等则标以红色。据《大典》存卷所反映的情况,经文下引录诸家经解之顺序大略为:

《书传会选》蔡氏《传》、朱熹《晦庵书说》、邹季友《书集传音释》、陈师凯《书蔡传旁通》、孔安国《传》、陆德明《尚书释文》、重言重意互注、孔颖达《正义》、魏了翁《尚书要义》、史浩《尚书讲义》、项安世《项氏家说》、黄度《尚书说》、杨时《龟山语录》、郑伯熊《郑敷文书说》、袁燮《絜斋家塾书钞》、刘敞《七经小传》、林之奇《尚书全解》(又作"详解")、夏僎《尚书详解》、真德秀《大学衍义》、黄伦《尚书精义》、薛季宣《书古文训》、陈经《尚书详解》、胡士行《尚书详解》、王应麟《六经玄文编》、陈大猷《尚书集传或问》、范纯仁集、林光朝《艾轩集》、金履祥《尚书表注》、方时发《尚书索至》、黄震《黄氏日钞》、王天与《尚书纂传》、黄镇成《尚书通考》、周南《山房集》、吴澄《书纂言》、许谦《读书丛说》、《书释题》、董鼎《书传辑录纂注》、李恕《尚书音训》、陈栎《尚书集传纂疏》、陈维之《五经辨疑》、钱时《融堂书解》、朱祖义《尚书句解》、李省忠《音注》、王充耘《读书管见》《书义主

---

① 《永乐大典目录》,国家图书馆藏抄本,卷首9B—10A页。

意》、邹悦道《断法》、陈雅言《书经卓越》、黄伦《尚书精义》、袁俊翁《问断》、王充耘《书疑问断》、赵杞《尚书主意》、刘铸《书义》、刘震《书义》、张观《书义元会》、张辛《书义梯云》、张庭坚集、宋纯愚《蓝缕集》、陈复阳《课义》、王充耘《书义矜式》》。

以上多有不传于今之书,《大典》所引,颇有补于辑佚。

《大典》存卷零散引用《尚书》者共 137 条,分别见于 47 卷中,涉及《尚书》58 篇中的 48 篇,以及伪《孔安国序》。

以下首先讨论《大典》存卷整体引用《尚书》经、注、疏、释文所据底本之特征,次之讨论《大典》存卷零散引用《尚书》的文本特点。

二 《永乐大典》引《尚书》经注疏释文之底本特征

本节利用《大典》整体引用《尚书》的内容,来讨论《大典》所引《尚书》经文、孔传、疏文、释文,以及附带的重言、重意、互注的来源。需要利用现存可知的印行于明永乐六年前的《尚书》诸版本,以分组汇校的方法加以探索。

(一)经文底本

经文部分,《大典》之前的版本甚夥,但在《大典》存卷整体引用经文的部分,经注疏系统的《尚书》各本之间并未见有明显区别意义的异文。但《大典》所引经文却有两处和经注疏系统的经文有明显区别:

《大典》本《盘庚中》经文"乃祖乃父丕乃告我高后",诸本(除《四部丛刊》影印《监本纂图重言重意互注点校尚书》外)皆作"乃祖先父丕乃告我高后"。

《大典》本《武成》经文"师渡孟津",诸本皆作"师逾孟津"。

此两处皆非音近、形近之误,尤其"师渡"一则,又非涉上下文而误,应自有其来源。今按此两处,蔡沈《书集传》一系《尚书》注本,如《尚书集传纂疏》《书传会选》等皆同《大典》本。又《大典》整体引用《尚书》时,经文下首列"书传会选蔡氏传",由此可以推知,整体引用的经文部分,应该来自《书传会选》,而非经注疏系统的诸版本。由此也可以联想到,朱子学一系的经书注本,如《周易本义》《诗集传》《仪礼经传通解》等,在《永乐大典》整体引用《周易》《诗经》《仪礼》等经文时,或具有与《书传会选》类似的地位。

(二)疏文底本

《大典》整体引用《尚书》,疏文部分文字最多,提供了最丰富的异文材料,因此先从汇校疏文入手。

现存永乐六年以前包含疏文的版本有：日本宫内厅书陵部藏南宋刻单疏本《尚书正义》（简称"单疏本"）、国家图书馆藏南宋两浙东路茶盐司刻注疏合刻本《尚书正义》（简称"八行本"）、台北"故宫博物院"藏南宋建安魏县尉宅刻本《附释文尚书注疏》（简称"魏县尉宅本"）、日本关西大学藏南宋建安刊《尚书注疏》（简称"关西本"）、中国国家图书馆藏蒙古平水刻本《尚书注疏》（简称"平水本"）、北京大学图书馆藏元刊《附释音尚书注疏》（简称"十行本"）、台湾"国家图书馆"藏明永乐年间刊《尚书注疏》（简称"永乐本"），凡七种。将《大典》本与此七种版本的疏文汇校，可发现，《大典》所据版本应与平水本有近缘关系。

汇校诸本疏文之异文，首先我们发现，《大典本》与平水本、魏县尉宅本有密切关系：

> 《大典》引《盘庚中》疏文"乱在内为宄在外曰奸"，平水本、魏县尉宅本同，其余诸本皆作"乱在外为奸在内为宄"。

> 《大典》引《盘庚中》疏文"故云立"，平水本、魏县尉宅本同，其余诸本皆作"故云立汝家也"。

杜泽逊先生《尚书注疏校议》举出若干例平水本、魏县尉宅本相同，而与诸本皆不同的异文，证明二者之间具有近缘关系①，而由上文又可知《大典》本与平水本、魏县尉宅本甚为相近。

进一步发现，《大典》本有独与平水本同，而与其他众本皆不同的异文：

> 《大典》引《益稷》疏文"大学云"，平水本同，其余诸本皆作"太学云"。

> 《大典》引《泰誓上》疏文"跌坠火中"，平水本同，其余诸本皆作"跌坠入中"。

> 《大典》引《泰誓上》疏文"使男女裸"，平水本同，其余诸本皆作"使男女倮"。

《尚书注疏校议》一书在指出"蒙古平水本偶有佳处"时，即举"跌坠火中"一例：

> 按：各本作"入"，唯蒙古平水本作"火"，与《御览》引《帝王世纪》合。"火"字是也。②

除了平水本外，并未发现《大典》本与任何一版本有唯一相同的异文，因此我们认为，《大典》所引据的《尚书》疏文之底本，与平水本具有近缘关系。

但《大典》本亦有与平水本不同之处，分为几种情况：

---

① 杜泽逊《尚书注疏校议》，北京：中华书局，2018年，第33—35页。
② 同上书，第35页。

其一是《大典》本与诸本皆不同，而为明显误字脱文者，如：

《大典》引《益稷》疏文"相祇之名"，诸本皆作"相抵之名"，《大典》本误。

《大典》引《盘庚》疏文"以此言开道我高后，大乃下不善之殃"，诸本皆作"以此言开道我高后，故我高后大乃下不善之殃"，《大典》本脱四字。

《大典》引《武成》疏文"四月二十九日"，诸本皆作"四月十九日"，《大典》本衍文。

其二是《大典》本与诸本皆不同，而或有所本者，如：

《大典》引《益稷》疏文"明受天之报施"，诸本皆作"明受天之布施"。

按乾隆武英殿本此处作"报施"，应是经过校改。《大典》以誊录为主，恐未必有暇校改，应是另有所本。

其三，除以上两种情况外，《大典》本与平水本不同者，几乎皆与单疏本、八行本相同，如：

《大典》引《盘庚中》疏文"传言汝至督之"，单疏本、八行本同，魏县尉宅本、关西本、平水本、十行本、永乐本皆作"汝言至督之"。

《大典》引《泰誓上》疏文"使不流溢"，单疏本、八行本同，魏县尉宅本、关西本、平水本、十行本、永乐本皆作"使不流恤"。

此外需要特别注意的是：《大典》引《益稷》疏文，有"音菹""丘遥反""几玉反""子绝反""居足反"五处注音较正常字体为小，应是有意小写以区别。单疏本、八行本有相同的特点，杜泽逊先生《尚书注疏校议》讨论"宋刊单疏本、八行本保存疏中之注"时特别指出此例："此五处小字双行注音，宋刊单疏本为双行小注，宋刊八行本则变成双行小注内之双行小注，即'注中之注'。"[①]而魏县尉宅本、关西本、平水本、十行本、永乐本皆以大字书之，将之作为正文处理。

另外值得注意的是，此部分中唯一一条与单疏本、平水本皆不同的地方，即《泰誓上》疏文"家内私义"，单疏本、八行本、平水本作"家内私议"，魏县尉宅本、关西本、十行本、永乐本与《大典》本同。此点如非《大典》引录之笔误，则似乎暗示了《大典》所据底本与魏县尉宅本和作为元十行本底本的宋十行本之间的关系。

综上所述，《大典》所引据《尚书》疏文，或是来自一个与平水本具有近缘关系，而较之更早，保留了更多单疏本特征的版本。

---

① 杜泽逊《尚书注疏校议》，第13页。

(三)释文底本

现存永乐六年以前包含释文的版本,除了上述魏县尉宅本、关西本、平水本、永乐本、十行本,还有南宋王朋甫经注释文合刻本(简称"王朋甫本"),以及三种经注附释文重言重意本:哈尔滨图书馆藏天禄琳琅旧藏宋刻本《纂图互注尚书》第五、六卷(简称"天禄琳琅本")、台北"故宫博物院"藏宋刻巾箱本《婺本点校重言重意互注尚书》(简称"台北'故宫'本")、《四部丛刊》影印刘氏嘉业堂旧藏《监本纂图重言重意互注点校尚书》(简称"嘉业堂本")。此外又有国家图书馆藏宋刻递修本《经典释文》(简称"宋本《释文》"),亦须参考。

相较注疏,各本释文部分具有最明显的区别特征,即平水本所附释文在形式和文字内容上都与其余诸版本中所附释文有较大差异,而通过汇校发现,《大典》本引录之释文①与平水本最为接近。

在出文形式上,《大典》本与平水本、天禄琳琅本、宋本《释文》保持高度一致,如:

《大典》本:"深尺,上尸鸩反,下深二仞同",平水本、宋本《释文》同(天禄琳琅本无此卷),余本皆作"深,尸鸩反"。

《大典》本"之行,下孟反",平水本、天禄琳琅本、宋本《释文》同,余本皆作"行,下孟反"。

《大典》本"陨,于敏反;暂,才旦反",平水本、天禄琳琅本、宋本《释文》同,余本皆作"暂,才旦反;陨,于敏反"。

如此类甚多,不具引。

而《大典》本犹有独与平水本相同的切语:

《大典》本"易,以市反,注同",平水本同,宋本《释文》及余本皆作"易,以豉反,注同"。

《大典》本"贯,工乱切",平水本同,宋本《释文》及余本皆作"贯,古乱反"。

《大典》本"暨,其既反",平水本同,宋本《释文》及余本皆作"暨,其器反"。

这些独与平水本同的切语,可以证明《大典》所引释文的底本与平水本有近缘关系。此外,还需解释《大典》本和平水本所引释文在形式上的不同:平水本将释文附于各卷之末,而《大典》本释文则分段附于每段孔传后,二者形式看

---

① 本文探讨的《大典》引录释文中,部分将"某某反"改为"某某切",或是编纂《大典》时所改,而非反映底本样貌。

似不同,但在《大典》本释文中发现了一些特殊现象:

《盘庚中》"予迓续乃命于天,予岂汝威,用奉畜汝众"一节下,释文脱"胁虚业反"四字。

《泰誓上》"惟十有三年春大会于孟津"一节下,释文多"孟津地名也"五字,此五字本应附于上文书序"一月戊午师渡孟津"后。

《武成》"惟尔有神"至"万姓悦服"一节下,释文多"养羊亮切"四字,此四字本应附于下文"惟食丧祭"一段后。

此诸条释文误置现象,颇显粗疏,在其他将释文散入经注之下的版本中皆未发现,恐即因《大典》所据为释文统一附于卷末的版本,抄录时自行散入各段经注下,遂有此等疏误,更可证明《大典》引录释文所据版本与平水本之相近。结合上文对疏文底本的探索,我们认为《大典》所引疏文和释文都出自同一与平水本具有相当亲缘关系的版本。

张丽娟先生、张渭毅先生《平水本〈尚书注疏·释文〉校异》指出,平水本释文独有的反切,反映了宋金时期北方方言的语音变化,尤其举出"易,以市反"一条为例:

"易"作"以市反",与《广韵》《集韵》不合,但是有理据可寻,中晚唐时期北方方言里,少数全浊声母上声字开始变作去声;到了宋金时期,北方方言的全浊声母上声字已经普遍变成了去声。"市"字为全浊声母上声字,在当时的北方话里,其声调很可能已经由上声变读为去声了;又因宋金时期支(纸寘)韵和之(止志)韵的韵母已经普遍相混,"市"和"豉"的韵母也就混同为一类,且两字同属禅母。于是"市""豉"就变读为同音字。也就是说,对于宋金时期北方刻书者而言,"以市反"的读音与"以豉反"是相同的,《尚书注疏·释文》中多次出现的"以市反"异文,正反映了宋金时期北方汉语实际语音的变化。①

依此,则《大典》所据本或是早于平水本的宋金时期北方刻本。顾永新先生《正经注疏合刻早期进程蠡测——以题名更易和内容构成为中心》一文认为《尚书》早期注疏合刻本有两个系统,一为八行本系统,而"另一系列注疏合刻本(即上文所推定的平水本和九行本【引者按:即魏县尉宅本】、十行本的共同祖本)则统一使用'注疏'之名,卷次分合与单疏本有所不同,其祖本《释文》附经别行;至南宋中后期建安九行本《附释文尚书注疏》、十行本《附释音尚书注疏》先后刊行,二者出于同一祖本,但彼此之间并无直接的承继关系,且附入《释

---

① 张丽娟、张渭毅《平水本〈尚书注疏·释文〉校异》,《版本目录学研究》第五辑,北京:北京大学出版社,2014年,第509页。

文》的体式不同于祖本;与之大体同时或稍后,在北方平水又先后出现据宋本翻刻的金本和据金本翻刻的蒙古本《尚书注疏》,《释文》分附于每卷之末"①。《大典》所据本或即宋金时期此系统注疏合刻本在北方翻刻的成果。

(四)注文底本

略显遗憾,将《大典》存卷中保存的伪孔传与各本汇校,并未能发现有如同前揭疏文、释文部分类似的具有明确定位意义的异文。但根据上文的工作,既然疏文、释文都来自同一版本,注文部分似无必要更换其他来源。

(五)重言重意互注底本

除注、疏、释文外,重言、重意、互注亦是一些版本的组成部分,将今见四种重言重意互注本(台北"故宫"本、关西本、嘉业堂本、天禄琳琅本)与《大典》本对校,我们发现,台北"故宫"本最特殊,最潦草,多有与诸本皆不同者。其余四本,在异文上多以《大典》本与关西本为一组,嘉业堂本与天禄琳琅本为一组,呈现两个不同的系统,如表1:

表1 《大典》本与重言重意互注本对校

《大典》本	关西本	嘉业堂本	天禄琳琅本
(无)	(无)	今商王受五本篇中篇下篇牧誓武成	今商王受五本篇中篇下篇牧誓武成
(无)	(无)	肆予小子发下篇肆予小子	肆予小子发下篇肆予小子
类于上帝舜典	类于上帝舜典	类于上帝二本篇舜典	类于上帝二本篇舜典
王朝步自周召诰毕命	王朝步自周召诰毕命	王朝步自周三本篇召诰毕命	王朝步自周三本篇召诰毕命
(无)	(无)	厥四月哉生明康诰惟三月哉生魄顾命惟四月哉生魄	厥四月哉生明康诰惟三月哉生魄顾命惟四月哉生魄
至于丰召诰毕命	至于丰召诰毕命	至于丰三本篇召诰毕命	至于丰三本篇召诰毕命

---

① 顾永新《正经注疏合刻早期进程蠡测——以题名更易和内容构成为中心》,《文史》2020年第2辑,第73页。

此项例多，不具引。又《大典》本与关西本不同的数处异文又皆是脱文误字之类，可见《大典》本所引重言重意互注和关西本的密切关系。

即使《大典》本的重言重意互注内容来自关西本，但并不能证明其余部分亦来自关西本，因为无论是疏文还是释文都有若干关键异文存在。由此就有两种可能：一是《大典》拼合了一个接近且早于平水本的版本的注、疏、释文以及关西本（或与关西本有近缘）的重言重意互注。二是存在一个兼有近似于平水本的注、疏、释文，和近似于关西本的重言重意互注的本子，作为《大典》引录的底本。杜以恒先生《〈永乐大典〉引〈周易〉经注疏释文底本初探》一文论及《永乐大典》所引《周易》可能来自一个经、注、疏、释文、重言重意互注俱全的宋本《周易注疏》，并引关西本《尚书注疏》作为一种可能性的旁证。[1] 本文已经证明，《大典》引《尚书》的疏文、释文与关西本无涉，那么是否还另外存在一个经、注、疏、释文、重言重意互注俱全，而释文又单附卷末的版本，只能有待于新的文献发现了。

三 《永乐大典》存卷零散引用《尚书》之特点

分析《大典》零散引用《尚书》的来源，需依靠其中与经文一并引用的注释、解说等文本。

《大典》零散引用《尚书》，时或在经文后附有小字注文，这些注文一小部分是伪孔传：

> 卷2046 初字"弗克厥初"条：《书·太甲》。既往背师保之训，弗克于厥初，尚赖匡救之力，图惟厥终。注：不能修德于其初。（按：此注为伪孔传）
>
> 卷8021 烝字总叙：《书·盘庚》。兹予大享于先王。注：大享，烝尝也。（按：此注为伪孔传）

其引伪孔传者，时或并疏文共引：

> 卷8275 兵字"夏兵制"条：《书·甘誓》。乃召六卿。注：天子六军，其将皆命卿。疏：周礼夏官文也。郑玄云夏亦然，则三王同也。

除少数伪孔传外，更大一部分附于经文后的小字注文则是蔡传，但这部分经文、传文的来源恐非直接录自蔡沈《书集传》，而是来自洪武二十七年（1394）成书颁行的《书传会选》。下举数例以论之：

> 卷489 终字"慎初惟终"条：《书·蔡仲之命》。慎厥初，惟厥终，终以

---

[1] 杜以恒《〈永乐大典〉引〈周易〉经注疏释文底本初探》，《周易研究》2021年第1期，第85—86页。

不困。不惟厥终,终以困穷。注:惟,思也。穷,困之极也。思其终者,所以谨其初也。陈氏大猷曰:仲率德改行,能谨初矣,尤当克勤无怠,是在于惟厥终也。详命字。

按:此条所引注文,自"陈氏大猷曰"以上为蔡传,然《书集传》并无陈大猷说。① 检《书传会选》卷五《蔡仲之命》篇,则有陈大猷说②,与《大典》所引全同。

> 卷14384 冀字"冀州"条:《书·禹贡·冀州》。……治梁及岐。注:梁、岐,皆冀州山。梁山,吕梁山也,在今石州离石县东北。《尔雅》云:梁山晋望,即冀州吕梁也。吕不韦曰:龙门未辟,吕梁未凿,河出孟门之上。又《春秋》梁山崩,左氏、穀梁皆以为晋山,则亦指吕梁矣。郦道元谓吕梁之石崇竦,河流激荡,震动天地。此禹既事壶口,乃即治梁。岐山,在今汾州介休县狐岐之山,胜水所出,东北流注于汾。郦道元云:后魏于狐岐置六壁,防离石诸胡,因为大镇。今六壁城在胜水之侧,实古河径之险阨。二山河水所经,治之所以开河道也。先儒以为雍州梁岐者非是。曾氏曰:禹于壶口之西辟孟门,而始事于壶口,于梁山之北辟龙门,而纵事于梁山。吕氏曰:此禹最用功处,故首及之。……

按:冀州一条所引《禹贡》文繁,举此以见一斑。此段注文中,蔡传起自"梁岐皆冀州山"至"先儒以为雍州梁岐者非是"而止③,《书传会选》则于蔡传后增入"曾氏曰""吕氏曰"④,则《大典》所引来自《书传会选》明矣。"冀州"一条下皆同此例。

> 卷13452 士字"蒙士"条:《书·伊训》。惟兹三风十愆,卿士有一于身,家必丧;邦君有一于身,国必亡。臣下不匡,其刑墨,具训于蒙士。注:童蒙始学之人。

按:"之人",《书集传》作"之士"⑤,《书传会选》作"之人"⑥。

> 卷13194 种字"播种"条:《书》。稷降播种,农殖嘉谷。注曰:稷降播种,以厚民生。人云稷降播种养之也。

按:《书集传》卷六《吕刑》此处蔡传作:"伯夷降典,以正民心;禹平水土,以定民

---

① 〔宋〕蔡沈《书集传》,北京:中华书局,2018年,第242页。
② 〔明〕刘三吾等《书传会选》卷五,明昧经堂刻本,第42B页。
③ 〔宋〕蔡沈《书集传》,第51页。
④ 〔明〕刘三吾等《书传会选》卷二,明昧经堂刻本,第3A页。
⑤ 〔宋〕蔡沈《书集传》,第108页。
⑥ 〔明〕刘三吾等《书传会选》卷三,明昧经堂刻本,第14A页。

居;稷降播种,以厚民生。三后成功,而致民之殷盛富庶也。"①并无"人云稷降播种养之也"九字。《书传会选》则于此句下又有:"孙氏曰:伯夷降典,教之也;禹平水土,安之也;稷降播种,养之也。"②故知《大典》应是综合《书传会选》中的蔡传和"孙氏曰",以成此注。

以上诸例,足以证明《大典》零散引用《尚书》之涉及蔡传者,曾利用《书传会选》。而《大典》存卷中零散引用的蔡传部分,亦皆见于《书传会选》,加之《大典》整体引用《尚书》时,于诸家经解中首列"书传会选蔡氏传",我们有理由相信,《大典》零散引用《尚书》之涉及蔡传者,应即来自《书传会选》,而非《书集传》。

《大典》在引用蔡传时,也会加以编辑改造,前举"播种"一条引《吕刑》即是也,又如:

> 卷8022 成字"屡省乃成"条:《书·益稷》。屡省乃成,钦哉。注:屡,数也。屡省乃成,则有课功核实之效,而无诞慢欺蔽之失。详益稷。

按:此处蔡传作:"屡,数也。兴事而数考其成,则有课功核实之效,而无诞慢欺蔽之失。"③《大典》引用时为了配合对词条的解释,将蔡传中的"兴事而数考其成"置换为"屡省乃成"。

> 卷14707 度字"欲败度"条:《书·太甲》。予小子不明于德,自厎不类。欲败度,纵败礼,以速戾于厥躬。注:多欲则兴作而乱法度。度,就事言之也。

按:此处蔡传作:"多欲则兴作而乱法度,纵肆则放荡而隳礼仪。度,就事言之也,礼,就身言之也。"④其中"纵肆则放荡而隳礼仪""礼就身言之也"两句解释"纵败礼",与《大典》此词条"欲败度"无关,故引用时删去。

> 卷15143 憝字"元恶大憝"条:《书·康诰》。元恶大憝。注:大憝,即上文之"罔弗憝",言寇攘奸宄,杀越人于货,暋不畏死者。

按:此处蔡传作:"大憝,即上文之'罔弗憝'。言寇攘奸宄固为大恶而大可恶矣,况不孝不友之人而尤为可恶者。"⑤蔡传中"况不孝不友之人而尤为可恶者"是为了解释经文的"矧惟不孝不友",与《大典》此词条无干。而仅"即上文之'罔弗憝'"数字,又不足以解释"大憝"的含义,故《大典》引用时,在蔡传下补充

---

① 〔宋〕蔡沈《书集传》,第289页。
② 〔明〕刘三吾等《书传会选》卷六,明昧经堂刻本,第39A页。
③ 〔明〕刘三吾等《书传会选》卷一,明昧经堂刻本,第56A页。
④ 〔明〕刘三吾等《书传会选》卷三,明昧经堂刻本,第18B页。
⑤ 〔明〕刘三吾等《书传会选》卷四,明昧经堂刻本,第60A页。

了经文中涉及"罔弗憝"的内容,即"寇攘奸宄,杀越人于货,暋不畏死"。

据此数例可知,《大典》零散引用《尚书》时,会以服务于本词条为目的,对原文进行改造。

除了注疏、《书传会选》外,《大典》零散引用《尚书》还有其他来源。如《大典·历代丧礼·国恤》部分之卷7388"嗣君即位"一节,零散引用《尚书》之《舜典》《顾命》(实含《康王之诰》)《伊训》。杜以恒先生在研究《大典》引《仪礼》时发现:"除'卒哭'节部分《礼记》文字系据十行本《礼记注疏》增补外,《大典·国恤》所引《周礼》《礼记》《仪礼》《尚书》《左传》《公羊传》《穀梁传》皆转引自《通典》《文献通考》这两部政书,并无一字出于原经。"①《大典》卷7388引《尚书》是从《文献通考》而来,并有所加工。《大典》此处引《尚书》略作:

《尚书1舜典》。月正元日,舜格于文祖。月正,正月,元日,上日也。舜服尧丧三年毕,将即政,故复至文祖庙告,文祖者,尧文德之祖庙。

《顾命》。成王崩,康王麻冕黼裳,由宾阶隮入即位。云云详见周丧礼下。太保承介圭,上宗奉同瑁,由阼阶隮。大圭尺二寸,天子守之,故奉以莫康王所位。同,爵名。瑁,所以冒诸侯圭,以齐瑞信,方四寸,邪刻之。用阼阶升,由便不嫌。……【按:文繁不具引,下同】……康王既尸天子,遂诰诸侯。云云详见周丧礼下。太保率西方诸侯入应门左,毕公率东方诸侯入应门右。二公为二伯,各率其所掌诸侯,随其方为位皆北面。……群公既皆听命,相揖趋出。已听诰命,趋出罢退,诸侯归国,朝臣就次。

《伊训》。成汤既没,伊尹奉嗣王祗见厥祖。云云详见商丧礼下。惟三祀,十有二月朔,伊尹以冕服奉嗣王归于亳。冕,冠也,逾月即吉服。

勉斋黄氏曰:案即位之别有四,正嗣子之位,已见始死条下。《顾命》有"王麻冕黼裳,道扬末命",及《康王之诰》有"惟予一人钊报诰"之语,乃既殡之后,嗣君即继体之位之礼。今附见于此。若逾年合正改元之位,三年合正践阼之位,如《春秋》元年书即位,则是逾年正改元之位也。"月正元日,舜格于文祖","伊尹以冕奉嗣王归于亳",则是三年正践阼之位也。然崩薨之日,或在岁终,则盖有未殡而逾年者矣。故逾年正继体之位之礼,遂无所附。《丧大记》补经,亦止于虞礼,则三年之礼亦无所附。今并列于此记之下,其义则见于《春秋》传注疏,与《丧礼》及《白虎通》之说,所当通考也。

《文献通考》卷一百二十《王礼考·国恤》之"嗣君即位"节则作:

---

① 杜以恒《〈永乐大典〉引〈仪礼〉考实——兼论〈大典〉编纂来源的复杂性》,《文史》2023年第1辑,第212页。

> 《顾命》：成王崩，康王麻冕黼裳，由宾阶隮入即位。云云。详见上文。康王既尸，天子遂诰诸侯。云云。详见上文。
>
> 成汤既没，伊尹奉嗣王，祗见厥祖。云云。详见上文。
>
> ……（按：中间不涉及《尚书》，不具引）……
>
> 月正元日，舜格于文祖。月正，正月。元日，上日也。舜服尧丧三年毕，将即政，故复至文祖庙。告文祖者，尧文德之祖庙。
>
> 惟三祀十有二月朔，伊尹以冕服奉嗣王归于亳。冕，冠也，逾月即吉服。
>
> 右嗣君即位。
>
> 勉斋黄氏曰：按即位之别有四，正嗣子之位，已见始死条下。……①

由此可见，《大典》此处引《尚书》的整体框架袭用了《文献通考》，"勉斋黄氏曰"和"云云详见"两处即是确证。《大典》引《康王之诰》而未标明，亦是沿《文献通考》的做法而来。

此外，《大典》在《文献通考》的基础上进一步加工，改变了所引《尚书》篇目之顺序，并补入了《文献通考》中以"详见上文"而略过的《顾命》与《康王之诰》篇的一些经文和注文（引文划线部分）。这部分内容，《文献通考》列于国恤之"始死"节中，故云"详见上文"。但《大典》补入时，并未从《文献通考》"始死"节中补入，因"始死"节引《尚书》所附注文是蔡传，而《大典》此处补入却是伪孔传，可知应是用注疏本进行编辑的。

与此相仿，还发现《大典》从《太平御览》《玉海》中引用《尚书》的现象，不一一举例。

除前代类书外，《大典》零散引用《尚书》还有其他来源，如：

> 卷11001府字"大府"条：《书·洪范》云："一曰食，二曰货"，已上皆言饮食，讫，次言货贿，故大府在此。

此出自《周礼疏》。

> 卷922师字"主善为师"条：《书·咸有一德》。德无常师，主善为师，善无常主，协于克一。《朱子语略》：德无常师，主善为师，善无常主，协于克一。上两句是教之以其所从师，下两句是教之以其所择善而为之师。这四句极好看。南轩云：自人心惟危，道心惟微数语外，惟此四句。但舜大圣人之言语浑沦，伊尹之言较露锋铓得些，这说得也好。

此即源于《朱子语类》，而将其中涉及的《尚书》经文摘出单标，将《朱子语类》原

---

① 〔元〕马端临《文献通考》卷一百二十，元泰定元年西湖书院本，页19B—21A。

文附于后。

可以想见,此类既非直接引自《尚书》,又非来自类书的引文,或许是分纂者处理相关书籍时,按照条目将相关文本摘出,又依文本所涉经文加以标写,而不记其原本出处。

凡此诸种,皆显示了《大典》引《尚书》来源和编纂的多样性。

四　结语

通过对《永乐大典》存卷中引录《尚书》之情况进行全面考察,可得出如下结论:

(1)《永乐大典》整体引用《尚书》,其经文出自蔡沈《书集传》系统,应即《书传会选》;其注、疏、释文应出自一个与平水本相仿而较早的版本;重言重意互注部分则出自关西本一系的版本。或许注、疏、释文、重言重意互注皆来自同一兼具平水本和关西本特征的版本。

(2)《永乐大典》零散引用《尚书》,其来源多样,其涉及蔡传者应皆出自《书传会选》,另外也包括注疏本、前代类书,及其他相关文献。

《永乐大典》整体引用《尚书》的部分,为一些有价值的异文提供了版本依据,甚至可能展现了一种早于蒙古时期的平水本系统的文本特征。《永乐大典》零散引用《尚书》的情况也表明抄录和编辑工作的多样性、灵活性。且在两种引用中,《书传会选》均具有重要地位,也提示了朱学一系的经书注本在《永乐大典》编纂中的重要参考作用。

致谢:本文在撰写和修改过程中蒙北京大学《儒藏》编纂与研究中心张丽娟老师、北京大学中文系杜以恒先生指点教正,谨致谢忱。

《永乐大典》辑录方志体例补考
——以"湖"字册(卷2260—2292)为例

高树伟

【内容提要】《永乐大典》副本"湖"字册(卷2260—2292)有四个文本层次,其中卷2275—2292体例较为特殊,应是《大典》重修时由专人统筹方志纂修所致。卷2275—2292"湖州府"部分大致以明初所修《大明清类天文分野之书》《吴兴续志》为纲,以南宋嘉泰年间所修《吴兴志》为补充,主要依循三书的体例拆分、拼合,另辑抄《郡县志》《太平寰宇记》《元一统志》《方舆胜览》等相关文献。据此,分析《大典》府州部分存卷相对完整的卷7889—7895汀州府、卷5245辽州、卷5199—5205太原府、卷2337—2344梧州府,证实《大典》辑录方志大致以明初纂修志书为纲,郡县均以明初所立州县名为正,重点辑录了明洪武年间纂修的《大明清类天文分野之书》及明初新修其他志书,如相关府县下没有本朝新修志书,则按时间依次辑录唐宋志书。这对精确认识《大典》中方志的纂修,从中辑古方志,均有裨益。

【关键词】 《永乐大典》 《大明清类天文分野之书》 方志 辑佚

一 以往对《永乐大典》辑录方志及体例的认识

《永乐大典》(下称《大典》)历来被视为"辑佚渊薮",如何从中辑亡佚古书,又该如何科学地整理这部书,是学术界一直颇为关注的问题。回答这两个问题的前提,首先要明晰《大典》的纂修过程和不同卷次的体例。唯有厘清其纂修过程、明其体例,才有可能更好地追溯其文献来源,精确认识具体卷次的文本性质,并恰当地将其用于辑佚与校勘。从《大典》辑佚宋元诗文、方志,已积累了较丰富的成果,但《大典》的纂修过程与不同卷次体例之间的关系,还有待

【作者简介】高树伟,北京大学中国古文献研究中心、中国语言文学系博雅博士后。

进一步探索。清代以降,《大典》嘉靖副本屡遭劫难,现存卷仅有原书约 4%。这给细致研究上述问题带来不少困难。但这些有限的存卷中,仍包含关于全书纂修过程和编纂体例的丰富资料。尤其是现存若干连续的卷册,为研究全书的编纂过程和编纂体例提供了重要线索。

从《大典》辑录古方志,研讨相关问题,是《大典》研究的一个重要方向。清代全祖望即从《大典》辑出所谓《永乐宁波府志》,四库馆臣从中辑得《嘉泰吴兴志》《嘉定镇江志》等书,嗣后徐松、胡敬、文廷式、李文田、缪荃孙、赵万里、张国淦等陆续从《大典》中辑出志书。近几十年中,专门从《大典》辑录、点校整理方志的标志成果是《〈永乐大典〉方志辑佚》,该书从《大典》辑出共 900 种方志(总志 7 种,方志 893 种),依现今行政区划归类,施以现代标点,颇便使用。①

有关《大典》中方志辑佚、研究的成果虽有不少,但很少专门讨论《大典》中方志的编纂过程与体例。管见所及,除张国淦《永乐大典方志辑本》案语对此略有析分,张升教授还专门讨论过这一问题。他因研究永乐志相关问题,专门分析了《大典》中的府州体例、内容,主要有三个结论:其一,《大典》各府州内容基本是依循方志的纂修体例编排;其二,《大典》各府州内容取材主要是来源于方志,将各种相关旧志、地理书等内容按不同类目做了重新编排;其三,《大典》对旧志内容做了一定程度的修改。尤其是第二点,对《大典》辑录方志的体例有如下更详细的解释:

> 方志的编修,一般是先引旧志,然后补充新内容。《大典》各府州在每类目下,基本上也均是先引前志相关的内容,从古及今,如唐志、宋志、元志;然后再记述明初之事。这种做法可以说是完全依循修志的格式。尽管由于主观(有所顾忌)、客观(当时全国修成的志书并不太多)原因的影响,补充永乐内容方面做得并不充分,但《大典》各府州均收载有大量洪武时内容。不但各府州基本都收洪武各地方志内容,而且也普遍收有成书于洪武十七年的《大明清类天文分野书》和成书于洪武二十六年的《诸司职掌》的相关内容,可见《大典》对当世内容的重视。这也体现了方志"详今略古"的原则。②

此处集中揭示了《大典》辑录方志的三个特点:其一,府州类目下编排方志文献的方法,先引旧志,再补充新内容,次序是从古及今。其二,《大典》辑录洪武年间志书较多,但辑录永乐年间内容不充分。其三,这种辑录方式凸显了《大典》纂修对当世内容的重视,体现了"详今略古"的原则。这对理解《大典》

---

① 马蓉、陈抗、钟文、栾贵明、张忱石点校《永乐大典方志辑佚》,北京:中华书局,2004 年 4 月。
② 张升《〈永乐大典〉与大典本永乐志》,《历史文献研究》总第 20 辑,武汉:华中师范大学出版社,2001 年,第 161 页。

方志纂修、指导方志辑佚，都有非常重要的意义。基于此，考察府州各类目下辑录方志文献的情况，还有可以再推进的地方。尤其是翻检现存府州存卷中卷册完整的卷7889—7895汀州府、卷5245辽州、卷5199—5205太原府、卷2337—2344梧州府，发现《大典》辑录志书体例仍优先以本朝所修志书为纲，再按时间次序辑录旧志，这与凡例所强调的"悉以国朝所立州郡之名为正"合符（详第二节）。

此外，从《大典》副本存卷的内容看，《大典》纂修方志部分时，对旧志内容有所选择，较注重时效性，具体内容的取舍与增补，则显示《大典》方志编纂对当代材料的偏重。这种偏重不仅体现在所用典籍集中在明初如《大明清类天文分野书》《诸司职掌》等书，还体现在对某些旧志特殊内容的取舍上。《大典》在处理不同时期的文献时，在体例框架、辑录次序上都有所考虑，同时，也反映了编者试图在有限的篇幅和复杂的文献基础上，构建一个容纳古今文献、连贯系统的地方记述体系。然而，对于永乐年间新材料的补充，却因种种限制而显不足，这一点或与编纂工作的时间压力及当时地方志修纂尚未全面展开有关。对其中方志的编纂方式及编纂理念，还存在继续探讨的空间。

二 《大典》副本"湖"字册（卷2260—2292）概况

《大典》卷2260—2292这三十三卷"湖"字册，是《大典》存卷中一段连续且相对完整的卷次。虽然其中卷2284—2292已不知所踪，但是近年新发现的卷2268—2269，使得卷2260—2283这二十四卷"湖"册字前后相连属，成为一个连续的序列。《大典》嘉靖副本卷2260—2261、2266—2267曾为越南河内远东学院收藏，卷2262—2265、2270—2278现为中国国家图书馆收藏，卷2279—2281现为日本国立国会图书馆收藏，卷2282—2283现为日本东洋文库收藏。以上这些卷次，1960年中华书局已出版过缩印本。卷2272—2274原由加拿大华裔袁葰文女士收藏，现归中国国家图书馆收藏，2014年由国家图书馆出版社影印出版。2019年，卷2268—2269"湖"字册出现在法国巴黎拍卖行，经收藏家金亮购回，2023年已由国家图书馆出版社影印出版。

作为《大典》嘉靖副本现存残卷中连续的二十四卷，"湖"字册与方志有比较密切的关系。取《〈永乐大典〉目录》与嘉靖副本卷2260—2283对勘，卷2260—2292辑录文献大致可析分为四个层次（表1）：其一，卷2260—2271以包含"湖"字的事目为纲辑录文献。《大典》副本卷2260湖字册开篇，先辑录《洪武正韵》《说文解字》《玉篇》等书，再从《篆韵》《汉隶字源》等书辑录"湖"字篆书、隶书等字形，其后列"五湖""太湖""鄱阳湖""彭蠡湖""宫亭湖""洞庭湖""青草湖"等事目，辑录《周礼》《史记》《水经注》《苏州府志》《吴郡志》《大德毗陵志》《舆地纪胜》《风俗通》《敏求机要》《吕氏春秋》《淮南子》《东汉书》《吴兴志》《钦州志》《宁国县志》《高邮州志》《元一统志》《拙轩老人集》等典籍。

其二,《大典》副本卷2272—2274辑录与湖相关的诗文。涉及《黄氏日抄》《霜月斋集》《巴东集》《晏元献公集》《景文公集》《程明道集》《蔡端明集》等典籍中的诗词、文章。

其三,《大典》副本卷2275—2292以"湖州府"为事目,主要辑录湖州府相关方志。这几卷的细目为:亲领县六:乌程、归安、安吉、德清、武康、长兴,以下为图、建置沿革、分野、至到、城池、乡里、桥梁、渡堰陂塘、风俗形胜、户口、田赋、物产、土贡、山川、宫室、祠庙、寺观、坛壝、官制、公廨、管镇、学校、军营、坟墓、宦迹、著姓、烈妇、释道、碑碣、文章。

其四,《大典》副本卷2292末附马湖府、太湖县、芜湖县。这一卷虽已不知下落,但从《〈永乐大典〉目录》的小注来看,其辑录文献的体例应与卷2275—2291"湖州府"相近。

表1 《〈永乐大典〉目录》卷2260—2292韵目字下小注

卷次	韵目字	小注
2260—2271	湖	湖名一至十二
2272—2274	湖	诗文一至三
2275—2291	湖	湖州府一至十七
2292	湖	湖州府十八、马湖府、太湖县、芜湖县

以上四个文本层次中,如将卷2260—2274视作传统类书事文并举体例的延续、扩展,那么卷2275—2292的纂修体例则有明显不同,它主要以明初所修《吴兴续志》《大明清类天文分野之书》为纲,另辑抄《吴兴志》《郡县志》《太平寰宇记》《元一统志》《方舆胜览》等书。如果从编纂体例角度看,以上四个文本层次还可进一步归纳为三类:"湖名"、"诗文"、"湖州府"等府县。这三类文本并不是在同一次纂修过程中并行完成的,应分属两次纂修。

《大典》历经两次纂修,永乐元年(1403)至永乐二年十一月,解缙为总裁,领衔147人修成《文献大成》并进呈,朱棣御览后"嫌其未备",遂下令重修,到永乐五年十一月修成。这次重修,姚广孝成为主要的总监修,不但主要负责人发生了变化,参与纂修的人数,也扩充至2180人,重新调整纂修人员、组织结构,由原先纂修传统类书的模式,转向侧重以专人司专题文献的纂修方式(如林环、高得旸分任《书经》、"三礼"副总裁,他们的任职时间均在永乐三年以后),大规模扩充《大典》的篇幅。这两次纂修,无论是纂修人员、组织形式,还是纂修方法,都有不同。这是造成《大典》不同卷次文献来源差异的主要原因。①

　　基于对《大典》纂修过程的认识,至少"湖州府"等府县内容的编纂,从其纂修体例来看,应是有专人统筹,在重修阶段才纂修完成的。因文献不足,这个问题仍有待深入研究。

三 《大典》副本"湖"字册(卷 2260—2292)纂修体例

　　《大典》卷首凡例涉及地理、方志等典籍的纂修体例,主要有以下两条:

　　　　地理。凡历代地理志及阴阳相地之术,皆附于地字下。若山海江河等类,则随字收载。然有一山一水经跨数郡(如黄河经关陕,太行跨平阳、海庆之类),或名同志异(如龙山、凤凰山,多有其名,处所不一之类),诸郡志书重见叠出,难于考究。今各依类会萃归一,就中区别同异(如山字内凤凰山下注云:在某处某处之类)。诗文亦以类附之。

　　　　天下郡县历代因革不同,今悉以国朝所立州郡之名为正,仍参历代图志、地理诸书,凡古今沿革、城郭山川、风俗土产、纪咏辨证,无不备载。如应天府收于天字下,其旧有建康、金陵等志,并附之康字、陵字下,著其大概,注云:详天字。若古有而今革之者,如燉煌、张掖之类,亦因其旧名,备其始末。其各县如应天府之上元县,则于元字下载其沿革,注云:详天字。余仿此。②

　　据《〈永乐大典〉目录》,卷 14151—14306"地"字主要辑录的是地理、相地等文献。山海江河等,则按名分韵辑录。经跨数郡的山水名,各依类辑录,以小字注其处所。历代诗文依类辑录,分归各韵。关于方志的编纂体例,第二条凡例也讲得比较清楚,是以明初所立州郡名为纲,参酌历代图志地理等典籍,也依类辑录诗文。对燉煌、张掖之类古地名,随其旧名辑录相关文献。府所辖县,则以县名分韵,辑录记载其沿革变迁的相关文献,并以小注关联其所属府州。

　　明永乐元年纂修《大典》之前,官方纂修总志,主要有以下三次:其一,明洪武三年(1370),朱元璋命魏俊民、黄保、刘俨、丁凤等人"编类天下州郡县地里形势降附始末为书"③,纂成明朝建国后第一部全国性总志《大明志》,送秘书监锓梓颁行。其二,明洪武十七年纂成《大明清类天文分野之书》。洪武二十七年,朱元璋以"舆地之广不可无书以纪之",命翰林儒臣及廷臣以天下道里之数

---

① 高树伟《〈永乐大典〉纂修新考》,《文史》待刊。
② 《〈永乐大典〉目录》,中国国家图书馆藏姚元之抄本,索书号:02837。
③ 《明太祖实录》卷 59,台北:"中央研究院"历史语言研究所校印,1962 年,第 1149 页。

编类为书"①,纂成《寰宇通衢》。其三,洪武二十八年,又纂成《洪武志》,《实录》载"辛亥《洪武志》书成,其书述都城、山川、地里、封域之沿革,宫阙、门观之制度,以及坛庙、寺宇、街市、桥梁之建置更易,靡不具载,诏刊行之"②。《文渊阁书目》著录"《大明清类天文分野之书》十二册又十二册",载录"《寰宇通衢》三册",卷一九载录"《洪武志》二册"。③ 洪武年间纂修的《大明志》《寰宇通衢》《洪武志》,在《大典》副本存卷中少见④,唯《大明清类天文分野之书》仍大量散见于《大典》存卷,隶于各府州"建置沿革"之下。

参照《大典》凡例,就卷 2275—2292 这十七卷而言,是以明初所修《吴兴续志》《大明清类天文分野之书》为纲,辑录南宋嘉泰年间所修《吴兴志》,主要依循三书的结构体例拆分、拼合。取《大明清类天文分野之书》明洪武刻本,与《大典》卷 2275—2283 比勘,可以发现,《大典》副本卷 2275—2292 先辑明洪武年间官方所修《大明清类天文分野之书》中湖州府建置沿革及其所领六县(乌程县、归安县、安吉县、德清县、武康县、长兴县),再抄录来自《吴兴续志》或《吴兴志》卷首的十幅地图,其后主要是辑自《吴兴续志》《吴兴志》的建置沿革、分野、至到、城池、乡里、桥梁等内容,其中也穿插辑录《郡县志》《太平寰宇记》《元一统志》《方舆胜览》等书的相关内容。

值得注意的是,建置沿革、分野、至到、城池、乡里、桥梁等各部分,并没有一字不遗地将《吴兴续志》《吴兴志》这两部书的内容全部辑录。此前已有学者注意到,其中"户口""赋税"下仅辑录明初所修《吴兴续志》,并没有南宋嘉泰年间所修《吴兴志》的内容。⑤ 为何部分事目下未辑录《吴兴志》的内容呢? 在《大典》纂修这一层面讲,《吴兴续志》与南宋嘉泰年间所修《吴兴志》,实有尊卑之别。就"户口""赋税"这两个尤能突显时效性的类目而言,《大典》之所以仅录存《吴兴续志》而不录《吴兴志》,应主要是因《吴兴续志》是明初所修,能直接反映明初湖州府户口、赋税的具体情况,符合现实需要。南宋嘉泰年间所修《吴兴志》这两部分或不具有时效性,因而不予采录。

由于《大典》卷 2275—2292 主要是以《吴兴续志》为纲,以洪武年间所修《大明清类天文分野之书》为补充,南宋嘉泰年间谈钥所修《吴兴志》为附,其余如《郡县志》《太平寰宇记》《元一统志》《方舆胜览》则是零散补充,在《吴兴续志》亡佚的情况下,要从《大典》中辑出、复原南宋《吴兴志》,仍面临诸多问题:首先,由于《大典》主要以本朝所修志书为纲,兼顾其他志书,拆分合并,并不完

---

① 《明太祖实录》卷 234,第 3423 页。
② 《明太祖实录》卷 243,第 3534 页。
③ 本文所引《文渊阁书目》,均据中国国家图书馆藏漫堂抄本,校以南京图书馆藏漫堂抄本,不具注。
④ 《大典》存卷未见《大明志》《寰宇通衢》二书,辑录《洪武志》二条,见卷 7516、7701。
⑤ 黄燕生《〈嘉泰吴兴志〉初探》,《中国地方志》1989 年第 4 期,第 81 页。

全是原书面貌,难以分辨;其次,《大典》辑录《吴兴志》《吴兴续志》这几种书的主体内容,并没有录存这几种书的序跋。由此可见,仅仅依靠《大典》,某些情况下并不能很好地复原一种方志。

经仔细查阅各卷辑录文献情况,卷2275—2276辑录文献的情况比较能代表这九卷"湖"字辑录文献的体例(表2、表3)。以卷2275—2276为例,"建置沿革"部分,先辑录《大明清类天文分野之书》,次辑《吴兴志》,偶有辑《吴兴续志》,此后"分野""地里",及湖州府所辖乌程、归安、长兴、武康、德清、安吉诸县,则以《吴兴续志》为纲。卷2276"城池""坊巷""郡里"辑录文献均以《吴兴续志》为纲,次辑《吴兴志》,补以《元一统志》《太平寰宇记》等相关文献。可见,卷2275—2283这部分内容,辑录文献主要以《大明清类天文分野之书》《吴兴续志》《吴兴志》为主,尤以本朝所纂《大明清类天文分野之书》《吴兴续志》为重。

表2 《大典》副本卷2275辑录文献

建置沿革(《大明清类天文分野之书》《吴兴志》《吴兴续志》)		
乌程县(《大明清类天文分野之书》《吴兴志》)		
归安县(《大明清类天文分野之书》《吴兴志》)		
长兴县(《大明清类天文分野》《吴兴志》)		
武康县(《大明清类天文分野》《吴兴志》)		
德清县(《大明清类天文分野》《吴兴志》)		
安吉县(《大明清类天文分野》《吴兴志》)		
分野		
湖州府(《吴兴续志》《吴兴志》)		
地里		
湖州府(《吴兴续志》)	乌程县(《吴兴续志》)	归安县(《吴兴续志》)
长兴县(《吴兴续志》)	武康县(《吴兴续志》)	德清县(《吴兴续志》)

表3 《大典》副本卷2276辑录文献

城池					
湖州府(《吴兴续志》)	旱门五(《吴兴续志》《吴兴志》)	乌程县城(《吴兴续志》)	五孤城(《太平寰宇记》)	归安县城县治倚郭((《吴兴续志》)	长兴县城(《吴兴续志》《吴兴志》)

续表

城池					
故鄣郡城（《郡县志》《太平寰宇记》《吴兴志》）	武康县城（《吴兴续志》《吴兴志》）	德清县城（《吴兴续志》《太平寰宇记》）	安吉县城（《吴兴续志》《吴兴志》）		
坊巷					
湖州府（《吴兴续志》《吴兴志》）	长兴县坊（《吴兴续志》）	武康县坊（《吴兴续志》《吴兴志》）	德清县坊（《吴兴续志》《吴兴志》）	安吉县坊（《吴兴续志》《吴兴志》）	
乡里					
乌程县（《吴兴续志》）	乡都（《吴兴志》）	坊郭乡镇（《元一统志》）	归安县乡里（《吴兴续志》《吴兴志》）	长兴县乡里（《吴兴续志》《吴兴志》）	武康县乡里（《吴兴志》）
德清县乡里（《吴兴续志》）	安吉县乡里（《吴兴志》）				
井（《吴兴志》）	桥梁（《吴兴续志》《吴兴志》）	骆驼桥（《吴兴志》）	乌程县桥梁（《吴兴续志》《吴兴志》）	归安县桥梁（《吴兴续志》）	长兴县桥梁（《吴兴续志》《吴兴志》）
武康县桥梁（《吴兴续志》《吴兴志》）	德清县桥梁（《吴兴续志》）	通津桥（《吴兴续志》《吴兴志》）	安吉县桥梁（《吴兴续志》《吴兴志》）	关（《吴兴续志》）	

翻检《大典》存卷中府州卷册完整的卷7889—7895汀州府、卷5245辽州、卷5199—5205太原府、卷2337—2344梧州府，《大典》纂修仍先以明初所修志书为纲，再辑录宋元旧志。如《大典》卷7889—7895汀州府"建置沿革"及诸县均先辑《大明清类天文分野书》，再辑宋元旧志如《临汀志》《太平寰宇记》《旧唐书》《舆地广记》《舆地纪胜》《元一统志》等。又如《大典》卷5199太原府，先辑《大明清类天文分野书》，再辑《太原志》《九域志》《太平寰宇记》《元一统志》等书。对本朝没有志书的情况，就从唐宋志书辑录，再分辑其他相关地理书。

《文渊阁书目》"新志"著录《太原府志》《太原县志》。《大典》卷5245辽州,先辑《大明清类天文分野书》,再辑《图经志》《图经志》《辽州志》等书。《文渊阁书目》"新志"著录《辽州志》,应即此《辽州志》。这里《大典》辑录相关旧志时,在辑录文献次序上,将《辽州志》放在了最后。由此可见,《大典》辑录方志的编排次序,体例并不严整。

总体而言,《大典》方志这部分的纂修,主要还是以"辑录体"辑录已有志书。《大典》辑录方志,首先以明洪武七年刊行的《大明清类天文分野书》及本朝所修志书为纲,与宋元旧志相参,以力求全面了解这个地方为目的,拆分、拼合新旧方志各部分内容。

四 余论

关于《大典》中方志的纂修,还有其他一些重要问题尚待深究。

其一,《大典》辑录方志与明初新修方志的关系。《大典》副本存卷辑录方志涉及永乐年间的内容,主要集中于户口、田赋两部分,行文体例较统一,见于《湟川图志》《苍梧志》《古藤志》《郁林志》《容州志》等书。《大典》辑录的方志与《文渊阁书目》著录的旧志、新志是何种关系?

其二,《大典》辑录方志的时间下限。《大典》副本存卷有涉及永乐二年、三年、四年的文本,其性质、出处,尚不能确定。《大典》副本卷22182"瑞麦"条辑录《句容新志》后,以朱笔标注"犁眉公刘伯温集""答禄与权集",此后引及永乐二年、三年、四年进瑞麦事:"永乐四年六月,南阳中护卫差百户周员,进瑞麦四十七本。内有一茎二穗至六穗者。"其中,也有涉及永乐三年的内容:"永乐三年六月,秦府长史司进兴平、凤翔等县民人陈子和等所种大麦一茎二穗至五穗者一十二本。十一月,山东青州莒州日照县知县戴原富,进大麦有一茎三四穗者。"(图1)这部分内容出处尚存疑议。如这部分内容出自方志,《大典》辑录方志的时间下限可精确至永乐四年六月。① 《大典》嘉靖副本卷22182"麦"字"瑞麦",在《〈永乐大典〉目录》中小注为"事韵二",与卷2275—2292以"湖州府"为事目集中辑录方志的编纂体例有别。这是《大典》在重修过程中,仍在细碎事目下继续扩充辑录文献的文本证据。

严格来讲,永乐五年十一月是《大典》所收方志成书时间的下限,全祖望在讨论永乐年间纂修方志与纂修《大典》的关系时,已有较明晰的论断:"成祖诏天下府州县皆修志书,时方修《大典》,天下之志皆入焉。诸书皆以为十七年所修,考《大典》成于永乐六年,则志之修亦在六年以前也。书专为《大典》而作,

---

① 此处承张升教授指正,谨申谢忱。

既贡书局,未尝付梓,故今天下之传永乐志者最少。"①正如全祖望所强调的,永乐年间为修《大典》,以"辑录体"辑古今各府州县志书,虽不同以往纂修志书那样体例严明、条分缕析,但大体依志书体例、层次完成了古今志书的有序编排,基本达到了备载文献、便于检阅的目的。

其三,《大典》府州部分的纂修人与纂修时间。《大典》中与卷2275—2292"湖州府"体例相近卷次辑录方志的时间,应在永乐三年至五年的重修阶段。卷2275—2292辑录方志的体例,与传统类书事文并举的体例明显不同。因《大典》以这种纂修方式辑录方志的种类比较多,篇幅也较大。永乐元年至永乐二年纂修《文献大成》,147位纂修人似乎很难在这样短时间内完成这些方志的拆分汇编工作。因此,我们更倾向认为,类似卷2275—2292中"湖州府"方志的编纂,应同《诗经》《尚书》、"三礼"等专题文献编纂一样,也是在永乐三年以后重修《大典》时,由专门人员(或由《大典》副总裁司其职)组织纂修完成。

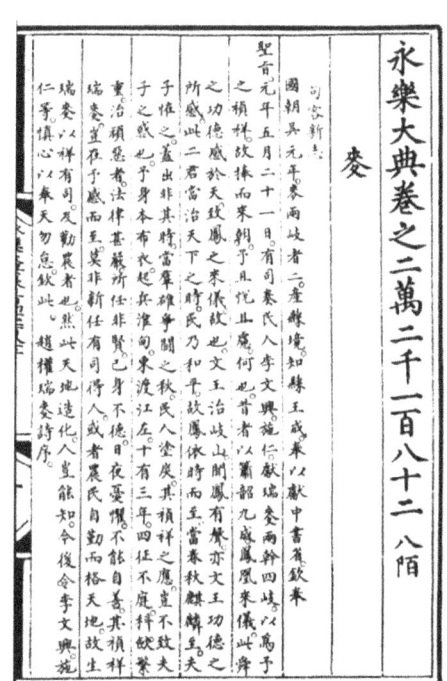

图1 《大典》嘉靖副本卷22182"麦"字下辑录的《句容新志》

如"湖"字册(卷2260—2292)的纂修过程和编纂体例确如上所述,其余嘉靖副本残卷各府州方志(如梧州府、苏州府、太原府、潮州府、长沙府、九江府、

---

① 全祖望《〈(永乐)宁波府志〉题词》,全祖望撰,朱铸禹汇校集注《全祖望集汇校集注》,上海:上海古籍出版社,2000年,第1204页。

杭州府、汀州府、绍兴府、南宁府、衡州府、河南府、抚州府、南雄府、广州府等）的纂修体例,也大略与此相仿。以往从《大典》中辑佚,或讨论《大典》的校勘整理方案,往往会忽略这两次纂修的差异,也较少考虑《大典》这两次纂修对研讨辑佚复原典籍的具体影响。上文考察"湖"字册的纂修体例,为研究从《大典》辑佚等问题,可以提供一些更为具体的参考:首先,现存《大典》副本残卷中的连续韵目字,是研究《大典》整体纂修体例的重要材料,应重视充分研究、利用。其次,应从纂修角度厘清《大典》具体韵目字下辑录文献的层次、类型,并大致判断归属于哪个纂修阶段。最后,继续总结从《大典》中辑佚、校勘的典型个案,为从《大典》中辑佚同类文献提供更多参照。

《永乐大典·诸家选日》事目框架复原与文献价值研究

赵江红

【内容提要】《永乐大典》卷20115至20198是"日"字下"诸家选日一至八十四",今仅存卷20121、20122、20139、20181、20182、20197。文章对残卷文本结构和征引文献做了初步梳理,发现:(一)残卷事目、排序均与《阴阳宝鉴克择通书》之篇目吻合,"诸家选日一至八十四"很可能是在《阴阳宝鉴克择通书》基础上汇抄而成的。因此,可以据传世本《新刊阴阳宝鉴克择通书》复原出《永乐大典》卷20115至20198的事目框架;(二)残卷征引的宋元择日文献多达二十五种,且绝大多数已经亡佚,为研究宋元时期的择日文献、民俗生活提供了丰富的史料,具有很高的文献价值。

【关键词】《永乐大典》 诸家选日 《阴阳宝鉴克择通书》 事目 择日

《永乐大典》是明永乐初年编纂的大型类书,收录大量明以前文献。正如《永乐大典凡例》所说,"是书之作,上自古初,下及近代,经史子集与凡道释、医卜、杂家之书,靡不收采。"[①]其于数术文献之征集,亦不遗余力。"历代医药、阴阳诸家,其源流大概,各于一处通载……其方脉药名、占卜事验,为说尤多。今各从所重,随字收入"[②],即将不同门类的阴阳数术文献,依从所重字,较为集中地汇抄在一起,粲然明备。然而,《永乐大典》正本已不知所踪,副本也付劫灰而几近散亡。今存世者,仅有副本400余册,800余卷,不足原书的百分之四。其中有关数术的材料,只有易占、拟易(主要指《太玄经》)、相地、选日等数

【作者简介】赵江红,浙江大学古籍研究所百人计划研究员。
【基金项目】国家社科基金冷门绝学研究专项"中国古代数术文献叙录研究"(项目编号:23VJXG003)阶段性成果。

① 〔明〕解缙等《永乐大典目录》,国家图书馆藏清抄本,《永乐大典凡例》第1叶。
② 〔明〕解缙等《永乐大典目录》,《永乐大典凡例》第6叶。

种。目前仅易占有少量研究成果①，后三种均未见专门的研究。笔者在研习宋元时期择日文献时，注意到六卷《永乐大典·诸家选日》残卷，其中抄辑了不少已经亡佚的古籍，可以为相关研究提供新材料。同时，取其他传世宋元择日文献，尤其是元人宋鲁珍编《阴阳宝鉴克择通书》，与《永乐大典·诸家选日》残卷进行比勘，还可以找到复原《永乐大典·诸家选日》事目框架的线索。本文拟就这两个方面展开探讨。

一 存世六卷"诸家选日"概况

查《永乐大典目录》可知，《大典》卷 20115 至 20197 皆为"日"字下"诸家选日"，卷 20198 有多个主题，分别是："日 诸家选日八十四；馹 事韵，袺，遝，䞓，舠，帕，昔，釼，䵳，䖒，勺，坥，㹱，䋘；○㕦 事韵、姓氏，嘨，挟，咥，眣，肶，妣，腔，跮，鳴，魃，䩨，眰，忆，睑，趶，眣，㗘，㐲，瀉"②，可知该卷并不全是"诸家选日"的内容。因此，《永乐大典·诸家选日》具体是指卷 20115 至 20197，以及卷 20198 的部分内容，总数约为 83 卷半。至嘉庆二十年(1815)前后，仍见完整保存③，后日渐散亡。流传至今者，只有卷 20121、20122、20139、20181、20182、20197，凡六卷四册。即便如此，"诸家选日"超过百分之七的存世率，仍比全书不足百分之四的存世率高出不少。一般情况下，存世材料越丰富，原书复原的可能性越大。从这一点来说，《永乐大典·诸家选日》无疑具有较为优越的复原条件。

在进一步研究之前，先将各卷情况一一列出：

(1) 卷 20121、20122

此二卷一册，分别是"诸家选日七"和"诸家选日八"。从目前通行的中华书局影印本来看，该册保存情况极差，每页第三至五行上端、第七至八行(靠近

---

① 如张雪丹《南图所藏〈永乐大典〉残页文献考——兼述现存〈永乐大典〉所载已佚金元〈易〉学著作四种》，《古籍整理研究学刊》2016 年第 4 期，第 31—37 页；杜以恒《〈永乐大典〉引〈周易〉经注疏释文底本初探》，《周易研究》2021 年第 1 期，第 77—87 页；刘尚《〈永乐大典〉存卷收录宋元易学佚著三种探析》，《周易研究》2023 年第 2 期，第 69—78 页；等等。

② 〔明〕解缙等《永乐大典目录》卷五十三，第 2308 叶。

③ 《永乐大典点存目录》(后简称《永乐大典存目》)记为："日 卷二万一百二至二万一百二十二，十本；日 卷二万一百二十三至二万一百三十八，十本；日 卷二万一百三十九至二万一百五十五，十本；日 卷二万一百五十六至二万一百七十四，十本；日 卷二万一百七十五至二万一百八十九，十本；日至毕 卷二万一百九十至二万二百五，十本。"可见全帙犹存。见中华书局编《四库全书目录资料三种》，北京：中华书局，2016 年，第 596 页。张升指出，《永乐大典存目》是在乾隆五十九年编修的，其上新、旧签乃是嘉庆二十年至咸丰十一年(应距嘉庆二十年不远)所加。因此，《永乐大典存目》的著录可大致反映嘉庆二十年前后的《大典》存佚情况。参张升《〈永乐大典〉缺卷数新考》，《历史文献研究》2016 年第 1 期，第 307—314 页。此后的散佚情况则不可详考。

版心)中部的位置都有缺损,且越往后翻检,残损面积越大。按核书格网站整理发布的彩色图版,可知此册曾经焚烧,书页破洞周围还留有焦黄色和黑色的灼烧痕迹。稍可称慰的是,卷20121、20122征引的二十一种文献中[①],尚有五部有传世本,可以补出部分阙失的文字[②]。

该残册抄引文献的方式皆为分段抄录,各引书内容以红(作者书名)黑(正文和编纂官按语)相间的方式错落分布,显得十分凌乱。仔细分析文本结构后发现,该册实际存在"修造动土""入山伐木""起工驾马""定磉扇架""竖造宅舍""避宅出火""入宅归火"七个事目。这些事目的字体大小、颜色与正文无异,很难一眼分辨。但都书写于朱笔作者书名之前,可以作为其较为明显的格式特征。每一事目下,又设置了若干子目。如"修造动土"下就有"动土吉日""逐月吉日""动土吉凶日""逐月吉凶日""动土凶日""土公死葬忌日""土痕日""逐月凶日""动土起土吉神""动土凶方""土箭神""逐月取土吉凶日""取土凶日""取图吉方""取生死土方""基地吉日""基地凶日""基地掘土法""逐月土气冲方""总论"等项,都与"修造动土"一事密切相关。为了与事目进行区分,子目名皆书于作者书名之下,并留空一格。子目之后,才抄录各书引文。若此段引文在其他文献中也有相同文字,编纂官还会用小字加以说明,由此形成"事目—子目—引文+编者按语"的三级文本结构。

(2) 卷20139

卷20139"诸家选日二十五",单独成册。该卷首尾完整,引书包括《历法集成》《历法统宗》《阴阳宝鉴克择通书》《台司妙纂选择元龟》《年月集要克择一览》《万历集成选择易见》《阴阳备用选择成书》《历纂千圭玉》《涓吉成书》《差谷撰良玉历撮要》《三历会同》《阴阳必用选择大全》《增广克择全书》《新编年月备要》《阴阳总要选择赛成书》《克择全书》《选择新书》《选择备用万历撮要》《万历锦囊拾遗备用》。与前二卷相比,征引的书目虽不尽相同,但也大致相当。此外,卷20139的文本结构也与前二卷相同。

---

① 包括宋鲁珍编《阴阳宝鉴克择通书》、何士泰编《历法集成》、上官震编《台司妙纂选择元龟》、谢天叙《新编年月备要》、余元祥编《历纂千圭玉》、丘延翰撰《万历会同》、《先天画一涓吉全书》、《先天画一历涓吉全书》、《先天撮要画一历》(《内阁藏书目录》载:"《画一历》三册全,未详姓氏,又名《涓吉全书》。"似乎《大典》所引《先天撮要画一历》与《先天画一涓吉全书》《先天画一历涓吉全书》是同一部书。王涵根据《大典》引录文献的特点,找到"《大典》卷20121—20122与卷20139的注文中常常将《画一历》《涓吉成书》《涓吉全书》三者并列,如卷20121叶7'基地吉日'注文等",以及同时引用《先天画一涓吉全书》《先天画一历涓吉全书》等例证,证明《先天画一涓吉全书》《先天画一历涓吉全书》《先天撮要画一历》是三部不同的文献。可参王涵《〈永乐大典〉卷二〇一二一至二〇一二二校辑与研究》,浙江大学本科学位论文,2025年)、《万历集成选择易见》、刘宗孟编《历法统宗》、曾善靖编《年月集要克择一览》、《选择备用万历撮要》、《选择新书》、吕茂明编《阴阳备用选择成书》、周德兴编《阴阳总要选择赛成书》、陈元靓编《差谷撰良玉历撮要》、《涓吉秘要》、雷英发编《万历锦囊拾遗备用》、施伯进编《克择全书》、魏天祐《涓吉成书》。

② 王涵《〈永乐大典〉卷二〇一二一至二〇一二二校辑与研究》,浙江大学本科学位论文,2025年。

(3) 卷20181、20182

卷20181、20182合为一册,内容为"诸家选日六十七""诸家选日六十八"。此二卷在内容、引书、体例上,均与前二册存在较大差异。首先,从事目来看,卷20121、20122、20139皆以事编排,诸如修造动土、入山伐木、入学求师等;而卷20181、20182以时间为序:前一卷为"甲辰日"至"庚戌日"之吉凶事宜,后一卷为"辛亥日"至"辛酉日"之吉凶事宜。其次,卷20121、20122、20139的文本层次为"事目—子目—引文＋编者按语";卷20181、20182则直接抄引书名和正文文字,未见事目或子目。最后,卷20121、20122、20139征引的文献都在二十种左右,各子目下所抄书目、顺序都不相同;卷20181、20182只征引了五种文献,每一甲子日下,依照《阴阳备用选择成书》《克择全书》《万历锦囊拾遗备用》《三历会同》《年月集要克择一览》的顺序抄入,具有很强的规律性。

(4) 卷20197

卷20197为"诸家选日八十三",亦单独成册。与前三册不同的是,该册不再采用分段抄录的方式,而是以全篇,甚至全书抄入为主。从第1叶"年月释论"起,至第23叶a面"年月诸星发用"止,除中间插入了《历纂千圭玉》《新编年月备要》《阴阳备用差谷奇书》的部分段落外,全是"宋鲁珍编《阴阳宝鉴克择通书》"的文字,约占全卷三分之二的篇幅。其中,第18叶b面"诸公口诀·饥渴血刃"至第23叶a面"年月诸星发用"的内容,传世本《新刊阴阳宝鉴克择通书》已经脱失。笔者对比了"诸公口诀·饥渴血刃"之前的部分,发现卷20197抄引文字、顺序都与传世本《新刊阴阳宝鉴克择通书》相同。由此推断,第18叶b面"诸公口诀·饥渴血刃"至第23叶a面"年月诸星发用"也是直接从《新刊阴阳宝鉴克择通书》中抄出的,无论是细目的设置,还是文字顺序,都不会有较大的出入。

该卷卷末还抄录了《四门经》全书。

二 《永乐大典·诸家选日》事目框架复原

从上文的分析来看,《永乐大典·诸家选日》各卷是在"事目—子目"搭建出的选日框架下编排在一起的。有学者指出:"《大典》之工作流程,应当是先确定事目,再分配专人负责从中摘抄可以用于《大典》事目的材料。"并认为:"《大典》编纂体例中,最核心也最可能是明人用力最夥者,当是事目之确定(当然,不排除部分事目会在编纂过程中相机调整)。"[①]事目之确定,不仅是编纂《大典》时的第一要务,也是后人了解并进一步复原《大典》框架和主要内容的关键步骤。

---

① 林鹄《〈永乐大典〉编纂流程琐议——以〈宋会要辑稿〉礼类群祀、大礼五使二门为中心》,《文史》2020年第1辑,第279—288页。

在系统梳理《永乐大典·诸家选日》残卷内的事目和子目后，笔者认为，"诸家选日"之事目与《阴阳宝鉴克择通书》一书的篇目非常接近，"诸家选日"部分子目来自《阴阳宝鉴克择通书》，其余子目则是从其他引书中摘出的。《永乐大典·诸家选日》很可能是在《阴阳宝鉴克择通书》基础上，汇抄他书而成的。目前能找到的文献证据如下：

首先，卷20197之事目"年月释论""诸公口诀""年月诸星发用"，以及其下子目，都是从《新刊阴阳宝鉴克择通书》中成篇抄出的，故无论是文字，还是次序，都与后者章节密合无间。如果《永乐大典·诸家选日》诸卷的事目、子目有统一的来源，这一来源很可能就是《阴阳宝鉴克择通书》。

其次，笔者将卷20121、20122、20139与传世本《新刊阴阳宝鉴克择通书》做了对比，发现卷20121、20122、20139的事目、排列次序也与《新刊阴阳宝鉴克择通书》前集卷二、卷四的部分章节完全吻合（参见表1）；而三卷的子目只有部分来自《新刊阴阳宝鉴克择通书》，例如卷20121"修造动土"下的二十个子目中，只有"动土吉日""动土凶日""逐月凶日""动土凶方""基地吉日""总论"是从《新刊阴阳宝鉴克择通书》抄出的，顺序也不尽相同。可见编纂官在实际抄书时，除摘录《新刊阴阳宝鉴克择通书》的子目外，还广泛采用了他书的子目。

再次，较难解释的是卷20181、20182与《新刊阴阳宝鉴克择通书》的关系。不仅因为卷20181、20182的体例与卷20121、20122、20139、20197差异较大，还因为卷20181、20182没有抄引《阴阳宝鉴克择通书》的内容。可以肯定的是，卷20181、20182的内容是"甲辰日"至"辛酉日"之吉凶事宜，依此文例，卷20181以前的内容应该是"甲子日"至"癸卯日"吉凶宜忌，卷20183应抄有"壬戌""癸亥"二日吉凶宜忌。换言之，卷20181、20182以及前后数卷很可能完整抄录了《阴阳备用选择成书》等书中的"六十甲子吉凶表"，每一甲子日的内容包括本命元辰、五音、神煞、用事、十二月宜忌。而《阴阳宝鉴克择通书》后集卷三"十二月六十甲子吉凶表"则按照十二月的顺序，逐月排出六十甲子日的建除与吉凶神煞。两种历表都排列了一年的神煞、用事，不同的是，"六十甲子吉凶表"以日为纲（60甲子日＊12月），"十二月六十甲子吉凶表"则以月为纲（12月＊60甲子日）。因此，可以将"六十甲子吉凶表"和"十二月六十甲子吉凶表"看作是性质相同，但编排方式不同的历表。且这两种历表可以互相转化，例如，清代《协纪辨方书》卷二十《月表一》至卷三十一《月表十二》就是典型的以月分卷的"十二月六十甲子吉凶表"，后经俞荣宽改编，成为"六十花甲子定局""一年十二个月甲子日之用事"[①]（参见图1）。笔者认为，卷20181、20182的内

---

① 〔清〕俞荣宽《增补诹吉宝镜图》，台北"国家图书馆"藏清刻本，《凡例》第1叶。俞荣宽还将《协纪辨方书·日表》合抄进了月表，故其书名曰"协纪辨方书日月表"，又名《诹吉便览》。

容与《阴阳宝鉴克择通书》"十二月六十甲子吉凶表"有关，卷20181、20182虽然不是直接从《阴阳宝鉴克择通书》抄出的，但可以对应其后集卷三"十二月六十甲子吉凶表"。

需要补充说明的是，官民日常使用之历书，其主要内容就是十二月月表。若要查找某月某干支日下的吉凶与宜忌，使用格式相似的"十二月六十甲子吉凶表"无疑更方便。因此，"十二月六十甲子吉凶表"不仅是官修注历书最核心的内容，也广泛见于民间刊行的择日书籍，远比"六十甲子吉凶表"流行。但对于编纂类书而言，"十二月六十甲子吉凶表"重复排列六十甲子日，就显得冗余了。或许是出于这样的考虑，编纂官才会撇开《阴阳宝鉴克择通书》"十二月六十甲子吉凶表"，转而抄引《阴阳备用选择成书》等书中的"六十甲子吉凶表"。卷20181、20182下征引文献数目较少，也当与"六十甲子吉凶表"不及"十二月六十甲子吉凶表"普遍有关。

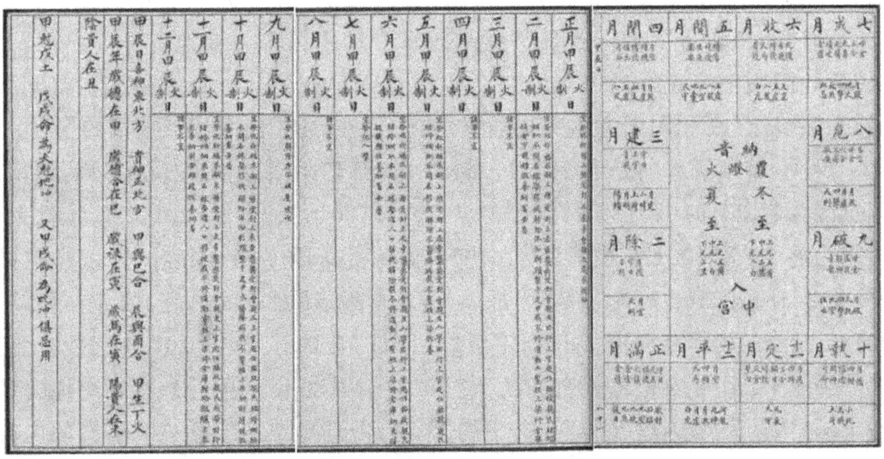

图1 《增补诹吉宝镜图》"甲辰日"定局与用事

最后，《永乐大典·诸家选日》共83卷半，《新刊阴阳宝鉴克择通书》前集五卷后集五卷①。从二书卷次的对应关系（即《大典》卷20121、20122对应《新刊阴阳宝鉴克择通书》前集卷二，如此等等，详见表1），以及《大典》卷20121、20122、20139、20197事目名称、排序与《新刊阴阳宝鉴克择通书》完全吻合的情况推断，《永乐大典·诸家选日》事目与《新刊阴阳宝鉴克择通书》篇目相同的可能性非常大。

---

① 今存元刊本《新刊阴阳宝鉴克择通书》前集五卷后集五卷，虽然首尾皆有残损，但韩国高丽大学图书馆藏明万历刻本存前集卷一、二、五，可补元刊本前集首尾之缺。又，明人熊宗立曾将《阴阳宝鉴克择通书》全部抄入《类编历法大全通书》中，由后书回推前书，可知《阴阳宝鉴克择通书》后集卷五散佚的内容不会太多，其原本的卷数应当就是十卷。

综上所述,《永乐大典·诸家选日》很可能就是以《阴阳宝鉴克择通书》为主,根据"删同存异"①的原则汇抄而成的,除少量调整外,各卷之事目应与《阴阳宝鉴克择通书》一书的篇目一致。据传世本《新刊阴阳宝鉴克择通书》,可以将《永乐大典》卷 20115 至卷 20198"诸家选日"的大致框架和内容复原如下表 1:

表 1 《永乐大典》卷 20115 至卷 20198 事目框架复原表

《永乐大典·诸家选日》		《新刊阴阳宝鉴克择通书》
卷 20115 至 20120	前集卷一	皇朝公规 推测时刻 气候图 岁时纪事 袭爵上官 修造运白 修造壬运 年命修造
卷 20121 至 20122	前集卷二	修造动土 入山伐木 起工驾马 定磉扇架 竖造宅舍 避宅出火 入宅归火
卷 20123 至 20138	前集卷二	修造杂忌 修作杂造　附厨灶廯碓、渠厕修舍、破屋坏垣筑墙、铺垣塞穴、泥饰垣墙、平治道路、安磨 门向路道 修作仓库 建桥梁 建殿塔寺院 建宫观 建神庙 建社坛 建师人宅舍 塑绘神像起手开光

---

① 《永乐大典》是汇编体类书,即将"诸书中有关某一事物的记载汇编到一起,以一书为主,而将其他书中的记载'删同(已提及的事)存异(未提及的事)',附注其下。"见王继宗《〈永乐大典〉十九卷内容之失而复得——[洪武]〈常州府志〉来源考》,《文献》2014 年第 3 期,第 65—77 页。

续表

《永乐大典·诸家选日》	《新刊阴阳宝鉴克择通书》	
		修方造作
		修作命杀　附拆屋、盖屋、泥屋、泥饰舍宇
		破坏修营
	前集卷三	破土安葬
		丧事杂用
		诸丧事总忌
		择葬年月启攒迁附
		出行远回
		收捕出行
		元旦烧香出行
		行船装载
		结婚嫁娶
		养子纳婿
		纳奴婢
		男冠女笄
		洗头沐浴
		男女合婚
		祭祀祈福
		纳表进章
		预修因果
		合寿木作生坟
		合寿木作生坟诸例
	前集卷四	穿井导泉
		牧养栏枋
		造牛屋
		造马枋
		造羊栈
		造猪橱
		猫儿
		六畜凶忌
		买猫儿法　附契书式
		修作陂塘
		种莳栽植
		伐竹木抱鸡鹅鸭
		养蚕经络　附安机

《永乐大典·诸家选日》事目框架复原与文献价值研究　473

续表

《永乐大典·诸家选日》	《新刊阴阳宝鉴克择通书》	
		裁衣合帐
		求医疗病
		瘟鬼所在
卷20139	前集卷四	胎产杂忌
		入学求师
		安床设帐
		公庭词诉
		酒醋曲酱附腌藏鲊脯姜瓜
		炉冶铸钑
		会亲友
		习学技艺附制乐器、偃武教兵
		立契券交易附收敛货财、纳财放债取债
		移徙
		开市铺店坊馆通用
		人事杂用
		万事利宜
卷20140至20180	前集卷四	年吉凶神
	前集卷五	月吉凶神
		吉日凶神
		丛辰吉凶
		日吉凶方
		日神起法
		时家吉神
		时家凶神
		时家克应
		时吉凶方
		备急择时
	后集卷一、二	六十太岁开山立向吉凶
卷20181至20183上①	后集卷三	十二月六十甲子吉凶表

---

① 上文已经论证了卷20181、20182以及前后数卷可以对应《新刊阴阳宝鉴克择通书》后集卷三的"十二月六十甲子吉凶表"。按照六十甲子的顺序，卷20183抄有"壬戌日""癸亥日"没有疑问，但"甲子日"从何卷开始却无从考证。此处分卷暂作"卷20181至20183上"，实际上卷20181以前还有数卷内容也当为"六十甲子吉凶表"。

续表

《永乐大典·诸家选日》	《新刊阴阳宝鉴克择通书》	
卷20183下至20196	后集卷三	十二建除吉凶 彭祖百忌日 日神宜忌 十二月杂用吉日
	后集卷四	诸家年月起例 造葬一览 开山立向凶神 走马六壬通天窍开山立向宜用年月
	后集卷五	通天窍年月
卷20197	后集卷五	年月释论 诸公口诀 年月诸星发用
卷20198"诸家选日"部分	后集卷五	缺

三 引书的价值

《永乐大典·诸家选日》残卷共抄引了《阴阳宝鉴克择通书》《历法集成》《台司妙纂选择元龟》《新编年月备要》《历纂千圭玉》《万历会同》《先天画一涓吉全书》《先天画一历涓吉全书》《先天撮要画一历》《万历集成选择易见》《历法统宗》《年月集要克择一览》《选择备用万历撮要》《选择新书》《阴阳备用选择成书》《阴阳总要选择赛成书》《差谷撰良玉历撮要》《涓吉祕要》《万历锦囊拾遗备用》《克择全书》《涓吉成书》《三历会同》《阴阳必用选择大全》《增广克择全书》《四门经》等二十五部择日文献，几乎全是宋元时期的作品，具有重要的文献价值。

第一，引书作者、书名可以弥补目录书及其他文献记载之不足。《永乐大典·诸家选日》所引之宋元书籍，大多不见于宋人书目及清人补撰的《元史艺文志》，惟明代宫廷藏书目录《文渊阁书目》有较为集中的著录。然《文渊阁书目》未登记作者，书名之著录也较为简略。《永乐大典·诸家选日》至少可以补出十三处书名、作者信息，详见下表2：

表2 《永乐大典·诸家选日》引书与《文渊阁书目》著录对照表

《永乐大典·诸家选日》引书	《文渊阁书目》著录
魏天祐编《涓吉成书》①	《涓吉成书》一部一册;《涓吉成书》一部一册;《涓吉成书》一部一册
余元祥编《历纂千圭玉》	《千圭玉》一部一册;《千圭玉》一部一册
《先天撮要画一历》《先天画一历》《画一历》	《画一历》一部二册
僧善靖编《年月集要克择一览》②	《克择一览》一部一册
丘延翰撰《万历会同》	《万历会同》一部一册
施伯进编《克择全书》《增广克择全书》	《克择全书》一部十四册
雷英发编《万历锦囊拾遗备用》	《万历锦囊》一部二册
宋鲁珍编《阴阳宝鉴克择通书》③	《克择通书》一部一册
《万历集成选择易见》	《选择易见》一部一册
周德兴编《阴阳总要选择赛成书》	《赛成书》一部二册
刘宗孟编《历法统宗》	《历法统宗》一部二册
何士泰编《历法集成》④	《历法集成》一部二册;《历法集成》一部一册
上官震编《台司妙纂选择元龟》⑤	《选择元龟》一部四册

又如《直斋书录解题》有"《三历会同》十卷","不知作者"。⑥ 而《大典》卷20139、20181、20182抄引了22条"丘延翰撰《三历会同》",可知该书的作者可能是丘延翰。

有的文献虽然有残卷存世,但丢失了可能包含作者信息的序跋、卷端题署等,如日本广岛市立中央图书馆藏至正丁酉(1357年)玉融书堂刻本《阴阳备用选择成书》,作者阙名。覆核《大典》可知,该书作者乃是吕茂明。类似的例子

---

① 此书有传世本,残卷,阙名。
② 此书有元刊本,存卷一至卷四,目录前后题"类编年月集要克择一览总目",各卷卷首标题则作"新编年月集要"。
③ 此书元刊本前集五卷后集五卷,首尾俱残,故《续修四库全书总目提要》以为"此书不著撰人"。明初刻本存前集五卷,惟卷二、三为全帙,卷一、四、五皆残损严重,尤其是首尾两卷,仅存数页,不及元刊本完整,也未留下作者信息。在韩国高丽大学藏明万历刊本残卷发现以前,仅能在《永乐大典》卷20121、20122、20139、20197找到该书的作者姓名。
④ 此书有传世本,残卷。
⑤ 此书有全本传世,可参看。
⑥ 〔宋〕陈振孙《直斋书录解题》卷十二,上海:上海古籍出版社,2017年,第371页。

还有"魏天祐编《涓吉成书》""宋鲁珍编《阴阳宝鉴克择通书》",表2已略有所及。

对于那些既无传世本,又不见于目录书的文献,惟借《永乐大典》之征引,方得略见一代秘籍之名目。例如,过去只知道陈元靓著有《岁时广记》《博闻录》(后作《事林广记》)《上官拜命玉历大全》,却不知其还撰有《差谷撰良玉历撮要》一书①。又如,今传《地理新法》《阴阳备用》都是胡舜申所撰,查《永乐大典》方知,其著述还有《阴阳必用选择大全》一种。

第二,引文可以为专书研究提供文献支持。《永乐大典·诸家选日》残卷抄引的文献中,只有《台司妙纂选择元龟》《新编年月备要》有全本存世,其余都是残卷或佚著。对于保存完好的文献而言,《大典》之引文可能提供了异文或不同版本。例如,南宋末年编成的《台司妙纂选择元龟》,有明弘治年间重刻本传世。近年来,又在黑水城出土文献中发现了该书宋元时期刻本的三纸残页②,非常珍贵。而《永乐大典》卷20121、20122、20139抄录的"上官震编《台司妙纂选择元龟》",涉及该书甲集"起造类""兴工类""动土类""移徙类""胎产类",虽然与黑水城出土残页的内容不相重合,但所用底本也是明以前刻本。如将大典本辑出,当有助于《台司妙纂选择元龟》早期刻本情况、版本源流的梳理和研究。

对于残损严重或完全散佚的文献而言,《大典》之引文又有拾遗补缺之用。例如,上文已经提到,《大典》卷20197第18叶b面"诸公口诀·饥渴血刃"至第23叶a面"年月诸星发用"的内容,为今本《新刊阴阳宝鉴克择通书》所无,可以补《新刊阴阳宝鉴克择通书》后集卷五之缺。不仅如此,卷20197还抄录了已经失传的《四门经》全书。有学者认为,此书即"唐代陈周辅《四门经》"③,其说不确。按,陈周辅,一作陈辅。《四门经》,又作《聿斯四门经》或《新修聿斯四门经》,《新唐书·艺文志》《崇文总目》《直斋书录解题》《文献通考·经籍考》《通志·艺文略》《宋史·艺文志》等书目均有载录。今人已经考证出,《聿斯四门经》是西来星命术的重要典籍,或与托勒密《占星四书》有关。④ 而卷20197

---

① 王珂认为《永乐大典》所引《玉历撮要》《差谷撰良玉历撮要》是同一书,所谓"撮要"当为《上官拜命玉历大全》的节本,但"目前暂无机会见到北大本《拜命玉历》庐山真面目"。见王珂《〈上官拜命玉历大全〉考》,《宝鸡文理学院学报(社会科学版)》2020年第1期,第26—29页。笔者亦未及比对北大本《上官拜命玉历大全》与《大典》引文之异同,姑记于此,以俟后考。

② 赵江红《黑水城出土〈台司妙纂选择元龟〉刻本残页考》,《国学学刊》2023年第1期,第54—58+138页;余格格《黑水城出土两件堪舆书残页考——兼论宋元时期地理术》,《西夏学》第二十七辑,兰州:甘肃文化出版社,2023年,第234—241页。

③ 李天飞《号令群神:李天飞"封神"笔记》,南京:江苏凤凰文艺出版社,2020年,第216页。

④ 参见薮内清著,杜石然译《中国的天文历法》,北京:北京大学出版社,2017年,第141页;Michio Yano, "A Note on Ptolemy in China," Documents et Archives provenant de l'Asie Centrale, 1990, pp. 217—220;荣新江《一个入仕唐朝的波斯景教家族》,叶奕良编《伊朗学在中国论文集(第二集)》,北京:北京大学出版社,1998年,第82—90页;等等。

《四门经》尽载"太岁已下并诸位神杀"①,与《聿斯四门经》内容不符,且书前还有一篇"《大唐李靖仆四门经历序》"②,该书很可能是《文渊阁书目》收录的"李靖《四门经历》一部一册"③。

总之,《永乐大典·诸家选日》残卷一定程度上展现了宋元之际"阴阳之书何啻数十家"④的文献面貌。其中保存的书名、作者、异文、佚文等宝贵信息,极大丰富了今人对于宋元择日文献的认识。

余 论

本文初步梳理了《永乐大典·诸家选日》残卷,从残卷事目与《新刊阴阳宝鉴克择通书》篇目的关系推断,《永乐大典·诸家选日》在编纂之时,确实参考了"凡上官、婚姻、修造、安葬,一切营□,莫不具载"⑤的《阴阳宝鉴克择通书》。证明"诸家选日一至八十四"的编纂方法也是"径直抄录前人成熟的成果,仅需要按照体例对前人成果进行简单加工,或者在前人成果基础上稍加编辑"⑥。而"大规模参考了前代纂修的带有分类性质的各类书籍……这很可能是《大典》得以速成的主要原因"⑦。

笔者曾对《阴阳宝鉴克择通书》做过专门研究,认为此书是第一部名为"通书"的择日文献。明代中叶以后,"通书"逐渐成为阴阳选择类文献的通称,也与明人熊宗立将《阴阳宝鉴克择通书》全部抄入《类编历法通书大全》,并广为流传有关。⑧ 在此次研究中,最让笔者感到惊喜的是,《阴阳宝鉴克择通书》不仅在民间具有重要影响,其实在明初已经得到《永乐大典》编纂官的高度重视。此书现存元刻本、明初刻本、明万历刻本三种版本。又据《阴阳辨疑》记载,"宋辉山《通书》,我朝刊入司礼监,通行天下"⑨,可知除民间传刻外,此书可能还有官刻本。入清以后,《阴阳宝鉴克择通书》的部分内容被写入《钦定

---

① 〔明〕解缙等《永乐大典》卷二万一百九十七,北京:中华书局,2024年,第八册,第7549页下。
② 〔明〕解缙等《永乐大典》卷二万一百九十七,第7549页下。
③ 〔明〕杨士奇等《文渊阁书目》卷三,台北:台湾商务印书馆,1986年,景印《文渊阁四库全书》第675册,第188页下。杨士奇将其置于"兵法"之下,亦属失察。
④ 〔元〕僧善靖《新编年月集要》,台北"国家图书馆"藏元刊本,第3叶。
⑤ 〔元〕宋鲁珍《新刊阴阳宝鉴克择通书》,韩国高丽大学图书馆藏明万历刻本,第1册,第4叶。
⑥ 韩悦《〈永乐大典〉引录文献方法考略——以〈周礼〉为中心》,《文献》2022年第5期,第157—178页。
⑦ 杜以恒《〈永乐大典〉引〈仪礼〉考实——兼论〈大典〉编纂来源的复杂性》,《文史》2023年第1辑,第195—222页
⑧ 赵江红《通书得名考——以〈阴阳宝鉴克择通书〉〈类编历法通书大全〉为中心》,《元史及民族与边疆研究集刊》第48辑,上海:上海古籍出版社,2024年(待刊稿)。
⑨ 〔明〕罗青霄《阴阳辨疑》,日本公文书馆藏明隆庆二年(1568)刻本,上册,第4叶。宋鲁珍,字或号辉山,"宋辉山《通书》"指的就是宋鲁珍编《阴阳宝鉴克择通书》。

选择历书》①,"与《万年历》一同永远遵行"②。由此可见,《阴阳宝鉴克择通书》对于研究近世民俗生活、择日信仰具有重要意义,这一点是学界长期忽略的。

① 清初发生过荣亲王葬期"历狱"及叶钟龙告东王府错看动土案,故对择吉文献的刊定整理较为重视。"康熙七年(1668)六月内,吏部、礼部、钦天监会议,具题内开:据钦天监大小各通书,俱不及《选择历书》《万年历》《历法通书大全》三书。……《选择历书》内缺少行嫁利月、山向、正五行等共二十四事,其正五行照《三台通书》内所有正五行取用,其缺少二十三件于《历法通书大全》内所有合'历法公规、春牛经式、推测时刻、气候图、岁时纪事、逐月起工驾马吉日、逐月定磲扇架吉日、逐月修厨吉日、逐月造门吉日、塑绘神像吉日、男女合婚定局、行嫁大小利月、养子纳壻、作牛栏马枋、养蚕作茧、作生坟斩草吉日、人棺吉时、人殓吉时、人殓安葬的呼日、殃煞出方、闻丧成服、除服、事类总集'等项二十三件取用……"其于《历法通书大全》取用之二十三事实来自《阴阳宝鉴克择通书》。又,"康熙八年(1669),议政王、贝勒大臣、九卿、科、道会议,具题内开:……仍将《历法通书大全》内所有行嫁利月、二十四山向、洪范五行等二十四件增加抄录,附入《选择历书》内,共编为一书,刊刻刷印,与《万年历》一同永远遵行。"康熙二十二年(1683),钦天监监正安泰等人即依此议修成《钦定选择历书》。事见〔清〕安泰等《钦定选择历书》,国家图书馆藏清康熙年间刻本,第1册,第1—2叶。(康熙朝)《大清会典》《协纪辨方书》等也有相关记载。

② 〔清〕安泰等《钦定选择历书》,第1册,第2叶。

征稿启事

一、《北京大学中国古文献研究中心集刊》由教育部人文社会科学重点研究基地北京大学中国古文献研究中心主办,创刊于 1999 年。举凡古典文献学理论研究、传世文献整理与研究、古文字与出土文献研究、海外汉籍与汉学研究等中国古文献研究相关领域的学术论文,均所欢迎。

二、本刊 2008 年入选"中文社会科学引文索引"(CSSCI)来源集刊,2022 年入选"中国人文社会科学学术集刊 AMI 综合评价"核心集刊。

三、本刊现为半年刊,分别在 6 月、12 月出版。

四、来稿内容必须原创,不存在版权问题,并按本刊"来稿格式"要求撰写。请勿一稿多投。本刊有权对来稿进行删改加工,如不愿删改,请事先声明。

五、本刊实行编辑部三审及专家双向匿名审稿制度,编委会根据评审意见,决定是否采用。本刊审稿周期约为四个月,来稿无论是否被采用,编辑部都将在审稿后通知作者。

六、来稿刊出后,即向作者寄赠样刊一册,并致薄酬。

七、本刊享有已刊文稿的著作财产权和数据加工、电子发行、网络传播权,本刊一次性给付的稿酬中已包含上述授权的使用费。所有署名作者向本刊提交文章发表之行为视为同意上述声明,如有异议,请在来稿中特别注明。

八、本刊目前仅接受电子邮箱投稿,投稿邮箱:gcca@pku.edu.cn。
《北京大学中国古文献研究中心集刊》编辑部地址:
北京市海淀区颐和园路 5 号　北京大学哲学楼三层,邮编:100871

来稿格式要求如下:

一、文章请用 Microsoft Word 文档格式。

二、文章一律横排、用通行规范简化字书写和打印。

三、作者姓名置于论文题目下,居中书写。作者工作单位、职称等用"＊"号注释在文章首页下端。

四、每篇文章皆需 500 字以内"内容提要"以及关键词 3—5 个。

五、文章各章节或内容层次的序号,一般依一、(一)、1、(1)等顺序表示。

六、文章一律使用新式标点符号。凡书籍、报刊、文章篇名等,均用书名号《》;书名与篇名连用时,中间加间隔号,如《论语·学而》;书名或篇名中又含书名或篇名的,后者加单角括号〈〉,如《〈论语〉新考》。西文书刊名均用斜体,文章名加引号。日文、韩文参考中文样式。

　　七、正文每段首行缩进2字符;文中独立段落的引文,整段左侧缩进2字符,引文首尾不加引号,字体变为仿宋体。

　　八、注释一律采用当页脚注,每页单独编号,注释号码用阿拉伯数字①、②、③……等表示。

　　九、注释格式与顺序为著者(含整理者、点校者)、书名(章节数)、卷数(章节名)、版本(出版社与出版年月)及页码等。如:〔清〕钱大昕撰、吕友仁校点《潜研堂文集》卷三八《惠先生士奇传》,上海:上海古籍出版社,1989年,第687页。

　　十、为避免重复,再次征引同一文献时可略去出版社与出版年月,只列著者、书名、卷数、页码即可,但不使用"同上"表述。

　　十一、每篇稿件字数原则上不超过3万字。